Fonti
del diritto svizzero

Edite dalla Fondazione per le fonti giuridiche
della Società svizzera dei giuristi

XVIII sezione:

Le fonti del diritto del Cantone Ticino

Sammlung
Schweizerischer Rechtsquellen

Namens des Schweizerischen Juristenvereins
herausgegeben von der Rechtsquellenstiftung

XVIII. Abteilung:

Die Rechtsquellen des Kantons Tessin

LE FONTI DEL DIRITTO DEL CANTONE TICINO

C. Formulari notarili

Volume II

a cura di

Elsa Mango-Tomei

SCHWABE VERLAG BASILEA
2019

Elaborato con l'aiuto della
Fondazione Friedrich-Emil-Welti, Berna

Pubblicato con il contributo della Fondazione
Friedrich-Emil-Welti, Berna,
e del Cantone Ticino

Tiratura: 160

Proposta di citazione: FDS TI C 2

Composizione e stampa: Dike Verlag AG, Zurigo
ISBN 978-3-7965-3815-5

Indice

Presentazione

Con il secondo tomo dedicato ai Formulari notarili della regione ticinese, l'opera delle Fonti del diritto svizzero completa un progetto editoriale articolato, che colma una lacuna sostanziale della ricerca attraverso la pubblicazione di documenti inediti, e perlopiù sconosciuti agli studiosi, estesi su un orizzonte cronologico dal XV fino al XVII secolo. L'istituto del notariato potrà ora essere considerato sulla scorta di quegli strumenti di lavoro che i professionisti della scrittura della regione hanno elaborato e poi utilizzato nella loro attività quotidiana. Su un piano più generale, tali fonti consentiranno anche di meglio comprendere genesi, forme e funzioni di buona parte della documentazione medievale e moderna tramandata nei distretti subalpini, dove proprio i notai si incaricavano di dare forma ad atti e documenti non soltanto per conto di persone e famiglie, ma anche al servizio delle istituzioni disseminate sul territorio. In riferimento alla vicenda storica delle terre ticinesi, inoltre, l'estensione cronologica delle fonti pubblicate fin nella piena età moderna permetterà di verificare in quali modi il notariato di matrice lombarda, radicatosi nei secoli medievali per irradiazione da sud, si sia posto in confronto con le tradizioni giuridiche, amministrative e documentarie, in parte estranee, veicolate dai signori transalpini durante l'Ancien Régime.

La ricerca e l'opera editoriale sono state condotte e portate a compimento con grande competenza, e con altrettanta tenacia anche nei momenti di difficoltà, dalla Dr. Elsa Mango-Tomei: a lei, in primo luogo, esprimiamo profonda gratitudine a nome della Fondazione per le fonti giuridiche della Società svizzera dei giuristi. Un sentito ringraziamento vada anche a tutti coloro che hanno appoggiato e contribuito al progetto. Il deciso impulso ad affrontare un campo d'indagine in precedenza ben poco frequentato è merito del Prof. Dr. Pio Caroni. La disponibilità e la collaborazione del Dr. Andrea Ghiringhelli, già direttore, e di Marco Poncioni, lic. phil. I, attuale direttore dell'Archivio di Stato del Cantone Ticino, sono state determinanti per il reperimento e per l'elaborazione delle fonti. Il supporto scientifico e organizzativo della Dr. Pascale Sutter, direttrice scientifica e amministrativa della Fondazione per le fonti del diritto, ha accompagnato lo sviluppo del progetto. Le fasi redazionali conclusive sono state seguite con precisione da Isabella Spinelli Wild, lic. ès lettres. La veste editoriale del volume è stata curata con la consueta attenzione da Bénoit Eugster, e la composizione è opera di Béatrice Fink-Kofel, DIKE Verlag AG.

Un ringraziamento particolare sia infine diretto a chi ha reso possibile la realizzazione del progetto di ricerca e la pubblicazione del volume attraverso generosi sostegni finanziari: il Fondo nazionale svizzero per la ricerca scientifica, la Fondazione Friedrich-Emil-Welti e il Cantone Ticino, attraverso la

Divisione della cultura e degli studi universitari del Dipartimento della cultura, dell'educazione e dello sport.

Prof. Dr. Paolo Ostinelli

Bellinzona, settembre 2018

Premessa

È con soddisfazione ed anche con un sentimento profondo di riconoscenza alla vita che presento questo secondo volume sui Formulari notarili ticinesi.

Esso si colloca nella sezione C. Formulari notarili delle Fonti del diritto del Cantone Ticino ed è parte integrante di un progetto di pubblicazione dei Formulari notarili ticinesi elaborato negli anni '80 con il Prof. Dr. Pio Caroni, che prevedeva due volumi con l'edizione critica di Formulari notarili, un Indice delle cose notevoli e un Indice dei nomi di persona e di luogo.

Il materiale già noto e molto esteso, che doveva trovare posto in questo volume, ha subito nel corso di ulteriori ricerche un considerevole incremento. Inoltre la stesura dell'indice delle cose notevoli contenute nei formulari notarili dei volumi I e II ha raggiunto dimensioni tali da escludere la possibilità di essere semplicemente inserito, come previsto, nel secondo volume in forma di appendice.

Il progetto è stato quindi rivisto e modificato come segue.

Il secondo volume resta esclusivamente dedicato ai formulari notarili di epoca medievale e moderna, mentre gli indici delle cose notevoli e dei nomi di persona e di luogo delle edizioni critiche dei formulari notarili ticinesi e di altre fonti notarili, pubblicate nei volumi I e II, vengono presentati in un volume separato.

Nel secondo volume trovano posto, oltre ai formulari notarili già previsti, tre esemplari, venuti a mia conoscenza dopo il 1991. Si tratta di due frammenti del secolo XV e di un formulario completo e molto esteso del secolo XVI, tutti riguardanti *grosso modo* l'area luganese.

Alla presentazione ed analisi dei nuovi formulari, seguono le edizioni di uno di essi, del secolo XV frammentario, ma tra i più antichi rinvenuti per il territorio luganese, di uno del secolo XVI, completo e molto esteso, considerato il prototipo di altri cinque esemplari interessanti lo stesso territorio, e di uno del secolo XVII di dimensioni più modeste, ma unico esemplare conosciuto per l'area bellinzonese.

Per l'analisi delle fonti notarili ticinesi, le suddivisioni e la cernita attuate delle stesse, rimando a quanto già ampiamente trattato nella premessa e nell'introduzione al volume I Formulari notarili. La scelta fatta in quel momento di dare la precedenza alla pubblicazione ragionata di formulari notarili si è rivelata effettivamente preziosa per la piena comprensione delle altre fonti notarili, soprattutto delle imbreviature, per loro natura costellate di abbreviazioni, ma anche degli istrumenti *in publica forma* dove gli *etc.* già presenti nelle imbreviature venivano spesso e in buona parte mantenuti.

Per quanto concerne gli Indici vorrei sottolinearne il peculiare interesse da un punto di visto sia giuridico che storico, e come essi offrano l'indispensabile chiave di accesso alla complessa e dettagliatissima materia dei formulari notarili.

Desidero ringraziare in questa sede tutti coloro che in vario modo hanno sostenuto e incoraggiato il compimento di questo progetto: il Prof. Dr. Lukas

Gschwend, in qualità di Presidente della Fondazione per le Fonti del diritto svizzero, il Prof. Dr. Paolo Ostinelli, membro del Consiglio di Fondazione per le Fonti del diritto svizzero, il Dr. Martin Salzmann, già segretario della Fondazione per le fonti giuridiche della Società svizzera dei giuristi, la Dr. Pascale Sutter, direttrice amministrativa e scientifica della Fondazione per le Fonti del diritto svizzero. Per la segnalazione di importanti esemplari di formulari notarili ticinesi sono obbligata e ringrazio il Prof. Dr. Paolo Ostinelli, direttore del Centro di dialettologia e di etnografia del Cantone Ticino, già archivista presso l'Archivio di Stato del Cantone Ticino. Per aver costantemente facilitato il lavoro di ricerca e di consultazione delle fonti i miei ringraziamenti vanno al Dr. Andrea Ghiringhelli, già direttore dell'Archivio di Stato del Cantone Ticino, e a Marco Poncioni, lic. phil. I, attuale direttore dello stesso. Un grazie di cuore va a Isabella Spinelli Wild, lic. ès lettres, per aver acconsentito alla rilettura delle bozze e per la competenza e l'impegno con cui ha svolto questo compito. Un pensiero riconoscente e un rinnovato ringraziamento vanno in particolare al Prof. Dr. Pio Caroni per l'impegno costante con cui seguì e accompagnò negli anni tutte le fasi del mio lavoro fino alla pubblicazione del primo volume ed anche successivamente quando nel 2006 decisi di riprendere in mano il progetto. Per il supporto e il contributo alla preparazione dei volumi e per avere sostenuto l'onere della stampa ringrazio vivamente la Fondazione Friedrich-Emil-Welti e il Cantone Ticino.

Dr. Elsa Mango-Tomei

Konolfingen, settembre 2018

Fonti

Fonti inedite

Gli elenchi che seguono comprendono le fonti menzionate nel presente volume e non citate nell'analoga lista pubblicata in Le fonti del diritto svizzero, XVIII sezione: Le fonti del diritto del Cantone Ticino, C. *Formulari notarili,* Volume 1: *Formulari notarili,* a cura di E. Mango-Tomei, Aarau 1991 (FDS TI C/1), pp. 19–27, alla quale si rinvia per uno sguardo d'insieme sulla documentazione della regione ticinese relativa al notariato durante il periodo considerato.

Sec. XV – XVII

Formulari

ASTi, *Notarile, cart. 2962.*
Formulario di Giovanni Fossati (Lugano, sec. XV)

ASTi, *Brentani.*
Formulario di Giovanni Carli (Lugano, sec. XV)

ASTi, *Avanzini, scat. 44.*
Formulario di Tullio Fossati (Lugano, sec. XVI)

Imbreviature

ASTi, *Notarile, cart. 1463.*
a. 1553–1558. Tullio Fossati, di Battista.

ASTi, *Notarile, cart. 72.*
a. 1635–1636. Giovanni Maria Avanzini, di Tomaso.

Instrumenta

ASTi, *Pergamene Prada-Camignolo, perg. 9.*
1441 dicembre 13. S.T. Giovanni Carli, di Gerardo.

ASTi, *Pergamene Luganese, perg. 10.*
1474 gennaio 3. S.T. Giovanni Carli, di Gerardo.

ASTi, *Pergamene Luganese, perg. 12.*
1476 settembre 2. S.T. Giovanni Carli, di Gerardo.

Fonti

Fonti edite

Fonti statutarie

HEUSLER A., *Rechtsquellen des Kantons Tessin. Die Statuten von Bellinzona, ZSR, 41, NF. 18 (1899), pp. 131–283, NF. 19 (1900), pp. 166–299, NF. 20 (1901), pp. 174–268.*

Avvertenza

La presente edizione è stata curata secondo i criteri suggeriti dalle Fonti del diritto svizzero nel 2009, in base ai quali i caratteri tipografici del presente volume (FDS TI C/2) presentano un cambiamento, per cui i contributi dell'A., le note alfabetiche e numeriche sono in carattere corsivo anziché in carattere tondo come nel primo volume (FDS TI C/1).

Fonti notarili ticinesi

I.1

Formulario di Giovanni Fossati

(Lugano, sec. XV)

ASTi, *Notarile, cart. 2962.*

Frammento cartaceo, sec. XV, scrittura gotica notarile, cm. 30 x 21 circa, consistente di cc. *21, numerate da* CL *a* CLXVIIII, *non numerate due* cc. *tra le* cc. CLII–CLIII, *manca la* c. CLXV. *Le* cc. CL, CLXVIII *e* CLXVIIII, *danneggiate dall'umidità, sono parzialmente lacerate. Tra la* c. CLXVIII *e la* c. CLXVIIII *rimane parte del margine interno di una c. asportata mediante taglio prima che fosse apposta la numerazione. In bianco le* cc. CLIIv. *e* CLXVIIIr.

Trattasi di un frammento di formulario notarile compilato da più mani[1], la cui origine è da ricercare nel territorio comasco-luganese e milanese, come si desume da alcuni modelli di istrumenti, in cui sono ricordati istituti civili e religiosi propri a quei territori[2], gli statuti e le consuetudini del comune di Como[3], gli statuti del comune di Milano[4]. Grazie ad una sottoscrizione in cui il compilatore rivela la sua identità è stato possibile attribuire il frammento a Giovanni Fossati, di Gasperino, di Meride[5].

In base alle date che vi compaiono, anni 1441[6], 1440[7], 1448[8], 1450[9], 1447[10], 1451[11], e al nome, ricordato due volte, di Franchino Rusca, che fu signore di Lugano negli anni 1448–1449[12], il frammento, rinvenuto in una cartella di imbreviature degli anni 1455–1459 del notaio Giovanni Fossati, deve ritenersi compilato intorno alla metà del secolo XV.

Nel frammento sono contenuti 10 modelli e 4 imbreviature, di cui 3 presentano incongruenze temporali; le imbreviature sono verosimilmente da considerare come modelli. Alcuni dei modelli qui riuniti si ritrovano in forma quasi identica nel formulario di Domenico Canevali, posteriore di circa un secolo.

1 *Cfr*. cc. CLr.–CLIIr., CLIIIr.–CLXv., CLXVIv.–CLXVIIIr., *di mano di Giovanni Fossati, di Gasperino, di Meride;* cc. CLII^{bis}r.–CLII^{ter}v., *imbreviatura di altra mano;* cc. CLXIr.–CLXVIr., CLXVIIr., CLXVIIv. *di una terza mano;* c. CLXVIIIv., *imbreviatura di mano probabilmente del notaio Antonio Fossati, di Melchione, di Meride.*

2 *Cfr*. cc. CLII^{bis}r.–CLII^{ter}r., CLIIIr., CLVIIIr.–CLXr., CLXIr.–CLXIIIv., CLXVIr.–CLXVIv., CLXVIIv.

3 *Cfr*. cc. CLIv., CLVIv., CLVIIv.

4 *Cfr*. cc. CLIIIIv., CLVr.

5 *Cfr*. c. CLXVIIr.

6 *Cfr*. cc. CLII^{bis}r. (*imbreviatura*), CLXIIIv.

7 *Cfr*. cc. CLVv., CLXVIIv.

8 *Cfr*. c. CLVIIv.

9 *Cfr*. cc. CLVIIIv., CLXIv., CLXVIIr., CLXVIIIv.

10 *Cfr*. cc. CLVIIIIr., CLXIIr.

11 *Cfr*. c. CLXIr.

12 *Cfr*. cc. CLVIIIIr., CLVIIIIv. *Cfr*. Schaefer P., *Das Sottocenere im Mittelalter. Ein Beitrag zur Geschichte der Südschweiz und des italienischen Mittelalters, Aarau 1931, trad. it., Il Sottoceneri nel Medioevo. Contributo alla storia del Medioevo italiano, Lugano 1954, pp. 358–359.*

Indice

[Frammento privo di rubrica instrumentorum. *L'indice è stato da noi compilato sulla base dei titoli, che compaiono nel frammento, a cui abbiamo aggiunto i titoli, da noi posti tra parentesi quadre, dei modelli che ne erano privi.]*

[a] *Le* cc. CLII^{bis}r.–CLII^{ter}v. *contengono l'imbreviatura di un istrumento di designazione di beni del 1441 dicembre 4, che risulta essere stata anche estratta in pubblica forma, come testimonia l'annotazione in margine:* ex.

[b] *Le* cc. CLXIr.–CLXIv. *contengono l'imbreviatura di una certificazione della legalità di un notaio del 1450 maggio 30, in cui si richiama un istrumento di testamento del 1451 marzo 22 e dove gli elementi della datazione non corrispondono tra loro.*

[c] *Le* cc. CLXIIr.–CLXIIIv. *contengono l'imbreviatura di un'elezione di procuratori alle liti del 1447 maggio 27, dove gli elementi della datazione non corrispondono tra loro e i nomi dei testimoni mancano.*

[d] *Le* cc. CLXIIIv.–CLXVIr. *contengono l'imbreviatura di una tutela generale del 1441 maggio 27, dove gli elementi della datazione non corrispondono tra loro.*

[e] *La* c. CLXVIIIIv. *contiene l'imbreviatura di una procura del 1481 aprile 25, apposta posteriormente.*

I.2
Formulario di Tullio Fossati
(Lugano, sec. XVI)

ASTi, *Avanzini, scat. 44.*

Cartaceo, sec. XVI, cm. 29 x 19 circa, composto di sette fascicoli e di alcune carte sciolte, facenti parte dei fascicoli, originariamente cc. 340 *numerate (errore di numerazione tra le* cc. 327–329*), mancante delle* cc. 1, 101, 150, 240, *rilegato con una pergamena datata 1554 aprile 19, tagliata*[1]. *In pessimo stato di conservazione (testo solo parzialmente leggibile) la* c. 151. *In bianco la* c. 239v.

Questo formulario notarile è da attribuire a Tullio Fossati, di Battista, di Oro di Agno, pubblico notaio di Val Lugano[2]. L'attribuzione è inoltre confermata dall'identità della scrittura del formulario con quella dell'iscrizione apposta di propria mano dal notaio nel libro della Matricola dei notai di Lugano[3] e delle sue imbreviature[4]. Eletto notaio dagli abati del collegio dei notai di Lugano Giovanni Francesco Crivelli e Domenico Canevali, si iscrisse nel libro della matricola dei notai di Lugano il 22 giugno 1546[3]. Fu notaio attivo per lo meno negli anni 1553–1558, come risulta dalle sue imbreviature[4]. Egli scrisse questo formulario verosimilmente intorno alla metà del secolo XVI[5], come confermano anche alcuni riferimenti a personaggi storici ivi contenuti[6].

L'opera, di ampio respiro e dalla tipologia ben dettagliata, fu redatta quasi esclusivamente da Tullio Fossati e solo poche carte presentano grafie differenti[7].

Il formulario, privo di *rubrica instrumentorum* ma completo[8], presenta 186 modelli di istrumenti. Si tratta di atti civili, ecclesiastici e procedurali, spesso raggruppati per argomento (*obligatio, socidum, finis, dos, compromissum, testamentum, venditio* ecc.). I modelli sono gli stessi, portanti gli stessi titoli, quasi sempre gli stessi numeri, e ordinati nello stesso modo di quelli contenuti nel formulario di Domenico Canevali[9].

La presenza di questo esemplare conferma una volta di più l'esistenza e la larga diffusione di un formulario notarile di età moderna, tipico dell'area luganese. Il formulario di Tullio Fossati insieme a quelli di Nicola Casella[10], di Cesare Trefogli[11] e di Andrea Fossati[12], tutti del sec. XVI e dell'area luganese, è una tra le copie più fedeli del formulario di Domenico Canevali, da noi identificato come il prototipo. Esso restò, come i citati esemplari, presumibilmente attuale per lungo tempo passando nelle mani di altri successivi notai[13].

[1] *La sottoscrizione notarile sulla pergamena è stata tagliata; sul retro si trova un segno di tabellionato, di notevoli dimensioni (cm. 20 x 12 circa), attribuibile al notaio* Marcus Antonius de Turbino de Lugano, *iscrittosi nella* Matricola notariorum comunitatis vallis Lugani (a. 1464–1693) *nel 1546. Cfr. FDS TI C/1, p. 433, riga 15.*

[2] *Cfr.* c. 327v.

[3] *Cfr.* ASCL, *Fondo del patriziato,* Matricola notariorum comunitatis vallis Lugani, a. 1464–1693, c. 27v., *e FDS TI C/1, p. 424, riga 23.*

[4] *Cfr.* ASTi, *Notarile, cart. 1463.*

[5] *Cfr.* c. 315v., *in cui si parla dell'anno 1549 come* de anno presenti curenti *e* c. 327v., *in cui il notaio Tullio Fossati fa riferimento ad una sua imbreviatura in data 2 marzo 1550.*

[6] *Si tratta dei capitani di Lugano: Bernardino Guazzo, giurisperito, a. 1503* (c. 318r.), *Giovanni Giacomo Ronchi, dottore in legge, a. 1510* (c. 57r.), *Ludwig Specht, a. 1528* (c. 18r.),

Hans Heinrich Winkeli, a. 1529 (cc. 172v., 177r., 179v., 184v., 188r., 198v., 202r., 203v.), *Jakob Feer, a. 1530 e/o a. 1531–1533* (cc. 208r., 208v., 210v., 331v.), *Joannes Escher, a. 1538* (cc. 264r., 274r.), *Hieronimus Frick di Berna, a. 1546–1548* (cc. 211v., 213r., 214r., 217v., 219r., 220r., 227v., 229r., 232v., 235r.), *Jost Freitag di Friburgo, a. 1544–1545* (c. 336v). *Cfr.* Guidi B., *I lanfogti del baliaggio di Lugano, in Rivista Storica Ticinese 1⁰ (1938), p. 103,* Schaefer, *Il sottoceneri, trad. it., p. 334, nota 85, Historisch-Biographisches Lexikon der Schweiz, HBLS, 7 Bde u. Supplement, Neuenburg 1921–1934, vol. III, pp. 74, 128, 316, vol. V, pp. 694–695, vol. VII, pp. 462, 550,* Spettig P., *Jakob Feer, in Dizionario storico della Svizzera (DSS), vol. 4, Locarno 2005, p. 686.*

[7] *Cfr. ad esempio le* cc. 80r.–80v., 81v.–84r., 86r.–87r.

[8] *Cfr.* c. 340r. *dove in calce è apposta la parola* finis.

[9] *Per i modelli degli atti e per le parti teoriche che li accompagnano rimandiamo quindi sia a quanto già osservato per il formulario di Domenico Canevali (cfr. FDS TI C/1, pp. 99–100), sia alla pubblicazione del testo (cfr. qui pp. 75–446).*

[10] *Cfr. FDS TI C/1, pp. 93–98.*

[11] *Cfr. FDS TI C/1, pp. 108–120.*

[12] *Cfr. FDS TI C/1, pp. 121–130.*

[13] *Cfr.* c. 340v. *dove è annotato che il formulario appartiene a Giovanni Maria Avanzini, di Barbono, di Curio, notaio di Lugano, e che in data 25 luglio 1633 viene dato al notaio Giovanni Maria Avanzini, di Tomaso, di Curio. Del primo notaio non abbiamo nessuna notizia, del secondo abbiamo le imbreviature degli anni 1635–1636 (cfr.* ASTi, *Notarile, cart. 72).*

Indice

[Esemplare privo di rubrica instrumentorum. *L'indice è stato da noi compilato sulla base dei titoli e dei numeri dei modelli che compaiono nel formulario, a cui abbiamo aggiunto, se mancante, il numero del modello tra parentesi quadre.]*

Dos non in forma comuni, sed data in pignore petia una terre ad / terminum cum pacto luendi, [XXXIII], c. 52r.
Compromissum generale, [XXXIIII°], c. 53r.
Compromissum factum per unum pro se et nomine alterius ocaxione unius vendictionis fiende, XXXV, c. 55r.
Compromissum factum per unum procuratorio nomine alterius ocaxione bestiarum datarum ad socedum et avanzamentorum ipsarum bestiarum, XXXVI, c. 56r.
Compromissum factum per unum tutorem nomine pupilli, XXXVII, c. 58v.
Compromissum factum per curatorem cum consensu minorum, XXXVIII, c. 59r.
Quod possit ellegi tercius arbiter et cetera, [XXXVIIII°], c. 61r.
Prorogatio compromissi facta per partes, XL, c. 65r.
Prorogatio compromissi facta per arbitros, [XLI], c. 65r.
Sequitur forma arbitramentorum, [XLII], c. 65v.
Amolegatio arbitramentorum facta per partes post / prolationem arbitramentorum, [XLIII], c. 72v.
Alia amolegatio in altera forma plus ornata, [XLIIII°], c. 73v.
Ellectio tertii arbitrii facta per arbitros, XLV, c. 74v.
Ratificatio instrumenti compromissi, XLVI, c. 75v.
Alia ratificatio compromissi generalis vel spetialis, XLVII, c. 76v.
Ratifficatio arbitramentorum, XLVIII, c. 78r.
Alia ratificatio de vendictione vel alio instrumento, XLVIIII°, c. 79r.
Conservatio super instrumento obligationis, L, c. 80v.
Conservatio de vendictione, LI, c. 81r.
Conservatio de instrumento investiture aut live[li][c], LII, c. 82r.
Testamentum nuccupativum, LIII, c. 83r.
Testamentum ceci, LIIII°, c. 103r.
Revocatio testamenti, LV, c. 108r.
Codicilus post testamentum, LVI, c. 109r.
Codicilus ante testamentum, LVII, c. 110r.
Donatio causa mortis, LVIII, c. 111r.
Donatio inter vivos, LVIIII°, c. 112r.
Divisio bonorum comunium inter fratres, [LX], c. 115v.
Cambium de bonis, LXI, c. 118v.
Vendictio de uno ad unum in forma comuni, [LXII], c. 121r.
Venditio in minori forma, LXIII, c. 124r.
Venditio et insolutum datio de fictis preteritis facta / per procuratorem substitutum ab alio procuratore de / decima, LXIIII°, c. 126v.
Venditio facta de maiori pretio bonorum quam primo / vendita erant quia timebatur de recisione venditionis, LXV, c. 127v.
Venditio regressus exigendi, LXVI, c. 128v.
Venditio hereditatis, LXVII, c. 129r.
Venditio servitutis strate, ducendi aquam et trahendi aerem, LXVIII, c. 129v.

Venditio sine preiuditio pacti luendi, LXVIIII°, c. 130r.
Venditio utilis dominii et naturalis possesionis / facta per massarium, LXX, c. 130v.
Venditio facta per hemphiteotam cum licentia domini directi de utili dominio, LXXI, c. 131v.
Consensus domini videlicet hemphiteoticarii, LXXII, c. 132r.
Venditio directi dominii, LXXIII, c. 133r.
Protestatio que fit per uxorem in venditione qualiter / protestatur se esse tutam et securam de iuribus / suis dotalibus super aliis bonis dicti mariti sui, et est / ponenda in fine contractus ante iuramentum, LXXIIII°, c. 136r.
Venditio facta per tutorem seu curatorem testamentarium, LXXV, c. 137v.
Venditio facta per curatorem et minorem, LXXVI, c. 140v.
Venditio facta per unum pro se et promittit pro alio in vendendo alteri pro se et nomine alterius, LXXVII, c. 143v.
Venditio facta per duos aut tres quilibet eorum insolidum, LXXVIII, c. 145r.
Venditio facta per unum missum procuratorio nomine alterius, LXXVIIII°, c. 145v.
Venditio generalis, LXXX, c. 146v.
Venditio insolutum, LXXXI, c. 147r.
Interlineatio que fit super instrumentis obligationum aut socedorum pro quibus fiunt[d] venditiones insolutum, LXXXII, c. 148r.
Venditio facta per patrem et filium cum parabula et cetera, LXXXIII, c. 148v.
Venditio facta per maritum et uxorem, LXXXIIII°, c. 149r.
[e]–[Venditio facta per comune, LXXXV]–[e].
Estimatio et insolutum / datio facta per proc/uratores comunitatis / valis Lugani[1] et cetera, LXXXVI, c. 151r.
Retrodatum bonorum in forma comuni, LXXXVII, c. 155r.
Livelus cum pacto franchandi, LXXXVIII, c. 156r.
Livelus cum pacto luendi omnibus die et / hora seu rehemendi, LXXXVIIII°, c. 160v.
Investitura simplex, LXXXX°, c. 163r.
Cessio iurium, [LXXXX°I], c. 165v.
Emancipatio facta per patrem de filio suo, LXXXX°II, c. 167v.
Fraternitas et unio facta inter duos de eorum / bonis, LXXXX°III, c. 169r.
Pacta, LXXXXIIII°, c. 171r.
Tutella generalis, LXXXX°V, c. 172v.
Adhitio hereditatis, LXXXX°VI, c. 175v.
Inventarium cum descriptione bonorum, LXXXX°VII, c. 177r.
Actoria ad causas suprascripte tutricis et pupillorum, LXXXX°VIII, c. 177v.
Cura minoris seu minorum tantum generalis, LXXXXVIIII°, c. 179v.
Inventarium seu repertorium post suprascriptam curam, C, c. 181v.
Aliud inventarium post suprascriptam curam, CI, c. 182v.
Actoria ad causas facta per curatorem et minorem, CII, c. 183r.

Cura et tutella simul et semel, CIII, c. 184v.

Actoria ad causas[f] suprascripte curatricis / et tutricis cum minoribus, CIIII°, c. 186v.

Cura et tutella spetialis ad vendendum, / item ad faciendum finem et venditionem / post dotem, CV, c. 188r.

Venditio facta post suprascriptam curam spetialem, CVI, c. 193r.

Finis et venditio facta per suprascriptos curatores / et suprascriptam Iohanninam minorem suprascriptis fratribus / suis post dotem de hereditate et cetera, CVII, c. 196r.

Cura et tutella spitialis ad vendendum tantum, CVIII, c. 198v.

Cura dotis inestimate, CVIIII°, c. 200r.

Cura data absenti, CX, c. 202r.

Cura ad faciendum compromissum occaxione / de qua aliquis fuit constitutus tutor vel curator / occaxione administrationis tutelle et inventarii / bonorum pupillorum et rationis reddende / et divisionis fiende, CXI, c. 203v.

Cura ad petendum benefitium restitutionis, CXII, c. 205r.

Cura ad vendendum insolidum[g] debiti minoris, [C]XIII, c. 206r.

Cura ad petendum et finem et confessionem / faciendum, [C]XIIII°, c. 206v.

Cura ad faciendum confessionem occaxione arbitramentorum, CXV, c. 207v.

Confirmatio tutelle spicialis ad terminum / pro una causa tantum movenda contra minorem, CXVI, c. 208r.

Tutella data ad unam littem, CXVII, c. 208v.

Actoria post suprascriptam tutellam, CXVIII, c. 209v.

Renuntiatio tutelle sponte facta per tutorem asserendo se / non esse sufficientem nec aptum ad dictam tutellam, CXVIIII°, c. 210r.

Tutella post faciens mentionem de suprascripta renontiatione, CXX, c. 211r.

Tutella data minoribus et poschumo[h], CXXI, c. 212v.

Cura ad investiendum ad livelum, CXXII, c. 214r.

Cura ad se investiendum ad livelum, CXXIII, c. 216r.

Cura ad[i] se abstinendum / ab hereditate patris, CXXIIII°, c. 217v.

Repudiatio hereditatis, CXXV, c. 218r.

Confirmatio tutelle seu cure testamentarie, CXXVI, c. 218v.

Cura datta uni stulto et insensato / seu muto, CXXVII, c. 220r.

Renuntiatio facta per tutorem vel curatorem / testamentarium, CXXVIII, c. 222v.

Capitulum in testamento quod si quis habeat / unicam filiam[j] et eam gravare vellit / ut se non nubat sine consensu talis et talis, / alioquin si nubere contingat sine expresso consensu / ipsorum deputatorum seu curatorum quod ipsam filiam / suam privare intendit bonis et hereditate / dicti testatoris ultra legiptimam, et hoc / dictum est per iurisperitos, CXXVIIII°, c. 226r.

Adoptio seu filiatio facta per aliquem in / extraneam personam que sit in / alterius potestate, CXXX, c. 226v.

Adoptio de maiore annis XIIII°, CXXXI, c. 228r.

a–a *La* c. 1 *manca. Titolo e numero del modello sono stati integrati dal Formulario di Domenico Canevali (Lugano, sec. XVI), cfr. p. 76, n. 5; p. 84, n. 1.*
b–b *Parti mancanti per lacerazione della* c.
c live[li]] *parzialmente illeggibile per lacerazione della* c.
d fiunt *corretto sopra* fuerint.
e–e *La* c. 150 *manca. Titolo e numero del modello sono stati integrati dal Formulario di Domenico Canevali (Lugano, sec. XVI), cfr. p. 79, n. 9; p. 249, n. 8.*
f *Segue* tantum *depennato.*

[g] *Così, si intenda* insolutum.
[h] *Così, si intenda* postumo.
[i] *Segue* sub *depennato.*
[j] filiam *aggiunto sopra la linea sopra* fidem *depennato.*
[k] *Così, si intenda* extra.
[l] *Precede* Acusa *depennato.*
[m] *Così, si intenda* turbationis.
[n] *Così, si intenda* fictalitie.

[1] *Lugano, com., distr. omonimo. La* vallis lugani, *già dal sec. XII existente come unità geografica, comprendente le tre antiche pievi di Lugano, Agno e Capriasca, divenne comunità amministrativa a partire dal sec. XIV. Cfr.* SCHAEFER, *Il sottoceneri, trad, it., p. 2.*
[2] *Como, capoluogo della prov. omonima, Italia.*
[3] *Lugano, com., distr. omonimo.*
[4] *Cimo, com., distr. di Lugano.*

II

Formulario di Giovanni Carli
(Lugano, sec. XV)

ASTi, *Brentani.*

Frammento cartaceo, sec. XV, scrittura gotica notarile, cm. 29,5 x 20,5, consistente di cc. *41, di cui 40 con numerazione coeva da* 148 *a* 187*, in bianco la* c. 188*. Alcune carte con filigrana* (cc. 148–149, 151, 153–154, 156, 162–163, 165–168, 173, 176–180, 182, 185, 187). *Il fascicolo è stato rilegato e provvisto di copertina con rivestimento in pergamena in occasione del restauro (1993).*

Trattasi di un frammento di formulario notarile, compilato quasi esclusivamente da una sola mano; solo poche carte alla fine del frammento presentano grafia e inchiostro differenti[1]. Esso doveva far parte di un formulario notarile dalla casistica molto ampia, se si considera che l'ultima c. del frammento a noi pervenuto porta il numero 187. L'origine del formulario è da collocare nel territorio di Lugano, come ampiamente confermano i riferimenti agli statuti e alle consuetudini della comunità[2] e a istituti civili[3] e religiosi locali[4], mentre solo sporadicamente si fa riferimento al territorio comasco[5] e milanese[6].

Nel frammento a noi pervenuto l'autore del formulario non si dichiara mai espressamente. Abbiamo creduto però di poterlo identificare con Giovanni Carli, di Gerardo, pubblico notaio di Lugano, dall'identità del *signum tabellionatus* premesso al modello di una sottoscrizione notarile[7] con quello da lui apposto nel 1464 nella Matricola dei notai di Lugano[8] e dalla corrispondenza della grafia del formulario con quella della sua sottoscrizione notarile nella Matricola[9] e di tre istrumenti da lui redatti nel 1441, nel 1474 e nel 1476[10]. Un ulteriore indizio circa l'identità dell'autore ci viene ancora dal formulario, in cui il compilatore dice di avere lui stesso in quanto notaio rogato un istrumento e di chiamarsi Giovanni Carli[11].

Sicuramente in età matura egli attese alla compilazione del formulario[12], verosimilmente dopo il 1461, come confermano alcune date[13]. Nel frammento sono contenuti 31 modelli di istrumenti: i titoli e i sottotitoli dei modelli sono evidenziati tutt'intorno da una linea. Per alcune fattispecie, come il testamento[14], le *littere testimoniales* della legalità di un notaio[15] e gli atti conservativi[16], è offerta una scelta di modelli. Le parti teoriche occupano relativamente poco spazio e si trovano concentrate nei modelli che le presentano sotto il titolo *Ioxa* (glossa)[17].

1 *Cfr.* cc. 186v.–187v.

2 *Cfr.* cc. 160v., 165r., 178r. 179v., 180r.

3 *Cfr.* cc. 161v., 167v.–170r., *in cui sono ricordati i Sanseverino (1438–1447), signori del Sottoceneri, la* c. 168v., *in cui è ricordato Giovanni Filippo Prestino, nominato officiale della camera per i territori di Lugano e Mendrisio nel 1439 da Biagio Altomonte, capitano di Val Lugano, le* cc. 148r., 165r.–166v., 172r., 172v., 183v., 184r., *in cui è ricordato in generale il vicario della comunità di Val Lugano e in particolare Tomaino Trovamalla, nominato nel 1443* (cc. 161v., 171r., 173v.), *le* cc. 164v.–165r., *in cui sono ricordati gli* abbates, *i notai e la* matricola *dei notai della comunità di Val Lugano, le* cc. 165v., 172v., 178r.–179v., *in cui sono ricordati gli stimatori e il servitore della comunità di Val Lugano.*

[4] *Cfr.* cc. 149r., 153v., 156r., *in cui sono ricordate le chiese di San Lorenzo e di Santa Maria delle Grazie, nonché il convento dei frati francescani, di Lugano.*

[5] *Cfr.* cc. 161r., 170v.–171v.

[6] *Cfr.* cc. 156r., 182r.–183r., 185v.

[7] *Cfr.* c. 180r.

[8] *Cfr. le tavole in FDS TI C/1, p. 453, S.T. nr. 4.*

[9] *Cfr.* Matricola notariorum comunitatis vallis Lugani (a. 1464–1693), c. 1r. (ASCL, *Fondo del patriziato*).

[10] *Cfr.* ASTi, *Pergamene Prada-Camignolo, perg. 9 (1441 dicembre 13), Pergamene Luganese, perg. 10 (1474 gennaio 3), perg. 12 (1476 settembre 2).*

[11] *Cfr.* c. 168v.

[12] *Egli infatti era stato eletto notaio nel 1435 e si era iscritto di propria mano nella nuova Matricola dei notai di Lugano nel 1464. Cfr. Indice alfabetico dei notai in FDS TI C/1, p. 421, righe 29–30.*

[13] *Cfr.* cc. 173r. e 166v., *in cui si parla dell'anno 1458 e dell'anno 1461 come* proxime preteriti.

[14] *Cfr.* cc. 148v., 152v.

[15] *Cfr.* cc. 161r.–161v.

[16] *Cfr.* cc. 174v., 175v.

[17] *Cfr.* cc. 149v., 151v.,154v., 157r., 160r., 165r.

[c. 148r.] [Emancipatio][a]

filius legiptimus ut supra pro se valleat et possit contrahere, distrahere, / testari, donare, se et sua bona pigneri obligare et pati se condempnari, / locare et in iuditio stare et alios cuiusvislibet et quomodolibet contractus / et distractus facere, prout et sicut et quemadmodum pater familias / et homo liber ac sui iuris facere potest, capiendo dictus / Bertramus ipsum Iohannem eius filium legiptimum per manus et / dicendo, ego emancipo te a me et a meis vinculis et nexibus / paternis et potestate patria et facio te liberum et tui iuris / sicut homo liber et in libera potestate, in premium vero cuius quidem / emancipationis dictus Bertramus de la Ecclesia dedit et assignavit / suprascripto eius filio legiptimo ut supra infrascripta bona inmobillia inferius / terminata, coherentiata[b] et descripta per contractas[c] et coherentias et omne / pecculium quod penes se habet et in futurum adipisci contingerit, et / predicta omnia et singula acta, facta et cellebrata fuerunt / et sunt coram prefato domino vicario sedente ut supra et / in eius presentia, qui in predictis omnibus et singulis suum et suam / et comunitatis vallis Lugani predicte et pertinentiarum[1] auctoritatem et / decretum interposuit et dedit et dat cum cognitione cause / et ex eius offitio, et exinde de predictis omnibus et singulis rogatum / fuit per me notarium infrascriptum publicum confici debere instrumentum / [d]in laudem viri prudentis. Que bona, de quibus supra / fit mentio, in premium data ut supra sunt hec videlicet. / Actum et cetera, testes et notarii et cetera. /

Si pater suprascriptus non daret aliqua bona inmobillia filio suo suprascripto / in premium emancipationis, sed daret tantum peccuniam, dicat / notarius supra in emancipatione ubi dicit infrascripta bona et cetera, / dicat, libras decem terciolorum vel XXV terciolorum vel centum terciolorum, prout / pater dat, et omne pecc[u]lium quod habet penes se, ut supra fit mentio et cetera. /

[a] *Modello incompleto di* emancipatio.
[b] -a *corretto sopra* -i.
[c] *Così, si intenda* contratas.
[d] *Nel margine sinistro della* c. *in corrispondenza della riga 21 dell'originale, l'annotazione* ponantur post bona.

[c. 148v.] Testamentum noncupativum

[In] nomine Domini, amen. Anno a nativitate eiusdem et cetera, quia / illud quod potest bonum sortiri effectum semper a quolibet perquiri debet / ut ne in vanum laboret homo, et scriptum est quod ea, que / bono ordine peragunt, optimum sortiuntur effectum, et ideo dum / homo in hoc seculo vivit et recte loqui potest, necesse est / ei illud bonum agere in presenti ut in futurum ad salutem anime sue / possit pervenire, et quia mors et vita in manu dei sunt et / melius sit sub metu mortis vivere quam sub spe vivendi ad / mortem subitaneam pervenire, idcircho in dei nomine, ser Albertinus / de tali parte filius quondam ser talis, habitans in tali loco, sanus mente / licet languens sit corpore, nolens ab intestato decedere ne / post eius decessum bona sua inordinata relinquat et / remaneant, et ne aliqua lix, questio, discordia vel controversia / oriatur inter suos posteros, parentes proximos et affines occaxione / bonorum suorum, et timens repentinum mortis casum hoc / [a]suum presens testamentum fecit et facere procuravit, / quod quidem vult et iubet quod valleat et valere debeat / et tenere, [et si] iure testamenti noncupativi vallere et tenere / non potest, vult et iubet quod valleat et teneat et vallere / et tenere debeat iure codicillorum, et si iure codicillorum / non valleret neque teneret, vult et iubet quod valeat / et teneat quolibet alio iure quo melius, validius et / efficatius vallere et tenere potest, quia sic decrevit / eius ultima voluntas, videlicet imprimis namque dictus / ser Albertinus testator cassavit, iritavit et anulavit / et cassat, irritat et anullat et pro cassis, irritis / et nullis vult et iubet haberi debere omnia et / singula alia testamenta et alios codicilos per eum hinc / retro facta et condita et factos et conditos, si que reperiantur / [c. 149r.] per eum facta et condita et factos et conditos aliquo modo, et quod nullius / valloris et momenti ac efficatie sint et nullum possint et debeant / effectum sortiri tamquam si non fuissent facta et condita et factos et / conditos, quia sic decrevit eius ultima voluntas. Item statuit, / iudicavit, mandavit, legavit et ordinavit ac iussit et / statuit, iubet, iudicat, mandat, legat et ordinat quod omnia / ablata et male accepta per eum hinc retro quoquo modo et / quacumque ratione, causa et occaxione et contra deum et sanctam matrem / ecclesiam et contra ius et iustitiam, reddantur et restituantur / et reddi et restitui debeant per infrascriptos eius filios et heredes / et utrumque eorum aliis personis, a quibus reperiatur ipsum Albertinum / testatorem aliquid illicite et iniuste habuisse et recipisse ut supra, / et hoc pro remedio anime sue. Item statuit, iussit, iudicavit, / legavit et ordinavit et statuit, iubet, iudicat, legat et ordinat / ecclesie Sancti Laurentii de Lugano[2] libras decem denariorum novorum / semel tantum pro remedio anime sue. Item statuit, iussit, legavit / et ordinavit et statuit, iubet, legat et ordinat quod per infrascriptos eius / filios et heredes et utrumque eorum fiat et fieri debeat elimosina / una de stariis quatuor in pane cocto hinc ad annos decem / proxime futuros, que elimosina dari debeat in predicto loco de / tali parte seu ad ecclesiam Sancti et cetera patronalem pauperibus Christi / omni anno in tali die, si poterint, usque ad dictos annos decem / proxime futuros, et hoc pro remedio anime sue. Item statuit, / iussit, iudicavit, legavit et ordinavit et statuit, iubet, / iudicat, legat et ordinat ac iure institutionis relinquid[b] / Iohanine eius testatoris filie legiptime et uxori talis de tali / parte libras duas terciolorum semel tantum, et hoc ultra dotem et bona / pallefrenalia, quam et que habuit ipsa Iohanina a dicto ser Albertino / patre suo testatore ut supra, et pro quibus libris duabus terciolorum dictus ser / Albertinus testator voluit et iussit et vult et iubet ipsam / [c. 149v.] Iohaninam eius filiam stare, esse et debere permanere tacitam et contentam, / et hoc super homnibus[c] et singulis bonis et rebus mobillibus et inmobillibus / presentibus et futuris, que dictus testator relinquet tempore obitus / sui iure Tribilianice, Falcidie et debite nature et quolibet alio / iure quo melius, validius et efficatius fieri potest, quia sic decrevit / eius ultima voluntas et pro remedio anime sue. Item statuit, / iudicavit et legavit ut supra Dominice eius uxori libras quinquaginta / denariorum novorum, et hoc ultra eius dotem sibi dandam et solvendam per infrascriptos / eius filios et heredes semel tantum, et hoc pro remedio anime sue. Item / statuit, iudicavit, legavit et ordinavit ut supra quod dicti infrascripti / eius filii et heredes et uterque eorum pro medietate teneantur et / debeant facere seu fieri facere quascumque expensas necessarias / cibi et potus, vestimentorum et calciamentorum Dominice eius / tes[ta]toris uxori et matri dictorum fratrum heredum ut supra quousque / et donec vixerit et vitam vidualem et honestam duxerit, / et hoc de bonis et rebus propriis et expensis tantum ipsorum fratrum, / eorum filiorum et heredum ut infra, ac dampnis et interesse, / et hoc pro remedio anime sue. In omnibus autem aliis bonis et / rebus mobillibus et inmobillibus presentibus et futuris seseque moventibus, / iuribus et nominibus debitorum et creditorum, que dictus ser Albertinus / testato[r] habet et tempore obitus sui relinquet quoquo modo et / quacumque ratione, causa et occaxione, ipse ser Albertinus testator / ut supra instituit et ordinavit et instituit et ordinat sibi / heredes universales Iohannem et Iacobum fratres, eius filios legiptimos / et naturales, insolidum, videlicet utrumque eorum pro medietate, quos / suo ore proprio nominavit et nominat et invocavit et invocat, / et exinde de predictis omnibus et singulis rogatum fuit per me notarium / infrascriptum publicum confici debere instrumentum in laudem viri prudentis. / [d]Actum et cetera, testes et notarii et cetera. /

Ioxa[e] /

[c. 150r.] Si vero testator voluerit facere testamentum inrevocabile, dicat sic ante / imprimis videlicet, volens hoc suum presens testamentum esse suum ultimum velle / et suam ultimam voluntatem et non posse nec debere per aliquod / aliud eius testamentum vel codicilum vel aliam eius ultimam / voluntatem nec alio modo revocari nec anullari. /

Si vero voluerit testator iurare non revocare, dicatur sic ibidem post / predicta verba videlicet, et sic dictus testator iuravit et iurat corporaliter et cetera / se predicta et omnia et singula[f] in hoc testamento contenta perpetuo rata et cetera / habere et cetera, et hoc presens testamentum nullo modo nullaque causa nec occaxione nec / ullo unquam tempore revocare. /

Si vero testator voluerit apponere aliqua verba de quibus vellit fieri spitialis / mentio per eum, casu quo in alio testamento vellet presens testamentum revocare, / dicat ante videlicet primum capitulum, sic volens ac iurans ibidem corporaliter / et cetera ipse testator suum presens testamentum esse suum ultimum velle et suam / ultimam voluntatem et non posse nec velle ul[l]o tempore aliquo modo revocari / nec anullari nisi in eo instrumento revocationis sive alter testamentum / expresse describantur, et aponant infrascripta verba formalia de verbo ad verbum / et de ipsis infrascriptis verbis fiat spitialis mentio in ipsa revocatione, ver[b]a sunt / hec videlicet, ponantur postea ubi[g] verba, que voluerit, et postea dicatur sic videlicet, / que quidem verba si non descripta fuerint in quacumque eius alia ultima / voluntate et dispositione ex nunc ipse testator protestatur et iurat corporaliter / ut supra quamcumque eius aliam ultimam voluntatem et quandocumque eius aliud / testamentum, si quam eius quod per eum fieri contingat et in eo non fuerint / descripta suprascripta verba ut supra, procederi et quod procedat metu vel fraude / vel aliqua dolloxa suggestione et non motu proprio nec de mente. /

Nota quod si testator voluerit pro hiis elimosinis fiendis obligare aliqua / spitialia bona, tunc dicatur sic ante et hoc pro remedio anime sue videlicet, / et pro ipsa elimosina fienda idem testator obnoxia et obligata / relinquid[b] infrascripta bona inferius descripta et coherentiata videlicet, imprimis / petiam unam terre et cetera. /

Si vero Dominicus[h] testator voluerit constituere et deputare unum distributorem / [c. 150v.] et errogatorem ac fideicomissarium ipsarum elimosinarum, dicat sic videlicet, / quarum quidem elimosinarum fiendarum idem testator ellegit et deputavit / ac constituit errogatorem, distributorem et fideicomissarium Antonium de / tali parte, concedens sibi licentiam et liberam potestatem possendi sua propria / auctoritate et cessante omni contradictione infrascripti eius heredis vendere de bonis / dicti testatoris, de quibus voluerit, et ea obligare pro predictis omnibus solvendis / et restituendis. /

Si vero specificaverit bona, que voluerit ut possit vendere, tunc dicatur, / vendere talia bona et ipsa ibidem exprimere vel dicendo de talibus / bonis in tali loco et territorio iacentibus et cetera usque ad integram satisfactionem / predictorum legatorum et cetera, et scias quod iste deputatus tunc poterit / vendere de dictis bonis ut supra. /

Si vero testator voluerit quod alter heres sucedat alteri premoriendi[i] ab intestato / sine filiis, tunc dicat sic ante et exinde et cetera, et casu quo unus / eorum decederet ab intestato sine liberis, tunc et eo casu ipse testator / instituit et substituit sibi heredem insolidum alium ipsorum fratrum, qui supervixerit. /

Si vero ipse testator voluerit quod alteri[j] eorum heredum, qui supervixerit, sucedat / alteri premorienti licet fecerit testamentum ad hoc ne hereditas eius / vadat ad feminas, dicat sic ante et exinde de predictis et cetera videlicet, / et casu quo alter eorum decederet sine liberis, tunc et eo casu alium, / qui supervixerit, instituit et substituit sibi heredem universalem. /

Et poterit etiam fieri alia legata. /

Capitulum in testamento de administratione

Si vero testator faceret uxorem suam administratricem et usu/fructuariam bonorum suorum in testamento suo, dicatur sic ante / in omnibus autem suis bonis et cetera. /

Item statuit, iussit, legavit et ordinavit et statuit, iubet, / legat et ordinat quod domina talis eius uxor legiptima post / [c. 151r.] [k]decessum ipsius testatoris usque quo ipsa talis eius uxor vixerit / et vitam vidualem et honestam duxerit et lectum ipsius / maria[l] sui custodierit, sit domina maior massaria et usufructuaria / ac gubernatris et administratris quorumcumque bonorum et rerum mobillium / et inmobillium seseque moventium, iurium et nominum debitorum et / creditorum ipsius testatoris et que ipse testator relinquet post / eius obitum, et ipsa bona quecumque possit et valleat usufructuarie / gubernare et administrare, prout voluerit et eidem uxori sue / [m]melius videbitur et placuerit, et hoc sine aliqua ratione / reddenda et restituenda ac facienda per ipsam talem eius uxorem / infrascriptis eius filiis et heredibus aliqualiter nec aliquo modo, et / hoc ad beneplacitum ipsius domine talis eius uxoris, et hoc pro remedio / anime ipsius testatoris et pro benemeritis ipsius domine talis ab eodem / marito suo, et quia sic decrevit ultima voluntas ipsius testatoris. /

Capitulum in testamento de cura et tutela sine ratione reddenda

Si vero testator haberet filios parvulos minores et pupillos et vellit / facere uxorem suam curatricem et tutricem generalem ipsorum filiorum / suorum, posset sic dicere post dictum capitulum et ante in omnibus suis / bonis et cetera.

Item statuit, iussit, legavit et ordinavit et / statuit, iubet, legat, ordinat et iudicat quod domina talis eius / uxor legiptima post mortem ipsius testatoris, ipsa vivente / et vitam vidualem et honestam servante ac lectum dicti viri / sui custodiente, sit et esse debeat curatris generalis personarum / et bonorum talis et talis fratrum, filiorum suorum, minorum annis / viginti quinque et minorum annis quatuordecim, et tutris generalis / persone et bonorum talis eius seu eorum fillii pupilli quousque pervenerit / ad etatem annorum quatuordecim et deinde inantea sit / eius curatris generalis usque ad etatem perfectam, et sic pro curatrice / [c. 151v.] et tutrice generali ipsam dominam talem uxorem suam dedit et dat / predictis omnibus filiis suis et cuilibet eorum ut supra ad omnia ipsorum et cuiuslibet / eorum minorum et pupilli negotia peragenda, facienda, gerenda et exercenda, / salvanda et administranda bene, iuste et legaliter, prout melius / poterit et voluerit ipsa domina talis uxor sua, et hoc sine aliqua / ratione reddenda quibuscumque cavillationibus, contradictionibus et exceptionibus / ac aliis omnibus in contrarium facientibus penitus cessantibus et reiectis, / quia sic decrevit eius ultima voluntas, et quod quicquid factum, / gestum, administratum, promissum et obligatum ac perpetratum fuerit et / ordinatum per ipsam talem eius uxorem, curatricem et tutricem generalem / ut supra datam vigore, pretextu et in exequtione presentis contracti, sit et / esse debeat validum, ratum, gratum et firmum et pro rato, grato, / firmo et valido perpetuo et omni tempore habeatur et haberi debeat tanquam a vera / curatrice et tutrice factis, gestis et perpetratis, et sic per presens eius / testamentum predictus testator iubet et vult ac iussit, voluit et / mandavit et mandat vallere debere et teneri ut supra dictum est, / et hoc pro remedio anime sue. /

Ioxa[e]

Poterit etiam hic ponere post, sine aliqua ratione reddenda, hanc clausulam / videlicet, absque satisdatione prestanda sive confectione inventarii bonorum dictorum / filiorum suorum inde fienda et absque confirmatione sive interpositione decreti / iudicis et absque alia iuris solempnitate, a quibus omnibus ipse testator / confidens penitus de legalitate et sufficientia dicte eius uxoris ipsam / eius uxorem absolvit, liberavit et exoneravit et absolvit, liberat et / exonerat et sibi predicta sponte et ex certa scientia remissit et / remittit quibuscumque cavilationibus et cetera, quam quidem clausulam non ponat / tamen notarius, nisi cognoscat ipsam legalem et cetera et nisi fuerit de / voluntate testatoris, quia aliquando veniret in dampnum minorum et cetera, / et sic poterit hec[n] clausula poni in infrascripto capitulo pupilli. /

Capitulum in testamento de ratione reddenda per curatricem, / tutricem et administratricem ponendum in suprascripto proximo capitulo / de cura et tutela ut in presenti capitulo fit mentio /

[c. 152r.] Si testator voluerit quod uxor sua redat rationem dictis filiis suis de / cura et administratione ut supra, potest notarius dicere ubi dicit et hoc suis[o] / aliqua ratione reddenda, dicat sic.

Cum hoc pacto, lege et condictione / quod dicta talis eius uxor, curatris et administratis ut supra teneatur et / debeat ac astricta sit de omnibus et singulis, que ad eius manus pervenerit / de bonis et rebus dictorum fratrum minorum et puppillorum ratione et occaxione / huius cure et tutelle, bonam et integram dictis fratribus minoribus et pupillo / facere, reddere et restituere rationem et sollutionem ac satisfactionem / temporibus debitis et congruis, et relinqua restituere cum augumentis debitis / et augumentorum augumentis, et hec omnia presente suprascripta tale domina uxore / sua, predicta acceptante et predictis omnibus et singulis asentiente et consentiente / ac offerente se predicta omnia et singula exequitioni mandare, sub ypotecha / et obligatione bonorum omnium suorum presentium et futurorum in manibus mei / notarii infrascripti ut publice persone stipulantis et recipientis nomine et vice et / ad partem et utillitatem dictorum fratrum minorum et pupilli et cuiuslibet alterius / persone cuya interest, intererit vel interesse poterit. /

Capitulum in testamento de legatione facta / filiabus legiptimis

Si testator habuerit filias maritandas et fecerit sibi dotem, dicat notarius / sic ante capitulum uxoris sue. /

Item statuit, iudicavit, legavit et ordinavit et statuit, iudicat, / legat et ordinat tali et tali filiabus suis et utrique ipsarum libras / centum terciolorum vel plus vel minus, prout voluerit testator, pro qualibet / ipsarum tempore quo ipse talis et talis sorores et utraque seu altera ipsarum / pervenient seu perveniet ad matrimonium sive temporale sive spirituale, pro quibus / libris centum terciolorum pro utraque ipsarum ipse talis testator voluit et / iussit et vult et iubet ipsas ambas sorores et utra[m]que ipsarum stare / tacitas et contentas perpetuo, et hoc de, pro et super omnibus et singulis / bonis et rebus mobillibus et inmobillibus presentibus et futuris ipsius / testatoris et que ipse testator relinquet tempore obitus sui iure / [p] / [c. 152v.] Tribilianice, Falcidie, legiptime, debite nature et quolibet alio iure / quo melius et validius fieri potest, quia sic decrevit eius ultima / voluntas, et decedentibus ipsis sororibus vel altera ipsarum sine testamento / quod talis, sicut[q] voluerit testator, sucedat eis vel ei in / totum qui decesserit.

Vel dicat sic et melius est videlicet, et casu quo / aliqua seu alique ex eis decederet sine liberis vel antequam pervenerit / seu pervenerint ad matrimonium ut supra, tunc et eo casu sibi substituit / heredem insolidum infrascriptum talem eius heredem institutum. /

[a] *Precede* casum *depennato.*
[b] *Così, si intenda* relinquit.
[c] *Così, si intenda* omnibus.
[d] *Nel margine sinistro della* c. *in corrispondenza delle righe 29–30 dell'originale, l'annotazione* septem testes requiruntur in testamento ultra notarios.
[e] *Così, si intenda* glosa *o* glossa *(it. chiosa).*
[f] *Segue* h *depennato.*
[g] *Così, si intenda* ibi.
[h] *Così, si intenda* Albertinus.
[i] *Così, si intenda* premorienti.
[j] *Così, si intenda* alter.
[k] *Nel margine sinistro della* c. *in corrispondenza delle righe 1–6 dell'originale, l'annotazione* advertatur bene in hoc capitulo in consulendo testamenti, si uxor sua esset infamis vel fatua vel multum ignorans et filii erunt parvuli vel fatui, quod semper capiatur melius partitum.
[l] *Così, si intenda* mariti.
[m] *Nel margine sinistro della* c. *in corrispondenza delle righe 9–14 dell'originale, l'annotazione* scias autem quod mulier non potest constitui domina maior et cetera nec sibi legari potest ultra libras L[ta] terciolorum, si non habet filios ex illo matrimonio, et hoc secundum formam statutorum. *Cfr.* HEUSLER A., *Rechtsquellen des Kantons Tessin. Die Statuten von Lugano 1408–1434 und 1441, ZSR, 35, NF 13 (1894), cap. CXLVII, p. 202.*
[n] *Segue* clausula *depennato.*
[o] *Così, si intenda* sine.
[p] *Segue* pro melius et validius fieri potest quia sic decrevit eius ultima *depennato.*
[q] *Segue* venient *depennato.*

Testamentum nuncupativum

[In] nomine Domini, amen. Anno a nativitate eiusdem et cetera, cum mors temporalis / per effectum antiquissimum a principio creature inceptum nulli parcat / et sepe contingit multos a vita presenti multos a vita presenti[a] succinte / subtrahere nullis respectibus cognitis relinquentes omnia sua inordinata, / ex quo exinde multa inconvenientia subsequitur[b] occaxione eorum bonorum, / que tam respectu anime quam etiam bonorum temporalium ruynam mereri / videntur, ergo bonum est semper in ordine vivere bono ut succintus / incursus magnum dampnum inferre[c] non valleat, cum scriptum[d] / sit quod ea, que bono ordine peraguntur, ultimum sortiuntur effectum / et tunc omnibus respectibus tollitur omnis suspitio malla, cumque / mors et vita in manu dei sint et bonum est in timore dei et / meditatione mortis vivere quam exultando in temporalibus ad mortem subitaneam / pervenire et omnia sua bona inordinata relinquere, idcircho in / dei nomine, ser Paulus de tali parte filius quondam ser talis, habitans / in tali loco, sanus mente, intellectu et loquela boneque dispositionis / et memorie licet corpore modicum sit languens, nolens / ab intestato decedere de hoc seculo et bona sua inordinata / relinquere ne post eius decessum occaxione bonorum suorum aliqua / lix oriatur vel discordia, hoc suum testamentum et ordinamentum nuncupati[vum] / seu hanc suam ultimam voluntatem fecit et facere procuravit ac / facit, quod quidem vult et iubet vallere debere et tenere i[ure] / [c. 153r.] testamenti nuncupativi et ordinamenti, et si iure testamenti / non valleret, vult quod valleat[e] et teneat iure codicillorum, / cuiuslibet alterius iuris et ultime voluntatis ac omnibus modo, iure, / via, causa et forma quibus melius, validius et efficatius vallere et / tenere potest, quia sic decrevit eius ultima voluntas, et volens / dictus testator ad plenum sibi provedere circha presentem actum testamenti / et ultime voluntatis ne circha ipsum aliqua dubietas seu controversia / sive inflictio fieri possit, ad omnem bonum finem et effectum nec non ad / omnem cautelam sive habundantem sive necessariam, primo et / ante omnia predictus testator fecit et facit promissionem et securitatem / in manibus mei talis notarii infrascripti publice persone stipulantis et / recipientis nomine et vice et ad partem et utillitatem cuiuslibet persone, comunis, / collegii, capituli et universitatis cuya interest, intererit vel interesse / poterit, obligando se et omnia sua bona pigneri presentia et futura / in manibus mei iam dicti notarii infrascripti stipulantis et recipientis ut supra / de reddendo et restituendo omnes usuras et quicquid quod per eum / appareat seu apparuerit extorsisse et recipisse seu habuisse per aliquem / modum illicitum ab aliqua persona, comuni, collegio, capitulo et universitate, / si quod extorsum, receptum seu habitum per ipsum testatorem sit seu / aperuerit nec non fecit et facit sub obligatione predicta in omnibus et per / omnia, prout et sicut disponitur et requiritur iusta et secundum / formam sancte Romane ecclesie statutorum et ordinamentorum et / cuiuslibet qualiscumque constitutionis super inde, et pro quibus omnibus et singulis / et quolibet predictorum per eum firmiter attendendis, observandis et / adimplendis estitit fideiussor et principalis debitor ser Urbanus / de tali parte eius frater, filius condam ser talis, habitans ut supra, qui se de predictis omnibus / et singulis constituit fideiussorem, promissorem, attenditorem et observatorem, / obligando se et omnia sua bona pigneri presentia et futura ita quod / teneatur insolidum et cum effectu insolidum conveniri possit, renuntiando auxilio novarum constitutionum et epistule divi Adriani et omni / alteri iuri legum et auxilio in manibus mei iam dicti notarii infrascripti / [c. 153v.] recipientis et stipulantis nominative[f] quo supra, imprimis igitur cassavit, / revocavit, irritavit et anulavit et cassat, revocat, irritat / et anulat nulliusque valloris et momenti esse vult, statuit et / ordinat omne aliud testamentum et ordinamentum et omnia alia / testamenta et ordinamenta, codicillos et ultimas voluntates, quod, / que et quos hinc retro condidisset et fecisset seu reperirentur cum[g] modo / aliquo condidisse et fecisse etiam si in eis vel aliquo eorum essent / verba[h] derogatoria, de quibus, si recordaretur, hic expresse / faceret mentionem spitialem pro his cassandis, anullandis et revocandis / et ea penitus cassat, revocat et anullat et irritat nulliusque valloris / et momenti esse vult, quia eum penitet ea fecisse et condidisse. Item / statuit et ordinavit, voluit et iussit et statuit, ordinat, vult et / iubet quod omnia ablata et male accepta per eum hinc retro habita et / recepta, si que reperirentur cum[g] modo aliquo illicite habuisse et recipisse / ad quorum restitutionem teneatur secundum deum et sanctam matrem [e]cclesiam, / reddantur et restituantur per infrascriptum heredem suum illis a quibus reperiretur / eum modo aliquo illicite habuisse et recipisse, non recedendo tamen / a dicta promissione et securitate, sed potius ei inherendo, et hoc / pro remedio anime sue. Item statuit et ordinavit, iussit, volluit et[i] legavit / ac statuit et ordinat, iubet, vult et legat quod per infrascriptum eius / heredem fiat et detur et fieri et dari debeat elimosina una de / somis tribus bladii furmentate, silicet furmenti et sichalis equaliter, / cocti in panibus omni anno ad ecclesiam Sancti Laurentii de Lugano[2] / hinc ad annos duodecim proxime futuros continuos post eius decessum / pauperibus Christi de Lugano[3] et ulterius anuale unum omni anno / anuatim ut supra in dicta ecclesia Sancti Laurentii de Lugano usque ad / dictum terminum annorum duodecim proxime futurorum continuorum / post eius decessum ut supra secundum consuetudinem, et hec omnia pro / remedio anime ipsius testatoris, et quia ipse testator fuit et est / mercator et artem in tempore vite sue exercuit ex quibus multam gazam / lucratum fuit et est et ut pro incertis ablatis et male per eum acceptis / [c. 154r.] veniat citius a deo absolvendus, ipse testator vult et iubet quod modo / dicta elimosina de somis tribus furmentate ut supra incipiatur fieri et / dari et deinde de anno in annum seu anuatim usque ad dictum terminum / et quod nunquam per aliud eius testamentum et seu codicilum, quod seu / qui fiet per dictum testatorem, quoquo modo non derrogetur nec derrogari / debeat nec derrogatum esse intelligatur aliquo modo presenti capitulo, / existente facultate possendi ipsam elimosinam facere de bonis et / super bonis ipsius testatoris nisi forte ipsa ellimosina agregata fuerit / per ipsum testatorem vel in meliori conditione legata et ordinata, / tunc et eo casu possit derogari presenti capitulo et non aliter, quia / sic decrevit et disposuit sano intellectu eius ultima voluntas, / quia ambulans in[j] tenebris melius per lumen ante portatum videt / quam retro portatum. Item statuit et ordinavit, iudicavit et legavit / ac statuit, iudicat, ordinat et legat et iure institutionis relinquid[k] / domine Aliole eius testatoris sorori et uxori talis de tali parte ac filie condam / suprascripti ser talis de tali parte ultra dotem sibi datam de denariis et / bonis ipsius testatoris libras decem terciolorum semel tantum post eius / decessum, et hoc pro remedium[l] anime ipsius testatoris, in et pro / quibus dictus testator vult et iubet quod dicta domina Aliola eius / soror debeat stare, esse et permanere tacita et contenta super aliis / bonis et rebus ipsius testatoris iure debite nature, Tribilianice / et Falcidie et iure cuiuslibet alterius iuris. Item statuit et / ordinavit, iudicavit, voluit et legavit ac statuit et ordinat, / iudicat, vult et iubet ac legat et iure institutionis relinquid[k] / domino Girardo eius fratri, filio condam suprascripti talis, libras centum terciolorum / semel tantum post eius decessum, et hoc pro remedio anime ipsius / testatoris, volens et iubens ac vult et iubet dictus testator / ipsum dominum Girardum eius fratrem esse, stare et permanere tacitum / et contentum pro ipsis libris centum terciolorum super omnibus aliis bonis / et rebus ipsius testatoris iure debite nature, Tribilianice et / Falcidie et iure cuiuslibet alterius iuris ut supra. Item statuit, / [c. 154v.] iudicavit, voluit, legavit et ordinavit et statuit, iudicat, vult, legat / et ordinat et iure institutionis relinquid[k] Antonine eius filie / legiptime libras sexcentum denariorum novorum semel tantum sibi dandas et / solvendas per infrascriptum eius heredem quandocumque ipsa Antonina pervenerit ad / matrimonium sive temporale sive spirituale, volens et iubens et vult / et iubet ipse testator ipsam Antoninam stare, esse et permanere tacitam / et contentam pro ipsis libris sexcentum terciolorum super homnibus[m] aliis bonis ipsius / testatoris ac rebus iure debite nature, Tribilianice et Falcidie / et iure cuiuslibet alterius iuris ut supra, et si dicta Antonina eius / filia decederet vel decedat ab intestato antequam perveniat ad matrimonium / ut supra, dictus testator vult et iubet per presens eius testamentum et ordinamentum / quod infrascriptus eius frater et heres insolidum eidem Antonine sucedat / et sucedere debeat in totum, imponendo et per hoc suum presens testamentum / et ordinamentum imposuit et imponit perpetuum scilentium suprascriptis ser Guido[n] / et domine Aliole fratri et sorori suis et quibuscumque aliis de omni et toto eo / quod petere possent de, in et super dictis libris sexcentum terciolorum ut supra / adiudicatis dicte Antonine quoquo modo et quacumque ratione et occaxione. / In reliquis autem bonis et rebus suis mobillibus et inmobillibus seseque / moventibus, iuribus, actionibus et nominibus debitorum et creditorum, que / dictus testator habet et die obitus eius relinquet, idem ser Paulus / testator instituit sibi heredem universalem ore suo proprio nominando / et quem nominavit et nominat et invocavit et invocat Urbanum / de tali parte eius fratrem legiptimum, filium condam suprascripti ser talis, habitantem in tali loco, / et exinde de predictis omnibus et singulis et quolibet predictorum dictus testator / rogavit me notarium suprascriptum et infrascriptum ut publicum confitiam instrumentum / unum et plura, prout fuerit necesse et requisitum fuerit ad petitionem / cuiuslibet persone cuya interest, intererit vel interesse poterit et / debuerit de iure, in laudem viri prudentis. / [o]Actum et cetera, testes et notarii et cetera. /

Ioxa[p]

Nota quod si pater voluerit in testamento suo exheredare aliquem eius filium / [c. 155r.] dicatur sic in fine testamenti quando instituit heredem videlicet, in omnibus autem aliis bonis / et rebus et cetera ipse testator instituit sibi heredem universalem Antonium eius / filium legiptimum et naturalem, quem ore suo proprio nominavit et cetera, Paulum / vero similiter eius filium legiptimum ab omnibus eius bonis et hereditate exheredavit / et exheredat ex tali causa et cetera, que causa ibidem exprimatur, et nota quod / quatuordecim de causis poterit pater et avus exheredare filium et ablaticum, / et septem de causis poterit filius et ablaticus in eius testamento exheredare patre[m] et / avum suum videlicet, / et primo si quis ferierit vel percusserit patrem vel matrem, item si gravem iniuriam / fecerit patri, item si acusaverit patrem in criminalibus causis preterquam in crimine / lexe maiestatis vel de re publica, idem pro filio, item si violaverit matrem / vel concubinam patris, idem pro filio, item si filius fuerit maleficus, idem pro / filio, item si filius machinatur in necenitate[q], idem pro filio, item si pater fuerit / in carcere in manibus perfidorum et potuerit eum redimere et noluerit, / idem pro filio, item si filius moverit calumpniose litem patri pro qua / substineat gravia dampna, item si pater fuerit in carcere et filius / non fideiubat et contentantibus creditoribus eum habere in fideiussorem, item / si filius prohibet patrem testari, idem pro filio, item si non egit curam patris / furiosi, idem pro filio, item exheredabitur filia si potius voluerit luxuriari / quam maritari secundum possibilitatem patris, item certis aliis respectibus. / Sed nota quod non obstante ipsa exheredatione et expressa causa testamentum / tantum non vallebit nisi ille filius, qui remanserit heres vel alter heres / causas allegatas per patrem probaverit. /

Si autem testator adidisset aliud testamentum, in quo iurasset ipsum non / revocare, tunc ponatur in isto eius ultimo testamento in capitulo revocationis / testamentorum hoc modo videlicet.

Imprimis dictus testator cassavit, irritavit et / anullavit et cassat et cetera quoddam aliud eius testamentum per eum alias / conditum, in quo iuravit non revocare ipsum testamentum tradatum et / rogatum per talem notarium anno et cetera, iurando etiam et iuravit et / iurat dictus testator corporaliter et cetera quod hoc non facit errore nec aliqua / seductione, sed metu[r] proprio et ex certa scientia et omnibus modo, iure, / via, causa et forma quibus melius potuit et potest, item revocavit et / revocat ut supra omnia alia testamenta et cetera. /

[c. 155v.] Si autem in dicto alio eius testamento apposuisset aliqua verba, de quibus ibi spitialem / opporteret fieri mentionem, dicatur sic et maxime revocans talia / verba et cetera, debent ibidem exprimi verba de verbo ad verbum, prout sunt / posita in dicto alio testamento, quia aliter presens testamentum non valeret contra primum, / et ponas iuramentum prout supra. / Aliquando etiam contingit quod testator habens plures filios ipsos sibi invicem / substituit heredes, tunc dicatur post institutionem hereditatis, ante et exinde / et cetera, hoc modo videlicet, et quatenus aliquis seu aliqui ipsorum trium seu quatuor / fratrum heredum ut supra institutorum, prout sunt et cetera, decederet seu decederent / sine liberis ab intestato, tunc et eo casu dictus testator sibi instituit heredes / alios, qui supervixerint, vel eorum filios masculos per stirpes et non per / capita, et exinde et cetera. /

[a] *Così, si espunga* multos a vita presenti.
[b] *Così, si intenda* subsequuntur.
[c] -e *corretto sopra* -t.
[d] *Segue* est *depennato.*
[e] -a- *di* -at *corretto sopra* -n-.
[f] *Così, si intenda* nomine.
[g] *Così, si intenda* eum.
[h] *Segue* interogatoria *depennato.*
[i] et *aggiunto sopra la linea.*
[j] in *sopra la linea sopra* et *depennato.*
[k] *Così, si intenda* relinquit.
[l] *Così, si intenda* remedio.
[m] *Così, si intenda* omnibus.
[n] *Così, si intenda* Girardo.
[o] *Nel margine sinistro della* c., *in corrispondenza delle righe 29–31 dell'originale, l'annotazione* septem testes requiruntur in testamento ultra notarios.
[p] *Così, si intenda* glosa *o* glossa *(it. chiosa).*
[q] *Così, si intenda* nece, *si integri* patris.
[r] *Così, si intenda* motu.

Codicillus factus in ultima voluntate

[In] nomine Domini, amen. Anno a nativitate eiusdem et cetera, in terra / Lugani[3] videlicet in domo infrascripti disponentis, ibique discretus vir dominus / Petrus de tali parte habitator Lugani, filius condam ser talis, volens nonnullos codicillos / facere et addere ad dispositionem alias de anno[a] / per eum factam, quam illibatam esse voluit et vult, per hos igitur codicillos / relinquid[b] conventui et fratribus Sancti Franzisci de Lugano[4] brentam / unam vini boni dandam et solvendam per heredes suos singulo / anno hinc ad annos triginta proxime futuros tantum pro anniversario / suo omni anno per ipsos fratres et conventum fiendo, quod si facere / negligerent vel recusarent, tunc et eo casu voluit et iussit / ipsam brentam vini eisdem dari non debere, absolvens ex / nunc ipsos heredes ab omni vini predicti prestatione, casu quo predicti / fratres ab ipsius anniversarii cellebratione cessarent pro eo anno / tantum quo cessatum esset a predicto anniversario, quod vinum / si uno anno dari non posset aut propter temporum intemperiem / aut tempestatem, fertilitatem vel penuriam, tunc voluit et / [c. 156r.] iussit dari et prestari debere alio anno, quod vinum si contingeret aliquo / casu propter guerarum discrimina a territorio vallis Lugani[1] et precipue a loco de / tali parte absentare et terras ac vineas incultas deserere, tunc voluit / et iussit ipsam brentam vini prestari non debere, sed solum ipsis / heredibus redeuntibus et habitantibus in dicto loco teneantur et obligati sint / ad predictam vini[c] prestationem. Item voluit et[d] iussit ac relinquid[b] predicto / conventui et fratribus florenum unum cum dimedio monete Mediolani[5] solvendum / per ipsos heredes usque ad annos triginta, pro quibus teneantur et obligati / sint ipsi fratres et conventus omni anno dicere seu dici facere missas / duas omni mense ad altare Sancte Marie in ecclesia predictorum fratrum. / Item quia potuisset contingere propter diversos rerum eventus et temporum / eundem dominum Petrum codicilantem aliqua indebita percepisse et male / ablata, de quibus veniret restitutio facienda licet reddat conscientia / sua nichil de alieno habuisse, ut tamen consulatur anime sue quam prae ceteris / rebus nutrire constituit, reliquid[e] predictis fratribus et conventui libras quinqueginta / terciolorum solvendas per suos heredes infra tempus annorum viginti / proxime futurorum post eius decessum vel aliud de quo pro ipsis libris / quinquaginta terciolorum inter ipsos fratres et predictos heredes conventum fuerit. / Item voluit atque iussit quod domina Petrina uxor sua, quam diu cum / filiis suis vivere voluerit et stare et dotem suam in domo / relinquere, de cetero habeat victum et vestitum, si vero filii ipsius / testatoris et heredes predicti de ipsa se bene non portarent et alienos / se cum eadem ostenderent et ipsa vellet se cedere ab eisdem, / tunc voluit et mandavit per ipsos heredes dari debere staria / quatuor furmenti, staria quatuor sichalis et staria quatuor / milii omni anno et staria duo leguminum, brentas sex vini, que / omnia conducantur per ipsos heredes in loco in quo duxerit habitandum, / item in eodem loco navatas duas lignorum, item quod habeat / habitationem pro suo usu expensis dictarum[f] eius heredum, item quod habeat / omni anno libras decem terciolorum et omnes panos et ornamenta, / que paraverat pro eadem pro necessitatibus suis maxime lectum / [c. 156v.] ipsius codicilantis fulcitum prout iacet, pro quibus voluit atque iussit / predictam eius uxorem ab omni[g] datiorum, gabellarum et aliorum onerum / quorumcumque esse liberam et inmunem et per predictas[h] eius heredes / liberari et absolvi debere, et hos codicillos iubet ab omni herede / suo servari, qui sibi ex testamento vel ab intestato sucesserit, et / si aliquid contrarium aliquo tempore apparuerit eundem codicillantem / statuisse, illud vallere non vult nec vult hanc suam voluntatem / per aliquam voluntatem vel testamentum, quod fecit vel de cetero factus / est, infirmata nisi expresse de singulis superioribus legatis revocandis / fecerit mentionem, ponenda non in genere sed in spetie nomine legatariorum / et speties legatorum, quas revocare voluerit, quicumque autem / heredum ipsius codicillantis contra hos codicillos in iuditio vel / extra iudicium duxerit resistendum, tunc[i] iussit atque voluit / quod quicquid eisdem reliquid[e] venerabili domino Christoforo vicario reverendi / domini domini episcopi Tardonensis[6] filio suo iure fidem restituat et ipse codicillos / ipsos adimpleat iuxta eorum continentiam et tenorem. Item voluit, / iussit et mandavit quod dicta domina Petrina eius uxor omni die / et[j] hora post obitum dicti testatoris possit et liceat testari / et facere dari usque ad quantitatem librarum XXV terciolorum pro anima / ipsius domine Petr[in]e de bonis dicti testatoris sine alicuius contradictione / cui ipsi melius videbitur et placuerit, in omnibus autem aliis / suis bonis et rebus mobillibus et inmobillibus presentibus et futuris / seseque moventibus, iuribus, actionibus et nominibus debitorum et creditorum, / que dictus testator habet et tempore obitus sui relinquet, dictus testator / in dicto eius testamento reliquid[e] eius heredes universales suprascriptum / dominum Christoforum et Ambrosinum fratres, eius filios et utrumque eorum / pro medietate, quos ore suo proprio nominavit, quos etiam per presentes / confirmavit et confirmat, et exinde de predictis omnibus et singulis / rogatum fuit per me notarium infrascriptum publicum confici debere / instrumentum unum et plura eiusdem tenoris in laudem viri prudentis. / [k]Actum et cetera, testes et notarii et cetera. /

[c. 157r.] Ioxa[l]

Si vis corrigere vel mutare vel revocare legata facta in testamento / per viam codicilis[m], quia ibi non fit mentio in hoc codicillo, de hoc / quere in presenti cartulario aliam formam codicilli multum / utillem in folio[n]. / Nota quod codicilli non fiunt nisi ad corigendum testamentum factum / vel fiendum et non cassant codicili testamentum nec annullant de / iure civili, sed ad corigendum vel suplendum fiunt, et etiam / in codicillo non potest fieri institutio heredum et si fit est[o] nulla. /

a *Segue spazio in bianco corrispondente a 35 mm.*
b *Così, si intenda* relinquit.
c *Segue* et *depennato.*
d et *aggiunto sopra la linea.*
e *Così, si intenda* reliquit.
f *Così, si intenda* dictorum.
g *Così, si intenda* onere.
h *Così, si intenda* predictos.
i *Segue* iussint *depennato.*
j *Segue* i *depennato.*
k *Nel margine sinistro della* c., *in corrispondenza della riga 31 dell'originale, l'annotazione* quinque testes ponantur ultra notarios.
l *Così, si intenda* glosa *o* glossa *(it. chiosa).*
m *Così, si intenda* codicili.
n *Segue spazio in bianco corrispondente a 105 mm.*
o -st *corretto sopra* -t.

Legiptimatio facta per comitem pallatinum et cetera

[In] nomine Domini nostri Yesu Christi, amen. Anno a nativitate eiusdem / et cetera, nobilis et egregius vir dominus talis ex comitibus pallatinis / de tali parte, natus quondam nobilis viri domini ex comitibus / palatinus[a] ut supra, universis et singulis presentes inspecturis salutem in / creatore Domino. Licet imperialis excellentia magestatis[b] super / omnium temporalium dignitatum speculum constituta populos fidem / christianitatis imbutos suo salutiffero, iusto et equo intuitu regat / et dirrigat universos, atamen, quia illa generosa persona / que [c-]impono eminet[-c], semper et ubique non potest variis et diversis / negotiorum meritis exhibere ac tradere se presentem, et etiam / plerumque contingit quod ea de medio divino[d] subtracto iuditio mondus / caret, propter necessarium expedit ut princeps Romanus sue potestates, / honores et onera inter proceres suos et alios viros egregios / et excelsos fideles imperii privilegiis et scriptis Cesareis partiatur, / qui vice sua fidelibus imperii munera afferant pretiosa, / hinc est quod serenissimus felicis memorie quondam dominus / [e]Federicus secundus divina favente clementia Romanorum / [c. 157v.] imperator et semper augustus, de sue largitatis affluentia concessit / facultatem ac liberam[f] prefato domino tali comiti, predecessoribus et / sucessoribus suis ordinandi et faciendi filios legiptimos, qui non / sunt legiptimi, et filios adoptivos et iudices ordinarios et notarios / et alia quamplura, que in eodem privilegio seriosius continentur, prout / de his auctoritatibus patet publico privilegii autentico dicti domini / imperatoris ab originali extracto et cum omni debita iuris / solempnitate roborato tenoris infrascripti videlicet, hoc est exemplum / [g]infrascripti privilegii cuius tenor talis est[h]. / Quapropter prefatus dominus vir dominus talis comes pallatinus, / ut profertur, ex auctoritate, potestate et licentia ac gratia sibi dominis / predecessoribus et sucessoribus a prememorato domino imperatore indulta et / atributa, Petr[o]llo de tali parte habitanti in tali loco, filio condam talis et cetera, flexis / genibus coram eo domino comite existente et cum instantia / postulanti et humiliter requirenti Gasperinum eius filium, licet ipse / [i]Gasperinus non de legiptimis nuptiis procreatus sit, sed ex dicto / Petrolo eius patre ligato et Iacomina de tali parte filia condam talis progenitus / et creatus sit, legiptimari debere intuytu pietatis et misericordie / et de spitiali gratia ipsius domini comitis talis ad omnes sucessiones / et hereditates et ad omnia et singula iura sucessionum tam ab / intestato quam ex testamento dictorum Petroli et Iacomine ac etiam / tam hereditate adita quam non adita ipsorum ac omnium quorumcumque / agnatorum et cognatorum et affinium dictorum Petroli et Iacobine / ac etiam tam hereditate ipsorum adita quam non addita et tam̄ bonorum / suorum possessione aprenhensa quam non aprenhensa et ad omnes et singulos / actus civiles ac etiam privatos, honores, offitia et dignitates / tanquam legiptimis[j] ac si esset de legiptimo matrimonio procreatus, / [c. 158r.] ita quod omnibus parentibus, agnatis et cognatis ipsorum Petroli et Iacomine / dictorumque parentum ipsorum et cuiuslibet eorum tam mortuis quam viventibus / ac etiam tam adita hereditate quam non adita et tam bonorum possessione / ipsorum aprehensa quam non aprehensa, predictus igitur dominus talis comes / supradictus supplicationibus, precibus et postulationibus predicti Petroli patris / ipsius Gasperini inclinatus volensque eidem super petitione, postulatione / et requisitione ipsius Petroli gratiam facere spitialem, recordatus / misericordie Yesu Christi et eterne salutis aspitien[s]que dei benivolentiam / et eius immensam clementiam, quam habuit et habet superius deus / erga genus humanum, et quia omne genus humanum debet esse / conditionis in Domino nostro Yesu Christo, consciderans etiam benivolentiam / legis, animate inritatus superni boni, que scudet[k] subiectorum commoda / investigare elapsaque humani generis reparare, et quia etiam humana / natura labitur ad delicta et peccatorum purgatio facienda est ex / virtutis augumento, et quia vel vehementius furore amoris cui / de facili[l] resisti non potest nisi divina gratia precedente, / cum etiam dictus Gasperinus non peccavit licet conceptus fuerit ex / peccato et peccata parentum filios comitari non debeant, idcircho / omni modo, iure, via, causa et forma quibus melius potuit et potest / ex auctoritate et potestate sibi predecessoribus et sucessoribus suis atributa / a prememorato domino felicis memorie imperatore supradicto[m] / quocumque modo dictus Gasparinus natus sic[n] sive ex soluto et soluta / sive ex legato et legata sive ex incesstuoxo et nefario coytu procreatus / sit aut quocumque dictus Gasparinus natus sit seu adiudicari possit / fore natum, omnibus casibus consideratis et dilligenter examinatis per / eundem et dilligenti delliberatione perhabita, Christi nomine invocato, / ipsum Gasperinum filium suprascripti Petroli de tali parte eoque Petrolo presente, / petente, postulante et requirente ac instante et conscentiente, / ex certa scientia et de eius plenitudine potestatis legiptimavit / et legiptimat ipsumque legiptimum de cetero esse concessit, constituit, / [c. 158v.] voluit et decrevit, legitimum natum habilitavit eundem tanquam legiptimum / et de legiptimo toro natum ad sucessiones, hereditates et ad alia / omnia et singula iura tam ex testamento quam ab intestato dictorum Petroli / et Iacomine et etiam ad sucessiones hereditatum et ad omnia et / singula iura sucessionum quorumcumque ascendentium et quorumcumque agnatorum / et cognatorum tam vivorum quam mortuorum et tam bonorum suorum possessione / aprehensa, et ad omnes et singulos actus legiptimationis publicos et / civiles etiam privatos, honores, offitia et dignitates tanquam legiptimum / ac si esset de legiptimo matrimonio procreatus, ita quod de cetero dicto / Petrolo et Iacomina progenitoribus dicti Gasperini omnibus agnatis et / cognatis dictorum Petroli et Iacomine parentum suorum et cuiuslibet / eorum succedere valleat et [in] totum et in predictis et circha predicta / prosequi valleat actione[m], et dictum Gasperinum tanquam legiptimum / et de legiptimo matrimonio procreatum in bonis paternis et / maternis reliquorum agnatorum et cognatorum, ut premittitur, tam / mobillibus quam inmobillibus acquisitis seu acquirendis ex testamento / vel etiam ab intestato et quibuscumque aliis bonis undecumque a quocumque / provenientibus in totum sucedere valleat et omnia ea aprehendere ac / si esset de legiptimo matrimonio procreatus, et si se casus ingeserit / admitatur, et in cuntis aliis suam prosequi valeat actionem obiectione / inlegiptime prolis imposterum quiescente, [o-]redicens cum[-o] imperiali auctoritate / qua fongitur ad iura naturalia et antiqua, quibus omnes homines / liberi et legiptimi nascebantur, et ita precipue quod sucedat et / sucedere possit iure plenissimo tam bonis et hereditatis bonorum / parentum et propinquorum suorum, ut premittitur, et tam etiam in / bonis feudalibus quam alodiis quocumque modo sucessionis vel iuris, / ut profertur, non obstantibus nec in aliquo preiudicantibus quod scriptum / est in Autentica, quibus naturales modis affitiuntur[p] sui per / totum ut C. De naturalibus liberis L. prima, et autem quo modo / naturales effitiuntur legiptimi vel quavis alia lege, dicto vel [c. 159r.] constitutione et spitialiter illa que legiptimari spurios nixi ex certa / scientia non permittit, de qua lege fit mentio in privilegiis antedictis / et C. De precibus imperatori offerendis L. Nec dampnatorum et L. / Si qua benefitia et L. rescripta et C. De diversis rescriptis / L. Sanctimus et L. Si qua benefitia et L. sacra et L. universa, / non obstantibus etiam aliquibus legibus, de quibus mentio spitialis fieri / deberet, nec etiam obstantibus aliquibus statutis, provixionibus seu / consuetudinibus quarumcumque terrarum, civitatum et locorum sacri imperii, / quibus omnibus in hoc casu dumtaxat et ex certa scientia et sui plenitudine / potestatis totaliter derogavit ipsumque Gasperini[q] prefatus dominus comes / cum anulo aureo et osculo pacis intervenientibus publice investivit / de omnibus et singulis supradictis, et demum idem dominus comes imperiali / auctoritate sibi atributa decrevit et maxime hoc generali edicto ut / nulli hominum liceat contra hanc imperialem et sue concessionis paginam / atemptare vel ei ausu temerario contrahere, alioquin non sollum / imperialis indignationis aculeos sentiat, vero etiam centum marcharum / argenti pennam se noverit incursurum, cuius penne medietas / ipsi domino comiti vice principis aplicetur, reliqua medietas vero / passo iniuriam persolvatur et detur. Ad quorum omnium testimonium, / evidentiam et memoriam sempiternam prefatus dominus comes / presentem privilegii seu paginam sigilli seu inferius apensi cum / cordula seritia in materiam cere mandavit et voluit minime[r] / roborari, insuper predicti Petrolus et Gasperinus pater et filius in / manibus prefati domini comitis iuraverunt corporaliter ad sancta / dei evangelia manibus tactis scripturis et flexis genibus / quod semper et omni tempore erunt fideles, legales ac recti sacre / ecclesie Romane et Romano imperio et prefato domino comiti pallatino, / et quod non erunt ipsi nec alter eorum in conscilio ubi periculum eorum / pertractetur, et quod bonum et salutum[s] eorum totis viribus et posse pertractabunt / et dampna pro eorum possibillitate fideliter avertent. Et / [c. 159v.] exinde prefatus dominus comes et Petrolus de predictis omnibus cartam / fieri iusserunt et rogaverunt per me talem notarium de tali parte / infrascriptum in laudem et ad laudem viri prudentis. / Actum et cetera, testes et notarii et cetera. /

a *Così, si intenda* palatinis.
b *Segue* fi *depennato.*
c–c *Così, si intenda* imperio imminet.
d -n- *corretto sopra lettera non più leggibile.*
e *Nel margine sinistro della* c., *in corrispondenza delle righe 26–27 dell'originale, l'annotazione* ibi advertatur bene in privilegio comitis quis fuit imperator et ibi nomen ipsius ponatur.
f *Così, si intenda* licentiam.
g *Nel margine sinistro della* c., *in corrispondenza delle righe 9–12 dell'originale, l'annotazione* ponatur ibi privilegium comitis totum de verbo ad verbum cum transumpto et supscriptionibus *[*-p- *di* -pt- *aggiunto sopra la riga]* notariorum, si fuerit transumptum, et si non fuerit transumptum, ponatur tantum privilegium.
h *Segue spazio in bianco corrispondente a due righe e mezzo.*
i *Nel margine sinistro della* c., *in corrispondenza delle righe 16–19 dell'originale, l'annotazione* si esset privilegium concessum ipsi comiti noviter et primiter non opportet dicere in legiptimatione predecessoribus.
j *Così, si intenda* legiptimus.
k *Così, si intenda* studet.
l *Segue* restiti *depennato.*
m *Segue* quorumcumque *depennato.*
n *Così, si intenda* sit.
o–o *Così, si intenda forse* reducens eum.

p *Così, si intenda* effitiuntur.
q *Così, si intenda* Gasperinum.
r *Così, si intenda* munimine.
s *Così, si intenda* salutem.

Instrumentum tabelionatus quando notarii / procreantur a domino comite pallatino et cetera

[In] nomine Domini, amen. Anno a nativitate eiusdem et cetera, / [a]nobilis et egregius vir dominus Dominicus de tali parte / comes pallatinus, filius quondam domini talis, de imperiali plenitudine / potestatis creandorum concessa tabellionum, emanavit potestas / ut eiusdem potestatis gratia imperiali fonderet in subiectos, eapropter / ex indulto eidem super hoc ab imperiali culmine privilegio concesso / spitiali, prout in eo evidentius continetur, Stephanum filium talis de / tali parte, habitatorem talis loci, publicum et autenticum notarium / et tabelionem procreavit et fecit ipsumque flexis genibus devote / suscipiendo de dicto tabelionatus offitio et notarie publice / exercendo ac iudicis ordinarii et missi regis in quibuscumque locis / et partibus dicto imperio subditis ad dictum offitium et dicto offitio / pertinentibus, tam in instrumentis et ultimis voluntatibus et quibuscumque / iuditiorum actibus autentice conscribendis pro, in omnibus et singulis, que / spectant et pertinent ad dictum offitium per omnes terras et / loca que Romanum profitentur imperium agendum cum pene et / calamari traditione solempniter et legiptime investivit, / qui Stephanus tabellio ipsi domino comiti nomine et vice / Romani imperii recipienti solempniter et legiptime corporale / prestitit fidelitatis debite sacramentum, iurans etiam corporaliter ad sancta dei evangelia manu tactis scripturis quod / illud offitium fideliter exequetur et bona fide sine fraude / [c. 160r.] quibuscumque personis quacumque causa et negotio scribet et subscribet acta publica / et instrumenta, et totiens quotiens fuerit requisitus, nec non sententias et / dicta testium donec publicata fuerint et apposita sub secreto fideliter[b] / tenebit, iura pontium et hospitalium, viduarum, orfanorum et ecclesiarum / suo posse deffendet et manutenebit, et si sentiret aliquem tractatum / contra Romanum imperium vel Romanam ecclesiam illum quam citius / poterit suprascripto imperio vel ipsi domino comiti indicabit, alia omnia et singula / fideliter faciet et adimplebit que de iure facere debet secundum eius / offitium. Et de predictis prefatus dominus comes et dictus tabelio rogaverunt / me notarium infrascriptum ut publicum confitiam instrumentum in laudem viri prudentis. / Actum et cetera, testes et notarii et cetera. /

Ioxa[c]

Si fecerit iudicem ordinarium dicat sic videlicet, autenticum notarium, / tabelionem ac iudicem ordinarium et missum regis procreavit et fecit. /

[a] *Precede* pallatinus *depennato.*
[b] -te- *corretto sopra lettere non più leggibili.*
[c] *Così, si intenda* glosa *o* glossa *(it. chiosa).*

Securitas seu fideiussio

[In] nomine Domini, amen. Anno a nativitate eiusdem et cetera, cum / hoc sit quod Mafeus de Valle Marchirolli[7] filius condam ser talis, habitans in ipso loco / Vallis Marchirolli vicariatus Varixii[8] extra iurisdictionem vallis Lugani[1], / emerit seu acquisierit a ser Gaudentio Folcorado de Lugano[3] filio condam / ser talis, habitante in burgo Lugani, domum unam terraneam, sollariatam, / cohopertam cupis, iacentem in burgo Lugani, coherentiatam in venditione, / pretio librarum quinquecentum denariorum novorum, ut constat instrumento ipsius / venditionis tradito et rogato per talem de tali parte notarium publicum, / filium condam ser talis, anno Domini et cetera indictione et cetera die et cetera mensis / et cetera seu anno, die, mense et indictione in eo contentis, et promixerit / oretenus dictus Mafeus tunc emptor dicto ser Gaudentio de / solvendo talleas et honera in comuni Lugani et [in]combentia seu que / incombebant et incombere possent dicto ser Gaudentio pro ipsa domo, / [c. 160v.][a] et volens attendere per eum promissa, idcircho omnibus modo, iure, via, causa / et forma quibus melius potuit et potest dictus Mafeus constitutus coram / me notario et testibus et notariis infrascriptis promixit et convenit solempniter per stipulationem, / obligando se et omnia sua bona pigneri presentia et futura suprascripto ser Gaudentio / de tali parte presenti, stipulanti et recipienti nec non mihi notario infrascripto ut / publice persone stipulanti et recipienti nomine et vice dicti ser Gaudentii et omnium / aliarum personarum quarum interest, intererit vel interesse poterit, / de solvendo dictas taleas et quecumque alia onera in comuni Lugani incombentia / et que incombere et taxari possint de iure secundum consuetudinem dicti / comunis Lugani abinde inantea omni anno pro ipsa domo de qua supra / et canepario dicti comunis Lugani seu cui debebit de iure secundum / consuetudinem ut supra, et de rellevando suprascriptum ser Gaudentium et eius / heredes et sucessores indempnem et illexum et penitus sine briga, / expensis, dampnis et interesse a predictis taleis et oneribus pro ipsa domo per / eum acquisita a dicto ser Gaudentio, et hec omnia cum omnibus expensis, / dampnis et interesse et in penna et sub penna totius dampni et interesse / et omnium expensarum solempni stipulatione promissa et deducta, pro quo / Mafeo et eius precibus et instantia et pro predictis omnibus et singulis firmiter / attendendis, adimplendis et observandis et exequtioni mandandis / estitit fideiussor et principalis debitor talis de tali parte habitator Lugani, / filius condam talis, qui se pro predicto Mafeo et pro predictis omnibus et singulis attendendis / ut supra constituit fideiussorem et principalem debitorem, obligando se insolidum / et omnia sua insolidum bona pigneri presentia et futura, ita quod teneatur / insolidum et cum effectu insolidum conveniri possit, renuntiando auxilio / novarum constitutionum et epistole divi Adriani et omni alteri iuri legum / et auxilio. Et exinde de predictis omnibus et singulis rogatum fuit per me / notarium infrascriptum publicum confici debere instrumentum in laudem viri / prudentis. / Actum et cetera, testes et notarii et cetera. /

[a] *Nel margine superiore della* c., *al centro,* Yesus.

[c. 161r.] Littere testimoniales de notariis

Antoniotus Malaspina[9] marchio, potestas Cumarum[10] et cetera, quoniam sepe / numero solet non modo in semotis[a] verum et in vicinis partibus clipeo / potius inepte consuetudinis quam admittende excusationis tabeliones, / quos instrumenta publica rogare et conficere contingit, ignaros pronulgari[b] / quo[d] fit ut nil aliud contingat nisi quod vulgariter fertur arina reorum / simulando est fugere vel littigantibus pro tuitione et consequitione iuris / sui incomodum non exiguum sucedat, et abusionem hanc tolere / desiderantes, quemadmodum magistratuum convenit offitio harum itaque / tenore omnibus et singulis presentes inspecturis, notum facimus et manifestum / quod Franciscus de Piro civis Cumanus, filius quondam Iohanini, / est publicus, legalis, matricolatus et autenticus tabelio seu / notarius civitatis et[c] episcopatus Cumarum, artem tabelionatus / seu notarie in ipsis civitate et episcopatu annis decem et pluribus / preteritis ac impresentiarum publice et legaliter exercens, et quibuscumque / instrumentis et scripturis publicis, que per eum rogari contingit, tanquam / ab autenticho, legali, matricolato et publico notario confectis in / iuditio et extra plena adhibetur et adhibita est fides, in quorum / testimonium presentes fieri iussimus et sigillo nostro cumuniri. / Datum Cumis, die vigessimo secundo mensis Iunii MCCCC°L septimo, / signatum Thomax de Salla[11] comunis Cumarum canzelarius / et cetera, sigillata sigillo prefati domini potestatis. /

[a] *Così, si intenda* remotis.
[b] *Così, si intenda* promulgari.
[c] *Segue* epus *depennato.*

Alie littere testimoniales de tabelionibus seu notariis / testimoniales et cetera

Quoniam asuevit nonnunquam de tabelionum exercitio et fide / dubitari et persepe contra ignotorum tabelionum caviloxae opponitur instrumenta, / idcircho ego talis de tali parte, vicarius Lugani et vallis[1] et cetera, / [c. 161v.] harum tenore universis et singulis capitaneis, potestatibus, vicariis, iusdicentibus, / rectoribus et ceteris offitialibus quibuscumque has litteras inspecturis manifestum / facio et reddo[a] testimonium veritatis quod talis de tali parte filius condam talis, / publicus notarius, qui anno Domini et cetera indictione et cetera die et cetera mensis / et cetera tradavit et rogavit ac manu propria scripsit vel subscripsit / et in publicam formam redigit vel redigi fecit quoddam instrumentum obligationis / et condempnationis, in quo talis de tali parte est obligatus et condempnatus in / manibus talis filii condam talis de tali parte de libris et cetera occaxione contenta in / ipso instrumento, fuit, erat et est publicus, autenticus et legatis[b] / notarius, artem notarie in terra et burgo Lugani[3] ac tanquam verus / et publicus notarius et tabelio faciens et exercens, et quod ad ipsum / talem tanquam ad publicum, autenticum et legalem notarium et / tabelionem frequens pro publicis confit[i]endis instrumentis et scripturis / habebatur et hodie habet recursus, quodque publicis scripturis per ipsum / traditis et rogatis tanquam scripturis publici, autentici et legalis / notarii tam in iuditio quam extra adhibitu[m] fuit et adibebatur / et hodie adibetur plena fides, in quorum testimonium presentes / fieri iussimus et sigillo nostro cumuniri. Datum Lugani et cetera. /

[a] -d- *di* -do *corretto sopra lettera non più leggibile.*
[b] *Così, si intenda* legalis.

Alie littere testimoniales

Thomaynus Trovamala[12] legum doctor, vicarius Lugani et valis[1] / et cetera pro magnificis dominis de Sancto Severino[13] vallis Lugani dominis et cetera, quia persepe de tabelionum exercitio et fide dubitari sollet et / contra ignotorum tabelionum caviloxe opponitur instrumenta, idcircho harum / tenore universis et singulis offitialibus presentes inspecturis manifestum / facio et testimonium reddo veritatis quod talis de tali parte filius condam talis, / notarius publicus Lugani[3] predicti, qui hodie tradavit instrumentum unum / missi et procure ad petendum et plura alia faciendum et ad causas et cetera, / prout in eo plenius continetur, factum per talem de tali parte in talem de / [c. 162r.] tali parte, fuit, stetit et est publicus, autenticus et legalis tabelio seu / notarius, artem notarie seu tabelionis publice et legaliter exercens / in dictis burgo et valle[a] Lugani, et ad ipsum tanquam publicum et autenticum / ac legalem notarium seu tabelionem habetur hodie et habitus fuit recursus / pro publicis et autenticis confitiendis instrumentis et scripturis eiusque instrumentis / et scripturis plena adhibita fuit et hodie adhibetur fides tam in / iuditio quam extra, in quorum testimonium presentes fieri iussimus et / sigillo nostro cumuniri. Datum et cetera. /

[a] valle *erroneamente con segno abbreviativo.*

Instrumentum denuntiamenti de possessione

[In] nomine Domini, amen. Anno a nativitate eiusdem et cetera, / Bartolameus, Antonius et Rolandus fratres de tali parte, filii condam ser talis, / [a]habitantes in tali loco et cetera, suis nominibus propriis et nomine et vice Iacobi / et Augustini fratrum suorum, similiter filiorum condam suprascripti ser talis, pro quibus omnibus / suprascripti Bartholameus, Antonius et Rolandus et quilibet eorum promixerunt / et promittunt sub ypotecha et obligatione sui et omnium suorum bonorum / et rerum presentium et futurorum de rato habendo et rati habitione ut infra / et de iuditio sisti et iudicato solvendo omnibus ipsorum Bartholamei, / Antonii et Rolandi et cuiuslibet eorum propriis expensis, dampnis et interesse / et omnium expensarum solempni stipulatione promissa et deducta, omnibus / modo, iure, via, causa et forma quibus melius potuerunt et possunt / et ad omnem bonum finem et effectum, qui eisdem Bartholameo, / Antonio et Rolando pro se et nomine quo supra melius prodesse et proficere / possunt, et ad hoc ne infrascripti de infrascriptis aliquam possint pretendere / ignorantiam nec excusationem nec se sub pretextu alicuius ignorantie / aliquo modo excusare, accesserunt ad presentiam Georgii et Antonii / fratrum de tali parte, filiorum condam ser talis, et Filipi de tali parte, filii condam talis, et Iohannis / de tali parte, filii condam talis, omnium habitantium in tali loco seu ad domos / [c. 162v.] eorum habitationum sitas in dicto tali loco, et ibidem dictis Georgio, Antonio / fratribus personaliter repertis in dicto loco de et cetera in tali contrata et cetera et domibus / predictis dictorum Filipi et Iohannis et utriusque eorum, dicti Bartholameus, / Antonius et Rolandus pro se et nomine quo supra dixerunt, denuntiaverunt, / inctimaverunt et notificaverunt et dicunt, denuntiant, inctimant / et notificant dictis supra nominatis et domibus ipsorum et cuilibet eorum / quod ipsi Bartholameus, Antonius et Rolandus pro se et nomine quo supra et ipsi / fratres omnes de tali parte iam annis[b] IIII[or] proxime preteritis continue / fuerunt et steterunt et de presenti sunt in quieta et pacifica / possessione et tenuta infrascriptorum bonorum inferius terminatorum et coherentiatorum, / et quia dicti de tali parte superius nominati vociferando vadunt velle / ipsos Bartholameum et fratres turbare, mollestare et inquietare / in quieta et pacifica possessione et tenuta dictorum infrascriptorum bonorum, / dixerunt, denuntiaverunt, inthimaverunt, notificaverunt ac / petierunt et requisierunt et petunt et requirunt ab ipsis supra / nominatis de tali parte et a quolibet eorum quatenus non vellint nec / debeant, audeant nec presumant per se nec per submissam personam / directe nec per indirectum turbare, mollestare nec inquietare / nec turbari, mollestari nec inquietari facere dictos Bartholameum / et fratres de tali parte nec aliquem eorum nec eorum nec alicuius / eorum massarium et fictabilem seu massarios et fictabiles in quieta / et pacifica possessione et tenuta dictorum bonorum infrascriptorum in / pleno nec in vachuo, alioquin dicti Bartholameus, Antonius et / Rolandus pro se et nomine quo supra protestantur contra dictos supra / nominatos de tali parte et quemlibet eorum quod contra eos et quemlibet / ipsorum procedunt et instabunt seu procedi et instari facient / de turbatione possessionis et civiliter et criminaliter et omni modo, / iure, via et forma quibus melius poterunt de iure. / Insuper dicti Bartholameus, Antonius et Rolandus pro se et / nominibus quibus supra ad fidem faciendam de predictis ibidem / produxerunt et indixerunt infrascriptos, videlicet talem de tali parte filium condam / talis, talem de tali parte filium condam talis et talem filium condam talis de tali parte / [c. 163r.] in testes et pro testibus, qui iuraverunt et iurant ad sancta / dei evangelia manibus corporaliter tactis scripturis in manibus / mei talis de tali parte notarii infrascripti quod in veritate dicti Bartholameus / et fratres de tali parte iam annis tribus proxime preteritis continue / et continuato tempore fuerunt, s[t]eterunt et de presenti sunt in quieta / et pacifica possessione et tenuta dictorum infrascriptorum bonorum inferius / terminatorum et coherentiatorum et sibi responsum fuit et est et de / presenti respondetur de ficto ipsorum bonorum. Et exinde de predictis / omnibus et singulis rogatum fuit per me notarium infrascriptum publicum / confici debere instrumentum in laudem viri prudentis, dimissa / copia dicti denuntiamenti personaliter dictis Georgio et Antonio fratribus / et domibus habitationum suprascriptorum Filipi et Iohannis, videlicet una pro quolibet ipsorum. / [c]Actum et cetera, testes et notarii et cetera.

Que quidem bona de quibus / [d]supra sunt hec videlicet. /

[a] *Nel margine sinistro della* c. *in corrispondenza delle righe 12–16 dell'originale è stato annotato dalla stessa mano* instrumentum denuntiamenti fiendi contra mollestationes in possessione alicuius terre vel dominii vel maseritii.

[b] *Segue* IIII[or] *depennato.*

[c] *Nel margine sinistro della* c. *in corrispondenza delle righe 12–13 dell'originale è stato annotato dalla stessa mano* ponantur bona omnia de quibus fit denuntiamentum ante actum et cetera.

[d] *Precede spazio in bianco corrispondente a 45 mm.*

Electio vicini in comuni

[In] nomine Domini, amen. Anno a nativitate eiusdem et cetera, / convocata et congregata vicinantia comunis et hominum / et singularum personarum loci de tali parte plebis talis comitatus / et cetera in tali loco in contrata et cetera, ubi dicta vicinantia sepe / fit et congregatur et fieri et congregari sollet more sollito / pro infrascriptis omnibus et singulis spitialiter peragendis precepto, mandato / et impositione talis de tali parte filii condam talis, consulis et inantea / dictorum comunis et hominum de tali parte, in qua quidem vicinantia, / convocatione et congregatione affuit idem talis consul et cum eo / et penes eum affuerunt infrascripti, videlicet talis de tali parte filius condam / [a]talis et talis et cetera[b], / omnes vicini et habitatores dicti loci et comunis predicti, qui non / [c. 163v.] sollum fuerunt due partes trium partium dictorum vicinorum et dominii / dicti comunis sed[c] quasi omnes, qui omnes consul et vicini / superius nominati unanimiter et concorditer et nemine ipsorum discrepante / pro se et suis[d] nominibus propriis, item nomine et vice suprascriptorum / comunis et hominum et singularum personarum predicti loci de tali parte / elligerunt, reciperunt et assumpserunt et eligunt, recipiunt / et assumunt Iohannem et Marcolum fratres, filios condam Lafrancholi de / tali parte et utrumque eorum et insolidum pro eorum et cuiuslibet eorum / et dictorum comunis et hominum et singularum personarum loci predicti vicinis, / fratribus et consotiis in dicto comuni, ita et taliter et eodem modo et forma / quod ipsi fratres ambo superius ellecti et uterque eorum eorumque filii, heredes / et sucessores possint, valleant et debeant ac eis liceat et licitum / sit habitare, stare, albrigari, conversare, facere, agere et exercere quecumque / in dicto comuni et uti, experiri et exercere omnibus comunantiis, paschuris, / [e]aschuis et viganalibus ac preheminentiis et utilitatibus / dictorum comunis et hominum de tali parte, prout sicut et quemadmodum / alii vicini dictorum comunis et hominum agere, facere, exercere, stare, / habitare et albrigari ac experiri possunt, poterant et potuissent / ac poterunt in futurum omnibus exceptionibus, contradictionibus et cavilationibus / cuiuslibet persone, comunis, collegii, capituli et universitatis penitus remotis, / reiectis et cessantibus ac renuntiatis, promittentes et promixerunt / dicti Iohannes et Marcolus fratres et uterque eorum insolidum solempniter per / stipulationem, obligando se et utrumque eorum insolidum et omnia eorum / et utriusque eorum insolidum bona pigneri presentia et futura, videlicet / uterque eorum insolidum pro facto suo tantum et non unus pro alio, suprascriptis / consuli et vicinis superius descriptis et michi notario infrascripto ut / publice persone stipulantibus et recipientibus nomine et vice suprascriptorum comunis et / hominum et singularum personarum dicte vicinantie dicti comunis de tali / parte de faciendo, gerendo et exercendo et[f] quod facient, gerent / et exercent ac manutenebunt et conservabunt toto eorum et / [c. 164r.] utriusque eorum posse dictos comune et homines eorumque consuetudines, statuta / et ordines servabunt, et quod solvent et sustinebunt quecumque onera, / talleas et conditia incombentia et que inponentur et imponi contingerint / in dicto comuni et per dictum comune nec non[g] pontes et stratas, / ecclesias, vota et elimosinas quascumque et quecumque, ad quas et ad que / tenentur dicti comune et homines de tali parte pro eorum et utriusque eorum / facultate, estimo, taxa et personis debitis pro vicinis ipsius comunis / et prout et quemadmodum faciunt et facient et facere tenentur alii / vicini et terrigene dicti comunis de tali parte. Insuper predicti consul et / vicini superius nominati pro se et nominibus ut supra, pro una parte, et dicti / Iohannes et Marcolus fratres, pro altera, promixerunt et promixerunt / sub ypotecha et obligatione sui et omnium suorum bonorum et rerum / presentium et futurorum, silicet una pars alteri et altera alteri ad / invicem, predictam ellectionem et receptionem et[h] predicta omnia et singula / attendere et observare ac exequitioni mandare in omnibus et per omnia / prout superius continetur, ac ratam, gratam[i], firmam et validam et / rata, grata, firma et valida habere et tenere et nullo tempore / contrafacere nec venire aliqua ratione vel causa iuris vel facti, / in penna et sub penna totius dampni et interesse et omnium / expensarum solempni stipulatione promissa et deducta, danda et solvenda / per partem non attendentem et observare volentem ipsa penna / parti attendenti et observare nolenti predicta omnia et singula, et / penna solluta vel non et cetera, cum omnibus expensis et cetera, in bonis / denariis numeratis et cetera, sub pacto capiendi et cetera, renuntiando omnibus / legibus et cetera, et pro que[j] quidem ellectione et receptione et pro predictis / omnibus et singulis contenti et confessi fuerunt et sunt suprascripti consul et / vicini superius nominati pro se et nominibus ut supra se habuisse et recipisse / a suprascriptis Iohanne et[k] Marcolo fratribus et utroque eorum pro vicinis / receptis ut supra libras viginti denariorum nostrorum et pro plena, / solluta et integra satisfactione predictorum omnium et singulorum, / [c. 164v.] renuntiando exceptioni non habitorum et cetera. Et exinde de predictis et cetera rogatum / fuit et cetera fieri debere instrumentum in laudem viri prudentis. / Actum et cetera, testes et notarii et cetera. /

[a] *Nel margine sinistro della* c. *in corrispondenza delle righe 25–26 dell'originale è stato annotato dalla stessa mano* ponantur ibi vicini comunis qui sunt presentes quando fit talis *(così, si intenda* tale*)* instrumentum.
[b] *Segue spazio in bianco corrispondente a 50 mm.*
[c] *Segue* quias *depennato.*
[d] *Segue* heredibus *depennato.*
[e] *Precede* aschuris *depennato.*
[f] *Segue* que *depennato.*
[g] *Segue* partes *depennato.*
[h] et *aggiunto sopra la linea con segno di richiamo.*
[i] *Segue* fur *depennato.*
[j] *Così, si intenda* qua.
[k] *Segue* Mariolo *depennato.*

Laudatio notarii facta per abbates

[In] nomine Domini, amen. Anno a nativitate eiusdem et cetera, ser Oltitius / de tali parte filius condam ser talis et ser Castelanus de tali parte filius condam ser talis, ambo / notarii Lugani[3], abbates deputati et ellecti per conscilium generale / totius comunitatis vallis Lugani et ripperie[1] pro anno presenti finituro in / kallendis iunii proxime futuri ad examinandum, laudandum et approbandum quoscumque / notarios publicos, qui possint et valleant tradare et rogari quecumque / instrumenta publica et autentica in dictis burgo et vale Lugani ac ripperia / cum pertinentiis et cetera, prout in ipsa ellectione plenius continetur et fit / mentio, scripta ad librum consciliorum comunitatis predicte secundum morem / consuetum anno et cetera indictione et cetera die et cetera seu anno, die, mense / et indictione in ea ellectione contentis, omnibus modo, iure, via, causa et / forma quibus melius potuerunt et possunt, laudaverunt et approbaverunt / et laudant et approbant Iohannem Antonium filium condam talis de tali parte, / habitantem in tali loco, presentem, petentem, requirentem et acceptantem, / quem hodie et eri[a] vel de presenti dilligenter examinaverunt et audierunt / in artem predictam notarie, notarium publicum et autenticum et pro / notario publico et autentico ad tradandum et rogandum et tradata / et rogata per eum explendum et expleri faciendum quecumque instrumenta et / quascumque cartas cuiuslibet generis et maneriey sint et [b-]quacumque / causa[-b] ab hodie inantea toto tempore vite sue tanquam notarius publicus / et autenticus, ita et taliter et eo modo et forma et[c] quecumque / instrumenta et carte, que tradari et rogari contingerint a modo per / ipsum Iohannem Antonium, sint bona et valida et firma et pro validis, / bonis et firmis habeantur et haberi debeant ac eis adhibeatur / [c. 165r.] plena fides tanquam instrumenta et carte a vero et publico ac autentico / notario tradata et rogata et tradate et rogate, et hoc fecerunt / et faciunt predicti abbates in exequtione statutorum[14] comunitatis vallis Lugani / super hoc disponentium, et cum hac condictione et pacto quod dictus Iohannes Antonius / notarius laudatus ut supra se subscribat et subscribere[d] / debeat in matricola notariorum comunitatis vallis Lugani[15] predicte secundum / ordinem aliorum notariorum. Et exinde de predictis omnibus et singulis / rogatum fuit per me notarium infrascriptum publicum confici debere / instrumentum in laudem viri prudentis. / Actum et cetera, testes et notarii et cetera. /

Ioxa[e]

Si fuerit consuetudo, potest notarius dicere viso prius per eos instrumento / procreationis a domino comite pallatino sicut ipse talis fuit procreatus notarius. /

[a] *Così, si intenda* heri.
[b-b] *Così, si intenda* quamcumque causam.
[c] *Così, si intenda* ut.
[d] *Segue* valeat *depennato.*
[e] *Così, si intenda* glosa *o* glossa *(it. chiosa).*

Ad insinuandum instrumentum

Hoc est exemplum cuiusdam instrumenti obligationis et condempnationis / tenoris subsequentis videlicet, in nomine Domini, amen. Anno a / nativitate eiusdem millesimo[a]. /

[In] nomine Domini, amen. Anno a nativitate eiusdem millesimo / et cetera indictione tali die et cetera mensis et cetera hora causarum, suprascriptum / est exemplum per me talem notarium infrascriptum sumptum fideliter / ex autentico et originali instrumento obligationis et condempnationis / non vitiato, non cancelato nec in aliqua sua parte suspecto, quod / exemplum cum dicto autentico et originali instrumento fuit fuit[b] / exhibitum coram sapiente et egregio legum doctore domino tale / vicario Lugani et valis[1], eo sedente in bancho iuridico / sito in domo regiminis comunitatis vallis Lugani predicte ubi per / [c. 165v.] eum more sollito iura redduntur, per suprascriptum talem creditorem / filium condam talis, qui petiit et requisivit a prefato domino vicario quod predictum / exemplum insinuare et autenticare ac rob[or]are debeat, ita quod / valleat in iuditio et extra sicut dictum autenticum et originale[c] / instrumentum, tali de tali parte et cuilibet alteri cuya interest nec non / ipsi tali creditori ratione eius interesse in deffenssione et / pro deffenssione et ad deffendendum certas terras et bona / inmobilles et inmobillia dicto tali de tali parte vendita et / venditas per dictum talem creditorem, que alias ipsi tali creditori / in dicto instrumento obligationis et condempnationis estimata seu estimate, / insolutum data seu date fuerunt per estimatores tunc comunitatis valis / Lugani predicte ut de bonis dicti ser Bastiani de tali parte, debitoris / dicti talis in dicto instrumento obligationis et condempnationis et vigore dicti crediti / inserti et specificati in dicto instrumento obligationis et condempnationis, cum dictum / instrumentum obligationis et condempnationis originale et autenticum non possit dari / predicto tali emptori ipsius talis cui interest habere, quia dictum / autenticum et originale expedit remanere penes ipsum talem / creditorem pro consequitione resti eius crediti inserti et declarati / in dicto instrumento obligationis et condempnationis, quod exemplum una / cum dicto autentico et originali instrumento et iusta illud fuit / lectum, visum, auditum et dilliginter examinatum de verbo ad verbum / coram prefato domino vicario et per ipsum dominum vicarium et / per me talem notarium infrascriptum et notarios infrascriptos, videlicet talem / de tali parte filium condam ser talis et ser talem de tali parte filium [d-]ser talis[-d] ser talis / et talem de tali parte filium condam ser talis, et testibus infrascriptis, videlicet ser tale de / tali parte filio condam ser talis, tale de tali parte filius[e] condam talis et tale de / tali parte filio condam ser talis, presentibus et omnibus notis, ad predicta vocatis et / rogatis, et quia inventum fuit concordare exemplum predictum cum / predicto autentico et originali que ad sensum, mentem et sustantiam / verbo nullo addito vel mutato exceptis sillabis vel litteris / predicta vel aliquod predictorum nullo modo muttantibus vel variantibus, / [c. 166r.] prefatus dominus vicarius causa cognita, sedens ut supra omni modo, iure, via / causa et forma quibus melius potuit et potest, exemplum predictum auten/ticavit, insinuavit et publicavit et pronuntiavit ac declaravit / vallere et tenere sicut originale et autenticum instrumentum predictum et / eandem et tantam roboris firmitatem obtinere et ei exemplo / debere prestari in iuditio et extra ad premissa prememorata sicut / originali et autentico instrumento, etiam predictis omnibus et singulis suum / et suam et comunitatis predicte auctoritatem et decretum interposuit / et dedit et dat causa iusta et cognita[f]. / Actum et cetera, presentibus pro testibus et cetera. /

Ego talis de tali parte publicus imperiali auctoritate notarius Lugani[3], filius condam ser / talis, predictum exemplum sumptum ab autentico et originali instrumento / non viciato nec canzelato nec in aliqua sui parte suspecto, coram / prefato domino vicario et cum ipso domino vicario nec non cum infrascriptis / tale de tali parte, tale de tali parte et tale de tali parte, notariis / infrascriptis, et presentibus suprascriptis testibus legi, aschultavi et examinavi cum / autentico et originali instrumento et iuxta illud, et quia utrumque / concordare inveni, de ipsius domini vicarii mandato et [ad] eiusdem / exempli plenam fidem et testimonium me [sub]scripsi signumque meum / artis tabelionatus et notarie consuetum aposui. /

Ibi post etiam alii duo notarii subscribant ut supra proxime ante / infrascriptum notarium, qui tradavit insinuationem et cetera. /

Ego talis de tali parte publicus imperiali auctoritate notarius Lugani / ac causarum seu mallefitii comunitatis valis Lugani predicte, filius condam ser / talis, suprascriptum exemplum per me sumptum ab autentico et / originali instrumento non vitiato nec canzelato nec in aliqua / sui parte suspecto, exhibito coram prefato domino tali vicario ut supra / et cum ipso domino vicario nec non suprascriptis tale, tale et tale, notariis / ut supra, et presentibus suprascriptis testibus, videlicet tale, tale et tale, legi et / examinavi cum autentico et originali instrumento et iuxta illud, / [c. 166v.] et quia utrumque concordare inveni, ad eiusdem exemplum[g] plenam / fidem et testimonium de mandato dicti domini vicarii premissis omnibus presens / fui et hoc publicum instrumentum rogatus tradavi et scripsi meque in / testimonium premissorum subscripsi signumque meum artis tabelionatus / et notarie consuetum apposui. /

[a] *Segue spazio in bianco corrispondente a due righe e mezzo. Nel margine sinistro della* c. *in corrispondenza dello spazio in bianco è stato annotato dalla stessa mano* ponatur ibi exemplum instrumenti totius.
[b] *Così, si espunga* fuit.
[c] -e *con erasione di* -m *finale.*
[d–d] *Così, si espunga* ser talis.
[e] *Così, si intenda* filio.
[f] *Segue* actum *depennato.*
[g] *Così, si intenda* exempli.

Protestatio facta per uxorem de dote / promissa viro suo

[In] nomine Domini, amen. Anno a nativitate eiusdem et cetera, domina / Iohanina filia condam magistri Petri de Vigezio[16] olim phisici, uxor Iohannis / de Faxolis de Ossutio[17] filii condam Nicololi habitatoris Lugani[3] et primo / relicta quondam Iohannis ser Mafiolini Rusche de Bironicho[18], / parabula, conscensu, voluntate, licentia et auctoritate suprascripti Iohannis / de Faxolis mariti secundo[a] sui ibi presentis, volentis et consentientis et / eidem domine Iohanine uxori sue parabulam et conscensum dantis et / prestantis, constituta coram me notario et testibus et notariis / infrascriptis ad petitionem et instantiam ac requisitionem Iohannis filii condam / Nicololi, mariti sui, de Faxolis de Ossutio, habitatoris Lugani, ibidem / presentis, instantis, requirentis et recipientis omnibus modo, iure, via, / causa et forma quibus melius potuit et potest, sponte et ex certa / scientia et non per vim[b], metum neque errorem ducta, dixit et / protestata fuit et dicit et protestatur quod quando dictus Iohannes de / Faxolius[c] eius secundo[a] maritus accepit et benedixit ipsam dominam / Iohaninam[d] in eius sponsam et oxorem legiptimam, quod / fuit de mense Aprilis anni Domini cursi MCCCC°LX primi proxime / preteriti, ipsa domina Iohanina promixit ipsi Iohanni marito nunc suo / illam dotem seu illam quantitatem denariorum, de quibus dictus nunc / quondam Iohannes ser Mafiolini Rusche de Bironicho primus maritus / ipsius domine Iohanine erat obligatus seu dotaverat ipsam dominam Iohaninam / pro eius dote et antifacto seu pro dote tantum per instrumentum dotis et / [c. 167r.] antifacti, traditum per nunc quondam Michaelem de Bertolino Romerii / de Malesco[19], notarium publicum Valis Vigetii episcopatus Novarie[20], anno / Domini curso MCCCC°L secundo, indictione quinta decima, die vigesimo primo / mensis Aprilis in loco de Vallano[21] seu anno, die, mense et indictione / in eo contentis et cetera, prout in ipso instrumento dotis et antifacti plenius et / latius continetur et fit mentio, et hoc pro dote vera tantum ipsius / domine Iohanine, et quod omne et totum, quod exigeretur vigore, occaxione et / pretextu ipsius instrumenti dotis et antifacti et contentorum in eo de bonis / dicti nunc quondam Iohannis ser Mafiolini Rusche primi mariti ipsius / domine Iohanine, foret et esset et fore et esse deberet dos vera / ipsius domine Iohanine et dicti Iohannis de Ossutio eius secundi mariti et / in eorum utile perveniret occaxione predicta, et ha[n]c protestationem et predicta / omnia et singula fecit et facit dicta domina Iohanina, quia iam / mensibus novem et pluribus proxime preteritis ipse Iohannes de Ossutio ipsam / dominam Iohaninam duxerit in eius uxorem legiptimam et nunquam dotavit / ipsam, quia nundum potuerunt nec alter eorum potuit habere nec exigere / dictam dotem ab heredibus dicti quondam Iohannis ser Mafiolini Rusche / primo[a] mariti ipsius domine Iohanine in toto nec in parte, et quia / ipsa domina Iohanina est gravida et grossa per ipsum Iohannem eius / maritum secundo[a] et propinqua ad parturiendum, quod si deus de ea / aliter disponeret, videlicet quod perimeret de vel in partu, quod ipse Iohannes nec / eius presens et secundus maritus non perdat iura sibi spectantia et / pertinentia quoquo modo super ipsa dote et antifacto seu dote tantum ut supra / promissa per ipsam dominam eius uxorem dicto Iohanini marito suo, / sed ea possit et valleat consequi contra dictos heredes res et / bona ipsius nunc quondam Iohannis Rusche olim primi mariti / ipsius domine Iohanine. Quam quidem protestationem et predicta omnia / et singula suprascripta domina Iohanina parabula ut supra promixit et convenit / solempniter per stipulationem, obligando se et omnia sua bona pigneri presentia / et futura suprascripto Iohanni marito[e] suo et michi notario infrascripto ut / publice persone stipulanti et recipienti nomine et vice ipsius Iohannis et / omnium aliarum personarum quarum interest, intererit vel interesse poterit, / [c. 167v.] se perpetuo et omni tempore ratam, gratam, firmam et validam et rata, grata / firma et valida habere et tenere et nullo tempore contrafacere / nec venire aliqua ratione vel causa iuris vel facti, in penna / et sub penna totius dampni et interesse et cetera, danda et cetera cum / omnibus expensis et cetera in bonis denariis numeratis et cetera, sub pacto capiendi / et cetera, renuntiando omnibus legibus et cetera. Et exinde de predictis rogatum / fuit per me notarium infrascriptum publicum confici debere instrumentum in / laudem viri prudentis. / Actum et cetera, testes et notarii et cetera. /

[a] *Così nel testo.*
[b] *Segue* i *depennato.*
[c] *Così, si intenda* Faxolis.
[d] *Segue* in *depennato.*
[e] -o *corretto sopra* -a.

Fidelitas prestita per subditos domino suo temporali

[In] nomine Domini, amen. Anno a nativitate eiusdem et cetera, / quoniam infrascripta comunia et homines infrascriptorum dictorum comunium / vallis Lugani et ripperie[1] citati, requisiti et moniti fuerunt parte / et mandato magnificorum et excelsorum dominorum Francisci, Bernabovis / fratrum et Ugonis eorum nepotis, filii quondam magnifici et excelsi / domini Americi, omnium de Sancto Severino[13] dominorum vallis Lugani et cetera, / quatenus comparerent in burgo Lugani[3] ad faciendum debitam / fidelitatem et sacramentum debite fidelitatis et omagii prestandum / in manibus prefatorum dominorum seu eorum procuratorum et deputatorum / per[a] eos spitialiter ad hoc confitiendum, prout debent et[b] / tenentur boni et veri ac fideles subditi dominis suis, et non / valentes personaliter ad burgum istum Lugani omnes accedere, / occupati tum pro messibus et laboreriis tum aliqui ex infirmitatibus, / considerantesque hanc fidelitatem et hoc sacramentum fidelitatis / et omagii fieri posse per instrumenta sindicatuum fienda seu fiendorum / de comune in comuni, in quibus elligerent personas sufficientes / de comune in comuni, videlicet quilibet pro comuni suo, que comparerent et / comparere deberent coram prefatis dominis seu eorum procuratoribus / et deputatis ut supra ad dictam fidelitatem faciendam et dictum / [c. 168r.] sacramentum debite fidelitatis et omagii prestandum, deliberaverunt / mandare et mandaverunt infrascriptos inferius nominatos, quos / elligerunt per sindicatus de comune in comuni singula singulis congrue / refferendo prout infra describitur, ad faciendum dictam / fidelitatem et dictum sacramentum dicte debite fidelitatis et / omagii prestandum in manibus prefatorum dominorum seu agentium / pro eis ut supra, quarum personarum ellectarum ut supra nomina / sunt hec videlicet, Guilielmus filius condam Iohanoli Ferarii de Cadro[22] solus in / dicto comuni de Cadro pro se et nomine dicti comunis de Cadro, / Christoforus filius condam Iohannis de Soragnio[23], Tognius eius frater, Domenichus / filius condam Tognioli de Pezolo, Zaninus de Galis filius condam Pagani, habitans in dicto / comuni, pro se et suis nominibus propriis et nomine et vice dictorum / comunis et hominum et singularum personarum de Soragnio pro quibus promixerunt / et promitunt de rato habendo et rati habitione ut infra, Laurentius / filius condam magistri Antonii del Lachu de Gandrio[24], Egidius filius magistri / Iohannis de Laverda de Gandrio, ambo sindici et pro se et / sindicario et procuratorio nomine comunis et hominum de Gandrio per instrumentum / sindicatus traditum et rogatum per Iacomolum de Pocobellis[25] notarium / publicum Lugani, filium condam ser Antonii, die heri seu anno, die, / mense et indictione in eo contentis. Qui omnes superius nominati / pro se et nominibus quibus supra, non recedendo propterea ab aliqua / alia fidelitate facta et sacramento[c] fidelitatis et omagii / alias prestito per dictos comunia et homines vallis Lugani et ripperie in / manibus prefatorum dominorum de Sancto Severino seu agentium pro / eis per instrumentum traditum, ut asseritur, per talem notarium et cetera / anno et cetera[d] seu anno, die, mense et / indictione in eo contentis, nec ipsis in aliquo preiudicando ymo potius / in eis et contentis in eis assistendo et perseverando ac corroborando / et affirmando in omnibus et per omnia et de verbo ad verbum, prout / in ea continetur, comparuerunt et se p[rese]ntaverunt coram / prefato magnifico domino Ugone de Sancto Severino nec non et spectabile / [c. 168v.] et egregio viro domino Iohanne Philipo de Prestino[26] de Varixio[8] capitaneo / Lugani et cetera, procuratore et misso ad hoc per prefatos dominos Franzischum et / Bernabovem fratres deputato et nomine ipsorum dominorum recipiente per instrumentum / missi et procure, traditum et rogatum per me Iohannem Carulum[27] notarium / infrascriptum die hodie, et iuraverunt et iurant corporaliter ad sancta / dei evangelia manibus tactis crucifixo et litteris, super quoddam missale / in manibus prefati domini Ugonis et prefati domini[e] Iohannis Filipi de Prestino / procuratoris et nomine quo supra recipientis in omnibus et per omnia et de verbo ad / verbum prout infra, videlicet iuraverunt corporaliter[f] ut supra in animas et / super animas eorum et cuiuslibet eorum et omnium et singularum personarum / suprascriptorum omnium comunium heredumque et sucessorum suorum in manibus / prefatorum dominorum Ugonis domini ut supra et Iohannis Filipi capitanei et procuratoris / ut supra, presentium et stipulantium nomine et vice ipsius domini Ugonis et / prefatorum dominorum Francisci et Bernabovis fratrum de Sancto Severino similiter / dominorum vallis Lugani heredumque et sucessorum suorum, ac fecerunt et faciunt / fidelitatem debiteque fidelitatis iuramentum in hunc modum et per / hec verba, videlicet quod ab hac hora inantea et de cetero imperpetuum / [g]erunt, stabunt et permanebunt fideles et legales homines et / vassali prelibatorum dominorum Francisci, Bernabovis et Ugonis de Sancto Severino / heredumque et sucessorum suorum, et predictas terras et seu loca / et predicta comunia iurisdictionis dicte vallis Lugani cum eorum iurisdictione / regent, tenebunt, gubernabunt et custodient ad honorem, / statum et augumentum ac proficuum et ad omnia omni tempore / necessaria et utillia presidia etiam ad mandata prelibatorum / dominorum de Sancto Severino et heredum et sucessorum suorum, nec / unquam a bonis favore vel presidio ipsi nec aliquis eorum retrahent / vel abstinebunt ex aliqua causa presenti vel futura, que dici / vel excogitari possit modo aliquo, causa vel ingenio, directe / vel per indirectum, etiam si talis esset quod vellud[h] nimis gravis / in generali sermone de iure non veniret[i] quin ymo cum / personis suis propriis et cum toto posse suo et cum tota / [c. 169r.] industria sua, et ad omne mandatum omnemque requisitionem / ipsorum prefatorum dominorum de Sancto Severino quo[d]cumque faciendum et / faciendum et fiendum, regent, agent et facient omnia / omni tempore necessaria et utillia pro prefatis dominis et eorum heredibus / et sucessoribus ut supra, insuper ipsos[j] prefatos dominos de Sancto Severino et / eorum heredes et sucessores, res et bona, iura, honores, comoditates / ac dignitates ipsorum dominorum de Sancto Severino in presentem et in futurum / fideliter tractabunt et conservabunt pro eis et pro heredibus et sucessoribus / suis ut supra et totis viribus protegent, adiuvabunt, guarentabunt / et deffendent et unquam scienter erunt in conscilio nec in facto, per / quod ipsi prefati domini de Sancto Severino vel heredes et sucessores / eorum ut supra amittant personas vel personam, membrum vel aliquem / honorem, statum, preheminentiam vel dominationem, quem vel quam habuerint / vel in futurum habebunt, vel quod in aliquo ledantur, diminuantur, deteriorentur / eorumdem magnificorum dominorum vel heredum et sucessorum suorum / ut supra personis seu persona, status vel dignitas, territorium[k] / vel iurisdictio, potestas vel dominium, quem, quam vel quod habent / vel in futurum habere possent vel contingerit quovis modo, sed ad / conservationem omnium suprascriptorum toto suo posse adiuvabunt et opperam, / conscilium, iuvamen et favorem dabunt et prestabunt, et si significaverint / vel a[u]diverint aliquod de aliquo, quod vellit seu fieri vellet / temptari, tractari, agitari vel aliquo modo premeditari vel / moveri contra prefatos magnificos dominos vel eorum personas seu personam, / statum, dignitatem et comoditatem, preheminentiam, dominium, territorium / vel honorem, res et iura, ut supra proxime dictum est, toto posse legaliter / et fideliter sine recusatione, exceptione, dillatione vel mora / impedimentum vel auxilium prestabunt, et si impedimentum vel / auxilium prestare non poterunt sive etiam poterunt in omnem / casum et eventum, quam citius fieri poterit, per omnes vias / possibilles et per omnia remedio subito sine aliquo temporis intervalo / nuntiabunt et manifestabunt prefatis dominis de Sancto Severino / [c. 169v.] vel heredibus et sucessoribus suis aut offitialibus ut supra et sibi, prout / poterunt et possent et in predictis scient, suum et dictorum comunium / et hominum et singularum personarum ut supra prestabunt auxilium, conscilium, / iuvamen et favorem, et si contingerit prefatos dominos de Sancto Severino / vel eorum heredes et sucessores vel aliquem eorum rem aliquam, / quam habeat vel habeant vel in futurum habebunt, preheminentiam, / dignitatem, dominium, territorium, comoditatem, iurisdictionem vel aliquam / huiusmodi rey de qua supra aliqualiter amittere vel sibi / usurpatum fore, eam et ea toto posse suo et dictorum comunium et hominum / et singularum personarum ut supra recuperare iuvabunt et recuperatam et / recuperatum omni tempore quo adiuvabunt manutenere, et si in / secreto aliquid per prefatos dominos de Sancto Severino et eorum / heredes et sucessores vel aliquem ex eis ut supra manifestatum / aut dictum vel notificatum fuerit, illud nemini sine sui spitiali / licentia propallabunt nec actu, signo, motu vel iuditio facient / vel atemptabunt[l] per quod illud alteri persone pandatur, sed illud / occultum et secretum tenebunt, et si sibi conscilium super aliquo / facto vel negotio per eos vel eorum heredes aut sucessores / vel eorum aliquem requisitum vel postulatum fuerit, illud sibi / fideliter, legaliter, mere, pure, scinscere et devote prestabunt / quod eisdem videbitur melius, comodius et utillius expedire. / Insuper prefatis magnificis dominis de Sancto Severino suisque heredibus et / sucessoribus ut supra vel alicui eorum vel contra eos vel eum / aut ipsorum aliquem nunquam aliquid facient vel attemptabunt / facere per ipsos suis et dictis nominibus vel aliam personam, nec / facienti seu atemptanti facere consentient, vel auxilium, / iuvamen et favorem prestabunt, quod contra prefatos dominos de / Sancto Severino et eorum heredes et sucessores ut supra sit nec / contra eorum vel alicuius eorum personas seu personam, statum, / dignitatem, preheminentiam, honorem, comodum, dominium, iurisdictionem / et potestatem, nec quod pertinere posset quovis modo nec sub aliquo / [c. 170r.] pretextu sive collore ad aliquod predictorum vel alicuius eorum iniuriam, / ignominiam, detrimentum, lexionem, infamiam vel offensam, et quod de / locis et comunibus predictis et eorum iurisdictione nulli alteri persone homagium / facient nec alteri ipsi superius nominati suis et dictis nominibus quibus supra / subitient sine prefatorum dominorum de Sancto Severino vel heredum et / sucessorum suorum spitiali licentia vel mandato. Et ulterius salvis semper / manentibus predictis, a quibus nullo modo recedere intelligant nec / volunt vel aliqualiter diminuere, iuraverunt et iurant / in manibus prefatorum dominorum Ugonis pro se et Iohannis Fillipi procuratoris / et procuratorio nomine quo supra stipulantium et recipientium et coram eis / corporaliter tactis sacrosanctis scripturis et crucifixo ut supra de verbo / ad verbum ultra iuramenta predicta, etiam ad cautelam in omnibus / et per omnia, prout continetur, legitur et habetur seu prout contineri, legi / et haberi reperiatur in nova et veteri forma prestande fidelitatis, / que omnia et singula ibidem anotata hic addita ad predicta intelligantur / et esse intelligantur, in quantum addant maioris obligationis et / roboris nexus et firmitatem, et quod etiam ea omnia observabunt, que / in eis sunt expressa, et ultra ea omnia et singula, que suprascripta / sunt, iuraverunt et iurant ac promisserunt et promittunt facere / et adimplere bona fide, sine fraude et dollo, et omnia illa et / singula, que fideles subditi et vassali facere et observare tenentur, / et hoc modo puram, meram, veram, scinsceram et integram fidelitatem / fecerunt et faciunt, et iuraverunt et iurant cum omnibus illis obligationibus / et maioribus nexibus, que in aliquo iuramento fidelitatis reperiri / posset vel apposita esse reperiantur quovis modo, et hec omnia et / singula non obstantibus aliquibus legibus, decretis, statutis, ordinibus, / pactis, mentionibus, concessionibus, privilegiis, fidelitatibus ac litteris / sive aliis quibuscumque iuribus in contrarium disponentibus vel aliter / formam dantibus, etiam si talles et tallia essent et opportent / de ipsis fieri spitialem sive specificam mentionem, quibus omnibus / [c. 170v.] ex certa eorum suis et dictis nominibus quibus supra scientia, voluntate / et arbitrio derrogaverunt et derrogant ac derrogatum penitus / et omnino esse voluerunt et vollunt ac renuntiaverunt et / renuntiant in quantum premissis vel alicui premissorum obvient per / presentes, dicentes et protestantes omnes suprascripti unaminiter[m] nemine discrepante / sese nomine proprio ac etiam nomine et vice omnium predictorum ac omnium / et singularum personarum ipsorum comunium pro quibus promisserunt et promittunt, / sub obligatione eorum et cuiuslibet eorum et omnium eorum et cuiuslibet / eorum et dictorum comunium bonorum presentium et futurorum singula singulis / et congrua congruis semper congrue refferendo, se scire et cognoscere / vires et facultates huius presentis contractus, renuntiantes[n] exceptioni non / huiusmodi facti et cellebrati contractus et predictorum omnium non ita factorum / et gestorum et rei non sic geste et exceptioni doli mali, vis, / metus et in factum condictioni que sine causa vel ex iniusta causa / omnique alii iuri et probationi in contrarium facientibus. Et exinde / de predictis omnibus et singulis rogatum fuit per me notarium infrascriptum / publicum confici debere instrumentum in laudem viri prudentis, ad / petitionem cuiuslibet cuya interest vel interesse poterit quomodolibet / in futurum. / Actum et cetera, testes et notarii et cetera. /

a *Segue* eos *depennato.*
b *Segue* patientur *depennato.*
c *Segue* veritatis *depennato.*
d *Segue spazio in bianco corrispondente a 45 mm.*
e *Segue* Ugon *depennato.*
f *Segue* et cetera *depennato.*
g *Precede* erant *depennato.*
h *Così, si intenda* velut.
i *Segue* quin ymo *depennato.*
j ipsos *aggiunto sopra la linea con segno di richiamo.*
k -um *corretto sopra lettere non più leggibili.*
l atemptabunt *con segno abbreviativo depennato.*
m *Così, si intenda* unanimiter.
n -a- *corretto sopra lettera non più leggibile.*

Cura seu tutela ad causas et ad petendum / denarios dotis matris etiam vivente patre

[In] nomine Domini, amen. Anno et cetera, cum hoc fuerit et sit quod Oltitius / de Vacanis de Leno[28] civis Cumarum[10], filius condam ser Iacobi de Vacanis / de Leno, iam annis quatuor et pluribus proxime preteritis a / civitate et episcopatu Cumarum se transtulerit et reliquerit / Iacobum infrascriptum eius filium eiusque Iacobi bona indeffenssa, cumque / tempore absentationis predicti ipsius Oltitii, idem Oltitius reliquerit / [c. 171r.][a] dominam Iohaninam de Barmabataliis tunc uxorem suam et filiam condam ser Iohannis nec non / predictum Iacobum de Vacanis tunc et nunc pupillum et in pupillari / etate existentem ac dicti Oltitii et dicte domine Iohanine filium legiptimum / et naturalem, cumque postea decesserit dicta domina Iohanina relicto / post se dicto Iacobo eius et dicti Oltitii filio legiptimo et naturali / ac herede universali ipsius domine Iohanine olim uxori[s] predicti / Oltitii, cumque predictus Iacobus filius et heres universalis, ut / asserit[b], dicit et protestatur, predicte quondam domine Iohanine vellit / et intendat petere, consequi et habere iura dotalia ipsius quondam / domine Iohanine, olim eius Iacobi matris, sibi relicta in eius condam / domine Iohanine hereditate et bonis contra bona, que erant, fuerunt / et sunt ipsius Oltitii, et contra tenentes et possidentes de bonis, / que fuerunt dicti Oltitii, ad quorum iurium dotalium consequitionem pervenire / non potest idem Iacobus nisi sibi de ydoneis curatoribus seu tutoribus / seu ydoneo curatore seu tutore saltim ad lites per eum Iacobum / movendas occaxione premissa, idcircho constituti coram sapienti et / egregio legum doctore domino Thomayno Trovamala[12] vicario Lugani / et valis[1] et cetera, sedente in bancho, super quodam bancho posito in / burgo Lugani[3], in domo regiminis comunitatis vallis Lugani super salla / magna, quod banchum et quem locum prefatus dominus vicarius / ellegit et elligit suum banchum et tribunal ydoneum in hac parte / pro infrascriptis omnibus et singulis[c] spitialiter peragendis, suprascriptus Iacobus de / Vacanis de Leno filius condam et heres predicte domine Iohanine etatis annorum / decem vel circha et cum eo domina Magneta de Mutonibus / avia materna dicti Iacobi et Francischus de Barmabataliis / eius Iacobi avonculus, et ab ipso domino vicario petierunt / et petunt curatores et seu tutores per prefatum dominum vicarium / ipsi Iacobo heredi ut supra debere dari, constitui, ordinari prudentes / viros ser Franciscum Raviliam de Lugano filium condam magistri Zanoli et ipsum / suprascriptum Francischum de Barmabataliis de Lugano filium condam ser Zanis, avonculos / [c. 171v.] suprascripti pupilli, ambos habitatores Lugani, et utrumque eorum insolidum presentes et curatores / se et tutores esse volentes, spitialiter ad curatorio seu tutorio nomine ipsius / Iacobi filii condam et heredis ut supra et pro eo eiusque nomine petendum, consequendum et / habendum predicta iura dotalia contra quecumque bona, que fuerunt et / erant dicti Oltitii de Vacanis et contra tenentes et possidentes / de bonis et rebus, que fuerunt dicti Oltitii, et item ad omnes / ipsius Iacobi filii et heredis ut supra causas, lites, questiones, discordias / et controversias, quas habet vel habere possit seu intendit vel / sperat cum dicto Oltitio patre suo et cum qualibet alia persona, / comuni, collegio, capitulo et universitate coram et sub quocumque potestate, / capitaneo, vicario, refferendario, iudice, consule, rectore vel auditore / ac dellegato et subdellegato tam eclesiastico quam seculari, dato vel / dando sub toto Cumarum et episcopatu et Lugani examine et alibi / ubique, et hoc tam ad agendum quam ad deffendendum, appellandum, / negandum et confitendum, libellos et petitiones dandum et recipiendum, / littem seu littes contestandum, terminos et dillationes petendum, / collocandum et statuendum, capitula et positiones faciendum, / positionibus respondendum et eas de novo rattifficandum, / testes et instrumenta, iura et alias probationes producendum, productos / et producta reprobandum, productis et producendis contradicendum, suspectos / et confidentes dandum, iudices et notarios elligendum et / recusandum, sententias tam diffinitivas quam interlocutorias audiendum, / ab eis appellandum easque anullandum et nullas esse dicendum / et appellationum causas prosequendum, crimina et deffectus opponendum, / eos probandum et in integrum restitutionem petendum, et ad / sacramenta veritatis et calompnie et cuiuslibet alterius generis / et maneriey sint facienda, danda, prestanda et refferenda in animam / et super animam ipsius Iacobi constituentis, et ad quascumque protestationes, / securitates, nominationes et denuntiationes faciendum, et ad promittendum / et obligandum ipsum Iacobum [d]-et heredum-[d] ut supra et omnia eius bona / [c. 172r.] pigneri presentia et futura in ipsis securitatibus seu satisdationibus inde / fiendis et generaliter ad comunia[e] alia et singula facienda, gerenda et / exercenda, que in predictis et circha predicta necessaria fuerint et utillia / et que merita causarum tam de iure quam de consuetudine postulant / et requirunt. Quibus ita peractis et solempniter requisitis / prefatus dominus vicarius sedens ut supra dictos curatores seu tutores / et utrumque eorum insolidum eidem Iacobo pupillo ut supra presenti et / petenti una ut supra ad predicta omnia et singula dedit, decrevit, / constituit et ordinavit et dat, decrevit[f], constituit et ordinat / modo et forma predictis, ut supra petitum est, ac in predictis omnibus et / singulis suum et suam et comunitatis Lugani et valis et pertinentiarum / auctoritatem et decretum interpossuit et dedit et interponit / et dat cum cognitione cause et prius per eum causa cognita et ex / eius offitio, qui curatores et tutores ut supra iuraverunt / corporaliter ad sancta dei evangelia manibus tactis / scripturis ac etiam promixerunt solempniter per stipulationem, obligando / sese[g] et utrumqe eorum insolidum et omnia eorum et / utriusque eorum insolidum bona pigneri presentia et futura, / ita quod uterque eorum teneatur insolidum et cum effectu insolidum conveniri / possit, renuntiando auxilio novarum constitutionum et epistole divi Adriani / et omni alteri iuri legum et auxilio suprascripto Iacobo et dictis petentibus pro / eo, presentibus et stipulantibus, et dicere, facere, agere, gerere et / administrare bene et dilligenter et bona fide, sine fraude, omnia / ea et singula, que eidem Iacobo putaverint esse utillia et utillia[h] / prettermittere ac salvare et gubernare ea omnia et singula, que / ad eorum curatorum seu tutorum et utriusque seu alterius eorum insolidum / manus pervenerint nomine et occaxione huius cure seu tutelle ad causas, / et de his omnibus et singulis eidem Iacobo rationem bonam reddere et / reliqua restituere suis loco et tempore debitis et opportunis. Et / exinde pro predictis curatoribus seu tutoribus et utroque eorum insolidum / [c. 172v.] et pro predictis omnibus et singulis in quolibet loco et capitulo firmiter attendendis, / observandis et adimplendis estitit fideiussor et principalis debitor / Iacobus de Blanchis de Vellate[29] servitor Lugani, filius condam domini presbiteri Prandi, / qui se pro predictis curatoribus et seu tutoribus et utroque eorum insolidum / et pro predictis omnibus et singulis in quolibet loco et capitulo firmiter / attendendis et observandis constituit principalem debitorem, fideiussorem / et expromissorem, obligando se et omnia sua bona pigneri presentia et / futura insolidum, ita ut teneatur insolidum et cum effectu insolidum / conveniri possit, renuntiando auxilio novarum constitutionum et epistole divi Adriani / et omni alteri iuri legum et auxilio suprascripto Iacobo pupillo presenti et stipulanti / ut supra. Et exinde de predictis omnibus et singulis rogatum fuit per / me notarium infrascriptum publicum confici debere instrumentum in laudem viri / prudentis. / Actum et cetera, testes et notarii et cetera. /

[a] *Nel margine superiore della* c., *al centro,* Yesus.
[b] *Segue* dicti *depennato.*
[c] *Segue* p *depennato.*
[d–d] *Così, si intenda* heredem.
[e] *Così, si intenda* omnia.
[f] *Così, si intenda* decernit.
[g] *Segue* vicissim *depennato.*
[h] *Così, si intenda* inutillia.

Protestatio de expensis que fit per illum / seu illos qui tenent ad eorum expensas / minores vel pupillos

[In] nomine Domini, amen. Anno et cetera, domina Magneta de Mutonibus filia condam ser / Georgii de Mutonibus de la Gima[30] et uxor condam ser Iohannis Barmebatalie / de Lugano[3] et Franciscus de Barmebataliis eius et dicti quondam / ser Iohannis Barmabatalie de Lugano[a] filius, ambo habitantes in burgo / Lugani et uterque eorum voluntarie, expresse et ex certa scientia et / [b]non per errorem, dollum neque metum, sed ut veritas ellucescat et de / eorum mense[c] et voluntate appareat et pro declaratione animi / et eorum intentionis et utriusque eorum et alias omnibus modo, / iure, via, causa et forma quibus melius potuerunt et possunt, / asseruerunt, dixerunt et protestati fuerunt et asserunt, dicunt / et protestantur in presentia infrascripti domini vicarii et mei notarii et / [c. 173r.] testium et notariorum infrascriptorum quod alimenta cibi et potus ac expense / quecumque cuiuslibet generis et maneriey sint, que et quas hinc retro / p[re]stiterunt et fecerunt seu fieri et prestari fecerunt predicta domina / Magneta et dictus Francischus et uterque eorum tam simul quam divisim / Iacobo de Vacanis de Leno[28] filio Oltitii a die tercia mensis Martii / anni Domini cursi MCCCC°L octavi proxime preteriti citra, qua die dictus / Iacobus de Vacanis incepit stare et habitare ac ivit habitatum / in eorum domine Magnete et Francisci domo et habitatione, et ad / dictas eorum expensas continue et continuato tempore, et que et quas / a modo inantea et in futurum prestabunt et seu prestari facient / et seu fieri et prestari continget per ipsam dominam Magnetam et dictum / Franciscum et utrumque eorum tam simul quam divisim et seu per / aliam personam eorum et seu alterius eorum nomine et de eorum familia / suprascripto Iacobo de Vacanis habitanti in dicta domo habitationis predictorum / matris et filii et in dicta eorum domo et etiam alibi non fecerunt / nec prestiterunt nec fieri nec prestari fecerunt nec etiam facient / nec facere nec prestare intendunt in futurum dicto Iacobo animo / et intentione donandi dictas expensas alimentorum et quascumque / alias expensas ipsi Iacobo nec dicto eius patri nec alteri persone, / sed ea et eas prestiterunt et prestare intendunt in futurum animo / et intentione ea alimenta cibi et potus ac expensas / predictas cuiuslibet generis et maneriey sint et erunt et / etiam pensionem domus petendi, consequendi et habendi contra et / adversus suprascriptum Iacobum et dictum Oltitium eius patrem et / utrumque seu alterum eorum et eorum seu utriusque eorum vel / alterius eorum heredes, res et bona et contra tenentes et / possidentes de eorum et seu utriusque eorum vel alterius eorum / bonis et rebus, quam quidem protestationem et predicta omnia et / singula suprascripti domina Magneta et Francischus, mater et filius, / [c. 173v.] promixerunt et cetera, obligando se et cetera michi notario infrascripto ut publice persone / stipulanti et recipienti nomine et vice omnium et singulorum quorum / interest seu intererit vel interesse poterit quomodolibet in / futurum, ratam, gratam, firmam et validam et rata, grata, / firma et valida habere et tenere et nullo tempore contrafacere / nec venire aliqua ratione vel causa iuris vel facti comunis / vel spitialis. Et premissa omnia et singula acta, facta et / cellebrata fuerunt et sunt per suprascriptam dominam Magnetam / et dictum Francischum, matrem et filium, coram et presente sapienti / et egregio legum doctore domino Thomaxino de Trovamalis[12] vicario / Lugani et valis[1] et cetera, sedente in bancho, super quodam bancho posito / in burgo Lugani, in domo regiminis comunitatis vallis Lugani super salla / magna, quod banchum et quem locum prefatus dominus vicarius / suum ellegit et elligit bancum et trybunal in hac parte pro / predictis omnibus et singulis spitialiter peragendis, qui in predictis omnibus et / singulis suum et suam et comunitatis vallis Lugani et ripperie auctoritatem / et decretum interposuit et dedit et dat cum cagnitione[d] cause / et prius per eum causa cognita et ex eius offitio. Et exinde de / predictis omnibus et singulis rogatum fuit per me notarium infrascriptum / publicum confici debere instrumentum unum et plura uno et eodem / tenore, prout ex predictis fuerit, in laudem viri prudentis. / Actum et cetera, testes et notarii et cetera. /

[a] *Segue* filius condam *depennato.*
[b] *Nel margine sinistro della* c. *in corrispondenza delle righe 23–25 dell'originale, l'annotazione* protestatio que fit per illos qui tenent in eorum domo ad pupillos pro expensis que fiunt eis.
[c] *Così, si intenda* mente.
[d] *Così, si intenda* cognitione.

Gratia spitialis rehemendi bona / in bona forma facta

[In] nomine Domini, amen. Anno et cetera, Simoninus de tali parte filius condam / talis de tali parte, habitans in tali loco, promixit et cetera, obligando se et cetera / Paulino de tali parte filio condam talis de tali parte, habitanti in tali loco, / presenti et stipulanti ac recipienti, ita quod ipse Symoninus de gratia / [c. 174 r.] spitiali et per pactum spitiale quotien[s]cumque ac omni die et hora, quibus ipse / aut eius heredes et sucessores dabit et solvet ac reddet et restituet / suprascripto Symonino aut eius heredibus et sucessoribus libras[a] terciolorum, / que fuerunt et sunt pretium cuiusdam venditionis facte per dictum Paulinum / suprascripto Simonino de petia una terre et cetera iacente et cetera, cui coheret a mane et cetera, / salvo et cetera, ut constat instrumento ipsius venditionis tradito et rogato per / talem notarium de tali parte anno[b], die[c] et cetera, retrodabit / et retrovendet dicto Paulino aut eius heredibus ut supra suprascriptam petiam / terre superius coherentiatam et specificatam et de ipsa petia terre retrodatum / et retrovenditionem faciet suprascripto Paulino pro pretio suprascripto librarum[d] terciolorum, / que fuerunt pretium suprascripte venditionis, et hoc cum omnibus suis iuribus / et pertinentiis et cum cessione iurium suorum, translatione dominii et / possessionis et cum parabula intrandi in possessionem dicte petie terre / et cum promissione deffendendi et guarentandi ab omni persona, / in penna pretii suprascripti et pro suo dato et facto tantum et cum omnibus et / singulis pactis, promissionibus, conventionibus, renuntiationibus, clausulis, cautelis, / solempnitatibus et firmitatibus in talibus et similibus debitis, necessariis / et requisitis ac iuramento in talibus oportuno et per publicum / instrumentum retrovenditionis et retrodati traditum per publicum notarium, / et cum his pacto, lege et conventu quod facta sollutione dictarum / librarum[e] terciolorum pro pretio dicte retrovenditionis fiende ut supra / per ipsum Paulinum dicto Symonino vel eius heredibus vel deposito / solempni cum effectu pro ipsis dandis et solvendis dicto Symonino, / et eo Simonino vel eius heredibus recusandis ipsos denarios recipere / et dictum retrodatum facere, ut supra fit mentio, tunc et eo casu / dicta petia terre superius coherentiata et vendita cum suis iuribus / et pertinentiis et cum fructibus eius tunc temporis futuri eiusque / dominium et possessio sit et esse debeat suprascripti Paulini et in eo translatum / pleno iure et sine ulla exceptione et contradictione suprascripti Symonini / eiusque heredum et sucessorum nec alicuius alterius persone, ipseque / [c. 174v.] Paulinus et eius heredes ipsam petiam terre cum suis iuribus et / pertinentiis possit intrare, ingredi et dominium et possessorem[f] ipsius / aprehendere, tenere, possidere et gaudere pleno iure et sine / contradictione ut supra, ita tamen et cum his pacto, lege et conventione / inter eos contrahentes habitis expresse et conventis, videlicet quod fructus, / ficta, redditus et gaudimenta suprascripte petie terre, qui et que / inmediate percipientur ex ea petia terre per dictum Simoninum / eiusque heredes et sucessores non computent nec compensentur nec / computari nec compensari possint nec debeant per ipsum Pa[u]linum / nec eius heredes et sucessores dicto Symonino nec eius heredibus / et sucessoribus aliqualiter nec aliquo modo in pretio et sorte ipsius / venditionis, de qua supra fit mentio, et dicte retrovenditionis / ut supra fiende, sed potius penitus et pleno iure sint et / esse debeant suprascripti Simonini et eius heredum et sucessorum sine / ulla compensantione[g] fienda et sine ulla exceptione et contradictione / dicti Paulini nec eius heredum et sucessorum nec alicuius[h] / alterius persone. Que omnia et singula pacta, promissiones et / conventiones dicte partes promixerunt et cetera, obligando sese vicissim / et cetera attendere et cetera, et hoc cum omnibus expensis et cetera in / bonis denariis numeratis et cetera, sub pacto capiendi et cetera, renuntiando / omnibus legibus et cetera, et dederunt sibi vicissim et cetera plenam / parabulam et cetera intrandi et cetera et constituer[u]nt se et cetera, renuntiando / exceptioni et cetera, que partes et utraque ipsarum iuraverunt / corporaliter et cetera habere rata et cetera. / Actum et cetera, testes et notarii et cetera. /

[a] *Segue spazio in bianco corrispondente a 18 mm.*
[b] *Segue spazio in bianco corrispondente a 23 mm.*
[c] *Segue spazio in bianco corrispondente a 15 mm.*
[d] *Segue spazio in bianco corrispondente a 10 mm.*
[e] *Segue spazio in bianco corrispondente a 20 mm.*
[f] *Così, si intenda* possessionem.
[g] *Così, si intenda* compensatione.
[h] *Segue* nec *depennato.*

Conservatio facta pro debito obligationis et condempnationis

[In] nomine Domini, amen. Anno et cetera, Lafranchus de tali parte filius condam / talis de tali parte, habitans in tali loco et cetera, promixit et convenit / [c. 175r.] solempniter per stipulationem, obligando se et omnia sua bona pigneri / presentia et futura ser Abondio de tali parte filio condam ser talis, / habitanti in tali loco, presenti, stipulanti et recipienti, de conservando et exonerando et ita quod observabit[a] et exhonerabit ipsum ser Abondium / indempnum[b] et illexum et penitus sine briga, expensis, dampnis / et interesse a quodam debito et libris XX[ti] terciolorum, de quibus / et pro quibus dicti Lafranchus et ser Abondius et uterque eorum / insolidum obligati et condempnati sunt et leguntur in manibus / ser Maxini de tali parte filii condam ser talis, habitantis in tali loco, tunc / presentis et stipulantis, occaxione bladi eis dati cum solempnitatibus / debitis et cetera, prout in ipso instrumento obligationis et condempnationis / plenius et latius continetur et fit mentio, tradito et / rogato dicto instrumento obligationis et condempnationis per me talem / notarium infrascriptum hodie paulo ante, dicens et protestans / dictus Lafranchus quod dicte libre XX[ti] terciolorum contente in dicta / obligatione et condempnatione in totum pervenerunt et perveniunt in / utillitatem et comodum tantum ipsius Lafranchi et non dicti / ser Abondii in toto nec in parte, et quod ipse ser Abondius precibus / et instantia dicti Lafranchi se obligavit et passus fuit / condempnari in manibus dicti ser Maxini dicta occaxione, quia / una et insolidum cum dicto Lafrancho, quia ipse Lafranchus / non poterat ipsos denarios a dicto ser Maxino nisi ipse ser / Abondius se et insolidum una cum dicto Lafrancho / obligasset et passus fuisset condempnari in manibus ipsius / ser Maxini predicta occaxione, et quod re vera dictus Lafranchus / est debitor tantum in totum dicti ser Maxini et non dictus / ser Abondius de dictis libris XX[ti] terciolorum dicta occaxione et / dicti instrumenti obligationis et condempnationis de quo supra, et hec cum omnibus / [c-]expensis, dampnis et interesse et cetera in bonis denariis[-c] numeratis tantum et cetera, sub pacto capiendi et cetera, renuntiando omnibus legibus et cetera, / [c. 175v.] [d]dedit parabulam intrandi / in possessionem et cetera, et constituit se et cetera, qui Lafranchus / iuravit corporaliter et cetera habere rata et cetera. Et exinde de predictis / omnibus et singulis rogatum fuit per me notarium infrascriptum publicum / confici debere instrumentum in laudem viri prudentis. / Actum et cetera, testes et notarii et cetera. /

[a] *Così, si intenda* conservabit.
[b] *Così, si intenda* indempnem.
[c–c] *Parte aggiunta nel margine sinistro della* c. *in corrispondenza della riga 29 dell'originale.*
[d] *Precede sulle tre linee e mezzo precedenti* et dederunt sibi vicissim et cetera plenam parabulam et cetera intrandi et cetera / et constituerunt se et cetera renuntiando exceptioni et cetera, que partes et / utraque ipsarum iuraverunt corporaliter et cetera habere rata et cetera. / Actum et cetera, testes et notarii et cetera *depennato.*

Alia conservatio facta pro venditione

[In] nomine Domini, amen. Anno a nativitate et cetera, Pellossius / de tali parte filius condam talis de tali parte, habitans in tali loco, promixit et / convenit solempniter per stipulationem, obligando se et omnia sua bona pigneri / presentia et futura Marcho de tali parte filio quondam[a] / talis, habitanti in tali loco, presenti, stipulanti et recipienti, de conservando, / rellevando et exonerando et ita quod observabit[b], rellevabit et / exonerabit ipsum Marchum indempnem et inlexum et penitus / sine briga, expensis, dampnis et interesse a quadam venditione / facta per dictos Pellossium et Marchum et utrumque eorum / insolidum in manibus ser Paxini de tali parte filii quondam / ser talis, habitantis in tali loco, tunc presentis et cetera, nominative / de petia una terre prative et cetera iacente et cetera, cui coheret / a mane et cetera, salvo et cetera, et hoc cum omnibus suis iuribus / et pertinentiis et cum cessione iurium suorum, et dederunt / parabulam intrandi in possessionem bonorum suorum et utriusque / eorum insolidum, et promixerint[c], obligando se et utrumque eorum / insolidum et cetera bona et cetera dicto ser Paxino, ei et suis heredibus / [c. 176r.] et cetera deffendere et cetera, in pena dupli pretii infrascripti et totius dampni / et interesse et omnium expensarum et cetera, et contenti et confessi fuerint[d] / se habuisse et recipisse a suprascripto ser Paxino emptore libras quatuor centum / denariorum novorum pro pretio dicte venditionis et pro completa sollutione predictorum / omnium et singulorum, et iuraverint[e] corporaliter et cetera habere rata et cetera / et cum solempnitatibus et clausulis contentis in dicta venditione et cetera, / prout in ea venditione plenius et latius continetur et fit mentio, / tradito et rogato dicto instrumento venditionis per me talem notarium infrascriptum / hodie paulo ante, dicens et protestans dictus Pellossius quod dicte / libre quatuor centum terciolorum, que fuerunt et sunt pretium dicte venditionis / de qua supra, in totum pervenerunt in dictum Pellossium et eius / utillitatem et proficuum tantum et non dicti Marci in toto nec in parte, / et quod ipse Pellossius non potuisset dictos denarios habere eo modo / nec dictam venditionem facere ipsi ser Paxino de dicta petia terre / et pro dicto pretio, nisi ipse Marcus una et insolidum cum / dicto Pellossio vendidisset ut supra et promisisset, obligando se insolidum / et bona sua dicto ser Paxino de deffendendo et guarentando, prout / in ipsa venditione continetur, et item ab omnibus et singulis in ea / venditione contentis et ab omnibus expensis, dampnis et interesse, que pati / possent per dictum Marcum, casu quo ipsa petia terre evinceretur / eidem ser Paxino et ipse ser Paxinus peteret deffensionem ipsius / petie terre contra dictum Marcum et eius bona, et pennam / dupli pretii et totius dampni et interesse, prout in ipsa venditione / continetur, et a dicto pretio et dicta penna dupli pretii et / omnium expensarum ut supra casu evictionis eveniente ut supra / et repetitionis ipsius deffensionis ut supra petende per dictum ser / Paxinum et ab omnibus et singulis dependentibus, emergentibus / et conexis a predictis et quolibet predictorum, et etiam eidem / Marco dare et solvere dictum pretium et pennam predictam, / [c. 176v.] si per ipsum ser Paxinum convinceretur ei restitui et solvi debere per / ipsum Marcum casu predicti evictionis facte contra dictum ser Paxinum / de dicta petia terre eveniente ut supra aliquo modo, et hoc cum omnibus / expensis, dampnis et interesse ceterisque accessionibus et cetera, in bonis denariis / numeratis tantum et cetera, sub pacto capiendi et cetera, renuntiando omnibus / legibus et cetera, et dedit parabulam intrandi in possessionem et cetera, et / constituit se et cetera, qui Pellossius iuravit corporaliter et cetera / habere rata et cetera. Et exinde de predictis et cetera rogatum fuit et cetera / publicum confici instrumentum in laudem viri prudentis. / Actum et cetera, testes et notarii et cetera. /

[a] *Segue* talis *depennato.*
[b] *Così, si intenda* conservabit.
[c] *Così, si intenda* promixerunt.
[d] *Così, si intenda* fuerunt.
[e] *Così, si intenda* iuraverunt.

Conservatio de investitura

[In] nomine Domini, amen. Anno a nativitate et cetera, Carolus / de tali parte filius condam talis de tali parte, habitans in tali loco, promixit / et cetera, obligando se et cetera Martino de tali parte filio condam talis de tali / parte, habitanti in tali loco, presenti et cetera, de conservando et cetera et ita quod / servabit et cetera predictum Martinum indempnem et cetera et penitus / sine briga et cetera a quadam investitura, in[a] qua dicti Carolus / et Martinus uterque eorum insolidum sunt investiti a Iohanne / de tali parte et cetera de domo una et cetera iacente in tali loco / et cetera ad terminum contentum in ipsa investitura et in que se / et uterque eorum insolidum ipsi Martini[b] et Carolus obligaverunt / dicto Iohanini locatori ei dare et solvere omni anno / durante termino dicte investiture libras viginti quinque terciolorum / pro ficto dicte petie terre cum omnibus expensis, dampnis et interesse / et cetera, prout in ipsa investitura plenius et latius / continetur et fit mentio, tradita et rogata dicta investitura / per me[c] notarium infrascriptum hodie paulo ante seu anno et cetera / [c. 177r.] in ea contentis, et item a dicto ficto et ab omnibus expensis, dampnis et / interesse, que exinde pati possent per dictum Martinum premissorum / occaxione et ab omnibus et singulis contentis in dicta investitura et / emergentibus et conexis a predictis et quolibet predictorum, et hoc cum / omnibus expensis et cetera, in bonis denariis numeratis et cetera, sub pacto capiendi / et cetera, renuntiando omnibus legibus et cetera, et dedit parabulam intrandi / in possessionem et cetera, et constituit se et cetera, qui Carolus iuravit / corporaliter et cetera habere rata et cetera. Et exinde rogatum fuit / et cetera fieri in laudem viri prudentis. / Actum et cetera, testes et notarii et cetera. /

[a] in *aggiunto sopra la linea con segno di richiamo.*
[b] *Così, si intenda* Martinus.
[c] *Segue* talem *depennato.*

Amolegatio arbitramentorum

[In] nomine Domini, amen. Anno a nativitate et cetera, Paulus de tali / parte filius condam talis, habitans in tali loco, pro una parte, et Franciscus de tali / parte habitans in tali loco, pro altera parte, omnibus modo, iure, via / causa et forma quibus melius potuerunt et possunt, amolegaverunt / et affirmaverunt ac corroboraver[u]nt et amollegant, affirmant / et coroborant et uterque eorum amollegavit, affirmavit et / corroboravit et affirmat, amolegat et coroborat quedam / arbitramenta, precepta et pronuntiamenta facta inter ipsas partes et / utramque ipsarum per talem de tali parte et talem de tali parte, / ambos arbitros et arbitratores et amicabiles compositores comuniter / et concorditer ellectos et assumptos per et inter ipsas partes et / utramque earum vigore compromissi facti per ipsas partes et / utramque earum de quo in dictis arbitramentis fit mentio, / tradata et rogata dicta arbitramenta per talem de tali / parte filium condam talis, notarium publicum et cetera, anno Domini tali, indictione / tali, die tali mensis talis seu anno, die, mense et indictione / [c. 177v.] in eis contentis, et hec omnia de capitulo in capitulum et de verbo ad / verbum, prout in eis arbitramentis plenius et latius continetur / et fit mentio et contineri reperiatur ad litteram, ita et eo modo / et forma ac causa quod ipsa arbitramenta, precepta et pronuntiamenta / de capitulo in capitulum et de verbo ad verbum exequentur et / exequtioni mandentur ac exequtionem mereantur per et inter / ipsas partes et rata, grata, firma et valida sint et perpetuo / remaneant et durent tamquam bona, vera et iuste facta / et cellebrata inter ipsas partes, in penna et sub penna in / eis et[a] in compromisso predicto contenta, apposita, inserta et deducta, et / quod in aliquo non fringantur nec fringi possint aliqualiter / nec aliquo modo nec causa sine consensu et voluntate ipsarum / ambarum partium et utriusque earum. Quam quidem amollegationem, / affirmationem et coroborationem et predicta omnia et singula nec non / predicta arbitramenta, precepta et pronuntiamenta ut supra et omnia et singula / in eis contenta predicte partes et utraque ipsarum promixerunt et cetera, obligando / sese vicissim, silicet una pars alteri et altera alteri ad / invicem, attendere et observare et exequtioni mandare, / in penna et sub penna predicta et totius damni et interesse / et omnium expensarum solempni stipulatione promissa et deducta, / danda et solvenda dicta penna per partem non attendentem et / observare nolentem parti attendenti et observare volenti predicta / omnia et singula, et penna solluta vel non solluta, / nichilominus omnia et singula in dictis arbitramentis et pronuntiamentis / et in hoc contractu contenta perpetuo rata, grata, firma et / valida permaneant, et hoc cum omnibus expensis, damnis et / interesse ceterisque accessionibus et cetera, in bonis denariis numeratis et cetera, / sub pacto capiendi et cetera, renuntiando omnibus legibus et cetera, et / dederunt ipse partes et utraque ipsarum sibi vicissim ut supra / plenam parabulam et licentiam intrandi et cetera, et constituerunt / [c. 178r.] se et cetera. Qui Paulus, pro una parte ut supra, et Franciscus, pro altera, iuraverunt / corporaliter et cetera habere rata et cetera. Et exinde et cetera rogatum fuit / et cetera fieri instrumentum in laudem viri prudentis. / Actum et cetera, testes et notarii et cetera. /

[a] et *aggiunto sopra la linea con segno di richiamo.*

Estimatio facta per procuratorem comunitatis

[In] nomine Domini, amen. Anno a nativitate et cetera, providus et / discretus vir ser Girardus de tali parte filius condam ser talis, habitans in tali / loco, estimator comunitatis Lugani et valis ac ripperie et pertinentiarum[1] / ut infra, noviter confirmatus et constitutus per conscilium generale / comunitatis Lugani et valis ac ripperie et pertinentiarum ad / estimandum de bonis debitorum et eis sic estimatis ea / insolutum dandum, vendendum et consignandum creditoribus / suis iuxta et secundum formam [statutorum][31] comunitatis vallis Lugani et secundum / formam tenoris provisionis et conscilii predicte comunitatis tenoris / [a]infrascripti videlicet, in nomine Domini, amen, anno et cetera, / et qui ser Girardus estimator ut supra vidit et dilligenter / examinavit denuntiamentum unum tenoris infrascripti videlicet, / [b]item instrumentum unum obligationis et condempnationis et cetera de quo in dicto denuntiamento / fit mentio, / et qui habuit plenam informationem et colloquium cum et / a multis personis fide dignis et sufficientibus, scientibus et plene / informatis de situ, pretio et vallore dictorum bonorum coherentiatorum / et terminatorum in suprascripto denuntiamento ac inferius coherentiatorum tam / respectu proprietatis quam etiam fictorum, reddituum et / gaudimentorum dictorum bonorum, et qui fuit super ipsis bonis / et vidit ipsa bona et eorum situm et coherentias, et qui / [c. 178v.] super predictis omnibus et singulis habuit plenam et dilligentem deliberationem / et examinationem, Christi nomine invocato, de cuius vultu recta procedunt / iuditia, extimavit et estimat dicta infrascripta bona esse valloris / et estimationis librarum[c] terciolorum, que bona sunt ista videlicet, / [d]imprimis domus una et cetera, / salvo tamen si alie vel aliter reperirentur predicte coherentie vel aliqua / ipsarum quod semper in hoc instrumento estimationis intelligantur veriores / fore apposite et deducte, et de ipsis bonis ut supra proxime / descriptis et coherentiatis nomine dicte comunitatis et pro ipsa comunitate / et tanquam de bonis dicti Petri debitoris fecit et facit venditionem, / datum et cessionem et insolutum dationem et totius dicte comunitatis / et dicti Petri debitoris in ipso denuntiamento nominati insolidum iuris / dominii et possessionis translationem et traditionem ad proprium et / imperpetuum in manibus suprascripti Lanzaloti de tali parte filii condam ser talis, / habitantis in tali loco, presentis, stipulantis et recipientis, et hec omnia / cum omnibus suis iuribus et pertinentiis tam predictis rebus estimatis / et venditis ut supra et insolutum datis, terminatis et choerentiatis quam / dicte comunitati [et] dicto Petro debitori ut supra et eorum ratione et occaxione / in integrum, et eidem Lanzaloto predictus ser Girardus estimator / ut supra nomine et vice dicte comunitatis et pro ipsa comunitate dedit, / cessit atque mandavit omnia sua et dicte comunitatis et dicti / Petri iura omnesque suas rationes et cetera, ita ut de cetero suprascriptus / Lanzalotus habeat, teneat et cetera predicta bona superius estimata / et cetera, et exinde faciat et cetera sine contradictione et cetera et dicte comunitatis / Lugani[e] et valis et dicti Petri et cui[us]libet alterius persone, / comunis, collegii et cetera, et sit et sucedat et cetera et utatur, experiatur / et cetera. Insuper predictus ser Girardus estimator ut supra nomine et / pro ipsa comunitate dedit et concessit suprascripto Lanzaloto plenam parabulam / et licentiam intrandi et cetera, et interim donec intraverit et cetera, / [c. 179r.] abdicando a se et a dicta comunitate et dicto Petro omne suum et dicte / comunitatis ius et cetera, cui vero dominio et cetera, quam quidem venditionem, / estimationem, datum et cessionem et insolutum dationem et predicta / omnia et singula superius estimata et insolutum data et vendita / cum suis iuribus et pertinentiis suprascriptus ser Girardus estimator ut supra / promixit et convenit solempniter per stipulationem, obligando dictam comunitatem / ut supra et omnia ipsius comunitatis Lugani et cetera bona et cetera suprascripto Lanzaloto, / ei suisque heredibus et sucessoribus et habenti seu habentibus causam ab eo / et cui seu quibus dederit, deffendere et guarentare ab omni persona / et cetera omni tempore et cetera et in se suscipere omne iuditium et cetera, et hoc a / prima citatione et requisitione inantea denuntiatione premissa, / omnibus dicti[f] comunitatis propriis expensis, dampnis et interesse tantum, / et hoc in penna et sub pena pretii infrascripti et totius dampni et cetera, / et hoc pro dicti ser Girardi estimatoris ut supra et dicte comunitatis / dato et facto tantum, quod datum et factum sic intelligatur / videlicet, si dicta comunitas aut dictus eius estimator ut supra vel eius / predecessores nomine dicte comunitatis et predicta comunitate[g] alii vel / aliis vendidissent et cetera et non aliter nec alio modo, teneatur / dicta comunitas[h] ad deffenssionem predictorum bonorum superius venditorum, / estimatorum et insolutum datorum cum suis iuribus et pertinentiis, / et etiam ei dare et solvere dictam pennam, si comitti contingerit / vel prout contingerit comitti, cum omnibus expensis, dampnis et interesse / ceterisque accessionibus et cetera in bonis denariis numeratis et cetera. Et / hanc venditionem, estimationem et insolutum dationem et / predicta omnia et singula fecit et facit suprascriptus ser Girardus estimator / ut supra nomine et vice dicte comunitatis et pro dicta comunitate / et pro pretio et nomine pretii librarum[i] terciolorum, de quibus et pro quibus / libris[i] terciolorum cedunt et cedere debent libre[j] terciolorum insolutum / et pro completa sollutione illarum librarum[k] terciolorum, de quibus et pro quibus / [c. 179v.] suprascriptus Petrus de tali parte filius condam talis obligatus et condampnatus legitur / et est in manibus suprascripti Lanzaloti occaxione et pretio et sollutione bladi / sibi dati, crediti, venditi et asignati, ut publico instrumento obligationis / et condempnationis constat, tradito et rogato ac scripto et subscripto per talem / notarium de tali parte filium condam talis, anno Domini tali, indictione tali, die tali / mensis talis, item libre[j] terciolorum, que sunt pro expensis factis per dictum / Lanzalotum, quid in processibus, parabula, introytu possessionis, denuntiamento, / mercede servitoris, quid in provisione seu conscilio de quibus supra, / sallario estimatoris et mercede mei talis notarii infrascripti pro / presenti estimatione et pro aliis expensis factis occaxione presentis estimationis, / quod quidem instrumentum obligationis et condempnationis debet incidi uno taleo / in medio et suprascribi per me iam dictum notarium infrascriptum de linea / in lineam secundum formam statutorum[32] et ordinamentorum comunitatis / Lugani et valis et cetera ad evidentiam et denotationem quod remaneat / et remanere debeat penes dictum Lanzalotum in deffensionem / et pro deffenssione suprascriptorum bonorum supra proxime[l] coherentiatorum, venditorum, / estimatorum et insolutum datorum, et ad petendum, exigendum, / consequendum et habendum contra et adversus dictum Petrum obligatum / et condempnatum et eius heredes et contra eius res et bona et / contra quamlibet aliam personam tenentem et possidentem de suis bonis / et rebus in casu evictionis, si sequiretur in toto vel[m] in parte / aut pro ea parte pro qua evinceretur, et non aliter nec alio modo / suprascriptas quantitates denariorum, de quibus supra fit mentio, cum omnibus expensis, / dampnis et interesse, salvo et reservato iure cuilibet alii persone / habenti meliora et potiora iura super predictis bonis et rebus. / Actum et cetera, testes et notarii et cetera. /

[a] *Nel margine sinistro della* c. *in corrispondenza delle righe 15–17 dell'originale, l'annotazione* ponatur ibi provisio prout fuerit facta in comunitate.

[b] *Nel margine sinistro della* c. *in corrispondenza delle righe 18–20 dell'originale, l'annotazione* ponatur ibi denuntiamentum totum de verbo ad verbum.

[c] *Segue spazio in bianco corrispondente a 20 mm.*

[d] *Nel margine sinistro della* c. *in corrispondenza delle righe 5–6 dell'originale, l'annotazione* ponantur ibi bona estimata cum choerentiis et cetera.

[e] *Segue* et cetera *depennato.*

[f] *Così, si intenda* dicte.

[g] *Così, si intenda* comunitas.

[h] -s *sopra la linea sopra* -tes *depennato.*

[i] *Segue spazio in bianco corrispondente a 12 mm.*

[j] *Segue spazio in bianco corrispondente a 9 mm.*

[k] *Segue spazio in bianco corrispondente a 8 mm.*

[l] *Segue* preteritorum *depennato.*

[m] vel *aggiunto sopra la linea con segno di richiamo, sopra* nec *depennato.*

Subscriptio instrumenti de quo facta est estimatio / et interlineatio et cetera

[c. 180r.] S.T.[a] [27] MCCCC°XXVI, indictione tali, die veneris talis mensis, ego talis notarius / causarum Lugani et valis[1], filius ser talis, suprascripsi hoc instrumentum obligationis et / condempnationis de linea in lineam secundum formam statutorum[33] et ordinamentorum / comunitatis valis Lugani et incidi uno taleo in medio [b-]ad evidentiam[-b] ad plenam / asumationem[c] suprascripti debiti et denotationem quod stare et permanere debeat / penes suprascriptum Lanzalotum creditorem in deffensionem [d-]et pro deffensionem[-d] certorum bonorum / iacentium et existentium in tali loco et territorio, coherentiatorum et descriptorum / in infrascripto instrumento[e] extimationis, de quibus dictus Lanzalotus / habet venditionem, estimationem et insolutum dationem et[f] comunitate / vallis Lugani pretio librarum[g] terciolorum, videlicet librarum[g] terciolorum pro completa sollutione / et integra satisfactione suprascriptarum librarum[h] terciolorum contentarum in dicto instrumento / obligationis et condempnationis, et librarum[i] terciolorum pro expensis, ut constat instrumento / ipsius estimationis tradato et rogato per me notarium infrascriptum hodie / paulo ante, et etiam ad petendum, exigendum, consequendum et / habendum suprascriptas libras[j] terciolorum, que sunt pretium suprascripte estimationis, cum / omnibus eorum expensis, damnis et interesse contra et adversus heredes, res / et bona suprascripti Guilielmi[k] et contra tenentes et possidentes de eius / bonis et rebus, et hoc in casu evictionis, si sequiretur in toto / vel in parte vel pro ea parte pro qua sequiretur, et non aliter / nec alio modo. /

[a] *Nel margine sinistro della* c., *in corrispondenza delle righe 1–3 del modello di sottoscrizione notarile, il* signum tabellionatus *di Giovanni Carli, di Gerardo, pubblico notaio di Lugano.*
[b–b] *Parte aggiunta sopra la linea con segno di richiamo.*
[c] *Così, si intenda* asumptionem.
[d–d] *Parte aggiunta sopra la linea con segno di richiamo; si intenda* et pro deffensione.
[e] *Segue* obligationis et condempnationis *depennato.*
[f] *Così, si intenda* a.
[g] *Segue spazio in bianco corrispondente a 9 mm.*
[h] *Segue spazio in bianco corrispondente a 4 mm.*
[i] *Segue spazio in bianco corrispondente a 8 mm.*
[j] *Segue spazio in bianco corrispondente a 12 mm.*
[k] *Così, si intenda* Petri.

Depositum cum denuntiamento simul et semel

[In] nomine Domini, amen. Anno a nativitate et cetera, cum hoc sit / quod Christoforus de tali parte filius condam talis, habitans in tali loco, investiverit / iure et nomine locationis ad fictum solvendum Iohannem de / tali parte filium condam ser talis, habitantem in tali loco, tunc presentem, stipulantem / et recipientem, nominative de petia una terre et cetera iacente et cetera, / cui coheret a mane et cetera, salvo errore coherentiarum et cetera, pro ficto omni / anno librarum[a] terciolorum ad terminum contentum in ipsa investitura cum / [c. 180v.] pacto, lege, conditione et conventione habitis inter dictos Christoforum tunc / locatorem, pro una parte, et Iohannem conductorem, pro altera parte, in dicta / investitura appositis, insertis et deductis, videlicet quod dictus / Iohannes tunc conductor posset, si vellet et ei liceret et licitum / esset, infra annos quatuor tunc proxime futuros emere et / acquirere predictam petiam terre descriptam et coherentiatam in dicta / investitura, et de qua supra fit mentio, a dicto Christoforo / locatore pro pretio et nomine pretii librarum XL[ta] denariorum novorum, et / quod quotienscumque dictus Iohannes tunc[b] conductor infra dictos annos / quatuor tunc proxime futuros daret et solveret et dare et / solvere vellet dicto Christoforo locatori predictas libras quadraginta / denariorum novorum pro pretio et nomine pretii dicte petie terre de qua supra / aut cum effectu ipsos denarios deponeret quod dictus Christoforus / teneretur et astrictus sit ac teneatur et debeat ipsam petiam / terre superius et in dicta investitura coherentiatam vendere et / dare et de ipsam[c] venditionem et datum facere cum clausulis / debitis in forma comuni et pro pretio suprascripto dictarum librarum XL[ta] terciolorum / dicto Iohanni tunc conductori et cetera, prout hec et alia continentur / et plenius et latius contineri reperiatur in ipsa investitura, ad / quam investituram dictus Iohannes se reffert, tradata et rogata / dicta investitura per Oltitium de tali parte notarium publicum / de tali parte, filium condam ser talis, anno Domini tali, indictione tali, die tali / mensis talis seu anno, die, mense et indictione in eo contentis, et / vellit dictus Iohannes tunc conductor et paratus sit modo de / presenti velle emere et acquirere ipsam petiam terre de qua supra / a suprascripto Christoforo locatore ut supra pretio suprascripto dictarum librarum quadraginta / terciolorum ac dare et solvere eidem Christoforo predictas libras XL[ta] terciolorum / pro pretio ut supra suprascripte petie terre ipso Christoforo faciente venditionem / et datum in forma comuni, ut supra fit mentio, dicto Iohanni pro pretio / suprascripto de dicta petia terre et cum clausulis et iuramento / [c. 181r.] debitis et necessariis apponendis et apponi consuetis in talibus et similibus, / et dictus Christoforus non sit domi eius habitationis in dicto burgo nec / vale Lugani[1], sed sit absentatus in partibus remotis et longinquis, / et dubitans dictus Iohannes ne terminus predictus emendi et acquirendi, / ut supra fit mentio, labatur et finiatur, quia in proximo suo credere / labitur et finitur, et non volens quod ei imputetur de mora et / negligentia sui in predictis et circha predicta, idcircho ipse Iohannes / ivit et se personaliter presentavit ad domum habitationis dicti Christofori sytam / in tali loco, in tali contrata, et ibidem in presentia mei notarii / et testium et notariorum infrascriptorum ac etiam presente domina Margarita[d] / uxore dicti Christofori, omnibus modo, iure, via, causa et forma / quibus melius potuit et potest, presentavit et exibuit et presentat / et exibet dictas libras XL[ta] terciolorum in denariis numeratis pro ipsis / dandis et solvendis dicto Christoforo, si ipsum reperiri contingerit / personaliter, ipso faciente et facere volente cum effectu dictam / venditionem et datum de dicta petia terre de quibus supra, et / ut supra fit mentio, ipsi Iohanni de Caserago[34], prout ipse Christoforus / promixit et tenetur ex forma pactorum insertorum in dicta investitura / de qua supra, et in casu quo dictus Christoforus recusaverit / et non voluerit facere dictam venditionem dicto Iohanni / modo et forma predictis vel ipse Iohannes ipsum Christoforum non / reperierit dicte eius domi habitationis[e] / pro ipsis libris XL[ta] terciolorum deponendis et effectualiter pro predictis / fiendis et adimplendis, et quia ipsum Christoforum non reperuit / dicte eius domi habitationis ipse Iohannes ibidem presentialiter inctimavit, / denuntiavit et notificavit et inctimat, denuntiat et notificat / et per presentem contractum inctimando, denuntiando et notificando mandat / dicto Christoforo seu dicte eius domi habitationis quatenus ipsas libras / quadraginta terciolorum veniat et se personaliter presentet accipere et / recipere a dicto Iohanne vel et seu ad videndum deponere / [c. 181v.] Antonio de Lachu infrascripto, penes quem ipse Iohannes vult / deponere ipsos denarios et dictam venditionem de dicta / petia terre superius et in dicta investitura coherentiata et / datum facere modo et forma predictis ipsi Iohanni de Caserate[34], / cum hoc sit quod ipse Iohannes depositis ipsis denariis, de quibus / supra fit mentio, intendit et vult a modo possessionem et tenutam / ipsius petie terre in se retinere et penes se tanquam de / bonis et rebus propriis ipsius Iohannis et ipsam petiam terre / laborare et laborari facere ac usufructari et fructus / ipsius gaudere et possidere tanquam de bonis suis propriis, et / hoc sine aliqua alia sollutione et prestatione ficti predicti seu / fictorum predictorum fienda nec prestanda dicto Christoforo a modo de / et pro dicta petia terre aliqualiter nec aliquo modo, et / [f]insuper dictus Iohannes omnibus modo, iure, via ut supra / deposuit et effectualiter deponit dictas libras XL[ta] terciolorum / periculo et rexego tantum dicti Christofori penes in manibus / Antonii de tali loco filii condam talis, ibidem presentis et acceptantis / pro ipsis dandis et solvendis dicto Christoforo quandocumque et / quotienscumque[g] eas voluerit et si voluerit, et ipso Christoforo / facientes[h] dicto Iohanni dictam venditionem et datum in forma / comuni, et ut supra fit mentio, de ipsa petia terre superius / et in dicta investitura coherentiata et non aliter nec alio / modo. Qui quidem Antonius de Lacu ipsas libras / XL[ta] terciolorum accipit et recipit a dicto Iohanni in depositum / ut supra et contentus et conffessus fuit et est eos habuisse et / recipisse a dicto Iohanni et ibidem sibi presentialiter fuisse numeratas / pro ipsis dandis et solvendis et ut supra fit mentio, et / insuper dictus Antonius promixit et cetera, obligando se et cetera dicto / Iohanni ibidem presenti et qui deposuit ut supra et michi tali / notario infrascripto ut publice persone, stipulantium et recipientium / [c. 182r.] [i]nomine et vice et ad partem et utilitatem tantum dicti Christofori / et omnium aliarum personarum quarum interest, intererit vel interesse poterit, / de dando, numerando et solvendo dicto Christoforo dictas libras XL[ta] terciolorum / depositas ut supra quotiens et quandocumque voluerit ipsas accipere, recipere / et habere ipso faciente dictam venditionem et datum de dicta / petia terre, ut supra fit mentio, et modo et forma predictis, et hoc / cum omnibus expensis, dampnis et interesse ceterisque accessionibus et cetera, in bonis / denariis numeratis[j] tantum[k] et cetera, sub pacto capiendi et cetera, renuntiando omnibus legibus / et cetera, et dedit parabulam intrandi in possessionem et cetera, et constituit se et cetera. / Insuper dictus Iohannes de Caserago protestatur contra dictum Christoforum / de omnibus expensis, dampnis et interesse, que per ipsum Iohannem pati / possent et sequi contra eum premissorum occaxione, et copiam ipsius / instrumenti et denuntiamenti ac inctimamenti ipse Iohannes dimisit et dimitit / dicte domui dicti Christofori in scriptis et per exemplum, presente dicta / Margarita uxore dicti Christofori, quod quidem denuntiamentum obtineat / vim et robur solempnis denuntiamenti in omnibus et per omnia. Et de predictis / omnibus et singulis rogavit me notarium infrascriptum ut publicum / confitiam instrumentum in laudem viri prudentis. / Actum et cetera, testes et notarii et cetera. /

[a] *Segue spazio in bianco corrispondente a 5 mm.*
[b] tunc *con segno abbreviativo depennato.*
[c] *Così, si intenda* ipsa.
[d] -rgari- *corretto sopra* -gne-.
[e] *Segue* ipse Iohannes ibidem presentialiter *depennato.*
[f] *Precede* in s *depennato.*
[g] -s- *aggiunto sopra la linea.*
[h] *Così, si intenda* faciente.
[i] *Precede* nie *depennato.*
[j] numeratis *aggiunto sopra la linea con segno di richiamo.*
[k] *Segue* s *depennato.*

Instrumentum denuntiamenti

[In] nomine Domini, amen. Anno et cetera, cum[a] hoc sit quod ex iustis titulis / iam dudum habuerit et de presenti habeat et possideat infrascriptus Donatus / de tali parte duas partes ex tribus partibus pro indivixo sediminis unius / iacentis in civitate Mediolani[5] in porta Vercelina, in parochia Sancte Marie, / cum certis hedefitiis et cetera, cui coheret a mane et cetera, salvo errore coherentiarum / et cetera, et cum suis iuribus et pertinentiis, cumque alia tercia pars / dicti sediminis et bonorum et iurium superius specificatorum, ut / dicitur, sit et pervenerit in ser Gaudentium de tali parte filium condam ser talis / dictis modis, cumque suprascriptus Donatus vellit et intendit vendere / [c. 182v.] [b]et alienare et in alium transfere[c] dictas duas partes dictorum / [d]sediminis, bonorum et iurium eidem Donato pertinentium et spectantium / ut supra, cumque ex forma statutorum comunitatis Mediolani caveatur quod / si quis habuerit maiorem seu dimediam partem seu aliam quamcumque / quotam partem seu utille dominium et naturalem possessionem alicuius quote / partis alicuius sediminis seu hospitii in civitate seu burgis vel / ducatu Mediolani et voluerit ipsam quottam partem seu dictum utille / dominium et naturalem possessionem eiusdem vendere et alienare et in / alium quam in habitantem[e] partem in ipsa domo vel directum dominium et civilem / possessionem ipsius sue partis acquirere et ei assignare terminum triginta / dierum infra quos rendeat se accepturum vel ne et cetera, prout in eis / statutis seu statuto continetur, modo in presentia mei notarii et testium / infrascriptorum ad hec spitialiter vocatorum et rogatorum suprascriptus Donatus de / tali parte filius condam talis, habitans in tali loco, omnibus modo, iure, via, causa / et forma quibus melius potuit et potest et ad omnem bonum finem / et effectum, qui melius eidem Donato prodesse et proficere possint / ad hoc [f-]ut ipsi Donato[-f] ullo / tempore possit imputari aliqua mora, culpa vel negligentia, et / ad hoc ne suprascriptus ser Gaudentius, cui denuntiatur ut infra, ullam / possit nec valleat pretendere ignorantiam nec excusationem nec / se a predictis nec infradictis aliqualiter excusare, volensque / etiam ipse Donatus uti et gaudere benefitio statutorum comunis predicti / Mediolani, accessit ad domum habitationis suprascripti ser Gaudentii de tali parte / filii condam sytam in tali parte et loco, et ibidem presente, audiente et / intelligente domina tali de tali parte, uxore suprascripti ser Gaudentii, / dictus Donatus dixit, denuntiavit, inctimavit et notificavit / et dicit, denunctiat, inctimat et notificat suprascripto ser Gaudentio / habenti, et[g] dicitur, aliam terciam partem, ut supra fit mentio, predicta / omnia et singula et quodlibet eorum et quod ipse Donatus vult et / intendit vendere et alienare predictas duas partes dictorum sediminis / et iurium, de quibus supra fit mentio, sibi spectantium et pertinentium / [c. 183r.] ut supra et quod si ipse ser Gaudentius habens dictam tertiam partem dicti / sediminis et iurium ut supra vult et intendit emere et acquirere / ab [h-]eadem Donoto[-h] de tali parte dictas duas partes ex tribus partibus / dicti sediminis ut supra cum suis iuribus et pertinentiis, quatenus ipse ser Gaudentius / vellit et debeat infra mensem unum proxime futurum seu infra triginta / dies proxime futuros secundum formam dictorum statutorum comunis Mediolani / respondisse et quod respondeat velle cudere[i] et acquirere dictas duas partes / dicti secondiminis[j] de quo supra cum suis iuribus et pertinentiis ex dictis tribus partibus / dicti sediminis et ut supra pretio quo estimabuntur per extimatores comunis / Mediolani et iusta dispositionem dictorum statutorum vel ne, offerens / et obtulit et offert ipse Donatus, casu quo ipse ser Gaudentius / in dicto termino seu terminis predictis statutis ut supra respondent[k] ut supra / et ut supra velle emere et acquirere a dicto Donato dictas duas / partes cum suis iuribus et pertinentiis ipsius Donati ex dictis tribus / partibus dicti sediminis, de quo supra fit mentio, se paratum cum effectu / ipse Donatus ipsas duas partes cum suis iuribus et pertinentiis ex / tribus partibus predictis dicti sediminis superius nominati et coherentiati vendere / et alienare et transfere in dictum ser Gaudentium pro dicto / pretio, de quo fuit estimat[i]o per dictos estimatores comunis Mediolani, / cum promissione deffendendi dictas duas partes cum suis iuribus / et pertinentiis ex dictis tribus partibus dicti sediminis superius terminati / et coherentiati in forma comuni et iuris et cum aliis promissionibus / et clausulis in talibus et similibus necessariis, debitis et opportunis / et apponi sollitis, per publicum instrumentum et rogandum per publicum / et autenticum notarium et in omnibus et per omnia et prout debet / et tenetur ex forma iuris et statutorum predictorum, alioquin elapso ipso / termino, si ipse ser Gaudentius respondent[k] se nolle emere et acquirere / ut supra vel si dictus terminus in quocumque casu dicti mensis seu triginta / dierum [l-]fuerunt elapsis[-l] et nichil responderit, ipse Donatus dictas / duas partes, de quibus supra fit mentio, cum suis iuribus et pertinentiis / ipsi Donato pertinentes et spectantes ut supra vendet et / [c. 183v.] alienabit et transferet in alium, in quem maluerit ipse Donatus, / et pro illo pretio de quo ipsi Donato videbitur et placuerit, cum / promissionibus et obligationibus debitis et cum aliis clausulis et / solempnitatibus in talibus apponi consuetis, et per publicum instrumentum inde / rogandum per publicum notarium ipso ser Gaudentio non expectato. / Et de predictis suprascriptus Donatus rogavit me talem notarium publicum / de tali parte infrascriptum publicum confici debere instrumentum unum et plura / unius et eiusdem tenoris, dimisso exemplo huius denuntiationis, / inctimationis et notificationis ad dictam domum habitationis dicti ser Gaudentii / sytam ut supra, et presente, audiente et intelligente suprascripta domina / tali uxore suprascripti ser Gaudentii ut supra. / Actum et cetera, testes et notarii et cetera. /

a cum *con segno abbreviativo depennato.*
b *Precede* dictis modis *depennato.*
c -s- *aggiunto sopra la linea.*
d *Precede* sedeminis *depennato.*
e *Così, si intenda* habentem.
f-f *Parte aggiunta sopra la linea con segno di richiamo sopra* ne suprascriptus ser Gaudentium cui denuntiatur ut infra *depennato.*
g *Così, si intenda* ut.
h-h *Così, si intenda* eodem Donato.
i *Così, si intenda probabilmente* emere.
j *Così, si intenda* sediminis.
k *Così, si intenda* respondeat.
l-l *Così, si intenda* fuerit elapsus.

Repudiatio hereditatis

[In] nomine Domini, amen. Anno et cetera, Paulus de tali parte filius condam talis, habitans / in tali loco, consti[tu]tus coram sapienti et egregio domino tali / de tali parte vicario Lugani et valis[1], sedente in bancho, super / quodam bancho posito in tali loco, quod banchum et quem / locum prefatus dominus vicarius suum ellegit et elligit banchum / et tribunal ydoneum in hac parte pro infrascriptis omnibus et singulis / spitialiter peragendis, et qui in infrascriptis omnibus et singulis suum et suam / et comunitatis Lugani et vallis et cetera auctoritatem et decretum interposuit / et dedit et dat cum cognitione cause et prius per eum causa / cognita et ex eius offitio, dixit et protestatus fuit et dicit et / protestatur quod non fuit nec est nec esse vult heres in toto nec / in parte dicti quondam talis patris sui aliqualiter nec aliquo modo, / ymo ipsam hereditatem repudiavit omnibus modo, via et forma / quibus melius potuit et potest, et quod se abstinuit et abstinet / et abstinere vult a dicta hereditate et bonis relictis per / dictum quondam talem patrem suum, et hoc quoniam ipsa hereditas / [c. 184r.] dicti condam patris sui est potius sibi dampnosa quam lucrosa, et / hanc repudiationem et predicta omnia et singula predictus Paulus promixit / et convenit solempniter per stipulationem, obligando se et omnia sua bona / pigneri presentia et futura michi tali notario infrascripto ut publice / persone stipulanti et recipienti nomine et vice omnium personarum quarum / interest, intererit vel interesse poterit, se perpetuo ratam, gratam, / firmam et validam et rata, grata, firma et valida habere et / tenere et nullo tempore contrafacere nec venire aliqua ratione / vel causa iuris vel facti. Et exinde de predictis et cetera rogatum / fuit et cetera fieri instrumentum et cetera in laudem viri prudentis. / Actum et cetera, testes et notarii et cetera. /

Additio hereditatis

[In] nomine Domini, amen. Anno et cetera, Antonius de tali parte filius condam talis, habitans / in tali loco et cetera, constitutus coram sapienti et egregio domino tali / de tali parte vicario Lugani et cetera[1], sedente in bancho, super quodam / bancho posito in tali loco, quod banchum et quem locum prefatus / dominus vicarius suum ellegit et elligit banchum et tribunal / ydoneum in hac parte et pro infrascriptis omnibus et singulis spitialiter / peragendis, et qui in infrascriptis omnibus et singulis suum et suam / et comunitatis Lugani et valis et pertinentiarum auctoritatem et decretum / interposuit et dedit et dat cum cognitione cause et prius / per eum causa cognita et ex eius offitio, omnibus modo, via, causa et / forma quibus melius potuit et potest, adhivit et adhit hereditatem / dicti nunc quondam[a] talis patris, / dicens et protestans et dixit et protestatus fuit quod fuit et est / heres dicti quondam patris sui et esse vult et quod se invistivit / et invistire vult et intendit et invistit de dicta hereditate / dicti patris sui et bonis relictis per dictum nunc quondam talem / [c. 184v.] patrem suum in eius hereditate et bonis et quod dicta hereditas / ipsius quondam patris sui est sibi potius lucrosa quam dampnosa. Et / exinde de predictis rogatum fuit et cetera. /

[a] *Segue* patris sui et esse vult et *depennato*.

Missus ad benedicendum uxorem / et disponsandum

[In] nomine Domini, amen. Anno et cetera, nobilis vir dominus Petrus de / tali parte filius nobilis viri domini talis de tali parte, habitans in / tali loco et cetera, parabula, conscensu et cetera prenominati patris sui ibi presentis / et cetera et non emancipatus ab eodem patre suo et cetera, divina inspiratione / motus, omnibus modo, iure, via, causa et forma quibus melius potuit / et potest, fecit, constituit, creavit et ordinavit ac facit, constituit, / creat et ordinat suum certum missum, nuntium, actorem verum / et legiptimum procuratorem, et quicquid melius dici et esse potest, / nobilem et prudentem virum dominum Thomam de tali parte, germanum / suum, absentem tamquam presentem, duraturum hinc ad mensem unum / tantum, spitialiter ad se presentandum in tali civitate ad presentiam / nobilis et virtuose iuvenis Katerine de tali parte filie spectabilis / domini Barthami de tali parte, habitantis in dicto loco, nec non et prefati / domini Barthamey patris sui, et ibidem procuratorio nomine ipsius / dicti Petri constituentis per verba de presenti matrimonium, quod deus / audiat, sanctum contrahere cum prefata domina Katerina, hec verba / proferendo «domina Katerina, ego tamquam missus et procurator dicti Petri / de tali parte per instrumentum missi et procure, quod ibi in publicam / formam presentialiter porrigo et hostendo, accipio et benedico te / vos in legiptimam sponsam et uxorem ipsius domini Petri» et ipsa / respondente «sic contentor», que verba ipse dominus Petrus ibidem / in presentia testium infrascriptorum constituens prefato domino Thome procuratori / suo formaliter protulit et dixit sic dicenda et proferenda ad / hoc ut matrimonium ipsum per verba ipsa intelligatur compillatum / [c. 185r.] et coniunctum et non possit per hominem separari, sequendo dictum Domini nostri / Yesu Christi, qui dixit in evangelio quod deus coniunxit homo non / separet, et item si oppus fuerit ac requisitus ad ipsam / prefatam dominam Katerinam in sponsam benedictam et coniunctam / disponsandum dicto procuratorio nomine ipsius domini Petri constituentis / anullo[a] aureo manu propria ipsius domini Thome missi / et procuratoris constituti ut supra, quam prefatus dominus Petrus disponsatam / deo dante in brevi dicere[b] intendit in eius sponsam et / uxorem legiptimam, et generaliter ad ea omnia et singula in predictis / et circha predicta necessaria et opportuna et cetera, dans et cetera, / promittens et cetera ratum, gratum et cetera et rata, grata et cetera / habere et cetera. Et exinde de predictis et cetera rogatum fuit et cetera / fieri instrumentum in laudem viri prudentis et cetera. / Actum et cetera, testes et notarii et cetera. /

[a] *Segue* aureo *depennato.*
[b] *Così, si intenda* ducere.

Protestatio et denuntiamentum contra uxorem / que fugavit a marito suo

[In] nomine Domini, amen. Anno a nativitate et cetera, cum hoc sit / quod Ambrosius de tali parte filius condam talis, habitans in tali loco, iam / pluribus et pluribus annis diu elapsis in suam legiptimam / duxerit uxorem dominam Maxinam de tali parte filiam ser talis / nuptias faciendo et eam in nuptiis et post nuptias tenendo in / eius domo habitationis, tunc syte in tali loco et ubi nunc dictus / Ambrosius sepe et sepissime facit residentiam, et bene / tractando ac per se tractari permittendo[a], prout volebat ipsa domina / Maxina, evenit quod modo ipsa domina Maxina iam annis / viginti et pluribus proxime preteris, nescio quo ducta spiritu suo / temerario, ausu et auctoritate propria ac sine causa legiptima / et sollo voluntatis sue arbitrio et contra voluntatem dicti / [c. 185v.] Ambrosii eius mariti ac deum, ius et iustitiam, recessit / a dicta domo habitationis ipsius mariti seu animo se separandi / et[b] cohabitandi et separata stare volendi / et stetit a dicto marito suo, et ivit habitatum ad domos et / aulas aliorum in grande dampnum, villipendium et preiuditium / ipsius Ambrosii mariti sui ac anime ipsius domine Maxine, et / pluries et pluries post hec petita et repetita fuit ac requisita / per ipsum Ambrosium maritum suum ut reverteretur et reverti / vellet ad dictam domum ipsius Ambrosii mariti sui, ibidem / permansura et vitam suam honestam cum eo marito suo ductura / semper recusavit et usque modo separata et absentata stetit / a dicto Ambrosio eius marito et a domo eius habitationis et de / presenti recusat licet indebite et iniuste et contra deum, ius / et iustitiam ut supra, et non contenta de premissis aussa fuit iam / modico tempore elapso supplicare contra dictum Ambrosium maritum / suum ad illustrissimum principem et dominum dominum ducem Mediolani[5] et / eidem marito suo pro tempore preterito alimenta et expensas ac / dotem petere, quod eidem Ambrosio, rebus se habentibus prout se / habent, extraneum et valde iniustum apparuit et videtur et / apparet, et nolens idem Ambrosius tantum onus iniustitie / supportare amplius nec tanto spirituali periculo subiacere, ipse, / si dicta domina Maxina bene vellet subiacere, omnibus modo, / iure, via, causa et forma quibus melius potuit et potest, ipse / Ambrosius ivit et se personaliter presentavit in tali loco in contrata / de tali parte, ad presentiam dicte domine Maxine eius uxoris / et ibidem [c-]dicte domine Maxine uxori sue personaliter reperte[-c] / et existente in presentia mei notarii et testium infrascriptorum, / ipsam dominam Maxinam uxorem suam honeste et bonis / sermonibus petiit et requisivit ac petit et requirit quatenus / duretiam cordis sui vellit revocare et rellaxare et / ire cum ipso Ambrosio marito suo et ad eius domum habitationis / [c. 186r.] in dicto loco de tali parte sytam et alibi ubique ubi ipsum habitare / a modo contingerit et cum[d] stare et permanere modis et ordinibus / debitis, offerens se dictus Ambrosius eidem domine Maxine uxori / sue facere et exhibere et fieri et exhiberi facere omnia necessaria, / que debet et ad que tenetur iuxta deum et sanctam matrem ecclesiam / et ius et iustitiam toto suo posse, et ipsam bene[e], honeste / et utiliter maritali affectione pertractare, mutare[f], vestire, / calciare et quecumque alia facere bona, ad que tenetur iuxta eius / possibillitatem et statum, alioquin dictus Ambrosius denuntiavit / et per presentem contractum denuntiat et inctimat et denuntiando / et inctimando protestatur et mandat dicte domine Maxine eius / uxori et contra ipsam dominam Maxinam eius uxorem de omnibus / iniuria, expensis, dampnis et interesse tam passis et factis per ipsum / Ambrosium hinc retro et pro preterito tempore quam a modo passuris et / fiendis premissorum occaxione suis loco et tempore petendis, declarandis, / exigendis et habendis, et per consequens idem Ambrosius protestatur / contra ipsam dominam Maxinam suam uxorem quod non vult nec / intendit eidem domine Maxine uxori sui in aliquo teneri / nec obligatus esse, et hoc tam pro alimentis et quibuscumque aliis / expensis quam etiam qualibet alia causa et occaxione et etiam tam / pro tempore preterito quam pro futuro, aliqualiter nec aliquo modo, ymo / intendit et vult petere et agere contra ipsam dominam Maxinam / uxorem suam ipsa perseverante in separatione prout est et / induratione de omnibus eius iniuria, expensis, dampnis et interesse, / quia ius eidem Ambrosio sic competit et credit de iure / competere. Et de predictis omnibus et singulis ipse Ambrosius / dimisit in scriptis et per copiam et exemplum et dimittit / dicte domine Maxine uxori sue, et predicta obtineant vim / et robur solempnis denuntiamenti in omnibus et per omnia. Et exinde de / predictis omnibus et singulis rogatum fuit per me notarium infrascriptum / publicum confici debere instrumentum in laudem viri prudentis. /

[a] *Segue* p *depennato*.
[b] *Segue* que animo cho *depennato*.

[c–c] *Così, si intenda* dicta domina Maxina uxore sua personaliter reperta.
[d] *Si aggiunga* eo.
[e] *Segue* iuste *depennato.*
[f] *Così, si intenda probabilmente* nutrire.

[c. 186v.] Codicillus post testamentum

Anno et cetera, cum hoc sit quod tallis de talli parte allias eius / testamentum condiderit, in quo inter cetera legavit / et cetera talli et talli. /

Ibi recitantur capitula testamenti de verbo ad verbum rogata / per tallem notarium anno et cetera, deinde dicatur.

Et cum hoc / sit quod ipse tallis preposito[a] muttatus, / quia volluntas testatoris est ambullatoria / usque ad mortem et quia circha quedam, / que in ipso testamento continentur, volluntatem / muttavit, intendit ipsum testamentum in aliquibus / suis partibus moderare et addere et minuere, / prout est eius intentionis et prepositi[b], idcircho / dictus tallis, vollens et intendens codicillare / et infrascriptum codicillum facere omnibus modo et cetera, / fecit et facit infrascriptum eius codicillum et infrascriptam / moderationem ut infra. / Primo idem testator asserit et dicit quod cum penituit[c] legasse et / adiudicasse pro eius anima sumam unam bladi imperpetuum / et ideo eam elimoxinam fiendam ad talle terminum / post eius decessum reduxit et reducit, vollens, / iubens eam perpetuo fieri.

Et si forsan vellet addere, / tunc dicatur[d]. /

Idem testator asserit ut supra quod cum penituit non adiudicasse / pro eius anima nixi tot bladum et ideo ipsi elemoxine / addidit et addit tot bladum vel prout fuerit, dandum et / distribuendum modo contento in dicto instrumento testamenti per infrascriptum eius / heredem universallem una cum dicta allia elimoxina / ut supra primo legata. /

Item possit pro suprascripta renuntiatione elimoxine perpetuo ad terminum addere / aliquam quantitatem elimoxine plus prima dicendo.

Et ideo / ipsi elimoxine addidit et addit tot ut supra. / [c. 187r.] Item asserit et dicit quod cum penituit legasse et adiudi[casse][e] / talli de talli parte suprascriptas libras centum terciolorum detraxit et [...][e] / et subtraxit et cetera libras XXV terciolorum retinendas [per][e] / [f]eius heredes universalles de dictis libris [...][e] / sic de simillibus. /

Et possit etiam anullare totum capitulum dicendo.

Quod [cum][e] / penittuit legasse et cetera talli libras C terciolorum et dictum illum / revochavit et revochat, / item asserit et dicit quod[g] cum vellet non legasse[h] et / adiudicasse talli de talli parte nixi libras C terciolorum / et ideo sibi addidit et addit libras XXV terciolorum, sibi / dandas et cetera per[i] eius heredem universallem[j] ultra dictas / libras C. /

Idem poterit fieri, si adiudichavit per elimoxinas ad tempus / et postea volluit eas esse perpetuas. / Idem poterit fieri de omnibus capitulis testamenti excepto de capitulo / institttutitionis[k] heredum, quia in codicillo non fit / institttutitio[l] heredum, et si remaneretur institutio / in hoc contractu, non valleret, sed bene potest sibi / addi aliqua additio. / Item[m] potest etiam per codicillum allia capitula facere, / que non erint in testamento, dicendo. /

Item asserit et dicit se dollere non legasse talli et cetera aliqua / ex suis bonis et ideo sibi talli per presentes legavit et cetera / quid et cetera ex et de bonis, in quibus dictum tallem eius / heredem universallem instittuit, que bona ipsi talli heredi / universalli subtraxit et subtrahit per presentes, et exinde / de predictis omnibus et singulis rogatum fuit per me notarium / infrascriptum uti publicum confici debere instrumentum unum et plura / eiusdem tennoris in laudem viri sapientis. / [c. 187v.] Et hoc asserit et cetera [n–]esse suum ultimum velle et suam ultimam volun[tatem][o–n] ut in codicillo ante testamentum continet[ur][e] / et fit mentio. Actum et cetera.

Et ibi non requiruntur nixi quinque / [p]testes. /

Regulla pro extrahendis[q] testamentis servatur sic, / si datur heredi institttutitio[l] vel substittutio, debet / dari in testamentis. / Si vero datur legatariis, debet dari cum primis duobus / capitulis et cum capitulo sibi pertinenti et cum capitulo / institttutitionis[k] heredittatis, sed si iuret / suprascripta sunt allia legata, debet de eis fieri mentio / dicendo, item et cetera non ultra declarando, et si / alliter fieret, vocabitur testamentum. / Hii sunt qui non possunt testari, videlicet maschulli / minores annis XIIII°, femine minores annis / XII, fillius famillias nixi de[r], / furiosus, mente captus, prodictus[s] cui sit interdicta / administratio, surdus et muttus, servus, dampnatus / ad mortem, obsides pro captivus[t], dampnati de / famoxo crimine, hereticus, monachus et / canonicus regularis[d], / item qui comissit crimen lexe maiestatis. /

a *Così, si intenda* proposito. *Segue* muttati *depennato.*

b *Così, si intenda* propositi.

c p- *erroneamente con segno abbreviativo.*

d *Segue spazio in bianco corrispondente a 110 mm.*

e *Parte mancante per lacerazione della* c.

f *Precede* infrascriptos *depennato.*

g *Segue* ut *depennato.*

h *Segue* ne *depennato.*

i *Segue* infrascriptos *depennato.*

j -m *corretto sopra lettera non più leggibile.*

k *Così, si intenda* institutionis.

l *Così, si intenda* institutio.

m *Segue* potest *con* e *aggiunta sopra la linea, depennato.*

n–n *Parte aggiunta sopra la linea con segno di richiamo.*

o *Parzialmente illeggibile per lacerazione della* c. *Qui doveva anche trovarsi il segno di richiamo per la parte aggiunta nel margine sinistro della* c. *(v. nota p).*

p *Nel margine sinistro della* c. *in corrispondenza delle righe 3–9 dell'originale, l'annotazione preceduta da segno di richiamo, parzialmente illeggibile per lacerazione della* c., [...] vallere [...]e [...] et [... a]lio modo [...] mellius et cetera vallere et cetera potest et cetera quia sic decrevit eius ultima voluntas. *Segue altro segno di richiamo.*

q *Segue* st *depennato.*

r *Segue spazio in bianco corrispondente a 40 mm.*
s *Così, si intenda* prodigus.
t *Così, si intenda* captivis.

1 *Lugano, com., distr. omonimo. La* vallis Lugani, *già dal sec. XII esistente come unità geografica, comprendente le tre antiche pievi di Lugano, Agno e Capriasca, divenne comunità amministrativa a partire dal sec. XIV. Cfr.* Schaefer, *Il Sottoceneri, trad. it., p. 2.*
2 *Sulla chiesa collegiata di S. Lorenzo a Lugano, cfr.* Borella P., *Lugano, in Le chiese collegiate della Svizzera italiana, a cura di* Moretti A., *Berna 1984 (Helvetia Sacra II/1), pp. 121–134.*
3 *Lugano, com., distr. omonimo.*
4 *Sul convento di S. Francesco a Lugano, fondato nel 1490, cfr.* Orelli U., *S. Francesco di Lugano TI, francescani conventuali, in Die Franziskaner, die Klarissen und die regulierten Franziskaner-Terziarinnen in der Schweiz. Die Minimen in der Schweiz, a cura di* Degler-Spengler B., *Berna 1978 (Helvetia Sacra V/1), pp. 459–464.*
5 *Milano, capoluogo della prov. omonima, Italia.*
6 *Tortona, com., prov. d'Alessandria, Italia.*
7 *Val Marchirolo, denominazione fino al 1955 del comune di Cugliate-Fabiasco, prov. di Varese, Italia.*
8 *Varese, capoluogo della prov. omonima, Italia.*
9 *Cfr.* Santoro C., *Gli uffici del dominio sfozzesco (450–1500), Milano 1948, p. 238.*
10 *Como, capoluogo della prov. omonima, Italia.*
11 *Forse Sala Capriasca, com., distr. di Lugano.*
12 *Tomaino Trovamalla, di Sale, dottore in legge, nominato vicario della comunità di Lugano e valle nel 1443, è attestato in tale veste nel 1444. Cfr.* Schaefer, *Il Sottoceneri, trad. it., Appendice documentaria, p. 418, n. 55 b), e* Chiesi G., *Il Sottoceneri e la signoria dei Sanseverino (1438–1447), in Bollettino Storico della Svizzera Italiana, 112 (1990), pp. 151–152, docc. 36 e 40.*
13 *Sulla signoria dei Sanseverino (1438–1447) nel Sottoceneri, cfr.* Chiesi, *Il Sottoceneri, pp. 119–172. Francesco, Bernabò e Amerigo, figli di Aloisio Sanseverino già signore del Sottoceneri, ne divennero signori a loro volta alla morte del padre nell'aprile del 1447. Nell'agosto dello stesso anno essi dovettero rinunciare alla signoria, che riebbero nell'ottobre del 1450 e che essi tennero dapprima indivisa. Nel 1457 in seguito alla morte di Amerigo compaiono come signori di Lugano il fratello Bernabò e il figlio Ugo, mentre Francesco diviene signore di Mendrisio e della pieve di Balerna. Cfr.* Schaefer, *Il Sottoceneri, trad. it., pp. 356–362.*
14 *Cfr.* Heusler, *Die Statuten von Lugano,* statuta civilia, *cap. CCLVIII, p. 245,* Mango-Tomei E., *Sui collegi dei notai di Lugano e di Mendrisio, in Festschrift für Ferdinand Elsener, Sigmaringen 1977, pp. 172–178.*
15 *Cfr.* Mango-Tomei E., Matricola notariorum comunitatis vallis Lugani. *Una fonte per la storia del notariato nel Sottoceneri nel XV, XVI e XVII secolo, in Bollettino Storico della Svizzera Italiana, CI (1989), pp. 2–29.*
16 *Val Vigezzo, solco vallivo attraverso il quale il bacino della Toce (Domodossola) comunica con quello del Ticino (Locarno).*
17 *Ossuccio, com. Tremezzina, prov. di Como, Italia.*
18 *Bironico, com., distr. di Lugano.*
19 *Malesco, com., prov. di Verbano-Cusio-Ossola, Italia.*
20 *Novara, capoluogo della prov. omonima, Italia.*
21 de Vallano *toponimo non identificato.*
22 *Cadro, com. Lugano, distr. di Lugano.*
23 *Davesco-Soragno, com. Lugano, distr. di Lugano.*
24 *Gandria, com. Lugano, distr. di Lugano.*

[25] *Giacomolo Pocobelli, pubblico notaio di Lugano, non compare nella* Matricola notariorum comunitatis vallis Lugani (a. 1464–1693). *Egli figura però nella* Matricola *in veste di abate del Collegio dei notai di Lugano negli anni 1436 e 1456. Cfr. Indice alfabetico dei notai in FDS TI C/1, pp. 419–436, e l'elenco degli* abates, *p. 437.*

[26] *Giovanni Filippo Prestino, nominato officiale della camera per i territori di Lugano e Mendrisio nel 1439 da Biagio Altomonte, capitano di Val Lugano. Cfr.* CHIESI, *Il Sottoceneri, p. 141, doc. 4.*

[27] *Giovanni Carli di Gerardo, pubblico notaio di Lugano, iscrittosi nella nuova* Matricola notariorum comunitatis vallis Lugani (a. 1464–1693) *nel 1464, era stato eletto nel 1435. Cfr. Indice alfabetico dei notai in FDS TI C/1, p. 421, righe 29–30, p. 453, S.T. nr.* 4. *Cfr. anche il S.T. e la sottoscrizione del notaio Giovanni Carli su tre istrumenti, datati rispettivamente 1441 dicembre 13 (*ASTi, *Pergamene Prada-Camignolo,* perg. 9*), 1474 gennaio 3 (*ASTi, *Pergamene Luganese, perg. 10) e 1476 settembre 2 (*ASTi, *Pergamene Luganese, perg. 12).*

[28] *Lenno, com., prov. di Como, Italia.*

[29] *Velate, fraz. di Varese, prov. di Varese, Italia.*

[30] *Cima, fraz. di Porlezza, prov. di Como, Italia.*

[31] *Cfr.* HEUSLER, *Die Statuten von Lugano,* statuta civilia, *cap. XXI, p. 153.*

[32] *Cfr.* HEUSLER, *Die Statuten von Lugano,* statuta civilia, *cap. XXVII, pp. 155–156.*

[33] *Cfr.* HEUSLER, *Die Statuten von Lugano,* statuta civilia, *cap. XXVII, pp. 155–156.*

[34] *Casirate d'Adda, com., prov. di Bergamo, Italia; Casirate Olona, fraz. di Lacchiarella, prov. di Milano, Italia; Casorate Primo, com., prov. di Pavia, Italia; Casorate Sempione, com., prov. di Varese, Italia; Casirago, fraz. di Monticello Brianza, prov. di Lecco, Italia.*

Indice

[Frammento privo di rubrica instrumentorum. *L'indice è stato da noi compilato sulla base dei titoli dei modelli, che compaiono nel formulario.]*

[a] *Modello incompleto.*

III

Formulario di Domenico Canevali

(Lugano, sec. XVI)

ASTi, *Diversi, cart. 1135.*

Cartaceo, sec. XVI, cm. 31 x 21,50 circa, composto di sette fascicoli e di numerose carte sciolte, facenti parte dei fascicoli, originariamente cc. *281 numerate fino a* c. *274, mancante della legatura e delle* cc. *1–2, 199, 245–246, 265–267. In bianco le* cc. *275r.–281r.*

[Per la descrizione del formulario, cfr. nota introduttiva in FDS TI C/1, pp. 99–100. Da aggiungere che i titoli dei modelli e le annotazioni, a volte vergate nel margine sinistro delle carte, molto spesso risultano evidenziati da una linea, che li inquadra su due, tre o quattro lati, e che il simbolo /o/, che ricorre in tutto il testo del formulario, è stato usato dall'A. per indicare sia un numero sia una persona sia un luogo indeterminati. A partire dalla c. *200r. fino alla* c. *238v. riga 19 il formulario è stato compilato da altra mano. Per le integrazioni di alcuni modelli del formulario o per parti di essi, originariamente su carte oggi mancanti, abbiamo fatto ricorso sia al formulario di Cesare Trefogli, Lugano, sec. XVI (cfr. FDS TI C/1, pp. 108–120) sia al formulario di Tullio Fossati, Lugano, sec. XVI (cfr. supra, pp. 3–11).]*

[Rubrica instrumentorum]

[Rubrica instrumentorum *originale. I titoli della* rubrica *presentano un numero progressivo che va da I a CXXXX, ad essi seguono tre titoli, uno senza numero e due rispettivamente con il numero CLXVII e CLXXVI. I titoli e i numeri relativi che non figurano nella* rubrica *sono stati da noi posti tra parentesi quadre. A tutti i titoli abbiamo aggiunto l'indicazione della* c. *Sono stati inoltre segnalati in nota i titoli o parte dei titoli, che ricorrono all'interno del formulario, nel caso in cui essi si differenzino sensibilmente da quelli della* rubrica.]

[a–a] *Le* cc. 1–2 *mancano. Testo integrato dal Formulario di Cesare Trefogli (Lugano, sec. XVI),* ASCL, *Fondo del patriziato,* cc. 1r.–2r.
[b–b] *Nella* c. 3r. Obligatio brevis.
[c] *Nella* c. 20r. *segue* de hereditate.
[d–d] *Nella* c. 26v. [Confessi]o vel finis.
[e] *Parte mancante per lacerazione della* c.
[f] *Nella* c. 43v. *segue* sponso suo et.
[g–g] *Nella* c. 44v. [Dos] non in forma comuni, sed est datum in pignere petiam unam terre ad terminum cum pacto luendi.
[h–h] *Parte aggiunta sopra la linea.*

i *Nella* c. 101r. *segue* ab alio procuratore.

j *Nella* c. 105r. *segue* et naturalis possessionis facta per massarium.

k–k *Nella* c. 113v. in vendendo alteri stipulanti.

l *Nella* c. 114v. *segue* missum.

m *Nella* c. 116v. *segue* insolutum.

n–n *Nella* c. 119r. Estimatio et insolutum datio que fit per procuratores comunitatis valis Lugani.

o *Nella* c. 122r. Retrodatum bonorum.

p–p *Nella* c. 126v. luendi omnibus die et hora seu rehemendi.

q *Nella* c. 134r. *segue* et unio.

r–r *Nella* c. 140v. Inventarium cum descriptione bonorum.

s–s *Nella* c. 141r. Actoria ad causas suprascripte tutricis et pupillorum.

t *Nella* c. 142v. *segue* generalis.

u–u *Nella* c. 144r. Inventarium seu repertorium.

v–v *Nella* c. 145r. Aliud inventarium.

w–w *Nella* c. 145v. facta per curatorem et minorem.

x–x *Nella* c. 148v. suprascripte curatricis et tutricis cum minoribus.

y–y *Nella* c. 149v. post [dotem].

z–z *Nella* c. 156r. per suprascriptos curatores et suprascriptam Iohanninam minorem suprascriptis fratribus suis post dotem de hereditate et cetera.

aa–aa *Nella* c. 162r. et inventarii bonorum pupillorum et rationis reddende et divisionis fiende.

bb *Così, si espunga* in.

cc *Nella* c. 167r. *segue* tutelle.

dd–dd *Nella* c. 179v. quod si quis habeat unicam filiam et eam gravare vellit ut se non nubat sine consensu talis et talis, alioquin si nubere contingat sine expresso consensu ipsorum deputatorum seu curatorum, quod ipsam filiam suam privare intendit bonis et hereditate dicti testatoris ultra legiptimam, et hoc dictatum est per iurisperitos.

ee–ee *Nella* c. 180r. Adoptio seu filiatio facta per aliquem in extraneam personam qui sit in alterius potestate.

ff–ff *Nella* c. 183r. et terras per sytum et coherentias.

gg–gg *Nella* c. 185r. suprascriptos ellectos per suprascriptum sindicatum ad bancum iuris et cetera.

hh–hh *Titolo aggiunto nella parte inferiore della* c. IIIv. *da altra mano.*

ii *Segue* et *depennato.*

jj–jj *Nella* c. 190^{bis}v. ad petendum et ad faciendum confessionem et ad intrandum et ad causas et ad substituendum alios procuratores et cetera et alia capitula.

kk–kk *Mancano le* cc. 245–246 *contenenti i capitoli CLXV–CLXVIII. Parte integrata dal Formulario di Tullio Fossati (Lugano, sec. XVI),* ASTi, *Avanzini, scat. 44,* cc. 311v.–312r (v. supra, p. 10).

ll–ll *Mancano le* cc. 245–246 *contenenti i capitoli CLXV–CLXVIII. Parte integrata dal Formulario di Tullio Fossati,* c. 312r (v. supra, p. 10).

mm–mm *Modello aggiunto nella parte inferiore della* c. IIIv. *da altra mano. Mancano le* cc. 245–246 *contenenti i capitoli CLXV–CLXVIII. Parte integrata dal Formulario di Tullio Fossati,* cc. 312r.–312v (v. supra, p. 10).

nn–nn *Mancano le* cc. 245–246 *contenenti i capitoli CLXV–CLXVIII. Parte integrata dal Formulario di Tullio Fossati,* c. 312v.–313v (v. supra, p. 10).

oo *Nella* c. 256v. *segue* comunis ad separandum ecclesiam suam ab ecclesia parochiali et cetera.

pp–pp *Titolo che si trova nel margine inferiore della* c. IIIv. *aggiunto da altra mano.*

qq *Nella* c. 261v. *segue* factam.

rr–rr *Mancano le* cc. 265–267 *contenenti i capitoli CLXXXII–CLXXXIIII°. Parte integrata dal Formulario di Tullio Fossati,* cc. 334v.–335v (v. supra, p. 10).

ss–ss *Mancano le* cc. 265–267 *contenenti i capitoli CLXXXII–CLXXXIIII°. Parte integrata dal Formulario di Tullio Fossati,* cc. 335v.–337v (v. supra, p. 10).

tt–tt *Mancano le* cc. 265–267 *contenenti i capitoli CLXXXII–CLXXXIIII°. Parte integrata dal Formulario di Tullio Fossati,* cc. 337v.–338r (v. supra, p. 10).

uu *Le* cc. 269r.–273r. *omesse contengono l'imbreviatura di un istrumento di vendita del 1518 ottobre 25.*

[cc. 1–2][a] [I Obligatio de uno ad unum]

[In nomine Domini, amen, anno a nativitate eiusdem millesimo quingentessimo trigessimo nono, indictione duodecima, die lune quinto mensis Maii, Andreas de tali parte filius condam talis, habitans in tali loco plebis talis, promisit et convenit solemniter per stipulationem, obligando se et omnia sua bona pigneri presentia et futura Francisco filio condam Ambrosii de tali parte habitanti in tali loco plebis et cetera, presenti et stipulanti, ita quod dabit et solvet eidem Francisco creditori hinc ad festum Carnisprivii[5] proxime futurum sine aliqua deffensione fienda libras /o/ terciolorum sortis bonorum curentium et bene spendibilium tempore solutionis, quos vero denarios sortis ut supra contentus et confessus fuit et est suprascriptus Andreas debitor se eidem Francisco creditori dare et solvere debere et teneri occaxione muttui gratis et amore et ab eo in muttuo habuisse et recipisse, renuntiando exceptioni non habitorum, non receptorum nec ei datorum et numeratorum dictorum denariorum et spei future numerationis et receptionis et huius instrumenti non ita facti et omnium premissorum non ita factorum et exceptioni doli mali et in factum actioni metus causa, sine causa vel ex iniusta causa et erroris et deceptionis seu lexionis fictitii et simulati contractus, et generaliter qualibet alia occaxione et exceptione remota et renuntiata, et hoc cum omnibus expensis, damnis et interesse ceterisque accessionibus, que inde fient, curent et patientur pro predictis denariis sortis ut supra petendis, exigendis et habendis termino preterito, et hec omnia in bonis denariis numeratis tantum et non in aliqua alia re contra voluntatem suprascripti creditoris, et hoc tam sub pacto capiendi et detinendi ubique realiter et personaliter suprascriptum debitorem quam alio quocumque modo usque ad plenam et integram solutionem et satisfactionem predictorum omnium et singulorum, renuntiando omnibus legibus et statutis, consiliis, consuetudinibus, provisionibus et ordinamentis comunitatis Lugani[2] et vallis et cuiuslibet alterius comunis factis et fiendis super omnibus[b] non capiendis et bonis cedendis et privilegio sui fori et generaliter omni alteri auxilio et benefitio legum, iuris et usus. Insuper dictus Andreas debitor dedit et concessit suprascripto Francischo creditori plenam parabulam et licentiam intrandi et apprehendendi eius propria auctoritate corporalem possessionem et tenutam seu quaxi omnium suorum bonorum et rerum mobilium et imobilium presentium et futurorum, et interim donec intraverit et dictam corporalem possessionem et tenutam seu quaxi aprehendiderit, ex nunc prout ex tunc constituit se dictus Andreas debitor predicta omnia bona sua et res ut supra nomine et vice suprascripti creditoris tenere et possidere donec quod eidem Francischo creditori solutio completa et satisfacto[c] integra facta fuerit de predictis omnibus et singulis. Qui Andreas debitor iuravit corporaliter ad sancta dei evangelia manu tactis scripturis se predicta omnia et singula in hoc instrumento contenta perpetuo rata, grata, firma et vallida habere et tenere et nullo tempore contrafacere nec venire aliqua ratione vel causa iuris vel facti comunis vel spitialis. Actum et cetera, testes et notarii et cetera.

Si res fuerit a libris quinquaginta terciolorum infra, solitum est apponi duos testes et duos secundos notarios et a libris L[ta] terciolorum supra, tres testes et tres secundos notarios. Si fuerit de summa librarum decem terciolorum suffitiunt unus testis et unus secundus notarius.

Causa muttuii ibidem recepte[d]

Si fuerit causa muttui ibidem realiter numerate[e], ponatur sic, ubi dicitur et ab eo in mutuo habuisse et recipisse, etiam viddatur[f], ac habuit et recepit in denariis ibidem presentialiter coram me notario et testibus infrascriptis numeratis omni alia occaxione et cetera.

Occaxione mutuii ibidem numerati

Si fuerit ibidem presentialiter numerata pecunia non ponatur illa renuntiatio exceptioni non habitorum et non receptorum dictorum denariorum, sed dicatur, tantummodo occaxione mutuii gratis et amore, et ab eo in muttuo habuisse et recipisse ibidem presentialiter numeratos omni alia occaxione et cetera remota et cetera.

Occaxione depoxiti

Si fuerit facta occaxione depoxiti dicatur sic, occaxione depoxiti et ab eo in depoxito habuisse et recipisse omni alia occaxione et cetera remota et cetera.

Causa bladi et cetera aut drapi et aliarum rerum

Si fuerit facta occaxione bladi aut drapi aut aliarum rerum datarum ad credentiam, dicatur sic videlicet, occaxione bladi aut drapi aut pretii certarum bestiarum, prout res et causa fuerit, ipsi debitori per dictum creditorem datarum et venditarum ad credentiam, prout ibidem dictus debitor sponte dixit, confessus et protestatus fuit ac dicit, confitetur et protestatur omni alia occaxione et cetera remota et cetera.

Occaxione pretii bestiarum datarum cum retentione dominii dictarum bestiarum in creditorem

Si fuerit facta occaxione pretii aliquarum bestiarum datarum ad credentiam et creditor voluerit retinere in se dominium ipsarum bestiarum donec fuerit integre solutum, dicatur sic videlicet, occaxione pretii duarum vacarum, quarum una est rubea, belina cum cornibus capriolis et altera est nigra cum cornibus parvis, ipsi debitori per dictum creditorem datarum et venditarum ad credentiam cum retentione tamen dominii ipsarum bestiarum in ipsum creditorem donec de predictis denariis fuerit sibi penitus solutum et satisfactum omni alia occaxione et cetera remota et cetera.

De signis bestiarum venditis cum rettentione dominii in creditorem

Et debent poni omnia signa ipsarum bestiarum, quia si derobari contingant aut vendi, possint evinci per creditorem datis signis.

Occaxione resti alterius obligationis

Si fuerit facta occaxione resti alterius obligationis antea facte, dicatur sic videlicet, occaxione resti illarum librarum /o/ terciolorum de quibus dictus Andreas est obligatus in manibus suprascripti Francisci creditoris occaxione in instrumento contenta, ut constat publico instrumento ipsius obligationis rogato per ser Franciscum Carulum[6] seu talem notarium anno Domini curso /o/ indictione /o/ die /o/ seu anno, indictione, die et mense in eo contentis.

Occaxione pretii unius venditionis

Si fuerit facta occaxione pretii unius venditionis facte per dictum Andream debitorem dicto Francisco creditori, dicatur sic videlicet, occaxione unius venditionis facte per dictum Andream debitorem suprascripto Francisco creditori per instrumentum venditionis rogatum per me notarium infrascriptum ibidem paulo ante vel rogandum paulo post, prout fuerit res.

Occaxione dotis

Si fuerit facta occaxione dotis, dicatur sic videlicet, occaxione dotis Fiorbeline filie suprascripti Andree et uxoris suprascripti Francisci, de quibus denariis dicta Fiorbelina dotata fuit per suprascriptum Franciscum maritum suum cum tertio pluri[7] per instrumentum dotis et antifacti rogatum per me notarium infrascriptum ibidem paulo ante.

Diversis ex causis

Si vero fuerit occaxione quid muttui et quid fictorum preteritorum aut aliarum rerum datarum, dicatur sic videlicet, occaxione quid mutuii gratis et amore et ab eo in muttuo habuisse et recipisse et quid occaxione fictorum preteritorum aut occaxione pretii tante quantitatis] [c. 3r.] drapi lane sibi dati et venditi ad credentiam, / prout ibidem dictus debitor sponte dixit, confessus / et protestatus fuit ac dicit, confitetur et protestatur / omni alia occaxione et cetera remota et cetera. /

[a] *Le* cc. 1–2 *mancano. Secondo la* rubrica instrumentorum *esse dovevano contenere il modello di* Obligatio de uno ad unum cum multis capitulis sequentibus. *Parte integrata dal Formulario di Cesare Trefogli, ASCL, Fondo del patriziato,* cc. 1r.–2r.

[b] *Così, si intenda* hominibus.

[c] *Così, si intenda* satisfactio.

[d] *Così, si intenda* recepti.

[e] *Così, si intenda* numerati.

[f] *Così, si intenda* addatur.

[a]–II Obligatio brevis–[a]

Si suma[b] obligationis fuerit parva a libris / XIIII° terciolorum infra, poterit sic expleri breviter / ubi dicis, et hoc cum omnibus expensis, damnis / et interesse ceterisque accessionibus et cetera, dicatur / sic videlicet, et hoc cum omnibus expensis, / damnis et interesse in bonis denariis / numeratis tantum, sub pacto capiendi / et detinendi, renuntiando omnibus legibus et / statutis in forma comuni et in contrarium / facientibus et generaliter omni alteri auxilio / et benefitio legum, iuris et usus. Insuper dictus / Andreas debitor dedit et concessit eidem / Francisco creditori plenam parabulam et licentiam / intrandi et aprehendendi eius propria auctoritate / corporalem possessionem et tenutam seu quaxi / omnium suorum bonorum et rerum mobillium et / inmobillium presentium et futurorum, et constituit / se tenere et possidere vel quaxi nomine / et vice suprascripti creditoris donec dictam / possessionem aprehendiderit et donec eidem / Francisco creditori sollutio completa et satisfactio / integra facta fuerit de predictis omnibus et / singulis.

Et ponatur iuramentum et cetera. /

[c]–Ad duos aut tres terminos–[c]

Si vero obligatio facta fuerit ad solvendum ad duos / aut tres terminos, dicatur sic videlicet, ita quod dabit et solvet eidem Francisco creditori / hinc ad calendas mensis Ianuarii proxime / [c. 3v.] futuras per terminos infrascriptos sine aliqua deffensione / fienda libras /o/ terciolorum, videlicet hinc ad festum / Pasce resurectionis Domini nostri Yesu Christi proxime / futurum medietatem et aliam medietatem in fine / dicti termini sortis bonorum curentium et cetera, / vel sic videlicet, hinc ad mensem unum proxime / futurum libras /o/ terciolorum, hinc ad calendas mensis / Maii proxime futuri libras /o/ terciolorum et restum / in fine dicti termini sortis bonorum curentium et cetera. /

[c]–Pactum de habendo fictum et interesse denariorum obligationis pro dote et pro bonis venditis–[c]

Si fuerit causa dotis aut causa pretii bonorum venditorum / et creditor ultra capitale voluerit percipere / ficta dicti capitalis durante mora solutionis / capitalis ipsius, dicatur sic, ante omni alia / occaxione et exceptione remota et cetera, hoc modo videlicet, / quodque ultra predicta predictus Andreas debitor dabit / et solvet eidem Francisco creditori a modo in antea omni / anno annuatim durante mora sollutionis / suprascriptorum denariorum de quibus supra ad computum librarum /o/ / terciolorum seu stariorum /o/ bladorum singulo anno pro / [d]quolibet centenario librarum capitalis suprascripti / pro fictis, usuris et interesse dictorum denariorum / dicti capitalis, quia sic est conventum inter eos / contrahentes per pactum spitiale omni alia occaxione / et cetera remota et cetera. /

[c-]Occaxione pretii unius finis facte vel fiende[-c]

Si obligatio facta fuerit occaxione pretii unius finis / facte vel fiende per creditorem debitori, tunc / dicatur hoc modo videlicet, / occaxione pretii unius finis et liberationis facte vel / fiende per dictum Andream debitorem dicto Francisco creditori, / rogande per me notarium infrascriptum ibidem paulo / post seu rogate paulo ante. /

Si fuerit alia causa, ponatur causam quare, / [c. 4r.] et ibi non possunt poni omnes casus qui evenire / possunt, sed fiant mutatis mutandis. /

[a–a] *Numero e titolo vergati nel margine sinistro della* c.
[b] *Segue lettera inintelligibile depennata.*
[c–c] *Annotazione vergata nel margine sinistro della* c.
[d] *Precede* q *depennato.*

IIIª Obligatio in qua obligantur duo vel tres quilibet / eorum insolidum

Anno et cetera, inditione et cetera die et cetera mensis et cetera, Iohannes filius condam / Alberti Ravizoli de Porza[8], Iacobus filius condam Andree / de Pandulfis de Rovelo[9] et Petrus filius condam Zanis / de Salla de Savoxa[10], omnes de plebe Lugani[2], promisserunt / et convenerunt solemniter per stipulationem, obligando / sese et quemlibet eorum insolidum et omnia eorum / et cuiuslibet eorum insolidum bona pigneri presentia et / futura ita quod quilibet eorum teneatur insolidum / et cum effectu insolidum conveniri possit, renuntiando / auxilio novarum constitutionum et epistole divi Adriani / et omni alteri iuri legum et auxilio, Iohanni Antonio / filio condam domini Iohannis Rusche de Cadampino[11] suprascripte / plebis Lugani presenti et stipulanti, ita quod dabunt / et solvent eidem Iohanni Antonio creditori hinc ad / calendas mensis Octobris proxime futuras sine / aliqua deffensione fienda schutos sex auri / a sole[12] et in auro bonos iustique ponderis et / lige. Quos vero denarios sortis ut supra contenti / et confessi fuerunt et sunt suprascripti Iohannes, Iacobus et / Petrus debitores et quilibet eorum insolidum sese eidem / Iohanni Antonio creditori dare et solvere debere et / teneri occaxione unius rationis facte et calculate / inter eos contrahentes de omnibus datis et receptis / vicissim hinc retro usque hodie, prout ibidem per / ipsos contrahentes ad mutuam stipulationem affirmatur / verum esse, omni alia occaxione et exceptione / remota et renuntiata, et hoc cum omnibus / expensis, damnis et interesse ceterisque accessionibus, / [c. 4v.] que inde fient, curent et patientur pro predictis / denariis sortis ut supra petendis, exigendis et habendis / termino preterito, et hec omnia in bonis denariis / numeratis tantum et non in aliqua alia re / contra voluntatem suprascripti creditoris, et hoc tam / sub pacto capiendi et detinendi ubique realiter et / personaliter suprascriptos debitores et quemlibet eorum insolidum / quam alio quocumque modo usque ad plenam et integram / sollutionem et satisfactionem predictorum omnium et singulorum, /

renuntiando omnibus legibus et statutis et cetera et generaliter / omni alteri auxilio et benefitio legum, iuris et usus. / Insuper ad maiorem cautelam et firmitatem huius / contractus predicti Iohannes, Iacobus et Petrus debitores / et quilibet eorum insolidum dederunt et concesserunt / suprascripto Iohanni Antonio creditori stipulanti ut supra plenam parabulam / et licentiam intrandi et aprehendendi eius propria / auctoritate corporalem possessionem et tenutam seu quaxi / omnium suorum et cuiuslibet eorum insolidum bonorum et / rerum mobillium et inmobillium presentium et / futurorum, et interim donec intraverit et / dictam corporalem possessionem et tenutam seu quaxi / aprehendiderit, ex nunc prout ex tunc constituerunt sese / dicti Iohannes, Iacobus et Petrus debitores et quilibet / eorum insolidum predicta omnia eorum et cuiuslibet eorum / insolidum bona et res ut supra nomine et vice suprascripti / creditoris tenere et possidere donec quod eidem / Iohanni Antonio creditori sollutio completa et satisfactio / integra facta fuerit de predictis omnibus et / singulis. Qui Iohannes, Iacobus et Petrus / [b]debitores et quilibet eorum iuraverunt corporaliter / ad sancta dei evangelia manibus tactis scripturis / sese predicta omnia et singula in hoc instrumento / contenta perpetuo rata, grata, firma et / valida habere et tenere et nullo tempore / [c. 5r.] contrafacere nec venire aliqua ratione vel [c–]occaxione iuris vel[–c] / facti comunis vel spitialis. / Actum et cetera, testes et notarii et cetera. /

[a] *Numero vergato nel margine sinistro della* c. *insieme al titolo* obligatio.
[b] *Precede segno inintelligibile depennato.*
[c–c] *Parte aggiunta posteriormente in fine di riga, forse da altra mano.*

IIII[a] Obligatio in qua obligantur pater et filius / et uterque eorum insolidum cum parabula et cetera

Anno et die et cetera, Felixius filius condam Iohannis Pauli de Quadrio / de Tesserario[13] plebis Criviasche[14] valis Lugani[2] et / Iemus eius filius, cum parabula, consensu, voluntate, / licentia et auctoritate suprascripti Felixii patris sui / ibi presentis, volentis et consentientis et eidem / Iemo filio suo parabulam et consensum dantis / et prestantis ad infrascripta omnia et singula facienda, / promisserunt et convenerunt solemniter per stipulationem, / obligando sese et uterque eorum insolidum parabula ut supra et omnia eorum et utriusque eorum insolidum / bona pigneri presentia et futura ita quod uterque / eorum teneatur insolidum et cum effectu insolidum / conveniri possit, renuntiando auxilio novarum constitutionum / et epistole divi Adriani et omni alteri iuri legum et / auxilio, magistro Andree de Regroxino de Mano[15] filio condam / Andrioli presenti et stipulanti, ita quod dabunt et / solvent eidem magistro Andree creditori hinc ad medium / mensem Augusti proxime futurum sine aliqua / deffensione fienda ducatos duodecim auri / largos et florenos tres auri Renenses et / in auro bonos iustique ponderis et lige. / Quos vero denarios sortis ut supra contenti et confessi / fuerunt et sunt suprascripti Felixius et Iemus pater / et filius debitores et uterque eorum insolidum parabula / ut supra sese eidem magistro Andree creditori dare et / solvere debere et teneri occaxione unius promissionis / facte per dictum magistrum Andream creditorem pro dictis / patre et filio debitoribus Petrono Ferario de Arognio[16], / [c. 5v.] prout ibidem per ipsos contrahentes ad mutuam stipulationem / affirmatur verum esse, omni alia occaxione et cetera / remota et cetera, et hoc cum omnibus expensis / et cetera, et hec omnia in bonis denariis numeratis / tantum et cetera, et hoc tam sub pacto capiendi et / detinendi ubique realiter et personaliter suprascriptos patrem / et filium debitores et utrumque eorum insolidum quam / alio quocumque modo et cetera, renuntiando omnibus legibus / et statutis et cetera et generaliter omni alteri auxilio / et cetera legum, iuris et usus. Insuper ad maiorem / cautelam et firmitatem huius contractus predicti Felixius / et Iemus pater et filius debitores et uterque eorum / insolidum parabula ut supra dederunt et concesserunt suprascripto magistro / Andree creditori presenti ut supra plenam parabulam et licentiam / intrandi et aprehendendi eius propria auctoritate corporalem / possessionem et tenutam seu quaxi omnium suorum et / utriusque eorum insolidum bonorum et rerum mobillium et / imobillium presentium et futurorum, et interim donec / intraverit et dictam corporalem possessionem et tenutam / seu quaxi aprehendiderit, ex nunc prout ex tunc / constituerunt sese predicti Felixius et Iemus pater / et filius debitores et uterque eorum insolidum parabula ut supra / predicta omnia eorum et utriusque eorum insolidum bona et / res ut supra nomine et vice suprascripti creditoris tenere et / possidere donec quod eidem magistro Andree creditori / sollutio completa et satisfactio integra facta / fuerit de predictis omnibus et singulis. / Qui Felixius et Iemus pater et filius et uterque / eorum parabula ut supra iuraverunt corporaliter et cetera habere / rata et cetera. / Actum et cetera, testes et notarii et cetera. /

[b-]Differentia inter uterque et quilibet[-b]

Nota quod verbum uterque discribuit circha duo tantum / et quilibet discribuit circha plura quam duo. /

[c-]Obligatio contra maritum et uxorem[-c]

Idem fit obligatio de marito et uxore cum licentia / [c. 6r.] mariti, prout supra scriptum est cum patre et filio, sed in / instrumentis, in quibus mulier se obligat cum altero / insolidum, ponitur in instrumento post illam renuntiationem, / renuntiando auxilio novarum constitutionum et epistole / divi Adriani et cetera, hoc modo videlicet. /

Insuper dicta Caterina[d] cum parabula / ut supra renuntiavit et renuntiat auxilio senatus / [e]consultus Veleyani et omni alteri iuri legum / et auxilio introductis in favorem mulierum, / et prius certiorata et certificata per me / notarium infrascriptum quid sint et quid importent / dicte leges et iura, Danto filio condam ser

Martini / de Buzis de[f] Vernate[17] valis Lugani presenti et cetera, / ita quod dabunt et cetera eidem Danto creditori et cetera.

Et sequitur ordo suprascripte alterius obligationis contra patrem et filium, / mutatis mutandis. /

[b-]De obligationibus ubi interveniunt[g] mulieres[-b]

Et nota quod mulier sic debet certiorari in suprascripta / renuntiatione que fit modo quo supra videlicet, si hoc facit / timore vel minis dicti mariti sui vel seducta / et quod[f] si hoc facit sponte vel coacte et quod / fortasse opportebit solvere de suo proprio et quod / ipsis omnibus respondeat quod non facit coacte nec seducta / minis nec timore, sed motu proprio et mera / voluntate, et caveat notarius ponere hanc / renuntiationem in instrumento nisi sciat quid importet / ipsam renuntiationem declarare, tamen si non / est apposita ipsa renuntiatio instrumentum non tenet / contra mulierem, que se obligat insolidum cum altero. / Ubi vero fit obligatio per mulierem tantum non / est necessaria suprascripta renuntiatio in instrumento. /

[a] *Numero vergato nel margine sinistro della* c.
[b-b] *Annotazione vergata nel margine sinistro della* c.
[c-c] *Annotazione vergata nel margine sinistro della* c. *che segue,* c. 6r.
[d] *Segue* uxor cum parabula *depennato.*
[e] *Precede* et *depennato.*
[f] *Segue segno inintelligibile depennato.*
[g] interveniunt *corretto sopra* interveniuntur.

[c. 6v.] V[a] Obligatio facta per unum pro se et nomine / aliorum pro quibus promixit de rato habendo

Anno et cetera, Franciscus filius condam /o/ de tali parte et cetera, suo / nomine proprio item nomine et vice Augustini et / Martini fratrum suorum ex eodem patre natorum, / pro quibus promissit et promittit sub ipoteca et / obligatione sui et omnium suorum bonorum et rerum / mobillium et imobillium pigneri presentium et futurorum / de rato habendo et rathi habitione ut infra / et facere et cum effectu curare quod suprascripti Augustinus / et Martinus fratres sui laudabunt, ratifficabunt / et aprobabunt et ratum, gratum, firmum et validum / et rata, grata, firma et valida habebunt / et tenebunt hoc instrumentum obligationis et omnia et / singula in eo contenta omnibus ipsius Francisci / propriis expensis, damnis et interesse tantum, in pena / et sub pena totius damni et interesse et omnium / expensarum solemni stipulatione promissa et deducta, / promissit et convenit solemniter per stipulationem, / obligando se et dictos fratres suos et omnia sua / et dictorum fratrum suorum bona pigneri presentia et / futura Alexandro filio condam /o/ presenti et stipulanti / ita quod dabunt et solvent eidem Alexandro / creditori hinc ad medium mensem Novembris proxime / futurum sine aliqua deffensione fienda libras /o/[b] / terciolorum sortis bonorum et cetera tempore solutionis. / Quos vero denarios sortis ut supra contentus / et confessus fuit et est suprascriptus Franciscus / debitor pro se et nomine ut supra se eidem Alexandro / creditori dare et solvere debere et teneri / occaxione pretii tante quantitatis vini sibi dati / et venditi ad credentiam[c] / per dictum creditorem, prout ibidem dictus Franciscus / pro se et nomine ut supra debitor sponte dixit, / [c. 7r.] confessus et protestatus fuit ac dicit, confitetur et protestatur / omni alia occaxione et cetera remota et cetera, et hoc cum / omnibus expensis et cetera, et hec omnia in bonis denariis numeratis / tantum et cetera, et hoc tam sub pacto capiendi et / detinendi ubique realiter et personaliter suprascriptos fratres / debitores quam alio quocumque modo et cetera, renuntiando omnibus / legibus et statutis et cetera et generaliter omni alteri auxilio / et cetera. Insuper ad maiorem cautelam et firmitatem / huius contractus predictus Franciscus debitor pro se et / nomine ut supra dedit et concessit suprascripto Alexandro creditori / presenti ut supra plenam parabulam et licentiam intrandi et / aprehendendi eius propria auctoritate corporalem possessionem / et tenutam seu quaxi omnium suorum bonorum et cetera, / et interim donec intraverit et dictam corporalem / possessionem et tenutam seu quaxi aprehendiderit, ex nunc / prout ex tunc constituit se dictus Franciscus debitor / pro se et nomine ut supra predicta omnia bona sua et res / ut supra nomine et vice suprascripti creditoris tenere et possidere / donec quod eidem Alexandro creditori solutio completa / et satisfactio integra facta fuerit de predictis / omnibus et singulis. Qui Franciscus debitor / pro se et nomine ut supra iuravit corporaliter et cetera / habere rata et cetera. / Actum et cetera, testes et notarii et cetera. /

a *Numero vergato nel margine sinistro della* c.
b *Segue* t *depennato.*
c *Segue* prout ibidem dictus *depennato.*

VI[a] Obligatio facta per tutorem tutorio nomine / pupilorum

Anno et cetera, Carulus filius condam /o/ de tali parte, tutor / generalis personarum et bonorum Bernardini / et Abondii, fratrum filiorum condam [b-]et heredum[-b] Mathey de tali parte / minorum annis quatuordecim, pro quolibet eorum, / eis datus et confirmatus per magnificum dominum / [c. 7v.] capitaneum Lugani[18] et cetera, et qui tutor ut supra iuravit, / cavit, promissit, satisdedit inventariumque seu / repertorium de bonis et rebus dictorum fratrum / minorum ut supra fecit seu facere inchoavit[c] et / alia fecit que facere debet et ad que tenetur / de iure, ut constat publicis instrumentis ipsorum tutelle, / inventarii seu repertorii rogatis per talem notarium / anno, indictione, die et mense in eis contentis. /

Erit bonum coherentiare dictum instrumentum tutelle si / erit possibile, [d-]videlicet per quem notarium est rogatum / et annum, mensem et diem quibus rogatum est[-d]. /

Promissit et convenit solemniter per stipulationem, obligando / se dicto tutorio nomine ut supra et dictos Bernardinum / et Abondium fratres minores et omnia sua dicto / tutorio nomine ut supra et dictorum fratrum minorum bona / [e]pigneri presentia et futura Matheo filio condam /o/ / presenti et stipulanti ita quod dabunt et solvent / eidem Matheo creditori hinc ad vendemias / proxime futuras sine aliqua deffensione fienda / libras /o/ terciolorum sortis bonorum et cetera. Quos / vero denarios sortis ut supra contentus et confessus fuit / et est suprascriptus Carulus debitor[f] nomine ut supra / et eidem Matheo creditori dare et solvere / debere et teneri occaxione pretii tante quantitatis drapi / lane sibi dati et venditi ad credentiam omni / alia occaxione et cetera remota et cetera, et hoc cum / omnibus expensis et cetera, et hec omnia in bonis / denariis numeratis tantum et cetera, et hoc tam / pacto capiendi et cetera suprascriptos fratres minores quam / alio quocumque modo et cetera, renuntiando omnibus legibus et cetera / et generaliter omni alteri auxilio et cetera. Insuper ad / maiorem cautelam et firmitatem huius contractus / predictus Carulus debitor nomine ut supra dedit et / concessit suprascripto Matheo creditori plenam parabulam / et licentiam intrandi et aprehendendi eius propria / [c. 8r.] auctoritate corporalem possessionem et tenutam seu quaxi omnium / bonorum dictorum fratrum minorum ut supra et rerum mobilium / et imobillium presentium et futurorum, et interim donec / intraverit et dictam corporalem possessionem et tenutam / seu quaxi aprehendiderit, ex nunc prout ex tunc / constituit se dictus Carulus debitor nomine ut supra se / predicta omnia bona dictorum fratrum minorum ut supra et / res ut supra nomine et vice suprascripti Mathey creditoris tenere / et possidere donec quod eidem Matheo creditori sollutio / completa et satisfactio integra facta fuerit de predictis omnibus et singulis. / Et predicta omnia et singula acta et celebrata / fuerunt et sunt coram magnifico et generoso viro / domino Ludovico Specht de Soletia[19] capitaneo / Lugani et valis et cetera, existente in burgo Lugani[20], / in contrata de Carona[21], in plathea magna / ante pallacium Lugani, qui in predictis / omnibus et singulis suum et suam et comunitatis / Lugani et valis auctoritatem et decretum / interposuit et dedit et dat cum cognitione cause / et prius per ipsum causa cognita et ex eius / offitio. / Et hec omnia acta fuerunt media interpretatione / domini Hieronimi Morexini[22] interpretis prefati / domini capitanei et eius rellatione. /

Si capitaneus haberet idioma Lombardum et inteligeret / linguam Italicam non esset opus habere interpretem / et ponere quod fiat media interpretatione suprascripti / interpretis, sed ponere tantummodo decretum iudicis. /

a *Numero vergato nel margine sinistro della* c.
b–b *Parte aggiunta sopra la linea con segno di richiamo.*
c -h- *aggiunto sopra la linea.*
d–d *Parte aggiunta di seguito sulla linea e sotto la linea da altra mano.*
e *Precede* et cetera *depennato.*
f *Segue* p *con segno abbreviativo, seguito da* s, *entrambi depennati.*

[a-]Obligatio facta per tutorem et curatorem cum presentia et interventu minoris[-a]

Si obligatio fieret per aliquem tutorem et curatorem / in presentia et cum consensu maioris annis XIIII°, / dicatur sic videlicet. /

[c. 8v.] [b-]VII Obligatio facta per tutorem et curatorem cum interventu maiorum annis XIIII°[-b]

Carulus filius condam /o/ de tali parte et cetera, tutor[c] generalis / personarum et bonorum Bernardini, Abondii, Caterine / et Babtistine fratrum et sororum filiorum condam et heredum pro / suis portionibus Mathei de tali parte[d] minorum / annis quatuordecim, pro quolibet eorum, item curator / generalis bonorum[e] Petri et Franceschine / fratris et sororis similliter filiorum condam et heredum pro suis portionibus / suprascripti Mathey maiorum annis XIIII°, pro quolibet / eorum, eis datus, constitutus et confirmatus per magnificum / dominum capitaneum Lugani et valis et cetera[18], et qui tutor et / curator ut supra iuravit, cavit, promixit, satisdedit / inventariumque seu repertorium de bonis et rebus / dictorum fratrum et sororum minorum ut supra fecit seu / facere incoavit et alia fecit que facere debet / et ad que tenetur de iure, ut constat publicis / instrumentis ipsorum tutelle et cure, inventarii seu / repertorii rogatis per talem notarium anno et cetera, / una cum suprascriptis Petro et Franceschina maioribus / ut supra et cum eorum licentia et consensu, et item / dicti Petrus et Franceschina maiores[f] ut supra cum / licentia suprascripti eorum curatoris ut supra et cum decreto / infrascripti domini capitanei, promisserunt et cetera, obligando sese / pro se et nomine ut supra et dictos fratres et sorores minores / ut supra cum parabula ut supra et omnia sua pro se et nominibus / ut supra et cum parabula ut supra et dictorum fratrum et sororum / bona et cetera Matheo filio condam /o/ de tali parte presenti et / stipulanti, ita quod dabunt et cetera eidem Matheo creditori / hinc ad festum sancti Martini[23] proxime futurum sine / aliqua deffensione fienda libras /o/ terciolorum sortis / bonorum curentium et cetera. Quos vero denarios sortis ut supra contenti / et confessi fuerunt et sunt suprascripti Carulus nomine ut supra / et suprascripti Petrus et Franceschina frater et soror / maiores[f] ut supra cum parabula ut supra sese eidem Matheo / creditori dare et solvere debere et teneri occaxione / [c. 9r.] [g]pretii tante quantitatis salis et aliarum rerum sibi[h] / pro se et nomine ut supra datarum et venditarum ad credentiam, prout / ibidem dicti debitores pro se et nomine ut supra sponte dixerunt, / confessi et protestati fuerunt ac dicunt, confitentur et / protestantur omni alia occaxione et cetera remota et cetera, et / hoc cum omnibus expensis, damnis et interesse et cetera, et hec / omnia in bonis denariis numeratis tantum et cetera, et hoc tam / [i-]sub pacto capiendi et detinendi ubique realiter et / personaliter suprascriptos fratres et sorores minores ut supra quam / alio quocumque modo et cetera, renuntiando omnibus legibus[-i] / et statutis et cetera et generaliter omni alteri auxilio et cetera. / Insuper ad maiorem cautelam et firmitatem huius contractus / predicti Carulus[j] tutor et curator ut supra nomine / ut supra et dicti Petrus et Franceschina frater et / soror maiores[f] ut supra cum licentia et auctoritate prout supra, / dederunt et concesserunt suprascripto Matheo creditori presenti ut supra / plenam parabulam et licentiam intrandi et aprehendendi / eius propria auctoritate corporalem possessionem et tenutam / seu quaxi omnium ipsorum fratrum et sororum minorum ut supra / bonorum et rerum mobillium et imobillium presentium et / futurorum, et interim donec intraverit et dictam / corporalem possessionem et tenutam seu quaxi / aprehendiderit, ex nunc prout ex tunc constituerunt / sese predicti Carulus nomine ut supra et dicti Petrus / et Franceschina frater et soror minores[k] / ut supra cum parabula et auctoritate prout supra predicta omnia / bona sua et dictorum aliorum fratrum et sororum / suorum minorum ut supra bona et res ut supra nomine / et vice suprascripti creditoris tenere et possidere donec / quod eidem Matheo creditori sollutio completa et / satisfactio integra facta fuerit de predictis / omnibus et singulis. /

Fiat coram offitio, prout supra fit mentio et cetera. /

Actum et cetera, testes et notarii et cetera. /

a–a *Annotazione vergata nel margine sinistro della* c.
b–b *Titolo e numero vergati nel margine sinistro della* c.
c *Segue* et curator *depennato.*
d *Segue* mi *depennato.*
e *Segue* et personarum *depennato.*
f maiores *corretto sopra* minores.
g *Precede* quid *depennato.*
h *Segue* datorum *depennato.*
i–i *Nel margine sinistro della* c., *in corrispondenza delle righe 8–10 dell'originale è stato vergato da altra mano* Ego Antonius Corda *depennato.*
j *Segue segno inintelligibile depennato.*
k *Così, si intenda* maiores.

[c. 9v.] VIII[a] Obligatio facta per unum procuratorio nomine alterius

Anno et cetera, Carulus filius condam /o/ de tali parte et cetera, missus et / procurator ad hec et alia solemniter et legiptime constitutus / Petri Pauli filii condam Iohannis Antonii Castanei de Lugano[20] per / instrumentum mandati, rogatum per Iohannem Franciscum filium condam ser Theodori / Rusche[24] notarium publicum Lugani et cetera anno Domini curso et cetera / die et cetera, per me notarium infrascriptum visum et lectum, / [b–]si notarius non [vi]derit[c] mandatum non dicatur per me notarium infrascriptum visum etiam lectum, sed tantummodo dicatur rogatum per talem notarium anno et cetera[–b], in forma fidem facientem, promixit et convenit solemniter / per stipulationem, obligando se dicto procuratorio nomine ut supra / et dictum Petrum Paulum et omnia dicti Petri Pauli / bona pigneri presentia et futura ser Matheo filio condam /o/ de / tali parte presenti et stipulanti, ita quod dabit et solvet / eidem ser Matheo creditori hinc ad mensem unum proxime / futurum sine aliqua deffensione fienda libras /o/ terciolorum / sortis bonorum curentium et bene spendebilium tempore sollutionis. Quos vero / denarios sortis ut supra contentus et confessus fuit et est / suprascriptus Carulus debitor nomine ut supra se eidem Matheo / creditori dare et solvere debere et teneri occaxione / mutuy et cetera, renuntiando exceptioni non habitorum et cetera, / omni alia occaxione et cetera remota et cetera, et hoc cum / omnibus expensis et cetera, et hec omnia in bonis denariis / numeratis tantum et cetera, et hoc tam sub pacto capiendi / et detinendi ubique realiter et personaliter suprascriptum Petrum / Paulum debitorem quam alio quocumque modo et cetera, renuntiando / omnibus legibus et cetera et generaliter omni alteri auxilio et benefitio legum, iuris et usus. Insuper ad / maiorem cautelam et firmitatem huius contractus / predictus Carulus debitor nomine ut supra dedit et concessit / suprascripto Matheo creditori presenti ut supra plenam parabulam / et licentiam intrandi et aprehendendi eius propria / auctoritate corporalem possessionem et tenutam seu quaxi / omnium bonorum dicti Petri Pauli et rerum mobillium et / imobillium presentium et futurorum, et interim donec / intraverit et dictam corporalem possessionem et tenutam / seu quaxi aprehendiderit, ex nunc prout ex tunc constituit se dictus Carulus dicto nomine ut supra predicta / [c. 10r.] bona dicti Petri Pauli debitoris ut supra et res ut supra nomine / et vice suprascripti creditoris tenere et possidere donec quod eidem / Matheo creditori sollutio completa et satisfactio integra / facta fuerit de predictis omnibus et singulis. / Qui Carulus nomine ut supra[d] debitor iuravit corporaliter / et cetera habere rata et cetera. / Actum et cetera, testes et notarii et cetera[e]. /

[f] [g-]Condemnatio[25] post obligationem[-g]

Est bona clausula post testes obligationis apponere / instrumentum condempnationis, que aliquando solet apponi / et etiam in civitate et districtu Comi[1] apponitur, / quia dicitur instrumentum guarentigiatum et multum / prodest, que sic scribitur post actum obligationis videlicet. /

[g-]Condemnatio[-g]

Ibique statim coram suprascriptis testibus[h] noster magnificus et / generosus vir dominus talis capitaneus Lugani[18] et valis / et cetera condempnavit et condempnat ex sua propria / confessione et in concordia partium Carulum debitorem / nomine ut supra ad dandum et solvendum hinc ad suprascriptum / terminum suprascripto Matheo creditori predictas libras /o/ terciolorum / occaxione suprascripta, omni alia occaxione et exceptione remota / et renuntiata, et hoc cum omnibus et singulis pactis, / promissionibus, conventionibus, renuntiationibus, captionibus, clausulis, / cautelis[i], firmitatibus et obligationibus in suprascripto brevi / continentibus. Actum ut supra, testes et notarii ut supra. /

[a] *Numero vergato nel margine sinistro della* c.
[b–b] *Annotazione nel margine sinistro della* c., *in corrispondenza delle righe 8–13 dell'originale.*
[c] *Parte mancante per refilatura del margine sinistro della* c., *aggiunta da altra mano.*
[d] *Segue* iur *depennato.*
[e] *Segue segno simile ad un asterisco di circa 10 mm.*
[f] *Precede linea orizzontale di divisione.*
[g–g] *Titolo vergato nel margine sinistro della* c.
[h] *Segue segno inintellegibile depennato.*
[i] *Segue* et *depennato.*

Sequitur ordo socedorum. /

VIIII°[a] Socedum de uno ad unum de vachis

Anno et cetera, Carulus filius condam /o/ de tali parte fuit / et est contentus et confessus, omni occaxione et exceptione / remota et renuntiata, se habuisse et recepisse / et nunc habere et tenere in eius curte et / stabulo ad medium et ad socedum et ad comunem / utillitatem, proficuum et damnum secundum ius et / usum socedi cum Matheo filio condam[b] /o/ de tali / [c. 10v.] parte presente et stipulante vachas duas, quarum / una est nigra, belina cum cornibus grixis / et altera est clara cum cornibus capriolis, pregnantes, / in et super quibus bestiis habet suprascriptus Matheus / de suis propriis denariis ante partem libras /o/ / terciolorum. Quas bestias cum suis futuris / nutriminibus et avanzamentis suprascriptus Carulus / promixit et convenit solemniter per stipulationem, obligando / se et omnia sua bona pigneri presentia et / futura suprascripto Matheo presenti ut supra tenere, pascere, / custodire et nutrire bene et dilligenter, bona / fide, sine fraude ad medium et ad socedum / et ad comunem utillitatem, proficuum et damnum / secundum ius et usum socedi, et ne vendere / nec alienare dictas bestias nec aliquam / earum absque verbo et licentia suprascripti Mathei, / et dare et solvere ipsi Matheo predictas / libras /o/ terciolorum de primis denariis et / avanzamentis, qui et que exibunt ex ipsis / bestiis, et solutis ipsis denariis postea / vero ipse bestie et earum nutrimina et avanzamenta / sint et esse debeant comunes et comunia inter eos, / et si damnum adesset, quod deus avertat, comuniter / inter eos dividatur et patiatur, salvo si fuerit / pro mala custodia, dolo, culpa vel negligentia / suprascripti Caruli quod tunc fiat secundum ius et usum / socedi, et hoc cum omnibus expensis, damnis et / interesse et cetera, et hec omnia in bonis denariis / numeratis tantum et non in aliqua alia re / contra voluntatem suprascripti Mathey creditoris, et hoc / tam sub pacto capiendi et detinendi et cetera, renuntiando / omnibus legibus et statutis et cetera et generaliter / omni alteri auxilio et benefitio legum, iuris / [c. 11r.] et usus, salvo semper et reservato in ipsum Matheum / creditorem dominio ipsarum bestiarum et earum nutriminum / et avanzamentorum donec de predictis denariis et medietate / lucri fuerit sibi penitus solutum et satisfactum / cum omnibus expensis, damnis et interesse. / Actum et cetera, testes et notarii et cetera. /

Aliquando inter partes apponuntur aliqua pacta, / que pacta, si fuerint, debent poni ante actum. /

[c–]Socedum de bobus tantum[–c]

Si vero socedum fit de bobus tantum, obmittatur / illud verbum nutrimina, sed ponatur avanzamenta. /

[c–]Contra duos debitores[–c]

Si vero fit per duos[d] vel plures quemlibet / eorum insolidum, ubi[e] scribitur, quas bestias cum / suis futuris nutriminibus et avanzamentis suprascripti Franciscus, / Petrus et Antonius promisserunt et cetera, obligando sese et quemlibet / eorum insolidum et omnia eorum et cuiuslibet eorum insolidum / bona et cetera, ita et cetera, renuntiando et cetera, suprascripto Matheo presenti / et stipulanti tenere et cetera. /

[c–]Socedum contra patrem et filium[–c]

Si vero factum fuerit de patre et filio, ponatur, / cum parabula et consensu uterque[f] eorum insolidum, prout / in obligatione de patre et filio fit mentio. /

[c–]Contra maritum et uxorem[–c]

Similliter hoc fiet de marito et uxore, prout / in obligatione facta contra maritum et uxorem / fit mentio. /

[c–]De capris et ircis[–c]

Si fuerit socedum de capris[g] et ircis fiat, prout / in socedo vacarum et bobum fit mentio. /

[a] *Numero vergato nel margine sinistro della* c.
[b] *Segue* talis *depennato.*
[c–c] *Titolo vergato nel margine sinistro della* c.
[d] *Segue* utrumque *depennato.*
[e] *Così, si intenda* ibi.
[f] *Così, si intenda* utriusque.
[g] *Segue* fi *depennato.*

X[a] [b–]De pecudibus[–b]

Si fuerit socedum de pecudibus fiat sic videlicet. /

Anno et cetera, Carulus filius condam /o/ de tali parte fuit et / [c. 11v.] est contentus et cetera, omni occaxione et cetera remota et / renuntiata, se habuisse et recepisse et nunc / habere et tenere in eius curte et stabulo / ad medium et ad socedum et ad comunem utillitatem / et cetera secundum ius et usum socedi cum Matheo filio condam /o/ / de tali parte presente et stipulante pecudes /o/ / quarum octo sunt nigre, pregnantes et altere sunt / nigre cum agnis et agnelis subtus, in et super / quibus pecudibus habet suprascriptus Matheus de suis / propriis denariis ante partem libras /o/ terciolorum, quas / bestias cum suis futuris nutriminibus et avanzamentis / suprascriptus Carulus promixit et cetera, obligando se et cetera suprascripto Matheo / presenti et stipulanti tenere, pascere bene, dilligenter / et bona fide, sine fraude ad medium et cetera secundum / ius et usum socedi, et ne vendere nec / alienare dictas bestias nec aliquam earum / absque verbo[c] et licentia suprascripti Mathey, et dare et / solvere ipsi Matheo suprascriptas libras /o/ terciolorum[d] / de primis denariis et avanzamentis, qui et que exibunt / ex ipsis bestiis, nec non medietatem totius lane / stadenche et vernenche, que fiet et percipietur / omni anno ex ipsis bestiis, et solutis ipsis / [e]denariis et ipsa lana omni anno de / anno in annum postea vero ipse bestie et earum / nutrimina et avanzamenta sint et esse debeant comunes / et comunia inter eos, et si dampnum adesset / et cetera, salvo si fuerit pro mala custodia et cetera / suprascripti Caruli, quod tunc fiat secundum ius et usum / socedi, et hoc cum omnibus expensis et cetera in bonis / denariis numeratis tantum et cetera sub pacto capiendi et cetera, / renuntiando omnibus legibus et cetera et generaliter omni / alteri auxilio et cetera, / salvo in ipsum Matheum creditorem dominio predictarum / bestiarum et earum nutriminum et avanzamentorum et cetera. / Actum et cetera, testes et notarii et cetera. /

[a] *Numero vergato nel margine sinistro della* c. *che segue,* c. 11v.
[b–b] *Titolo vergato nel margine sinistro della* c.
[c] verbo *sopra la linea con segno di richiamo.*
[d] *Segue* que *depennato.*
[e] *Precede* bestiis *depennato.*

[c. 12r.] Potest fieri socedum de pecudibus in alia forma. /

[a–]XI Socedum de pecudibus in alio modo[–a]

Anno et cetera, Carulus filius condam /o/ de tali parte fuit et est / contentus et cetera omni occaxione et cetera remota et cetera se habuisse / et cetera et nunc habere et cetera in eius curte et stabulo / ad medium et cetera secundum ius et usum socedi cum / Matheo filio condam /o/ de tali parte presente et stipulante / pecudes X, videlicet quatuor pregnantes, due cum / agnelis duabus subtus et alie quatuor non, / cum modis et pactis infrascriptis videlicet, quas pecudes / cum[b] agnelis et aliis suis futuris nutriminibus / et avanzamentis suprascriptus Carulus promixit et cetera, obligando / se et cetera suprascripto Matheo presenti et stipulanti tenere / et cetera bene, dilligenter et cetera secundum ius et usum socedi / et[c] infra videlicet, hinc ad annos tres proxime / futuros alevare seu alevari facere omnia nutrimina, / que fient et nascentur in dictis annis tribus / proxime futuris, et dare et consignare suprascripto Matheo / medietatem totius lane vernenche et stadenche, / que percipietur ex ipsis bestiis et earum nutriminibus omni / anno de anno in annum, prout fiet et qualibet / vice qua tondetur ex ipsis bestiis, et finitis dictis / tribus annis quod ipse pecudes et earum nutrimina / et avanzamenta sint et esse debeant comunes et comunia / inter eos et comuniter inter eos dividantur et dividi / possint et debeant, et ipsis sic divixis et / data et consignata medietate dictarum[d] bestiarum / cum suis nutriminibus et avanzamentis cum medietate lane / ut supra fit mentio per suprascriptum Carulum suprascripto Matheo, / quod dictum socedum sit consolidatum ipso iure et / socedum ipsum cum suis viribus et fortia sit / nullum et nullius valoris, efficatie et momenti / et nullum postea possit nec debeat exinde / effectum sortiri tamquam si non fuisset factum / nec celebratum, et si in predictis annis / tribus proxime futuris damnum adesset, quod / [c. 12v.] deus avertat, comuniter inter eos dividatur et / patiatur, salvo si fuerit pro mala custodia, / dolo, culpa vel negligentia suprascripti Caruli quod / tunc fiat secundum ius et usum socedi, videlicet pro / gaudimento et utilitate quod et quam possent / percipi in dictis annis tribus proxime futuris tantum, / si dampnum predictum culpa dicti Caruli non / fuisset, et hoc cum omnibus expensis et cetera, et hec / omnia in bonis denariis numeratis tantum et cetera, et hoc / tam sub pacto capiendi et detinendi et cetera, renuntiando / omnibus legibus et cetera, salvo et reservato in ipsum / Matheum creditorem dominio[e] predictarum bestiarum et cetera. / Actum ut supra[f], testes et notarii ut supra. /

[a–a] *Numero e titolo vergati nel margine sinistro della* c.
[b] *Segue* ali *depennato.*
[c] *Così, si intenda* ut.
[d] *Segue* lane *depennato.*
[e] *Segue* r *con segno abbreviativo depennato.*
[f] *Segue* p *depennato.*

XII[a] Socedum apium

Anno et cetera, Carulus filius condam /o/ de tali parte habitans et cetera fuit / et est contentus et cetera omni occaxione et cetera se habuisse et cetera / et nunc habere et tenere in eius domo et curte / ad medium et ad socedum et ad comunem utillitatem, / proficuum et dampnum, secundum ius et usum socedi / ut infra, cum Matheo filio condam /o/ de tali parte et cetera / presente et stipulante vasa sex apium, que vasa / cum suis futuris samnis[b] et avanzamentis suprascriptus / Carulus promissit et cetera, obligando se et cetera suprascripto Matheo presenti et / stipulanti tenere, pascere, conservare, custodire et / nutrire bene, dilligenter, bona fide, sine fraude / hinc ad annos quatuor proxime futuros, et isto / interim in dictis annis quatuor proxime futuris / conservare[c], gubernare et salvare omnia avanzamenta, / que fient et percipientur ex et de dictis apibus, / et dare et consignare eidem Matheo omnia ceram et / mel, que percipientur et habebuntur ex et de / dictis omnibus apibus, nec non medietatem totius / [c. 13r.] cere et mellis, que percipientur et habebuntur ex / avanzamentis et samnis ipsorum vasorum sex apium / a modo futuris, si continget percipi et haberi isto / interim ex dictis avanzamentis. Et in fine ipsorum / annorum quatuor futurorum postea dicte samne / et avanzamenta, que fient et nascentur / ex et de dictis vasis[d] sex apium, sint et esse / debeant comunes et comunia inter eos et comuniter dividantur / et dividi possint et debeant comuniter inter eos. Et si malum adesset, quod deus avertat, comuniter inter / eos dividatur et patiatur, salvo si fuerit pro / mala custodia, dolo, culpa vel negligentia / suprascripti Caruli, quod tunc fiat secundum ius et usum / socedi, et hec omnia cum omnibus expensis, damnis / et interesse et cetera in bonis denariis numeratis tantum et cetera, / sub pacto capiendi et detinendi et cetera, renuntiando omnibus / legibus et statutis et cetera et generaliter omni alteri / auxilio et cetera, salvo semper et reservato in ipsum / Matheum creditorem dominio predictarum[e] apium / et earum avanzamentorum donec de predictis omnibus et singulis / et medietate lucri fuerit sibi penitus solutum / et satisfactum de predictis omnibus et singulis. / Actum et cetera, testes et notarii ut supra. /

a *Numero vergato nel margine sinistro della* c.
b *Cfr. la voce dialettale* 'sam', *dal lat.* examen, -inis.
c *Segue* et *depennato.*
d vasis *depennato e corretto da altra mano sopra la linea in* vasibus.
e *Segue* bestiarum *depennato.*

XIII[a] Socedum de porcis

Anno et die et cetera, Carulus filius condam /o/ de tali parte / [b]habitans in tali loco et cetera fuit et est contentus / et cetera, omni occaxione et cetera remota et cetera, se habuisse et cetera / et nunc habere et tenere in eius curte et / stabulo ad medium et ad socedum et ad comunem / utillitatem, proficuum et damnum secundum ius et / usum socedi cum Matheo filio condam /o/ de tali parte / [c. 13v.] presente et stipulante porcham unam pregnantem, / quam porcham suprascriptus Carulus promixit et cetera, obligando / se et cetera suprascripto Matheo presenti et stipulanti tenere / hinc ad annos quatuor proxime futuros et / pascere, nutrire bene et dilligenter, bona fide, / sine fraude ad medium et ad socedum et / ad comunem utillitatem ut supra, et dare et / solvere seu consignare eidem Matheo medietatem / omnium porchitorum seu nutriminum, qui fient / et nascentur ex ipsa porcha in dictis annis / quatuor proxime futuris, videlicet de anno in annum / sicut nascentur et erunt dislactati ab ipsa / porcha seu medietatem totius eius quod habebitur / et percipietur ex ipsis porcitis seu nutriminibus / futuris et perceptis ex ipsa porcha in dictis / annis quatuor proxime futuris de anno in annum / ut supra, et in ultimo anno ipsorum quatuor annorum / proxime futurorum ingrassare ipsam porcham bene / et sufficienter et postea ipsam inter eos dividere / seu eius pretium, si vendatur ipsa porcha, / et solutis predictis et satisfactis quod presens socedum / sit inter ipsos contrahentes consolidatum et nullum / et contenta in eo nulla nulliusque valoris, efficatie / et momenti et nullum effectum possit nec debeat / sortiri, et si damnum adesset, quod deus / avertat, comuniter inter eos dividatur et patiatur, / salvo si fuerit pro mala custodia, dolo, culpa / vel negligentia suprascripti Caruli quod tunc fiat secundum / ius et usum socedi, et hoc cum omnibus expensis / et cetera in bonis denariis numeratis tantum, sub pacto / capiendi et cetera, renuntiando omnibus legibus et cetera, salvo / semper et reservato in ipsum Matheum creditorem dominio / et cetera.

[c]Ponantur ibi clausule generales et / renuntiationes prout in aliis socedis. / Actum et cetera, testes et cetera. /

[a] *Numero vergato nel margine sinistro della* c.
[b] *Precede* filius condam *depennato.*
[c] *Precede segno di richiamo indicante l'inserimento di una o più parole.*

[c. 14r.] Sequitur ordo confessionum. /

XIIII°[a] Confessio de fictis terrarum

Anno et cetera, Carulus filius condam talis et cetera habitans in tali loco / et cetera fuit et est contentus et cetera omni occaxione et exceptione / remota et renuntiata se habuisse et recepisse a / Matheo filio condam /o/ de tali parte et cetera presente et stipulante / pro se et nomine et vice Petroni fratris sui ex eodem / patre nati staria quatuor frumenti, staria / duo sichalis, staria duo millii, caponum unum / bonum et sufficientem et libras tres et soldos / quatuor terciolorum, et hoc pro[b] completa / sollutione et integra satisfactione omnium fictorum / cursorum et preteritorum a festo sancti Martini[23] proxime / preteriti retro omnium illorum bonorum inmobillium iacentium / in territorio de Gandrio[26], que dicti Matheus et[c] / Petronus[d] fratres hinc retro tenuerunt et de presenti / tenent ad fictum ad livelum a dicto Carulo pro ficto / livelario ut supra declarato singulo anno, ut de predictis / constat publico instrumento ipsius liveli rogato per ser / Franciscum Carulum[6] notarium publicum Lugani[2] et cetera, anno / Domini curso /o/ inditione /o/ die /o/ mensis /o/ seu / anno, inditione, die et mense in eo contentis, ad quod / instrumentum liveli et contenta in eo condigna habeatur / rellatio. In qua vero confessione et receptione / et in quibus omnibus et singulis suprascriptus Carulus / promissit et convenit solemniter per stipulationem, obligando / se et omnia sua bona pigneri presentia et futura / suprascripto Matheo presenti et stipulanti pro se et nomine / suprascripti Petroni fratris sui, se de cetero et omni / tempore stare, esse et permanere tacitum et contentum / et facere et cum effectu curare quod omnes alie / persone perpetuo stabunt, erunt et permanebunt / tacite et contente omnibus ipsius Caruli propriis / expensis, damnis et interesse tantum, in pena / [c. 14v.] et sub pena totius damni et interesse et omnium expensarum / solemni stipulatione promissa et deducta, renuntiando / exceptioni non habitorum et non receptorum et / non ei datorum et numeratorum dictorum bladorum, denariorum / et caponum et spey future numerationis et / receptionis et huius instrumenti non ita facti et / omnium premissorum non ita factorum et exceptioni / doli mali et in factum actioni metus causa, / sine causa vel ex iniusta causa et erroris / et deceptionis seu lexionis fictitii et simulati / contractus, et generaliter qualibet alia occaxione et / exceptione remota et renuntiata. / Actum et cetera, testes et notarii et cetera. /

[e]-[Si][f] conductor amplius non laborat bona-[e]

Si fuerit causa fictorum bonorum pro quibus sit finita / investitura et conductor amplius non teneat / bona, dicatur sic videlicet, et hoc pro completa / sollutione et integra satisfactione omnium fictorum / cursorum et preteritorum a festo sancti Martini proxime / preteriti retro talium bonorum et cetera, que dicti / Matheus et Petronus fratres hinc retro / tenuerunt et amplius non tenent ad fictum / a dicto Carulo. In qua vero confessione et cetera. /

[e]-[Causa][f] perpetua-[e]

Si confessio facta esset alia de causa que esset perpetua, / tunc posset dici sic videlicet, et hoc pro completa sollutione / et integra satisfactione illarum quantitatum denariorum, / que debebuntur per dictum Matheum et fratrem suprascripto Carulo / pro anno Domini curso MDXXV et ab inde retro ex et / de illis quantitatibus denariorum, que debentur et solent / dari et solvi omni anno per dictos Matheum et / fratrem suprascripto Carulo ad computum librarum decem terciolorum / singulo anno vigore et per formam certe conventionis / facte inter eos seu vigore certorum arbitramentorum / latorum inter eos, ut constat publico instrumento ipsius / [g]conventionis seu arbitramentorum, rogato per / talem notarium anno Domini curso /o/ die et cetera / [c. 15r.] seu anno, inditione, die et mense in eo contentis. In qua / vero confessione et cetera, / vel poteris etiam dicere sic videlicet, et hoc pro completa sollutione / et cetera illarum librarum X terciolorum que debebantur per ipsos fratres / dicto Carulo et seu dicto condam eius patri pro anno / curso 1525 et ab inde retro ex et de illis libris / X terciolorum, que solent dari et solvi ac debentur / omni anno per ipsos Matheum et Petronum fratres / dicto Carulo causa alimentorum et cetera, vigore et / per formam certorum arbitramentorum latorum inter eos, / rogatorum per talem notarium anno et cetera. In qua / vero confessione et cetera. /

[a] *Numero vergato nel margine sinistro della* c.
[b] *Segue* parte *depennato.*
[c] *Segue simbolo /o/ di altra mano.*
[d] Petronus *vergato nel margine sinistro della* c. *da altra mano, al posto di* Matheus *cancellato mediante raschiatura in quanto errato.*

[e–e] *Titolo vergato nel margine sinistro della* c.
[f] *Parte mancante per refilatura del margine sinistro della* c.*, aggiunta da altra mano.*
[g] *Precede* contractus *depennato.*

XV[a] Confessio pro parte sollutionis unius obligationis

Carulus filius condam /o/ de tali parte habitans in tali loco / et cetera fuit et est contentus et confessus omni occaxione / et exceptione remota et renuntiata se / habuisse et recepisse a Matheo filio condam /o/ de / tali parte presente et stipulante libras viginti / terciolorum, et hoc pro parte sollutionis illarum librarum / sexaginta terciolorum de et pro quibus suprascriptus Matheus / obligatus legitur et est in manibus suprascripti Caruli / occaxione in eo instrumento contenta, ut constat publico / instrumento ipsius obligationis rogato per Oltitium / Ruscham[27] notarium publicum Lugani et cetera[2], anno Domini / curso /o/ inditione /o/ die /o/ mensis et cetera seu / anno, inditione, die et mense in eo contentis. /

[b–]Pro completa sollutione[–b]

[c–]Quando[d] instrumentum obligationis est[e] expletum in publicam[f] formam[–c]

Si vero confessio facta fuerit pro completa sollutione / suprascripte obligationis, dicatur sic videlicet, / et hoc pro completa sollutione et integra satisfactione / illarum librarum sexaginta terciolorum de et pro quibus / suprascriptus Matheus obligatus legitur et est et cetera ut supra. Debes / [c. 15v.] coherentiare instrumentum, prout supra scriptum est, et / postea addere, quod quidem instrumentum obligationis / de quo supra dictus Carulus ibidem tradidit et / consignavit suprascripto Matheo presenti et acceptanti in / publicam formam sanum et integrum et ibidem / incisum fuit tamquam sollutione extinctum. / In qua vero confessione et cetera. /

[g–]Quando[d] instrumentum obligationis non est[e] expletum[–g]

Si vero instrumentum obligationis sit penes notarium / qui ipsum rogavit et non expletum, dic sic videlicet, / quod quidem instrumentum obligationis nondum est / expletum in publicam formam, sed per presentes ipse / Carulus iussit et iubet ipsum instrumentum obligationis / aut canzelari de linea in lineam aut / expleri et dari ipsi Matheo in publicam formam / tamquam sollutione extinctum. In qua vero confessione et cetera. /

[g–]Confessio[h] super arbitramentis[–g]

Si vero confessio fit super debito arbitramentorum, dicatur / sic videlicet. / Carulus fuit et est contentus et cetera omni occaxione et cetera / se habuisse et cetera a Matheo et cetera libras viginti terciolorum, / et hoc pro parte sollutionis seu pro completa sollutione / et integra satisfactione illarum librarum sexaginta / terciolorum de et pro quibus suprascriptus Matheus legitur et est / condemnatus ad dandum et solvendum suprascripto Carulo per / formam certorum arbitramentorum latorum inter eos / per Iohannem Petrum Ossutium et Sansonem de Rippa, olim / et tunc arbitros et arbitratores ellectos inter / eas partes, ut constat publico instrumento ipsorum / arbitramentorum rogato per talem notarium anno et cetera. / In qua vero confessione et cetera. /

[g-]Super[i] sententia[-g]

Si vero fuerit occaxione unius sententie, dicatur sic videlicet, / et hoc pro completa sollutione et cetera illarum / librarum sexaginta terciolorum de et pro quibus suprascriptus / Matheus legitur et est condemnatus ad dandum / [c. 16r.] et solvendum suprascripto Carulo per formam unius sententie / late in favorem dicti Caruli contra dictum Matheum / per magnificum et generosum virum dominum Ludovicum Specht / de Soletia[19] capitaneum Lugani et valis et cetera, ut constat / publico instrumento ipsius sententie rogato per ser Franciscum / Carulum[6] notarium publicum et causarum Lugani et cetera, / anno et cetera seu anno, inditione, die et mense in eo / contentis. In qua vero confessione et cetera. /

[b-]Super expensis taxatis[-b]

Si vero confessio fieret occaxione expensarum factarum / in causa versa inter partes, dicatur sic videlicet, / et hoc pro completa sollutione et cetera illarum librarum / sexaginta terciolorum que sunt pro expensis factis per dictum / Carulum in causa alias versa inter eum Carulum, / parte una, et dictum Matheum, parte altera, coram / magnifico et generoso viro domino Ludovico Specht de / Soletia capitaneo Lugani et valis et cetera, et taxatis / per ser Franciscum Carulum notarium causarum Lugani et cetera, / cui ipsa taxatio ipsarum expensarum[j] / [k]comissa fuit per prefatum dominum capitaneum Lugani / ex tenore sententie, late per prefatum dominum capitaneum / inter dictas partes[l] / sub die /o/ mensis Februarii 1529 seu anno et cetera. / In qua vero confessione et cetera. /

[b-]Super socedo[-b]

Si vero confessio facta fuerit super socedo tam super / capitali quam super avanzamentis, dicatur sic videlicet, / et hoc pro completa sollutione et cetera illarum librarum / sexaginta terciolorum, que fuerunt et sunt pretium [m-]et capitale[-m] / duarum vacharum seu talium bestiarum alias / datarum per dictum Carulum dicto Matheo ad medium / et ad socedum, prout constat publico instrumento ipsius / socedi rogato per talem notarium anno et die et cetera / seu anno et cetera[n], item in altera parte pro completa / [c. 16v.] sollutione et integra satisfactione quorumcumque / nutriminum et avanzamentorum perceptorum ex et de dictis / bestiis a die facti dicti socedi citra spectantium / et pertinentium dicto Carulo usque hodie et omnium / et singulorum a dicto socedo et contentis in eo / dependentium, emergentium et conexorum. In / qua vero confessione et cetera. /

[g-]Super[i] instrumento depoxiti[-g]

Si vero confessio facta fuerit super instrumento depoxiti, dicatur / sic videlicet, / et hoc pro completa sollutione et cetera illorum schutorum / viginti auri a sole[12] penes ipsum Matheum depositorem / pro ipsis dandis et solvendis ipsi Carulo, prout / latius constat publico instrumento ipsius depoxiti rogato / per talem notarium anno et cetera, quod quidem instrumentum / depoxiti debet cassari de linea in lineam[o] tamquam sollutione extinctum. In qua vero confessione / et cetera. /

[g-]Super[i] debito posito in[p] ratione comunis seu[q] comunitatis[-g]

Si confessio fieret occaxione crediti positi in ratione comunis / vel comunitatis pro ipsis dandis ipsi Carulo, dicatur sic videlicet, / et hoc pro completa sollutione et cetera illarum librarum LXX / terciolorum positarum in ratione caneparie dicti Caruli / canepari dicte comunitatis seu suprascripti comunis /o/[r] / anni proxime preteriti MDXXVIII calculata die X Ianuarii / anni presentis pro dando ipsi Carulo[s], / prout aparet ad librum rationum[t] caneparìorum dicte comunitatis seu comunis saldata sub / die suprascripto. In qua vero confessione. /

[g-]Super[i] chirograffo[-g]

Si confessio fieret super chirograffo scripto manu / propria, dicatur sic videlicet, / et hoc pro completa sollutione et cetera illarum librarum / centum terciolorum de quibus et pro quibus suprascriptus Matheus / eidem Carulo tenetur per formam unius chirograffi / [c. 17r.] scripti et subscripti manu propria suprascripti Mathei sub die / /o/ mensis /o/. In qua vero confessione et cetera. /

Si fuerit alia quavis causa et occaxione exprimatur / causa, quia hic non possunt poni omnes cause, / que in lucem evenire possunt, mutatis mutandis. /

[b-]Confessio facta per unum pro se et nomine alterius cum promissione rati[-b]

Si confessio facta fuerit per unum pro se et nomine / alterius cum cautione rati accipiat principium, / prout aparet in instrumento obligationis facte similliter. /

[b-]Confessio facta per tutores et curatores[-b]

Similliter confessio per tutores et curatores, et debent / exprimi cause pro quibus fiunt ipse confessiones. /

[b-]Confessio pro taleis[-b]

Si vero confessio facta fuerit pro taleis, dicatur sic videlicet, / et hoc pro completa sollutione et cetera omnium talearum impositarum / ab hinc retro tam in comunitate valis Lugani tota quam / in tali comuni tangentium dictum Matheum ad solvendum / suprascripto Carulo canepario generali dicte comunitatis vel dicti / comunis hinc retro usque hodie. In qua vero confessione et cetera. /

[b-]Occaxione alicuius incantus[-b]

Si vero confessio facta fuerit super aliquo incantu, / dicatur sic videlicet. /

Anno et cetera ser Iohannes Antonius Ruscha de Lugano filius condam ser Francisci, / canepárius generalis talearum et intratarum comunis burgi / Lugani anni proxime preteriti MDXXVIII seu anni presentis, / fuit et est contentus et cetera, omni occaxione et cetera, se habuisse / et cetera a ser Iohanne Maria filio condam domini Hectoris Rusche / de Lugano presente et stipulante libras /o/ terciolorum, / et hoc pro completa sollutione et cetera illarum librarum / /o/ terciolorum, que fuerunt et sunt pretium incantus / colecte nonarii dicti comunis Lugani anni / suprascripti MDXXVIII deliberati suprascripto ser Iohanni Marie Rusche / ad publicum incantum. In qua vero confessione et cetera. /

[c. 17v.] Similliter dicatur de aliis intratis et incantibus / mutatis mutandis, prout casus eveniet et fuerit. /

[a] *Numero vergato nel margine sinistro della* c. *insieme al titolo* confessio pro parte sollutionis.
[b–b] *Annotazione vergata nel margine sinistro della* c.
[c–c] *Annotazione vergata nel margine sinistro della* c. *seguente,* c. 15v. *L'annotazione originale, parzialmente scomparsa in seguito a refilatura del margine della* c., *è stata completata della parte mancante da altra mano.*
[d] quando *aggiunto da altra mano.*
[e] est *aggiunto da altra mano.*
[f] publicam *aggiunto da altra mano.*
[g–g] *Annotazione vergata nel margine sinistro della* c. *L'annotazione originale, parzialmente scomparsa in seguito a refilatura del margine della* c., *è stata completata della parte mancante da altra mano.*
[h] confessio *aggiunto da altra mano.*
[i] super *aggiunto da altra mano.*
[j] *Segue* taxata fuit *depennato.*
[k] *Precede* per *depennato.*
[l] *Segue* in qua vero confessione et cetera *depennato.*
[m–m] *Parte aggiunta con segno di richiamo nel margine sinistro della* c.
[n] *Segue* e *depennato.*
[o] *Segue* p *con segno abbreviativo depennato.*
[p] in *vergato da altra mano.*
[q] seu *vergato da altra mano.*
[r] *Segue* calculi *depennato.*
[s] *Segue* in qua vero *depennato.*
[t] *Segue* rationum c *depennato.*

Sequitur ordo finium. /

XVI[a] Finis generalis de uno ad unum

Anno et cetera, Carulus filius condam /o/ de tali parte habitans et cetera / fecit et facit finem[b], / [c]remissionem, liberationem, / absolutionem, quietationem et pactum de non plus petendo / et ulterius de non agendo, causando, molestando, inquietando / nec perturbando aliquid imperpetuum in manibus Mathei filii condam /o/ / de tali parte habitantis /o/ presentis[d], stipulantis et recipientis, / nominative et generaliter de omni et toto eo quod dictus Carulus / eidem Matheo et super bonis suis petere, requirere, causari, / molestare, inquietare et perturbare posset, poterat et / potuisset ac poterit quocumque modo et quacumque ratione, / causa et occaxione, et tam per cartam, quaternum et scripturam / quam sine carta, quaterno et scriptura[e] et quocumque / alio modo, ratione, causa et titulo que dici posset / vel excogitari modo aliquo vel ingenio hinc retro / usque hodie, etiam si esset causa inexcogitata et penitus / extranea, in qua vero fine, remissione et pacto / de non plus petendo ut supra et in quibus omnibus et singulis / suprascriptus Carulus promissit et convenit solemniter per stipulationem, / obligando se et omnia sua bona pigneri presentia et / futura suprascripto Matheo presenti et stipulanti se perpetuo et / omni tempore stare, esse et permanere tacitum et contentum / et facere et cum effectu curare quod omnes alie persone / perpetuo stabunt, erunt et permanebunt tacite et contente / omnibus suis propriis expensis, damnis et interesse tantum, / in pena et sub pena totius damni et interesse et / omnium expensarum solemni stipulatione promissa et / [c. 18r.] deducta. Et[f] pro qua vero fine, remissione et pacto de non / plus petendo ut supra et pro predictis omnibus et singulis contentus et / confessus fuit et est suprascriptus Carulus se habuisse et recepisse / a suprascripto Matheo presente et stipulante libras /o/ terciolorum, / et hec omnia pro pretio et nomine pretii presentis finis / et liberationis et pro completa sollutione et integra / satisfactione premissorum omnium et singulorum, renuntiando exceptioni / non habitorum, non receptorum nec ei datorum et / numeratorum dictorum denariorum et spey future numerationis et / receptionis et huius instrumenti non ita facti et omnium / premissorum non ita factorum et exceptioni doli mali / et in factum actioni metus causa, sine causa vel / ex iniusta causa et erroris et deceptionis seu lexionis / fictitii et simulati contractus, et generaliter qualibet / alia occaxione et exceptione remota et renuntiata. / Qui Carulus iuravit corporaliter ad sancta dei / evangelia manu tactis scripturis se predicta omnia / et singula in hoc instrumento contenta perpetuo rata, / grata, firma et valida habere et tenere et / nullo tempore contrafacere nec venire aliqua ratione / vel occaxione iuris vel facti comunis vel spitialis. / Actum et cetera, testes et notarii et cetera. /

[g-]Finis super parte solutionis unius instrumenti obligationis vel arbitramentorum vel pro completa sollutione eorum[-g]

Si vero finis fiat pro parte sollutionis unius instrumenti obligationis / vel pro parte sollutionis aliquorum instrumentorum vel / pro completa sollutione, habeatur recursus ad / instrumenta confessionum, quia ibi pro maiori parte sunt / distincta, mutatis mutandis, et facile est / inventis addere et posita ratione, pro qua fit / finis, sequere, in qua vero fine et cetera, cum aliis / solemnitatibus usque ad finem. /

[a] *Numero vergato nel margine sinistro della* c. *insieme al titolo* finis.
[b] *Segue* et cetera et pactum de non plus petendo et cetera *depennato.*
[c] *Precede* aliquid imperpetuum in manibus Mathei *depennato.*
[d] *Segue* et *depennato.*
[e] *Segue* etiam *depennato.*
[f] Et *ricalcato sopra parola inintelligibile parzialmente depennata.*
[g-g] *Annotazione vergata nel margine sinistro della* c.

XVII[a] [b-]Finis vicissim generalis[-b]

Si vero fit finis vicissim inter contrahentes, dicatur / sic videlicet.

Carulus filius condam /o/ de tali parte, parte / una, et Matheus filius condam /o/ de tali parte, pro altera / [c. 18v.] parte, fecerunt et faciunt omnibus meliori modo, iure, / via, causa et forma quibus melius potuerunt et / possunt sibi vicissim, videlicet una pars alteri et altera / alteri, presentibus et stipulantibus finem, remissionem, / liberationem, quietationem, absolutionem et pactum / de non plus petendo et ulterius de non agendo, causando, / molestando[c], inquietando nec perturbando / aliquid imperpetuum, nominative et generaliter de omni / et toto eo quod dicte partes et utraque earum sibi / vicissim, videlicet una pars alteri et altera alteri, / petere, requirere, causari, molestare, inquietare / et perturbare possent, poterant et potuissent quocumque / modo et quacumque ratione, causa et occaxione, et tam / per cartam, quaternum et scripturam quam sine carta, / quaterno et scriptura et quocumque alio modo, ratione, / causa et[d] titulo, que dici posset vel excogitari / modo aliquo vel ingenio hinc retro usque hodie, / etiam si esset causa inexcogitata et penitus extranea. / In qua vero fine, remissione et pacto de non plus / petendo ut supra et in quibus omnibus et singulis suprascriptus Carulus, / parte una, et suprascriptus Matheus, parte altera, promisserunt / et convenerunt solemniter per stipulationem, obligando sese / vicissim, videlicet una pars alteri et altera alteri, et / omnia sua vicissim bona pigneri presentia et futura / presentibus et stipulantibus sese de cetero et omni / tempore stare, esse et permanere tacitos et contentos et / facere et cum effectu curare quod omnes alie persone / perpetuo stabunt, erunt et permanebunt tacite et / contente omnibus suis vicissim propriis expensis, damnis et / interesse tantum, in pena et sub pena totius damni / et interesse et omnium expensarum solemni stipulatione /

promissa et deducta. Et pro qua vero fine, remissione / [c. 19r.] et pacto de non plus petendo ut supra et pro predictis omnibus / et singulis contenti et confessi fuerunt et sunt suprascripti Carulus, / parte una, et Matheus, parte altera, sese habuisse et / recepisse vicissim, videlicet unus ab altero et alter / ab altero, plenam et completam sollutionem et integram / satisfactionem predictorum omnium et singulorum, renuntiando exceptioni / non habite et non recepte dicte complete sollutionis / et integre satisfactionis et spey future numerationis / et receptionis et huius instrumenti finis et liberationis / non ita facti et omnium premissorum non ita factorum et / exceptioni doli mali et in factum actioni metus / causa, sine causa vel ex iniusta causa et / erroris et deceptionis seu lexionis fictitii et simulati / contractus, et generaliter qualibet alia occasione et / exceptione remota et renuntiata. Qui Carulus, / parte una, et Matheus, parte altera, et uterque eorum / iuraverunt et iurant corporaliter ad sancta dei / evangelia manibus tactis scripturis sese predicta omnia / et singula in hoc instrumento contenta perpetuo rata, grata, / firma et valida habere et tenere et nullo tempore / contrafacere nec venire aliqua ratione vel / occasione iuris vel facti comunis vel spitialis. / Actum et cetera, testes et notarii et cetera. /

[e]–Finis super quo est numerata pars pretii finis et pro altera parte est stipulatum aliquod instrumentum obligationis aut alterius generis contractus–[e]

Si vero unus facit finem alteri et in parte / receperit pretium dicte finis et in parte stipulatum / fuerit aliquod instrumentum aut obligationis aut / venditionis aut alterius instrumenti, dicatur sic videlicet, / et pro qua vero fine et cetera et pro predictis omnibus et singulis / contentus et confessus fuit et est suprascriptus Carulus se habuisse / et recepisse a suprascripto Matheo presente et stipulante / libras /o/ terciolorum in una parte, item[f] in altera / [c. 19v.] parte stipulasse[g] instrumentum unum obligationis facte / per dictum Matheum in manibus dicti Caruli de libris / /o/ terciolorum seu stipulasse instrumentum unum venditionis / vel alterius contractus, prout res fuerit, per instrumentum obligationis / seu venditionis, rogatum per me notarium infrascriptum ibidem / paulo ante, et hec omnia pro pretio et nomine pretii / presentis finis et liberationis et pro completa sollutione / et integra satisfactione premissorum omnium et singulorum, / renuntiando exceptioni non habitorum et non receptorum / nec ei datorum et numeratorum dictorum denariorum et non / stipulati dicti instrumenti obligationis seu venditionis, / prout contractus fuerit et cetera, et spei future numerationis / et receptionis, huius instrumenti non ita facti et cetera. / Et iuravit et cetera. / Actum et cetera. /

[h]–Finis[i] facta per unum aut[j] nomine alterius [k]–pro quo–[k] promissit de [l]–rato et cetera–[l] aut tutorio et[m] [curator]io nomine alterius[n] –[h]

Si vero finis fiat per unum pro se et nomine alterius / [o]pro quo promissit de rato habendo / et cetera aut[p] per unum procuratorio aut tutorio / vel curatorio nomine alterius, affirmatur principium, / prout scriptum est in dictamine confessionum mutatis / mutandis. / Finis super qua pro pretio est stipulatum aliquod / instrumentum aut obligationis aut venditionis / aut alterius generis, prout res fuerit, dicatur sic videlicet, / et pro qua vero fine, remissione et pacto de non plus / petendo ut supra et pro predictis omnibus et singulis contentus / et confessus fuit et est suprascriptus Carulus se habuisse / et recepisse a suprascripto Matheo presente et stipulante / [c. 20r.] instrumentum unum obligationis facte per suprascriptum Matheum in / manibus suprascripti Caruli de libris /o/ terciolorum per instrumentum / obligationis, rogatum per me notarium infrascriptum ibidem paulo / ante, / seu stipulasse instrumentum unum venditionis seu[q] alterius generis / instrumenti, prout res fuerit, facte per dictum Matheum in / manibus suprascripti Caruli per instrumentum venditionis, rogatum / per me notarium infrascriptum ibidem paulo ante. /

[e–]Ubi pro pretio[r] finis stipulatur aliquod instrumentum aut venditionis aut alterius[s] contractus[–e]

Si vero aliud instrumentum fuerit rogatum post, dicatur sic / videlicet, stipulasse seu stipulare debere tale instrumentum et cetera, prout / res fuerit per instrumentum obligationis seu venditionis / vel prout res fuerit, rogandum per me notarium / infrascriptum ibidem paulo post, et hec omnia pro pretio et cetera / presentis finis et liberationis et cetera, renuntiando exceptioni non / stipulati dicti instrumenti obligationis seu venditionis / et spey future numerationis et cetera. /

Est bona cautella in quolibet instrumento apponere iuramentum / de non contraveniendo, quia multum prodest instrumentum iuratum. /

[a] *Numero vergato nel margine sinistro della* c. *seguente,* c. 18v.
[b–b] *Titolo vergato nel margine sinistro della* c.
[c] *Segue* molestando *depennato.*
[d] *Segue parola inintelligibile depennata.*
[e–e] *Annotazione vergata nel margine sinistro della* c.
[f] *Segue* stip *depennato.*
[g] *Segue* adict *depennato.*
[h–h] *Annotazione vergata nel margine sinistro della* c. *L'annotazione originale, parzialmente scomparsa in seguito a refilatura del margine della* c.*, è stata completata della parte mancante da altra mano.*
[i] Finis *vergato da altra mano.*
[j] aut *vergato da altra mano.*
[k–k] pro quo *vergato da altra mano.*
[l–l] rato et cetera *vergato da altra mano.*
[m] et *vergato da altra mano.*
[n] alterius *vergato da altra mano.*
[o] *Precede* aut unum procurat *depennato.*
[p] *Segue* procurato *depennato.*
[q] seu *tra due righe oblique divisorie.*
[r] *Segue* venditionis *depennato.*
[s] *Segue* generis *depennato.*

XVIII[a] Finis et venditio post dotem de hereditate / in forma minori

Anno et cetera, Luchina [b-]filia Iohannis Iacobi[-b] /o/ de tali parte et uxor Bernardi / filii condam /o/ de tali parte et cetera cum parabula, consensu, voluntate, / licentia et auctoritate suprascripti Bernardi mariti sui ibi / presentis, volentis et consentientis et eidem Luchine uxori / sue parabulam et consensum dantis et prestantis ad / infrascripta facienda, fecit et facit finem, remissionem, / liberationem, absolutionem, quietationem et pactum / de non plus petendo et ulterius de non agendo, / causando, molestando, inquietando nec perturbando / [c. 20v.] aliquid imperpetuum ac etiam venditionem, datum et cessionem / et totius sui iuris dominii et possesionis translationem et / traditionem ad proprium et imperpetuum in manibus suprascripti /o/ / [c-]Iohannis Iacobi[-c] patris sui presentis, stipulantis, ementis et recipientis / nomine et vice Petri Pauli et Georgii fratrum, eius / filiorum nec non omnium et singulorum aliorum filiorum / masculorum ex ipso Iohanne Iacobo nascitorum de / legiptimo matrimonio tantum, nominative et / generaliter de omni hereditate et sucessione paterna, / materna, fraterna et sororia, avia et proavia / et de legiptima et suplemento legiptime et / generaliter de quacumque alia hereditate et sucessione / sibi spectantibus et pertinentibus quovis modo [d-]hinc retro usque hodie[-d] / tam per testamentum quam ab intestato et que / in futurum sibi spectare et pertinere posset et / poterit ab intestato tantum. / In qua vero fine, remissione et pacto de non plus petendo / ut supra ac etiam venditione, dato et cessione et in quibus / omnibus et singulis suprascripta Luchina venditrix parabula ut supra / promissit et convenit solemniter per stipulationem, obligando se et / omnia sua bona pigneri presentia et futura suprascripto / Iohanni Iacobo patri suo presenti et stipulanti nomine ut supra / se de cetero et omni tempore stare, esse et permanere / tacitam et contentam et facere et cum effectu curare / quod omnes alie persone perpetuo stabunt, erunt et / permanebunt tacite et contente omnibus ipsius Luchine / venditricis propriis expensis, damnis et interesse tantum, / in pena et sub pena totius damni et interesse / et omnium expensarum solemni stipulatione promissa / et deducta. Et pro qua vero fine, remissione / et pacto de non plus petendo ut supra ac etiam / [c. 21r.] venditione, dato et cessione et pro predictis omnibus / et singulis contenta et confessa fuit et est suprascripta / Luchina venditrix parabula ut supra se habuisse et / recepisse a suprascripto Iohanne Iacobo patre suo presente et / stipulante nomine ut supra libras /o/ terciolorum, et / hec omnia pro pretio et nomine pretii presentis finis et / venditionis et pro completa sollutione et integra / satisfactione predictorum omnium et singulorum, renuntiando / exceptioni non habitorum, non receptorum nec / ei datorum et numeratorum dictorum denariorum et / spei future numerationis et receptionis et huius / instrumenti finis et venditionis non ita facti et omnium / premissorum non ita factorum et exceptioni doli / mali et in factum actioni metus causa, sine / causa vel ex iniusta causa et eroris et / deceptionis seu lexionis fictitii et simulati contractus, / et ne ullo tempore dicere, opponere nec alegare / possit dicta Luchina venditrix parabula ut supra se / fore lexam nec deceptam in hoc instrumento finis / et venditionis ultra dimidiam veri et iusti pretii / neque petere quod ei verum et iustum pretium supleatur / nec quod contractus iste rescindatur, et generaliter / qualibet alia occaxione et exceptione remota et / renuntiata, de quibus denariis dicta Luchina / dotata fuit per suprascriptum Bernardum maritum suum / cum tertio pluri per instrumentum dotis et antifacti, / rogatum per me notarium infrascriptum ibidem paulo ante. / Que Luchina venditrix parabula ut supra iuravit corporaliter / ad sancta dei evangelia manu tactis scripturis / se predicta omnia et singula in hoc instrumento contenta / perpetuo rata, grata, firma et valida habere / et tenere et nullo tempore contrafacere nec / [c. 21v.] venire aliqua ratione vel occaxione iuris vel / facti comunis vel spitialis. / Actum et cetera, testes et notarii et cetera. /

Si vero fieret instrumentum finis et venditionis de / magna quantitate denariorum et esset magne / importantie, poterit fieri instrumentum finis et / venditionis in maiori forma, que sic sequitur / videlicet. /

[a] *Numero vergato nel margine sinistro della* c.
[b–b] *Parte aggiunta sopra la linea con segno di richiamo sopra* filii condam *depennato.*
[c–c] *Parte aggiunta nel margine sinistro della* c. *in corrispondenza della riga 4 dell'originale.*
[d–d] *Parte aggiunta sopra la linea da altra mano, sopra* per *depennato.*

XVIIII° [a] Finis et venditio post dotem in forma maiori

Anno et cetera, Luchina filia Iohannis Iacobi de tali parte et cetera / et uxor Bernardi de tali parte et cetera cum parabula / et cetera suprascripti Bernardi mariti sui ibi presentis, / volentis et consentientis et eidem Luchine eius / uxori parabulam et consensum dantis et prestantis / ad infrascripta facienda, fecit et facit finem, / remissionem, liberationem, absolutionem et cetera et / pactum de non plus petendo et cetera aliquid imperpetuum / ac etiam venditionem et cetera et totius sui iuris / et cetera ad proprium et imperpetuum in manibus suprascripti / Iohannis Iacobi patris sui ibi presentis, stipulantis, / ementis et recipientis nomine et vice Georgii / et Petri Pauli fratrum, eius filiorum, nec non omnium / et singulorum aliorum filiorum masculorum ex ipso / Iohanne Iacobo nasciturorum de legiptimo matrimonio / tantum, nominative et generaliter de omni hereditate / et sucessione paterna, materna et cetera ac de legiptima / et cetera, et hec omnia cum omnibus suis iuribus / et pertinentiis, [b–]prout in precedenti instrumento fit mentio[–b]. Et eidem Iohanni Iacobo presenti et stipulanti / [c. 22r.] nomine suprascriptorum Georgii et Petri Pauli fratrum, eius filiorum, / predicta Luchina venditrix parabula ut supra dedit, cessit atque / mandavit omnia sua iura omnesque suas rationes / et actiones reales et personales, universa et / universas, sibi quoquo modo spectantia et pertinentia / et spectantes et pertinentes de, in, pro et super ipsis iuribus / et bonis ut supra venditis et datis cum suis iuribus et pertinentiis / in integrum et eorum ratione et occaxione, ita ut de cetero / suprascripti Georgius et Petrus Paulus fratres emptores et eorum heredes / et sucessores et habens seu habentes causam ab eis et cui / seu quibus dederint habeant, teneant, gaudeant et possideant / predicta bona et iura ut supra vendita cum suis iuribus et / pertinentiis, et exinde faciant et facere possint et valeant / quicquid facere voluerint et facere licet sine / contradictione nec molestatione aliqua suprascripte Luchine / venditricis nec eius heredum et sucessorum nec alicuius / alterius persone, comunis, colegii, capituli et universitatis, et / sint et suscedant et esse et suscedere debeant dicti fratres / emptores in locum, ius et statum universum dicte venditricis / de predictis, et utantur, experiantur et exerceant et uti, / agere, experiri et exercere possint et valeant predicti / fratres emptores omnibus illis modis et iuribus, rationibus / et actionibus realibus et personalibus, quibus omnibus et / quemadmodum suprascripta Luchina venditrix uti, agere, / experiri et exercere posset, poterat et potuisset / ante hunc finis et venditionis contractum minime / celebratum. Insuper ad maiorem cautelam et / firmitatem huius contractus predicta Luchina venditrix / parabula ut supra dedit et concessit suprascripto Iohanni Iacobo patri / [c]suo presenti et stipulanti[d] nomine ut supra / plenam parabulam et licentiam intrandi et aprehendendi / eorum propria auctoritate corporalem possessionem et tenutam / seu quaxi predictorum iurium et bonorum ut supra / venditorum et datorum cum suis iuribus et pertinentiis, / [c. 22v.] et interim donec intraverint et dictam corporalem / possessionem et tenutam [seu][e] quaxi aprehendiderint / ex nunc prout ex tunc constituit se dicta Luchina / venditrix parabula ut supra predicta iura et bona ut supra vendita / cum suis iuribus et pertinentiis tenere et possidere vel / quaxi nomine et vice suprascriptorum fratrum suorum emptorum, / abdicando a se dicta Luchina venditrix parabula ut supra omne / suum ius dominii et possessionis et quodlibet aliud ius et id / in ipsos fratres emptores penitus transferendo eosque faciendo / et constituendo veros dominos, possessores et procuratores / suos prout in rem suam propriam de predictis suo proprio / ministerio et facto. Cui vero dominio et possessioni / et omni iuri possidendi predicta Luchina venditrix / parabula ut supra ibi illico renuntiavit et in manibus / suprascriptorum fratrum emptorum penitus transtulit et remissit, / volens omnino desinere possidere et in manibus suprascriptorum / fratrum suorum penitus transfere. In qua vero fine, / remissione et pacto de non plus petendo ut supra ac etiam / venditione, dato et cessione et in quibus omnibus et / singulis suprascripta Luchina venditrix parabula ut supra promissit et / convenit solemniter per stipulationem, obligando se et omnia / sua bona pigneri presentia et futura suprascripto Iohanni Iacobo / patri suo presenti et stipulanti nomine ut supra eis suisque / heredibus et sucessoribus et habenti seu habentibus causam / ab eis et cui seu quibus dederint, deffendere et / guarentare ab omni persona, comuni, colegio, capitulo / et universitate omni tempore et in omnem causam et / casum et littis eventum et in se suscipere omne / iuditium et omnem causam et casum et littis eventum, / que vel quod moveretur vel moveri posset / contra suprascriptos fratres suos emptores vel eorum heredes / et sucessores et habentem seu habentes causam ab eis, / [c. 23r.] et in causis persistere usque in finem littis[f] /

ac perpetuo et omni tempore stare, esse et permanere / tacitam et contentam et facere et cum effectu curare / quod omnes alie persone perpetuo stabunt, erunt et permanebunt / tacite et contente omnibus ipsius Luchine venditricis propriis / expensis, damnis et interesse tantum, in pena et sub pena / dupli pretii infrascripti et totius damni et interesse et omnium / expensarum solempni stipulatione promissa et deducta, / danda et solvenda dicta pena cum pretio infrascripto / per suprascriptam Luchinam venditricem suprascriptis fratribus suis emptoribus / in casu evictionis suprascriptorum iurium et bonorum ut supra venditorum, / si sequiretur in toto vel in parte aut pro ea parte pro qua / sequiretur, et pena soluta vel non soluta nichilominus / omnia et singula in hoc instrumento contenta perpetuo rata, / grata, firma et valida permaneant, et hoc cum / omnibus expensis, damnis et interesse ceterisque accessionibus, / que inde fient, curent et patientur pro predicta pena / et pro predictis omnibus et singulis petendis, exigendis et habendis, / et hec omnia in bonis denariis numeratis tantum et non / in aliqua alia re contra voluntatem suprascriptorum fratrum emptorum, / et hoc tam sub pacto capiendi et detinendi ubique realiter / et personaliter suprascriptam Luchinam venditricem quam alio quocumque / modo usque ad plenam et integram sollutionem et / satisfactionem predictorum omnium et singulorum, renuntiando / omnibus legibus et statutis, consiliis, consuetudinibus, provixionibus / et ordinamentis comunitatis Lugani[2] et vallis et cuiuslibet / alterius comunis factis et fiendis super hominibus non / capiendis et bonis cedendis et benefitio cessionis bonorum / suorum et privilegio sui fori, et generaliter omni alteri / auxilio et benefitio legum, iuris et usus. Et pro qua / vero fine, remissione et pacto de non plus petendo ut supra / ac etiam venditione, dato et cessione et pro predictis / omnibus et singulis contenta et confessa fuit et est suprascripta / [c. 23v.] Luchina venditrix parabula ut supra se habuisse et recepisse a suprascripto / Iohanne Iacobo patre suo presente et stipulante nomine suprascriptorum / Georgii et Petri Pauli fratrum suorum[g] filiorum / et ut supra libras[h] mille terciolorum, et hec / omnia pro pretio et nomine pretii presentis finis et venditionis / et pro completa sollutione et integra satisfactione / premissorum omnium et singulorum, renuntiando exceptioni non habitorum / et cetera, et ne ullo tempore dicere, opponere nec / allegare possit suprascripta Luchina venditrix parabula ut supra se / fore lexam nec deceptam in hoc instrumento finis / et venditionis ultra dimediam veri et iusti pretii, / neque petere quod ei verum et iustum pretium supleatur / nec quod contractus iste rescindatur, et generaliter / qualibet alia occaxione et exceptione remota et renuntiata, / de quibus quidem denariis dicta Luchina dotata / fuit per suprascriptum Bernardum maritum suum cum tertio / pluri per instrumentum dotis et antifacti, rogatum per me notarium / infrascriptum ibidem paulo ante. / Que Luchina venditrix parabula ut supra iuravit corporaliter / et cetera se predicta omnia et singula in hoc instrumento contenta / perpetuo rata et cetera habere et cetera. / Actum et cetera, testes et notarii et cetera. /

[i–]Iuramentum[j] per minorem[k] factum[l] in instrumento[–i]

Si vero ipsa Luchina esset minor annis XVIII, ponatur / in iuramento sic videlicet in fine[m] iuris vel facti / comunis vel spitialis, et hoc tam ratione minoris / etatis quam quolibet alio iure et qualibet alia ratione, / causa et occaxione, et quod numquam petet benefitium / restitutionis in integrum ab aliquo iudice nec / petet habilitationem sacramenti ab aliquo iudice, / et si obtinebit numquam utetur illa. /

[n–]Ubi pro pretio finis stipulatur instrumentum obligationis aut venditionis et non est numerata aliqua peccunia[–n]

Si vero pater vel fratres sponse pro pretio finis / [c. 24r.] et venditionis fecerint obligationem vel venditionem / in manibus sponsi vel patris sponsi, tunc in receptione / peccunie dicatur sic videlicet, se habuisse et stipulasse / a suprascripto Iohanne Iacobo patre suo instrumentum unum obligationis / facte per dictum Iohannem Iacobum in manibus dicti Bernardi / sponsi ut supra[o] de libris ducentum terciolorum per instrumentum obligationis, / rogatum per me notarium infrascriptum ibidem paulo ante, aut / stipulasse a suprascripto Iohanne Iacobo instrumentum unum venditionis facte / per dictum Iohannem Iacobum in manibus suprascripti Bernardi sponsi / ut supra de certis bonis imobillibus in ea venditione / descriptis per instrumentum venditionis, rogatum per me notarium / infrascriptum ibidem paulo ante, et hec omnia pro pretio et cetera presentis / finis et venditionis et cetera, renuntiando exceptioni non stipulati / dicti instrumenti obligationis seu venditionis et spey future numerationis / et cetera, de quibus omnibus ipsa Luchina dotata fuit et cetera. /

[p–]Ubi in pretio finis est numerata pars solutionis et pro ressiduo est stipulatum instrumentum obligationis seu venditionis aut alterius contractus[–p]

Si vero in pretio finis et venditionis numeratur aliqua / pars peccunie et in parte stipulatur instrumentum aut / obligationis aut venditionis aut alterius contractus, / dicatur sic videlicet, / contenta et confessa fuit et est suprascripta Luchina venditrix parabula / ut supra se habuisse et recepisse a suprascripto Iohanne Iacobo patre suo / presente ut supra libras ducentum terciolorum in una parte, item in / altera parte stipulasse a dicto Iohanne Iacobo patre suo / instrumentum unum obligationis facte per dictum Iohannem Iacobum / in manibus suprascripti Bernardi de libris centum terciolorum / per instrumentum obligationis, rogatum per me notarium infrascriptum / ibidem paulo ante, seu stipulasse instrumentum unum / venditionis facte per dictum Iohannem Iacobum in manibus / suprascripti Bernardi de certis bonis imobillibus in ea / venditione descriptis per instrumentum venditionis, rogatum per / me notarium infrascriptum ibidem paulo ante, et hec omnia / pro pretio et cetera presentis finis et venditionis et cetera, renuntiando / exceptioni non habitorum, non receptorum nec ei / datorum et numeratorum dictorum denariorum et non stipulati / [c. 24v.] dicti instrumenti obligationis aut venditionis de quo supra et spey future numerationis / et cetera. /

[p–]De mulieribus minoribus[–p]

Si vero instrumentum finis et venditionis fieret per mulierem minorem / annis XVIII, erit bonum dare curatorem ipsi sponse / ad faciendum dictam finem et venditionem, si res esset / magne importantie, et post curam decretam / facere finem et venditionem per curatorem cum licentia / ipsius sponse minoris et per ipsam minorem / cum licentia dicti eius curatoris, et fiant instrumenta / cure et finis et venditionis coram offitio et auctoritate / et decreto iudicis, et de modo similium instrumentorum / videbis in tractatis curarum. /

[p–]De parafrenalibus[–p]

Ubi vero sponsa habuerit aliquas vestes et alia / jocalia et parafrenalia ultra dotem, ante / illam clausulam ubi legitur, et hec omnia pro pretio / et nomine pretii presentis finis et cetera, dicatur sic videlicet, et / hoc ultra vestes et bona parafrenalia per ipsam / Luchinam sponsam ut supra portata seu portanda ad / maritum, et hec omnia pro pretio et cetera presentis finis et cetera. /

[a] *Numero vergato nel margine sinistro della* c.
[b–b] *Annotazione vergata nel margine sinistro della* c. *in corrispondenza dell'ultima riga.*
[c] *Precede* et filio *depennato.*
[d] *Segue* p *con segno abbreviativo depennato.*
[e] seu *illeggibile a causa di una macchia d'inchiostro.*
[f] *Segue* omnibus *depennato.*
[g] *Segue* et pro ut supra *depennato.*
[h] *Segue* III terciolorum *depennato.*
[i–i] *Annotazione vergata nel margine sinistro della* c. *L'annotazione originale, parzialmente scomparsa in seguito a refilatura del margine della* c.*, è stata completata della parte mancante da altra mano.*
[j] Iuram- *vergato da altra mano.*
[k] min- *vergato da altra mano.*
[l] factum *vergato da altra mano al posto di* f *con segno abbreviativo depennato.*
[m] *Segue lineetta verticale divisoria.*
[n–n] *Annotazione vergata nel margine sinistro della* c. *seguente*, c. 24r.
[o] *Segue* i *depennato.*
[p–p] *Annotazione vergata nel margine sinistro della* c.

[a][XX][b] Finis de administratione tutelle et cure

[c–][Fi]nis facta illi qui [f]uit tutor vel [c]urator et[d] etiam minoribus[–c]

Anno et cetera, cum sit quod Iohannes filius condam talis et cetera per tunc dominum capitaneum / Lugani et cetera[18] datus fuerit tutor et curator generalis[e] personis et / bonis Iohannis Antonii et Petri fratrum filiorum condam /o/ et heredum / domini Bernardini filii condam /o/ de tali parte, ut constat publico / instrumento ipsius tutelle et cure rogato per talem notarium / anno /o/ die /o/ mensis /o/ seu anno, indictione, die / et mense in eo contentis, et cum hoc sit quod suprascripti Iohannes Antonius / et Petrus fratres facti sint maiores et sint etatis / [c. 25r.] perfecte et calculaverint rationem cum suprascripto Iohanne eorum / curatore de administratione dictarum cure et tutelle et / offitio gestionis earum, in qua quidem ratione et / calculo dictus Iohannes tutor et curator ut supra dedit / et restituit omnia reliqua et ressidua ex et de / bonis dicte administrationis et ad eius manus / perventis, ut ibidem dicti Iohannes Antonius et Petrus fratres / et uterque eorum dixerunt et protestati fuerunt ac dicunt / et protestantur, ad instantiam suprascripti Iohannis ibi presentis / et stipulantis, ac confessi fuerunt et sunt in presentia / mei notarii et testium et notariorum infrascriptorum, modo / autem dicti Iohannes Antonius et Petrus fratres ut supra omnibus modo, / iure, via, causa et forma quibus melius potuerunt / et possunt voluntarie et motu proprio et non / per aliquem erorem nec metum ducti, ut asserunt ibidem / et protestantur, fecerunt et faciunt finem, remissionem, / liberationem, absolutionem, quietationem et pactum de / non plus petendo et ulterius de non agendo, causando, / molestando, inq[uieta]ndo[f] nec perturbando aliquid imperpetuum / in manibus suprascripti Iohannis de tali parte ibi presentis, stipulantis / et recipientis, nominative et generaliter de omni et toto eo quod / dicti Iohannes Antonius et Petrus fratres et uterque eorum eidem Iohanni / et eius heredibus et super bonis suis petere, requirere, / causari, molestare, inquietare et perturbare possent, / poterant et potuissent hinc retro usque hodie quocumque / modo, ratione et occaxione dictarum cure et tutelle et / earum offitii gestionis et administrationis bene vel / male geste et quacumque alia ratione, causa et / occaxione et quocumque alio modo. Et sic versa vice dictus / Iohannes fecit et facit finem, remissionem et cetera et / pactum de non plus petendo et cetera aliquid imperpetuum / in manibus suprascriptorum Iohannis Antonii et Petri fratruum / de tali parte[g] ibi presentium, stipulantium et / [c. 25v.] recipientium, nominative et generaliter de omni et toto / eo quod dictus Iohannes eisdem fratribus et utrique eorum / et super eorum bonis petere et cetera posset et cetera / hinc retro usque hodie quocumque modo, ratione et / occaxione predictarum tutelle et cure et earum offitii / gestionis et administrationis e[t][h] eius salarii et / mercedis predictorum omnium et singulorum et ratione / et occaxione quorumcumque denariorum et bonorum et / rerum quovis modo per ipsum Iohannem expenditorum / et dispensatorum ex et de bonis et rebus et denariis / dicti Iohannis circha dictum offitium tutelle et cure / de quibus supra et pro ipsis fratribus et qualibet alia ratione, / causa et occaxione. In qua vero fine, remissione / et pacto de non plus petendo ut supra et in quibus / omnibus et singulis suprascripti Iohannes Antonius et Petrus fratres, / parte una, et suprascriptus Iohannes, [par]te[f] altera, promisserunt / et convenerunt solemniter per stipulationem, obligando sese / vicissim, videlicet una pars [alteri][i] et altera alteri, et omnia / sua vicissim bona [pigneri][i] presentia et futura sese / de cetero et omni tempore stare, esse et permanere tacitos / et contentos et facere et cum effectu curare quod omnes / alie persone perpetuo stabunt, erunt et permanebunt / tacite et contente omnibus suis[j] vicissim propriis / expensis, damnis et interesse tantum, in pena et sub / pena totius damni et interesse et omnium expensarum / solemni stipulatione promissa et deducta. Et pro / qua vero fine, remissione et pacto de non / plus petendo ut supra et pro predictis omnibus et / singulis contente et confesse fuerunt et sunt suprascripte / partes et utraque earum sese vicissim habuisse / et recepisse, videlicet una pars ab altera et / [c. 26r.] altera ab altera presentibus et stipulantibus, plenam / et completam sollutionem et integram satisfactionem / premissorum omnium et singulorum, renuntiando exceptioni non / habite et non recepte dicte complete sollutionis et / integre satisfactionis et spey future numerationis / et receptionis et huius instrumenti finis et liberationis / non ita facti et omnium premissorum non ita factorum, / et exceptioni doli mali et in factum actioni / metus causa, sine causa vel ex iniusta causa / et erroris et deceptionis seu lexionis fictitii et / simulati contractus, et generaliter qualibet alia / occaxione et exceptione remota et renuntiata, et / item renuntiando ipsi fratres exceptioni quod nullo / tempore dicant aut opponent quod ipse Iohannes / dictam tutellam et curam et offitium dictarum tutelle / et cure non fecit, gessit nec administravit / bene, fideliter, iuste, legaliter et bona fide, sine / fraude ad utillitatem dictorum fratrum, utillia faciendo / et inutillia pretermittendo, et quod ipsos fratres / promissit indeffensos, et quod de hiis omnibus et singulis / que ad ipsius Iohannis manus pervenerunt de bonis / et rebus ac iuribus dictorum fratrum bonam et integram / satisfactionem, rationem et sollutionem non satisfecit, / et quod reliqua non restituit cum augumentis / debitis et augumentorum augumentis et negletorum, / obmissorum et reliquorum nomine continentur, et / quod ea omnia et[k] singula ad que ipse Iohannes / tenebatur ex forma et tenore dictarum tutelle / et cure et contentorum in eis et ex forma iuris / et statutorum[28] comunitatis valis Lugani super hiis disponentium / non fecit nec adimplevit, et generaliter omni alteri / exceptioni, allegationi et probationi in contrarium / [c. 26v.] disponentibus. Qui Iohannes, parte una, et Iohannes Antonius / et Petrus fratres et uterque eorum, parte altera, et quilibet / eorum iuraverunt corporaliter ad sancta dey evangelia / manibus tactis scripturis sese predicta et cetera habere rata et cetera, / renuntiando exceptioni huius instrumenti non ita facti et / omnium premissorum non ita factorum et exceptioni doli mali / et cetera. /

Que renuntiatio ponatur ante iuramentum. /

[a] *Nel centro della* c. *precedono* Sequitur ordo dotium *e* Dos de uno ad unam in forma comuni, *entrambi depennati.*

[b] *Il numero mancante è stato integrato sulla base della* rubrica instrumentorum.

[c–c] *Annotazione vergata nel margine sinistro della* c., *mancante di alcune lettere scomparse per usura del margine esterno della* c.

[d] *Segue* tutori curatori *depennato.*

[e] generalis *sopra la linea con segno di richiamo.*

[f] *Parola parzialmente illeggibile a causa di una macchia d'umidità.*

[g] *Segue parola inintelligibile depennata.*

[h] e[t] *parzialmente illeggibile a causa di una macchia d'inchiostro.*

[i] *Parola illeggibile a causa di una macchia d'inchiostro.*

[j] *Segue* propriis *depennato.*
[k] *Segue* q *depennato.*

[XX]I[a] [b–]Confessio[c] vel finis [fact]a per aliquem [cano]nicum[–b]

Si vero confessio aut finis facta fuerit per aliquem / canonicum, tunc dicatur sic videlicet. /

Anno et cetera, venerabilis dominus presbiter Iohannes Petrus Morexinus[29] / canonicus ecclesie Sancti Laurentii de Lugano[30] vigore / canonicatus et prebende, quos obtinet in prefata / ecclesia Sancti Laurentii[d], fuit et est contentus et cetera omni / occaxione et cetera se habuisse et cetera a Iohanne Rebozi de Comano[31] / presente et cetera staria tria furmentate et cetera, et hoc / pro completa sollutione et cetera omnium fictorum cursorum et / preteritorum a festo sancti Martini[23]proxime preteriti retro decime / et[e] iuris decimandi[f] loci et terratorii de / Comano, spectantium et pertinentium dicto canonicatui quam / dictus Iohannes hinc retro tenuit et amplius non / tenet ad fictum a dicto domino presbitero Iohanne Petro[g] / canonico ut supra. In qua vero confessione et cetera. / Actum ut supra, testes et cetera. /

Vel poteris dicere.

Quam decimam dictus Iohannes hinc / retro tenuit et de presenti tenet ad fictum a dicto / domino presbitero Iohanne Petro canonico ut supra pro ficto ut supra / declarato singulo anno seu pro tali ficto et cetera. / In qua vero confessione et cetera. /

[a] *Numero vergato nel margine sinistro della* c.*, parzialmente scomparso in seguito a refilatura del margine della* c.
[b–b] *Titolo vergato nel margine sinistro della* c. *Il titolo originale, parzialmente scomparso in seguito a refilatura del margine della* c.*, è stato completato della parte mancante da altra mano.*
[c] Confessio *vergato da altra mano sopra* vel finis.
[d] *Segue* d *depennato.*
[e] *Segue* i[...] *depennato.*
[f] *Segue* i *depennato.*
[g] *Segue* in qua *depennato.*

[c. 27r.] Sequitur ordo dotium. /

XXII[a] Dos de uno ad unam in forma comuni

Anno et cetera, Iohannes filius condam /o/ de tali parte et cetera investivit / et investit per pignus et consultum et iure et nomine / pigneris et consulti dotis et antifacti seu donationis / propter nuptias Iohanninam filiam Bernardini de tali / parte et cetera, quam dictus Iohannes in proximo deo dante / anulo suo disponsare et ducere intendit in eius / sponsam et uxorem legiptimam, presentem stipulantem et / recipientem, nominative et generaliter de omnibus et super / omnibus et singulis suis bonis et rebus mobillibus / et inmobillibus presentibus et futuris, et hoc de / libris et pro libris tercentum terciolorum inter dotem / et antifactum seu donationem propter nuptias. Ex / quibus vero denariis contentus et confessus fuit et / est suprascriptus Iohannes sponsus ut supra se habuisse et / recepisse a suprascripta Iohannina sponsa sua seu a suprascripto / Bernardino patre suo, dante et solvente nomine / [b]vere dotis tantum suprascripte Iohannine / sponse ut supra, libras ducentum terciolorum, renuntiando exceptioni / non habitorum, non receptorum nec ei datorum et / numeratorum dictorum denariorum et spey future numerationis / et receptionis et huius instrumenti non ita facti et omnium / premissorum non ita factorum et exceptioni doli mali et / in factum actioni metus causa[c], sine causa vel / ex iniusta causa et erroris et deceptionis seu lexionis / fictitii et simulati contractus, et generaliter qualibet alia / occaxione et exceptione remota et renuntiata. Alias vero / libras centum terciolorum, que superhabundant, fecit et / contulit suprascriptus Iohannes sponsus ut supra suprascripte Iohannine sponse / sue nomine donationis propter nuptias, prout capiunt de / duabus tres secundum morem et consuetudinem comunitatis / valis Lugani[7]. Quas omnes libras tercentum terciolorum / inter dotem et antifactum seu quas libras ducentum / [c. 27v.] terciolorum nomine vere dotis tantum suprascriptus Iohannes sponsus ut supra / promissit et convenit solemniter per stipulationem, obligando / se et omnia sua bona pigneri presentia et futura suprascripte / Iohannine sponse sue presenti et stipulanti, ei aut / eius certo misso, nuntio et procuratori dare et solvere, / quandocumque casus estiterit repetendi et habendi / dictam dotem et antifactum seu dotem tantum, / prout casus estiterit, et hec omnia cum omnibus / alimentis, expensis, damnis et interesse [d-]ac melioramento monete[-d] ceterisque accessionibus / que inde fient, curent et patientur pro predictis omnibus / et singulis petendis, exigendis et habendis, et hec / omnia in bonis denariis numeratis tantum et non in aliqua / alia re contra voluntatem suprascripte Iohannine sponse ut supra, / et hoc tam sub pacto capiendi et detinendi ubique / realiter et personaliter suprascriptum Iohannem sponsum ut supra / quam alio quocumque modo usque ad plenam et integram / sollutionem et satisfactionem predictorum omnium et singulorum, / renuntiando omnibus legibus et statutis, consiliis, consuetudinibus, / provixionibus et ordinamentis comunitatis Lugani et valis[2] et / cuiuslibet alterius comunis factis et fiendis super hominibus / non capiendis et bonis cedendis et privilegio sui / fori, et generaliter omni alteri auxilio et benefitio / legum, iuris et usus. Insuper dictus Iohannes sponsus / ut supra dedit et concessit suprascripte Iohannine sponse sue / presenti et stipulanti plenam parabulam et licentiam / intrandi et aprehendendi eius propria auctoritate corporalem / possessionem et tenutam seu quaxi omnium suorum bonorum / et rerum mobillium et inmobillium pigneri presentium / et futurorum, et interim donec intraverit et / dictam corporalem possessionem et tenutam seu quasi / aprehendiderit, ex nunc prout ex tunc constituit se / dictus Iohannes sponsus ut supra predicta omnia bona sua / [c. 28r.] et res ut supra nomine et vice suprascripte

Iohannine sponse sue / tenere et possidere donec quod eidem Iohannine eius / sponse sollutio completa et satisfactio integra facta / fuerit de predictis omnibus et singulis. Qui Iohannes / sponsus ut supra iuravit corporaliter ad sancta dei evangelia / manu tactis scripturis se predicta omnia et singula / in hoc instrumento contenta perpetuo rata, grata, firma / et valida habere et tenere et nullo tempore contrafacere / nec venire aliqua ratione vel occaxione iuris / vel facti comunis vel spitialis[e]. / Actum et cetera, testes et notarii et cetera. /

[f–]Dos facta coram offitio post mensem postquam sponsa est ducta ad maritum[–f]

Si vero sponsa steterit ad domum mariti ducta / ad maritum per mensem unum, tunc ipsa dos debet / fieri coram offitio et cum decreto iudicis et ambo / maritus et uxor debent iurare in instrumento hoc / modo videlicet.

Qui Iohannes sponsus ut supra, parte una, / et suprascripta Iohannina eius uxor, parte altera, et uterque / eorum iuraverunt et iurant corporaliter ad sancta dei / evangelia manibus tactis scripturis quod presens dos / est pura, vera et iusta et non fictitia nec / simulata nec in fraudem alicuius facta et in / omnibus et per omnia iuraverunt et iurant, prout / iurare teneatur et iurari requiritur ex forma / statutorum[32] comunitatis valis Lugani super hiis disponentium. / Et insuper dictus Iohannes sponsus ut supra iuravit et / iurat corporaliter ad sancta dei evangelia manu / tactis scripturis se predicta omnia et singula in hoc / instrumento contenta perpetuo rata, grata, firma et / valida habere et tenere et cetera. Et predicta / omnia et singula acta et celebrata fuerunt et / sunt coram magnifico et generoso viro domino /o/ capitaneo / [c. 28v.] Lugani et valis et cetera, sedente in banco super quodam / banco posito in burgo Lugani[20] in tali loco et cetera / [g]seu existente in tali loco[h] casu quo non / sedeat, qui in predictis omnibus et singulis suum / et suam et comunitatis Lugani et valis et cetera / auctoritatem et decretum interposuit et dedit et / dat cum cognitione cause et prius per ipsum causa / cognita et ex eius offitio. /

Si capitaneus est Alamanus debet fieri media interpretatione / alicuius interpretis et nominare interpretem qui fuit / interpres. / Item debet fieri mentio de tempore quo ipsa sponsa est ducta / ad maritum. /

Actum et cetera, testes et notarii et cetera. /

a *Numero vergato nel margine sinistro della* c. *insieme al titolo* dos.
b *Precede* et vice suprascripte Iohi *depennato.*
c *Segue* v *depennato.*
d–d *Parte aggiunta sopra la linea con segno di richiamo da altra mano.*
e *Segue* qui Iohannes *depennato.*
f–f *Annotazione vergata nel margine sinistro della* c.
g *Precede* qu *depennato.*
h *Segue segno divisorio* (paragraphus).

XXIII[a] Dos in qua obligantur pater et filius et / uterque eorum insolidum cum parabula et cetera

Anno et cetera, Iohannes filius condam /o/ de tali parte et Petrus / eius filius cum parabula, consensu, voluntate, licentia / et auctoritate suprascripti Iohannis eius patris ibi presentis, volentis / et consentientis et eidem Petro eius filio parabulam et / consensum dantis et prestantis ad infrascripta facienda, / et non emancipatus ab eodem patre suo, sed in / eius patria potestate constitutus, prout ibidem dict[i][b] / pater et filius dixerunt et protestati fuerunt / ac dicunt et protestantur qui ambo habitant / in loco /o/ plebis Lugani[20], investiverunt et / investiunt et uterque eorum insolidum parabula ut supra / investivit et investit per pignus et consultum / [c. 29r.] et iure et nomine pigneris et consulti dotis et / antifacti seu donationis propter nuptias dominam / Fiorbilinam filiam Bernardini de tali parte, / quam dictus Petrus ibidem presentialiter anulo suo / disponsavit et in proximo deo dante ducere / intendit in eius sponsam et uxorem legiptimam / presentem, stipulantem et recipientem, nominative et generaliter / de omnibus et super omnibus et singulis ipsorum / patris et filii et utriusque eorum insolidum bonis / et rebus mobillibus et imobillibus presentibus et / futuris[c], et hoc de libris et pro / libris centum quinquaginta terciolorum inter dotem / et antifactum seu donationem propter nuptias. / Ex quibus vero denariis contenti et confessi fuerunt et / sunt suprascripti Iohannes et Petrus pater[d] / [e]et filius et uterque eorum parabula ut supra sese habuisse / et recepisse a suprascripta[f] Fiorbilina sponsa / ut supra seu a suprascripto Bernardino patre suo, dante et / solvente nomine et ex causa vere dotis tantum / ipsius Fiorbiline sponse ut supra libras quinquaginta / terciolorum in una parte, item in altera parte / stipulasse[g] instrumentum unum obligationis facte per / dictum Bernardinum in manibus suprascriptorum Iohannis et / Petri patris et filii de libris quinquaginta terciolorum / per instrumentum obligationis, rogatum per me notarium infrascriptum ibidem / paulo ante. Alias vero libras quinquaginta / terciolorum, que superhabundant, fecerunt et contulerunt / suprascripti Iohannes et Petrus pater et filius et uterque / eorum insolidum parabula ut supra eidem Fiorbiline sponse / ut supra presenti et stipulanti nomine donationis propter / nuptias, prout capiunt de duabus tres et cetera[7]. / Quas omnes libras centum quinquaginta terciolorum / [c. 29v.] inter dotem et antifactum seu quas libras[h] / centum terciolorum nomine vere dotis tantum suprascripti Iohannes / et Petrus [i-]pater et filius[-i] promisserunt et convenerunt solemniter / per stipulationem, obligando sese et utrumque eorum / insolidum parabula ut supra et omnia eorum et utriusque / eorum insolidum bona pigneri presentia et futura / ita quod uterque eorum teneatur insolidum et cum effectu / insolidum conveniri possit, renuntiando auxilio novarum / constitutionum et epistule divi Adriani et omni alteri / iuri legum et auxilio suprascripte Fiorbiline sponse ut supra / presenti et stipulanti, ei aut eius certo misso, nuntio / et procuratori dare et solvere quandocumque casus estiterit / repetendi et habendi dictam dotem et antifactum seu / dotem tantum prout casus estiterit, et hec omnia / cum omnibus alimentis, expensis, damnis et interesse [j-]et cetera[-j], / et hec omnia in bonis denariis numeratis tantum et cetera, / contra voluntatem suprascripte Fiorbiline sponse ut supra, et / hoc tam sub pacto capiendi et cetera suprascriptos patrem et / filium et utrumque eorum insolidum quam alio quocumque modo et cetera, / renuntiando omnibus legibus et cetera et generaliter omni alteri auxilio / et cetera. Insuper dicti Iohannes et Petrus pater et / filius et uterque eorum insolidum parabula ut supra dederunt et / concesserunt suprascripte Fiorbiline sponse ut supra presenti et / stipulanti plenam parabulam et cetera intrandi et cetera seu quaxi / omnium ipsorum patris et filii et utriusque eorum insolidum / bonorum et cetera pigneri presentium et cetera, et interim donec / intraverit et cetera, constituerunt sese dicti pater et / filius et uterque eorum insolidum parabula ut supra predicta omnia /eorum et utriusque eorum insolidum bona et res ut supra / nomine et vice dicte Fiorbiline sponse ut supra tenere / et cetera. Qui Iohannes et Petrus pater et filius / [c. 30r.] et uterque eorum parabula ut supra iuraverunt corporaliter et cetera / se predicta et cetera habere et cetera rata et cetera et nullo tempore / contrafacere et cetera. / Actum ut supra, testes et notarii et cetera. /

[k-]Ubi maritus pro dote stipulat aliquod instrumentum aut venditionis aut obligationis aut alterius contractus[-k]

Si vero sponsus non habuerit peccunias pro dote et / pro dote stipulatum fuerit instrumentum obligationis aut venditionis, / dicatur sic videlicet.

Ex quibus vero denariis contenti et / confessi fuerunt et sunt suprascripti Iohannes et Petrus pater / et filius et uterque eorum parabula ut supra sese habuisse / et stipulasse a suprascripto Bernardino patre suprascripte sponse / instrumentum unum obligationis facte per dictum Bernardinum / in manibus dictorum Iohannis et Petri patris et / filii de libris centum terciolorum per instrumentum[l] / obligationis, rogatum per me notarium infrascriptum ibidem paulo /ante, [m-]et hoc pro vera dote et cetera[-m], vel sic videlicet, se habuisse et stipulasse / a suprascripto Bernardino patre suprascripte Fiorbiline sponse / ut supra instrumentum unum venditionis facte per dictum Bernardinum / in manibus dictorum patris et filii de certis bonis / imobillibus pretio librarum centum terciolorum per instrumentum / venditionis, rogatum per me notarium infrascriptum ibidem paulo / ante, et hec omnia pro vera dote tantum suprascripte / Fiorbiline sponse ut supra. Alias vero libras quinquaginta / terciolorum, que superhabundant et cetera, sunt pro antifacto et cetera. /

[k-]De dote data in auro[-k]

[n-]Melioramentum monete non debetur nixi positum sit in instrumento, ideo hoc canzelavi[-n]. [o-]Si vero dos fuerit in ducatis aut schutis aut florenis / Reni[33] constituta ubi dicitur, et hoc cum omnibus alimentis, / expensis, damnis et interesse, addatur etiam melioramento / monete ceterisque accessionibus et cetera, quia sepe contingit / quod aurum crescit in valutam[-o]. /

[p–][De ve]nditione[q] facta [loco][r] numerationis dotis[–p]

Similiter in venditione facta versus ipsos patrem / [c. 30v.] et filium per ipsum Bernardinum in receptione / peccunie dicatur sic videlicet.

Et pro qua vero venditione / et cetera contenti et confessi fuerunt et sunt suprascripti Iohannes / et Petrus [s–]pater et filius[–s] et uterque eorum parabula ut supra sese habuisse / et stipulasse a suprascripto Bernardino patre dicte / Fiorbiline instrumentum unum[t] / dotis et antifacti / factum per dictos patrem et filium et utrumque eorum / insolidum[u] Fiorbiline filie suprascripti Bernardini / et uxori dicti Petri de libris /o/ inter dotem et / antifactum, ut constat publico instrumento ipsius dotis et / antifacti, rogando per me notarium infrascriptum ibidem / paulo post[v], / et hec omnia pro pretio et cetera presentis venditionis et cetera, / renuntiando exceptioni non stipulati dicti instrumenti dotis / et antifacti et spey future numerationis et ne / ullo tempore dicere et cetera. Et iuravit et cetera. / Actum et cetera, testes et cetera et notarii et cetera. /

[a] *Numero vergato nel margine sinistro della* c.
[b] *Parola parzialmente illeggibile a causa di una macchia d'inchiostro.*
[c] *Segue* Ex qui *depennato.*
[d] *Segue* et Petrus *depennato.*
[e] *Precede* pater *depennato.*
[f] *Segue* Bernar *depennato.*
[g] *Segue* a dicto B *depennato.*
[h] *Segue* libras *depennato.*
[i–i] *Parte aggiunta sopra la linea sopra* fratres *depennato.*
[j–j] et cetera *depennato da altra mano che ha aggiunto sopra la linea* ac melioramento monete *con segno di richiamo e nel margine sinistro della* c. ceterisque accessionibus et cetera.
[k–k] *Annotazione vergata nel margine sinistro della* c.
[l] *Segue* unum *depennato.*
[m–m] *Parte aggiunta sopra la linea con segno di richiamo.*
[n–n] *Parte aggiunta sopra la linea da altra mano.*
[o–o] *Parte depennata con righe trasversali.*
[p–p] *Annotazione vergata nel margine sinistro della* c. *seguente,* c. 30v.
[q] De venditione *ripetuto da altra mano sopra* [De ve]nditione, *a integrazione della parte scomparsa in seguito a refilatura del margine della* c.
[r] [loco] *aggiunto da altra mano a integrazione della parola corrispondente scomparsa in seguito a refilatura del margine della* c.
[s–s] *Parte aggiunta sopra la linea da altra mano sopra* fratres *depennato.*
[t] *Segue* venditionis facte per dictum / Bernardinum dictis patri et filiis de certis bonis / imobillibus in ea venditione descriptis pro pretio / librarum /o/ terciolorum per instrumentum *depennato.*
[u] *Segue* Bernardine *depennato.*
[v] *Segue* De quibus vero denariis dicta Fiorbilina *depennato.*

[X]XIIII° [a] Dos sine antifacto

Anno et cetera, Andreas filius condam /o/ de tali parte et cetera investivit / et investit per pignus et consultum et iure et nomine / pigneris et consulti dotis tantum dominam Caterinam / filiam condam /o/ quam dictus Andreas in proximo anulo / suo disponsare et ducere intendit in eius / sponsam et uxorem legiptimam presentem, stipulantem / et recipientem, nominative et generaliter de omnibus / [c. 31r.] et super omnibus et singulis suis bonis et rebus mobillibus / et inmobillibus presentibus et futuris, et hoc de libris / et pro libris mille terciolorum nomine vere dotis tantum, / quas libras mille terciolorum contentus et confessus fuit / et est suprascriptus Andreas sponsus ut supra se habuisse et recepisse / a suprascripta domina Caterina[b] uxore sua seu a Iacobino / eius fratre dante et solvente nomine et ex causa vere / dotis tantum ipsius domine Caterine, computatis tamen / vestito uno et coregia una fulcta argento et / certis aliis bonis mobilibus datis per ipsum Iacobinum / dicte domine Caterine eius sorori seu dicto Andree eius / marito, apretiatis et estimatis libras tercentum / terciolorum et etiam computato instrumento uno obligationis facte / per dictum Iacobinum in manibus dicti Andree de libris / ducentum terciolorum per instrumentum obligationis, rogatum per me notarium / infrascriptum ibidem paulo ante[c]. Quas quidem libras / mille terciolorum nomine vere dotis tantum suprascriptus Andreas / sponsus ut supra promissit et cetera, obligando se et cetera suprascripte / domine Caterine[b] uxori sue presenti et stipulanti, ei / aut eius certo misso, nuntio et procuratori dare et / solvere quandocumque casus estiterit repetendi et / habendi dictam dotem, prout casus estiterit, / et hec omnia[d] cum omnibus alimentis, expensis, / damnis et interesse[e] et cetera in bonis denariis numeratis tantum / et cetera, sub pacto capiendi et detinendi et cetera, renuntiando / omnibus legibus et statutis et cetera. Insuper dictus Andreas / sponsus ut supra dedit et concessit suprascripte domine Caterine / uxori sue presenti et stipulanti plenam parabulam et cetera intrandi / et cetera. Et constituit et cetera. Et iuravit et cetera habere rata et cetera. / Actum et cetera, testes et notarii et cetera. /

[a] *Numero vergato nel margine sinistro della* c., *parzialmente scomparso in seguito a refilatura del margine della* c.
[b] *Segue* s *depennato.*
[c] *Segue* pu *depennato.*
[d] *Segue* i *depennato.*
[e] *Segue sopra la linea con segno di richiamo, aggiunto da altra mano* et melioramento monete *depennato. Nel margine destro della* c. *è stato annotato* non.

XXV[a] Antifactum sine dote

Anno et cetera, Andreas filius condam /o/ de tali parte et cetera, attento / [c. 31v.] quod Caterina eius uxor filia condam /o/ sibi in dotem inestimatam / dedit petiam unam terre /o/ iacentem et cetera, cui coheret / et cetera, per instrumentum dotis rogatum per talem notarium anno / et cetera, et quod ipse Andreas nil ipsi Caterine eius / uxori contulit pro eius antifacto et donatione propter / nuptias, et volens erga eam se promereri / ne ipsa Caterina eo Andrea viro suo deterioris / conditionis efficiatur, omnibus modo, iure, via, causa / et forma quibus melius potuit et potest, fecit et / contulit ac facit et confert ipsi Caterine uxori / sue presenti et stipulanti libras[b] /o/ terciolorum / pro eius antifacto et donatione propter nuptias, quia / dicta bona descripta estimata fuerunt et sunt inter / eos iugales esse comunis valoris, pretii et estimationis / librarum centum terciolorum et secundum consuetudinem comunitatis / Lugani et vallis[7] dicta Caterina veniret collata / et dotata de libris centum quinquaginta terciolorum / inter dotem et antifactum, prout capiunt de duabus / tres secundum consuetudinem ut supra, de et pro quibus / libris quinquaginta terciolorum dictus Andreas sponsus / ut supra investivit et investit per pignus et consultum / et iure et nomine pigneris et consulti antifacti / tantum seu donationis propter nuptias suprascriptam Caterinam / eius uxorem presentem et cetera, quam dictus Andreas a mense / uno[c] citra anulo suo diponsavit et duxit / in eius sponsam et uxorem legiptimam, nominative / et generaliter de omnibus et super omnibus et singulis suis / bonis et rebus mobillibus et imobillibus presentibus / et futuris. Quas quidem libras quinquaginta terciolorum / nomine dicti antifacti ut supra suprascriptus Andreas / sponsus ut supra promissit et cetera, obligando se et cetera / [c. 32r.] suprascripte Caterine uxori sue presenti et stipulanti, ei aut / eius certo misso, nuntio et procuratori dare et solvere / quandocumque casus estiterit repetendi et consequendi dictum / antifactum, prout casus estiterit, et hec omnia cum / omnibus alimentis, expensis et cetera, in bonis denariis numeratis / tantum et cetera, sub pacto capiendi et cetera, renuntiando omnibus / legibus et statutis et cetera. Et dedit parabulam intrandi et cetera. / Et constituit se et cetera. Et iuravit et cetera habere rata et cetera. /

Si vero dictus Andreas duxit ipsam uxorem a mense uno / retro tunc ambo iugales debent iurare et facere / coram offitio, prout in augumento dotis mentio fit, / aliter non valeret. /

[a] *Numero vergato nel margine sinistro della* c.
[b] *Segue* quinqu *depennato.*
[c] *Segue* p *depennato.*

XXVI[a] [b-]Estimatio dotis cum antifacto[-b]

Anno et cetera, cum sit quod Caterina filia condam /o/ de tali parte et cetera / titulo et nomine dotis inestimate dederit et assignaverit / [c]Andree viro suo filio condam /o/ de tali parte talia bona et cetera, / ut constat publico instrumento ipsius dotis, rogato per talem / notarium anno et cetera, et contentantes modo dicti iugales / ut ea bona estimentur omnibus modo, iure, via, causa / et forma quibus melius potuerunt et possunt, / et ad omnem bonum finem et effectum qui sibi melius / proficere et prodesse possunt, ipse Andreas, parte una, / et suprascripta Caterina eius uxor, parte altera, ipsa / bona per ipsam Caterinam eidem Andree viro suo / in dotem inestimatam et pro dote inestimata / data et tradita ut supra estimaverunt et apretiaverunt / et estimant et apretiant esse valoris et /

estimationis librarum /o/ terciolorum, non intendentes / propter hoc amovere nec vitiare dictum instrumentum / dotis nec ei preiudicare in aliquo, aliqualiter / [c. 32v.] nisi dumtaxat respectu estimationis eorum bonorum. / Et in casu restitutionis eorum bonorum sufficiat / restitutio dictorum denariorum, quia dictus / Andreas fecit et contulit dicte Caterine eius / uxori presenti et stipulanti libras centum terciolorum / pro eius antifacto et donatione propter nuptias, / de et pro quibus petendis et exigendis loco et / tempore dicti antifacti consequentis ipsam Caterinam / uxorem suam presentem et stipulantem investivit / et investit super omnibus et singulis ipsius Andree / bonis et rebus mobillibus et inmobillibus presentibus / et futuris. Quas quidem libras centum terciolorum / dicti antifacti et donationis propter nuptias in / casu illud consequendi suprascriptus Andreas promissit et cetera, / obligando se et cetera suprascripte Caterine uxori sue presenti / et stipulanti, ei aut eius certo misso, nuntio et / procuratori dare et solvere quandocumque casus estiterit / petendi et consequendi dictum antifactum ut supra, et hoc / cum omnibus[d] alimentis, expensis et cetera in bonis denariis numeratis / tantum et cetera, sub pacto capiendi et detinendi et cetera, renuntiando / omnibus legibus et cetera. Et dedit parabulam intrandi et cetera. Et / constituit se tenere et cetera. Et iuravit et cetera. / Actum et cetera, testes et notarii et cetera. /

[e-]Post mensem postquam duxit uxorem[-e]

Si vero lapsus fuerit mensis quo transduxerit, ponatur / iuramentum secundum formam statutorum et fiat hoc / modo videlicet.

Qui Andreas et Caterina iugales / et uterque eorum iuraverunt et iurant corporaliter / ad sancta dei evangelia manibus tactis scripturis / quod presens antifactum est purum, verum et iustum et / non fictitium nec simulatum nec in fraudem / [c. 33r.] alicuius factum, et sic predicta estimatio est pura, / vera et iusta et non fictitia nec simulata nec / in fraudem alicuius facta. Et in omnibus et per omnia / iuraverunt et iurant, prout iurare tenentur et iurari / requiritur ex forma statutorum[32] comunitatis valis Lugani / super hiis disponentium. Et insuper dictus Andreas / iuravit corporaliter ut supra se predicta omnia et singula / in hoc instrumento contenta perpetuo rata et cetera habere et cetera. / Et predicta omnia et singula acta et celebrata / fuerunt et sunt coram magnifico et generoso viro / domino /o/ capitaneo Lugani et valis[18] et cetera, sedente / in banco super quodam banco posito in burgo Lugani[20] / in contrata de /o/ in tali loco vel existente in / tali loco, casu quo non sedeat, qui in predictis / omnibus et singulis suum et suam et comunitatis / Lugani et valis et cetera, auctoritatem et decretum / interposuit et dedit et dat cum cognitione cause / et prius per ipsum causa cognita et ex eius offitio. /

Si vero ipse dominus capitaneus fuerit Alamanus vel / alterius nationis taliter quod non intelligeret nec / Latinum nec[f] intelligeret linguam Italicam, / tunc debet fieri media interpretatione dicendo / sic videlicet. /

Et hec omnia acta fuerunt et sunt media interpretatione / talis de tali parte interpretis prefati domini capitanei / et eius rellatione. / Actum et cetera, testes et notarii et cetera. /

a *Numero vergato nel margine sinistro della* c.
b–b *Titolo evidenziato da una linea che lo inquadra su tre lati.*
c *Nel margine sinistro della* c. *tra le righe 16–17 dell'originale, l'annotazione* ponantur bona.
d *Segue* exp *depennato.*
e–e *Annotazione vergata nel margine sinistro della* c.
f *Segue* habe *depennato.*

XXVII[a] [b–]Augumentum dotis[–b]

Anno et cetera, Andreas filius condam /o/ de tali parte et cetera ultra / quoddam aliud instrumentum dotis et antifacti factum / [c. 33v.] per ipsum Andream dicte[c] Caterine eius uxori filie condam /o/ de / quantitatibus denariorum inter dotem et antifactum in / eo instrumento[d] dotis et antifacti nominatis, / ut constat publico instrumento ipsius dotis et antifacti, / rogato per talem notarium, anno et cetera, omnibus / modo, iure, via, causa et forma quibus melius / potuit et potest, sponte et ex certa scientia / et non per vim, metum nec errorem ductus, / iterato et de novo investivit et investit per / pignus et consultum et iure et nomine pigneris / et consulti dotis et antifacti seu augumenti / dotis et antifacti et donationis propter nuptias / suprascriptam Caterinam uxorem suam ibi presentem et cetera, / quam iam pluribus annis elapsis anulo suo / disponsavit et duxit in eius sponsam et uxorem / legiptimam et alias de aliis quantitatibus denariorum / dotavit ut supra, et hoc de, in et super omnibus et / singulis ipsius Andree bonis et rebus mobillibus / et imobillibus presentibus et futuris, et hoc de / libris et pro libris tercentum terciolorum inter dotem et / antifactum seu augumentum dotis et antifacti / et[e] donationis propter nuptias. Ex quibus vero denariis / contentus et confessus fuit et est suprascriptus Andreas / se habuisse et recepisse a suprascripta Caterina uxore sua / seu a ser Petro eius patruo de tali parte et cetera, dante / et solvente nomine et ex causa dotis seu augumenti / dotis tantum dicte Caterine, iterato et de novo / libras ducentum terciolorum, et hoc ultra alias / quantitates denariorum contentas in dicto alio instrumento / dotis et antifacti dicte Caterine de quo supra fit mentio, / de quibus libris ducentum terciolorum dictus ser Petrus / [c. 34r.] erat debitor dicte Caterine[f] nepotis sue causa / scherpe et bonorum parafrenalium ipsius Caterine, que / processerunt ex quadam fine et venditione facta per / ipsam Caterinam dicto ser Petro eius patruo de dictis / scherpa et bonis parafrenalibus, ut constat publico instrumento / ipsius finis rogato per me notarium infrascriptum ibidem / paulo ante. /

Est bona cautela ponere[g] unde processerunt denarii / suprascripti et semper ponas, si appareat, unde processerint / ad tollendam omnem suspitionem simulationis. /

Alias vero libras centum terciolorum, que superhabundant, / fecit et contulit suprascriptus Andreas suprascripte Caterine / uxori sue presenti et stipulanti nomine donationis / seu augumenti donationis propter nuptias, prout / capiunt de duabus tres secundum morem et consuetudinem / comunitatis valis Lugani[7]. Quas omnes libras / tercentum terciolorum inter dotem et antifactum seu / augumenti dotis et antifacti ut supra seu dictas libras / ducentum terciolorum nomine vere dotis seu augumenti / dotis ut supra tantum suprascriptus Andreas promissit et cetera, / obligando se et cetera, suprascripte Caterine uxori sue / presenti et stipulanti, ei dare et solvere ultra / dictas alias quantitates denariorum de quibus alias / dotata fuit prout supra, quandocumque casus estiterit repetendi / et habendi dictam dotem et antifactum seu augumentum / dotis et antifacti seu[h] dotem seu augumentum / dotis tantum, prout casus estiterit, et hec omnia cum / omnibus alimentis, expensis, damnis et interesse et cetera in / bonis denariis numeratis tantum et cetera, sub pacto capiendi et cetera, / renuntiando omnibus legibus et cetera. Et dedit parabulam / intrandi et cetera. Et constituit se tenere et cetera. / [c. 34v.] Qui Andreas et Caterina iugales et uterque / eorum iuraverunt et iurant corporaliter et cetera quod presens / augumentum dotis et antifacti est purum, verum / et iustum et non fictitium nec simulatum nec / in fraudem alicuius factum et in omnibus et per / omnia iuraverunt et iurant, prout iurare tenentur / et iurari requiritur ex forma statutorum[32] et cetera. / Et insuper dictus Andreas iuravit corporaliter / prout supra se predicta et cetera habere rata et cetera. /

Fiat quoque cum decreto iudicis prout supra. /

Actum et cetera, testes et notarii et cetera. /

a *Numero vergato nel margine sinistro della* c.

b–b *Titolo ripetuto nel margine sinistro della* c. *seguente*, c. 33v.

c -icte *corretto sopra lettere non più leggibili.*

d *Segue* nominatis *depennato.*

e et *aggiunto nel margine sinistro della* c. *in corrispondenza della riga 22, di fianco a* seu *depennato.*

f *Segue* sorori *depennato.*

g *Segue* ud *depennato.*

h *Segue* augum *depennato.*

XXVIII[a] Dos estimata

Anno et cetera, Iohannes et Iohannina frater et soror filii condam /o/ de tali / parte habitans[b] et cetera, et dicta Iohannina est sponsa Ambrosii / filii condam /o/[c] cum parabula, consensu, voluntate, licentia et auctoritate / suprascripti Ambrosii mariti sui ibi presentis, volentis et consentientis / et eidem Iohannine uxori sue parabulam et consensum dantis / et prestantis ad infrascripta omnia facienda, et uterque eorum / insolidum dederunt, tradiderunt et assignaverunt et dant, / tradunt et assignant iure proprio et imperpetuum suprascripto Ambrosio / sponso ut supra presenti, stipulanti et recipienti pro se et suis / heredibus in dotem estimatam et iure et nomine dotis / estimate ipsius Iohannine sponse ut supra petiam unam / terre prative et vineate cum pluribus plantis diversorum / fructuum supra iacentem in territorio de /o/ ubi dicitur /o/ / cui coheret a mane /o/ et cetera, salvo semper erore / coherentiarum, si quis eror adest. Quam petiam / [c. 35r.] terre dicti Iohannes et Iohannina frater et soror et dictus / Ambrosius sponsus ut supra ibidem presentialiter et de comuni / acordio, facta dilligenti deliberatione et investigatione / per eos omnes, simul et concorditer estimaverunt et estimant / libras centum terciolorum, et hec omnia cum omnibus suis iuribus / et pertinentiis, viis, accessiis et stratis, ingressibus et egressibus, / aschuis, paschuis, comunantiis et viganalibus, aquis et / aqueductibus et iuribus aquarum ceterisque iuribus et / benefitiis universis tam eisdem fratri et sorori quam predicte / petie terre ut supra in dotem estimatam assignate spectantibus / et pertinentibus in integrum et eius ratione et occaxione, et / [d]hoc ad habendum, tenendum et / possidendum et quicquid sibi et suis heredibus deinceps / placuerit[e] perpetuo faciendum, dantes et concedentes predicti Iohannes / et Iohannina frater et soror et uterque eorum insolidum / et ipsa Iohannina cum parabula ut supra eidem Ambrosio eius / Iohannine marito[f] presenti et acceptanti omnia ipsorum / fratris et sororis iura omnesque suas rationes et / actiones reales et personales, universa et universas, / sibi quoquo modo spectantia et pertinentia de, in, pro / et super ipsa petia terre ut supra in dotem estimatam / assignata ut supra cum suis iuribus et pertinentiis in integrum / et eius ratione et occaxione, ita ut de cetero suprascriptus / Ambrosius maritus ut supra et sui heredes et sucessores / et habens seu habentes causam ab eo et cui seu quibus / dederit habeat, teneat, gaudeat et possideat predictam / petiam terre ut supra in dotem estimatam datam cum suis / iuribus et pertinentiis, et exinde faciat et facere possit / et valeat quicquid facere voluerit et facere / licet sine contradictione nec molestatione aliqua / suprascriptorum fratris et sororis nec eorum heredum et sucessorum / nec alicuius alterius persone, comunis, collegii, capituli / et universitatis, et sit et suscedat dictus Ambrosius / [c. 35v.] sponsus ut supra in locum, ius et statum universum dictorum / fratris et sororis de predictis, et utatur omnibus illis modis / et iuribus, rationibus et actionibus realibus et personalibus / ceterisque iuribus et benefitiis universis, quibus omnibus / et quamadmodum suprascripti frater et soror uti, agere, / experiri et exercere possint, poterant et potuissent / ante hunc contractum minime celebratum. Insuper ad / maiorem cautelam et firmitatem huius contractus predicti / Iohannes et Iohannina frater et soror et uterque eorum / insolidum parabula ut supra dederunt et concesserunt suprascripto Ambrosio / sponso ut supra presenti et stipulanti plenam parabulam et licentiam / intrandi et aprehendendi eius propria auctoritate corporalem / possessionem et tenutam seu quaxi predicte petie terre / ut supra in dotem estimatam assignate ut supra cum suis iuribus / et pertinentiis, et interim donec intraverit et dictam / corporalem possessionem et tenutam seu quaxi aprehendiderit, / ex nunc prout ex tunc constituerunt sese predicti Iohannes / et Iohannina frater et soror et uterque eorum insolidum parabula / ut supra predictam petiam terre ut supra in dotem estimatam assignatam / ut supra cum suis iuribus et pertinentiis tenere et possidere vel / quaxi nomine et vice suprascripti Ambrosii sponsi ut supra, / promittentes insuper dicti Iohannes et Iohannina frater et / soror et uterque eorum insolidum parabula ut supra solemniter / per stipulationem, obligando sese et utrumque eorum insolidum / parabula ut supra et omnia eorum et utriusque eorum insolidum bona / pigneri presentia et futura, ita quod uterque eorum teneatur / insolidum et cum effectu insolidum conveniri possit, / renuntiando auxilio novarum constitutionum et epistule divi Adriani / et omni alteri iuri legum et auxilio. Insuper dicta / Iohannina parabula ut supra renuntiavit et renuntiat auxilio / [g]senatus[h] consulti Veleyani et omni alteri iuri / legum et auxilio introductis in favorem mulierum, / [c. 36r.] et prius certiorata et certificata per me notarium infrascriptum / quid sint et quid importent dicte leges et iura / suprascripto Ambrosio sponso ut supra presenti et stipulanti, ei suisque / heredibus et sucessoribus et habenti seu habentibus causam ab / eo et cui seu quibus dederit deffendere et guarentare / ab omni persona, comuni, collegio, capitulo et universitate / omni tempore et in omnem causam et casum et littis / eventum et in se suscipere omne iuditium et omnem / causam et casum et littis eventum, que vel quod / moveretur vel moveri posset contra suprascriptum Ambrosium / sponsum ut supra vel eius heredes et sucessores et habentem / seu habentes causam ab eo, et in causis persistere usque / in finem littis omnibus ipsorum fratris et sororis [i-]et utriusque eorum insolidum[-i] propriis / expensis, damnis et interesse tantum, in pena et sub / pena restitutionis dicti pretii dicte estimationis dicte petie / terre et totius damni et interesse et omnium expensarum solemni / stipulatione promissa et deducta, danda et solvenda / dicta pena per suprascriptos fratrem et sororem et utrumque eorum / insolidum suprascripto Ambrosio sponso ut supra in casu evictionis / suprascripte petie terre ut supra in dotem estimatam date, si sequiretur / in toto vel in parte aut pro ea parte pro qua sequiretur. / Et pena soluta vel non soluta, nichilominus omnia / et singula in hoc instrumento contenta perpetuo rata, / grata, firma et valida permaneant, et hoc cum / omnibus expensis, damnis et interesse ceterisque accessionibus et cetera, / et hec omnia in bonis denariis numeratis tantum et non in aliqua / alia re contra voluntatem suprascripti Ambrosii sponsi ut supra, et hoc / tam sub pacto capiendi et cetera suprascriptos fratrem et sororem et utrumque / eorum insolidum quam alio quocumque modo et cetera, renuntiando omnibus / legibus et statutis et cetera, et generaliter omni alteri auxilio / et benefitio legum, iuris et usus. Quapropter / suprascriptus Ambrosius sponsus ut supra filius condam /o/ omnibus modo, / [c. 36v.] iure, via, causa et forma quibus melius potuit et potest / investivit et investit per pignus et consultum et iure et nomine / pigneris et consulti dotis et antifacti seu donationis propter / nuptias suprascriptam Iohanninam sponsam suam, quam ibidem anulo / suo disponsavit et in proximo deo dante ducere intendit / in eius sponsam et uxorem legiptimam, presentem, stipulantem et / recipientem, nominative et generaliter de et super suprascripta petia terre / superius ei in dotem estimatam data ut supra et omnibus et / singulis aliis suis bonis et rebus mobillibus et imobillibus / presentibus et futuris, et hoc de libris et pro libris centum / quinquaginta terciolorum inter dotem et antifactum seu donationem / propter nuptias. Ex quibus vero denariis contentus et confessus / fuit et est suprascriptus Ambrosius sponsus ut supra se habuisse et / recepisse a suprascriptis Iohanne et Iohannina fratre et sorore, sponsa / ut supra, et utroque eorum suprascriptam petiam terre ut supra ei in dotem / estimatam datam ut supra, apretiatam libras centum terciolorum / nomine vere dotis tantum ipsius Iohannine sponse ut supra. / Alias vero libras quinquaginta terciolorum, que superhabundant, / fecit et contulit suprascriptus Ambrosius sponsus ut supra suprascripte / Iohannine sponse sue presenti et stipulanti nomine donationis / propter nuptias, prout capiunt de duabus tres secundum morem / et consuetudinem comunitatis valis Lugani[7]. Quam quidem petiam terre / superius in dotem estimatam datam ut supra seu predictas libras / centum quinquaginta terciolorum inter dotem et antifactum / seu quas libras centum terciolorum nomine vere dotis tantum / suprascriptus Ambrosius sponsus ut supra promissit et convenit solemniter / per stipulationem, obligando se et omnia sua bona pigneri / presentia et futura suprascripte Iohannine sponse sue presenti et / stipulanti, ei aut eius certo misso, nuntio et procuratori / dare et solvere[j] quandocumque casus estiterit / repetendi et habendi dictam dotem et antifactum seu dotem / tantum, prout casus estiterit, et hec omnia cum omnibus / [c. 37r.] alimentis, expensis, damnis et interesse [k-]ac melioramento monete[-k] et cetera, et hec omnia / in bonis denariis numeratis tantum et cetera, et hoc tam sub / pacto capiendi et cetera, renuntiando omnibus legibus et cetera. Insuper / dictus Ambrosius sponsus ut supra dedit et concessit suprascripte / Iohannine uxori sue presenti et stipulanti plenam parabulam / et licentiam intrandi et cetera, et interim donec intraverit et cetera. / Qui Ambrosius, Iohannes et Iohannina ut supra nominati et / quilibet eorum parabula ut supra iuraverunt corporaliter et cetera sese / predicta omnia et singula in hoc instrumento contenta perpetuo / rata et cetera habere et cetera. Et exinde de predictis omnibus / et singulis rogatum fuit per me notarium infrascriptum publicum / confici debere instrumentum in laudem viri prudentis. / Actum et cetera, testes et notarii et cetera. /

Ponantur clausule, prout in prima dote fit mentio. / Poterit etiam hec traditio dotis estimate fieri de bonis / mobilibus, sed si maritus habuit bona inmobilia / melius est facere per dotem semplicem et loco receptionis / pretii dicere recepisse talia bona et cetera. / Notandum est quod si fuerit pater sponse qui assignet / bona inmobilia in dotem estimatam sponso, dicatur / sic videlicet.

Ambrosius filius condam /o/ de tali parte habitans et cetera / dedit, tradidit et assignavit et dat et cetera Iohanni eius / genero filio condam /o/ de tali parte, sponso Petrine eius / Ambrosii filie, in dotem estimatam suprascripte Petrine / filie sue petiam unam terre arative iacentem et cetera, / quam apretiaverunt et estimaverunt esse pretii et / valoris librarum centum terciolorum[l], prout est dos.

Et postea / sequatur contractus assignationis usque ad dotem, / quam facit postea maritus uxori inter patrem / et sponsum tantum. /

[a] *Numero vergato nel margine sinistro della* c.
[b] *Così, si intenda* habitantes.
[c] *Segue* I *depennato.*
[d] *Precede* eidem Ambrosio *depennato.*
[e] placuerit *aggiunto con segno di richiamo nel margine sinistro della* c. *in corrispondenza della riga 14.*
[f] *Segue* omia *depennato.*
[g] *Nel margine sinistro della* c. *tra le righe 30–31 dell'originale, l'annotazione di altra mano* senatusconsulti.
[h] *Segue* et *depennato.*
[i–i] *Parte aggiunta sopra la linea con segno di richiamo.*
[j] *Segue* dict *depennato.*
[k–k] *Parte aggiunta sopra la linea con segno di richiamo da altra mano.*
[l] *Segue segno inintelligibile.*

[c. 37v.] XXVIIII° [a]Transactio facta inter duas sorores de / hereditate earum patris pro una dote / estimata fienda post

Anno et cetera, cum sit quod Antonius filius condam Bertramoli de tali / parte et cetera fuerit in rerum natura et decesserit relictis / post se Iohannina et Margarita sororibus, eius filiabus / legiptimis et[b] naturalibus ac heredibus insolidum / ab intestato, et relictis certis bonis inmobilibus / in eius hereditate et bonis, et tempus adsit ipsas / sorores maritandi[c] temporaliter seu spiritualiter / et ipsa bona non sufficiant pro eorum fructibus ipsas / sorores sufficienter alere, et ipsa Iohannina maior / temptata sit de matrimonio coniungendo cuidam viro / sufficienti, dum fiat inter ipsas sorores infrascripta / et presens transactio et presens instrumentum pactorum et finis, / et considerantes quod hoc est pro meliori ipsarum sororum / et ad maiorem utillitatem et honorem ipsarum sororum / procedere et utriusque earum, ipsa Iohannina, parte una, / et Margarita eius soror, parte altera, omnibus modo, iure, / via, causa et forma, quibus melius potuerunt et / possunt, pervenerunt et perveniunt ad infrascripta pacta, / conventiones et transactionem mutua stipulatione / roborata videlicet, quod ipsa Iohannina habeat et habere / debeat omnia bona inmobilia relicta per dictum / nunc condam Antonium olim earum patrem et totam / eius hereditatem cum oneribus comodisque et incomodis / per suam propriam et tamquam suam propriam, et quod ipsa / Iohannina teneatur et debeat ac obligata sit dare / et solvere dicte Margarite eius sorori semel tantum, / quandocumque pervenerit ad matrimonium temporale seu / spirituale, libras centum terciolorum, et hoc pro / pretio medietatis dicte hereditatis spectantis et / [c. 38r.] pertinentis dicte Margarite, et pro omni et toto eo quod / ipsa Margarita petere, requirere, causari, molestare, / inquietare et perturbare posset, poterat et potuisset / ac poterit dicte Iohannine eius sorori super bonis et / hereditate relictis per dictum condam Antonium olim earum / sororum patrem prout supra, et quod ipsa Margarita teneatur et / obligata sit eidem Iohannine sorori sue facere finem, / remissionem et pactum de non plus petendo et ulterius / de non agendo, causando, molestando, inquietando / nec perturbando aliquid imperpetuum ac etiam venditionem, / datum et cessionem et totius sui iuris dominii et possessionis / translationem et traditionem ad proprium et imperpetuum / cum bonis fideiussoribus et promissoribus per ipsam Iohanninam / dandis dicte Margarite de dictis libris centum terciolorum dandis / sibi et solvendis tempore quo pervenerit ipsa Margarita / ad matrimonium ut supra, nominative de omni hereditate / et sucessione paterna, materna, fraterna et sororia, / avia et proavia, et generaliter de quacumque alia hereditate / et sucessione sibi spectantibus et pertinentibus quovis modo / et qualitercumque hinc retro usque hodie, tam per testamentum / quam ab intestato, et que in futurum sibi spectare et / pertinere posset et poterit ab intestato tantum et de / legiptima et suplemento legiptime et quocumque alio modo / cum promissione deffendendi et guarentandi, in pena dupli pretii / et totius damni et interesse et omnium expensarum et cum aliis / clausulis et solemnitatibus debitis et necessariis. Idcircho ad / exequtionem premissorum ipsa Margarita fecit et / facit finem, remissionem, liberationem, quietationem, / absolutionem et pactum de non plus petendo et / ulterius de non agendo, causando, molestando, inquietando / nec perturbando aliquid imperpetuum ac etiam venditionem, / datum et cessionem et totius sui iuris dominii et possessionis / translationem et traditionem ad proprium et imperpetuum in manibus / [c. 38v.] dicte Iohannine eius sororis ibidem presentis, stipulantis et recipientis, / nominative et generaliter de omni hereditate et sucessione / paterna, materna, fraterna et sororia, avia et proavia / et de legiptima et suplemento legiptime et generaliter / de quacumque alia hereditate et sucessione sibi quovis modo / spectantibus et pertinentibus hinc retro usque hodie, / tam per testamentum quam ab intestato, et que in futurum / sibi spectare et pertinere posset et poterit ab / intestato tantum et quocumque alio modo, et hec omnia / cum omnibus suis iuribus et pertinentiis. Et eidem Iohannine / predicta Margarita eius soror dedit, cessit atque / mandavit omnia sua iura et cetera, ita ut de cetero / suprascripta Iohannina et sui heredes et sucessores et habens / seu habentes causam ab ea et cui seu quibus dederit habeat, / teneat, gaudeat et possideat predictam hereditatem / et predicta omnia bona imobillia et suprascripta omnia / et singula supra data cum suis iuribus et pertinentiis, / et exinde faciat et cetera, et sit et suscedat et cetera, / et utatur et cetera. Insuper ad maiorem cautelam et firmitatem / huius contractus predicta Margarita dedit et concessit suprascripte Iohannine / sorori sue presenti et stipulanti plenam parabulam et cetera intrandi / et cetera seu quaxi predictorum hereditatis et bonorum / ut supra descriptorum cum suis iuribus et pertinentiis, et interim / donec intraverit et dictam corporalem et cetera constituit se dicta / Margarita predictam hereditatem et bona super vendita et cetera / tenere et cetera vel quaxi nomine et possidere vel quaxi / nomine et vice suprascripte Iohannine, abdicando a se dicta / Margarita omne suum ius dominii et possessionis et cetera, / cui vero dominio et possessioni et cetera volens omnino / desinere possidere et cetera. Quam quidem finem, remissionem, / reffutationem et pactum de non plus petendo ut supra / ac etiam venditionem, datum et cessionem et omnia / premissa predicta Margarita venditrix promissit et cetera, obligando se / et omnia sua bona et cetera suprascripte Iohannine sorori sue presenti / [c. 39r.] et stipulanti, ei suisque heredibus et sucessoribus et habenti seu / habentibus causam ab ea et cui seu quibus dederit, deffendere et cetera / ab omni persona et cetera omni tempore et in omnem causam et casum / et littis eventum et in se suscipere omne iuditium et cetera / et in causis persistere usque in finem littis omnibus ipsius Margarite / venditricis propriis expensis et cetera, in pena et sub pena pretii infrascripti / et totius damni et cetera danda et cetera, et pena soluta vel / non soluta et cetera, et hoc cum omnibus expensis et cetera in / bonis denariis numeratis tantum et cetera, sub pacto capiendi et / detinendi, renuntiando omnibus legibus et statutis et cetera et generaliter / omni alteri auxilio et benefitio legum, iuris et usus. Et / pro qua vero fine, remissione et pacto de non plus / petendo ut supra ac etiam venditione, dato et cessione / et pro predictis omnibus et singulis suprascripta Iohannina nec non / Petrus et Ambrosinus fratres, filii condam Iohannis de Gulielmina / de tali parte et cetera, promisserunt et convenerunt solemniter / per stipulationem, obligando sese et quemlibet eorum insolidum et / omnia eorum et cuiuslibet eorum insolidum bona et cetera, ita quod / quilibet eorum teneatur insolidum et cum effectu insolidum / conveniri possit, renuntiando auxilio novarum constitutionum / et epistule divi Adriani et omni alteri iuri legum et / auxilio, insuper ipsa Iohannina renuntiavit et renuntiat / auxilio senatus et consulti Veleyani et omni alteri / iuri legum et auxilio introductis in favorem mulierum / et prius certiorata et certificata per me notarium / infrascriptum quid sint et quid importent dicte leges et / iura suprascripte[d] Margarite presenti et / stipulanti, ei dare et solvere omnibus die et / hora, quibus dicta Margarita se maritabit et / seu matrimonio coniungit viro seu spirituali / et ibit ad maritum, dictas libras centum terciolorum / et ultra eandem Margaritam pascere, vestire / [c. 39v.] et alimentare quousque se maritabit et ibit / ad maritum prout supra occaxione et pro completa sollutione / et integra satisfactione dicte hereditatis et suprascriptorum / omnium et singulorum, renuntiando exceptioni pro parte dictorum / Iohannine, Petri et Ambrosini predicte obligationis / et promissionis non sic facte et dictorum denariorum non / sic debendorum dicta occaxione cum alimentis pasture / et vestium, et etiam pro parte omnium contrahentium huius / instrumenti non ita facti et omnium premissorum non ita / factorum et exceptioni doli mali et cetera, et ne / ullo tempore dicere et cetera possit dicta Margarita venditrix / se fore lexam nec deceptam in hoc instrumento finis, / venditionis et transactionis ultra dimidiam veri et / iusti pretii neque petere quod ei verum et iustum pretium / supleatur nec quod contractus iste rescindatur, et generaliter / qualibet alia occaxione et exceptione remota et renuntiata. / Quam quidem promissionem et omnia premissa predicti / Iohannina, Petrus et Ambrosinus fecerunt et faciunt / eidem Margarite cum omnibus et bonis alimentis, / expensis, damnis et interesse ceterisque accessionibus et cetera, et hec / omnia in bonis denariis numeratis et alimentis tantum et cetera, / sub pacto capiendi et detinendi et cetera, renuntiando omnibus legibus / et statutis et cetera. Insuper ad maiorem cautelam et firmitatem / huius contractus predicti Iohannina, Petrus et Ambrosinus / et quilibet eorum insolidum dederunt et concesserunt eidem Margarite / presenti et stipulanti plenam parabulam et licentiam intrandi et / aprehendendi eius propria auctoritate corporalem possessionem et tenutam / seu quaxi omnium suorum et cuiuslibet eorum insolidum / bonorum et rerum mobillium et imobillium presentium et / futurorum, et interim donec intraverit et dictam / corporalem possessionem et tenutam seu quaxi aprehendiderit, / ex nunc prout ex tunc constituerunt sese predicti Iohannina, / Petrus et Ambrosinus et quilibet eorum insolidum predicta / [c. 40r.] omnia eorum et cuiuslibet eorum insolidum bona et res ut supra nomine / et vice suprascripte Margarite tenere et possidere donec quod / eidem Margarite sollutio completa et satisfactio integra / facta fuerit de predictis omnibus et singulis. Qui Iohannina, / Petrus et Ambrosinus, parte una, et dicta Margarita, parte / altera, et quilibet eorum iuraverunt et iurant corporaliter / ad sancta dei evangelia manibus tactis scripturis sese / predicta omnia et singula in hoc instrumento contenta perpetuo / et omni tempore attendere, observare et executioni mandare / ac rata, grata, firma et valida habere et tenere / et nullo tempore contrafacere nec venire aliqua ratione / vel occaxione iuris vel facti comunis vel spitialis. Et / exinde de predictis omnibus et singulis rogatum fuit per / me notarium infrascriptum publicum confici debere instrumentum in laudem / viri prudentis. / Actum et cetera, testes et notarii et cetera. /

[a] *Numero vergato nel margine sinistro della* c.
[b] *Segue* he *depennato.*
[c] *Segue* seu ad *depennato.*
[d] *Segue* Iohannine emptrici *depennato.*

XXX[a] Dos estimata post suprascriptam transactionem

Anno et cetera, et ibique statim coram suprascriptis testibus et notariis / suprascripta Iohannina filia condam et heres Antonii olim filii condam Bertramoli / de tali parte et cetera et uxor Ambrosini filii condam Iohannis de / tali parte et cetera cum parabula, consensu, voluntate, licentia / et auctoritate suprascripti Ambrosini mariti sui ibi presentis, / volentis et consentientis et eidem Iohannine uxori sue / parabulam et consensum dantis et prestantis ad infrascripta / facienda omnibus modo, iure, via, causa et forma / quibus melius potuit et potest, dedit, tradidit et / assignavit et dat, tradit et assignat iure proprio / imperpetuum suprascripto Ambrosino eius marito presenti, stipulanti / et recipienti pro se et suis heredibus in dotem estimatam / et nomine dotis estimate omnem et quamcumque hereditatem / et sucessionem paternam, maternam, fraternam et / [c. 40v.] sororiam, aviam et proaviam et legiptimam et suplementum / legiptime et quamcumque aliam hereditatem et sucessionem sibi / quovis modo spectantem et pertinentem, tam per testamentum / quam ab intestato, hinc retro usque hodie et que in / futurum sibi spectare et pertinere posset et poterit ab / intestato tantum nec non omnia et singula bona mobilia / et inmobilia seseque moventia, iura, actiones et / nomina debitorum quovis modo sibi spectantia et pertinentia / vigore, ratione et occaxione dicte hereditatis et sucessionis / et quocumque alio modo, quam hereditatem et sucessionem / et que omnia et singula bona sibi spectantia et pertinentia / ut supra dicti Ambrosinus et Iohannina iugales ibidem / presentialiter et de comuni acordio et etiam presentibus et consentientibus / Mafiolo et Bertramo fratribus filiis condam Mafey de Sorexina[34], avunculis / suprascripte Iohannine, facta dilligenti deliberatione et investigatione / per eos omnes, simul et concorditer estimaverunt et estimant / libras sexaginta terciolorum ultra libras quadraginta terciolorum / promissas per ipsos iugales et Petrum de Curonicho[35], fratrem / suprascripti Ambrosini, Margarite sorori ipsius Iohannine super / dictis bonis et hereditate et aliis suis bonis, et hec / omnia cum omnibus suis iuribus et pertinentiis, viis et cetera, et hoc / ad habendum, tenendum et possidendum et quicquid / sibi et heredibus suis deinceps placuerit perpetuo / faciendum, dans et concedens ipsa Iohannina parabula ut supra / eidem Ambrosino marito suo presenti et stipulanti omnia / sua iura et cetera, ita ut de cetero suprascriptus Ambrosinus et / sui heredes et cetera, habeat et cetera, et exinde faciat et cetera, / et sit et suscedat et cetera, et utatur et cetera[b], et dedit / parabulam intrandi et cetera, et constituit se tenere et cetera abdicando et cetera, / cui vero dominio et possessioni et cetera, volens omnino desinere / possidere et cetera, promittens insuper dicta Iohannina / parabula ut supra solemniter per stipulationem, obligando se et omnia / [c. 41r.] sua bona pigneri presentia et futura suprascripto Ambrosino / marito suo presenti et stipulanti, ei suisque heredibus et / sucessoribus et habenti seu habentibus causam ab eo deffendere et cetera / ab omni persona et cetera omni tempore et in omnem causam et casum / et littis eventum, et in se suscipere omne iuditium et / omnem causam et casum et littis eventum, que vel quod / moveretur vel moveri possit contra suprascriptum Ambrosinum / vel eius heredes et sucessores et habentem seu habentes / causam ab eo, et in causis persistere usque in finem / littis omnibus ipsius Iohannine propriis expensis, damnis et / interesse tantum, in pena et sub pena dicti pretii dicte / estimationis dictorum hereditatis et bonorum et totius damni et / interesse [c]-et cetera-[c], insuper eidem Ambrosino dare et solvere / dictam penam, si dicta hereditas et bona superius in / dotem estimatam data evincerentur in toto vel in parte / aut pro ea parte pro qua evincerentur, et hoc cum / omnibus expensis et cetera in bonis denariis numeratis tantum et cetera, / sub pacto capiendi et cetera, renuntiando omnibus legibus et cetera. /

Aliquando ponitur clausula post dictam clausulam, renuntiando / omnibus legibus et statutis et cetera, hoc modo videlicet, et hoc pro / ipsius Iohannine dato et facto tantum, quod datum et factum / sic intelligatur videlicet, si alicui alii vel aliis vendidisset, / dedisset, cessisset, donasset, pignerasset, obligasset, / finem vel confessionem fecisset, pretium vel sollutionem / recepisset seu aliquo alio modo alienasset vel / baratasset, et non aliter nec alio modo teneatur ad / dictam deffensionem.

Deinde sequatur. /

Quapropter idem Ambrosinus de Curonicho sponsus ut supra / filius condam Iohannis habitans et cetera investivit et investit per / pignus et consultum et iure et nomine pigneris et / consulti dotis et antifacti seu donationis propter nuptias / suprascriptam Iohanninam uxorem suam ibi presentem, stipulantem / [c. 41v.] et recipientem, nominative et generaliter de et super dictis / hereditate et bonis et omnibus et singulis aliis suis / bonis et rebus mobilibus et imobillibus presentibus / et futuris, et hoc de libris et pro libris nonaginta / terciolorum inter dotem et antifactum et cetera. Ex quibus vero libris / nonaginta terciolorum inter dotem et antifactum ut supra contentus / et confessus fuit et est suprascriptus Ambrosinus sponsus ut supra / se habuisse et recepisse a suprascripta Iohannina uxore sua / presente et stipulante ut supra predictam hereditatem et omnia / et singula bona sua sibi spectantia ut supra et de / quibus supra fit mentio, estimata ut supra nomine vere dotis / tantum ipsius Iohannine, alias vero libras triginta / terciolorum, que superhabundant, fecit et contulit suprascriptus / Ambrosinus suprascripte Iohannine sponse sue presenti ut supra nomine / donationis propter nuptias, prout capiunt de duabus / tres secundum morem et consuetudinem comunitatis valis Lugani[7]. Quam quidem / hereditatem et bona superius in dotem estimatam data / seu predictas libras nonaginta terciolorum inter dotem et / antifactum seu predictas libras sexaginta terciolorum nomine dotis / tantum, que fuerunt et sunt precium dictorum hereditatis / et bonorum, suprascriptus Ambrosinus promissit et cetera, obligando se et cetera / suprascripte Iohannine uxori sue presenti et stipulanti, ei aut eius / certo misso, nuntio et procuratori dare, solvere et restituere / quandocumque casus estiterit repetendi et habendi dictam dotem / et antifactum seu dotem tantum, prout casus estiterit, / et hec omnia cum omnibus alimentis, expensis, damnis et / interesse et cetera, et hec omnia in bonis denariis numeratis tantum et cetera / contra voluntatem suprascripte Iohannine sponse ut supra, et hoc tam sub pacto / capiendi suprascriptum Ambrosinum quam alio quocumque modo et cetera, renuntiando / omnibus legibus et cetera. Insuper dictus Ambrosinus dedit et cetera eidem Iohannine / sponse sue presenti et cetera plenam parabulam et cetera intrandi et cetera, et / interim donec intraverit et cetera. Qui Ambrosinus et Iohannina / iugales et uterque eorum parabula ut supra iuraverunt corporaliter habere rata et cetera. / Actum et cetera, testes et notarii et cetera. /

a *Numero vergato nel margine sinistro della* c.

b *Segue segno inintelligibile depennato.*

c–c et *con segno abbreviativo, corretto sopra lettera non più leggibile.*

[c. 42r.] XXXI[a] Dos inestimata

Anno et cetera, Margarita filia condam Mafioli de Lucino[36] habitans et cetera, / uxor Antonii filii condam /o/ de tali parte et cetera, quam in suam / uxorem legiptimam duxit iam mensibus septem vel / circha proxime preteritis, cum parabula, consensu, voluntate, / licentia et auctoritate suprascripti Antonii mariti sui ibi / presentis, volentis et consentientis et eidem Margarite / uxori sue parabulam et consensum dantis et prestantis / ad infrascripta facienda omnibus modo, iure, via, causa / et forma quibus melius potuit et potest, dedit, tradidit / et assignavit et dat, tradit et assignat iure proprio / imperpetuum suprascripto Antonio eius marito ibi presenti, stipulanti / et recipienti pro se et suis heredibus in dotem inestimatam / et iure et nomine dotis inestimate omnes domos, / heras, stabula, prata, vineas, campos, silvas, buschos, / terras et res territorias[b] iacentes et existentes / in loco et territorio de Lucino inferius descriptos et / coherentiatos videlicet, imprimis domum unam terraneam et / solariatam cum pluribus hedifitiis intus copertam cupis cum / curte ante iacentem in loco de Lucino ubi dicitur et cetera, / cui coheret a mane et cetera, item petiam unam terre et cetera, / salvo semper errore coherentiarum si quis error adsit, / et hoc ad habendum, tenendum et possidendum et / quicquid sibi placuerit perpetuo deinceps faciendum, / et hec omnia cum omnibus suis iuribus et pertinentiis, viis / et cetera, dans et concedens dicta Margarita parabula ut supra eidem / Antonio eius marito presenti et stipulanti omnia sua iura / omnesque suas rationes et cetera, ita ut de cetero suprascriptus Antonius / et sui heredes et cetera habeat et cetera, et exinde faciat et cetera, / et sit et suscedat et cetera, et utatur et cetera. Insuper dicta / Margarita dedit et concessit suprascripto Antonio eius marito / presenti et stipulanti plenam parabulam et licentiam intrandi et cetera / seu quaxi predictorum bonorum ut supra in dotem inestimatam / datorum cum suis iuribus et pertinentiis, et interim donec intraverit / et cetera, constituit se dicta Margarita predicta bona ut supra / in dotem inestimatam data cum suis iuribus et pertinentiis / [c. 42v.] tenere et possidere vel quaxi nomine et vice suprascripti Antonii / eius mariti, promittens insuper dicta Margarita parabula ut supra / solemniter per stipulationem, obligando se et omnia sua bona / pigneri presentia et futura suprascripto Antonio eius marito presenti / et stipulanti, ei suisque heredibus et sucessoribus et cetera deffendere / et cetera ab omni persona et cetera omni tempore et in omnem causam et cetera, / et in se suscipere omne iuditium et in causis persistere usque / in finem littis omnibus ipsius Margarite propiis expensis et cetera, / et hec in pena et sub pena pretii estimationis dictorum / bonorum ut supra in dotem inestimatam datorum et totius damni / et interesse et cetera, danda et cetera dicta pena per suprascriptam Margaritam / suprascripto Antonio eius marito in casu evictionis suprascriptorum bonorum / ut supra in dotem inestimatam datorum si sequiretur in toto vel / in parte et cetera, et pena soluta et cetera, et hoc cum omnibus / alimentis, expensis, damnis et interesse et cetera, et hec omnia in / bonis denariis numeratis tantum et cetera, et hoc tam sub pacto / capiendi et cetera, renuntiando omnibus legibus et cetera. Quapropter / dictus Antonius filius condam /o/ de tali parte et cetera maritus suprascripte / Margarite investivit et investit per pignus et / consultum et iure et nomine pigneris et consulti dotis / inestimate suprascriptam Margaritam eius uxorem presentem, / stipulantem et recipientem, quam iam mensibus septem vel / circha anulo suo disponsavit et duxit in eius / sponsam et uxorem legiptimam, nominative de, in et super / suprascriptis bonis imobillibus superius descriptis et coherentiatis / et eidem Antonio in dotem inestimatam datis ut supra, / et hoc de pretio et valore estimationis eorundem / bonorum superius descriptorum et ei assignatorum in dotem / inestimatam ut supra. Que omnia bona imobillia / ut supra descripta et coherentiata suprascriptus Antonius maritus ut supra / [c]contentus et confessus fuit et est se / habuisse et recepisse a suprascripta Margarita uxore sua in / dotem inestimatam et iure et nomine dotis inestimate. /

Nota quod ibi in presenti instrumento non fit antifactum, quia bona / [c. 43r.] non sunt estimata, sed si ipse Antonius maritus vellet / facere antifactum dicte uxori sue posset ipsum antifactum / facere, ita tamen quod antifactum non sit extra medietatem / valoris suprascriptorum bonorum, et tunc dicas sic in dote suprascripta / post suprascripta verba, et iure et nomine dotis inestimate.

Insuper dictus Antonius maritus ut supra fecit et contulit eidem / Margarite uxori sue libras /o/ terciolorum pro quibus consequendis, / petendis et habendis per dictam Margaritam iure dicti / antifacti consequendi et petendi dictum Antonium ipsam / Margaritam uxorem suam ibi presentem, stipulantem et / recipientem investivit et investit super omnibus et singulis / suis bonis et rebus mobillibus et imobillibus presentibus / et futuris.

Et postea sequere. /

Que bona superius in dotem inestimatam data ut supra / et suprascriptas libras /o/ terciolorum dicti antifacti ut supra suprascriptus / Antonius maritus ut supra promissit et cetera, obligando se et cetera suprascripte / Margarite uxori sue presenti et stipulanti, ei aut / eius heredibus et sucessoribus dare et solvere quandocumque / casus estiterit repetendi et habendi dictam dotem, et in casu / dicti antifacti petendi et consequendi ut supra, et hec omnia / cum omnibus alimentis, expensis, damnis et interesse et cetera, et hec / omnia in bonis denariis numeratis tantum et cetera, et hoc sub / pacto capiendi et detinendi et cetera, renuntiando omnibus legibus et cetera. / Et dictus Antonius dedit et cetera eidem Margarite uxori sue / plenam parabulam et cetera intrandi et cetera omnium suorum bonorum et cetera, / et interim donec intraverit et cetera. /

Fiat iuramentum, prout anotatum est, inter virum et uxorem / in dotem factam coram offitio de qua ante. / Item fiat[d] cum decreto iudicis, quia est multum tempus, / videlicet lapsus mensis quod eam uxorem duxit ad maritum, / aliter non valeret ex forma statuti[32]. /

Actum et cetera, testes et notarii et cetera. /

a *Numero vergato nel margine sinistro della* c.

b *Segue* huiusvis generis *depennato.*

c *Precede* promissit et cetera obligando se et cetera suprascripte Margarite uxori sue presenti / et stipulanti *depennato.*

d *Segue* cor *depennato.*

[c. 43v.] XXXII[a] Dos inestimata de bonis datis per patrem sponse / sponso suo et genero suo

Anno et cetera, ser Bernardus filius condam /o/ de tali parte et cetera omnibus modo, / iure, via, causa et forma quibus melius potuit et / potest, dedit, tradidit et assignavit et dat, tradit et / assignat[b] Danto filio condam /o/ de tali parte et cetera, / eius genero et sponso Margarite ipsius ser Bernardi / filie iure proprio imperpetuum ibidem presenti, stipulanti et / recipienti pro se et suis heredibus et sucessoribus in dotem inestimatam / et iure et nomine dotis inestimate dicte Margarite / sponse ipsius Danti et filie suprascripti ser Bernardi petiam / unam terre et cetera, item domum unam et cetera, salvo semper / errore coherentiarum et cetera, et hoc ad habendum, tenendum / et possidendum et quicquid sibi [c]-et heredibus suis-[c] placuerit perpetuo / deinceps faciendum, et hec hec[d] omnia cum omnibus / suis iuribus et pertinentiis, viis et cetera, et eidem Danto sponso ut supra / presenti et stipulanti predictus ser Bernardus eius socer dedit et cetera / omnia sua iura et cetera, ita ut de cetero suprascriptus Dantus sponsus / ut supra et eius[e] heredes et cetera habeat et cetera, et exinde faciat et cetera, / et sit et suscedat et cetera, et utatur et cetera. Insuper dictus / ser Bernardus dedit et concessit suprascripto Danto genero suo, / sponso ut supra presenti et stipulanti, plenam parabulam et licentiam / intrandi et cetera seu quaxi predictorum bonorum ut supra in dotem / inestimatam datorum cum suis iuribus et pertinentiis, et / interim donec intraverit et cetera, constituit se dictus ser / Bernardus[f] predicta bona ut supra in dotem inestimatam / data ut supra tenere et possidere vel quaxi nomine / et vice suprascripti Danti generi sui ut supra, promittens dictus / ser Bernardus solemniter per stipulationem, obligando se et cetera / suprascripto Danto genero suo et sponso [g]-ut supra-[g] presenti et stipulanti, / ei suisque heredibus et cetera deffendere et cetera ab omni persona / et cetera omni tempore et cetera, et in se suscipere omne iuditium / et cetera, et in causis persistere usque in finem littis / omnibus ipsius ser Bernardi propriis expensis et cetera, in pena et cetera / pretii estimationis dictorum bonorum ut supra in dotem inestimatam / [c. 44r.] datorum et totius damni et interesse et omnium expensarum in / casu evictionis suprascriptorum bonorum ut supra in dotem inestimatam / datorum, si sequiretur in toto vel in parte et cetera, et pena / soluta vel non soluta et cetera, et hoc cum omnibus expensis et cetera, / et hec omnia in bonis denariis numeratis tantum et cetera, et hoc / tam sub pacto capiendi et cetera, renuntiando omnibus legibus et cetera. / Quapropter suprascriptus Dantus sponsus ut supra filius condam /o/ de tali / parte omnibus modo, iure, via, causa et forma quibus / melius potuit et potest, investivit et investit per / pignus et consultum et iure et nomine pigneris et consulti / dotis[h] inestimate / ut supra suprascriptam Margaritam eius sponsam filiam suprascripti ser Bernardi / de tali parte et cetera, quam ibidem anulo suo disponsavit / et in proximo deo dante ducere intendit in eius sponsam / et uxorem legiptimam presentem et cetera, de, in et super suprascriptis / bonis imobillibus ut supra descriptis et in dotem inestimatam / datis ut supra ipsi Danto sponso ut supra, et hoc de pretio et / valore estimationis dictorum bonorum superius in dotem inestimatam / datorum ut supra. Que bona ut supra in dotem inestimatam data / ut supra suprascriptus Dantus sponsus ut supra contentus et cetera fuit et est se / habuisse et recepisse a suprascripta[i] Margarita sponsa / sua seu a suprascripto ser Bernardo patre ipsius Margarite / dante et assignante in dotem inestimatam et nomine / dotis inestimate ipsius Margarite, et que bona / suprascriptus Dantus sponsus ut supra promissit et cetera, obligando se et cetera / suprascripte Margarite uxori sue presenti et stipulanti, / ei suisque heredibus et sucessoribus dare et restituere / quandocumque et prout casus estiterit petendi, exigendi / et repetendi dotem ipsam, et hec omnia cum omnibus expensis / et cetera, et hec[j] omnia in bonis denariis numeratis et cetera, et hoc / tam sub pacto capiendi et cetera, renuntiando omnibus legibus et cetera. Insuper / dictus Dantus sponsus ut supra dedit et concessit suprascripte Margarite uxori / sue plenam parabulam et cetera intrandi seu quaxi omnium suorum bonorum / et cetera, et interim donec intraverit et cetera, constituit se dictus / Dantus sponsus ut supra predicta omnia bona sua et cetera tenere et cetera nomine / et vice suprascripte Margarite uxoris sue et cetera. Qui Dantus sponsus / ut supra iuravit corporaliter et cetera, habere rata et cetera. / Actum et cetera, testes et notarii et cetera. /

[a] *Numero vergato nel margine sinistro della* c.
[b] *Segue* Bernardino filio condam *depennato.*
[c–c] *Parte aggiunta sopra la linea con segno di richiamo.*
[d] *Così, si espunga* hec.
[e] eius *sopra la linea sopra* eorum *depennato.*
[f] *Segue* spon *depennato.*
[g–g] *Parte aggiunta sopra la linea sopra* suo *depennato.*
[h] *Segue* et antifacti seu donationis propter nuptias *depennato.*
[i] *Segue* ser Bernardo *depennato.*
[j] *Segue* in *depennato.*

[c. 44v.] XXXIII[a] [Dos][b] non in forma comuni, sed est datum in pignere / petiam unam terre ad terminum cum pacto luendi

Anno et cetera, Antonius de Garuo de Bissono[37] filius condam /o/ habitans et cetera / investivit et investit per pignus et consultum et iure et / nomine pigneris et consulti dotis et antifacti seu donationis / propter nuptias Caterinam filiam condam ser Franzini Rusche de Lugano[20], / quam dictus Antonius transducturus est in suam et per suam / uxorem legiptimam, presentem, stipulantem et recipientem, nominative / et generaliter de omnibus et super omnibus et singulis ipsius Antonii / sponsi ut supra bonis et rebus mobillibus et inmobillibus / presentibus et futuris, et hoc de libris et pro libris centum / quinquaginta terciolorum inter dotem et antifactum seu donationem / propter nuptias, videlicet de libris centum terciolorum pro vera dote / et nomine vere dotis tantum et libris quinquaginta terciolorum / pro antifacto, pro quibus libris centum terciolorum dotis tantum /

Stephanus et Abondius fratres, filii condam ser Franzini[c] Rusche / et fratres suprascripte Caterine, cum auctoritate et consensu domini / Christofori de /o/ filii condam domini /o/ parentis sui proximi / materni et curatoris eorum eis ad infrascripta constituti / et huic assignationi assentienti[d] et auctoritatem / prestanti[e] causa cognita assignaverunt et assignant / suprascripto Antonio de Garuo pro spitiali pignere petiam / unam terre prative, campive et vineate, iacentem / in territorio de /o/ ubi dicitur /o/ cui coheret et cetera, / salvo erore coherentiarum et cetera, quousque dederint, / solverint et numeraverint suprascripto Antonio sponso ut supra / seu eius filiis et heredibus seu habenti causam ab eo / predictas libras centum terciolorum dotis tantum ipsius Caterine, / eo acto et pacto inter eos habito et convento, videlicet / quod quotienscumque dicti fratres dederint et solverint / et cum effectu parati fuerint dare et solvere / dicto Antonio vel eius heredibus et sucessoribus / [c. 45r.] dictas libras centum terciolorum pro dote dicte Caterine, quod dictum pignus / dicte petie terre sit sublatum et dicta petia terre[f] de / qua supra libere deveniat et devenisse intelligatur in dictos / fratres, tamen fructus, qui dimedio tempore percipientur ex et / de dicta petia terre, sint et esse debeant predicti Antonii / sponsi ut supra propter onera matrimonii supportandi[g], / [h]pacto etiam habito / inter eos contrahentes ut supra quod predictam sollutionem facere possint / predicti fratres paulatim et in diversis vicibus seu in / totum sive in parte, et si dicta sollutio fiat in pluribus / vicibus quod de ficto postea respondeatur dictis fratribus / ad ratam. Alias vero libras quinquaginta terciolorum, que / superhabundant, fecit et contulit suprascriptus Antonius suprascripte / Caterine uxori sue nomine donationis propter nuptias, prout / capiunt de duabus tres et cetera[7]. Quas quidem libras CL / terciolorum inter dotem et antifactum seu dictas libras C terciolorum / pro dote tantum seu pignus predictum in obitione dicte dotis / suprascriptus Autonius sponsus ut supra promissit et cetera, obligando se et cetera suprascripte[i] / Caterine uxori sue presenti et stipulanti, ei aut eius certo / misso, nuntio et procuratori dare et solvere ac restituere quandocumque / casus estiterit repetendi et habendi dictam dotem et antifactum / seu dotem tantum, prout casus estiterit, et hec omnia cum / omnibus alimentis, expensis, damnis et interesse et cetera in bonis denariis / numeratis tantum et cetera, sub pacto capiendi et cetera, renuntiando omnibus / legibus et statutis et cetera, et dedit parabulam intrandi et cetera, et / constituit se tenere et cetera. Et iuravit et cetera habere rata / et cetera. / Actum et cetera, testes et notarii et cetera. /

[a] *Numero vergato nel margine sinistro della* c.
[b] *Parte mancante per refilatura del margine superiore della* c.
[c] Franzini *sopra la linea sopra* Iohannis Antonii *depennato.*
[d] *Così, si intenda* assentientis.
[e] *Così, si intenda* prestantis.
[f] *Segue* pre *depennato.*
[g] *Segue* pacto *depennato.*
[h] *Precede* etiam habito inter eos contrahentes ex ut supra *depennato.*
[i] *Segue* Caterine *depennato.*

Sequitur forma compromissorum. /

XXXIIII° [a] Compromissum generale

Anno et cetera, Martinus filius condam ser Silvestri de tali parte habitans et cetera, / parte una, et magister Iohannes Iacobus filius condam ser P[etri][b] de tali parte habitans / [c. 45v.] et cetera, parte altera, sese vicissim et voluntarie comisserunt et / compromisserunt arbitrio et arbitramento, laudo, dispositioni et / amicabili compositioni discretorum virorum dominorum Iohannis Petri / de Salla[38] et Donati Brochi amborum de Lugano[20], comunalium / amicorum ipsarum partium, et eos et utrumque eorum in suos / arbitros, arbitratores et amicabiles compositores comuniter / et concorditer elligerunt et elligunt, nominative et / generaliter de omnibus et singulis littibus, questionibus, discordiis / et controversiis vertentibus et que de cetero verti, dici, / imaginari et esse posset per et inter eas partes et / utramque earum ratione et occaxione totius eius quod dicte partes / et utraque earum[c] sibi vicissim, / videlicet una pars alteri et altera alteri, petere, requirere, / causari, molestare, inquietare et perturbare / possent, poterant et potuissent ac poterunt quocumque / modo et quacumque ratione, causa et occaxione et tam per / cartam, quaternum et scripturam quam sine carta, quaterno / et scriptura et quocumque alio modo, ratione, causa / et titulo que dici posset vel excogitari modo / aliquo vel ingenio[d], etiam si esset causa inexcogitata / et penitus extranea hinc retro usque hodie, facientes / dicte partes et utramque earum in suprascriptos arbitros et / arbitratores et amicabiles compositores plenum, plenissimum / et generale compromissum ita et eo modo et forma quod / quicquid dici et pronuntiari contingerit per suprascriptos arbitros / et arbitratores ut supra per et inter eas partes et utraque earum / intelligatur in hoc compromisso fore appositum, insertum / et deductum, et ita et eo modo et forma quod suprascripti / arbitri et arbitratores ut supra possint et valeant dicere, / pronuntiare, arbitrari atque arbitramentare per et inter / eas partes et utramque earum quicquid voluerint et eis / [c. 46r.] melius videbitur et placuerit per ius, rationem, pactum, / conventionem et amicabilem compositionem omni die et tempore / feriato et non feriato, solemni et repentino et interdictis / causarum non obstantibus, et in quolibet loco honesto et inhonesto, / sedendo et stando, iuris ordine servato et non servato nulloque / pretermisso obstante, partibus presentibus et absentibus, citatis vel / non citatis, una parte presente et altera absente, citata / vel non citata, promittentes ad invicem dicte partes / et utraque earum solemniter per stipulationem, obligando sese vicissim, / videlicet una pars alteri et altera alteri, et omnia sua / vicissim bona pigneri presentia et futura presentibus et stipulantibus / sese perpetuo attendere, observare et exequtioni / mandare ac rata, grata, firma et valida habere / et tenere omnia et singula precepta, pronuntiamenta et arbitramenta, / que fient et fieri contingerint per suprascriptos arbitros / et arbitratores ut supra in omnibus et per omnia, prout fieri / contingerit, et hoc in pena et sub pena librarum / triginta duarum terciolorum et totius damni et interesse / et omnium expensarum, danda et solvenda dicta pena / per partem non attendentem et observare nolentem[e] / parti attendenti et observare volenti predicta precepta, / pronuntiamenta et arbitramenta que fieri contingerint ut supra[f], et / pena soluta vel non soluta, nichilominus omnia / et singula precepta, pronuntiamenta et arbitramenta que fieri contingerint / ut supra perpetuo et omni tempore rata, grata, firma et / valida permaneant et exequantur, et hec omnia cum / omnibus expensis, damnis et interesse ceterisque accessionibus que inde / fient, curent et patientur pro predictis omnibus et singulis petendis, / exigendis et habendis, et hec omnia in bonis denariis numeratis / tantum et non in aliqua alia re contra voluntatem partis / attedentis et observare volentis predicta precepta, pronuntiamenta / et arbitramenta que fieri contingerint ut supra, et hoc tam / sub pacto capiendi et detinendi ubique realiter et personaliter / [g] / [c. 46v.] partem non attendentem et observare nolentem quam alio quocumque modo / usque ad plenam et integram sollutionem et satisfactionem predictorum omnium / et singulorum, renuntiando omnibus legibus et statutis, consiliis, consuetudinibus, / provixionibus et ordinamentis comunitatis Lugani et valis[2] et cuiuslibet alterius / comunis factis et fiendis super hominibus non capiendis et bonis cedendis / et privilegio sui fori, et generaliter omni alteri auxilio et benefitio / cessionis bonorum suorum et privilegio sui fori et generaliter omni / alteri auxilio et benefitio legum, iuris et usus, insuper renuntiantes / dicte partes et utraque earum quod dicta arbitramenta et pronuntiamenta que / fieri contingerint ut supra non possint dici iniqua nec iniusta / nec ad arbitrium alicuius alterius boni viri fore reddenda, / terminus cuius quidem compromissi duret et valeat hinc ad / quindecim dies[h] proxime futuros cum potestate prorogandi / semel et pluries et totiens quotiens ipsis arbitris / et arbitratoribus ut supra melius videbitur et placuerit. Et [i-]ex[j] nunc prout[-i] / ex tunc[k] dicte partes et utraque earum prorogaverunt et prorogant / terminum dicti compromissi, prout prorogari contingerit per suprascriptos / arbitros et arbitratores ut supra. / Actum et cetera, testes et notarii et cetera. /

[l-][S]i[m] compromissum non est cum potestate prorogandi[-l]

Si vero compromissum non fit cum[n] potestate prorogandi[o], / dicatur sic videlicet, terminus cuius quidem compromissi duret et / valeat hinc ad quindecim dies proxime futuros inclusive. /

Si vero compromissum factum fuerit per unum pro se et nomine / alterius pro quo promissit de rato et cetera, dicatur sic videlicet. /

[a] *Numero vergato nel margine sinistro della* c.
[b] *Parola parzialmente illeggibile per sbiaditura della* c.
[c] *Segue* pro se et nomine ut supra *depennato.*
[d] *Segue* hi *depennato.*
[e] no- *corretto sopra* vo-.
[f] *Segue* in omni *depennato.*
[g] *A sinistra nel margine inferiore della* c. *vergato all'inverso da altra mano* sanctis.
[h] *Segue* prox *depennato.*

[i–i] *Parte aggiunta da altra mano.*
[j] ex *sopra la linea con segno di richiamo.*
[k] t- *corretto sopra* n- *da altra mano.*
[l–l] *Annotazione vergata nel margine sinistro della* c.
[m] *Parte mancante per refilatura del margine sinistro della* c.
[n] *Segue* p *depennato.*
[o] *Segue* semel *depennato.*

[a–]XXXV [Com]promissum[b] factum per unum pro se et nomine alterius occaxione unius venditionis fiende et cetera[–a]

Anno et cetera, Martinus filius condam Silvestri de tali parte habitans et cetera / pro se et nomine et vice Angeli eius fratris ex eodem patre / nati, pro quo promissit et promittit sub ipoteca et obligatione / sui et omnium suorum bonorum et rerum mobillium et imobillium / pigneri presentium et futurorum de rato habendo, iudicato et arbitrato / solvendo et de iuditio systi, iudicatum et arbitratum solvi / [c. 47r.] et rati habitione ut infra et facere et cum effectu curare / quod suprascriptus Angelus eius frater laudabit, ratifficabit et aprobabit / et ratum, gratum, firmum et validum et rata, grata, firma / et valida habebit et tenebit hoc instrumentum compromissi et / omnia et singula in eo contenta omnibus ipsius Martini propriis / expensis, damnis et interesse tantum, in pena et sub pena totius / damni et interesse et omnium expensarum solemni stipulatione promissa / et deducta, parte una, et magister Iohannes Iacobus filius condam Petri de / tali parte habitans et cetera, parte altera, sese vicissim et voluntarie / comisserunt et compromisserunt arbitrio et arbitramento, laudo, dispositioni / et cetera discretorum virorum Iohannis Petri de Salla[38] et Donati Brochi / amborum de Lugano[20], comunalium amicorum dictarum partium, et / eos et utrumque eorum in suos arbitros et arbitratores et cetera / comuniter et concorditer elligerunt et elligunt, / nominative et generaliter de omnibus et singulis littibus et cetera vertentibus / et cetera per et inter eas partes et utramque earum pro se et nomine ut supra / ratione et occaxione unius venditionis fiende per dictum Martinum / pro se et nomine suprascripti Angeli fratris sui in manibus suprascripti magistri / Iacobi de certis bonis imobillibus iacentibus in tali / territorio et pretii apponendi in dicta venditione. /

Si vero compromissum factum fuerit per unum procuratorio nomine / alterius, fiat sic videlicet. /

[a–a] *Numero e titolo vergati nel margine sinistro della* c.
[b] *Parte mancante per refilatura del margine sinistro della* c.

[a]-XXXVI Compromissum factum per unum procuratorio nomine alterius occaxione[b] bestiarum datarum ad socidum et avanzamentorum ipsarum bestiarum-[a]

Anno et cetera, Martinus filius condam Silvestri de tali parte habitans et cetera / missus et procurator ad hec et alia solemniter et legiptime / constitutus Francisci filii condam Bernardini de tali parte, ut / constat publico instrumento ipsius mandati rogato per Iohannem Antonium / de Cuyro[39] notarium publicum[c] Lugani et cetera, anno Domini curso / MDXXVIII, inditione /o/ die /o/ mensis /o/ seu anno, inditione, / die et mense in eo contentis, parte una, et Petrus filius condam / Abondii de tali[d], parte altera, sese vicissim et cetera, pro se et / nomine ut supra comisserunt et cetera arbitrio et cetera discreti viri / [c. 47v.] ser Mathey Rusche de Bedano[40] habitantis Lugani[20], comunalis amici / dictarum partium, et eum in suum arbitrum et arbitratorem / [e]et amicabilem compositorem comuniter et concorditer elligerunt et / elligunt, nominative et generaliter de omnibus et singulis / littibus et cetera vertentibus et cetera per et inter eas partes et utramque / earum ratione et occaxione illarum vacharum duarum alias / datarum per dictum Franciscum suprascripto Petro ad medium et / ad socidum, et hoc pro capitali dicti socedi, item ratione / et occaxione quorumcumque nutriminum et avanzamentorum perceptorum ex / et de dictis vachis a die facti dicti socedi citra / et omnium et singulorum a predictis omnibus et singulis et quolibet / predictorum dipendentium, emergentium et conexorum, item / ratione et occaxione totius eius quod dicte partes et utraque earum / sibi vicissim, videlicet una pars alteri et altera alteri, pro se / et nomine ut supra petere, requirere, causari, molestare, inquietare / et perturbare possent, poterant et potuissent hinc retro / usque hodie premissorum occaxione et dependentium ab ea, facientes / dicte partes et utraque earum pro se et nomine ut supra in suprascriptum / arbitrum et arbitratorem et amicabilem compositorem ut supra plenum, / plenissimum et generale compromissum et cetera, ita et cetera. /

[f]-Compromissum occaxione divixionis-[f]

Si vero compromissum factum fuerit inter fratres occaxione divixionis / bonorum suorum, tunc dicatur sic videlicet, / ratione et occaxione divixionis et partitionis omnium et singulorum / bonorum et rerum mobillium et imobillium seseque moventium, / iurium, actionum et nominum debitorum et creditorum / relictorum per dictum condam Petrum olim patrem dictorum / fratrum compromittentium in eius hereditate et bonis, / item ratione et occaxione totius eius quod dicti fratres / et partes ut supra et quilibet eorum sibi vicissim, videlicet una / pars alteri et aliis et altera et alie alteri et aliis, [g]-ponantur alie [h]-et aliis-[h] quando sunt plus quam due partes-[g], / petere et cetera possent et cetera quocumque modo et cetera et tam / [c. 48r.] per cartam, quaternum et scripturam quam sine carta et cetera, [hinc][i] / retro usque hodie facientes et cetera. /

[f-]Occaxione revisionis arbitramentorum[-f]

Si vero factum fuerit occaxione revisionis aliorum arbitramentorum / factorum inter eas partes, tunc dicatur sic videlicet, / ratione et occaxione revisionis[j] certorum arbitramentorum / alias latorum per et inter eas partes per dominum Bernardinum / Zobium alias arbitrum et arbitratorem ellectum inter eas / partes, rogatorum per Oltitium Ruscham[27] notarium publicum Lugani / et cetera, anno Domini curso MDXXVIII, inditione /o/ die /o/ seu / anno, inditione, die et mense in eo contentis, et[k] omnium / et singulorum a predictis omnibus et singulis dependentium et cetera. /

[f-]Occaxione damni dati[-f]

Si vero factum fuerit[l] causa alicuius damni illati, / dicatur sic videlicet, / ratione et occaxione certi damni illati per dictum Martinum / in devastando quamplures plantas vitium suprascripti Petri / iacentes in territorio de Vernate[17] ubi dicitur /o/ seu / in comburendo ipsi Petro domum unam iacentem in tali / loco et cetera, et totius eius quod dictus Petrus contra dictum / Martinum et eius bona[m] petere et cetera posset et cetera / et poterit premissorum occaxione et dependentium ab ea, / facientes et cetera. /

[f-]Occaxione sententie et apellationis[-f]

Si vero factum fuerit occaxione alicuius sententie late contra aliquem / et apellationis superinde interposite, dicatur sic videlicet, / ratione et occaxione contentorum in sententia lata per magnificum / et generosum virum dominum Iacobum de Roncho[41] capitaneum Lugani / et valis et cetera[18] in favorem dicti Martini contra dictum Petrum, / rogata per ser Iohannem Iacobum Treffoleum[42] notarium causarum Lugani / et cetera anno Domini curso et cetera, et apellationis[n] / interposite per dictum Petrum a dicta sententia et omnium et / [c. 48v.] singulorum a predictis dependentium, [o-]emergentium et conexorum[-o] et item ratione et occaxione / totius eius quod partes ipse sibi vicissim et cetera petere et cetera possent / et cetera premissorum occaxione, facientes et cetera. /

[f-]Compromissum factum in tres arbitros et arbitratores et quod duo ex eis possint arbitrari[-f]

Si vero compromissum factum fuerit in tres arbitros et quod / partes conveniant quod duo ex ipsis arbitris et arbitratoribus ut supra / possint arbitrari et cetera, dicatur sic[p] in clausulis / dicti compromissi videlicet, / ita quod quicquid dici et pronuntiari contingerit per suprascriptos arbitros / et arbitratores et amicabiles compositores seu duos ex eis simul / et concorditer intelligatur in hoc compromisso fore appositum et cetera, / et ita et eo modo et forma quod suprascripti tres arbitri et arbitratores / ut supra seu duo ex eis simul et concorditer possint et / valeant dicere et cetera, arbitrari et cetera. /

Et ubi sequentur nominas arbitros et arbitratores et cetera, / dicas seu duos ex eis simul et concorditer. /

[f-]Si arbitri non arbitraverunt quod partes ipse sint in statu [prout][q] erant ante [ipsum][q] compromissum[-f]

Si vero partes ipse posuerunt pactum in compromisso quod si arbitri / et arbitratores non fuerint concordes in faciendo eorum arbitramenta / inter partes ipsas quod compromissum non faciat preiuditium ipsis / partibus et cetera, dicatur sic videlicet ante actum. /

Pacto spitiali inter ipsos contrahentes expresse habito et convento, videlicet / quod si dicti arbitri et arbitratores ut supra non fuerint concordes / in faciendo eorum arbitramenta inter eas partes quod ipse / partes et utraque earum sint in eisdem statu[r], gradu / et termino prout sunt de presenti, et quod per presens compromissum / et contenta in eo nullum fiat nec generetur preiuditium / dictis partibus nec alicui earum nec earum iuribus, quia / sic inter eos contrahentes est conventum per pactum spitiale. /

[f-][Iu]ramentum[q] factum [per][q] partes de attendendo [arbitramen]ta[q] in compromisso[-f]

Si vero partes iuraverunt attendere arbitramenta et cetera, dicatur sic videlicet. /

Que partes et utraque earum iuraverunt et iurant corporaliter / [c. 49r.] ad sancta dei evangelia manibus tactis scripturis [sese][i] / perpetuo attendere et executioni mandare omnia arbitramenta / et pronuntiamenta que fieri contingerint per suprascriptos arbitros et / arbitratores ut supra per et inter eas partes in omnibus et per omnia, / prout fieri contingerint, ac rata, grata, firma et valida / habere et tenere et nullo tempore contrafacere nec / venire aliqua ratione vel occaxione iuris vel / facti comunis vel spitialis, nec[s] / [t]ab eis arbitramentis se apellare nec / apellationem interponere nec petere habilitationem / ipsius sacramenti ab aliquo iudice, et si obtinebit / unquam utetur illa. /

Nota quod compromissum finitur per mortem unius partis, nisi expresse / dicatur quod transeat in heredes. /

[f-][Quod][u] non possit suplicari et cetera contra arbitramenta fienda[-f]

Aliquando vero solent apponi pacta quod non possit suplicari / et cetera, tunc dicatur sic in fine contractus videlicet.

Tali pacto et cetera / quod per neutram ipsarum partium possit nec debeat contra ipsa / arbitramenta et cetera, que fient ut supra, aliqua rescripta impetrari sub / pena ducatorum decem auri danda et solvenda dicta pena / per partem ea rescripta impetrantem parti ea non impetranti. / Et si aliqua[v] rescripta impetrabunt ex nunc / ipsis omnibus meliori modo, iure, via, causa et forma quibus / melius potuerunt et possunt, renuntiaverunt et renuntiant, / protestantes ex nunc nole de ipsis uti. /

[a–a] *Numero e titolo vergati nel margine sinistro della* c.
[b] occaxione *sopra la linea con segno di richiamo.*
[c] *Segue parola inintelligibile depennata.*
[d] *Si integri* parte.
[e] *Nel margine sinistro della* c., *in corrispondenza della riga 3 dell'originale, annotato da altra mano,* occasione capitalis et avanzamentorum unius socedi.
[f–f] *Annotazione vergata nel margine sinistro della* c.
[g–g] *Annotazione vergata nel margine sinistro della* c. *in corrispondenza delle righe 29–31 dell'originale.*
[h–h] *Parte aggiunta sopra la linea con segno di richiamo.*
[i] *Parte mancante per refilatura del margine superiore della* c.
[j] *Segue* et reductionis *depennato.*
[k] *Segue* totiu *depennato.*
[l] *Segue* i *depennato.*
[m] *Segue* et cetera *depennato.*
[n] *Segue* super inde *depennato.*
[o–o] *Parte aggiunta sopra la linea con segno di richiamo da altra mano sopra* et cetera *depennato.*
[p] *Segue* videlicet *depennato.*
[q] *Parte mancante per lacerazione del bordo della* c.
[r] *Segue* et *depennato.*
[s] *Segue* impest impetrare *depennato.*
[t] *Precede* aliquam *depennato.*
[u] *Parte mancante per opera di roditori.*
[v] *Segue* arbitramenta imp *depennato.*

[a–]XXXVII Compromissum factum per unum tutorem nomine pupilli[–a] [b]

[c]Anno et cetera, Lanzarotus filius condam Nicoroli de Robiano de Lugano[20], / tutor generalis testamentarius personarum et bonorum Iohannis Marie, / Petri, Franceschine et Iohannine fratrum et sororum, filiorum condam et heredum / Iohannoli de Marliano[43] de Lugano minorum annis XIIII° / pro quolibet eorum, ut constat publico instrumento ipsius testamenti rogato / per Oltitium Ruscham[27] notarium publicum Lugani et cetera anno Domini curso / /o/ die et cetera seu anno, inditione, die et mense in eo contentis, / et confirmato per magnificum dominum capitaneum Lugani et cetera, ut / constat publico instrumento ipsius confirmationis rogato per suprascriptum / [c. 49v.] Oltitium Ruscham notarium ut supra anno Domini curso et cetera seu anno, / inditione, die et mense in eo contentis, parte una vel sic videlicet. /

[d–][Per t]utorem[e] datum per magnificum [domi]num[f] capitaneum[–d]

Lanzarotus filius condam /o/ et cetera tutor generalis personarum et bonorum Iohannis Marie, Petri, Franceschine et Iohannine fratrum et sororum, / filiorum condam et heredum Iohannoli de Marliano de Lugano, / minorum annis XIIII° pro quolibet eorum, eis datus, constitutus / et confirmatus per magnificum dominum capitaneum Lugani et cetera, et qui / tutor datus ut supra iuravit, cavit, promissit, satisdedit, inventarium / seu repertorium de bonis et rebus ac iuribus dictorum fratrum et / sororum minorum ut supra fecit seu facere incoavit et alia / fecit que facere debet et ad que tenetur de iure, ut / constat publicis instrumentis ipsorum tutelle, inventarii seu repertorii, / rogatis per Oltitium Ruscham notarium publicum Lugani et cetera / anno Domini curso et cetera seu anno, inditione, die et mense in / eo contentis, parte una et cetera, et Matheus filius condam /o/ de tali / parte[g], pro altera parte, pro se et nomine ut supra sese vicissim / et voluntarie comisserunt et compromisserunt arbitrio, arbitramento, / laudo, dispositioni et amicabili compositioni et cetera. /

Si vero compromissum factum fuerit per aliquem curatorem cum / consensu minorum et per minores cum licentia curatoris, / tunc dicas sic videlicet. /

[a–a] *Numero e titolo vergati nel margine sinistro della* c.
[b] *Così, si intenda* pupillorum.
[c] *Nel centro della* c. *prima dell'inizio del modello, vergato da altra mano,* per tutorem testamentarium.
[d–d] *Annotazione vergata nel margine sinistro della* c. *da altra mano.*
[e] *Parte mancante in seguito a refilatura del margine della* c. *Sopra la linea vergato da mano differente da quella dell'annotazione* per tutorem.
[f] *Parte mancante in seguito a refilatura del margine della* c.
[g] *Segue* parte *depennato.*

[a–][XXX]VIII[b] Compromissum[c] factum per tutorem[d] cum consensu [mino]rum[e –a]

Anno et cetera, Lanzarotus filius condam /o/ de tali parte et curator generalis / bonorum et persone Iohannis Marie filii condam et heredis insolidum / Iohanoli de Marliano[43] de Lugano[20] maioris annis XIIII°, / minoris tamen annis XXV, ei datus et confirmatus / per magnificum dominum capitaneum Lugani et cetera[18], et qui Lanzarotus / curator datus ut supra iuravit, cavit, promissit, satisdedit / inventariumque seu repertorium de bonis et rebus ac iuribus / ipsius Iohannis Marie minoris ut supra fecit seu facere incoavit / et alia fecit que facere debet et ad que tenetur de / iure, ut constat publicis instrumentis ipsorum cure, inventarii / [c. 50r.] [f] / seu repertorii rogatis per Oltitium Ruscham[27] notarium publicum / Lugani et cetera anno Domini curso /o/ seu anno, inditione, die et / mense in eo contentis[g], et item cum parabula et consensu / dicti Iohannis Marie minoris ut supra, et dictus Iohannes Maria minor / ut supra cum licentia et consensu suprascripti Lanzaroti eius / curatoris ut supra et etiam cum auctoritate et decreto infrascripti / domini capitanei, parte una, et Matheus filius condam /o/ de / tali parte et cetera, parte altera, sese vicissim et voluntarie / pro se et nomine / ut supra[h] comisserunt et compromisserunt / arbitrio et arbitramento, laudo, dispositioni et / amicabili compositioni discretorum virorum Iohannis Petri / Magnii et Matey de Quadrio amborum de Lugano, / comunalium amicorum dictarum partium, et eos et / utrumque eorum in suos arbitros, arbitratores et amicabiles / compositores comuniter et concorditer elligerunt et elligunt, / nominative et generaliter de omnibus et singulis littibus, / [i]questionibus, discordiis et controversiis vertentibus et / que de cetero verti, dici, imaginari et esse possent / per et inter eas partes et utramque earum pro se et nomine / ut supra ratione et occaxione capitalis illarum duarum / vacharum pregnantium et unius bovis alias datorum / per dictum[j] condam Iohannolum de Marliano olim / patrem dicti Iohannis Marie ad medium et ad socedum / suprascripto Matheo, ut constat publico instrumento ipsius socedi / rogato per Oltitium Ruscham notarium publicum Lugani / et cetera anno Domini curso et cetera seu anno, inditione, die et / mense in eo contentis, item ratione et occaxione quorumcumque / nutriminum et avanzamentorum ab hinc retro et a die / [k]facti dicti socedi[l] citra perceptorum ex et / de ipsis bestiis, item ratione et occaxione dicti socedi / de quo supra et omnium et singulorum in eo contentorum et ab / eo et contentis in eo dependentium, emergentium et / [c. 50v.] conexorum, item ratione et occaxione totius eius quod / dicte partes et utraque earum pro se et nomine ut supra sibi / vicissim, videlicet una pars alteri et altera alteri, petere, / requirere, causari, molestare, inquietare et / perturbare possent, poterant et potuissent hinc / retro usque hodie et omnium et singulorum a predictis et / quolibet predictorum dependentium ut supra, facientes / dicte partes et utraque earum pro se et nomine ut supra / in suprascriptos arbitros et arbitratores ut supra plenum et cetera / compromissum et cetera. /

[m]-Alia causa compromissi occaxione differentie unius petie terre seu certorum bonorum-[m]

Item ratione et occaxione cuiusdam petie terre prative / et zerbive iacentis in tali territorio ubi dicitur et cetera, / cui coheret a mane et cetera salvo errore coherentiarum et cetera, / quam petiam terre dictus Iohannes Maria tenet et possidet / et dicit esse suam ac sibi spectare et pertinere / vigore iurium suorum, et e contrario dictus Matheus / dicit non esse verum quod ipsa petia terre sit ipsius / Iohannis Marie imo est ipsius Mathei et ei spectat et / pertinet vigore et pretextu iurium suorum et ipsum / [n]Matheum esse priorem et potiorem / in iure super ipsa petia terre ipso Iohanne Maria. /

[m]-Alia causa compromissi-[m]

Item ratione et occaxione illarum librarum L[ta] terciolorum / et eorum expensarum, damnorum et interesse de et pro / quibus suprascriptus condam Iohannolus de Marliano obligatus / legitur et est in manibus suprascripti Mathey occaxione in / eo instrumento contenta, ut constat publico instrumento ipsius / obligationis rogato per Oltitium Ruscham notarium publicum Lugani et cetera / anno Domini curso /o/ die et cetera seu anno et cetera, / qui denarii petuntur per dictum Matheum suprascripto / Iohanni Marie heredi ut supra, item ratione et occaxione omnium / et singulorum a predictis et quolibet predictorum dependentium et cetera, / [c. 51r.] et dictus Iohannes Maria dicit dictum Matheum non posse / petere ipsos denarios, quia obstat exceptio sollutionis / ipsius instrumenti obligationis de quo supra, item obstat exceptio lapse / instantie petendi et consequendi dictos denarios de quibus supra / iam pluribus annis preteritis[o], item ratione et occaxione / totius eius quod dicte partes et utraque earum sibi vicissim, / videlicet una pars alteri et altera alteri, petere et cetera / possent et cetera, premissorum occaxione tantum et dependentium / ab ea hinc retro usque hodie, facientes et cetera. /

Non possunt ibi exprimi omnes cause compromissorum, / quia diverse sunt[p] forme questionum que / occurere possunt, et ponantur cause, prout contingit / et res se habebit. /

[m]-Quod possit elligi tercius arbiter et cetera-[m]

Nota quod si in compromisso fuerint duo ellecti et partes vellent / quod possit elligi tercius arbiter et cetera, tunc ponatur hoc / modo in fine dicti compromissi ante actum.

Tali pacto et cetera, / quod si suprascripti arbitri et arbitratores et cetera ut supra ellecti non / erunt concordes in faciendo eorum arbitramenta inter eas partes, quod / possint et valeant sibi unum tercium arbitrum et / arbitratorem ac mediatorem elligere, qui habeat / arbitrari et arbitramentare et eius arbitramenta facere / et proferre inter dictas partes una cum dictis duobus / arbitris et arbitratoribus ut supra ellectis seu altero eorum, / et cuius tercii et unius ex ipsis duobus arbitris et / arbitratoribus ut supra arbitrio[q] pareatur seu obediatur per eas / partes vel sic. /

Item[r] si partes fecerint compromissum in duos arbitros / et arbitratores ut supra cum conditione quod possint elligere / tercium arbitrum qui habeat arbitrari per se absque / aliis duobus arbitris discordibus, tunc dicas sic ante / actum videlicet. /

[m]-De eodem-[m]

Tali pacto et cetera, quod si suprascripti ambo arbitri et arbitratores / [c. 51v.] ut supra non erunt concordes in faciendo dicta eorum arbitramenta inter eas / partes, quod possint et valeant sibi unum tercium arbitrum / et arbitratorem et mediatorem elligere cuius soli auctoritati / et arbitrio pareatur et obediatur per ipsas partes, / si ipsi duo arbitri ut supra discordes remanserint / in eorum arbitramentis proferendis, / vel sic, quod possint et valeant sibi unum alium tercium / arbitrum et arbitratorem confidentem[s] partium ipsarum / elligere et constituere, vel ponas, prout partes fuerint / inter sese concordes. /

Si vero partes vellent quod ille tercius arbiter possit / arbitrari una cum altero aliorum, tunc ponas, / prout supra[t] scriptum est. /

[m]-Compromissum de iure tantum-[m]

Aliquando autem fit compromissum de iure tantum et / in compromisso de iure tantum[u] non ponuntur / illa verba arbitrator et amicabilis compositor, / sed tantummodo scribitur arbiter vel arbitro vel / arbitrum et non arbitratorem nec amicabilem / compositorem. /

[m]–Compromissum de conscientia tantum–[m]

Aliquando autem fit compromissum[v] in arbitrum de conscientia / tantum, tunc ponatur ubi dicitur de iure tantum loco / eius de iure tantum, dicatur de conscientia tantum, / et similia compromissa de conscientia tantum solent / fieri in theologos vel alios prelatos peritissimos, / et sic anotabis in eius prorogationibus et arbitramentis. /

[m]–De iure tantum quod possit haberi consilium sapientis et iusta illud arbitrari–[m]

Et si ille seu illi qui fuerint ellecti in arbitris / de iure tantum non fuerint sapientes taliter quod / nescirent terminare et cognoscere differentiam partium / et partes vellent quod ipsi arbitri haberent aperere / et consilium sapientis, dicatur post illam clausulam / [c. 52r.] ubi legitur in compromisso, et ita et eo modo et forma quod / dictus arbiter possit dicere, precipere, pronuntiare atque arbitrari / inter partes suprascriptas et utramque earum de iure tantum et non / ultra, hoc tamen intellecto et cum hac potestate / quod si ipse Maynolus arbiter ut supra nesciret cognoscere / de iure secundum coram eo agitata per ipsas partes / et utramque ipsarum, quod possit ipse arbiter recurere / ad iudicem et sapientem ubi[w] placuerit / ipsi arbitro et habere consilium sapientis[x] / [y]super predictis agitatis coram eo / per ipsas partes et utramque earum et ipsam causam / dicidere, finire et terminare secundum dictum consilium / sapientis, et hoc ad expensas ipsarum partium / et utriusque vel alterius earum insolidum, prout eidem / de iure melius videbitur et placuerit, promittentes / ad invicem dicte partes et utraque earum obligando sese / vicissim, videlicet una pars alteri et cetera, et omnia earum vicissim / bona et cetera, attendere et cetera suprascripta omnia precepta et cetera, / que fient et cetera per suprascriptum arbitrum ut supra, et hoc in pena et cetera. /

Compromissum occaxione[z] rationis reddende de / administratione tutelle et cure

Ratione et occaxione eius de quo dictus Albertus fuit / constitutus tutor et administrator persone et bonorum / [aa]dicti Iohannis Marie, ut constat publico instrumento ipsius tutelle / rogato per Oltitium Ruscham notarium publicum Lugani et cetera / tali anno et cetera, et inventarii facti per dictum Albertum / de bonis dicti Iohannis Marie, ut constat instrumento ipsius / inventarii rogato per talem notarium anno et cetera, et / ratione et occaxione administrationis dicte tutelle / seu cure et inventarii geste per dictum Albertum et / bonorum dicti Iohannis Marie gestorum per dictum Albertum pretextu / [c. 52v.] dictorum instrumentorum tutelle et inventarii et rationis / reddende per dictum Albertum dicto Iohanni Marie de gestis / et administratis per eum occaxione predictorum tutelle et / inventarii hinc retro usque hodie et omnium dependentium, / emergentium et conexorum a predictis et quolibet predictorum, / et ratione et occaxione totius eius quod dictus

Iohannes Maria / eidem Alberto petere, requirere, causari, molestare, / inquietare et perturbare posset, poterat et potuisset / ac poterit hinc retro usque hodie occaxione dictorum / tutelle et inventarii et occaxionibus predictis, et / ratione et occaxione divisionis fiende inter dictum / Albertum, pro una parte, et dictum Iohannem Mariam, parte / altera, ad quam divisionem ipse Iohannes Maria / provocavit et provocat dictum Albertum. /

In alia forma

Ratione et occaxione eius quod dictus Albertus fuit / constitutus tutor vel curator, gestor et administrator / persone et bonorum dicti Iohannis Marie, ut constat publico / instrumento ipsius tutelle rogato per talem notarium tali / anno et cetera et inventarii facti per dictum Albertum / de bonis dicti Iohannis Marie, ut constat instrumento ipsius / inventarii tradato et cetera per talem notarium tali anno et cetera, / et ratione et occaxione administrationis dictorum tutelle / et inventarii geste per dictum Albertum et bonorum / dicti Iohannis Marie gestorum[bb] per dictum Albertum pretextu / dictarum tutelle et inventarii hinc retro usque hodie / et omnium dependentium, emergentium et conexorum / a predictis et quolibet predictorum, et ratione et occaxione / totius eius quod dictus Iohannes Maria eidem Alberto petere / et cetera posset et cetera hinc retro usque hodie ratione / [c. 53r.] et occaxione dicte tutelle et inventarii et occaxionibus / predictis, et ratione et occaxione totius eius quod dicte / partes et utraque earum sibi vicissim et cetera petere et cetera / possent et cetera quovis modo et causa hinc retro usque / hodie, facientes et cetera. /

Alia causa compromissi

[cc]Ratione et occaxione cuiusdam venditionis fiende / per suprascriptum Iohannem de tali parte una cum comuni de Vernate[17], / sicut faciunt illi qui fideiussores dare non possunt, / [dd]suprascripto Alberto de tali parte, nominative de hospitio / uno cum pluribus domibus, lobio et cetera iacentibus et cetera / quibus coheret et cetera salvo et cetera, et proclamationis / dicta occaxione fiende nec non pretii dicti hospitii / supra coherentiati et ficti eius nec non omnium et singularum / expensarum, que inde fient predictis occaxionibus vel aliqua / ex eis, et omnium et singulorum dependentium et cetera a predictis et / quolibet predictorum, facientes et cetera. /

Causa compromissi cuiusdam investiture et interlassationis / fiende et ficti et melioramentorum

Ratione et occaxione cuiusdam investiture facte per Nicolaum / de tali parte tamquam procuratorem suprascripti Aluysii de tali parte / [ee]suprascripto Marcho de domibus duabus iacentibus in tali loco / et descriptis et coherentiatis in dicto instrumento investiture, / rogata dicta investitura per talem notarium et cetera, et ficti / earum tam temporis preteriti quam presentis et futuri et cuiuscumque / interlassationis fiende per dictum Marcum dicto Aluysio / de dictis domibus seu parte earum et quorumcumque melioramentorum / et expensarum factarum in dictis domibus vel aliqua earum / per dictum Marcum, qui Marcus ex nunc interlassat / libere dicto Nicolao unam domum ex dictis domibus / videlicet maiorem pro ficto, prout declarabitur per suprascriptos arbitros, / [c. 53v.] defalcando dicto Marco de ficto suprascriptarum domorum seu alterius / earum et omnium et singulorum dependentium et cetera, a predictis et cetera. /

Alia causa compromissi

Ratione et occaxione totius eius quod dicta Iohannina dictis / fratribus suis et super eorum bonis et super bonis que fuerunt / [ff]dicti condam Alberti olim mariti ipsius Iohannine et olim / patris dictorum fratrum occaxione eius dotis et antifacti / et cuiuscumque melioramenti monete et alimentorum et / omnium dependentium et cetera a predictis et cetera, item ratione et occaxione / totius eius quod partes ipse et utraque earum sibi / vicissim et cetera petere et cetera possent et cetera. /

Causa compromissi denariorum depositorum per unum ad / petitionem alterius

Ratione et occaxione illarum librarum centum terciolorum depositarum / penes Iohannem de tali parte per Romerium de tali parte / [gg]nomine et ad petitionem Caterine del Piperata de Lugano, / super quibus denariis utraque pars pretendit habere / meliora et potiora iura, et ratione et occaxione / contentorum in actis agitatis inter suprasciptas partes occaxione / suprascriptorum denariorum et omnium et singulorum dependentium et cetera. /

[a–a] *Numero e titolo vergati nel margine sinistro della* c.
[b] *Parte scomparsa in seguito a refilatura del margine della* c.
[c] *Vergato da altra mano a integrazione della parola corrispondente scomparsa in seguito a refilatura del margine della* c.
[d] tu- *vergato da altra mano a integrazione della parte corrispondente scomparsa in seguito a refilatura del margine della* c., *si intenda* curatorem.
[e] *Parte scomparsa in seguito a refilatura del margine della* c.
[f] *Nel margine superiore della* c. *in alto all'estrema sinistra è stato vergato il numero* 2, *indicante verosimilmente l'inizio del secondo quaderno.*
[g] *Segue* p *con segno abbreviativo depennato.*
[h] *Segue* cosse *depennato.*
[i] *Nel margine sinistro della* c. *in corrispondenza delle righe 16 –19 dell'originale è stato annotato dalla stessa mano* occaxione capitalis unius socedi et avanzamentorum bestiarum dicti socedi.
[j] *Segue* Lan *depennato.*
[k] *Precede* dicti *depennato.*
[l] *Segue* sup *depennato.*
[m–m] *Annotazione vergata nel margine sinistro della* c.
[n] *Precede* Iohannem Mariam *depennato.*

o *Segue* item *depennato.*
p *Segue* q *depennato.*
q arbitrio *aggiunto sopra la linea con segno di richiamo da altra mano.*
r *Segue* cum *depennato.*
s *Segue* elligere *depennato.*
t *Segue* fit *depennato.*
u *Segue* p *depennato.*
v *Segue* de *depennato.*
w *Segue* sibi *depennato.*
x *Segue* et / hoc expensis ipsarum partium et utriusque vel alterius *depennato.*
y *Precede* earum in solidum *depennato.*
z *Segue* ad *depennato.*
aa *Nel margine sinistro della* c. *in corrispondenza delle righe 25–26 dell'originale l'annotazione* pro administratione tutelle seu cure.
bb *Segue* p *con segno abbreviativo depennato.*
cc *Precede* Item *depennato.*
dd *Nel margine sinistro della* c. *in corrispondenza delle righe 10–11 dell'originale l'annotazione* causa venditionis fiende ad.
ee *Nel margine sinistro della* c. *in corrispondenza delle righe 22–24 dell'originale l'annotazione* causa investiture et interlassationis et ficti et melioramentorum.
ff *Nel margine sinistro della* c. *in corrispondenza della riga 6 dell'originale l'annotazione* pro dote.
gg *Nel margine sinistro della* c. *in corrispondenza delle righe 16–17 dell'originale l'annotazione* super depoxito.

XXXVIIII°[a] Assumptio tercii arbitri [b-]per arbitros[-b]

Anno et cetera, ser Franciscus Carulus et ser Matheus Ruscha / de Bedano[40], ambo habitantes Lugani[20], ambo arbitri et / arbitratores et amicabiles compositores comuniter et concorditer / ellecti[c] per et inter Abondium de Noxeno de / Lugano, parte una, et Alexandrum Martellam de / Salla[38], parte altera, occaxione contentorum in compromisso facto / per ipsas partes in suprascriptos arbitros et arbitratores ut supra, / [c. 54r.] rogato per Iohannem Antonium de Cuyro[39] notarium publicum Lugani et cetera, / anno /o/ die et cetera seu anno et cetera in eo contentis, sub condictione / si eis arbitris et arbitratoribus ut supra placuerit elligere / possint in eorum sotium, arbitrum et arbitratorem et tercium / amicabilem compositorem[d], plenius continetur et fit mentio, / ex arbitrio, auctoritate et baylia vigore dicti compromissi / eis concessis ac omnibus aliis modo, iure, via, causa / et forma quibus melius potuerunt et possunt, assumpserunt / et assumunt in eorum tercium[e] sotium, arbitrum / et arbitratorem, compositorem Abondinum de Trevano[44] / de Lugano ad arbitrandum, sententiandum et declarandum / inter predictas partes cum ipsis arbitris et arbitratoribus / assumptibus quicquid eis et dicto tercio assumpto ut supra / melius videbitur et placuerit iusta formam dicti / compromissi, que quidem assumptio in quolibet capitulo / dicti compromissi vires obtineat. Actum, testes et notarii et cetera. /

a *Numero vergato nel margine sinistro della* c.
b–b *Parte aggiunta da altra mano.*

c *Segue* et cetera *depennato.*
d *Segue* plenus *depennato.*
e *Segue* arbit *depennato.*

XL[a] Prorogatio compromissi facta per partes

Anno et cetera, Petrus filius condam ser Iohannis de Castello de Lugano[20], / parte una, et Petronus del Vento de Mano[15] filius condam /o/ / parte altera, omnibus modo, iure, via, causa et forma / quibus melius potuerunt et possunt, prorogaverunt / et prorogant terminum compromissi facti per ipsas / partes et utramque earum in dominos Cesarem Castoreum / et Steffanum de Salla[43], arbitros et arbitratores comuniter / et concorditer ellectos inter eas partes, rogati per Iohannem Antonium / de Somazo[45] notarium publicum Lugani et cetera tali anno et cetera, / a die finituri termini ipsius compromissi in antea / ad mensem unum proxime futurum cum et sub illis / pactis, obligationibus, renuntiationibus, promissionibus et clausulis, prout / in ipso compromisso continetur. Actum et cetera, testes et / notarii et cetera. /

a *Numero vergato nel margine sinistro della* c.

[c. 54v.] XLI[a] Prorogatio compromissi facta per arbitros

Anno et cetera, Abondinus de Trevano[44] et Iohannes Petrus Polete / ambo de Lugano[20], arbitri et arbitratores et amicabiles / compositores comuniter et concorditer ellecti et assumpti per / et inter Suxanum Trovini de Lugano, parte una, / et Iohannem Antonium de Caxella de Carona[46], parte altera, / occaxione contentorum in compromisso inde per ipsas partes et / utramque earum facto in suprascriptos arbitros et arbitratores / ut supra, rogato per talem notarium anno et cetera seu / anno, inditione, die et mense in eo contentis, ex arbitrio, / potestate et baylia ipsis arbitris et arbitratoribus / ut supra concessis vigore dicti compromissi prorogaverunt et / prorogant terminum dicti compromissi a die finituri / termini ipsius compromissi in antea ad totidem / tempus contentum in dicto compromisso seu ad quindecim / dies seu ad mensem unum proxime futurum cum et / sub illis pactis, clausulis, renuntiationibus et solemnitatibus / in ipso compromisso contentis, retinentes in se potestatem / et arbitrium iterum prorogandi terminum dicti compromissi / semel et pluries et totiens quotiens ipsis / arbitris et arbitratoribus ut supra placuerit et quando / opus fuerit. Actum et cetera, testes et notarii et cetera. /

Si vero compromissum non esset factum cum potestate / prorogandi[b] non ponantur illa verba, retinentes / in se potestatem iterum prorogandi et cetera. /

a *Numero vergato due volte nel margine sinistro della* c.
b *Segue* nis *depennato.*

Sequitur forma arbitramentorum. /

De arbitramentis vero non potest dari vera forma, / [c. 55r.] quia infinite et diverse sunt controversie super quibus / fiunt arbitramenta et super quibus littigari contingit, / sed hic aliqua dicemus prout potuerimus sub / brevitate et pro clarificatione notariorum non / bene instructorum in tabelionum offitio. /

[a]–XLII Arbitramenta–[a]

Anno et cetera, cum multe varieque littes, questiones, discordie / et controversie forent et maiores in futurum timerentur / et oriri possint per et inter Lanzarotum filium condam domini Antonii / Rusche de Lugano[20], parte una, et magistrum Abondium filium condam / ser Aluysii de Lacu de Lugano, parte altera, cumque / de ipsis littibus, questionibus, discordiis et controversiis / dicte partes et utraque earum sese vicissim et / voluntarie comississent et compromississent arbitrio / et arbitramento, laudo, dispositioni et amicabili / compositioni discretorum virorum Iohannis Antonii del Planta / de Lugano et magistri Dominici de Ruyliana[47], confidentium / ipsarum partium, et eos et utrumque eorum in suos / arbitros et arbitratores et amicabiles compositores / comuniter et concorditer elligissent et elligerint ratione / et occaxione contentorum in compromisso inde per ipsas partes / et utramque earum facto in suprascriptos arbitros et arbitratores / ut supra[b], rogato per talem notarium anno tali et cetera, / valato ipso compromisso pena et obligo, prout in ipso / compromisso continetur. / Tandem suprascripti Iohannes Antonius del Planta et Dominicus de / Ruyliana, ambo arbitri et arbitratores ut supra, qui / viderunt et dilligenter examinaverunt dictum compromissum / de quo supra et eius mentem et tenorem et omnia et / singula in eo contenta, rogatum ut supra. / Quique viderunt et dilligenter examinaverunt prorogationem / [c. 55v.] per eos factam de termino dicti compromissi, rogatam per / talem notarium tali anno et cetera seu anno, / inditione, die et mense in eo contentis. / Quique viderunt et dilligenter examinaverunt aliud instrumentum / prorogationis facte per ipsas partes et utramque earum / de termino dicti compromissi, rogatum per talem notarium / tali anno. / Quique viderunt et dilligenter examinaverunt talia / et talia instrumenta et cetera, ponantur instrumenta, prout / partes ipse et utraque earum produxerint de uno in / unum et iura. / Quique pluries et pluries habuerunt colloquium / cum ipsis partibus et utraque earum quandoque simul / et quandoque divixim. / Quique viderunt et dilligenter examinaverunt preceptum / unum penale ipsis arbitris et arbitratoribus ut supra / emanatum parte magnifici domini capitanei Lugani ad instantiam / suprascripti Lanzaroti Rusche cum rellatione servitoris / tenoris infrascripti videlicet[c].

Ponatur tenor dicti / precepti penalis. /

Quique viderunt et dilligenter examinaverunt preceptum / perhemptorium eorum parte emanatum ipsis partibus / et utrique earum cum rellatione servitoris et / prorogationibus superinde factis tenoris infrascripti / videlicet[c].

Ponatur tenor ipsius perhemptorii / cum prorogationibus eius. /

Quique viderunt et dilligenter examinaverunt ea omnia / [c. 56r.] et singula que partes ipse et utraque earum coram / ipsis arbitris et arbitratoribus ut supra docere, producere, / monstrare et alligare voluerunt. / Et qui super premissis omnibus et singulis habuerunt / plenam, maturam et dilligentem deliberationem et / examinationem volentesque ipsas partes et utramque / earum ad concordiam reddducere et parcere eis laboribus / et expensis odioxis pro bonis pace et concordia, Christi / nomine invocato de cuius nutu cuncta recta semper / [d]procedunt iuditia, sedentes in banco super quodam / banco posito in burgo Lugani, in contrata de Carona[21] / subtus porticum domus habitationis Iohannis Petri Castorei, quod / bancum et quem locum[e] suprascripti arbitri et arbitratores / ut supra suum elligerunt et elligunt bancum et tribunal / idoneum in hac parte, fecerunt et faciunt infrascripta / sua precepta, pronuntiamenta et arbitramenta per et inter / eas partes et utramque earum, que attendi volunt et / observari precipiunt per ipsas partes et utramque earum, / in pena et sub pena dicti compromissi et contentorum / in eo videlicet. / Imprimis namque suprascripti Iohannes Antonius del Planta et Dominicus / de Ruyliana, arbitri et arbitratores ut supra dixerunt, / preceperunt, pronuntiaverunt, arbitrati atque arbitramentati / fuerunt et sunt, et per hec sua precepta, pronuntiamenta / et arbitramenta declaraverunt et declarant omnia / illa bona, de quibus in dicto compromisso fit mentio, / spectare et pertinere pleno iure suprascripto Lanzaroto / Rusche, et ipsum Lanzarotum Ruscham super bonis / suprascriptis habere meliora et potiora iura quam habeat / suprascriptus magister Abondius de Lacu, sed ipsum magistrum Abondium / habere retentionem super dictis bonis pro quantitate et / usque ad quantitatem librarum CC terciolorum pro omni iure / [c. 56v.] eius et actione et regressu, quod et que dictus magister / Abondius habeat et ei spectat et pertinet quocumque / modo et iure et quacumque ratione et occaxione / super ipsis bonis, et in quibus libris ducentum / terciolorum dicti arbitri et arbitratores ut supra condempnaverunt / et condempnant dictum Lanzarotum ad dandum / et solvendum dicto magistro Abondio de Lacu hinc / ad mensem unum proxime futurum, et quod ipso / magistro Abondio recusante dictas libras CC terciolorum / recipere et tenere, tunc et eo casu liceat et / licitum sit suprascripto Lanzaroto dictas libras CC terciolorum / deponere penes idoneam personam pro eis dandis / et solvendis suprascripto magistro Abondio, et qua sollutione / vel oblatione facta per dictum Lanzarotum de / dictis libris CC terciolorum dicto magistro Abondio dictus magister / Abondius teneatur et debeat et astrictus sit, et ipsum / magistrum Abondium dicti arbitri et arbitratores ut supra / per presentia eorum arbitramenta condempnaverunt et / condempnant ex nunc prout ex tunc ad [f-]ea bona[-f] dimittendum / et interlassandum, vacuandum et expediendum, / et ad faciendum et cum effectu curandum quod Zanes / et Iacobus de tali parte habitantes in tali loco / loco[g] et quelibet alie persone, que ea bona / tenent et laborant nomine dicti magistri Abondii, / [h]dimittant, interlassent, vacuent et expediant / libere suprascripto Lanzaroto dicta bona de quibus supra, / ita et taliter quod a[i] nulla persona teneantur nec / occupentur dicta bona prout de presenti iacent. / Item dixerunt, preceperunt, pronuntiaverunt, arbitrati / atque arbitramentati fuerunt et sunt et per / [c. 57r.] hec sua precepta, pronuntiamenta et arbitramenta condempnaverunt et condempnant / dictum magistrum Abondium, facta sibi sollutione vel legiptima / oblatione et dipositione per suprascriptum Lanzarotum de / suprascriptis libris CC terciolorum, ad inducendum, ponendum / et manutendum et guarentandum suprascriptum Lanzarotum / in possessionem dictorum bonorum, de quibus supra in compromisso / fit mentio, et promissione deffendendi, guarentandi / et manutenendi. / Item dixerunt, preceperunt, pronuntiaverunt, arbitrati atque / arbitramentati fuerunt et sunt et per hec sua / precepta, pronuntiamenta et arbitramenta[j] condempnaverunt et / condempnant suprascriptum Lanzarotum ad dandum et solvendum / suprascripto magistro Abondio de Lacu hinc ad calendas / mensis May proxime futuri libras /o/ terciolorum, et hoc / pro completa sollutione totius eius quod dictus Lanzarotus / eidem magistro Abondio petere, requirere, causari, molestare, / inquietare et perturbare posset, poterat et / potuisset ac poterit ratione et occaxione cuiuscumque / quantitatis bladi eidem magistro Abondio venditi et / dati ad credentiam per dictum Lanzarotum et aliam / personam pro eius nomine hinc retro usque hodie. / Item salvis premissis et sine eorum preiuditio dixerunt, / preceperunt, pronuntiaverunt et per hec sua precepta, pronuntiamenta / declaraverunt et declarant sic et sic et cetera. /

Ponantur capitula, prout per arbitros et arbitratores / declaratum fuerit. /

Item salvis premissis et sine eorum preiuditio dixerunt, / preceperunt, pronuntiaverunt, arbitrati atque arbitramentati / fuerunt et sunt et per hec sua precepta, pronuntiamenta / et arbitramenta absolverunt et liberaverunt et absolvunt / [c. 57v.] et liberant suprascriptas ambas partes et utramque earum / ab omni et toto eo quod ipse partes et utraque / earum sibi vicissim, videlicet una pars alteri et altera / alteri petere, requirere, causari, molestare, / inquietare et perturbare possent, poterant et / potuissent ac poterunt quocumque modo et quacumque / ratione, causa et occaxione et tam per cartam, / quaternum et scripturam quam sine carta, quaterno / et scriptura hinc retro usque hodie. / Item dixerunt, preceperunt, pronuntiaverunt, arbitrati / atque arbitramentati fuerunt et sunt et per hec / sua precepta, pronuntiamenta et arbitramenta condempnaverunt / et condempnant suprascriptas partes et utramque earum / ad dandum et solvendum suprascriptis arbitris et / arbitratoribus ut supra ducatum unum auri pro quolibet / eorum pro eorum mercede et salario presentium arbitramentorum. / Item dixerunt, preceperunt, pronutiaverunt, arbitrati / atque arbitramentati fuerunt et sunt et per hec / sua precepta, pronuntiamenta et arbitramenta declaraverunt / et declarant quod presentia precepta, pronuntiamenta / et arbitramenta attendantur et observentur per / ipsas partes et utramque earum, in pena et sub / pena dicti compromissi et contentorum in eo. / Et predicta omnia et singula acta et celebrata / fuerunt et sunt presentibus suprascripto Lanzaroto Ruscha, / parte una, et suprascripto magistro Abondio de Lacu, parte / altera, predicta omnia et singula de quibus supra / amolegantibus et affirmantibus in omnibus / et per omnia et de verbo ad verbum et de capitulo / [c. 58r.] in capitulum, prout supra continetur et iacent ad litteram, / ac iurantibus corporaliter ad sancta dei evangelia / manibus tactis scripturis sese predicta omnia et singula / in hoc instrumento contenta perpetuo attendere, observare / et exequtioni mandare ac rata, grata, firma / et valida habere et tenere et nullo tempore contrafacere / nec venire aliqua ratione vel occaxione iuris / vel facti comunis vel spitialis. /

Si partes non iuraverint non ponas iuramentum in / suprascripta amolegatione, sed tantummodo ponas amolegationem. / [k]Si facta fuerint arbitramenta inter fratres occaxione / divisionis bonorum relictorum per eorum fratrum patrem / et comunium inter eos, tunc dicatur sic videlicet. /

Imprimis namque suprascripti arbitri et arbitratores et amicabiles / compositores dixerunt, preceperunt, pronu[n]tiaverunt, arbitrati / [l]atque arbitramentati fuerunt et sunt et per hec sua / precepta, pronuntiamenta et arbitramenta assignaverunt et assignant / suprascripto Abondio infrascripta bona inferius descripta et / coherentiata, et hoc pro eius parte et sorte omnium et / singulorum bonorum imobillium relictorum per dictum condam / Marcum olim ipsorum fratrum patrem in eius hereditate / et bonis et comunium inter eos fratres, que bona sunt / ista videlicet, imprimis domum unam et cetera, item petiam / unam terre et cetera, ponantur bona, imponentes / [m]et per presentia precepta, pronuntiamenta et arbitramenta suprascripti arbitri / et arbitratores ut supra imposuerunt et imponunt[n] / perpetuum silentium suprascriptis Francisco et Iohanni Marie / fratribus suis de, in et super suprascriptis bonis ut supra / assignatis suprascripto Abondio [o-]pro omni et toto eo quod suprascripti Franciscus[-o] [p-]et Iohannes Maria fratres petere et consequi possent et poterunt de, in et super suprascriptis bonis ut supra assignatis suprascripto Abondio eorum fratri quocumque modo et quacumque ratione et occaxione.

Similiter dicatur in omnibus aliis sortibus aliorum fratrum de una in unam mutatis mutandis[-p].

Item salvis premissis / et sine eorum preiudicio dixerunt, preceperunt, pronuntiaverunt, / arbitrati atque arbitramentati fuerunt et sunt, / [c. 58v.] et per hec sua precepta, pronuntiamenta et arbitramenta / assignaverunt et assignant suprascripto Francisco infrascripta bona / inferius descripta et coherentiata, et hoc pro eius / Francisci parte et sorte omnium et singulorum bonorum imobillium / relictorum per dictum condam Marcum olim ipsorum fratrum patrem / in eius hereditate et bonis et comunium inter eos fratres, / que bona sunt ista videlicet, imprimis domum unam et cetera, / item petiam unam terre et cetera, ponantur omnia bona / obventa ipsi Francisco, imponentes et per presentia / precepta, pronuntiamenta et arbitramenta suprascripti arbitri et arbitratores / ut supra imposuerunt et imponunt suprascriptis Abondio et / Iohanni Marie fratribus perpetuum silentium de, in et super / bonis ut supra assignatis suprascripto Francisco. /

Similiter fiat de sorte bonorum assignata suprascripto Iohanni Marie / eorum fratrum fratri mutatis mutandis. /

Item salvis premissis et sine eorum preiuditio dixerunt, / preceperunt, pronuntiaverunt, arbitrati atque arbitramentati / fuerunt et sunt et per hec sua precepta, pronuntiamenta et / [q]arbitramenta assignaverunt et assignant suprascripto Abondio infrascripta / [r]credita inferius descripta, et hec pro eius / sorte et parte omnium creditorum comunium inter eos fratres videlicet. / Imprimis illos ducatos XII auri de quibus ipsi fratres sunt / creditores Vaxini Paroli de Lugano, item tale et tale / creditum. /

Hoc idem fiat pro aliis fratribus mutatis mutandis. /

Item salvis premissis et sine eorum preiuditio dixerunt et cetera / et per hec sua precepta et cetera condempnaverunt et / condempnant[s] suprascriptum Abondium ad solvendum / et servandum infrascripta debita infrascriptis personis et / [c. 59r.] personis[t] et ad rellevandum et conservandum suprascriptos alios / fratres suos et eorum heredes, res et bona indempnes et / illexos et penitus sine briga, expensis, damnis / et interesse a premissis debitis de quibus supra et eorum occaxione. /

Hoc idem fiat pro aliis fratribus de uno in unum mutatis / mutandis. /

Item salvis premissis et sine aliquo eorum preiuditio dixerunt / et cetera et per hec sua precepta, pronuntiamenta et arbitramenta / declaraverunt et declarant quod si reperiantur aliqua / [u]alia bona mobillia et imobillia, iura et nomina / debitorum et creditorum, que non sint divisa inter eos / fratres et partes, quod comuniter dividantur, solvantur et / exigantur inter eos omnes fratres. / Item salvis premissis et sine eorum preiuditio dixerunt et cetera / et per hec sua precepta et cetera absolverunt et liberaverunt / et absolvunt et liberant predictas partes et utramque / earum ab omni et toto eo quod sibi vicissim et cetera petere / et cetera posset et cetera quocumque modo et cetera et tam per cartam / et cetera quam sine carta et cetera hinc retro usque hodie. / Item dixerunt et cetera et per hec sua precepta et cetera condempnaverunt / et condempnant suprascriptas partes et quamlibet earum ad dandum et / solvendum suprascriptis arbitris et arbitratoribus ut supra ducatum / unum auri pro quolibet eorum pro eorum mercede et salario / presentium arbitramentorum et andatarum per eos causa suprascripta factarum. / Item dixerunt et cetera et per hec sua precepta et cetera declaraverunt / et cetera quod presentia arbitramenta et cetera attendantur[v] [w]-et observentur per ipsas partes et quamlibet earum, in pena et sub pena dicti compromissi et contentorum in eo-[w]. /

Si partes amolegaverint ponas amolegationem, si non / amolegaverint non ponas amolegationem. / Si una ex partibus amolegaverit, altera non, ponas amolegationem / illius qui amolegaverit tantum.

Actum et cetera, testes et notarii et cetera. /

[c. 59v.] Possunt etiam poni et fieri multa et diversa alia capitula, / prout[x] per ipsos arbitros et arbitratores ordinatum / fuerit, de quibus hic non potest fieri mentio, sed / fiunt secundum occurentias. / Item solitum est apponi in ipsis[y] arbitramentis istud / capitulum videlicet. /

Item salvis premissis et sine eorum preiuditio dixerunt, / preceperunt, pronuntiaverunt, arbitrati atque arbitramentati / fuerunt et sunt et per hec sua precepta, pronuntiamenta et / arbitramenta condempnaverunt et condempnant dictos / omnes fratres et quemlibet eorum ad deffendendum sibi et / guarentandum suprascripta omnia[z] bona ut supra sibi / vicissim ut supra adiudicata et assignata, in pena et / sub pena pretii bonorum, si[aa] evinci contingerint, / et totius damni et interesse et omnium expensarum. /

[bb]Si vero arbitramenta fierent occaxione alicuius petie terre super qua / declaratum sit ipsam petiam terre spectare illi parti [cc–]aut que possidet aut alteri parti[–cc] / que non possidet ipsam petiam terre, dicatur sic videlicet. /

Item dixerunt et cetera et per hec sua precepta et cetera declaraverunt / et declarant dictam petiam terre seu talem domum / seu talia bona spectare et pertinere suprascripto Petro / in totum et pleno iure, et propterea condempnaverunt et / condempnant suprascriptum Iohannem ad dimittendum et interlassandum / ipsi Petro suprascriptam domum seu suprascriptam petiam terre seu / suprascripta bona, prout res fuerit, libere et sine exceptione. /

[c. 60r.] [dd–]De arbitris et cetera illiteratis[–dd]

Si vero arbitri et arbitratores fuerint illiterati non dicas qui / viderunt et dilligenter examinaverunt, sed dicas, tandem suprascripti / arbitri et arbitratores et cetera quibus per me notarium infrascriptum lectum et / vulgarizatum fuit dictum compromissum de quo supra et eius mentem et cetera, / item quibus lecta et vulgarizata fuerunt talia et talia iura / et cetera, item[ee] quibus lecta et vulgarizata / fuerunt et sunt omnia iura et instrumenta, que partes ipse et / utraque earum coram ipsis arbitris et cetera docere et cetera voluerunt. /

[dd–]De arbitris et cetera partim litteratis et partim illiteratis[–dd]

Si vero unus ex arbitris esset literatus et alter illiteratus / dicatur sic videlicet, qui Babtista arbiter et arbitrator / ut supra ipso Iohanne Maria[ff] coarbitro ut supra audiente et / intelligente, qui viderunt et dilligenter examinaverunt et cetera. /

In omnibus arbitramentis primo[gg] debes facere mentionem / sicut dicti arbitri et cetera viderunt et cetera compromissum suprascriptum. / Item est bonum facere spetialem mentionem de omnibus instrumentis / et iuribus que viderint de uno in unum, videlicet tale et / tale instrumentum et talia iura et cetera. /

[dd–]De tercio arbitro proferente arbitramenta una cum altero coarbitro et sotio coarbitro renitente nole arbitrari[–dd]

Si fuerit tercius arbiter et unus ex aliis qui faciant / arbitramenta, tunc dicatur sic videlicet. /

Tandem suprascriptus[hh] Matheus arbiter et arbitrator ut supra / una cum suprascripto Antonio ut supra et Ambrosius de tali parte / mediator et tercius arbiter per eos arbitros et arbitratores / ut supra ellectus et assumptus[ii] pro infrascriptis arbitramentis / proferendis per instrumentum ellectionis, rogatum per talem notarium, tali anno et cetera, / concurentes in eandem sententiam in absentia suprascripti Iohannis Babtiste / arbitri ut supra renitentis et renuentis infrascripta arbitramenta proferre, / tamen citati et requisiti, qui viderunt et cetera dictum compromissum et cetera. /

Nota quod ibi ille qui renuit debet esse citatum per preceptum / vel monitum in faciem et debet ibi fieri spitialem / mentionem de citatione vel monitione. /

[jj-]De tercio arbitro solo arbitrante[-jj]

Si vero tercius arbiter[kk] ellectus pro se faciat arbitramenta, / [c. 60v.] tunc dicatur sic videlicet.

Tandem suprascriptus Ambrosius de / tali parte[ll] tercius arbiter et cetera et mediator / inde per eos ellectus et assumptus pro hiis infrascriptis arbitramentis / proferendis per instrumentum ellectionis, rogatum et cetera, attenta / discordia et dissonantia predictorum Petri et Antonii / arbitrorum ut supra ellectorum in proferendo eorum arbitramenta / inter eas partes et ad hec sua arbitramenta proferenda monitorum / seu citatorum ut supra, qui vidit et cetera.

Sed tamen / nota quod iste tercius arbiter non poterit pro se / proferre arbitramenta valida nisi in compromisso, et in / ellectione illius fuerit dictum et scriptum quod eius / soli auctoritati pareatur et cetera. /

a–a *Numero e titolo vergati nel margine sinistro della* c.
b *Segue* facto *depennato.*
c *Segue segno divisorio (*paragraphus*).*
d *Nel margine sinistro della* c. *in corrispondenza delle righe 10–12 dell'originale l'annotazione* ponatur locus ubi sederint ipsi arbitri.
e *Segue* ps *depennato.*
f–f *Parte aggiunta sopra la linea con segno di richiamo da altra mano.*
g *Così, si espunga* loco.
h *Precede* vel *depennato.*
i a *aggiunto sopra la linea con segno di richiamo.*
j *Segue* decl *depennato.*
k *Nel margine sinistro della* c. *in corrispondenza delle righe 12–14 dell'originale l'annotazione* occaxione divisionis bonorum comunium inter fratres.
l *Nel margine sinistro della* c. *tra le righe 16–17 dell'originale è stato vergato da altra mano* arbitramenta divisionum.
m *Precede* E *depennato.*
n *Segue* pp *depennato.*
o–o *Parte aggiunta sopra la linea con segno di richiamo.*
p–p *Parte aggiunta, con segno di richiamo dopo* Franciscus, *nei margini sinistro e inferiore della* c.
q *Nel margine sinistro della* c. *in corrispondenza della riga 19 dell'originale l'annotazione* arbitramenta divixionum.
r *Precede* debit *depennato.*
s *Segue* suprascriptos *depennato.*
t *Così, si espunga* et personis.

[u] *Nel margine sinistro della* c. *tra le righe 10–11 dell'originale l'annotazione* arbitramenta divixionum.
[v] *Segue* et cetera *depennato.*
[w–w] *Parte aggiunta in parte di seguito sulla linea, in parte sotto la linea.*
[x] *Segue* inter ip *depennato.*
[y] *Segue* instr *depennato.*
[z] *Segue* omnia *depennato.*
[aa] si *corretto sopra lettere non più leggibili.*
[bb] *Precede nel centro della* c. *il titolo evidenziato da una linea che lo inquadra su tre lati* Amolegatio arbitramentorum facta infra / tempus post prolationem arbitramentorum / per partes *depennato.*
[cc–cc] *Parte aggiunta nel margine sinistro della* c. *con segno di richiamo da altra mano.*
[dd–dd] *Annotazione vergata nel margine sinistro della* c.
[ee] *Segue* omnia alia i *depennato.*
[ff] *Segue* corar *depennato.*
[gg] *Segue* debet *depennato.*
[hh] *Segue* Ion *depennato.*
[ii] *Segue* per ipsos arb *depennato.*
[jj–jj] *Annotazione vergata nel margine sinistro della* c. *seguente,* c. 60v.
[kk] *Segue* pro se *depennato.*
[ll] *Segue* arbiter et cetera *depennato.*

XLIII[a] Amolegatio arbitramentorum facta per partes post / prolationem arbitramentorum

Anno et cetera, Bartolameus de tali parte habitans et cetera, sponte et / ex certa eius animi scientia et non per vim, metum nec / errorem ductus, ut asserit, et aliis omnibus modo, iure, via, / causa et forma quibus melius potuit et potest ad / petitionem et instantiam Dominici de tali parte ibi presentis, / petentis et instantis amolegavit[b], affirmavit et / corroboravit et amolegat[b], affirmat et corroborat / certa pronuntiamenta et arbitramenta facta per dominum / Franzinum Ruscham, olim et tunc arbitrum et arbitratorem / et amicabilem compositorem comuniter et concorditer ellectum / et assumptum per et inter ipsum Bartolameum, / parte una, et suprascriptum Dominicum, parte altera, et Maynolum / de tali parte, pro[c] tercia parte, rogata dicta / arbitramenta per talem notarium, tali anno et cetera / seu anno, inditione, die et mense in eo contentis[d], per prius / [c. 61r.] hodie paulo ante ipsi Bartolameo lectis et vulgarizatis / ipsis arbitramentis per me notarium infrascriptum et eorum tenore / per ipsum Bartolameum intellecto, prout ibidem dictus Bartolameus / affirmat verum esse et hoc de capitulo in capitulum / et de verbo ad verbum, prout in ipsis arbitramentis / latius continetur seu contineri reperiatur, dicens et protestans / dictus Bartolameus quod est contentus quod dicta arbitramenta / et eorum continentia exequantur, prout in eis fit mentio / et ad litteram iacent ad plenum. Quam quidem amolegationem / et omnia premissa suprascriptus Bartolameus promissit et cetera, obligando se et cetera / michi notario infrascripto, ut publice persone stipulanti et recipienti / nomine et vice omnium et singularum personarum quarum interest, / intererit vel interesse poterit quomodolibet in futurum, / et item nomine et vice suprascripti Dominici, [e–]ac iuravit corporaliter et cetera[–e] se perpetuo ratam, / gratam, firmam et validam et rata, grata, firma / et valida habere et tenere et nullo tempore contrafacere / et cetera. Et exinde de predictis omnibus et singulis rogatum fuit / per me notarium infrascriptum publicum confici debere instrumentum in laudem / viri prudentis. / Actum et cetera, testes et notarii et cetera. /

Et si notarius non legisset arbitramenta illi qui / amolegat, non ponas ista verba videlicet, per prius / sibi lectis dictis arbitramentis et cetera, sed potest dicere sic videlicet, / per prius bene et[f] ad plenum informato de dictis / arbitramentis et eorum tenore intellecto. /

[a] *Numero vergato nel margine sinistro della* c.
[b] a- *corretto in* e- *da altra mano.*
[c] *Segue* alia parte *depennato.*
[d] *Segue* per *depennato.*
[e–e] *Parte aggiunta sopra la linea con segno di richiamo.*
[f] *Segue* p *depennato.*

XLIIII°[a] [b–]Alia amolegatio in altera forma plus[–b] / ornata

Anno et cetera, cum per discretos viros dominos Blaxinum / de tali parte et Gratium de tali parte, olim et tunc / arbitros et arbitratores et amicabiles compositores / ellectos et assumptos per et inter Mafeum de tali parte, / [c. 61v.] parte una, et Erasmum de tali parte, parte altera, una / cum domino Bartolino[c] de tali parte etiam comissario / et cetera facta fuerint et sint certa pronuntiamenta et arbitramenta / inter eas partes rationibus et occaxionibus contentis in dictis / arbitramentis, prout latius in ipsis arbitramentis / fit mentio, rogatis per talem notarium, anno et cetera / seu anno, inditione, die et mense in eis contentis, et tenore / ipsorum arbitramentorum intellecto per ipsas partes et quamlibet / earum de verbo ad verbum, prout iacent ad litteram, / et vellint ipse partes et quelibet earum ipsa / arbitramenta et omnia et singula in eis contenta attendere / et exequtioni mandare, ideo ad evitandum / dubia et schandela, que contra exequtionem / ipsorum arbitramentorum fieri a modo possint, dicte partes et / quelibet earum ut supra omnibus modo, iure, via, causa / et forma quibus melius potuerunt et possunt, / sponte et ex certa eorum animi scientia et aliis / omnibus modo, iure, via, causa et forma quibus / melius potuerunt et possunt, et non per vim[d], metum nec errorem ducti amolegaverunt / et affirmaverunt et amolegant et affirmant / ipsa pronuntiamenta et arbitramenta de quibus supra et omnia et / singula in eis contenta de capitulo in capitulum / et de verbo ad verbum, prout ad litteram iacent, / ac eis assentierunt et consentierunt ac assentiunt / et consentiunt ita et taliter et eo modo et forma / et eo modo quod a modo in antea amplius contra dispositionem / et tenorem dictorum arbitramentorum et exequtionem inter eas / partes et quamlibet ipsarum non littigetur aliqualiter / nec aliquo modo, sed exequtioni mandentur et / mandari debeant, prout ad litteram iacent, / [c. 62r.]

promittentes insuper dicte partes et quelibet earum obligando / sese vicissim, videlicet una pars alteri seu aliis et alia / seu alie alteri et aliis, et omnia eorum vicissim bona / pigneri presentia et futura, predicta omnia et singula / attendere, observare et exequtioni mandare, ac iuraverunt / corporaliter ad sancta dei evangelia manibus tactis / scripturis sese predicta omnia et singula in hoc instrumento contenta / perpetuo rata, grata, firma et valida habere et tenere / et cetera, in pena et sub pena totius damni et interesse / et omnium expensarum, danda et solvenda dicta pena / per partem non attendentem et observare nolentem / parti attendenti et observare volenti predicta pronuntiamenta / et arbitramenta, et hoc cum omnibus expensis et cetera, in bonis denariis / numeratis tantum et cetera, sub pacto capiendi et cetera, renuntiando omnibus / legibus et statutis et cetera. / Actum et cetera, testes et notarii et cetera. /

[a] *Numero vergato nel margine sinistro della* c.
[b–b] *Titolo evidenziato da una linea che lo inquadra su tre lati.*
[c] *Segue* etia *depennato.*
[d] *Segue* metum *depennato.*

XLV[a] Ellectio tercii arbitri facta per arbitros

Anno et cetera, Iohannes de tali parte et Paulus de tali parte et cetera, / ambo arbitri et arbitratores et amicabiles compositores / comuniter et concorditer ellecti et assumpti per et inter Iacobum / de tali parte, parte una, et Laurentium de tali parte, / parte altera, de et pro contentis in compromisso per et inter eas partes / facto in ipsos arbitros et arbitratores ut supra, rogato per / talem notarium, tali anno et cetera omnibus modo, iure, via, / causa et forma quibus melius potuerunt et possunt, / ex arbitrio et baylia sibi de infrascriptis concessis per / eas partes elligendi et elligere sibi possendi unum / tercium arbitrum et arbitratorem inter eas partes, protestantes / et dicentes ibidem in presentia mei notarii et testium / et notariorum infrascriptorum se esse discordes et alienos / in faciendo simul et concorditer eorum precepta et arbitramenta / inter eas partes, elligerunt et elligunt sibi in earum partium / tercium arbitrum et seu coarbitrum et arbitratorem / [c. 62v.] et mediatorem Filippum de tali parte ibi presentem et acceptantem. /

Nota quod ibi si ipse Filippus fuerit confidens ipsarum partium, / ante illa verba presentem et acceptantem dicatur, confidentem / partium ipsarum et datum per ipsas ambas partes ibidem presentes, / et qui ibidem eorum confidentes dederunt ita et eo modo quod / quicquid fuerit intes eos[b] dissonum pro ipsis arbitramentis / proferendis, id possit et valleat ipse arbiter et arbitrator / ac mediator ut supra declarare et pronuntiare inter eas partes / et eius soli auctoritati pareant ipse partes. /

Nota quod ibi quod si partes fuerint presentes et concordes de ipso tercio / qui elligitur, tu debes ponere etiam, in presentia dictarum / partium et de earum consensu. / Nota etiam quod si partes vellent quod possit ille tercius arbitrari /

una cum altero eorum vel potestas sic data esset in / compromisso ipsis arbitris et arbitratoribus et cetera, tunc non dicatur / quod possit ipse solus arbitrari et cetera, sed dicatur sic videlicet. /

Ita et eo modo et forma quod dictus Filipus, tercius arbiter / et arbitrator ut supra ellectus una cum suprascriptis duobus arbitris / et arbitratoribus seu altero eorum et prout voluerit, simul / et concorditer possit et valeat declarare, arbitrari atque / arbitramentare inter eas partes et eius et alterius ipsorum / aliorum duorum arbitrorum ut supra simul et concorditer auctoritati / et arbitrio stetur et pareant ipse partes. /

Nota etiam ibi quod si partes fuerint contente et dederint confidentes, / dicatur sic videlicet.

Et hoc presentibus dictis partibus ipsi ellectioni, / assentientibus et consentientibus et predicta omnia acceptantibus. /

Et similliter poterit fieri ellectio per partes si non fuerit / data auctoritas arbitris.

Et exinde de predictis omnibus / et singulis rogatum fuit per me notarium infrascriptum et cetera. / [c]Actum et cetera, testes et notarii et cetera. /

[a] *Numero vergato nel margine sinistro della* c.
[b] *Segue* vicisim *depennato.*
[c] *Precede* Actum et cetera testes *depennato.*

XLVI[a] Ratifficatio instrumenti compromissi

Anno et cetera, Martinus de tali parte filius condam talis et cetera omnibus modo, / [c. 63r.] iure, via, causa et forma quibus melius potuit et potest, / sentiens quod Andriolus filius condam /o/ de tali parte, eius consanguineus, / se pro se et nomine dicti Martini pro quo promissit de rato habendo / et facere ratifficare propriis expensis dicti Andrioli tantum, / comissit et compromissit cum Andrea filio condam /o/ de tali parte in / discretum virum dominum Nicolaum de tali parte, comissarium et / arbitrum et arbitratorem et amicabilem compositorem comuniter et / concorditer ellectum inter ipsas partes, nominative et generaliter / de omnibus et singulis littibus et questionibus vertentibus inter / ipsas partes pro se et nomine ut supra[b] occaxione et ratione / contentis in ipso compromisso et cum pena et termino in ipso / compromisso appositis et cetera, prout latius in ipso compromisso / continetur et fit mentio seu contineri reperiatur, rogato ipso / compromisso per talem notarium, tali anno et cetera seu anno, / inditione, die et mense in eo contentis, volens attendere promissa / per dictum Andriolum pro ipso Martino ad petitionem et instantiam / dicti Andrioli ibidem presentis, instantis et requirentis, / ratifficavit, laudavit et aprobavit et ratifficat, / laudat et aprobat dictum compromissum et omnia et singula / in eo contenta de verbo ad verbum, prout in ipso compromisso / continetur seu contineri reperiatur, subitiens se quibuscumque / vinculis iuris et obligationibus quibus dictus Andriolus /

pro se et nomine dicti Martini se subiecit cum dicto Andrea, / vigore et pretextu dicti compromissi, in dictum Nicolaum comissarium / et arbitrum ut supra ellectum et pro quibuscumque arbitramentis fiendis / et pronuntiamentis per ipsum Nicolaum arbitrum ut supra inter ipsas / partes occaxione dicti compromissi et omnium et singulorum in eo contentorum. / Quam quidem ratifficationem, laudationem et aprobationem / et omnia premissa suprascriptus Martinus promissit et convenit solemniter / per stipulationem, obligando se et omnia sua bona pigneri presentia / et futura, suprascripto Andriolo et michi notario infrascripto, ut / publice persone stipulanti et recipienti nomine et vice ipsorum / Andrioli et Andree nec non omnium et singularum / [c. 63v.] personarum quarum interest, intererit vel interesse poterit / se perpetuo ratam, gratam, firmam et validam et / rata, grata, firma et valida attendere et / observare ac exequtioni mandare et habere / et tenere et nullo tempore contrafacere nec venire / aliqua ratione vel occaxione iuris vel facti / comunis vel spitialis, in pena et sub pena contenta / in dicto compromisso et totius damni et interesse et omnium expensarum, / danda et solvenda dicta pena per suprascriptum Martinum suprascripto / Andriolo vel dicto Andree vel alteri eorum / cui de iure debebit ipso Martino non attendente / et observare nolente predicta omnia et singula, et / pena soluta vel non soluta et cetera, et hoc cum omnibus / expensis et cetera in bonis denariis numeratis tantum et cetera, sub / pacto capiendi et detinendi et cetera, renuntiando omnibus legibus / et statutis et cetera. Et exinde de predictis omnibus et / singulis rogatum fuit per me notarium infrascriptum publicum / confici debere instrumentum in laudem viri prudentis. / Actum et cetera, testes et notarii et cetera. /

[a] *Numero vergato nel margine sinistro della* c. *seguente,* c. 63r.
[b] *Segue* pro se *depennato.*

XLVII[a] Alia ratifficatio compromissi generalis vel spitialis

Anno et cetera, Antonius de tali parte[b] filius condam talis et cetera, omnibus / modo, iure, via, causa et forma quibus melius potuit / et potest, laudavit, ratifficavit et aprobavit / et laudat, ratifficat et aprobat instrumentum unum / compromissi facti per et inter Guidotum de tali parte / et Christoforum de tali parte filium condam talis et cetera[c], / parte una seu pluribus, Petrinum de tali parte filium condam talis / pro se et nomine et vice ipsius Antonii de tali parte pro quo / promissit de rato habendo et facere ratifficare, pro una alia parte / [c. 64r.] seu duabus partibus, Togninum de tali parte filium condam talis et cetera, pro una / alia parte, in dominos Cesarem Castoreum et Iohannem Petrum de Salla[43], / ambos causidicos Lugani[20], et Iohannem Matheum de Somazo[48] / de Lugano, omnes tres arbitros et arbitratores et amicabiles compositores / comuniter et concorditer ellectos et assumptos per et inter eas partes / et quamlibet earum pro se et nomine ut supra, nominative et generaliter / de omnibus et singulis littibus, questionibus, discordiis et controversiis / vertentibus inter eas partes et quamlibet earum et de omni et toto / eo quod dicte partes et quelibet earum sibi vicissim petere / possent et prout latius in ipso compromisso continetur, et cum pena / librarum /o/ terciolorum danda per partem seu partes non attendentes / parti seu partibus attendenti seu attendentibus et cum termino / et potestate possendi prorogare terminum dicti compromissi / et cetera, prout hec et alia plenius in dicto compromisso / continetur seu contineri reperiatur, rogato dicto compromisso per / talem notarium, tali anno et cetera seu anno, inditione, die / et mense in eo contentis, et lecto et vulgarizato ipso / compromisso ipsi Antonio per me notarium infrascriptum de verbo ad verbum, / prout ad litteram iacet et in ipso compromisso continetur, ita / et eo modo et forma quod ipse Antonius de tali parte / et eius bona penitus sint et remaneant[d] / et esse et permanere debeant obligata et ipotecata cum / aliis partibus descriptis in ipso compromisso et prout alie inter sese / vicissim ut supra obligate sunt in dicto compromisso. /

Si notarius non legisset compromissum illi qui ratifficat, / non ponas illa verba videlicet, et lecto sibi et vulgarizato / per me notarium infrascriptum dicto compromisso de verbo ad verbum, / prout iacet ad litteram, sed dicatur sic videlicet, qui / asserit habere plenam notitiam de dicto compromisso et de / continentia eius. /

Et quecumque arbitramenta, precepta et pronuntiamenta, que fient / et fieri contingerint per suprascriptos arbitros et arbitratores ut supra / seu duos ex eis simul et concorditer inter ipsas partes, / habeant et habere debeant locum et exequtioni mandentur / [c. 64v.] tam pro ipso Antonio quam contra ipsum et rata, grata, / firma et valida permaneant. /

Si in compromisso non esset quod duo ex eis possent pronuntiare / et cetera, non ponatur illa verba videlicet, seu duos ex eis. /

Et hanc quidem ratifficationem, laudationem et aprobationem / et omnia premissa fecit et facit dictus Antonius ad / petitionem et instantiam suprascripti Petrini de tali parte / ibi presentis, petentis, instantis et requirentis. Quam quidem / ratifficationem et omnia premissa suprascriptus Antonius promissit / et cetera, obligando se et cetera suprascripto Petrino ac michi notario / infrascripto ut publice persone stipulanti et recipienti nomine et / vice omnium et singularum personarum quarum interest, intererit / vel interesse poterit quomodolibet in futurum, ac iuravit / corporaliter ad sancta dey evangelia manu tactis / scripturis se perpetuo et omni tempore attendere, observare / et exequtioni mandare ac ratam, gratam, firmam / et validam et rata, grata, firma et valida / habere et tenere et nullo tempore contrafacere nec / venire aliqua ratione vel occaxione iuris vel facti / comunis vel spitialis, in pena et sub pena contenta / in dicto compromisso et totius damni et interesse et omnium / expensarum, et hec omnia cum omnibus expensis et cetera, / et hec omnia in bonis denariis numeratis tantum et cetera, et / hoc tam sub pacto capiendi et cetera, renuntiando omnibus legibus / et cetera. Et exinde de predictis omnibus et singulis / rogatum fuit per me notarium infrascriptum publicum confici debere / instrumentum in laudem viri prudentis. / Actum et cetera, testes et notarii et cetera. /

[a] *Numero vergato nel margine sinistro della* c.
[b] *Segue* et cetera *depennato.*
[c] *Segue* pro se et nomine *depennato.*
[d] *Segue* obligata *depennato.*

XLVIII[a] Ratifficatio arbitramentorum

Anno et cetera, cum sit quod per et inter Iohannem, Antonium / et Petrum fratres, filios condam Girardi de Nuyronibus de / [c. 65r.] Lugano[20], seu dictos Iohannem et Antonium fratres, pro se et / suis nominibus propriis, item nomine et vice dicti Petri eorum / fratris pro quo promisserunt et cetera de rato et cetera et facere ratifficare / et cetera omnibus suis propriis expensis et cetera, in pena et cetera, pro una / parte seu pluribus, et Antonium filium condam Augusti, Albertum / filium condam Petri, Martinum filium condam Zanis, Georgium et Bernardum / fratres, filios condam Dominici, omnes de Avostalo de Savoxa[10], habitantes in / loco predicto de Savoxa plebis Lugani, seu dictos / Antonium et Albertum qui promisserunt et se compromisserunt / pro se et nomine et vice dictorum Martini, Georgii et / Bernardi, pro altera seu aliis, facta fuerint et sint certa / pronuntiamenta et arbitramenta per ser Petrum de Pocobelis de Lugano, / Antonium Mafioli de Porza[8] et Steffanum Soldati / de Porza, tunc arbitros et arbitratores comuniter et / concorditer ellectos inter eas partes, in quibus inter alia / ipsi arbitri et arbitratores condempnaverunt dictos fratres / de Nuyronibus ad faciendum venditionem et datum / in forma comuni suprascriptis omnibus de Avostalo de Savoxa / de certis bonis in dictis arbitramentis descriptis et coherentiatis, / iacentibus et existentibus in loco et territorio de Savoxa / predicto, hinc ad annos quatuor proxime futuros / a die qua tradita fuerunt dicta arbitramenta coherentiata ut / infra, pretio et nomine pretii ducatorum centum duodecim / auri largorum, quique condempnaverunt dictos de Savoxa / ad dandum et solvendum dictis fratribus de Nuyronibus / seu alteri eorum libras centum quinquaginta terciolorum de / quibus predicti de Savoxa erant condemnati per certa arbitramenta, / tradata per ser Iohannem Albertum de Puyra[49] notarium publicum / Lugani et cetera, anno, inditione, die et mense in eo contentis, / ad dandum et solvendum dicto Antonio tantum in una / parte item in alia parte ducatos XXIIII° et qui denarii perveniant in dictum Antonium tantum et prout latius / in dictis arbitramentis fit mentio, ut constat publico / instrumento ipsorum arbitramentorum, rogato per Franciscum / [c. 65v.] Somazium[50] notarium publicum Lugani et cetera tali anno et cetera / seu anno, inditione, die et mense in eo contentis, et que pronuntiamenta / et arbitramenta ibidem presentialiter fuerunt per me notarium infrascriptum / lecta et vulgarizata suprascripto Petro Nuyrono, ideo / dictus Petrus filius condam Girardi de Nuyronibus de Lugano, / qui habuit plenam notitiam et informationem / de dictis arbitramentis de quibus supra et de omnibus et singulis / contentis in eis et maxime quia fuerunt sibi ibidem / presentialiter lecta et vulgarizata ut supra quo ad / substantiam, volens exequi et exequtioni / mandare promissa per dictos fratres suos ad / petitionem et instantiam suprascripti Antonii fratris sui / nec non Georgii filii condam Iohannis Soldati de Porza, / nomine et vice suprascriptorum Antonii, Martini, Georgii / et Bernardi fratrum, omnium de Avostalo de / Savoxa ibi presentium, instantium et petentium / omnibus modo, iure, via, causa et forma quibus / melius potuit et potest, laudavit, ratifficavit / et aprobavit et laudat, ratifficat et aprobat / dicta precepta, pronuntiamenta et arbitramenta, rogata per suprascriptum / Bartulum Turbinum notarium ut supra et ut supra fit / mentio, in omnibus et per omnia et de capitulo in / capitulum et de verbo ad verbum, prout in eis continetur / et ad litteram iacent, dicens et protestans ac / dicit et protestatur ipsa arbitramenta exequi velle / et exequtioni mandare in omnibus et per omnia, / prout in eis continetur. Quam quidem ratifficationem, / laudationem et aprobationem et omnia premissa suprascriptus / Petrus de Nuyronibus promissit et cetera, obligando se et cetera suprascripto Antonio / [b]eius fratri[c] et Georgio Soldato de / [c. 66r.] Porza et michi notario infrascripto ut publice persone / stipulanti et recipienti nomine et vice suprascriptorum Antonii et / consortum de Avostalo de Savoxa et omnium aliarum / personarum quarum interest, intererit vel interesse / poterit quomodolibet[d] in futurum[e], / ac iuravit corporaliter ad sancta dey evangelia manu / tactis scripturis se[f] perpetuo et omni tempore ratam, / gratam, firmam et validam et rata et cetera habere / et cetera et nullo tempore contrafacere et cetera, et hoc in pena / et cetera totius damni et interesse et omnium expensarum, et hoc cum / omnibus expensis et cetera in bonis denariis numeratis tantum et cetera, / sub pacto capiendi et cetera, renuntiando omnibus legibus et cetera. / Et exinde de predictis et cetera. / Actum ut supra, testes et notarii ut supra. /

[a] *Numero vergato nel margine sinistro della* c. *seguente,* c. 65r.
[b] *Precede* Petro *depennato.*
[c] *Segue* recipienti pro se *depennato.*
[d] -modo- *aggiunto sopra la linea con segno di richiamo da altra mano.*
[e] *Segue* se perpetuo et omni tempore *depennato.*
[f] *Segue* per p *depennato.*

XLVIIII° [a] Alia ratifficatio de venditione vel alio instrumento

Anno et cetera, cum sit quod Hospinolus filius condam talis et cetera pro se et / nomine et vice Paxini, eius fratris ex eodem patre nati, / pro quo promissit de rato habendo et rati habitione [b-]ut infra[-b] et / facere ratifficare ipsum Paxinum infrascriptam venditionem / propriis expensis tantum ipsius Hospinoli, in pena et sub / pena totius damni et interesse et omnium expensarum, fecerit / venditionem et datum ad proprium et imperpetuum in manibus / Michaelis de tali parte filii condam talis et cetera tunc presentis, / stipulantis, ementis et recipientis, nominative de petia / una terre et cetera. Ponantur bona, prout in / venditione fit mentio[c], cum cessione iurium / suorum et dicti Paxini, cum parabula intrandi in / possessionem bonorum[d] ut supra venditorum et cum / promissione deffendendi et guarentandi in pena dupli / pretii et totius damni pro pretio et nomine pretii librarum / [c. 66v.] centum terciolorum et cum aliis clausulis, pactis, promissionibus et / solemnitatibus in ipso instrumento venditionis appositis, tradato / quidem et rogato ipso instrumento venditionis per talem / notarium, tali anno et cetera seu anno, inditione, die / et mense in eo contentis, et requisitus sit dictus / Paxinus ut vellit ratifficare dictam venditionem / et contenta in ea et volens idem Paxinus / attendere promissa pro eo per dictum Hospinolum, / idcircho predictus Paxinus filius condam talis et cetera omnibus / modo, iure, via, causa et forma quibus melius / potuit et potest, sponte et ex certa eius animi / scientia et non per vim nec metum[e] nec / errorem ductus, ut asserit, ad petitionem / et instantiam suprascripti Michaelis de tali parte / emptoris ut supra ibi presentis, petentis et instantis, / ratifficavit, laudavit et aprobavit et / laudat, ratifficat et aprobat suprascriptum instrumentum / venditionis de quo supra fit mentio et omnia et singula / in eo contenta, de verbo ad verbum, prout in eo continetur / et iacet ad litteram, et cum omnibus et singulis / pactis, promissionibus, conventionibus, captionibus, renuntiationibus, / iuramento, clausulis et solemnitatibus in ipso instrumento / venditionis contentis et insertis. /

Et si ille, qui ratifficat, habuit pretium venditionis / vel pro parte, tunc debes ponere qualiter dictus Paxinus / qui ratifficat, participavit de pretio dicte / venditionis et in eius utillitatem conversum / fuit in toto vel pro illa parte que sibi pertinet / ex dicto pretio. /

[67r.] Quam quidem ratifficationem et omnia premissa suprascriptus / Paxinus promissit et cetera, obligando se et cetera suprascripto Michaeli presenti / et stipulanti, ac iuravit corporaliter et cetera se[f] / perpetuo et omni tempore attendere, observare et exequtioni / mandare ac ratam, gratam, firmam et validam / et rata, grata, firma et valida habere et / tenere et nullo tempore contrafacere nec venire / aliqua ratione vel occaxione iuris vel facti / comunis vel spitialis, et hoc in pena et sub / pena contenta in dicta venditione de qua supra et / totius damni et interesse et omnium expensarum, et / hoc cum omnibus expensis et cetera, et hec omnia in bonis / denariis numeratis tantum et cetera, et hoc tam sub pacto / capiendi et detinendi et cetera, renuntiando omnibus legibus et cetera. / Insuper dictus Paxinus dedit et concessit eidem / Michaeli presenti et stipulanti plenam parabulam et / licentiam intrandi et aprehendendi eius propria auctoritate / seu quaxi omnium suorum bonorum et cetera, et constituit / se tenere et cetera. Et exinde de predictis omnibus et / singulis rogatum fuit per me notarium infrascriptum / publicum confici debere instrumentum in laudem viri prudentis. / Actum et cetera, testes et notarii et cetera. /

Similiter potest fieri ratifficatio de quolibet / alio instrumento mutatis mutandis, prout fuerit / instrumentum, facta mentione de omnibus, prout res / se habet. /

[a] *Numero vergato nel margine sinistro della* c.
[b–b] *Parte aggiunta sopra la linea con segno di richiamo da altra mano.*
[c] *Segue segno divisorio* (paragraphus).

d *Segue* suorum *depennato.*
e *Segue* du *depennato.*
f *Segue* predicta *depennato.*

Sequitur forma conservationum. /

[c. 67v.] L[a] [b]–[Conservatio super instrumento obligationis]–[b]

Anno et cetera, Vaxinus filius condam talis et cetera promissit et cetera, obligando se et cetera Iohanni Marie / filio condam Iohannis Petri de Lacu de Lugano[20] presenti et stipulanti, de conservando, / rellevando et exhonerando et quod conservabit, rellevabit et / exonerabit suprascriptum Iohannem Mariam et eius heredes, res et bona / indempnem et illexum et penitus sine briga, expensis, / damnis et interesse ab illis libris viginti terciolorum de et / pro quibus suprascripti Vaxinus et Iohannes Maria et uterque eorum / insolidum obligati leguntur et sunt in manibus Francisci / dicti Toschani de Noxeno de Lugano occaxione in eo instrumento / contenta, ut constat publico instrumento ipsius obligationis, rogato per me / notarium infrascriptum ibidem paulo ante seu per talem notarium, / tali anno et cetera, item a dicto instrumento obligationis de quo supra et / a viribus et iuribus eius et ab omnibus et singulis / in eo contentis et ab eo et contentis in eo dependentibus, / emergentibus et conexis, protestans insuper dictus / Vaxinus quod dicte libre viginti terciolorum de quibus supra in / totum pervenerunt in utillitatem et comodum dicti / Vaxini et non dicti Iohannis Marie in toto nec in / parte, et quod dictus Franciscus Toschanus non dedisset / ipsi Vaxino dictas libras viginti terciolorum[c] seu dictum / furmentum seu dictum vinum seu dictam talem[d] rem[d] et cetera, / prout est facta ipsa obligatio[c], nisi ipse Iohannes Maria / de Lacu una et insolidum cum ipso Vaxino se / obligasset, et quod debitum ipsarum librarum viginti terciolorum, / pro quibus facta est ipsa obligatio, in totum spectat / et pertinet ipsi Vaxino ad solvendum et non dicto / Iohanni Marie in toto nec in parte, et hec omnia cum omnibus / expensis et cetera, et hec omnia in bonis denariis numeratis tantum et cetera, / et hoc tam sub pacto capiendi et detinendi et cetera, renuntiando / omnibus legibus et cetera, et dedit parabulam intrandi et cetera, et constituit et cetera, / et iuravit et cetera. Actum et cetera, testes et notarii et cetera. /

a *Numero vergato nel margine sinistro della* c.
b–b *Titolo mancante in seguito a refilatura del bordo superiore della* c.
c *Segue segno divisorio* (paragraphus).
d -em *corretto sopra lettere non più leggibili.*

[c. 68r.] LI[a] [b]–[Conservatio de venditione]–[b]

Anno et cetera, Albertus filius condam talis et cetera promissit et cetera, obligando se et cetera Steffano filio condam / talis et cetera presenti et stipulanti, de conservando, rellevando / et exonerando et quod conservabit, rellevabit et exonerabit / suprascriptum Steffanum et eius heredes, res et bona indempnem / et illexum et penitus sine briga, expensis, damnis et / interesse ab illo instrumento venditionis facte per dictum Albertum / et Steffanum et utrumque eorum insolidum in manibus Iohannis Petri / filii condam /o/ de Ossutio[51] de Lugano[20] de petia una terre / prative, campive et vineate iacente in territorio de / Agra[52] ubi dicitur et cetera[c] cum translatione dominii / et possessionis et promissione deffendendi et guarentandi, / in pena et sub pena dupli et cum aliis clausulis, / obligationibus, renuntiationibus, pactis[d] et solemnitatibus in / dicto instrumento venditionis contentis, ut constat publico instrumento / ipsius venditionis rogato per talem notarium, tali anno et cetera, / et ab eo et contentis in eo dependentibus[e], emergentibus / et conexis, protestans insuper dictus Albertus quod / pretium dicte venditionis de quo supra, quod est librarum /o/ terciolorum, / in totum pervenit in utillitatem et comodum dicti / Alberti[f] et non dicti Steffani in toto nec / in parte, et quod dictus Iohannes Petrus Ossutius non stipulatus / fuisset dictum instrumentum venditionis de quo supra a dicto Alberto, / nixi ipse Steffanus una et insolidum cum ipso / Alberto in ipso instrumento venditionis intervenisset et / se obligasset, et quod ipse Stephanus nullam / utillitatem nec comodum aliquod habuit[g] de / pretio dicte venditionis de qua supra, et hec omnia / cum omnibus expensis et cetera, et hec omnia in bonis denariis / numeratis tantum et cetera, et hoc tam sub pacto capiendi et cetera, / renuntiando omnibus legibus et cetera, et dedit parabulam intrandi et cetera, / [c. 68v.] et constituit se tenere et cetera. / Qui Albertus iuravit corporaliter et cetera se predicta et cetera / habere rata et cetera. / Actum et cetera, testes et notarii ut supra. /

a *Numero vergato nel margine sinistro della* c.
b–b *Titolo mancante in seguito a refilatura del bordo superiore della* c.
c *Segue* uni *depennato.*
d *Segue* ac clausulis *depennato.*
e *Segue* et cetera *depennato.*
f *Segue* i *depennato.*
g *Segue* ad *depennato.*

LII[a] Conservatio de instrumento investiture aut liveli

Anno et cetera, Carolus filius condam talis et cetera promissit et cetera, obligando / se et cetera Martino filio condam talis et cetera presenti et stipulanti de / conservando, rellevando et exonerando et quod conservabit, / rellevabit et exonerabit suprascriptum Martinum et eius / heredes, res et bona indempnem et illexum / et penitus sine briga, expensis, damnis et interesse / a quadam investitura[b], in qua dicti Carolus / et Martinus et uterque eorum insolidum sunt investiti / a Iohanne de tali parte et cetera de bonis in ea investitura / descriptis et ad terminum contentum in dicta investitura, / et in qua se et utrumque eorum insolidum dicti / Carolus et Martinus obligaverunt dicto Iohanni / locatori ei dare et solvere omni anno / durante termino dicte investiture libras XXV terciolorum / pro ficto dictorum bonorum locatorum ut supra et cum aliis / clausulis et solemnitatibus, prout in dicta investitura fit mentio, / ut constat publico instrumento ipsius investiture rogato / per talem notarium, tali anno et cetera, ad quod instrumentum investiture / et contenta in eo condigna habeatur rellatio, et / item a dicto ficto anuatim prestando ipsi Iohanni pretextu / dicte investiture de qua supra et bonorum locatorum ut supra / et ab omnibus expensis, damnis et interesse, que exinde / pati possent per dictum Martinum premissorum occaxione, / et ab omnibus et singulis contentis in dicta investitura / et ab omnibus et singulis ab ea et contentis in ea / [c. 69r.] dependentibus, emergentibus et conexis, et hec omnia / cum omnibus expensis et cetera in bonis denariis numeratis tantum et cetera, / sub pacto capiendi et detinendi et cetera, renuntiando omnibus / legibus et statutis et cetera, et dedit parabulam intrandi et cetera, et / constituit se tenere et cetera. / Qui Carolus iuravit corporaliter et cetera habere rata et cetera. / Actum et cetera, testes et notarii et cetera. /

Similiter potest fieri conservatio de instrumento liveli mutatis / mutandis. /

[c–]Conservatio pro instrumento satisdationis[–c]

Si conservatio fieret pro una satisdatione, dicatur sic videlicet. /

Ita quod conservabit et cetera dictum Martinum et eius heredes, res / et bona indempnem et illexum et penitus sine briga, / expensis, damnis et interesse ab illo instrumento satisdationis prestite / per dictum Martinum pro ipso Carolo tenoris et continentie, / prout in ipsa satisdatione continetur, rogata per talem / notarium et cetera, tali anno, et ab omnibus et singulis in ea / satisdatione contentis et ab ea et contentis in ea dependentibus / et cetera, et hoc cum omnibus expensis et cetera, in bonis denariis numeratis / tantum et cetera, sub pacto capiendi et cetera, renuntiando omnibus legibus et cetera, / et dedit parabulam intrandi et cetera, et constituit se tenere et cetera, / et iuravit et cetera. Actum et cetera, testes et notarii et cetera. /

Potest etiam fieri conservatio de aliis instrumentis narrando / rem, prout se habuerit mutatis mutandis, et / facile est inventis addere. /

a *Numero vergato nel margine sinistro della* c.

b *Segue* facta *depennato.*

c–c *Annotazione vergata nel margine sinistro della* c.

De ultimis voluntatibus /

LIII[a] Testamentum nuncupativum

Anno et cetera[b], dum homo in hoc seculo vivit / et recte loqui potest, necesse est ei illud bonum / [c. 69v.] agere in presenti seculo ut in futurum apud deum /

patrem omnipotentem mercedem anime sue consequi possit / et habere, ideo in Christi nomine Georgius filius condam talis / de tali parte et cetera, sanus gratia dei mente, loquella / et intellectu ac bone dispositionis et bone memorie / licet sit eger corpore, timens repentinum mortis / casum, nolens intestatus decedere et res suas et / bona sua inordinata relinquere, ne post eius / obitum aliqua contentionis et discordie materia / oriatur inter eius posteros et affines occaxione bonorum / suorum, fecit et facere procuravit hoc suum / presens testamentum nuncupativum, quod sine scriptis / apellatur, in hunc qui sequitur modum videlicet. /

[c-]Revocatio aliorum testamentorum et ultimarum voluntatum[-c]

Imprimis namque dictus Georgius testator comendavit / et comendat animam suam altissimo omnipotenti / deo ut misereatur eius, item cassavit, irritavit, / revocavit et anullavit et cassat, irritat, revocat / et anullat omnia et singula alia testamenta / omnesque et singulos alios codicillos et donationes / causa mortis per ipsum testatorem hinc retro facta / et condita si que reperiantur, volens et iubens / eos, eas et ea esse nullos, nullas et nulla / nulliusque valoris, efficatie et momenti et nullum / posse nec debere sortiri effectum tamquam si non / essent facta nec celebrata[d], / [e]etiam si in eis essent aliqua verba / derogatoria de quibus ibi opporteret fieri / spitialem mentionem, et hoc presens suum / testamentum et suam ultimam voluntatem / ceteris omnibus prevalere, et hoc quia sic decrevit / [c. 70r.] eius testatoris ultima voluntas. /

[c-]Legatum de maleablatis restituendis[-c]

Item statuit et legavit et statuit et legat quod omnia / maleablata per ipsum testatorem reddantur et restituantur / et reddi et restitui debeant per infrascriptos eius testatoris / heredes omnibus illis personis quibus reperiantur indebite / extorta, et pro hiis omnibus persolvendis ipse testator / obligavit et obligata relinquid[f] omnia sua bona / michi notario infrascripto ut publice persone stipulanti et / recipienti nomine et vice omnium et singularum personarum quarum / interest, intererit vel interesse poterit quomodolibet / in futurum, et hoc in remedio anime ipsius testatoris / et quia sic decrevit eius testatoris ultima voluntas. /

Est bonum si testator se recordatur de personis quibus / accepit maleablata nominare aut in testamento / aut in cedula facta[g] aut per testatorem aut / per notarium de ablatis et facere mentionem quod / adhibeatur plena fides tali scripture facte / manu talis aut ipsius testatoris, que est penes / talem personam, in omnibus et per omnia, prout in / ipsa cedula fit mentio, et sic debet fieri de / certis ablatis, et de incertis sufficit suprascriptum / capitulum factum sub generali, prout supra fit mentio. /

[c-]Legatum factum filie non nupte[-c]

Item statuit, voluit, iussit et legavit et statuit, / vult, iubet et legat [h-]ac iure institutionis et legati relinquid[f][-h] Fiorbiline eius filie legiptime / et naturali libras /o/

terciolorum sibi dandas[i] / et solvendas[i] semel tantum per infrascriptos eius testatoris / heredes quandocumque pervenerit ad matrimonium / temporale seu spirituale, et hoc pro omni et toto / eo quod ipsa Fiorbilina petere, exigere, requirere, / causari, molestare, inquietare et perturbare / [c. 70v.] posset, poterat et potuisset ac poterit quolibet iure / et titulo et qualibet ratione, causa et occaxione et / pro legiptima et suplemento legiptime de, in et super / hereditate et bonis dicti testatoris eius patris, volens / et mandans ipse Georgius testator ipsam Fiorbilinam / eius filiam perpetuo debere stare, esse et permanere / tacitam et contentam de, in et super hereditate et / bonis dicti testatoris eius patris de et pro premissis sibi / legatis ut supra, et quod interim ipsa Fiorbilina alimentetur / de bonis dicti testatoris eius patris sine diminutione / presentis legati, et pro hiis persolvendis ipse testator / ex nunc obligavit et obligata relinquid[f] omnia / sua bona michi notario infrascripto ut publice / persone stipulanti et recipienti nomine et vice et / ad partem et utillitatem suprascripte Fiorbiline, et hoc / quia sic decrevit eius testatoris ultima voluntas. /

[c-]Capitulum ad pias causas[-c]

Nota quod capitula, que fiunt ad salutem anime, videlicet / legata elemosinarum, et facta ecclesiis et pauperibus / personis, debent poni post illud capitulum ubi legitur, / quod omnia maleablata per ipsum testatorem reddantur et cetera. /

Item statuit, voluit, iussit et legavit et statuit, vult, / iubet, legat et ordinat ac iure legati relinquid[f] / fabrice ecclesie Sancti Laurentii[30] de Lugano libras decem / terciolorum, item fabrice ecclesie Sancte Marie angelorum[53] Lugani / libras decem terciolorum eis et utrique earum, dandas et / solvendas semel tantum per infrascriptos eius testatoris heredes / post obitum dicti testatoris, et hoc in remedio anime / ipsius testatoris et quia sic decrevit eius testatoris ultima / voluntas. /

[c. 71r.] [c-]Legatum elemosine[-c]

Item statuit et legavit et statuit et legat[j] / quod infrascripti eius testatoris heredes teneantur et obligati sint facere / elemosinam de stariis quatuor bladi furmentate, videlicet / furmenti et sichalis equaliter, fiendis in pane et / de condio uno vini distribuendis pauperibus Christi ad / ecclesiam Sancti Laurentii de Lugano omni anno per / annos decem futuros post obitum dicti testatoris, et / pro hiis omnibus persolvendis ipse testator obligavit / et obligatam relinquid[f] talem petiam terre / iacentem in tali loco et cetera seu talia bona, prout ipse / testator voluerit[k], seu omnia sua bona / michi notario infrascripto ut publice persone stipulanti / et recipienti nomine et vice omnium et singularum personarum / quarum interest, intererit vel interesse poterit / quomodolibet in futurum, et hoc quia sic decrevit / eius testatoris ultima voluntas et in remedio / anime sue. /

Possunt fieri alia capitula ad pias causas et ad salutem / anime, prout testatores voluerint. /

[c-]Legatum pro uxore[-c]

Item statuit, voluit, iussit et ordinavit et statuit, vult, / iubet, legat et ordinat quod domina Helena eius testatoris / uxor sit et esse debeat domina maior usufructuaria, / administratrix et gubernatrix omnium bonorum dicti / testatoris, et possit et debeat stare et habitare in domo / habitationis dicti testatoris et ibidem habeat cameram cubicularem / cum lecto et aliis fornimentis sibi necessariis secundum / eius gradum et condictionem et non possit nec valeat / expelli nec excumiari a dicta domo habitationis dicti testatoris / eius mariti donec vixerit et vitam vidualem et / honestam vixerit, et ultra predicta legavit et / iure institutionis et legati relinquid[f] suprascripte Helene / [c. 71v.] eius testatoris uxori libras quinquaginta terciolorum sibi dandas / et solvendas semel tantum per infrascriptos eius testatoris heredes / post obitum dicti testatoris ultra eius dotem, et hoc / pro benemeritis dicte domine Helene et quia sic decrevit / eius testatoris ultima voluntas. /

[c-]Pro uxore testatoris[-c]

Nota quod ex statuto[54] valis Lugani maritus non potest legare / eius uxori ultra libras quinquaginta terciolorum nec[l] si ipsa / mulier non[m] habeat filios ex dicto testatore marito suo, non / [n]potest ipsam ordinari dominam masariam, usufructuariam, / administratricem et[o] gubernatricem omnium bonorum dicti / testatoris ut supra scriptum est, sed bene maritus / volens facere hoc versus eius uxorem non habentem / filios debet facere et apponere aliquam penam et / agravare heredes quod si molestaverint et aliquam / molestiam intulerint ipsi domine Helene eius testatoris / uxori quin libere possit habere et possidere / dictum usufructum omnium bonorum dicti testatoris, quod tunc / et eo casu ipsi heredes dicti testatoris incurrant / penam ducatorum /o/ auri, que statim absque alia / exceptione in contrarium aleganda aplicetur et / aplicata intelligatur tali ecclesie vel tali / persone [p-]ad terrorem ipsorum heredum, quia timebunt penam, / vel apponere aliud gravamen, prout placuerit ipsi testatori[-p]. / Est etiam bonum quod maritus[q] quando / non voluerit sibi legare plenum usufructum bonorum / omnium suprascripti testatoris, quod leget uxori sue plenum / et integrum usufructum talis petie terre iacentis / et cetera seu talium bonorum iacentium et cetera[r] a se / ipsa percipiendum et non de manibus heredum dicti testatoris, / et hoc quia sic decrevit eius testatoris ultima voluntas. /

[c. 72r.] [c-]De filiabus testatoris[-c]

Si testator habet alias filias legiptimas et naturales / nuptas vel nubendas necesse est[s] de eis / omnibus et singulis facere mentionem et sibi[t] legata / facere, videlicet si sunt nubende legare ad minus / quantum est legiptima sua et si sunt nupte / legare aliquid, prout placuerit dicto testatori, ultra / dotem datam vel promissam, et semper apponas, pro omni / et toto eo et cetera, prout in suprascripto testamento fit mentio, / aliter testamentum non valeret. / Possunt etiam fieri multa alia capitula, prout testatori / placuerit. /

[c-]Heredum institutio[-c]

In omnibus autem et singulis aliis suis bonis et rebus mobillibus / et inmobillibus seseque moventibus, iuribus, actionibus et / nominibus debitorum et creditorum, que ipse testator habet et / tempore obitus sui relinquet, idem Georgius testator / instituit sibi heredes universales, quos ore suo proprio / nominavit et nominat, Franciscum et Cosmum fratres eius / testatoris filios legiptimos et naturales et utrumque / eorum pro medietate, quod quidem testamentum et ultimam / voluntatem dictus Georgius testator vult et iubet / valere debere et quod valeat et teneat iure testamenti / nuncupativi, et si iure testamenti nuncupativi / valere et tenere non posset seu non poterit, vult / et iubet quod valeat et teneat et valere et tenere / debeat iure codicilorum aut iure donationis causa / mortis aut quolibet alio modo, iure, via, causa[u], / forma et titulo quibus melius de iure valere et / tenere potest, et hoc quia sic decrevit eius testatoris / ultima voluntas, [p-]quod quidem testamentum et ultimam voluntatem dictus testator vult et iubet valere debere iure testamenti nuncupativi, / et si iure testamenti nuncupativi valere et tenere non posset seu non[-p] / [v-]poterit, vult et iubet quod valeat et teneat aut iure codicilorum aut iure donatonis causa mortis aut quolibet alio iure quo melius de iure valere[w] et tenere potest, quia sic decrevit eius testatoris ultima voluntas[-v]. /

Si vero testator voluerit facere testamentum irrevocabilem / dicat sic ante imprimis, volens hoc suum presens testamentum / esse suum ultimum velle et suam ultimam voluntatem / et non posse nec debere per aliquod aliud eius testamentum / [c. 72v.] vel codicillum vel aliam eius ultimam voluntatem / nec alio modo revocari nec anulari. /

[c-]Testamentum iuratum[-c]

Si vero testator voluerit iurare non revocare, dicatur / sic ibidem post predicta verba videlicet.

Et sic dictus testator / iuravit et iurat corporaliter ad sancta dei evangelia / manu tactis scripturis predicta et omnia et singula in hoc / testamento contenta rata, grata, firma et valida habere / et tenere et nullo tempore contrafacere nec venire aliqua / alia ratione vel occaxione iuris vel facti comunis vel / spitialis et hoc presens testamentum nullo modo nullaque / ratione et occaxione nec ullo unquam tempore revocare. /

Sed dicitur in iure quod voluntas hominis est ambulatoria / usque ad mortem et difficile est ligare hominem ut / non possit quotiens voluerit testari. /

[c-]Verba derogatoria[-c]

Si vero testator voluerit apponere aliqua verba de quibus / vellit fieri spitialis mentio per eum, casu quo in alio / testamento vellet presens testamentum revocare, dicat / post dictum primum capitulum sic.

Volens et iurans / ibidem corporaliter ad sancta dei evangelia ipse testator / manu tactis scripturis hoc suum presens testamentum / esse suum ultimum velle et suam ultimam / voluntatem et non posse nec velle ullo tempore / aliquo modo revocari nec anulari, nisi in / eo instrumento revocationis sive alterius testamenti / expresse describantur et apponantur infrascripta verba / formalia de verbo ad verbum et de ipsis infrascriptis / verbis fiat spitialis mentio in ipsa revocatione, / que verba sunt hec videlicet[x].

Ponantur postea / ibi verba que voluerit, et postea dicatur / sic videlicet.

Que quidem verba si non descripta / [c. 73r.] fuerint in quacumque eius aliam[y] ultimam[y] voluntatem[y] et dispositionem[y], / ex nunc ipse testator protestatur et iurat corporaliter ut supra / quamcumque eius aliam ultimam voluntatem et quodcumque eius / aliud testamentum, si quam vel quod per eum fieri contingat / et in eo non fuerint descripta suprascripta verba ut supra, procedere / et quod procedit metu vel fraude vel aliqua doloxa / sugestione et non motu proprio nec de mente et / scientia nec libera voluntate dicti testatoris. /

[c–]Ellectio distributoris elemosinarum fiendarum[–c]

Si vero testator voluerit constituere aut deputare unum / distributorem et errogatorem elemosinarum fiendarum, / tunc dicatur sic videlicet.

Quarum quidem elemosinarum / fiendarum idem testator ellegit et deputavit ac / constituit errogatorem, distributorem et fideicomissarium / Antonium de tali parte, concedens sibi licentiam et / liberam facultatem et potestatem possendi sua propria / auctoritate, et cessante omni contradictione infrascripti eius / heredis, vendere de bonis dicti testatoris de / quibus voluerit et ea obligare pro dictis omnibus / solvendis et restituendis. /

[c–]Quod possint vendi de bonis testatoris pro elemosinis fiendis[–c]

Si vero specificaverit bona que voluerit ut possit / vendere, tunc dicatur, vendere talia bona et cetera, / et ipsa ibidem exprimere vel dicendo de talibus / bonis in tali loco et territorio iacentibus et cetera, usque / ad integram satisfactionem predictorum legatorum factorum / pro salute anime ipsius testatoris, et scias quod iste / deputatus tunc poterit vendere de dictis bonis / ut supra. /

[c–]Heredum substitutio[–c]

Nota quod si testator voluerit quod alter eorum heredum / qui supervixerit sucedat alteri premorienti / ad hoc ne hereditas eius vadit ad feminas, / dicatur sic, ante et exinde de predictis et cetera, videlicet. /

[c. 73v.] Et casu quo alter eorum decederet sine liberis vel / ab intestato, tunc et eo casu alium [h–]vel alios[–h], qui supervixerint, / instituit et substituit sibi heredes[z] universales[z]. /

Septem testes requiruntur in testamento ultra notarios. / Advertat bene notarius in consulendo testatori, si uxor / sua esset infamis vel fatua vel multum / ignorans et filii essent parvuli vel fatui, in / constituendo ipsam uxorem dominam, maiorem usufructuariam, / administratricem et gubernatricem aut tutricem vel / curatricem bonorum dictorum filiorum suorum, et quod semper / capiatur melius partitum. /

[c-]Capitulum in testamento de tutore sine ratione reddenda[-c]

Si vero testator haberet filios parvulos minores et pupillos / et vellet facere uxorem suam vel alteram personam / tutricem et curatricem dictorum filiorum suorum, debes sic / dicere in illo capitulo institutionis heredis vel ante / vel post hoc modo videlicet.

Item statuit, iussit, legavit / et ordinavit et statuit, iubet, legat et iudicat / quod domina Helena, eius testatoris uxor legiptima, seu / talis alia persona post mortem ipsius testatoris sit / et esse debeat tutris et curatrix generalis[aa] personarum et bonorum / talis et talis eius filiorum minorum annis XXV, / maiorum tamen annis XIIII° pro quolibet eorum, et talis / et talis similiter eius filiorum minorum annis XIIII° / pro quolibet eorum donec pervenerint[bb] / ad etatem annorum XIIII° pro quolibet eorum, et abinde / in antea sit et esse debeat curatrix generalis donec / pervenerint ad etatem perfectam, et sic pro curatrice / et tutrice generali ipsam dominam Helenam uxorem / suam seu talem personam dedit et dat predictis omnibus / filiis suis et cuilibet eorum[cc] ut supra ad omnia ipsorum / [c. 74r.] et cuiuslibet ipsorum minorum ut supra negotia peragenda, facienda, / gerenda, exercenda, salvanda et administranda bene, iuste, / legaliter et bona fide, sine fraude, prout melius poterit / et voluerit ipsa talis tutrix et curatrix dicta ut supra, / et hoc sine aliqua ratione reddenda, quibuscumque / cavilationibus, contradictionibus et exceptionibus et aliis omnibus / in contrarium facientibus penitus cessantibus et reiectis, / et quod quicquid factum, gestum, administratum, promissum et / obligatum ac perpetratum fuerit et ordinatum per / ipsam tutricem et curatricem ut supra datam, vigore et / pretextu et in exequtione presentis contractus, sit et esse / debeat validum, ratum, gratum et firmum et pro rato, / grato, firmo et valido perpetuo et omni tempore / habeatur et haberi debeat tamquam a vera curatrice / et tutrice factis, gestis et perpetratis, et sic per presens / eius testamentum predictus testator iubet et vult / ac mandat valere debere et tenere ut supra dictum est, / et hoc quia[dd] ipse testator ad / plenum confidit de probitate, legalitate, bonitate et / sufficientia dicte domine Helene, seu dicti talis / curatoris dati ut supra, et quia sic decrevit eius / testatoris ultima voluntas. /

[c-]Capitulum quod tutor et curator teneatur reddere rationem minoribus pro tutella et cura[-c]

Si vero testator voluerit quod uxor sua et ille qui / datus fuerit pro tutore seu curatore filiis dicti testatoris / minoribus reddat rationem dictis minoribus de /

administratis per eum tutorem et curatorem, potest dicere / notarius sic videlicet, ubi dicitur sine ratione reddenda, / dicat sic.

Cum hoc pacto, lege et[ee] / condictione quod dicta talis uxor eius curatrix et / tutrix teneatur et debeat ac astricta sit de omnibus / et singulis, que ad eius manus pervenerint de bonis / et rebus dictorum fratrum minorum et pupillorum ratione / [c. 74v.] et occaxione huius cure et tutelle, bonam et integram / dictis fratribus minoribus et pupillis facere, reddere et / restituere rationem[u], sollutionem et satisfactionem / temporibus debitis et congruis et reliqua restituere cum / augumentis debitis et augumentorum augumentis, et hec omnia presente suprascripta domina Helena eius uxore / seu tali tutore et curatore constituto ut supra predicta / acceptante et predictis omnibus et singulis consentiente / et offerente se predicta omnia et singula exequi / et exequtioni mandare sub ipoteca et / obligatione sui et omnium suorum bonorum pigneri / presentium et futurorum michi notario infrascripto, ut publice / persone stipulanti et recipienti nomine et vice et ad / partem et utillitatem tantum dictorum minorum et / pupillorum[ff] et cuiuslibet alterius persone cuya interest, / intererit vel interesse poterit quomodolibet in futurum. /

[c]–De filiis stultis et insensatis: prohibitio alienationis et obligationis bonorum suorum–[c]

Si vero testator haberet aliquos filios masculos insensatos / et sensu carentes, qui de iure sunt heredes instituendi / prout alii sensati, et nolet quod ipsi filii insensati possint / vendere nec alienare bona sua, sed quod remaneant / postea bona ipsius insensati post eius mortem / aliis fratribus seu heredibus dicti testatoris tunc potest dicere / sic videlicet[gg]. /

In omnibus autem et singulis aliis suis bonis et cetera ipse[hh] / Iohannes testator instituit sibi heredes universales, quos / ore suo proprio nominavit et nominat, talem et talem / fratres, eius testatoris filios legiptimos et naturales et / quemlibet eorum equali portione cum conditione quod si / [c. 75r.] suprascriptus talis, qui est fatuus et insensatus et intellectu / carens, non possit nec valleat nec ei licitum sit aliquo / modo, directe nec per indirectum nec aliquo iure vendere / nec alienare nec obligare dictam hereditatem et bona / dicti testatoris sine consensu et participatione ac licentia / aliorum fratrum suorum vel talis persone, et si que / venditiones vel alienationes aut obligationes fient / aliquo modo per dictum talem fatuum et insensatum ut supra / sine consensu ut supra non valeant nec sortiantur effectum / tamquam si non essent facte nec celebrate, et hoc / quia sic decrevit ipsius testatoris ultima voluntas. /

[c]–De posthumis filiabus–[c]

Si uxor testatoris esset pregnans[ii] de legatis factis / filiabus nascituris, si filie femine naschantur et / si fuerint filii masculi posthumi, id est nascituri / post mortem patris. /

Item legavit, statuit et ordinavit et legat, statuit et / ordinat[jj] ac vult et iubet quod si suprascripta / Helena uxor sua esset pregnans et pariet unam / vel plures filias feminas, ex nunc ipse testator / legavit et iure institutionis et legati relinquid[f] ipsi / filie vel filiabus suis nascituris ut supra libras /o/ / terciolorum eis et cuilibet earum, dandas et solvendas semel tantum / per heredes ipsius testatoris quandocumque pervenerint ad / matrimonium temporale seu spirituale et non aliter, / et hoc pro omni et toto eo quod ipsa filia seu / filie nasciture ut supra petere et consequi possint quovis modo / de, in et super hereditate et bonis dicti testatoris quolibet / iure et titulo et quovis modo, ratione, causa et occaxione / et pro legiptima et suplemento legiptime, volens / et mandans ipsas filias nascituras ut supra perpetuo / debere stare et permanere tacitas et contentas de, in et / super[kk] hereditate et bonis dicti testatoris de et pro premissis / sibi adiudicatis et legatis ut supra, et quod interim debeant / [c. 75v.] alimentari de bonis dicti testatoris sine diminutione / presentis legati. /

[c-][De] posthumis masculis[-c]

Et si ipsa Helena uxor dicti testatoris pariet filios / masculos unum vel plures, ex nunc ipse testator / vult, iubet et mandat ipsos filios[ll] masculos / nascituros ut supra sucedere in hereditate et bonis / dicti testatoris eorum patris equaliter et equali portione / cum aliis fratribus suis heredibus institutis dicti testatoris. /

[c-]Quod bona remaneant comunia inter masculos et non possint vendi nixi inter eos[-c]

Item statuit, disposuit et ordinavit quod illa petia / terre ronchive et vineate cum brolio et casamentis / copertis et discopertis supra, iacentia in territorio de /o/ ubi / dicitur in tali loco, non possint nec valeant vendi, / obligari nec alienari aliquo modo alicui persone / directe nec per indirectum nisi inter infrascriptos fratres, filios / suos et heredes et eorum descendentes per lineam masculinam / tantum ex eis legiptime descendentes, et si aliquis ex / eis vendiderit suam partem alicui alteri persone quam / supra nominatis, tunc et eo casu illa pars perveniat / in alios fratres suos vel ex eis legiptime descendentes / masculos ut supra, et hoc quia ipse testator vult quod dicta / bona permaneant in dictos filios suos masculos et / ex eis masculos legiptime descendentes ut supra, et ut / vitent omnes fraudes et omnia damna et deceptiones / que possent evenire in alienatione ipsorum bonorum, / ut plerumque docet experientia, et si contra fiet / alienatio et obligatio, sit ipso iure nulla et nullius / valoris et momenti. /

In alio modo /

c-Capitulum quod heredes non possint vendere eorum bona nisi inter se ipsos tantum et eorum descendentes masculos-c

In omnibus autem et singulis aliis suis bonis et rebus / mobillibus et inmobillibus seseque moventibus, iuribus, / actionibus et nominibus debitorum et creditorum, que ipse / [c. 76r.] testator habet et tempore obitus sui relinquet, idem / Albertus testator instituit sibi heredes universales, quos / ore suo proprio nominavit et nominat, Franciscum, Cesarem / et Abondinum fratres eius testatoris filios legiptimos / et naturales quemlibet eorum equali portione, cum / conditione tamen quod suprascripti heredes ultra eorum legiptimam / iure nature debitam non possint obligare nec / alienare nec alium contractum nec distractum / obligationis, pigneris vel alienationis vim / habentem facere de bonis ipsius testatoris nisi / inter se ipsos et eorum descendentes masculos, / et quatenus ad aliquam obligationem, pignorationem / vel alienationem ut supra quovis modo pervenerint / obligando, contrahendo vel distrahendo, ex nunc / ipse testator vult et ordinat nullius esse valoris / et momenti preterquam inter se ipsos heredes, inter / quos ipse testator non prohibet aliquam alienationem / nec obligationem. /

Capitulum quod bona testatoris usque in infinitum / et imperpetuum non transeant in mulieres / sed remaneant in descendentes masculos

Item statuit, disposuit et ordinavit ac voluit et / statuit, disponit, ordinat et vult quod casu quo / suprascripti Franciscus, Cesar et Abondinus fratres, filii et / heredes dicti testatoris vel aliqui eorum aut eorum / descendentes et descendentes descendentium / usque in infinitum, decederent sine filiis / masculis de legiptimo matrimonio procreatis / quod tunc et eo casu alii heredes superstites et / deffunctorum filii masculi et descendentes / descendentium usque in infinitum ut supra, agnati / [c. 76v.] proximiores et personam agnatorum proximiorum representantes / sucedant et sucedere debeant ipsis futuris deffuntis / sine filiis masculis de legiptimo matrimonio, / exclusis filiabus et aliis quibuscumque feminis et ex / linea feminina venientibus, quas filias et / feminas omnes dictus testator vult et iubet dotari / et excludi a quacumque sucessione et quod contente / remaneant dotibus suis taxandis arbitrio boni / viri iusta facultates, consuetudines locorum ac / personarum et temporum condictiones, ita quod bona ipsius / testatoris in agnatione et familia descendentium / suorum masculorum et de legiptimo matrimonio tantum / procreatorum remaneant, et ex nunc vigore presentis / testamenti et ultime voluntatis dictus testator / dictos eius filios et heredes et eorum filios et / descendentes et descendentium descendentes / masculos et de legiptimo matrimonio procreatos / ut supra usque in infinitum ad invicem substituit / vulgariter, pupilariter et per fideicomissum sine / aliqua detractione Tribilianice, quia ipse / testator vult omnia eius bona in familia / masculorum descendentium suorum et de legiptimo / matrimonio procreatorum omnino conservari, exclusis / feminis et ex linea feminina venientibus, / [mm]et quia sic decrevit eius / testatoris ultima voluntas. /

Capitulum quod si testator[nn] non haberet / filios masculos et haberet filiam nuptam extra / dominium et timeret eam non posse instituere / heredem, videlicet quod agnati ipsius[oo] testatoris molestent / ipsam filiam quin possit suscedere

[c. 77r.] In omnibus autem et singulis aliis suis bonis et cetera, que ipse / testator habet et tempore obitus sui relinquet, idem / dominus Franciscus testator instituit sibi heredem universalem, / quam ore suo proprio nominavit et nominat, dominam Iohanninam / eius testatoris filiam legiptimam et naturalem et uxorem / talis de tali parte et cetera de presenti ressidentem in domo / habitationis dicti testatoris, cum hac tamen condictione, lege / et provisione quod si ipsa domina Iohannina heres instituta / ut supra aliquo modo, causa vel iure non poterit / esse heres dicti testatoris vel in aliquo impediatur / per aliquas personas cuiusvis gradus et condictionis / existat[pp] seu impediretur ut non possit suscedere, / consequi et habere hereditatem et bona dicti testatoris / et per eum relinquenda in eius hereditate et bonis, / ita et taliter quod libere et impune non possit / gaudere et possidere hereditatem et bona que / relinquentur per ipsum testatorem in eius hereditate et bonis / vel partem eorum, quod tunc et eo casu et ex nunc prout / ex tunc et ex tunc prout ex nunc casu adveniente / prout supra ipse testator iure institutionis et legati et omni / meliori modo quo potuit et potest, relinquid[f] ipsi / domine Iohannine eius testatoris filie ducatos /o/ auri largos / et in auro bonos, sibi dandos et solvendos de bonis / et rebus ipsius testatoris[x]. /

Potest facere ipsi filie sue tantum legatum in denariis quod[qq] illi / qui intendunt littigare cum ipsa non videant dictam / hereditatem dicti testatoris sibi lucrosam. /

Et pro hiis omnibus persolvendis dictus testator obligavit / et obligata relinquid[f] omnia bona sua michi / notario infrascripto, ut publice persone stipulanti et recipienti / nomine et vice suprascripte domine Iohannine eius filie ut supra, / et abinde supra eo in casu in omnibus aliis bonis / dicti testatoris prout supra ipse testator ex nunc prout / [c. 77v.] ex tunc [rr]-prout ex nunc-[rr] instituit et substituit sibi et dicte / domine Iohannine eius filie vulgariter, pupillariter et / per fideicomissum ac omni meliori modo quo potuit / et potest heredem universalem[ss], quam / ore suo proprio nominavit et nominat, talem ecclesiam / vel talem fabricam vel talem personam, cum / hac tamen condictione quod ipsa domina Iohannina eius / testatoris filia donec vixerit habeat et habere / debeat plenum usufructum omnium bonorum que / relinquentur per dictum testatorem in eius hereditate et / bonis, et hoc quia sic est ipsius testatoris ultima / voluntas. /

Legatum de dotando filiam bastardam

Item statuit et cetera et iure institutionis et legati relinquid[f] Lutie / eius filie spuree et naturali, nate ex se et quadam / Anastaxia de tali parte, libras /o/ terciolorum pro ipsam dotando / et maritando, eidem Lutie dandos et solvendos / per infrascriptos eius testatoris heredes semel tantum cum nubetur / et viro tradetur, et si contingat dictam Lutiam decedere / ante nubilem etatem et antequam nubatur et viro / tradatur, tunc voluit et iussit dictas libras /o/ terciolorum / per infrascriptos eius exequtores et comissarios exponi et / errogari in maritando puelis pauperibus pro / amore dei et pro remedio anime sue dummodo non / possint dare alicui puelle plus quam libras[tt] L^{ta} / terciolorum pro qualibet earum, conscientiam dictorum et infrascriptorum / exequtorum et comissariorum in hoc agravando. /

Legatum[uu] liberationis debitoris

Item iure legati reliquid[vv] et liberavit Hieronimum / de tali parte debitorem dicti testatoris in suma / [c. 78r.] et quantitate librarum /o/ terciolorum, in quibus dictus Hieronimus / est debitor dicti testatoris ex causa vini vel bladi / vel mutuy[x], prout causa fuerit[x], ut aparet vel / aparere dicitur in libro dicti testatoris coperto coleo rubro / in foleis CL, et iussit et mandavit dictus / testator infrascriptis eius heredibus nullo unquam tempore posse / exigere dictam partitam, imo totaliter intelligatur / extincta. /

Similiter mutatis mutandis poterit fieri de aliis personis, / quas liberare voluerit. /

Legatum creditoris

[ww]Iure legati reliquid[vv] et legavit Tadeo de tali parte / [xx]ducatos /o/ auri largos et in auro bonos iustique / ponderis et lige in quibus dictus testator dixit, / asseruit et confessus fuit et confitetur se esse verum / debitorem dicti Tadei occaxione /o/ dummodo[yy] dictus Tadeus / liberet et absolvat dictum testatorem et eius heredes / ab omni et toto eo quod contra[zz] eos [h-]heredes dicti testatoris[-h] petere et / consequi posset, premissorum occaxione et alio quovis modo / et quacumque alia ratione. /

Plura alia legata possunt apponi, sed esset bene / impossibile complecti et exprimere omnes voluntates / hominum, sed tu, notarie, semper caveto ut ad / unguem quam clarius et lucidius poteris, etiam / si recte scribere nescies litteraliter, videlicet / sermone litterali, scribas sermone vulgari / voluntatem testatoris clare et distincte bene. /

Exeredatio filii vel filiorum

[aaa]Item in hoc suo presenti testamento dictus testator exheredavit / et eius hereditate penitus privavit et privat / Galeazium filium legiptimum et naturalem dicti / testatoris, quia dictus Galeazius manus atroces / [c. 78v.] et violentas in dictum

testatorem eius patrem prohdolor [!] / iniecit et immissit et pluries sibi venenum / paravit et de crimine famoso ipsum acusavit eiusque / vite insidiavit, ut eradicaretur de terra / viventium. /

Semper apponas causas propter quas ipse testator / exheredare voluerit ipsos filios suos seu filium suum / aliter[bbb] exheredatio non valet. / Et nota quod cause quibus potest fieri exheredatio / tanguntur hiis capitulis et versibus videlicet. / Possunt ingratos hec cause pellere natos, / si feriat patrem percutiatque matrem, / si verbum stultum dicat vel quo[ccc] gravet / multum, / si vel ex parvo prodeat vel crimine magno, / si conversetur reprobis vel consotietur, / vel si cum telo potat ipsos atque veneno, / si disponsatam violat vel patris amatam, / si sit delatus patrem vel forte reatus, / at natus damnum facit illud crescere magnum, / si non inclusum patrem iuvet et furiosum, / quod si testari prohibet vel facta novari, / si quis iure nato se iunxerit ac reprobato, / exheredatur si filia luxuriatur, / percutit, acuxat seu malefactum, / insidiem coitus defert istrio factum, / cura fides carcere testans si non fideiussit. /

[c–]De filio familias[–c]

Nota quod filius familias non potest testari etiam / consentiente patre, tamen potest donationem causa / [c. 79r.] mortis facere consentiente patre. /

[c–]Quantum importat legiptima que debetur filiis[–c]

Si vis scire quantum importat legiptima que de iure / debetur filiis legiptimis et naturalibus, ipsa legiptima / tangitur hiis versibus videlicet. / Quatuor aut infra dant natis iura trientem, / semissem vero dant natis quinque vel ultra, / et sic declaratur ipsa legiptima in iure videlicet. / Si sunt quatuor filii et abinde infra debent habere / trientem idest quatuor partes sive uncias, et istam / legiptimam pater non potest aufferre filiis nec / imponere gravamen nisi per viam exheredationis, / sed inter vivos pater potest consumere omnia bona, / ut nichil habeant tempore mortis, ut habeant causam / non dimittendi aliquid filiis, / sed si sunt quinque filii vel abinde supra debent habere / semissem, et de ressiduo potest pater facere quicquid / vult, et ideo dantur suprascripti versus. /

[c–]De filiis spuriis[–c]

Mater tenetur in testamento suo[ddd] facere mentionem / de filiis spuriis et de legiptimis aliter testamentum non / valet. /

[c–]De posthumis[–c]

Testamentum factum nulla facta mentione de posthumis / nascituris et postea natis non valet. / Posthumus non potest exheredari. / Hereditas de iure dividitur in duodecim uncias. /

[c-]Hereditas potest specificari in bonis specificatis unicuique heredi instituto[-c]

Filii[eee] possunt institui heredes a patre in rebus / specificatis unicuique ipsorum filiorum suorum hoc modo / videlicet, in omnibus autem aliis suis bonis et cetera ipse testator / instituit sibi[fff] heredes universales, quos ore / suo proprio nominavit et nominat, Petrum, Iohannem Antonium / et Iacobum fratres eius testatoris filios legiptimos et / [c. 79v.] naturales, videlicet dictum Petrum in domo una terranea et cetera / iacente in tali loco et cetera, item tali petia terre et cetera, / item talibus bonis mobilibus et cetera, et nominare omnia / bona mobilia et imobilia que voluerit esse / propria suprascripti Petri, / item dictum Iohannem Antonium in talibus et talibus bonis, et / similliter nominare bona que voluerit esse propria / dicti Iohannis Antonii, / item dictum Iacobum in talibus et talibus bonis et cetera, et pariter / nominare bona que voluerit esse propria suprascripti Iacobi. / Nepotes ex filia non sunt in potestate avi materni. /

[c-]Qui non possunt institui heredes in testamentis[-c]

Qui non possunt heredes institui sunt hii videlicet: / deportatus propter aliquod delictum ad aliquam insulam / sive banitus imperpetuum, / item damnatus in metalum fodiendum, / item collegium illicitum quod videlicet non est approbatum, / item incestuosus videlicet ille qui est natus ex damnato / coitu, idest spurius testatoris, / item servus qui acusatus est de adulterio cum domina / sua commisso, ab illa domina institui non potest, / item hereticus, item apostata, item mulier que / convolat ad secundas nuptias infra tempus luctus, / hoc est infra annum post mortem primi viri, / item qui scienter contraxit cum aliqua muliere / ignorante illas esse illicitas nuptias, que tamen / erant illicite nuptie, non potest ab illa muliere / institui, generaliter autem omnes alii possunt / heredes institui et accipere quicquid a testatore / relinquitur sive sint filii sive extranei sive / [c. 80r.] liberi sive servi testatoris vel alieni sive / patres familias vel filii familias sive impuberes / fuerint vel maiores sive persona privata sive / ecclesiastica vel universitas. /

Declaratio suprascriptorum versuum factorum de / exheredatione filiorum

Prima causa quare filius et filia potest[ggg] exheredari est, si / filius manum iniecit in patrem vel offenderit eum, / secunda, si grandem iniuriam et contumeliam fecerit patri, / tercia, si patrem de criminalibus causis accusaverit nisi fortassis / [hhh]eum accusaverit de crimine lexe maiestatis vel de / offensa in re publica facta, idest contra comune[u] / civitatis sue, quia duabus hiis causis, etiam si accusaverit / patrem, non potest pater ideo eum exheredare, / quarta, si filius maleficus cum maleficis versatur, / quinta, si filius machinatur in necem patris, / sexta, si filius calumniose littem moverit patri in / qua quidem litte fecerit patrem gravia damna substinere, / septima, si filius rogatus a patre in carcere ob debitum / detruso ut fideiubeat pro[iii] eo, ipse filius fideiubere / non vult in eo pro quo creditores ipsius fideiussionem / recipere volunt, quod quidem solum in filiis masculis locum / habet, / octava, si filius prohibuit patrem testari, / nona, si filius ioculator est contra voluntatem patris nisi / pater eandem professionem habuerit, / decima, si filia non obedierit patri volenti eam / honeste[jjj] nubere et dotem constituere secundum / patrimonii vires, sed potius ipsa vult luxuriari, / undecima, si filius noverce sue aut concubine patris / [kkk]imiscuerit se, / duodecima, si filius patrem neglexerit furiosum, in / [c. 80v.] quo quidem casu etiam licet non fuerit a patre exheredatus, / ipso iure exheredatus est, / tercia decima, si filius patrem a Saracenis captum / redimere non vult, in quo casu si pater in captivitate / moritur hereditas spectat ecclesie, / quarta decima, si pater est catholicus et filius hereticus. /

[c–]Rationes quibus patres[lll] possunt exheredari a filiis[mmm–c]

Septem vero sunt cause quibus filii et nepotes / possunt exheredare parentes et avos et avias, / que sunt iste videlicet: / prima, si pater filium accusaverit de crimine excepto quam / crimine lexe mayestatis, / secunda, si pater vite filii per venenum vel alio modo / insidiatus fuerit, / tercia, si pater uxori vel concubine filii se imiscuerit, / quarta, si pater prohibuerit filium testari de hiis / in quibus testari poterat, / quinta, si pater non egit curam filii furiosi faciendo / sibi mederi vel aliter subveniendo, / sexta, si pater filium a saracenis captum non redimerit / quia tunc in captivitate Saracenorum moritur, bona / filii, de quibus testari poterat, dicunt esse ecclesie / vel dari pro redemptione captivorum, sed si filius / redierit, recte potest patrem exheredare, / septima, si pater est hereticus, filius vero catolicus, / demum notarius, qui causam exheredationis debet exprimere / et nominare, aliter non tenet exheredatio. /

[c–]Institutio ad tempus[–c]

Potest etiam fieri institutio ad tempus cum substitutione. /

[nnn–][De omnibus] filiis [et filiabus nominandis in testamentis parentum eorum][–nnn]

Pater tenetur facere mentionem in testamento de omnibus filiis et / filiabus suis, aliter testamentum non valet. /

[c. 81r.] [c–]De fratre testatoris[–c]

Testator non cogitur facere mentionem in testamento de fratre. /

[c–]De notario scribenti[–c]

Notarius non debet ponere aliquod legatum factum sibi / a testatore, sed si testator voluerit aliquid legare / ipsi notario roganti ipsum testamentum, debet rogari / per alium notarium, videlicet illud legatum quod voluerit / legare ipsi notario. /

Quomodo potest et debet expleri testamentum / pro parte et in parte non

Testamentum autenticum et integrum dari potest cuilibet / heredum et substitutorum et comissariorum seu fideicomissariorum / [ooo]et legatariorum et aliis personis indigentibus ipsis testamentis, / potest etiam nichilominus cuilibet legatariorum dari certa / pars testamenti, [ppp]licet illa in qua fit mentio de eo / quod sibi[qqq] legatum vel relictum est, hoc modo videlicet, / in nomine Domini, amen, anno et cetera, talis testator et cetera, facere / videlicet preambulum testamenti et ponere primum / capitulum testamenti, prout fuerit in abreviatura / scripture, et alia capitula scribere omnia breviata / videlicet, item statuit et cetera, de uno in unum prout / et quot erunt in ipsa abreviatura, et postea / cum fueris ad capitulum quod pertinet illi qui / indiguerit et ipsum capitulum voluerit extendere / totum illud capitulum, et deinde apponere / institutionem heredum cum aliis usque ad finem / et cum testibus et notariis. / Notarius debet loqui cum testatore quando facit testamentum. /

[c]–Qui testari non possunt–[c]

Qui testari non possunt sunt hii videlicet, / masculus minor annis XIIII°, femina minor annis XII, furiosus, / filius familias, surdus, mutus, naturaliter servus, / item damnatus ad mortem, item ille qui dubitat de suo / statu, item condemnatus de crimine famoso, item monacus, item / [c. 81v.] hereticus, item qui comissit crimen lexe maiestatis, / item prodigus. /

Legatum factum filio prodigo

Item statuit et legavit et iure institutionis et legati relinquid[f] / Hieronimo eius testatoris filio legiptimo et naturali ducatos / /o/ auri largos et in auro bonos iustique ponderis et lige / tantum et non ultra, sibi dandos et solvendos semel tantum / per infrascriptos eius testatoris heredes post obitum ipsius testatoris, / mandans et iubens dictus testator eidem Hieronimo presenti / institutioni perpetuo debere stare, esse et permanere tacitum et / contentum et nil ulterius petere posse de bonis, rebus et / iuribus[rrr] hereditariis dicti testatoris, et hoc ideo / fecit dictus testator, quia dictus Hieronimus est lusor / et dilapidator bonorum et accepit in uxorem quandam / meretricem contra voluntatem dicti testatoris et in grave / damnum et dedecus dicti testatoris totiusque sue familie / et quia dictus Hieronimus pluries monitus a dicto testatore / eius patre nunquam redire voluit ad meliorem frugem / idest fructum, voluit tamen dictus testator dictum Hieronimum / solum alimentari et alimenta cibi[sss] et potus, vestimentorum / et calciamentorum sibi dari et preberi in domo et de / bonis dicti testatoris per infrascriptos eius testatoris heredes, et hoc / quia sic decrevit eius testatoris ultima voluntas. /

Recordare apponere in presenti capitulo, si contingat accidere, / causam prodigalitatis bonorum et eam bene exprimere / pro securitate testamenti et honoris testatoris et notarii. /

Heres in parte hereditatis

Item iure institutionis sibi heredem instituit, fecit et esse / voluit dictus testator Hieronimum eius testatoris filium / a se emancipatum in quarta parte omnium bonorum dicti / testatoris, detracta prius ex ipsa totali hereditate / [c. 82r.] domo tali et cetera vel[ttt] tali petia terre et cetera iacente / in tali loco et cetera vel detractis talibus bonis iacentibus / et cetera, quorum quidem bonorum nichil habere debeat dictus / Hieronumus, sed ab eis penitus sit exclusus, et hoc / quia sic decrevit eius testatoris ultima voluntas. /

Generalis heredum institutio

In omnibus autem et singulis aliis suis bonis et rebus mobillibus / et inmobillibus seseque moventibus, iuribus, actionibus et nominibus / debitorum et creditorum, que ipse testator habet et / tempore obitus sui relinquet, idem Martinus testator / instituit sibi heredes universales, quos ore suo proprio / nominavit et nominat, Franciscum, Iohannem Petrum et Alexandrum / fratres eius testatoris filios legiptimos et naturales et / quoscumque alios filios masculos nascituros ex dicto / testatore et ex dicta domina Angela eius testatoris uxore / legiptima et a quacumque alia eiusdem testatoris uxore / legiptima, quemlibet eorum equis portionibus, et eos et / quemlibet eorum ad invicem et vicissim substituit vulgariter, / pupillariter et per fideicomissum, et hoc quia sic est / ipsius testatoris ultima voluntas. /

Nota quod notarius debet loqui cum testatore et bene / intelligere ab eo omnia legata et institutionem heredum, / que voluerit declarare in ipso suo testamento. /

Prohibitio divisionis heredum ad tempus

Item voluit et mandavit dictus testator[uuu] quod dicti Franciscus, / Iohannes Petrus et Alexander fratres eius[vvv] testatoris filii et heredes / ut supra instituti omnesque et singuli alii filii legiptimi / et naturales nascituri ex dicto testatore comuniter / vivant, etiam habitent et ad divisionem bonorum dicti / testatoris quoquo modo non perveniant donec et quousque / dicti Franciscus, Iohannes Petrus et Alexander fratres et omnes / alii eius testatoris filii legiptimi et naturales pervenerint / [c. 82v.] ad etatem perfectam decem octo annorum completorum, et / si aliquo modo contrafecerint et quilibet vel alter eorum / contrafecerit, eo casu talem vel tales sic contrafacientes / vel venientes et seu alios eius fratres et coheredes / ad divisionem provocantes condemnavit in ducatis /o/ / auri largis pro quolibet eorum et pro qualibet vice, dandis / et solvendis aliis fratribus seu alteri fratri[www] seu / fratribus predicta observantibus et observare volentibus et / qui in comunione perseverarent et permanerent et seu ad / divisionem provocarentur, quos ducatos /o/ auri largos / eisdem iure institutionis et legati relinquid[f] et legavit / in casu predicto singula singulis debite refferendo, / et hoc quia sic decrevit eius testatoris ultima voluntas. /

Sequitur materia substitutionum. /

Substitutio vulgaris expressa

In omnibus autem et singulis aliis suis bonis et cetera, que ipse testator / habet et tempore obitus sui relinquet, idem Andreas testator / instituit sibi heredem universalem, quem ore suo proprio / nominavit et nominat, Henricum eius testatoris filium / legiptimum et naturalem, et si dictus Henricus eius / testatoris heres non erit vel esse noluerit et seu / non potuerit esse heres, tunc et eo casu ipsi testatori / et dicto Henrico substituit Petrum de tali parte et cetera. /

Substitutio expressa pupilaris

In omnibus autem aliis suis bonis et cetera dictus testator instituit / sibi heredes universales, quos ore suo proprio nominavit et / nominat, Petrum et Carulum fratres eius testatoris filios / legiptimos et naturales, inbuberes et pupillos et in / pupilari etate constitutos, et si dicti eius filii et heredes / predicti decesserint ambo in pupilari etate, tunc et / eo casu[xxx] ipsi testatori et dictis Petro et Carulo / substituit Zanetum de tali parte heredem insolidum. /

[c. 83r.] Substitutio vulgaris tacita

Et nota quod sub vulgari expressa continetur tacita pupilaris / et sub expressa pupilari continetur tacita vulgaris, / nam sub illis verbis, si non erit heres et cetera, que verba / sunt vulgaris, expresse, tacite, subinteligitur quod si / ipse heres erit et decesserit in pupilari etate, / que sunt verba pupilaris, expresse, tacite subinteligitur / quod etiam si ipse decesserit in pupilari etate tamen / non fuerit heres, nichilominus admittatur substitutio. /

Substitutio breviloqua vel reciproca

In omnibus autem aliis suis bonis et cetera instituit sibi heredes / universales, quos ore suo proprio nominavit et nominat, / Petrum et Alexandrum fratres eius testatoris filios / legiptimos / et naturales et utrumque eorum equali portione eosque / ad invicem substituit. /

Et nota quod ista substitutio potest comprehendere secundum / contingentem casuum quatuor substitutiones videlicet, / vulgarem expressam et tacitam, et expressam pupilarem / et tacitam. /

Substitutio compendiosa

In omnibus autem aliis suis bonis et cetera idem Martinus / testator instituit sibi heredes universales, quos ore / suo proprio nominavit et nominat, Antonium et Petrum / fratres eius testatoris filios legiptimos et naturales / utrumque eorum equali portione, et si dicti Antonius / et Petrus fratres, heredes instituti ut supra, quandocumque / decesserint in pupilari etate vel quandocumque sine / liberis ex eis procreatis eisdem substituit Augustinum / de tali parte. /

Substitutio exemplaris

Instituit sibi heredem universalem, quem ore suo / [c. 83v.] proprio / nominavit et nominat, Alexandrum eius testatoris / filium legiptimum et naturalem, furiosum vel / mentecaptum, et si decesserit dictus Alexander / antequam mente et cerebro sanus fiat, eidem / substituit Iohannem de tali parte. /

Substitutio fideicomissaria vel institutio

Instituit sibi heredes universales, quos ore suo proprio / nominavit et nominat, Zanotum [h–]et Andream fratres eius nepotes[–h] de tali parte pro dimidia et / Felixium [yyy–]eius testatoris filium[–yyy] / pro altera dimedia quemlibet eorum per stirpes et non / per capita, et eos et quemlibet eorum gravavit restituere / hereditatem predictam, si decesserint sine liberis ex / se natis, tali hospitali vel tali ecclesie vel / tali persone, quod hospitale vel quam ecclesiam in / casu predicto eisdem substituit. /

Et in istis substitutionibus ulterius non est extendendum, / quia omnes secundum casum contingentes comprehenduntur / sub illis verbis, que in suprascriptis institutionibus posite / sunt, videlicet.

Eos et quemlibet eorum ad invicem substituit / vulgariter, pupilariter et per fideicomissum.

Licet / multi notarii imo maior pars effectum dictorum / verborum non intelligant. / Dividitur autem hereditas in stirpes ut ad dictum / Felixium eius testatoris filium pro dimedia pertinent / et ad reliquos nepotes pro altera dimedia. / Unde sunt ipsi notarii tamquam bene cantantes sine / ratione. /

[a] *Numero vergato nel margine sinistro della* c.
[b] *Segue* Georgius *depennato.*
[c–c] *Annotazione vergata nel margine sinistro della* c.
[d] *Segue* et hoc suum presens / testamentum et suam ultimam voluntatem *depennato.*
[e] *Precede* ceteris *depennato.*
[f] *Così, si intenda* relinquit.
[g] *Segue* per *depennato.*
[h–h] *Parte aggiunta sopra la linea con segno di richiamo.*
[i] -a- *di* -as *corretto sopra* -o.
[j] l- *corretto sopra lettera non più leggibile. Segue* ac iure *depennato.*
[k] *Segue* et cetera *depennato.*
[l] nec *corretto sopra* et.
[m] non *aggiunto sopra la linea con segno di richiamo.*
[n] *Precede* non *depennato.*
[o] et *aggiunto sopra la linea con segno di richiamo sopra* nec *depennato.*
[p–p] *Parte aggiunta di seguito sulla linea e sopra la linea seguente.*
[q] *Segue* leget uxori sue *depennato.*
[r] *Segue* deo *depennato.*

[s] *Segue* eis *depennato.*
[t] *Segue* al *depennato.*
[u] *Segue* et *depennato.*
[v–v] *Parte aggiunta nel margine sinistro della* c. *in corrispondenza delle righe 30–33 dell'originale.*
[w] valere *aggiunto sopra la linea con segno di richiamo con inchiostro differente.*
[x] *Segue segno divisorio* (paragraphus).
[y] *Così, si espunga* -m.
[z] -s *corretto sopra* -m.
[aa] generalis *aggiunto sopra la linea con segno di richiamo.*
[bb] *Segue* ad etatem perfectam *depennato.*
[cc] *Segue* ad *depennato.*
[dd] *Segue* sic decrevit eius *depennato.*
[ee] *Segue* conventione *depennato.*
[ff] -orum *corretto sopra* -i.
[gg] *Segue* in *depennato.*
[hh] *Segue* testat *depennato.*
[ii] *Segue* ac *depennato.*
[jj] *Segue* quod si suprascripta *depennato.*
[kk] super *corretto sopra lettere non più leggibili.*
[ll] *Segue* p *depennato.*
[mm] *Precede* quod quidem testamen *depennato.*
[nn] *Segue* haberet *depennato.*
[oo] i- *corretto sopra* p-.
[pp] -t *corretto sopra* -nt.
[qq] *Segue* credit *depennato.*
[rr–rr] *Parte aggiunta sopra la linea sopra* prout supra *depennato.*
[ss] *Segue* talem ecclesiam *depennato.*
[tt] -as *corretto sopra lettere non più leggibili.*
[uu] *Segue* de *depennato.*
[vv] *Così, si intenda* reliquit.
[ww] *Precede* it *depennato.*
[xx] *Precede* vel *depennato.*
[yy] *Lettura incerta.*
[zz] *Segue* eum pe *depennato.*
[aaa] *Nel margine sinistro della* c., *in corrispondenza delle righe 29–31 dell'originale l'annotazione* exheredatio filiorum.
[bbb] *Segue* testamentum *depennato.*
[ccc] *Segue* gravat *depennato.*
[ddd] *Segue* tenetur *depennato.*
[eee] filii *aggiunto nel margine sinistro della* c. *Segue* heredes *depennato.*
[fff] *Segue* heredem *depennato.*
[ggg] *Segue segno inintelligibile depennato.*
[hhh] *Nel margine sinistro della* c. *in corrispondenza delle righe 11–15 dell'originale l'annotazione* rationes quibus filii et ablatici possunt exheredari a parentibus et avis.
[iii] *Segue* s *depennato.*
[jjj] *Segue* libere *depennato.*
[kkk] *Precede* ims *depennato.*
[lll] patres *depennato e corretto da altra mano sopra la linea con* filii.
[mmm] filiis *depennato da altra mano. Segue* patribus et seu a parentibus *aggiunto da altra mano.*
[nnn–nnn] *Annotazione vergata nel margine sinistro della* c., *illeggibile a causa di macchie di umidità. Parte integrata dal Formulario di Cesare Trefogli ASCL, Fondo del patriziato*, c. 69r.
[ooo] *Nel margine sinistro della* c., *in corrispondenza delle righe 10–12 dell'originale l'annotazione* quomodo potest extrahi testamentum in parte et in parte non.

[ppp] *Precede* p *con segno abbreviativo depennato.*
[qqq] -bi *aggiunto da altra mano.*
[rrr] *Segue* dicti testatoris *depennato.*
[sss] c- *corretto da altra mano in* s-.
[ttt] *Segue* dictu *depennato.*
[uuu] *Segue* dictos *depennato.*
[vvv] *Segue* f *depennato.*
[www] *Segue* p *con segno abbreviativo depennato.*
[xxx] *Segue* eisde *depennato.*
[yyy-yyy] *Parte aggiunta sopra la linea sopra* per de tali parte per eum et utrumque eorum *depennato.*

LIIII° [a] Testamentum ceci

Adhibeas octo testes litteratos, videlicet qui sciant scribere, qui / [c. 84r.] se subscribant et proprio eorum sigillo[b] signent, et dicas. /

Presentibus testibus proprio ore[c] dicti et infrascripti testatoris / vocatis, habitis et rogatis Girardus filius condam talis de tali / parte sanus gratia dei sensu, corpore, mente et / intellectu ac bone dispositionis et bone memorie, licet / cecus et occulis carens, considerans quod dum quies / viget in membris corporis ratio mentem regit, / quam si quidem rationem sepe languor ita obnubilat / ut non solum temporalium rerum, sed etiam sui / ipsius cogat ipsa languoris vehementia oblivisci. /

Vel dicas sic videlicet, si sanus sit testator.

Cum corpus / sanitate viget, mens interior in semet ipsa / colecta pleniori utitur ratione, cum non compellatur / cogitare id quod dolet, unde tunc ultime voluntatis / iuditium, in quo tranquille mentis et rationis / usus exigitur, salubrius providetur, quapropter / Girardus filius condam talis de tali parte et cetera mente et corpore / sanus, licet cecus occulis et occulorum lumine / carens, compos bonorum et rerum et de substantia omnium / bonorum suorum dispositionem per presens nuncupativum / testamentum, quod sine scriptis apellatur, in hunc / modum disposuit et ordinavit ac facere procuravit / et fecit. Imprimis quidem animam suam comendavit et comendat / altissimo omnipotenti deo ut misereatur eius. /

Item ponantur alia legata, prout facere voluerit, incipiendo / primo legata ad pias causas et ad salutem anime / et alia capitula, prout voluerit testari, et apponas / clarius quam poteris. /

In omnibus autem et singulis aliis suis bonis et rebus / mobillibus et imobillibus seseque moventibus, iuribus, / actionibus et nominibus debitorum et creditorum, que ipse / testator habet et tempore obitus sui relinquet, / [c. 84v.] idem Girardus testator instituit sibi heredes universales, / quos ore suo proprio nominavit et nominat, Iacobum et / Gabrielem fratres eius testatoris filios legiptimos et naturales / et quoscumque alios filios masculos[d], legiptimos et naturales / dicti testatoris nascituros, in lucem pervenientes posthumos / vel medio tempore natos et quemlibet eorum equis portionibus, / si vero femine, dictas filias feminas iure institutionis / instituit in florenis /o/ valoris et cetera, in quibus iussit / eas dotari, et hoc pro omni et toto eo quod dicta / filia posthuma seu filie posthume petere et / consequi possent et poterunt de, in et super hereditate / et bonis dicti testatoris quolibet iure et titulo et pro / legiptima et suplemento legiptime, cum conditione / quod si aliqua ex dictis filiabus feminis tam natis / quam nascituris aut posthumis aliquando decederet / ante etatem nubilem, videlicet annorum XVII seu antequam / perveniant ad matrimonium temporale seu spirituale / et seu sine filiis vel filiabus legiptimis et naturalibus / ex se procreatis, eisdem vulgariter, pupillariter et / per fideicommissum substituit filios superstites masculos / dicti testatoris legiptimos et naturales vel eorum / filios in stirpes et non in capita, et si aliquis / filiorum dicti testatoris tam natorum quam nasciturorum / vel posthumorum aliquando decesserit vel infra / XXV annum vel infra pupilarem etatem sine / filiis masculis[e] legiptimis et naturalibus / ex se procreatis et ab intestato eidem vulgariter, / pupillariter et per fideicomissum substituit eius filios / superstites masculos et eorum filios in stirpes et non / in capita, et si masculi vel eorum filii non fuerint / et non superstiterint filias feminas et earum filios / in stirpes et non in capita, et si omnes eius filii / [c. 85r.] tam masculi quam femine decederint sine filiis masculis / vel feminis legiptimis et naturalibus, tunc et eo casu / eidem substituit vulgariter, pupilariter et per / fideicomissum tale hospitale seu talem ecclesiam / seu talem personam, et hoc quia sic decrevit eius / testatoris ultima voluntas, quod quidem testamentum. /

Nota non ponere aliquas substitutiones in testamento / nisi expresse testator eas declaraverit clare, / et bene adverte si testator apposuerit aliquas / substitutiones, eas clare et quam clarius poteris / scribere. /

Rogans insuper dictus testator infrascriptos omnes et singulos / testes et quemlibet eorum ad testimonium ut supra adhibitos / ad suprascripta omnia et singula suprascripti testes esse et substitutiones / suas et sigilla secundum iuris ordinem subiicere et / apponere. /

Et hoc infrascripto modo facies subscribere testes et si / nesciunt gramaticam, scribant vulgariter. /

Substitutiones testium in testamento debent fieri sic videlicet. /

Ego Iohannes filius condam talis de tali parte una cum infrascriptis Paulo, Andrea, / Iacobo, Filippo, Antonio et[f] Gabriele, omnibus testibus proprio / ore dicti testatoris vocatis, adhibitis et rogatis in testem / huic presenti testamento et ultime voluntati et eius / recitationi interfui et in fidem premissorum hic me subscripsii / solitoque meo sigillo signavi. /

Ego Paulus filius condam talis de tali parte una cum suprascripto Iohanne / et infrascriptis Andrea, Iacobo, Filippo, Antonio et Gabriele, / omnibus testibus proprio ore dicti testatoris vocatis, adhibitis / et rogatis in testem huic presenti testamento et ultime / voluntati et eius recitationi interfui et in fidem omnium / premissorum me subscripsii solitoque meo sigillo signavi. /

[g]Et sic sucessive subscribant reliqui omnes testes vocando / [c. 85v.] in contestes suos tam suprascriptos quam infra se scribendos / nec reffert si omnes eodem signo et sigillo signarent. / Omnes qui possunt de iure testari possunt etiam codicilari. / In[h] codicillis et donationibus causa mortis / requiruntur quinque testes ultra notarios. / Valent legata testamenti etiam si non valeret testamenti / institutio propter natum posthumi. /

[i-]De pauperibus institutis heredibus[-i]

Pauperes Christi possunt institui heredes in testamento / licet incerti, / et non dicitur hereditas nisi detracto ere alieno. /

[i-]Prohemia testamentorum[-i]

Diversa prohemia testamentorum et notarius accipiat / quale voluerit. /

Quoniam bona intestatorum decedentium sepe numero ad indignos / et inmeritos divolvuntur et qui digni sunt eorum / comoditatibus excluduntur, ideo in Christi nomine, Filippus / filius condam talis de tali parte sanus gratia dei mente, / loquella et intellectu ac bone dispositionis et / bone memorie licet sit eger corpore, nolens / intestatus decedere et res suas et bona sua / inordinata relinquere ne post eius obitum aliqua / contentionis et discordie materia oriatur inter / eius posteros et affines occaxione bonorum suorum, / fecit et facere procuravit hoc suum presens testamentum / nuncupativum, quod sine scriptis apellatur, in hunc / modum et per hec verba videlicet, / imprimis namque dictus Filippus testator comendavit / et comendat animam suam altissimo omnipotenti deo / ut misereatur eius, / item ellegit et elligit eius sepulturam in ecclesia Sancte / Marie Angelorum[53] Lugani seu in tali ecclesia et cetera. /

[c. 86r.] Item ponantur sucessive alia legata et cetera. /

In alio modo aliud prohemium

Quoniam mors et vita in manu dei sunt et melius sit / sub metu mortis vivere quam sub spe vivendi ad / mortem subitaneam pervenire, ideo in Christi nomine, / Filippus filius condam talis de tali parte et cetera sanus gratia dei / mente, corpore, loquella et intellectu ac bone / dispositionis et bone memorie, intendens ire ad partes / longinquas ad artem muri seu ad exercitium / militare, nesciens redditum suum, timens / repentinum mortis casum, nolens intestatus decedere / et res suas et bona sua inordinata relinquere / et cetera, fecit et cetera hoc suum presens testamentum / nuncupativum, quod sine scriptis apellatur, in hunc modum / videlicet, imprimis et cetera. /

In alio modo

Dum homo in hoc seculo vivit et recte loqui potest, / necesse est ei illud bonum agere in presenti seculo / ut in futurum apud deum patrem omnipotentem mercedem / anime sue consequi possit et habere, ideo in Christi / nomine, Filipus de tali parte filius condam talis et cetera, sanus et cetera. /

Item in alio modo

Dum humana fragilitas quandoque mortis cogitatione / turbata minorem possit adhibere providentiam in / agendis, salubre igitur videtur remedium ut / unusquisque de bonis suis disponat dum clare viget / in eo iuditium rationis, quapropter Filipus filius condam talis / de tali parte et cetera, sanus et cetera. /

Item in alio modo

Cum homo sit derivatus ab humo, quod est terra, et / vanitati et fragilitati huius vite subiaceat et / quia mors sicut fur venit et subripit vana / [c. 86v.] mondi desideria, ideo dum homo viget et vivit / et est sane mentis et bone memorie et recte / loqui potest, necesse est ei illud bonum agere / in presenti seculo et cetera, ideo in Christi nomine, Filipus de / tali parte et cetera. /

In alio modo

Cum scriptum sit quod ea, que bono ordine et recto / consilio peraguntur, optimum sortiuntur effectum cumque / mors et vita in manu dei sint et melius sit / sub metu mortis vivere quam sub spe vivendi ad / mortem subitaneam pervenire et bona sua inordinata / relinquere, ideo in Christi nomine, Filipus de tali parte et cetera. /

Item in alio modo

Quoniam incerta mortis hora in animo prudentis / debet esse suspecta, corporis iminente languore / ipsius naturaliter plus formidatur eventus, idcircho / Filipus de tali parte et cetera eger quidem et debilis corpore, / mente tamen liber et compos et sobrie rationis / existens, sibimet sentiens necis inevitabilis casum / iminere propinquum cernensque decedentiam ab / intestato res et bona crebro ad indignos et / inmeritos divolvuntur et bene meriti dignique / ab eorum emolumentis sepius excluduntur ne inter / posteros res et bona sua relinquenda per eum / schandala sint ulius periculum et anime cupiens / providere salubri per presens testamentum nuncupativum / eadem bona sua in hunc modum disponere / solemniter procuravit, imprimis et cetera. /

In alio modo

Vehementia egritudinis corporalis plerumque solet / usum rationis turbare, quia dum mens cogitur / cogitare quod debet non modo temporalia disponere / minus valet, verum etiam prependitur subtiliter / [c. 87r.] diuidicare se ipsum et que sue salutis sunt / sobrie procurare ideoque dum est in corpore sospitas / et in mente sobrietas melius providetur et / salubrius disponitur ultime iuditium voluntatis, / quapropter Filipus de tali parte et cetera mente et corpore / sanus et compos rerum et bonorum suorum dispositionem / per presens solene[j] testamentum nuncupativum sine scriptis / condidit in hunc modum videlicet, / imprimis et cetera. /

In alio modo

Quapropter Filipus de tali parte et cetera in statu sospitatis / atque sobrietatis mentis et corporis per dei gratiam / constituit rerum et bonorum suorum dispositionem per presens / [k]testamentum[l] nuncupativum, quod / sine scriptis apellatur, condidit in hunc modum videlicet, / imprimis et cetera. /

In alio modo

Quoniam si testamentorum non esset introducta solemnitas / plerumque accideret quod bona intestatorum decedentium / sepe ad indignos et inmeritos divolverentur et qui / digni essent eorum comoditatibus excluderentur, quod non / est conveniens, ideo in Christi nomine, Filipus de tali parte et cetera. /

Possunt etiam fieri multa et diversa alia prohemia / secundum sufficientiam notariorum ea prohemia componere / volentium.

a *Numero vergato nel margine sinistro della* c. *che segue*, c. 84r.
b s- *corretto sopra* p-.
c *Segue* dice *depennato.*
d *Segue* f *depennato.*
e *Segue* et ab intestato *depennato.*
f et *aggiunto sopra la linea.*
g *Precede sulla linea precedente* sigillu *depennato.*
h *Segue* testan *depennato.*
i–i *Annotazione vergata nel margine sinistro della* c.
j solene *sopra la linea, sopra* solenne *depennato.*
k *Precede* solemne *depennato.*
l *Segue* quod sine *depennato.*

Revocatio testamenti

Est bonum adhibere in instrumentis revocationum testamentorum septem testes / ultra notarios, quia quod servatur in uno videlicet in testamentis / debet servari in revocationibus eorum, tamen servari vidi / apud nos in pratica, quia notarii non sunt iurisperiti / quod affirmantur et affirmate sunt revocationes testamentorum / facte cum tribus testibus et secundis notariis, et est melius / elligere tutiorem viam, videlicet eligere et habere septem / testes et secundos notarios et forma revocationis. /

[c. 87v.] LV[a] Revocatio testamenti

Anno et cetera, Girardus filius condam talis de tali parte et cetera asserens / et dicens se omnino penitere de quodam testamento / et ultima voluntate per dictum Girardum condito, ut / dixit, rogato per talem notarium, tali anno et cetera seu / anno, indictione, die et mense in eo contentis, omnibus modo, / iure, via, causa et forma quibus melius potuit et / potest et ei licuit et licet, deliberate et ex certa / eius animi scientia et non per errorem aliquem iuris / nec facti, ipsum testamentum[b] et omnia et / singula in eo contenta et disposita nec non omnia / et singula et quecumque alia testamenta, codicillos et ultimas / voluntates per ipsum usque in presentem diem factas et / celebratas et facta et celebrata et per quemcumque / notarium seu quoslibet notarios rogata et omnia / et singula in eis contenta et quodlibet eorum et quamlibet / eorum partem cassavit, revocavit et revocat ac / anullavit et anullat et cassa, irrita et nulla / et nullius valloris, efficatie et momenti ac effectus / esse voluit, declaravit et mandavit, non obstantibus / quibuscumque verbis derogatoriis penalibus vel precisis / in dictis testamentis, codicillis et ultimis voluntatibus / quomodolibet appositis, de quibus dixit et asseruit / dictus Girardus se ad presens non recordari et / se omnino penitere huiusmodi verba apposuisse, / dicens, asserens, protestans et affirmans dictus Girardus / se pro tunc velle decedere intestatum. Quam quidem / revocationem et omnia premissa suprascriptus Girardus promissit / et cetera, obligando se et cetera mihi notario infrascripto ut publice persone / stipulanti et recipienti nomine et vice omnium et singullarum / personarum quarum interest, intererit vel interesse poterit / quomodolibet in futurum [c]ac iuravit corporaliter et cetera[c] se perpetuo attendere, observare / [c. 88r.] et exequtioni mandare ac ratam, gratam, firmam et validam / et rata, grata, firma et valida habere et tenere et / nullo tempore contrafacere nec venire aliqua ratione / vel occaxione iuris vel facti comunis vel spitialis, et / exinde de predictis et cetera. / Actum et cetera, testes et notarii et cetera. /

[a] *Numero vergato nel margine sinistro della* c.
[b] *Segue* et omnia *depennato.*
[c–c] *Parte aggiunta sopra la linea con segno di richiamo.*

LVI[a] Codicillus post testamentum

[b]Anno et cetera, cum sit quod Raynaldus filius condam talis de tali parte et cetera / suum testamentum nuncupativum condiderit in quo plura / disposuit in ipso testamento, ut patet publico instrumento ipsius / testamenti, rogato per talem notarium, tali anno et cetera / seu anno, indictione, die et mense in eo contentis. /

Et si volueris, poteris facere mentionem succinte de / omnibus capitulis comprenhensis in ipso testamento. /

Unde hodie dictus Raynaldus per gratiam dei sanus / mente, loquella et intellectu ac bone dispositionis / et bone memorie licet sit eger corpore, cum / voluntas hominis sit ambulatoria usque ad mortem, / post testamentum predictum circha quedam, que in / suprascripto testamento continentur, mutata voluntate / hac particulari dispositione de bonis suis per hunc / presentem codicillum disposuit et ordinavit et fecit in / hunc modum et per hec verba videlicet, / imprimis cum ipse Raynaldus sciat et recordetur in / dicto testamento legasse Petro de tali parte libras / /o/ terciolorum[c], item / tali et tali tot / et tot et cetera, ut latius in dicto testamento aperhere / dicitur, penitentia ductus, dictus Raynaldus / [d]codicilator dictum legatum seu dicta legata / suprascriptis personis videlicet tali et tali et cetera facta ademit / et subtraxit et penitus revocavit et revocat, / [c. 88v.] nolens ad dictum Petrum et ad talem et talem et cetera / dictum legatum seu dicta legata quoquo modo / pervenire. /

Et facias mentionem de omnibus illis capitulis que ipse / codicilans[e] de ipso testamento voluerit revocare. /

Item per hunc presentem codicillum iure institutionis et legati / relinquid[f] Leoni de tali parte libras /o/ terciolorum sibi / dandas et solvendas semel tantum per eius testatoris / heredes, et pro hiis persolvendis ipse codicillans / omnia sua bona inordinata relinquid[f] mihi / notario infrascripto ut publice persone stipulanti et recipienti nomine / et vice suprascripti Leonis, et hoc quia sic decrevit / eius testatoris ultima voluntas. /

Item apponas alia capitula, prout codicilans facere voluerit. / Cetera autem omnia [g]-et singula-[g] in dicto testamento contenta et omnibus et / singulis eorum partibus confirmavit, aprobavit et valere / voluit, asserens et affirmans hanc suam ultimam / voluntatem esse et esse velle, quam valere voluit / iure codicilorum, quod si iure codicilorum non valere potest, / valeat, valeret vel valebit et eam valere voluit / dictus codicilator iure donationis causa mortis vel / cuiuslibet alterius ultime voluntatis valere et tenere / voluit et mandavit et eo modo et forma, prout magis / et melius et validius valere potest de iure. / Actum et cetera, testes et notarii et cetera.

Adhibeas quinque testes ultra / notarios, etiam in donationibus causa mortis. / In codicillo non fit institutio heredum. / In codicillis non potest apponi aliqua conditio que noceat / heredi instituto. / [c. 89r.] Omnes qui possunt de iure testari possunt etiam codicilari. / Omnes codicilli valent nisi unus alteri contradicat. / Mulier potest esse testis in codicillo. /

[a] *Numero vergato nel margine sinistro della* c.
[b] *Precede sulla linea precedente* cum *depennato.*
[c] *Segue* ut latius in dicto *depennato.*
[d] *Precede* di *depennato.*
[e] *Segue* vol *depennato.*
[f] *Così, si intenda* relinquit.
[g-g] *Parte aggiunta sopra la linea con segno di richiamo.*

LVII[a] Codicilus ante testamentum

Anno et cetera, Iohannes de tali parte et cetera qui, ut asserit, non / adhuc deliberavit de eius[b] universalibus / bonis ultimam voluntatem disponere, sed ne infrascripta / eius voluntas et dispositio transeat sine effectu / et oppinione dicti Iohannis cum aliquando mors / subitanea[c] evenit, sic volens et intendens / in hac parte codicilare et codicillum facere omnibus meliori / modo, iure, via, causa, forma et titulo quibus melius / de iure potuit et potest et fieri potest, aserens de / infrascriptis esse suum ultimum velle et ultima dispositio / et voluntas, statuit, iudicavit, legavit et ordinavit / et statuit, iudicat, legat et ordinat Paulo de tali / parte et cetera de bonis dicti Iohannis codicilantis petiam unam / terre prative iacentem in tali territorio et cetera cui choeret et cetera / seu tot denarios vel talia bona et cetera per eum Paulum / habendos et habendum post decessum dicti Iohannis codicilantis. / Item statuit, iudicavit et cetera, item statuit et cetera. /

Nota quod in codicillis non debet tangere ad institutionem / heredum, quia tunc vocatur testamentum et requiruntur / postea septem testes ultra notarios et in codicillis / non requiruntur nisi quinque testes et notarios. / Cum autem posueris omnia legata et capitula que ipse / codicilans facere voluerit, tunc ponatur in fine hoc / modo videlicet[d].

Et hoc asserit dictus Iohannes codicilans / esse suum ultimum velle quod et quam valere et / tenere voluit iure codicilorum et quocumque alio modo, / iure et titulo quibus melius et validius de iure / [c. 89v.] valere et tenere potest, quia sic decrevit eius ultima / voluntas. Et exinde de predictis et cetera rogatum fuit et cetera. / Actum et cetera, testes et notarii et cetera. /

Nota etiam quod in codicillis bene potest fieri substitutio / dicendo hoc modo videlicet, item per fideicomissum / rogavit illum vel illos ad quem vel quos / hereditas sua de iure spectabit, ut ipsam hereditatem / ipsis non habentibus liberos restituant tali de tali parte. /

[a] *Numero vergato nel margine sinistro della* c.
[b] *Segue* voluntate *depennato.*
[c] *Segue* sub *depennato.*
[d] *Segue segno divisorio (*paragraphus*).*

LVIII[a] Donatio causa mortis

Anno et cetera, Iohannes de tali parte et cetera sanus mente, loquella / et intellectu licet sit corpore languens sponte et / ex certa eius animi scientia et non per errorem / nec metum ductus et omnibus aliis modo, iure, via, causa / et forma quibus melius potuit et potest, volens / causa mortis de bonis suis donationem facere / et disponere, statuit et ordinavit ut infra, et / primo donavit et donatione causa mortis relinquid[b] / tali et cetera talia bona et cetera, item tali et cetera talia bona et cetera. /

Et poterit disponere tam pro anima quam aliter. / Deinde factis capitulis dicatur.

Et hec omnia cum omnibus / suis iuribus et pertinentiis, viis et cetera, et dedit omnia sua iura / et cetera, ita ut de cetero suprascriptus donatarius post mortem / suprascripti donatoris et sui heredes et cetera habeat et cetera, et exinde / faciat et cetera, et sit[c] et cetera, et utatur et cetera, et dedit parabulam / intrandi et cetera, et constituit se tenere et cetera, abdicando et cetera. / Quam quidem donationem et omnia premissa suprascriptus Iohannes / donator promissit et cetera, obligando se et cetera mihi notario infrascripto ut / publice persone stipulanti et recipienti nomine et vice suprascripti talis / donatarii et cuiuslibet alterius persone seu quarumlibet aliarum / personarum quarum interest, intererit vel interesse poterit / quomodolibet in futurum, se perpetuo ratam, gratam, firmam / [c. 90r.] et validam et rata, grata, firma et valida habere et / tenere et nullo tempore contrafacere et cetera, in pena et sub pena / totius damni et interesse et omnium expensarum solemni stipulatione / premissa et deducta. Et hec omnia et singula causa / mortis disposita disposuit et donavit et valere / et tenere voluit si eum de hac egritudine mori / contingat alioquin nequaquam ****[d] / Et exinde de predictis et cetera. / Actum et cetera.

Testes quinque ultra notarios requiruntur. / In hiis donationibus causa mortis non est necessaria / presentia iudicis nec ponitur iuramentum. / Item quod si fuerit filius familias qui voluerit donare / poterit facere donationem causa mortis cum consensu / patris et eius licentia, et non fit talis donatio / nisi donator sit infirmus et languens. / Ita autem donatio causa mortis non transit in heredes / donatarii si donatarius premoriatur, et potest / fieri donatio causa mortis licet donatarius vel / ille cui donatur sit absens, sed notarius debet / stipulare eius nomine. /

a *Numero vergato nel margine sinistro della* c.
b *Così, si intenda* relinquit.
c -i- *corretto sopra lettera non più leggibile.*
d *Spazio in bianco corrispondente a mezza riga.*

LVIIII° [a] Donatio inter vivos

Anno et cetera, coram egregio et generoso viro domino tali capitaneo / Lugani[18] et cetera seu locumtenente magnifici et generosi domini talis et cetera, / capitanei Lugani et valis et cetera, sedente in banco super / quodam banco posito in burgo Lugani[20] in tali loco et cetera, / quod bancum et quem locum prefatus dominus capitaneus suum ellegit / et elligit bancum et tribunal idoneum in hac parte / pro infrascriptis omnibus et singulis spitialiter peragendis, Mafinus / filius condam talis de tali parte et cetera omnibus modo, iure, via, causa / et forma quibus melius potuit et potest, fecit et / facit puram, meram et irrevocabilem donationem / [c. 90v.] inter vivos, omnibus causis ingratudinis ac aliis / exceptionibus et rationibus penitus remotis et renuntiatis, / perpetuo et iure proprio valituram ita et taliter quod nullo / tempore nec aliqua ratione vel causa possit revocari, / etiam si infrascriptus donatarius contingerit premori ipsi / donatori, in manibus Iohanoli Molinarii de tali / parte et cetera presentis, stipulantis et recipientis, / nominative de domo una et cetera, / item de petia una terre et cetera.

Ponantur omnia bona / que fuerint donata per sytum et per coherentias, / et si fuerint bona mobillia ponantur ipsa bona prout / fuerint.

Et hec omnia cum omnibus suis iuribus et / pertinentiis, viis et cetera, tam eidem donatori quam predictis bonis / ut supra donatis, spectantibus et pertinentibus in integrum et eorum / ratione et occaxione, et eidem Iohanolo donatario presenti / et stipulanti predictus Mafinus donator dedit et cetera omnia / sua iura et cetera[b], ita ut de cetero suprascriptus Iohannolus / donatarius et sui heredes et sucessores habeat et cetera, et / exinde faciat et cetera, / et sit et suscedat et cetera, et[c] utatur et cetera, / et dedit parabulam intrandi et cetera, et constituit se tenere et cetera, / faciendo et constituendo ipsum Iohannolum donatarium suum / verum dominum posessorem et procuratorem suum, prout in rem / suam propriam de predictis suo proprio ministerio et facto. / Quam quidem donationem et cetera suprascriptus Mafinus donator / promissit et cetera, obligando se et cetera suprascripto Iohanolo donatario / presenti et stipulanti, ei suisque heredibus et cetera deffendere / et cetera ac perpetuo stare, esse et permanere tacitum et contentum / et facere et cum effectu curare quod omnes alie persone perpetuo / stabunt, erunt et permanebunt tacite et contente omnibus / ipsius Mafini donatoris propriis expensis et cetera, in pena et cetera / totius damni et interesse et omnium expensarum et cetera, danda et / solvenda dicta pena, si comitti contingerit vel prout / contingerit comitti, et pena soluta vel non soluta et cetera, / [c. 91r.] et hoc cum omnibus expensis et cetera, et hec omnia in bonis / denariis numeratis tantum et cetera, sub pacto capiendi et cetera, renuntiando omnibus / legibus et cetera, et hanc donationem et omnia premissa fecit / et facit suprascriptus Mafinus donator ut supra puram, meram et / irrevocabilem, ut supra dictum est, et puro et mondo corde / et bona voluntate et bona fide et absque aliqua / fraude, fictione et simulatione, volens predicta supra / donata penitus et omnino esse debere perpetuo suprascripti Iohannoli / donatarii et hanc donationem nullo modo posse / revocari imo perpetuo et irrevocabiliter omnibus / casibus et causis ingratitudinis remotis et renuntiatis / et etiam valere et perpetuo effectum sortiri. Et insuper / suprascriptus Mafinus donator, parte una, et suprascriptus Iohanolus / donatarius, parte altera, iuraverunt et iurant corporaliter / ad sancta dei evangelia manibus tactis scripturis quod presens / donatio est pura, vera et iusta et non fictitia nec / simulata nec in fraudem alicuius facta et sine pretio / et vere et bona fide inter eos celebratur et celebrata / est absque aliqua fraude, fictione et simulatione / et in omnibus et per omnia iuraverunt et iurant[d], prout / iurare tenentur et iurari requiritur ex forma statutorum[55] / comunitatis valis Lugani super hiis disponentium. Et insuper dictus / Mafinus donator iuravit et iurat corporaliter prout supra / se predicta omnia et singula in hoc instrumento contenta perpetuo / rata, grata, firma et valida habere et tenere et cetera[e] et / nullo tempore contrafacere nec venire aliqua ratione / vel occaxione iuris vel facti comunis vel spitialis, et qui / in predictis omnibus et singulis prefatus dominus capitaneus seu locumtenens / suum et suam et comunitatis Lugani et valis et auctoritatem et / decretum interposuit et dedit et dat cum cognitione cause et / prius per ipsum causa cognita et ex eius offitio. / Et hec omnia acta fuerunt media interpretatione domini / Hieronimi de tali parte interpretis prefati domini capitanei / et eius rellatione. / Si vero iudex esset Lombardus non est oppus habere interpretem. / Et exinde de predictis et cetera. / Actum ut supra, testes et notarii et cetera. /

[c. 91v.] [f-]Reservatio usuffructus / in donatorem bonorum / donatorum donec vixerit[-f]

Si vero donator reservaverit in se usufructum bonorum / donatorum donec vixerit, ponantur ista verba, antequam / describas bona videlicet.

Reservato et rettento tamen et / reservat et retinet in se dictus Mafinus donator[g] / usumfructum ipsorum bonorum donec vixerit tantum et / post eius mortem ipsum usumfructum ipsorum bonorum / predicto Iohanolo donavit et donat. /

[f-]Donatio de creditis[-f]

Si vero donatio fieret de creditis, tu[n]c dicatur sic videlicet. /

Nominative de et pro illis libris /o/ terciolorum et de omnibus eorum expensis, / damnis et interesse de et pro quibus Martinus de tali parte et cetera / obligatus legitur et est in manibus suprascripti Mafini donatoris / occaxione in eo instrumento contenta, ut constat publico instrumento ipsius / obligationis, rogato per talem notarium, tali anno et cetera seu / anno, indictione, die et mense in eo contentis, item de omni iure, / actione et regressu ipsi Mafino donatori spectantibus / et pertinentibus petendi et consequendi suprascriptas quantitates denariorum de / quibus supra cum omnibus eorum expensis, damnis et interesse contra et / adversus suprascriptum talem obligatum ut supra et eius heredes, res / et bona et contra tenentes et possidentes de suis bonis et / rebus propriis quoquo modo. /

[h]Poterit fieri de aliis creditis mutatis mutandis. / In donationibus de creditis non aponitur clausula parabule / intrandi et cetera. / Et in iuramento dicatur sic videlicet. /

Qui Mafinus donator, parte una, et suprascriptus Iohanolus / donatarius, parte altera, et uterque eorum iuraverunt et iurant / corporaliter et cetera, manibus tactis scripturis quod suprascriptum instrumentum obligationis, / de quo supra fit mentio, erat antequam tractatum foret inter eos / de huiusmodi donatione penes ipsum Mafinum donatorem / vel aliam eius submissam personam, et quod ipsi Mafino nec / alii pro eo de quantitate, de qua donatio fit mentio, non est sibi / [c. 92r.] solutum nec satisfactum in toto nec in parte et quod huiusmodi / donatio est pura, vera et iusta et non fictitia nec simullata / nec in fraudem alicuius facta, et quod hanc donationem et / omnia premissa suprascriptus Mafinus donator fecit et facit suprascripto / Iohannolo donatario sponte et ex certa eius animi scientia / et animo deliberato et sine pretio ac propter benevolentiam / et propter benemerita habita per dictum Mafinum donatorem / a suprascripto Iohanolo donatario et quam et que vicissim / obtinent et in omnibus et per omnia iuraverunt et iurant, / prout iurare tenentur et iurari requiritur ex forma / statutorum[55] comunitatis valis Lugani super his disponentium. Et / insuper dictus Mafinus donator iuravit corporaliter ut supra / se predicta omnia et singula in hoc instrumento contenta perpetuo / rata et cetera habere et cetera. /

Fiat cum decreto et auctoritate iudicis, prout supra in alia / donatione fit mentio. /

Et exinde de predictis omnibus et singulis rogatum fuit / per me notarium infrascriptum publicum confici debere instrumentum in laudem / viri prudentis. / Actum et cetera, testes et notarii et cetera. /

Nota quod est dubium de donationibus generalibus non posse fieri / nisi reserventur aliqua bona vel usufructus, quia si fit generalis tolitur ius testandi, et aliquando / infringuntur, et posset retinere usumfructum bonorum / donatorum vel partem eorum in vita sua et tunc donatio valeret. / Et quinque modis potest revocari donatio inter vivos, / que rationes comprehendantur infrascriptis versibus videlicet. / Quinque modis perdo, que mihi donata fuere, / infero si dampnum graviter donantis in ere, / et si fuerit per me atrox iniuria facta, / et si persone manuali vulnere facta, / quando sue vite crudeliter insidiabor, / ingratus dono confesti[m] iure putabor, / ingratum factum dic cum fregero pactum. / [c. 92v.] Nota quod in donationibus, cessionibus et venditionibus que / fiunt de creditis non apponitur clausula parabule intrandi / in possessionem, sed ante illam clausulam, / insuper et cetera de / parabula intrandi in possessionem, scribitur hec clausula videlicet. /

Faciendo et constituendo ipsum Iohanolum donatarium suum verum / dominum, possessorem et procuratorem suum prout in rem suam / propriam de predictis suo proprio ministerio et facto.

Et / postea sequere, quam quidem donationem seu cessionem / seu venditionem et omnia / premissa et cetera. /

Nota quod in hiis donationibus possunt apponi quecumque pacta / prout inter contrahentes, videlicet donatorem et donatarium, / conventum fuerit, et si que pacta fient, ponantur / ante iuramentum. / Si vero donatio fieret filio familias existenti in potestate / patris, tunc ususfructus bonorum donatorum acquiruntur / patri, nisi ponatur in donatione hec[i] clausula[j] / videlicet.

Cum conditione quod pater dicti donatarii nullum / dominium habeat nec per hanc donationem sibi acquiritur / ius nec in proprietate nec in usufructibus dictorum bonorum / ut supra donatorum. /

[a] *Numero vergato nel margine sinistro della* c.
[b] *Segue* tam eide *depennato.*
[c] *Segue* sit *depennato.*
[d] i- *corretto sopra lettera non più leggibile.*

[e] et cetera *forse depennato.*
[f–f] *Annotazione vergata nel margine sinistro della* c.
[g] -na- *corretto sopra lettere non più leggibili.*
[h] *Precede sulla linea precedente* ponantur *depennato.*
[i] hec *corretto sopra* hanc *depennato.*
[j] clausula *corretto sopra* clausulam *depennando il segno abbreviativo.*

LX[a] Divisio bonorum comunium inter fratres

Anno et cetera, cum comunio sepe parit littes et nemo / invitus in comunione stare compellitur, idcircho divixionem / et partitionem inter sese ad invicem fecerunt et faciunt / [b]Franciscus et Andreas fratres filii condam /o/ de tali parte habitantes / in tali loco et cetera, videlicet dictus Franciscus, pro una parte et pro / medietate, et dictus Andreas, pro altera medietate, nominative / de omnibus et singulis bonis et rebus mobillibus et inmobillibus / seseque moventibus, iuribus, actionibus et nominibus debitorum et / creditorum comunibus inter eos fratres et partes. In qua quidem / divisione et partitione obvenerunt in parte et sorte / [c. 93r.] suprascripto Francisco presenti et acceptanti domum unam terraneam et / solariatam et cetera, item petiam unam terre et cetera, item lectum unum / et cetera, item talia et talia bona et cetera, ponantur bona, prout / [c]fuerint et cetera, et hoc pro ipsius Francisci sorte / et parte omnium bonorum mobillium et imobillium comunium / inter eos fratres, et versa vice et loco et schontro / suprascriptorum bonorum datorum in sortem ipsi Francisco obvenerunt / in sorte et parte suprascripto Andree presenti et acceptanti / domum unam et cetera, item petiam unam terre et cetera, item / talia et talia bona et cetera.

Ponantur bona et cetera.

Salvo / tamen si alie vel aliter reperirentur predicte coherentie / vel aliqua ipsarum quod semper in hoc instrumento divisionis / intelligantur veriores fore apposite et deducte, et hec / omnia cum omnibus suis iuribus et pertinentiis, viis, accessiis / et stratis, ingressibus et egressibus, aschuis, paschuis, / comunantiis et viganalibus, stillicidiis, grondis et / grondanis, aquis et aquaductibus et iuribus aquarum / ceterisque iuribus et benefitiis universis tam eisdem fratribus / quam predictis bonis ut supra divisis spectantibus et pertinentibus / in integrum et eorum ratione et occaxione. Et sibi vicissim / dicti fratres partitores, videlicet una pars alteri et altera alteri, / presentibus et stipulantibus dederunt, cesserunt atque mandaverunt / omnia sua iura et benefitia et actiones reales et personales, / universa et universas sibi quoquo modo spect[ant]es et pertinentia / de, in, pro et super ipsis bonis ut supra[d] divisis cum / suis iuribus et pertinentiis in integrum et eorum ratione et occaxione, / ita ut de cetero suprascripti fratres divisores et eorum heredes et / sucessores ad invicem et habens seu habentes causam ab eis / et cui seu quibus dederint habeant, teneant, gaudeant et / possideant predicta bona ut supra sibi ad invicem data in / sortem ut supra cum suis iuribus et pertinentiis, et exinde faciant / [e]quicquid facere voluerint et facere licet sine /

contradictione nec molestatione aliqua, videlicet unus alterius / et alter alterius, de predictis, et utantur omnibus illis modis / et iuribus quibus omnibus et quemadmodum ipsi fratres partitores / uti possent, poterant et potuissent ante hunc divisionis / [c. 93v.] contractum minime celebratum, et sint in locum, ius et / statum universum, videlicet unus alterius et alter alterius, de / predictis. Insuper dicti Franciscus et Andreas fratres / divisores dederunt et concesserunt sibi vicissim, videlicet / unus alteri et alter alteri, plenam parabulam et licentiam / intrandi et aprehendendi eorum propria auctoritate corporalem possessionem / et tenutam seu quaxi predictorum bonorum ut supra sibi / vicissim in sortem datorum et assignatorum cum suis / iuribus et pertinentiis, et interim donec intraverint et / dictam corporalem possessionem et tenutam seu quaxi aprehendiderint, / ex nunc prout ex tunc constituerunt sese predicti fratres / divisores ad invicem predicta bona sibi ad invicem / ut supra in sortem data cum suis iuribus et pertinentiis / tenere et possidere vel quaxi, videlicet unus alterius / et alter alterius, abdicando a se [ad] invicem omne / suum ius dominii et possessionis et quodlibet aliud ius / et id in ipsos partitores ad invicem, videlicet unum in[f] alterum / et alterum in alterum, penitus transferendo eosque faciendo / et constituendo veros dominos, possessores et procuratores suos / prout in rem suam propriam de predictis suo proprio ministerio / et facto. Cui vero dominio et possessioni et omni / iuri possidendi predicti partitores ad invicem ibi illico / renuntiaverunt et in manibus ipsorum dividentium[g], / silicet una pars in manibus alterius et altera alterius, / penitus transtulerunt et remisserunt volentes omnino / desinere possidere vel quaxi. Quam quidem / divisionem et omnia premissa suprascripti Franciscus et / Andreas fratres divisores promisserunt et convenerunt solemniter / per stipulationem, obligando sese vicissim, videlicet una pars / alteri et altera alteri, et omnia sua vicissim bona / pigneri presentia et futura presentibus et stipulantibus, eis suisque / [c. 94r.] heredibus et sucessoribus et habenti seu habentibus causam ab eis et cui seu / quibus dederint, deffendere et guarentare omni tempore ab omni / persona, comuni, collegio, capitulo et universitate et sese vicissim / a suprascriptis debitis superius specificatis indempnes et illexos / cum effectu conservare et exhonerare in omnem causam et casum / et littis eventum, et in se ad invicem suscipere omne / iuditium et omnem causam et casum et littis eventum, que vel / quod moveretur vel moveri posset contra eos vicissim ut supra, / et hoc a prima citatione et requisitione in antea denuntiatione / promissa omni tempore et in omnem causam et casum et littis eventum, / [h]insuper in predictis omnibus et singulis sese perpetuo / stare, esse et permanere tacitos et contentos et facere / et cum effectu curare quod omnes alie persone perpetuo stabunt, / erunt et permanebunt tacite et contente omnibus suis / vicissim propriis expensis, dampnis et interesse tantum, in pena / et sub pena pretii bonorum ut supra vicissim in sortem / datorum cum suis iuribus et pertinentiis et totius damni et / interesse et omnium expensarum[i] solemni stipulatione / promissa et deducta, danda et solvenda dicta pena per / ipsos fratres divisores vicissim ut supra in casu evictionis suprascriptorum / bonorum ut supra ad invicem datorum ut supra, si sequiretur in toto / vel in parte aut pro ea parte pro qua sequiretur, et pena / soluta vel non soluta, nichilominus omnia et singula / in hoc instrumento contenta perpetuo rata, grata, firma et / valida permaneant, et hoc cum omnibus expensis, damnis et / interesse ceterisque accessionibus que inde fient, curent et / patientur pro predictis omnibus et singulis petendis, exigendis et habendis, / et hec omnia in bonis denariis numeratis tantum et non in / aliqua alia re contra voluntatem partis dampnificate, / et hoc tam sub pacto capiendi et detinendi ubique / realiter et personaliter post dampnum passum partem / non dampnificatam quam alio quocumque modo usque ad / [c. 94v.] plenam et integram sollutionem et satisfactionem predictorum omnium / et singulorum, renuntiando omnibus legibus et statutis, consiliis, / consuetudinibus, provisionibus et ordinamentis comunitatis Lugani et valis[2] et cuiuslibet / alterius comunis factis et fiendis super hominibus non capiendis / et bonis cedendis et privilegio sui fori et generaliter / omni alteri auxilio et benefitio legum, iuris et usus. / Quam quidem divisionem et partitionem et omnia premissa / fecerunt et faciunt suprascripti partitores ad invicem dicentes, / confitentes et protestantes sese ad invicem habuisse / et recepisse et sibi vicissim in parte et sorte obvenisse / suam contingentem partem et portionem omnium et singulorum / bonorum et rerum mobillium et imobillium, quas et que / habebant comunes inter eos et divisas et comunia et / divisa in toto orbe terrarum, renuntiando ad invicem / exceptioni non habite, non recepte et non in parte / et sorte obvente[j] sue contingentis partis et equalis / portionis predictorum bonorum et rerum ut supra, et spey future / receptionis et huius instrumenti non ita facti et omnium premissorum / non ita factorum et exceptioni doli mali et in factum / actioni metus causa, sine causa vel ex iniusta / causa et erroris et deceptionis seu lexionis fictitii / et simulati contractus, et generaliter qualibet alia occaxione / et exceptione remota et renuntiata, et ne ullo / tempore dicere, opponere nec alegare possint dicti / fratres divisores ad invicem se fore lexos nec / deceptos in hoc instrumento divisionis ultra dimidiam / veri et iusti pretii neque petere quod eis verum et iustum / precium supleatur nec quod contractus iste rescindatur, / etiam si excederet ultra duplum, et generaliter omni / alteri iuri legum et auxilio, alegationi, exceptioni, deffensioni / omnique probationi in contrarium. Qui suprascripti fratres partitores / et uterque eorum iuraverunt corporaliter et cetera habere rata et cetera. Actum et cetera, / testes et notarii et cetera. /

[a] *Numero vergato nel margine sinistro della* c.

[b] *Nel margine sinistro della* c. *in corrispondenza della riga 25 dell'originale l'annotazione* divisio.

[c] *Precede* fieri *depennato.*

[d] *Segue* venditi *depennato.*

[e] *Precede* quid *depennato.*

[f] in *aggiunto sopra la linea con segno di richiamo.*

[g] *Segue* alti *depennato.*

[h] *Precede in parte sulla linea precedente* omnibus ipsorum fratrum divisorum propriis expensiis, dampnis et interesse / tantum *depennato.*

[i] *Segue* danda et *depennato.*

[j] -te *corretto sopra* -sse.

[c. 95r.] LXI[a] Cambium de bonis

Anno et cetera, Petrus filius condam /o/ de tali parte, pro una parte, et Laurentius / filius condam /o/ de tali parte fecerunt et faciunt inter eos cambium / et commutationem et totius eorum iuris dominii et possessionis / translationem et traditionem ad proprium et imperpetuum de infrascriptis / bonis inferius descriptis et coherentiatis, in quo quidem cambio / et commutatione dictus Petrus dedit, tradidit et assignavit / et dat, tradit et assignat suprascripto Laurentio presenti et / stipulanti domum unam et cetera, item petiam unam terre et cetera, / et versa vice et loco et schontro suprascriptorum bonorum ut supra / commutatorum suprascriptus Laurentius dedit, tradidit et assignavit / et dat, tradit et assignat suprascripto Petro presenti et / stipulanti petiam unam terre silvate iacentem et cetera, / item petiam unam terre campive et vineate iacentem / et cetera, salvo tamen si alie vel aliter reperirentur / predicte coherentie vel aliqua ipsarum quod semper in hoc / instrumento cambii intelligantur veriores fore apposite / et deducte, et hoc cum omnibus suis iuribus et pertinentiis, / viis, accessiis et stratis, ingressibus et egressibus, aschuis, / paschuis, comunantiis et viganalibus, stillicidiis, grondis / et grondanis, aquis et aquaductibus et iuribus aquarum / ceterisque iuribus et benefitiis universis tam eisdem commutatoribus / quam predictis bonis ut supra commutatis spectantibus et pertinentibus / in integrum et eorum ratione et occaxione, et sibi vicissim / predicti commutatores, videlicet unus alteri et alter alteri, / presentibus et stipulantibus dederunt et cetera omnia sua iura et benefitia / et actiones reales et personales, universa et universas sibi / quoquo modo spectantia et pertinentia et spectantes et pertinentes / de, in, pro et super ipsis bonis ut supra commutatis et in cambium / datis cum suis iuribus et pertinentiis in integrum et eorum ratione / et occaxione, ita ut de cetero suprascripti commutatores singula singulis / congrue refferendo et eorum heredes et sucessores et habens / seu habentes causam ab eis et cui seu quibus dederint habeant, / teneant, gaudeant et possideant predicta bona ut supra vicissim / in cambium data cum suis iuribus et pertinentiis, et exinde / faciant et facere possint et valeant quicquid facere / [c. 95v.] voluerint et facere licet sine contradictione nec molestatione / aliqua, unus alterius et alterius[b] alterius nec eorum / heredum et sucessorum nec alicuius alterius persone, comunis / collegii, capituli et universitatis, et sint et suscedant et / esse et suscedere debeant predicti commutatores ad invicem in / locum, ius et statum universum, unus alterius et alter alterius, de predictis, / et utantur omnibus illis modis et iuribus, rationibus et actionibus / realibus et personalibus ceterisque iuribus et benefitiis universis, quibus / omnibus et quemadmodum dicti commutatores vicissim ut supra / uti[c] possint, poterant et potuissent ante hunc / cambii contractum minime celebratum. Insuper dicti commutatores / [d]ut supra nominati videlicet dictus Petrus, parte una, et suprascriptus Laurentius, / parte altera, dederunt et concesserunt sibi vicissim ut supra plenam / parabulam et licentiam intrandi et aprehendendi eorum propria auctoritate / corporalem possessionem et tenutam seu quaxi predictorum bonorum / ut supra vicissim in cambium datorum cum suis iuribus et pertinentiis, / et interim donec intraverint et dictam corporalem possessionem / et tenutam seu quaxi aprehendiderint, ex nunc prout ex tunc / constituerunt sese predicti commutatores et uterque eorum / sibi vicissim ut supra predicta bona ut supra vicissim in cambium / data cum suis iuribus et pertinentiis tenere et possidere / vel quaxi, videlicet unus nomine alterius et alter alterius, / abdicando a se ad invicem omne suum ius dominii et / possessionis et quodlibet aliud ius et id in ipsos commutatores / [ad] invicem ut supra penitus transferendo eosque faciendo et constituendo / veros dominos, possessores et procuratores suos prout in rem / suam propriam de predictis suo proprio ministerio et facto. / Cui vero dominio et possessioni et omni iuri possidendi / suprascripti commutatores ibi illico renuntiaverunt et in manibus, / unus alterius et alter alterius, ad invicem ut supra penitus / transtulerunt et remisserunt volentes omnino desinere / possidere et in manibus, unus alterius et alter alterius, / penitus transferre. Quod quidem cambium et quam quidem / [c. 96r.] commutationem et predicta omnia et singula suprascriptus Petrus, parte / una, et suprascriptus Laurentius, parte altera, promisserunt et convenerunt / solemniter per stipulationem, obligando sese vicissim, videlicet una pars / alteri et altera alteri, et omnia sua vicissim bona pigneri / presentia et futura eis suisque heredibus et sucessoribus / et habenti seu habentibus causam ab eis deffendere et guarentare / ab omni persona, comuni, colegio, capitulo et universitate / [e]omni tempore et in omnem causam et casum et littis eventum, / et in se suscipere omne iuditium et omnem causam et casum / et littis eventum, que vel quod moveretur vel moveri / posset contra ipsos commutatores ut supra vel eorum heredes et / sucessores et habentem seu habentes causam ab eis, et in causis / persistere usque in finem littis omnibus suis propriis vicissim / ut supra expensis, damnis et interesse tantum, in pena et / sub pena pretii[f] et valoris predictorum bonorum ut supra commutatorum / et totius damni et interesse et omnium expensarum solemni stipulatione / promissa et deducta, danda et solvenda dicta pena parti / dampnificate per aliam partem in casu evictionis ipsorum / bonorum ut supra commutatorum, si sequeretur in toto vel in parte / aut pro ea parte pro qua sequeretur, et pena soluta vel / non soluta, nichilominus omnia et singula in hoc instrumento / contenta perpetuo rata, grata, firma et valida permaneant, / et hoc cum omnibus expensis et cetera, et hec omnia in bonis denariis / numeratis tantum contra voluntatem, unus alterius et alter / alterius, videlicet partis dampnificate, et hoc tam sub pacto / capiendi et detinendi ubique realiter et personaliter partem non / dampnificatam quam alio quocumque modo usque ad plenam / et integram sollutionem et satisfactionem predictorum omnium / et singulorum, renuntiando omnibus legibus et cetera et generaliter omni / alteri auxilio et benefitio legum, iuris et usus. Et pro / quo quidem cambio et qua quidem commutatione et pro / predictis omnibus et singulis contenti et confessi fuerunt et sunt / suprascripti Petrus et Laurentius commutatores ut supra sese habuisse / et recepisse vicissim, videlicet una pars ab altera et altera / [c. 96v.] ab altera, presentibus et stipulantibus equalem sortem et portionem / et completam sollutionem et satisfactionem predictorum omnium et / singulorum, renuntiando[g] exceptioni non habite et / non recepte dicte equalis portionis et integre satisfactionis / et spey future numerationis et receptionis et huius instrumenti non / ita facti et omnium premissorum non ita factorum et exceptioni / doli mali et in factum actioni metus causa, sine causa / vel ex iniusta causa et erroris et deceptionis seu lexionis / fictitii et simulati contractus, et ne ullo tempore dicere, / opponere nec alegare possint dicti commutatores nec alter / eorum ad invicem se fore lexos nec deceptos in hoc / instrumento cambii ultra dimediam veri et iusti pretii neque / petere quod eis verum et iustum pretium supleatur nec quod / contractus iste rescindatur, et generaliter qualibet alia / occaxione et exceptione remota et renuntiata. Qui / Petrus et Laurentius commutatores ut supra et uterque eorum / iuraverunt corporaliter et cetera sese predicta et cetera habere rata et cetera. / Actum et cetera, testes et notarii et cetera. /

Si in ipso cambio una ex partibus ipsis commutatoribus habuerit aliquam / iunctam ab[h] altera parte aut in peccunia numerata aut per instrumentum, / tunc[i] ubi dicis, habuisse[j] equalem sortem et / portionem et completam solutionem et satisfactionem predictorum / omnium et singulorum, addatur hoc modo videlicet.

Computatis libris / /o/ seu schutis /o/ datis per dictum Petrum dicto Laurentio / seu computato instrumento[k] uno obligationis facte per dictum Petrum / in manibus dicti Laurentii de libris /o/ terciolorum per instrumentum / obligationis, rogatum per me notarium infrascriptum ibidem paulo ante, / renuntiando exceptioni et cetera. /

[a] *Numero vergato nel margine sinistro della* c.
[b] *Così, si intenda* alter.
[c] *Segue* age *depennato.*
[d] *Nel margine sinistro della* c. *in corrispondenza della riga 12 dell'originale, aggiunto da altra mano* videlicet.
[e] *Precede segno inintelligibile depennato.*
[f] *Segue* i *depennato.*
[g] *Segue* omnibus *depennato.*
[h] ab *aggiunto sopra la linea con segno di richiamo.*
[i] *Segue* dicatur *depennato.*
[j] *Segue* pla *depennato.*
[k] *Segue* uno *con segno abbreviativo depennato.*

Sequitur ordo venditionum. /

LXII[a] Venditio de uno ad unum in forma comuni

[c. 97r.] Anno et cetera, Anibal filius condam /o/ de tali parte et cetera fecit et facit / venditionem, datum et cessionem et totius sui iuris / [b]dominii et possessionis translationem [c-]et traditionem[-c] ad proprium et imperpetuum / in manibus Alexandri filii condam /o/ de tali parte et cetera / presentis, stipulantis, ementis et recipientis, nominative de / petia una terre vineate et brugive cum certis plantis / diversorum fructuum supra iacente et cetera, cui coheret et cetera, / salvo tamen si alie vel aliter reperirentur predicte / coherentie vel aliqua ipsarum, quod semper in hoc instrumento / venditionis intelligantur veriores fore apposite et / deducte, et hec omnia cum omnibus suis iuribus et / pertinentiis, viis, accessiis et stratis, ingressibus et / egressibus, aschuis, paschuis, comunantiis et viganalibus[d], / aquis et aqueductibus et iuribus aquarum ceterisque / iuribus et benefitiis universis tam eidem venditori quam predicte / petie terre ut supra vendite et date spectantibus et pertinentibus / in integrum et eius ratione et occaxione, et eidem Alexandro / emptori presenti et stipulanti ut supra predictus Anibal venditor / dedit, cessit atque mandavit omnia sua iura et benefitia / et actiones reales et personales universa et universas sibi / quoquo modo spectantia et pertinentia et spectantes et pertinentes / de, in, pro et super ipsa petia terre ut supra vendita et data / cum suis iuribus et pertinentiis in integrum et eius ratione / et occaxione, ita ut de cetero suprascriptus Alexander emptor / et sui heredes et sucessores et habens seu habentes causam / ab eo et cui seu quibus dederit, habeat, teneat, gaudeat / et possideat predictam petiam terre ut supra venditam cum / suis iuribus et pertinentiis, et exinde faciat et facere / possit et valeat quicquid facere voluerit et facere / licet sine contradictione nec molestatione aliqua [suprascripti][e] / venditoris nec eius heredum et sucessorum nec [alicuius][e] / alterius persone, comunis, collegii, capituli et universit[atis][e], / et sit et suscedat et esse et suscedere d[ebeat][e] / dictus emptor in[f] locum, ius et statum [universum][e] / ipsius venditoris de predictis, et utatur, exper[iatur et][e] / [c. 97v.] exerceat et uti, agere, experiri et exercere possit et / valeat[g] [h-]suprascriptus emptor et omnibus illis modis et iuribus, rationibus et actionibus[i] realibus et personalibus quibus omnibus et quemadmodum suprascriptus venditor uti possit, poterat et potuisset ante hunc venditionis / contractum minime cellebratum[-h]. Insuper dictus / Anibal venditor dedit et concessit suprascripto Alexandro / emptori presenti et stipulanti plenam parabulam et licentiam / intrandi et aprehendendi eius propria auctoritate corporalem posessionem / et tenutam seu quaxi predicte petie terre ut supra vendite / cum suis iuribus et pertinentiis, et interim donec intraverit / et dictam corporalem possessionem et tenutam seu quaxi / aprehendiderit, ex nunc prout ex tunc constituit se dictus / Anibal venditor predictam petiam terre ut supra venditam / cum suis iuribus et pertinentiis tenere et possidere [j-]vel quaxi[-j] / [k-]nomine et vice suprascripti / Alexandri emptoris, abdicando[-k] a se dictus Anibal venditor omne suum ius dominii / et possessionis et quodlibet aliud ius et id in ipsum / emptorem penitus transferendo eumque faciendo et constituendo / verum dominum, possessorem et procuratorem suum prout in rem / suam propriam de predictis suo proprio ministerio et / facto. Cui vero dominio et possessioni et omni iuri / possidendi predictus venditor ibi illico renuntiavit et / in manibus suprascripti emptoris penitus transtulit et remissit / volens omnino desinere possidere et in manibus suprascripti / emptoris penitus transfere. Quam quidem venditionem, datum / et cessionem et predicta omnia et singula suprascriptus Anibal / venditor promissit et convenit solemniter per stipulationem, obligando / se et omnia sua bona pigneri presentia et futura suprascripto / Alexandro emptori presenti et stipulanti, ei suisque heredibus / et sucessoribus et habenti seu habentibus causam ab eo et cui / seu quibus dederit, deffendere et guarentare ab / omni persona, comuni, colegio, capitulo et universitate, et / hoc a prima citatione et requisitione in antea / renuntiatione premissa omni tempore et in omnem / [c. 98r.] causam et casum et littis eventum, et in se suscipere / omne iuditium et omnem causam et casum et littis eventum / que vel quod moveretur vel moveri posset contra suprascriptum / emptorem vel eius heredes et sucessores et habentem seu / habentes causam ab eo, et in causis persistere usque in finem / littis, omnibus ipsius Anibalis venditoris propriis expensis, / damnis et interesse tantum, in pena et sub pena / dupli pretii infrascripti et totius damni et interesse et / omnium expensarum solemni stipulatione promissa et deducta, / danda et solvenda dicta pena cum pretio infrascripto / per suprascriptum Anibalem venditorem suprascripto Alexandro emptori / in casu evictionis suprascripte petie terre ut supra vendite et cum / suis iuribus et pertinentiis, si sequiretur in toto vel in / parte aut pro ea parte pro qua sequiretur, et pena / soluta vel non soluta, nichilominus omnia et / singula in hoc instrumento contenta perpetuo rata, grata, / firma et valida permaneant, et hoc cum omnibus expensis, / damnis et interesse ceterisque accessionibus que inde fient, curent / et patientur pro predicta pena et pro predictis omnibus et / singulis petendis, exigendis et habendis, et hec omnia in bonis / denariis numeratis tantum et non in aliqua alia re contra / voluntatem suprascripti emptoris, et hoc tam sub pacto capiendi / et detinendi ubique realiter et personaliter suprascriptum venditorem / quam alio quocumque modo usque ad plenam et integram / sollutionem et satisfactionem predictorum omnium et singulorum, renuntiando / omnibus legibus et statutis, consiliis, consuetudinibus, provisionibus et ordinamentis / comunitatis Lugani et valis[2] et cuiuslibet alterius comunis factis / et fiendis super hominibus non capiendis et bonis cedendis / et privilegio sui fori, et generaliter omni alteri auxilio / et beneficio legum, iuris et usus. Et pro qua vero venditione, / dato et cessione et pro predictis omnibus et singulis / contentus et confessus fuit et est suprascriptus Anibal venditor / [l-]se habuisse et recepisse a suprascripto Alexandro emptore[-l] / [c. 98v.] presente et stipulante libras /o/ terciolorum[m] ibidem / presentialiter numeratas, et hec omnia pro pretio et nomine pretii / presentis venditionis et pro completa sollutione et integra / satisfactione predictorum omnium et singulorum, renuntiando exceptioni / non habitorum[n], non receptorum nec ei datorum / et numeratorum dictorum denariorum et spey future numerationis / et receptionis et huius instrumenti non ita facti et / omnium premissorum non ita factorum et exceptioni doli / mali, et in factum actioni metus causa, sine causa / vel ex iniusta causa et erroris et deceptionis seu / lexionis fictitii et simulati contractus, et ne ullo / tempore dicere, opponere nec alegare possit dictus Anibal / venditor se fore lexum nec deceptum in hoc instrumento /

venditionis ultra dimidiam veri et iusti pretii neque / petere quod ei verum et iustum pretium supleatur / nec quod contractus iste rescindatur, et generaliter / qualibet alia occaxione et exceptione remota et renuntiata. / Qui Anibal venditor iuravit corporaliter / ad sancta dei evangelia manu tactis scripturis se / predicta omnia et singula in hoc instrumento contenta / perpetuo rata, grata, firma et valida habere / et tenere et nullo tempore contrafacere nec venire / aliqua ratione vel occaxione iuris vel facti comunis / vel spitialis. / Actum et cetera, testes et notarii et cetera. /

Si vero non fuerit[o] numeratum pretium[p] ibi / presentialiter, non apponantur illa verba, ibi presentialiter / numeratos. /

[q-]Ubi est receptum in parte pretium et in alia parte est stipulatum instrumentum obligationis[-q]

Si vero in parte fuerit numerata peccunia pro parte pretii et / pro alia parte stipulatum fuerit instrumentum unum obligationis, / tunc in receptione dicatur sic videlicet, recepisse et / [c. 99r.] habuisse a suprascripto Alexandro emptore presente ut supra libras / /o/ terciolorum in una parte, item stipulasse[r] / instrumentum unum obligationis facte per dictum Alexandrum / emptorem in manibus dicti Anibalis venditoris de libris / /o/ terciolorum per instrumentum obligationis rogatum per me notarium infrascriptum ibidem / paulo ante, renuntiando exceptioni non habitorum, non / receptorum nec ei datorum et numeratorum dictorum denariorum / et non stipulati dicti instrumenti obligationis et spey future / numerationis et cetera. /

[s-]Ubi non est receptum pretium in peccunia, sed est stipulatum instrumentum obligationis pro pretio venditionis[-s]

Si vero non fuerit numeratum aliquod pretium, sed tantummodo / pro pretio venditionis stipulatum sit instrumentum obligationis, / dicatur sic videlicet, habuisse et stipulasse instrumentum unum / obligationis facte per dictum Alexandrum emptorem / in manibus suprascripti Anibalis venditoris de libris /o/ terciolorum / per instrumentum obligationis rogatum per me notarium infrascriptum ibidem / paulo ante, renuntiando exceptioni non stipulati / dicti instrumenti obligationis de quo supra et spey future numerationis. /

[s-]De venditionibus domorum[-s]

Si vero venditio fieret de petia terre et de una domo / seu de casamentis, tunc ubi interveniunt hedefitia / casamentorum[t] addatur post ingressibus / et egressibus, aschuis, paschuis, comunantiis et viganalibus: / stillicidiis, grondis et grondanis, aquis et aquaductibus, / [u-]usibus servitutibusque aliisque suis iuribus et cetera[-u]. / Si vero non fuerit facta venditio nisi de casamentis / tantum, non ponantur illa verba: aschuis, paschuis. / Si vero venditio facta fuerit de parvo pretio, tunc potest / fieri instrumentum venditionis in forma minori, que / forma talis est videlicet. /

a *Numero vergato nel margine sinistro della* c. 97r.
b *Nel margine sinistro della* c. *in corrispondenza della riga 3 dell'originale, il titolo* venditio.
c–c *Parte aggiunta sopra la linea con segno di richiamo da altra mano.*
d *Seguono alcuni segni inintelligibili depennati.*
e *Parte mancante per lacerazione del margine esterno della* c.
f *Segue* suum *depennato.*
g *Segue* quicquid facere voluerit et facere licet sine / contradictione nec molestatione aliqua suprascripti venditoris nec / eius heredum et sucessorum nec alicuius alterius persone, / comunis, colegii, capituli et universitatis *depennato.*
h–h *Parte aggiunta in parte sopra le linee depennate e in parte nel margine sinistro della* c.
i *Segue* quibus *depennato.*
j–j *Parte aggiunta sopra la linea sopra* abdicando *depennato.*
k–k *Parte aggiunta nel margine sinistro della* c. *in corrispondenza delle righe 15–17 dell'originale.*
l–l *Parte aggiunta, ricalcata da altra mano in parte su striscia di carta applicata nel margine inferiore della* c.
m *Segue* et *depennato.*
n *Segue* non habitorum *depennato.*
o fuerit *aggiunto sopra la linea con segno di richiamo.*
p *Segue* non apponantur *depennato.*
q–q *Annotazione mancante nel margine sinistro della* c., *in corrispondenza delle righe 29–31 dell'originale, per lacerazione della* c. *Parte integrata dal Formulario di Cesare Trefogli ASCL, Fondo del patriziato,* c. 88r.
r *Segue* asse *con segno abbreviativo depennato.*
s–s *Annotazione nel margine sinistro della* c.
t *Segue* dicatur sic videlicet *depennato.*
u–u *Parte aggiunta sotto la linea.*

LXIII[a] Venditio in minori forma

Anno et cetera, Anibal filius condam /o/ de tali parte et cetera fecit / et facit venditionem, datum et cessionem et totius / sui iuris dominii et possessionis translationem et / [c. 99v.] traditionem ad proprium et imperpetuum in manibus Stephani / filii condam /o/ / de tali parte presentis et cetera, nominative de petia una / terre et cetera, cui choeret a mane et cetera, salvo tamen si alie vel / aliter reperirentur predicte coherentie vel aliqua ipsarum quod / semper in hoc instrumento venditionis intelligantur veriores fore apposite / et deducte, et hec omnia cum omnibus suis iuribus et / pertinentiis, viis, accessiis et stratis, ingressibus et egressibus ceterisque / iuribus et benefitiis universis tam eidem venditori quam predicte petie / terre ut supra vendite spectantibus et pertinentibus in integrum et / eius ratione et occaxione, et eidem Stephano emptori presenti / ut supra predictus Anibal venditor dedit, cessit atque iudicavit / omnia sua iura et benefitia et actiones reales et / personales universa et universas sibi quoquo modo spectantia / et pertinentia et spectantes et pertinentes de, in, pro et super / ipsa petia terre ut supra vendite cum suis iuribus et pertinentiis / in integrum et eius ratione et occaxione, ita ut de cetero / suprascriptus Stephanus emptor et sui heredes et sucessores et / habens seu habentes causam ab eo et cui seu quibus dederit / habeat, teneat, gaudeat et possideat predictam petiam / terre ut supra venditam cum suis iuribus et pertinentiis, et exinde / faciat quicquid facere voluerit et facere licet sine / contradictione nec molestatione aliqua suprascripti venditoris / nec eius heredum et sucessorum nec alicuius alterius persone, / et sit in locum, ius et statum universum dicti venditoris / de predictis, et utatur omnibus illis modis et iuribus / quibus omnibus et quemadmodum suprascriptus venditor uti / posset, poterat et potuisset ante hunc venditionis / contractum minime celebratum. Et dictus Anibal venditor / dedit et concessit eidem Stephano emptori presenti ut supra plenam / parabulam et licentiam intrandi et aprehendendi eius propria / auctoritate corporalem possessionem et tenutam seu quaxi predicte / petie terre ut supra vendite, et constituit se ipsam petiam / terre tenere nomine et vice suprascripti emptoris donec ipsam / [c. 100r.][b] possessionem aprehendiderit faciendo et constituendo / ipsum Stephanum emptorem suum verum dominum, possessorem / et procuratorem suum prout in rem suam propriam de predictis / suo proprio ministerio et facto. Quam quidem venditionem / et datum et omnia premissa suprascriptus Anibal venditor / promissit et convenit solemniter per stipulationem, obligando / se et omnia sua bona pigneri presentia et futura suprascripto / Stephano emptori presenti et stipulanti, ei suisque heredibus / et sucessoribus et habenti seu habentibus causam ab eo et / [c]-cui seu quibus dederit-[c] deffendere et guarentare ab omni persona, comuni, / colegio, capitulo et universitate omni tempore et in omnem / causam et casum et littis eventum, et in se suscipere / omne iuditium et in causis persistere usque in finem / littis omnibus ipsius Anibalis venditoris propriis / expensis, damnis et interesse tantum, in pena et sub / pena dupli pretii infrascripti et totius damni et interesse / et omnium expensarum, danda et solvenda dicta pena / cum pretio infrascripto per suprascriptum Anibalem venditorem / suprascripto Steffano emptori in casu evictionis suprascripte / petie terre ut supra vendite, si sequiretur in toto vel / in parte aut pro ea parte pro qua sequiretur, [d]-et pena soluta vel non soluta, nihilominus omnia et singula in hoc instrumento contenta perpetuo et omni tempore rata et cetera permaneant-[d], et hoc / cum omnibus expensis, damnis et interesse in bonis / denariis numeratis tantum, sub pacto capiendi et / detinendi, renuntiando omnibus legibus et statutis in / forma comuni et in contrarium disponentibus, et / generaliter omni alteri auxilio et benefitio legum, iuris / et usus. Et pro qua vero venditione, dato et / cessione et pro predictis omnibus et singulis contentus / et confessus fuit et est suprascriptus Anibal venditor / se habuisse et recepisse a suprascripto Steffano emptore / presente ut supra ducatos duos auri largos et / in auro bonos iustique ponderis et lige, et / hoc pro completa sollutione et integra satisfactione / pretii presentis venditionis et predictorum omnium et singulorum, / renuntiando exceptioni non habitorum, non receptorum / [c. 100v.] nec ei datorum et numeratorum dictorum denariorum et / spey future numerationis et receptionis et huius / instrumenti venditionis non ita facti et omnium premissorum / non ita factorum et omni exceptioni, deffensioni, / allegationi omnique probationi in contrarium facientibus, / et quod nunquam possit dicere dictus Anibal venditor / quod sit lexus ultra dimidiam veri et iusti / pretii neque petere quod ei verum et iustum pretium / supleatur nec quod contractus iste rescindatur, / et qualibet alia occaxione et exceptione remota / et renuntiata. Qui Anibal venditor iuravit / corporaliter et cetera se predicta et cetera habere et cetera rata et cetera. / Actum et cetera, testes et notarii et cetera. /

[e]–Venditio de bonis mobilibus–[e]

Si vero venditio facta fuerit de bonis mobillibus debeant / ipsa bona bene explicari[f] distincte cum mendis / suis videlicet, hoc modo videlicet.

Nominative de incude una azalis cum cornu uno et / foramine uno in ipso cornu et cum fractura / una in pede, que est ponderis liprarum centum / grossarum, item de equo uno cum sella una / nigra et brena una, qui equus est / lusthus[g] seu cechus uno occulo, et hoc cum / omnibus suis iuribus et pertinentiis ac erroribus et / deffectibus suis. Et eidem[h] Stephano emptori / predictus Anibal venditor dedit et cetera omnia / sua iura et cetera, ita ut de cetero suprascriptus Stephanus / emptor et sui heredes et cetera habeat et cetera, et exinde / faciat et cetera, et sit et cetera, et utatur et cetera, et / dedit parabulam intrandi et cetera, et constituit se tenere / et cetera, abdicando a se et cetera. /

Si vero dictus Anibal venditor ibidem tradiderit / [c. 101r.] dicto emptori predicta bona, non ponatur illa / clausula, intrandi in posessionem, usque ad illam / clausulam, abdicando a se et cetera excluxive, sed / dicatur sic videlicet.

Que quidem bona dictus Anibal / venditor ibidem presentialiter dedit, tradidit et / consignavit[i] dicto Stephano emptori / presenti et acceptanti, abdicando a se dictus venditor / omne suum ius dominii et possessionis et cetera, et promissit / deffendere et cetera, in pena et cetera dupli pretii infrascripti et cetera. /

Pro maiori parte solitum est fieri venditiones / de bonis mobillibus in pena pretii tantum et / totius damni et interesse et omnium expensarum, et / fiunt cum aliis clausulis, prout in aliis venditionibus / fit mentio. / Et est bonum quod in qualibet venditione emptor / protestetur se esse in possessionem bonorum emptorum. /

[e]–Venditio fructuum–[e]

Venditiones que fiunt de fructibus futuris vel vino / solent fieri cum multis conditionibus, et hec talia / instrumenta clauduntur per pacta, in quibus sufficiat / discretio notarii, sed in venditione vini si / apponatur quod emptor gustaverit vinum et / postea deterioratur, dampnum aut erit emptoris / aut venditoris et non tenebit venditio. /

[a] *Numero vergato nel margine sinistro della* c.

[b] *In alto nel margine sinistro della* c. *l'annotazione* 3 *per l'inizio del terzo fascicolo.*

c–c *Parte aggiunta con segno di richiamo nel margine sinistro della* c. *in corrispondenza della riga 10 dell'originale.*

d–d *Parte aggiunta da altra mano in parte sopra la linea e in parte nel margine sinistro della* c., *in corrispondenza delle righe 21–23 dell'originale.*

e–e *Annotazione vergata nel margine sinistro della* c.

f *Segue* cum *depennato.*

g *Così, si intenda* luscus.

h *Segue* pet *depennato.*

i *Segue* ibidem presential *depennato.*

LXIIIIº [a] Venditio et insolutum datio de fictis preteritis facta / per procuratorem substitutum ab alio procuratore / de decima

Anno et cetera, Antonius de Salla[38] filius condam talis et cetera missus et / procurator et procuratorio nomine Iacobi de tali parte / [b]et cetera, ad hec et alia solemniter et legiptime substitutus / per Bernardum Ruscham de tali parte missum / [c. 101v.] et procuratorem constitutum et procuratorio nomine suprascripti Iacobi / de tali parte per instrumentum missi et procure, rogatum / per Iohannem de tali parte notarium publicum Lugani / et cetera[2] anno et cetera, et ut constat publico instrumento ipsius / substitutionis, rogato per talem notarium tali / anno et cetera seu anno, indictione, die et mense in eo / contentis, dicto procuratorio nomine dicti Iacobi ut supra fecit / et facit venditionem et cetera et totius dicti Iacobi / iuris et cetera ad proprium et cetera in manibus Petri de / tali parte et cetera presentis et cetera, nominative de tota / decima et iure decimationis loci et territorii / de Caslano[56] videlicet bladi, vini, leguminum, olei, / lini, canepi, raparum, castanearum, bestiolorum / et omnium aliarum rerum de quibus datur et dari / solet decima secundum consuetudinem hactenus / servatam in dictis loco et territorio ut supra nasciturorum, / et item de omni iure, actione et regressu eidem / Iacobo venditori spectantibus et pertinentibus colligendi, / percipiendi et habendi dictam decimam dictorum fructuum / et bestiolorum dicti loci et territorii de Caslano / secundum consuetudinem hactenus servatam ut supra, item / de omni iure, actione et regressu eidem Iacobo / spectantibus et pertinentibus quoquo modo et quacumque ratione, / causa et occaxione de, in et super dicta decima / et iure decimationis dicti loci et territorii / de Caslano, et hec omnia cum omnibus suis iuribus / et pertinentiis, viis et cetera, et eidem Petro emptori / presenti et stipulanti predictus Antonius venditor nomine / suprascripti Iacobi dedit et cetera omnia suprascripti Iacobi iura et cetera, / ita ut de cetero suprascriptus Petrus emptor et sui / [c. 102r.] heredes et cetera habeat et cetera, et exinde faciat et cetera, et sit / et cetera in locum et cetera dicti Iacobi de predictis, et utatur / et cetera omnibus illis modis et cetera, quibus dictus Iacobus uti / posset et cetera. Insuper dictus Antonius venditor nomine ut supra / dedit et cetera eidem Petro emptori plenam parabulam et cetera intrandi, / et constituit se dictus Antonius venditor nomine ut supra predicta bona / ut supra vendita tenere et cetera, abdicando a se dictus Antonius / venditor nomine ut supra omne ipsius Iacobi ius dominii / et possessionis et cetera, cui vero dominio et cetera predictus Antonius / venditor nomine ut supra ibi illico renuntiavit et cetera. / Quam quidem venditionem et cetera suprascriptus Antonius venditor / nomine ut supra promissit et cetera, obligando se nomine ut supra / et dictum Iacobum et omnia dicti Iacobi bona et cetera / suprascripto Petro emptori presenti et cetera, ei suisque heredibus et cetera deffendere / et cetera, in pena et cetera dupli pretii infrascripti et cetera, danda et cetera / dicta pena per suprascriptum Iacobum venditorem suprascripto Petro / emptori et cetera.

Et fiat cum aliis clausulis et cetera et cum / iuramento et cetera.

Actum et cetera, testes et notarii et cetera. /

Solent aliquando aliqui emere bona multo / minori pretio quam valeant, et in tempore futuro / dubitatur quod ipsa venditio debeat rescindi, / tunc fit alia venditio de pluri valore et tunc / sic anotatur. /

[a] *Numero vergato nel margine sinistro della* c.
[b] *Nel margine sinistro della* c. *in corrispondenza della riga 29 dell'originale, l'annotazione* venditio de decima.

LXV[a] Venditio facta de maiori pretio bonorum / quam primo vendita erant, quia timebatur / de recisione venditionis

Anno et cetera, cum sit quod Iohannes de tali parte alias / fecerit venditionem et cetera Alberto de tali parte / tunc presenti et cetera, nominative de tali petia terre et cetera / pretio librarum XXV terciolorum per instrumentum venditionis rogatum / [c. 102v.] per talem notarium tali anno et cetera, et cum sit quod / ipsa petia terre sit valoris ultra dimidiam / pretii dicte venditionis vel poterit sic dici / satis pluris valoris pretio suprascripto vel prout / res fuerit, prout ibidem dicti Iohannes et Albertus / asserunt et cetera, et ne dicta venditio ullo tempore / rescindi possit nec alienari aut dici / verum et iustum pretium dicte petie terre eidem / Iohanni per dictum Albertum restitui et supleri / debere, modo dictus Iohannes conventus cum dicto / Alberto omnibus modo et cetera quibus melius potuit et / potest, non recedendo propterea ab ipsa venditione, / sed in ea perseverando, iterum et de novo / fecit et cetera venditionem et cetera suprascripto Alberto ibi presenti / et cetera, nominative de suprascripta petia terre ut supra coherentiata / et seu de pluri valore ipsius petie terre / pretii suprascripte venditionis de qua supra fit mentio, / et hoc cum omnibus suis iuribus et pertinentiis, viis et cetera. /

Et in receptione peccunie dicatur, recepisse libras / /o/ terciolorum ultra suprascriptas libras XXV terciolorum, que fuerunt / pretium suprascripte venditionis de qua supra fit mentio, / et seu dicatur, recepisse et cetera tot libras et cetera, / computatis suprascriptis libris XXV, que fuerunt et sunt / pretium suprascripte prime venditionis de qua supra fit / mentio.

Et uterque modus est bonus. / Sed quia ipse Iohannes propter istam venditionem / posset petere redditum dicte petie terre pro pluri / valore supra, poterit suprascriptus Iohannes simul et / semel cum ipso instrumento venditionis finem facere / dicto Alberto pro redditibus et gaudimentis dicte / petie terre et pluri valore prime venditionis / [c. 103r.] supra dicendo.

Insuper suprascriptus Iohannes fecit et cetera / finem et cetera suprascripto Alberto presenti et cetera, nominative de omni / et toto eo quod ipse Iohannes eidem Alberto petere / et cetera posset et cetera causa reddituum et gaudimentorum / per eum Albertum habitorum et perceptorum ex et de / dicta petia terre et pluri valore pretii / [b]appositi in dicta venditione de qua supra fit mentio. /

Et deinde sequatur modus anotationum de finibus / fiendis in venditionibus. / Et quod vero apponatur pretium conveniens in secunda / venditione iusta quantum erroris qui fuerit / allegatus in venditione ne videatur esse contrarium. / Nota tu, notarie, pro regula generali[c] quod in quibuscumque / instrumentis que tibi acciderint ubi fuerit necessaria / renuntiatio alicuius expresse legis, statuti vel / decreti, quia non sufficit facere renuntiationem / generalem nisi expresse de lege contraria, statuto vel / decreto fit mentio. /

[a] *Numero vergato nel margine sinistro della* c.

[b] *Nel margine sinistro della* c. *in corrispondenza delle righe 7–10 dell'originale l'annotazione* finis apponenda in suprascripta venditione de fructibus perceptis ex bonis venditis minori pretio quam valeant.

[c] -li *corretto sopra* -les.

LXVI[a] Venditio regressus exigendi

Si autem hic Albertus habuerit licentiam a Iohanne / exigendi petiam terre, quam sibi vendiderit et de / qua postea ab eo se investiverit ad livelum, / [b]tunc sic anotatur videlicet. /

Nominative de omni iure, actione et regressu eidem / Alberto spectantibus et pertinentibus possendi exigere, / rehemere et recuperare a dicto Iohanne talem petiam / terre et cetera, de qua petia terre dictus Albertus fecit / venditionem et datum eidem Iohanni tali pretio sub / pacto luendi et de qua postmodum ipse Iohannes / investivit ad livelum suprascriptum Albertum pro ficto omni / anno solvendo[c] staria II furmenti et cetera, ut constat / [c. 103v.] publicis instrumentis ipsorum venditionis et liveli rogatis / per talem notarium, tali anno et cetera, et hoc tam vigore / dicti instrumenti gratie quam quolibet alio modo et iure, / et hoc cum omnibus suis iuribus et cetera. /

Hunc autem regressum exigendi potest massarius / vendere[d] alteri persone etiam invito domino, / potest etiam fieri hec venditio cum condictione quod / iste emptor ipsius regressus exigendi teneatur / et astrictus sit eidem Iohanni hemphiteoticario dare / et solvere suprascripta staria duo furmenti, que dictus / Anibal venditor tenetur dare dicto Iohanni / hemphiteoticario vigore dicti livelli de quo supra / et contentorum in eo omni anno durante ipso / livelo, remittens ex nunc idem Anibal venditor / humeris et oneri dicti Mafioli[e] emptoris ibi presentis / et acceptantis omne periculum caducitatis dicti liveli, / et hec omnia cum omnibus suis iuribus et pertinentiis, viis et cetera. / Et in presenti instrumento debet emptor facere conservationem / venditori de fictis futuris, et ista materia debet / poni per receptionem pretii[f] dicendo.

Et ulterius / suprascriptus Mafiolus emptor cavit et solemniter fideiussit. /

Et deinde fiat modus conservationis, et renuntiatio / fiat in personam utriusque, advertendo tamen / quod semper ponantur verba concordantia ad fictum. / Potest etiam hec talis alienatio regressus exigendi / fieri in alterum quam in primum emptorem per modum / cessionis, sed hic est optimus modus. / Et nota quod iste tales venditiones utilis dominii / et regressus exigendi non solent fieri nisi in pena / pretii tantum. / [c. 104r.] Si vero in hiis venditionibus factis sub pacto luendi / non sit interventum livelum, fiat similiter ut supra / obmissis clausulis et verbis pertinentibus ad formam / liveli.

[a] *Numero vergato nel margine sinistro della* c.
[b] *Nel margine sinistro della* c. *tra le righe 23–24 dell'originale il titolo* venditio regressus exigendi.
[c] *Segue* que *depennato.*
[d] *Segue* etia *depennato.*
[e] Mafioli *aggiunto sopra la linea con segno di richiamo.*
[f] *Segue* e *depennato.*

[a-]LXVII Venditio hereditatis[-a]

Idem poterit fieri de quibuscumque regressibus et actionibus ut / verbi gratia, nominative et generaliter de omni iure, / actione et regressu eidem Alberto venditori spectantibus / et pertinentibus quocumque modo et quacumque ratione, causa / et occaxione de, in et super bonis relictis per nunc condam / ser Albertinum de tali parte, et hoc vigore et virtute / legati et testamenti conditi per dictum condam ser Albertinum / rogati per talem notarium, tali anno et cetera. Et sic / poterit specificari quolibet alio iure quo actio et regressus sonat. /

[a–a] *Numero e titolo vergati nel margine sinistro della* c.

[a-]LXVIII Venditio servitutis strate ducendi aquam et trahendi aerem[-a]

Item poterit fieri de omni iure et cetera eidem Alberto spectantibus / et pertinentibus in et super tali anditu et seu eundi / per talem stratam in tali loco et cetera et seu de servitute conducendi / aquam et seu habendi aerem a tali loco in talem / domum seu locum et cetera, tam vigore antique, quiete / et pacifice possessionis et tenute vel quaxi / quam habuit et habet ipse Albertus tam per se quam / per eius antecessores in et de dicto anditu et seu / eundi per dictam petiam terre seu per dictam stratam in / dicto tali loco et seu habendi et recipiendi dictum / aerem a dicto tali loco ut supra quam alio quovis modo, iure / et titulo, / et sic de omnibus aliis iuribus et regressibus, prout res se / habuerit et fit venditio de servitute et cetera. Exprimatur / locus servitutis, aliter non expresso loco poterit / emptor elligere servitutem per totam rem servitutis, / ut verbi gratia vendo servitutem ut possis ire / ad vineam meam non expresso a qua parte / [c. 104v.] ire debes, poteris ire a qua parte volueris. / Si autem hic Iohannes habuerit venditionem ab / Alberto sub pacto luendi de una petia terre / et eam vellit alteri vendere, tunc sic fiet videlicet.

[a–a] *Numero e titolo vergati nel margine sinistro della* c.

[a–]LXVIIII° Venditio sine preiuditio pacti luendi[–a]

Iohannes de tali parte, habens venditionem et datum ab / Alberto de tali parte de tali petia terre tali pretio / per instrumentum rogatum per[b] talem notarium / et cetera anno et cetera, et hoc sub pacto luendi / cum reservatione parabule et licentie eidem Alberto / concesse exigendi et rehemendi ipsam petiam terre / dicto precio omni die et cetera, fecit et facit venditionem / et cetera Mafiolo de tali parte, nominative de suprascripta petia / terre superius coherentiata, item de honore eidem / Iohanni incombenti ipsi Alberto retrodatum facere / de dicta petia terre omnibus die et hora quibus / sibi placuerit usque imperpetuum pretio suprascripto.

Et ista / talis venditio fiat primo pretio et in pena pretii / tantum, et anotatur clausula, et ne ullo / tempore dicere, et poterit etiam recipere facturam / instrumenti venditionis. / Et si ibi fuerit in hac anteriori venditione / interventum livellum, tunc dicatur, item de directo / dominio dicte petie terre et de dicto ficto et[c] dicto / livelo ac omnibus et singulis in eo contentis, et hoc / cum omnibus suis iuribus et pertinentiis. /

Si autem massarius vendiderit utile dominium / vel alia ex prediis suis domino directi in solutione / fictorum, tunc debet primo per massarium fieri / obligatio vel condemnatio fictorum cum iuramento, / et postea fieri[d] venditio insolutum aliter / [c. 105r.] obligatio vel condemnatio simpliciter fieret, venditio posset / dici vel alegari per eum creditorem esse factam in / fraudem creditoris.

[a–a] *Numero e titolo vergati nel margine sinistro della* c.
[b] *Segue* taleam *depennato.*
[c] et *lettura incerta.*
[d] *Segue* obligatio *depennato.*

LXX[a] Venditio utilis dominii et naturalis possessionis / facta per massarium

Utile dominium et naturalis possessio non potest / vendi nec alienari nisi facta denuntiatione / domino aut cum licentia domini, et primo potest dominus / ipsum utile dominium emere si vult, et si non / vult emere, tenetur dare licentiam massario, / et si noluerit prestare licentiam, poterit massarius / vendere[b] tamen per prius denuntiatione facta, / et iste modus contrahendi anotatur ut infra videlicet. / De ista denuntiatione vide statutum[57]. / Denuntiatio debet continere pactum quod massarius invenit / ab altero et habet terminum duorum mensium. /

Albertus de tali parte et cetera fecit et cetera venditionem et cetera Iohanni / de tali parte et cetera ibi presenti et cetera, nominative de utili / dominio et naturali possessione talium bonorum et cetera, / [c]de quibus ipse Albertus investitus legitur et est / ad fictum ad livellum a dicto Iohanne pro ficto livelario / omni anno solvendo some unius bladi et cetera, ut / constat publico instrumento ipsius livelli rogato per talem / notarium, tali anno et cetera seu anno, die et mense / in eo contentis[d], / et item de omni iure, actione et regressu ipsi Alberto / venditori spectantibus et pertinentibus de, in et super[e] / ipsis bonis livelariis de quibus supra, et hec omnia cum omnibus / suis iuribus et cetera. /

Solent[f] similes venditiones fieri sub pena / pretii tantum. / Si autem ipse Albertus fecerit talem venditionem pro amplius / [c. 105v.] non remanendo massarius, tunc cassetur livelum per / modum ut in venditione de directo dominio describitur / et notabitur hec cassatio antequam dicatur, et hec / omnia cum omnibus suis iuribus et pertinentiis et cetera. / Si vero hanc venditionem utilis dominii fecerit ipse / Albertus propter egestatem ut faciunt massarii qui / vendunt melioramentum et adhuc se investiunt / pro alio ficto, tunc non fiat cassatio liveli, sed / fiat aliud livelum de ipso utili dominio, et poterit / etiam de hoc utili dominio fieri gratia exigendi et cetera. / Poterit autem aliter fieri, videlicet quod fiat venditio utilis / dominii et cassatio liveli et postea fiat novum / livelum pro alio ficto, et hic modus erit bonus / ut verbi gratia petia terre de qua primo / fuit factum livelum erat zerbiva nunc autem / est laborativa, tunc videtur esse vera venditio / utilis dominii et in livelo secundo dicatur.

Nominative / de petia una terre que solebat esse zerbiva et / nunc est prativa similiter et cetera.

Et fiat mentio / de alio livelo. / Poterit etiam hec alienatio utilis dominii fieri per / modum remissionis, sed hic est pulcrior modus / et utilior. / Si autem hic Iohannes dominus directi[g] noluerit hanc / venditionem acceptare, sed erit contentus dare / licentiam Alberto massario, tunc sic dicatur videlicet. /

[a] *Numero vergato nel margine sinistro della* c.

[b] *Segue* fin *depennato.*

[c] *Nel margine sinistro della* c. *in corrispondenza della riga 20 dell'originale il titolo* venditio utilis dominii.

[d] *Segue* et hoc cum omnibus su *depennato.*

[e] *Segue* ipsis *depennato.*

[f] *Segue* h *depennato.*

[g] *Si aggiunga* dominii.

LXXI[a] [b-]Venditio facta per hemphiteotam cum licentia domini directi de utili dominio[-b]

Albertus de tali parte et cetera cum parabula et cetera Iohannis de / tali parte domini directi dominii et civilis possessionis / infrascriptorum bonorum inferius coherentiatorum, ibi presentis / et consentientis et eidem Alberto parabulam et consensum / [c. 106r.] dantis et prestantis ad infrascripta facienda sine preiuditio / directi dominii et iuris sui super ipsis bonis, fecit / et cetera venditionem et cetera Antonio de tali parte et cetera ibi / presenti et cetera, nominative de utili dominio et cetera ut supra. /

Et si ista venditio fit absque licentia domini ipsi[c] tamen / requisito, debet tamen dici, sine tamen preiuditio / directi dominii et cetera suprascripti Iohannis, et fiat mentio de eius / livelo et ficto et de dicta denuntia. / Si autem hic Albertus remanet ad possessionem, / debet a dicto Antonio se investire ad livelum de / dicto utili dominio. / Et si ipse Antonius emptor dicti utilis dominii remanet / ad possessionem bonorum, debet postea ipse Antonius / se investire a dicto Iohanne domino directi dominii de re / de qua est livelum, sed primo debet fieri cassatio / liveli inter Iohannem dominum et Albertum massarium, / et hec cassatio[d] anotabitur in tractatu / livelorum. /

[a] *Numero vergato nel margine sinistro della* c. *che segue,* c. 106r.
[b-b] *Titolo vergato nel margine sinistro della* c.
[c] *Così, si intenda* ipso.
[d] *Segue* tra *depennato.*

[a-]LXXII Consensus domini videlicet hemphiteoticarii[-a]

[b]Si vero ipsa venditio utilis dominii facta fuerit cum consensu / domini directi dominii et ipse dominus contentatur habere / emptorem ipsius utilis dominii in livelarium dictorum / bonorum livelariorum et liberet[c] venditorem dicti / utilis dominii a ficto dicti liveli et ab ipso livelo, / tunc anotabitur hoc modo videlicet[d] / ante iuramentum.

Que omnia et singula / acta et celebrata fuerunt et sunt per suprascriptos contrahentes, / presente, volente et consentiente ipso Iohanne domino / directi dominii et civilis possessionis bonorum suprascriptorum / livelariorum et acceptante dictum[e] Antonium / emptorem ut supra in hemphiteotam et fictabilem dicte / [c. 106v.] petie terre ut supra coherentiate pro ficto omni anno solvendo / libras /o/ terciolorum, sibi fiendo et solvendo per dictum Antonium / emptorem ut supra et cum pactis caducitatis et luendi / [f]bona ipsa, prout in / ipso livelo et gratia luendi facta in dictum Albertum / fit mentio, et in omnibus et per omnia, prout in ipsis / livelo et gratia fit mentio, et liberante et / liberavit et liberat dictum Albertum olim hemphiteotam / de dicta petia terre et ut supra a dicto livelo et ficto / predicto et ab omnibus et singulis in ipso livelo contentis / et ab eo et contentis in eo, dependentibus, emergentibus / et conexis tamquam transfertis ab ipso Alberto / et transitis in ipsum Antonium vigore presentis / venditionis ut supra facte. Qui quidem Antonius / emptor ut supra etiam consentit et promissit et promittit / solvere dictum fictum dicto Iohanni et se subicere / dicto livelo et pactis in eo contentis in loco et scontro / dicti Alberti hemphiteote venditoris ut supra, in omnibus et / per omnia, prout dictus Albertus venditor ante presens / instrumentum venditionis tenebatur dicto Iohanni, et cum pactis / suprascriptis et prout in ipso instrumento liveli et pactorum plenius / continetur et fit mentio de verbo ad verbum, ita et eo / modo et forma quod omne ius et omnis actio spectans / et pertinens dicto Alberto venditori super dicta petia / terre ut supra vendita sint et esse intelligantur / transferta in dictum Antonium modo et forma, / prout in ipso instrumento liveli fit mentio et contineri / reperiatur, et non preiudicando tamen per presentem / protestationem suprascripte venditioni facte per dictum / Albertum suprascripto Antonio, imo potius eam venditionem / apfirmando[g] et corroborando et affirmaverunt et / corroboraverunt et affirmant et corroborant / modo et forma suprascriptis. Qui Albertus venditor / [c. 107r.] et Antonius emptor et suprascriptus[h] Iohannes dominus directi[i] / et quilibet eorum iuraverunt corporaliter et cetera sese predicta / et cetera habere rata et cetera. / Actum et cetera, testes et notarii et cetera. /

a–a *Numero e titolo vergati nel margine sinistro della* c.
b *Precede sulla linea precedente* venditio directi dominii *depennato.*
c *Segue* p *depennato.*
d *Segue* post cla *depennato.*
e *Segue* Albertum *depennato.*
f *Precede* prout in ipso livelo fit mentio *depennato.*
g *Così, si intenda* affirmando.
h *Segue* dominus *depennato.*
i *Si aggiunga* dominii.

LXXIII[a] Venditio directi dominii

Anno et cetera, Iohannes de tali parte et cetera fecit et cetera venditionem et cetera / ad proprium et cetera in manibus Iacobi de tali parte et cetera / ibi presentis et cetera, nominative de directo dominio et / civili possessione ac ficto livelario petie unius terre / et cetera, cui choeret et cetera, de qua petia terre Albertus filius condam / talis et cetera investitus legitur et est ad fictum ad livelum / a dicto Iohanne pro ficto livelario omni anno solvendo / in quolibet festo sancti Martini[23] cuiuslibet anni usque imperpetuum / librarum /o/ terciolorum, ut constat publico instrumento ipsius liveli / rogato per talem notarium, tali anno et cetera seu anno, / die et mense in eo contentis, item de dicto instrumento liveli / ac ficto livelario ac iuribus et viribus dicti liveli / et de omnibus et singulis in eo livelo contentis, item de / omni iure, actione et regressu eidem Iohanni[b] venditori / spectantibus et pertinentibus quovis modo petendi, exigendi, / consequendi et habendi dictum fictum livelarium de quo supra omni / anno annuatim durante dicto livelo contra et adversus / dictum Albertum hemphiteotam et eius heredes, res et / bona et contra tenentes et possidentes de suis bonis et / rebus propriis quoquo modo, et hec omnia cum omnibus / suis iuribus et pertinentiis et cetera.

Deinde sequitur modus / venditionis. / Si vero ipse Albertus fuerit debitor de aliquibus fictis annorum / preteritorum, tunc etiam poterit fieri cessio de actione caducitatis / liveli et de actione petendi et consequendi ipsa ficta preterita, / et sic dicatur[c] ante illam clausulam, et / hec omnia cum omnibus suis iuribus et pertinentiis, viis et cetera. /

[c. 107v.] [d-]Cessio de fictis preteritis et de actione faciendi cadere hemphitiotam[-d]

Insuper suprascriptus Iohannes venditor titulo venditionis / iuris nominis et actionis posuit et ponit in suum / locum, ius et statum universum suprascriptum Iacobum emptorem / ibi presentem et cetera, nominative de et pro illis libris /o/ terciolorum / et de omnibus eorum expensis, damnis et interesse de / et pro quibus suprascriptus Albertus est debitor dicti Iohannis / occaxione fictorum preteritorum annorum trium proxime preteritorum / a festo sancti Martini proxime preteriti retro suprascriptorum / bonorum livelariorum et liveli de quibus supra fit mentio, / item de dicto instrumento liveli et de iuribus et viribus / eius et de omnibus et singulis in eo contentis, et hoc / ad petendum et consequendum suprascriptas libras /o/ terciolorum / de quibus supra cum omnibus eorum expensis, damnis et interesse / contra et adversus suprascriptum Albertum debitorem ut supra et eius / heredes, res et bona et contra tenentes et possidentes / de suis bonis et rebus propriis quoquo modo et / cadere facientes dictum Albertum a dicto livelo et / iuribus et viribus eius propter cessationem dicti ficti / non soluti ut supra, et hec omnia cum omnibus suis / iuribus et pertinentiis, viis et cetera. /

Sed hec actio caducitatis melius datur et fit per / venditionem quam per cessionem, et utatur notarius / in[e] isto instrumento duplici vocabulo contrahentium, / videlicet venditor et cedens et emptor et cessionarius. / Et nota quod minima pars resti sollutionis ficti per / trienium importat caducitatem. / Et ultra pretium venditionis debet etiam emptor / confiteri habuisse dicta ficta pro quibus fit cessio, / et ultra iuramentum consuetum in venditionibus / etiam datur iuramentum quod fit in cessionibus, / [f]videlicet que cessio est vera et cetera, prout in cessione / fit mentio. / [c. 108r.] Si autem venditio directi dominii fit in manibus massarii, / tunc sic anotatur videlicet. /

[d-]Venditio facta massario de bonis liveli cum cassatione liveli[-d]

Nominative de directo dominio et cetera ut supra.

Deinde dicitur. /

Quod quidem instrumentum liveli et omnia et singula in eo contenta / predictus Iohannes, pro una parte, et dictus Albertus, pro altera parte, / cassaverunt, irritaverunt, revocaverunt et anullaverunt / et cassant, irritant, revocant et anullant, / volentes ipsum et ipsa a modo in antea esse nullum et / nulla nulliusque valoris, efficatie et momenti, / prout et sicut nunquam fuisset factum nec celebratum, / et hec omnia cum omnibus suis iuribus et pertinentiis et cetera. /

Si autem ipse Iohannes venditor fuerit creditor dicti Alberti / causa fictorum preteritorum, tunc ipse Iohannes in ipso instrumento / venditionis poterit facere finem ipsi Alberto de dictis / fictis preteritis, et tunc sic dicatur[g] ante illam / clausulam, et hec omnia cum omnibus suis iuribus et cetera, / videlicet.

[d]-Finis facta in venditione de fictis preteritis-[d]

Insuper dictus Iohannes fecit et facit finem et cetera et pactum / de non plus petendo et ulterius de non agendo, causando, / molestando, inquietando nec perturbando aliquid imperpetuum / in manibus dicti Alberti presentis[h] ut supra, nominative et / generaliter de omni et toto eo quod dictus Iohannes eidem Alberto / et super eius bonis petere et consequi posset, poterat / et potuisset ac poterit hinc retro usque hodie / causa fictorum preteritorum suprascriptorum bonorum in ipso livelo contentorum. /

Et in promissione deffendendi antequam dicatur, in pena et cetera, dicatur / etiam.

In predictis omnibus et singulis perpetuo stare, esse / et permanere tacitum et contentum et facere et cum effectu / curare quod omnes alie persone perpetuo stabunt, erunt / et permanebunt tacite et contente omnibus ipsius Iohannis / venditoris propriis expensis et cetera tantum, in pena et sub pena / totius damni et interesse et omnium expensarum. /

Poterit etiam hec finis fictorum fieri seperatim, sed hic / est pulcrior modus.

Venditio bonorum dotalium

Statutum disponit quod mulier constante matrimonio non / [i] / [c. 108v.] possit alienare dotem et tamen in aliquibus casibus / solent mulieres alienare dotem, sed plus valent / ipse alienationes ratione iuramenti quam aliter, / tamen necessarium erit quod per literas principis / derogetur statuto, vide statutum sub rubrica[58]. / Primo solet posse vendi pro recuperando filium captum / ab inimicis, etiam ut patri suo in insulam / relegato vel in exilium prestet alimoniam, / si alia bona non habuerit. / Secundo pro recuperando maritum, si fuerit captus ob / deffensionem terre et ville sue. / Tertio pro nutriendo se et filios in extrema necessitate / existentes vel obsidione et etiam maritum. / Quarto pro talea imposita pro liberatione comunitatis / vel terre, in qua habitavit, obsesse ab inimicis / tantum, de hac parte dubitatur, et hec omnia / si non aderunt aliqua ex bonis mariti sui / sunt etiam alii plures reffectus, sed hii sunt / principales. /

[d]–Venditio facta per uxorem cum licentia mariti–[d]

Et si contingit hec venditio dotis fieri, sic dicatur videlicet. /

Margarita de tali parte et cetera cum parabula, consensu, / voluntate, licentia et auctoritate suprascripti Iacobi mariti / sui ibi presentis, volentis et consentientis et eidem / Margarite uxori sue parabulam et consensum dantis / et prestantis ad infrascripta facienda nec non et dictus / Iacobus et uterque eorum, qui melius potuit et potest, / fecerunt et cetera venditionem et cetera.

Et sequitur modus / venditionis. / In receptione vero peccunie apponatur ubi conversi / fuerint denarii pretii ipsius venditionis videlicet.

Qui / denarii converti debent vel conversi sunt in faciendo / tale quid et cetera, prout res fuerit.

Et deinde / sollutio que fit debeat fieri videlicet.

Qui denarii / [c. 108[bis]r.] processerunt ex pretio talis venditionis et cetera ut supra.

Et / iste talis emptor caute agit habere ipsa instrumenta / penes se ut supra dictum est, et non oblivischatur iuramentum / in talibus instrumentis. / Poterit etiam fieri venditio de bonis dotalibus, si mulier / protestatur se esse tutam et securam de iuribus suis / dotalibus super aliis bonis mobilibus et inmobilibus / dicti mariti sui, que bona tunc debent in ipso / instrumento describi et specificari super quibus ipsa / mulier protestatur se esse securam de iuribus suis / dotalibus, et si fuerint bona mobilia debent / ipsi mulieri consignari in presentia testium et notariorum / dicti instrumenti, et illa protestatio fiet cum iuramento in / eodem instrumento. / Poterit autem hec venditio per maritum et mulier consentiens / debet renuntiare auxilio senatus et consultus Veleyani / cuicumque iuri ipotece et cuilibet alteri iuri sibi spectantibus / super eis vel super bonis mariti, sed debet de ipsa / renuntiatione prius certificari, aliter non valebit. / Poterunt etiam hec bona dotalia alienari pro emendis / aliis prediis, et hec erit valida alienatio / constante de emptione altera, videlicet dum tamen / condictio melioretur. / Si autem hec dos non fuerit in prediis, sed fuerit in / denariis, tunc poterit hec alienatio fieri per / modum cessionis vel finis, si adhuc denarii / non pervenerint in maritum ut si fuerit per / obligationem, et si denarii fuerint perventi / in maritum et maritus non habeat nisi tanta / bona que sufficiant pro dote, tunc fiat hec / talis venditio per maritum et uxorem et utrumque eorum / insolidum, prout superius anotatum est, et cum renuntiatione / prout supra. / Sed si erit minor debet iurare, prout in iuramento / minorum continetur, aut se dicere maiorem. / [c. 108[bis]v.] Sed nota quod si maritus vendit bona sua una cum / uxore et non sint postea alia bona pro cautione / dotis vel emptor dubitet, debet in ipso instrumento / emptor accipere cessionem dotis ab uxore consentiente / marito, ad hoc ut sit securus contra alios creditores / mariti vel per aliud instrumentum. /

[a] *Numero vergato nel margine sinistro della* c.

[b] Iohanni *corretto da altra mano sopra la linea sopra* Iacobo *depennato.*

[c] *Segue* vii *depennato.*
[d–d] *Annotazione vergata nel margine sinistro della* c.
[e] *Segue* ipso *depennato.*
[f] *Precede* quod *depennato.*
[g] *Segue* videlicet *depennato.*
[h] *Segue* et cetera *depennato.*
[i] *Nel margine sinistro della* c. *sotto l'ultima riga dell'originale l'annotazione* venditio bonorum dotalium.

[a-]LXXIIIIº Protestatio[-a]

Protestatio, que fit per uxorem in venditione / qualiter protestatur se esse tutam et securam / de iuribus suis dotalibus super aliis bonis / dicti mariti sui, et est ponenda in / fine contractus ante iuramentum. /

Et predicta omnia et singula acta et celebrata fuerunt / et sunt presente, volente et consentiente domina Caterina / uxore suprascripti Iohannis venditoris et renuntiante omni / iuri quod habere pretendit seu habere posset / in et super dictis bonis ut supra venditis vigore dotis / sue et iurium suorum dotalium, et predicte venditioni / de qua supra et omnibus et singulis in ea contentis consensit / et consentit omnibus illis meliori modo, iure, via, causa / et forma quibus melius et validius potuit et potest, / certificata prius per me notarium infrascriptum quid importat / dicta renuntiatio et dicta bona ut supra vendita / esse sibi ipotecata et obligata pro iuribus suis / dotalibus, et renuntiavit et renuntiat omni suo / iuri ipotecarum et cuilibet alteri iuri quod habet / vel habere potest aut poterit de, in et super ipsis[b] / [c]bonis ut supra venditis occaxione eius dotis et iurium / dotalium et alia quacumque ratione, causa et occaxione, / iddem (!) ius ipsi emptori pacto remittens et / promittens eidem Iohanni emptori pro se et suis heredibus / et sucessoribus stipulanti predicta omnia et singula / perpetuo rata, grata, firma et valida habere et / tenere et nullo tempore contrafacere nec venire / [c. 109r.] aliqua ratione vel occaxione iuris vel facti comunis vel / spitialis de iure nec de facto, sub pena dupli pretii / dicte venditionis et totius damni et interesse et omnium / expensarum littis et extra et obligationis omnium suorum / bonorum, et pena soluta vel non solluta, nichilominus / predicta omnia firma maneant, et insuper protestante / ipsa Caterina cum parabula et cetera suprascripti Iohannis mariti sui, ibi / presentis et consentientis et eidem Caterine eius uxori / plenum consensum ad suprascripta et infrascripta facienda prestantis, / se esse tutam et securam de iuribus suis dotalibus / super aliis bonis dicti mariti sui non alienatis, / et protestante etiam se ullo futuro tempore non[d] agere contra / dictum Iohannem emptorem pretextu dictorum bonorum ut supra / venditorum vigore dictorum suorum iurium dotalium[e] / nec alia quavis ratione, causa et occaxione nec / aliquo modo nec iure in toto nec in parte. /

Est autem bonum specificare bona[f] dicti mariti, / super quibus ipsa uxor protestatur se esse tutam / et securam de iuribus suis dotalibus. /

Et quam predictam protestationem et renuntiationem ipsa / Caterina fecit et facit sponte et non seducta a dicto / Iohanne marito suo precibus nec minis et renuntiavit / et renuntiat exceptioni huius instrumenti non ita facti / et omnium premissorum non ita factorum et exceptioni doli / mali et cetera[g], / [h]et ne ullo tempore dicere, opponere / nec alegare possit dicta Caterina se fore deceptam / nec lexam in hoc contractu nec petere hunc / contractum debere tolli nec rescindi ratione alicuius / deceptionis vel lexionis et beneficio senatus et / consultus Veleyani et auxilio alteri introducto in favorem / mulierum, et generaliter qualibet alia occaxione et exceptione / remota et renuntiata, et que bona ut supra vendita suprascripta / Caterina[i] parabula ut supra dissolvit et dissipotecavit / et disolvit et liberat ab omni vinculo et nexu / obligationis et ipotece dictorum omnium suorum iurium / [c. 109v.] dotalium. Que Caterina parabula ut supra iuravit / corporaliter et cetera predicta et cetera habere rata et cetera. / Actum et cetera, testes et notarii et cetera. /

[a–a] *Numero e titolo vergati nel margine sinistro della* c.
[b] *Segue* petia *depennato.*
[c] *Precede* terre *depennato.*
[d] non *aggiunto sopra la linea con segno di richiamo.*
[e] *Segue* n *depennato.*
[f] *Segue* super *depennato.*
[g] *Segue* et qualibet alia occaxione et exceptione *depennato.*
[h] *Precede* remota et renuntiata *depennato.*
[i] *Segue* ven *depennato.*

LXXV[a] Venditio facta per tutorem seu curatorem testamentarium

Anno et cetera, Iohannes de tali parte et cetera tutor testamentarius persone / et bonorum Iacobi de tali parte filii condam Iohanoli[b] minoris annis / XIIII°, ei datus et constitutus per suprascriptum condam Iohanolum / in eius ultimo testamento et ultima voluntate / per ipsum condito, ut constat publico instrumento ipsius testamenti, / rogato per Iohannem Antonium de Breno[59] notarium publicum Lugani et cetera[2], / anno Domini curso /o/ seu anno et cetera, et confirmato / per magnificum dominum capitaneum Lugani et cetera[18], ut constat publico / instrumento ipsius confirmationis, rogato per talem notarium / anno /o/ seu anno, die et mense in eo contentis, / dicto tutorio nomine ut supra fecit et facit venditionem et cetera / et totius dicti Iacobi minoris ut supra iuris et cetera ad / proprium et cetera in manibus Antonii de tali parte et cetera presentis / et cetera.

Et sequitur modus[c] venditionis. / Et in clausulis ubi nominatur ipse venditor, ponantur / hoc modo videlicet.

Et hec omnia cum omnibus suis iuribus et / pertinentiis et cetera tam eidem Iacobo venditori quam predictis / bonis ut supra venditis et cetera, et eidem Antonio emptori presenti / et stipulanti predictus Iohannes venditor dicto[d] nomine ut supra / dedit, cessit et cetera omnia dicti Iacobi minoris[e] / iura et cetera ita et cetera, et exinde faciat et cetera sine / contradictione et cetera dicti minoris et dicti eius curatoris / nomine pro eo nec eius heredum et cetera, et sit et cetera in locum, / ius et statum universum dicti Iacobi minoris venditoris / de predictis, et utatur et cetera omnibus illis modis et cetera / quibus omnibus et cetera dictus Iacobus minor uti possit. / Insuper dictus Iohannes tutor et nomine ut supra dedit et / [c. 110r.] concessit suprascripto Antonio emptori presenti ut supra plenam parabulam et cetera / intrandi et cetera, et constituit se dictus Iohannes tutor ut supra / venditor nomine ut supra predicta bona ut supra vendita[f] / tenere et cetera, abdicando a se dictus Iohannes venditor / nomine ut supra et a dicto Iacobo minore omne dicti / Iacobi minoris ius et cetera. Cui vero dominio et cetera predictus / Iohannes venditor nomine ut supra ibi Illico renuntiavit et cetera / volens omnino desinere possidere et cetera. Quam quidem / venditionem et cetera et omnia premissa suprascriptus Iohannes venditor / nomine ut supra promissit et cetera, obligando se[g] et dictum / Iacobum minorem et omnia dicti Iacobi minoris / bona et cetera suprascripto Antonio emptori presenti et stipulanti, / ei suisque heredibus et cetera deffendere et cetera, in pena et / sub pena pretii infrascripti tantum et totius damni et cetera. /

Similes venditiones facte de minoribus fiunt in pena / et sub pena pretii tantum et totius damni et interesse / et cetera. /

Danda et solvenda dicta pena per suprascriptum Iacobum minorem / venditorem suprascripto[h] Antonio emptori in casu evictionis / suprascriptorum bonorum ut supra venditorum et cetera, et pena soluta et cetera, / et hoc cum omnibus expensis et cetera in bonis denariis numeratis / tantum et cetera, sub pacto capiendi et cetera suprascriptum Iacobum minorem / venditorem quam alio quocumque modo et cetera, renuntiando omnibus / legibus et cetera. / Et pro qua vero venditione et cetera et pro predictis omnibus et / singulis contentus et cetera fuit et est suprascriptus Iohannes venditor / nomine ut supra se habuisse et cetera a suprascripto Antonio emptore / presente et stipulante libras /o/ terciolorum, et hec omnia / pro pretio et cetera presentis venditionis et cetera, renuntiando exceptioni / non habitorum et cetera, et ne ullo tempore dicere et cetera / possit dictus Iacobus minor se fore lexum et cetera. /

Qui denarii pretii presentis venditionis converti debent / in sanando[i] taleas et alia onera incombentia / in comuni de tali loco, tangentia dictum Iacobum / minorem ad solvendum, item in sanando tale et / [c. 110v.] tale debitum. Et ponantur certe ubi convertuntur / ipsi denarii pretii dicte venditionis. / Et si denarii pretii dicte venditionis convertantur in emendo / certa bona, [j-]dicatur sic videlicet.

Qui conversi sunt in emendo talia bona[-j] a Matheo de tali parte iacentia in tali / loco pretio librarum /o/ terciolorum per instrumentum venditionis rogandum / per me notarium infrascriptum seu per talem notarium, anno / et die et cetera. /

[k]-De conversione pretii venditionum factarum per tutores et curatores nomine minorum-[k]

Et est bonum quod[l] emptor solvat ipsa debita descripta / in ipsa venditione et quod si creditores habent / instrumenta ipsorum creditorum suorum, quod accipiat[m] penes / se ipsa instrumenta et quod appareat aut per instrumenta aut / ad libros datorum et creditorum dictorum creditorum / ipsam sollutionem esse factam per dictum emptorem / nomine dicti minoris. Et si in similibus caute non / agitur, tempore futuro similes venditiones infringuntur / via iuris. / Et si ipsi denarii convertuntur in emendo alia bona / pro ipso minore, tunc scribatur in dicta emptione / dicti minoris quod pretium procedit et est processum / ex pretio venditionis facte per suprascriptum Iohannem tutorem / et tutorio nomine suprascripti Iacobi minoris in manibus / suprascripti Antonii per instrumentum venditionis, rogatum per talem notarium / tali anno et cetera, et sic convalidatur unum instrumentum pro altero. / Et fiat cum decreto et auctoritate iudicis hoc modo videlicet. /

Et predicta omnia et singula acta et celebrata fuerunt / et sunt coram magnifico et generoso viro domino Iacobo / de tali parte, capitaneo Lugani et valis et cetera sedente / in banco, super quodam banco posito in burgo Lugani / in contrata de Carona[21] subtus porticum domus habitationis / Georgii Castorei, quod banchum et quem locum prefatus / dominus capitaneus suum ellegit et elligit bancum / et tribunal idoneum in hac parte pro infrascriptis / [c. 111r.] omnibus et singulis spitialiter peragendis. /

Et si iudex non sederit, dicatur.

Existente in tali / loco, qui in predictis omnibus et singulis suum et suam / et comunitatis Lugani et valis et cetera auctoritatem et decretum / interposuit et dedit et dat cum cognitione cause / et prius per eum causa cognita et ex eius offitio. /

Et si iudex qui interponit auctoritatem est Alamanus, / qui non habeat idioma[n] nec intelligat Lombardum, / debeat fieri media rellatione interpretis sic videlicet. /

Et hec omnia acta fuerunt et sunt media interpretatione / Alexandri de tali parte seu talis et cetera interpretis / in hac parte prefati domini capitanei et eius rellatione. / Actum et cetera, testes et notarii et cetera. /

Est etiam bonum quod emptor teneat penes se instrumentum / tutelle decrete ipsi minori pro cautione dicte venditionis. / Et notarii debent in similibus instrumentis minorum caute / ambulare ratione honoris sui [j]-et emptoris-[j] et pro / cautione[o] emptorum[p] et maxime in / videndo, si potuerint, instrumenta tutelarum et ubi / convertantur pretia ipsarum venditionum, prout supra dictum est, / aut in maritando aliquas feminas aut in aliis / iustis causis. /

[k-]De hiis qui vendi possunt per tutores et curatores nomine minorum sine decreto iudicis[-k]

Et nota quod tutor poterit vendere res pupilli que / servari non possunt, videlicet fructus, vestes, animalia, / supervacua, etiam sine decreto iudicis, etiam si talis / venditio fieret per instrumentum, et non poneretur conversio / peccunie. /

[k-]Quod tutor et curator testamentarius tenetur se confirmari facere a iudice[-k]

Et nota quod si quis fuerit constitutus tutor vel curator / testamentarius et non fuerit confirmatus per iudicem / non potuit pro minore vel pupillo contrahere, et / si[q] contraxerit non valebit. /

[k-]Quantum tempus durat tutellam[-k]

Et nota quod tutella[r] durat usque ad finem annorum / quatuordecim, cum autem intratur in anno XV / [c. 111v.] tunc dicatur esse curator, et cura durat usque ad / etatem XXV annorum nixi fuerit[s] minor / pronuntiatus pro maiore elapso anno XVIII iusta / formam statutorum[60], et cum autem minor intrat / annum XV debet intervenire cum curatore / suo ad vendendum et simul vendere, dicendo / sic videlicet. /

[a] *Numero vergato nel margine sinistro della* c.
[b] Iohanoli *aggiunto sopra la linea con segno di richiamo sopra* talis *depennato.*
[c] *Segue* d *depennato.*
[d] -c- *corretto sopra* -t-.
[e] *Segue segno inintelligibile depennato.*
[f] *Segue* et cetera *depennato.*
[g] *Segue* et suprascripto *depennato.*
[h] *Segue* empto *depennato.*
[i] *Segue* tale *depennato.*
[j-j] *Parte aggiunta sopra la linea con segno di richiamo.*
[k-k] *Annotazione vergata nel margine sinistro della* c.
[l] *Segue* si *depennato.*
[m] a- *ricalcato su* h-.
[n] *Segue* lon *depennato.*
[o] *Segue* ve *depennato.*
[p] *Segue* ven v *depennato.*
[q] *Segue* contrahe *depennato.*
[r] *Segue* d *depennato.*
[s] *Segue* ipse *depennato.*

[a-]LXXVI Venditio facta per curatorem et minorem[-a]

Iohannes de tali parte et cetera curator generalis / bonorum et persone Iacobi filii condam talis et cetera maioris / annis[b] XIIII[o] minoris tamen annis XXV, / ei datus, constitutus et confirmatus per magnificum / dominum capitaneum Lugani et cetera[18], et qui curator ut supra / iuravit, cavit, promissit, satisdedit inventariumque / seu repertorium de bonis et rebus dicti Iacobi / minoris fecit seu facere incoavit et alia / fecit, que facere debet et ad que tenetur de iure, / ut constat publicis instrumentis ipsorum cure, inventarii seu / repertorii rogatis per talem notarium, tali anno et cetera / seu anno, die et mense in eis contentis, una cum / dicto Iacobo minore ut supra et cum eius voluntate / et consensu, et dictus Iacobus minor ut supra cum / licentia dicti Iohannis eius curatoris et etiam cum / decreto et auctoritate infrascripti domini capitanei / fecerunt et faciunt venditionem et cetera et totius dicti / Iacobi minoris iuris et cetera. /

Poterit etiam pupillus maior infante iusta tamen / qualitatem intellectus contrahere cum tutore suo et / cum eius parabula, et sequatur modus alterius / venditionis ut supra proxime per tutorem facte. /

[c-]De curatore testamentario[-c]

Si vero fuerit curator testamentarius, ponatur, prout / in venditione de tutore testamentario fit mentio, / et cum licentia postea[d] minoris, prout supra dictum est. /

[c. 112r.] [c-]De iuramento minoris ponendo in contractibus[-c]

Et iuramentum quod fit per minorem in suis contractibus, sic scribi / debet videlicet.

Qui Iacobus minor ut supra iuravit et iurat / corporaliter ad sancta dei evangelia manu tactis scripturis / se predicta omnia et singula in hoc instrumento contenta perpetuo / rata, grata, firma et valida habere et tenere et / nullo tempore contrafacere nec venire aliqua ratione / vel occaxione iuris vel facti comunis vel spitialis, / nec ratione minoris etatis nec contra ea benefitium / restitutionis in integrum postulare. /

Sed suprascriptum iuramentum debet fieri sponte per minorem / et ideo semper in ipso iuramento debes dicere: / qui talis minor ut supra sponte et motu proprio / iuravit et cetera. / Potest etiam ibi apponi, nec etiam contra presens iuramentum / seu de eo iuramento habilitationem impetrare / et si obtinebit non utetur illa, tamen non / ponatur nisi requiratur. / Idem servetur in quibuslibet instrumentis que fiunt per tutores / et curatores mutatis mutandis. / Laudatur etiam semper quod in contractibus minorum, maxime in / alienationibus, quod per prius minor sit cautus de eo quod / recipere debet antequam per eum fiat alienatio. /

[c-]De venditionibus fiendis per patrem vel avum nomine filiorum vel ablaticorum[-c]

Nota pro regula generali quod pater vel avus pro aliqua / hereditate filiorum vel ablaticorum poterit contrahere / in personam filiorum vel ablaticorum, et dicitur.

Talis / et cetera, tamquam[e] avus vel pater et legiptimus / administrator talis et cetera filii sui vel ablatici heredis / talis et cetera, fecit et facit venditionem et cetera.

Et in obligatione / bonorum dicitur.

Obligando se et dictum Iohannem filium suum / et omnia sua et dicti Iohannis filii vel ablatici sui / bona et cetera.

Et sic in reliquis mutatis mutandis. / Nota quod quando pretium venditionis numeratur ibi / in peccunia numerata, dicatur sic videlicet.

Ibidem / coram me notario et testibus et notariis infrascriptis / numeratos, et hoc pro pretio et cetera et peccunia numerata. /

[c. 112v.] Ibidem convalidat instrumentum, et fiat cum aliis clausulis, / prout in venditione prima in forma comuni fit mentio. / Si autem res que venditur subest alicui condictioni / seu oneri vel servituti, debet ipsa condictio exprimi / in venditione ut puta, quia bona pro maiori / parte existentia in vale Lugani[2] sunt subiecta / mense episcopali Cumarum[1] aut abbatie Sancti Abondii / Comi[1] aut alicui alteri ecclesie, tunc ponatur / in instrumento post illa verba, ad proprium et imperpetuum. /

Salvo semper et reservato iure, censu seu honore / domini episcopi Comi seu abbatie Sancti Abondii Comi / seu talis ecclesie in manibus talis et cetera. /

c–De censu et ficto accenxo bonis vendendis–c

Si vero venditor taxat censum et fictum super bonis / que vendit, dicatur sic videlicet, quod fictum seu quis / census seu honor est omni anno imperiales /o/ / seu soldos /o/.

Et in quibuscumque instrumentis requiruntur / tres testes ultra secundos notarios et maxime quando / f ascendunt sumam librarum L[ta] terciolorum, et abinde infra / sufficiunt duo testes et duo secundi notarii, et / in testamentis que appellantur sine scriptis, in / quibus requiruntur septem testes ultra secundos notarios, / et si possunt haberi tres secundos notarios habeantur, / sin autem ponantur duo, et in testamentis que / appellantur in scriptis requiruntur similliter VII testes ultra / notarios, et in codicillis et donationibus causa / mortis requiruntur quinque testes ultra secundos notarios / et in testamento ceci requiruntur octo testes et secundi notarii II, / et testamentum coram principe poterit fieri sine / testibus et notariis, quia non presumitur esse solus. / Potest etiam fieri promissio in venditione sub aliqua pena / specificata ut verbi gratia, sub pena librarum / centum terciolorum et totius damni et interesse et seu etiam / in pena totius damni et interesse et omnium expensarum, / [c. 113r.] et pro suo dato et facto tantum et cetera et plus et minus, / prout fuerit de concordia partium, et etiam in pena / tripli pretii, sed hic modus non servatur nisi partes / ita vellint apponi, sed si apponatur debet dici, quia / sic per pactum spitiale inter eos conventum est. / Item in quibuscumque instrumentis, ubi fuerit pretium a libris L[ta] / terciolorum supra, requiruntur tres testes et tres notarii, / a libris vero L terciolorum infra usque ad decem terciolorum, requiruntur / duo notarii, et a libris decem terciolorum infra, sufficit / unus notarius, et si in hiis defficet, contractus / nullus redditur. In villa potest poni consul / pro notario. / Omnia autem instrumenta, que sapiunt vim alienationis / vel in se continent aliquod pretium vel translationem / dominii bonorum mobillium vel inmobillium vel / obligationem bonorum in alterum, necesse est / habere notarios, et si non fuerit specificatum / aliquod pretium prout supra, apponantur tres notarii. / Instrumenta autem que fiunt de bonis vel ex causa bonorum / ecclesiarum, poterunt et solent fieri absque notariis. / Sed nota quod advertas non rogare instrumenta / alienationum bonorum feudalium te sciente nisi / cum licentia domini illius, aliter poteris ab officio tuo / privari ultra alias penas. /

[c–]Quod notarius ponat in instrumentis aliquos testes notos partibus contrahentibus[–c]

Debet autem notarius, qui rogat instrumenta, advertere / quod in quibuslibet instrumentis contrahendis habeat / saltim duos testes notos contrahentibus, ad / hoc ne persone ignote ad eum deveniant / et faciant se scribere in personam aliorum / et ob inde notarius rogaret instrumentum falsum, / aliter de personis ignotis non se intromittat / in rogando aliquod instrumentum, nec debeat notarius / rogare aliqua instrumenta alienationum inter / [c. 113v.] personas diversorum locorum forensium nec inter / clericos et laycos, nisi de rescripto et licentia / principis, que licentia in fine instrumenti ponatur / de verbo ad verbum dicendo.

Et predicta omnia / et singula acta, facta et celebrata fuerunt et / sunt per suprascriptos contrahentes vigore litterarum ducalium / seu talium litterarum talis domini et cetera tenoris infrascripti / videlicet.

Et ponere litteras, aliter erit maxima / pena notario et instrumentum erit nullum vigore / decreti super hiis editi. /

[c–]De personis fatuis[–c]

Item non debet etiam notarius rogare aliqua instrumenta, / que fiunt per aliquas personas fatuas vel stultas / vel mentecaptas vel tales quales comprehendat / notarius eas nescire quid faciant, nisi sit / coram offitiali, qui interponat auctoritatem et / decretum, quia notarius poterit se excusare super / humeris offitialis, aliter solent notarii / pro istis personis aliquando habere verecondiam / et imputationem. / Nota etiam quod propter decretum non potest fieri alienatio / de rebus littigiosis maxime potentioribus parte / vendente per decretum. /

[c–]De contrahentibus forensibus[–c]

Item quod si in instrumentis que fiunt inter forenses non notos / omnibus testibus et notariis, sed solum partim eorum / nominentur illi testes et notarii noti ipsorum / contrahentium, dicendo noti et idonei, alii vero qui / non sunt noti, idonei tantum. /

[a–a] *Numero e titolo vergati nel margine sinistro della* c.
[b] *Segue* XX *depennato.*
[c–c] *Annotazione vergata nel margine sinistro della* c.

[d] *Segue* tui *depennato.*
[e] *Segue* pater *depennato.*
[f] *Nel margine sinistro della* c., *in corrispondenza delle righe 18–20 dell'originale l'annotazione di altra mano* de testibus in instrumentis ponendis videlicet quot poni debent.

LXXVII[a] [b–]Venditio facta per unum pro se et promittit pro alio in vendendo alteri stipulanti pro se et nomine alterius[–b]

Si vero suprascriptus Iohannes venditor pro alio promittit / in vendendo et dictus Petrus emptor pro alio / stipulabit venditionem, tunc dicatur sic videlicet. /

Iohannes de tali parte et cetera pro se et nomine et vice Iacobi / fratris sui ex eodem patre nati, pro quo promissit et / [c. 113^{bis}r.] promittit sub ipoteca et obligatione sui et omnium / suorum bonorum et rerum mobillium et imobillium / pigneri presentium et futurorum de rato habendo et rati habitione / ut infra et facere et cum effectu curare quod suprascriptus / Iacobus frater suus laudabit, ratifficabit et / aprobabit et ratum, gratum, firmum et validum / et rata, grata, firma et valida habebit et / tenebit hoc instrumentum venditionis et omnia et singula / in eo contenta omnibus suis propriis expensis, damnis et / interesse tantum, in pena et sub pena totius / damni et interesse et omnium expensarum solemni stipulatione / promissa et deducta. /

Si vero instrumentum non fuerit magne importantie, / sufficit dicere tantum, de rato habendo et rati habitione / ut infra omnibus suis propriis expensis, damnis et / interesse tantum, in pena et sub pena totius damni / et interese et omnium expensarum solemni stipulatione / promissa et deducta. / Et poterit etiam ista talis promissio fieri sub aliqua / pena spitiali, ut puta sub pena librarum XXV terciolorum / cum clausulis necessariis [c–]vel sub alia pena, prout conventum / fuerit inter contrahentes[–c]. /

Fecit et facit venditionem et cetera et totius sui et dicti / Iacobi fratris sui iuris et cetera ad proprium et cetera in manibus / Petri filii condam talis et cetera presentis et cetera pro se et nomine Martini / eius nepotis filii condam talis et cetera, nominative de petia una / terre et cetera. /

Et in stipulatione instrumenti nec alibi pro emptoribus non / requiritur promissio de rato habendo, prout sepe faciunt / ignari. /

Et hoc cum omnibus suis iuribus et pertinentiis, viis et cetera / tam eisdem fratribus venditoribus quam predicte petie terre / ut supra vendite spectantibus et cetera, et eidem Petro emptori / presenti et stipulanti pro se et nomine ut supra predictus Iohannes / [c. 113^{bis}v.] venditor dedit et cetera omnia sua et dicti Iacobi fratris / sui iura et cetera, ita ut de cetero suprascripti Petrus et Martinus / emptores et sui heredes et cetera habeant et cetera, et exinde / faciant et cetera sine contradictione nec molestatione aliqua / suprascriptorum fratrum venditorum et cetera, et sint et cetera in locum et cetera / dictorum fratrum venditorum de predictis, et utantur et cetera / omnibus illis modis et iuribus et cetera quibus omnibus et / quemadmodum suprascripti fratres venditores uti et cetera possent et cetera. / Insuper dictus Iohannes venditor pro se et nomine ut supra / dedit et cetera eidem Petro emptori presenti et stipulanti pro se / et nomine suprascripti Martini nepotis sui plenam parabulam et cetera / intrandi et cetera et interim donec intraverint et cetera, constituit / se dictus Iohannes venditor pro se et nomine ut supra predictam / petiam terre ut supra venditam et cetera tenere et possidere / vel quaxi nomine et vice suprascriptorum Petri et Martini / emptorum, abdicando a se dictus Iohannes venditor pro / se et nomine ut supra et a dicto Iacobo fratre suo omne / ipsorum fratrum ius dominii et possessionis et cetera et[d] / id in ipsos emptores penitus transferendo et cetera. / Cui vero dominio et cetera predictus Iohannes venditor pro se / et nomine ut supra ibi illico renuntiavit et in manibus / suprascriptorum emptorum penitus transtulit et cetera, volens omnino / desinere possidere et in manibus suprascriptorum emptorum / penitus transferre. Quam quidem venditionem et cetera suprascriptus Iohannes / venditor promissit et cetera, obligando se et dictum Iacobum fratrem suum / et omnia sua et dicti Iacobi fratris sui bona et cetera / suprascripto Petro emptori presenti et stipulanti pro se et / nomine suprascripti Martini nepotis sui, eis suisque heredibus / et cetera deffendere et cetera, in pena et cetera dupli pretii et cetera, / danda et solvenda dicta pena cum pretio infrascripto / per suprascriptos fratres venditores suprascriptis patruo et nepoti / emptoribus in casu evictionis et cetera, et pena soluta / et cetera, et hoc cum omnibus expensis et cetera in bonis / denariis numeratis tantum et cetera contra voluntatem suprascriptorum emptorum, / [c. 114r.] et hoc tam sub pacto capiendi et cetera dictos fratres venditores / et cetera, renuntiando omnibus legibus et cetera. Et pro qua vero venditione / et cetera et pro predictis et cetera contentus et cetera fuit et est suprascriptus / Iohannes venditor pro se et nomine et vice suprascripti Iacobi / fratris sui se habuisse et cetera a suprascripto Petro emptore presente / et stipulante pro se et nomine suprascripti Martini nepotis sui / libras /o/ terciolorum, et hec omnia pro pretio et cetera presentis / venditionis et cetera, renuntiando exceptioni non habitorum et cetera, et ne / ullo tempore dicere et cetera possint dicti fratres venditores / se fore lexos et cetera[e]. / Qui Iohannes venditor pro se et nomine ut supra iuravit / corporaliter et cetera habere rata et cetera. / Actum et cetera, testes et notarii et cetera. /

[a] *Numero vergato nel margine sinistro della* c. *che segue*, c. 113^{bis}r.
[b–b] *Titolo vergato nel margine sinistro della* c.
[c–c] *Parte aggiunta di seguito sulla linea e sotto la linea.*
[d] *Segue* in ip *depennato.*
[e] *Segue* et *depennato.*

[a–]LXXVIII Venditio facta per duos aut tres, quemlibet eorum insolidum[–a]

Idem servetur in quibuslibet aliis instrumentis que rogari / contingerint ubi aliquis pro altero promittit vel / pro alio stipulabitur. / Si autem duo vel tres insolidum fecerint unam / venditionem, tunc sic dicatur videlicet, Iohannes filius condam talis et cetera, Paulus filius condam talis et cetera et Petrus filius condam talis et cetera / fecerunt et faciunt et quilibet eorum in solidum fecit / et facit venditionem et cetera et totius eorum et cuiuslibet eorum / insolidum iuris et cetera ad proprium et cetera in manibus Antonii de / tali parte et cetera presentis et cetera, nominative de petia una terre et cetera. /

Nota quod in quibuscumque clausulis ubi nominantur ipsi venditores / semper dicatur, quilibet seu cuiuslibet seu quemlibet eorum / insolidum, et in possessione deffendendi et guarentandi / dicatur.

Suprascripti Iohannes, Paulus et Petrus venditores / promisserunt et cetera, obligando sese et quemlibet eorum insolidum et cetera, / ita quod quilibet eorum teneatur in solidum et cetera, renuntiando / auxilio et cetera suprascripto Antonio emptori presenti et stipulanti, / ei suisque heredibus et cetera deffendere et cetera, danda et cetera dicta / pena per suprascriptos Iohannem, Paulum et Petrum venditores / et quemlibet eorum insolidum suprascripto Antonio emptori presenti / [c. 114v.] et cetera suisque heredibus et cetera, danda et cetera dicta pena / cum pretio infrascripto per suprascriptos Iohannem, Paulum et Petrum / venditores et quemlibet eorum insolidum suprascripto Antonio / emptori in casu evictionis et cetera. Et in receptione / peccunie contenti et cetera fuerunt et sunt suprascripti Iohannes, / Paulus et Petrus venditores et quilibet eorum sese / habuisse et cetera, et ne ullo tempore dicere et cetera possint / dicti venditores nec alter eorum se fore lexos et cetera. / Et iuraverunt et cetera[b] quilibet eorum habere rata et cetera. / Actum et cetera, testes et notarii et cetera. /

Non oblivischatur illa renuntiatio ut supra in similibus / [c]promissionibus, quia ipsa defficiente cessat / obligatio insolidum. / Idem ut antea servetur in quibuslibet instrumentis ubi plures / insolidum obligationem bonorum faciunt, si tamen suprascripta / verba insolidum non ponerentur in principio venditionum / ut supra dictum est[d], dummodo apponantur ad verba / obligatoria, non relevaret aliquid, quia dominium / plurium non potest per unum insolidum transferri. /

[a–a] *Numero e titolo vergati nel margine sinistro della* c.
[b] *Segue* habere *depennato.*
[c] *Precede* instrumentis *depennato.*
[d] *Segue* tamen *depennato.*

[a–]LXXVIIII° Venditio facta per unum missum procuratorio nomine alterius[–a]

Si autem suprascriptus Iohannes procuratorio nomine alicuius alterius / venditionem fecerit, tunc sic dicatur videlicet. /

Iohannes de tali parte et cetera missus et procurator ad hec et / alia solemniter et legiptime constitutus Iacobi de tali / parte, ut constat publico instrumento ipsius mandati, rogato / per talem notarium, tali anno et cetera seu anno, die et /

mense in eo contentis, per me notarium infrascriptum viso, lecto / et examinato in forma fidem faciente. /

Si vero non viderit dictum mandatum in publicam formam, / obmittantur illa verba: per me notarium infrascriptum viso / et examinato in forma fidem faciente[b]. /

Dicto procuratorio nomine quo supra fecit et facit venditionem / [c. 115r.] et cetera et totius dicti Iacobi iuris et cetera ad proprium et cetera in / manibus Petri de tali parte et cetera presentis et cetera, nominative de / petia una terre et cetera, cui choeret et cetera, salvo et cetera, et hec / omnia cum omnibus suis iuribus et pertinentiis et cetera tam eidem / Iacobo[c] quam predicte petie terre ut supra vendite spectantibus / et cetera et eius ratione et cetera, et eidem Petro emptori presenti / ut supra predictus Iohannes venditor dedit et cetera omnia dicti Iacobi / iura et cetera. /

Et ponantur clausule, prout in venditione facta / per tutorem fit mentio de qua in presenti libro mutatis / mutandis. / Et debet ille, qui emit vel contrahit cum procuratore, / accipere penes se instrumentum mandati, maxime si / illud instrumentum, quod fit, sapiat alienationem vel / obligationem vel investituram livelariam ad sui / deffensionem aut de verbo ad verbum describe in / illo instrumento quod fiet per procuratorem, et antequam notarius / perveniat ad instrumentum se subscribat dicendo. /

Ego talis notarius et cetera suprascriptum instrumentum mandati ab eius / autentico originali fideliter extraxi et me subscripsii. /

Sed laudatur potius retinere penes se emptor / dictum mandatum in publicam formam quam extractum. / Idem servetur in quibuslibet instrumentis, que fiunt per quamcumque / personam procuratricem, et in obligatione bonorum / vide venditionem factam per tutorem mutatis / mutandis. / Idem etiam servetur in contractibus, qui fiunt per tutores et / curatores. / Si vero in aliqua venditione prestaretur fideiussio, laudatur / quod illa satisdatio incipiat fieri usque simul in promissione / deffendendi et guarentandi, et sic sequendo usque in / finem. /

[a–a] *Numero e titolo vergati nel margine sinistro della* c.
[b] *Segue* fecit *depennato.*
[c] *Segue* ppe *depennato.*

LXXX[a] Venditio generalis

Iohannes de tali parte et cetera sponte et voluntarie et nullo ductus / errore, sed ex certa scientia et aliis omnibus / [c. 115v.] modo, iure, via, causa et forma quibus melius potuit / et potest, fecit et facit venditionem et cetera in manibus / Iacobi de tali parte presentis et cetera, nominative et generaliter / de omnibus et singulis bonis et rebus mobillibus et / imobillibus[b] seseque moventibus, iuribus, actionibus / [c]et regressibus ubilibet iacentibus et / existentibus et eidem Iohanni quomodocumque et qualitercumque / spectantibus et pertinentibus et tam pro quacumque hereditate / et sucessione paterna, fraterna, materna et / sororia, avia et proavia et pro quacumque hereditate / et sucessione sibi spectantibus et pertinentibus / hinc retro usque hodie quam quolibet alio modo, iure / et titulo, et hec omnia cum omnibus suis iuribus et / pertinentiis, viis et cetera. /

Et iste venditiones solent fieri in pena pretii. / Nota quod rusticus non potest facere aliquam venditionem / generalem et si facta fuerit, non valebit. / Et nota quod venditio generalis debet fieri coram offitiali et / debent emptor et venditor iurare quod illa / venditio est vera et iusta et non fictitia nec / simulata nec in fraudem alicuius facta. /

[a] *Numero vergato nel margine sinistro della* c.
[b] *Segue* iu *depennato.*
[c] *Precede* et nominibus u *depennato.*

LXXXI[a] Venditio insolutum

Iohannes de tali parte et cetera fecit et facit venditionem / et cetera et insolutum dationem et totius sui iuris et cetera / ad proprium et cetera in manibus Petri de tali parte et cetera / presentis et cetera, nominative de petia una terre et cetera, / et hec omnia cum omnibus suis iuribus et pertinentiis, / viis et cetera.

Et fiat cum omnibus aliis clausulis necessariis, / prout in venditione in forma comuni aut in forma / minori fit mentio mutatis mutandis, et in / receptione peccunie fiat sic videlicet. /

[c. 116r.] Et hanc quidem venditionem et insolutum dationem / et omnia premissa fecit et facit suprascriptus Iohannes / venditor suprascripto Petro emptori presenti et stipulanti / [b]pro pretio et nomine pretii librarum CL terciolorum, / ex quibus vero denariis libre triginta terciolorum cedunt / et cedere debent insolutum et pro completa sollutione / et integra satisfactione illarum librarum XXX terciolorum, / de et pro quibus suprascriptus Iohannes venditor obligatus legitur / et est in manibus suprascripti Petri emptoris occaxione in eo instrumento / contenta, ut constat publico instrumento ipsius obligationis rogato per / talem notarium, tali anno et cetera seu anno, die / et mense in eo contentis. Item libre quadraginta / terciolorum cedunt et cedere debent insolutum et pro completa / sollutione et integra satisfactione illarum[c] librarum / quadraginta terciolorum, de et pro quibus suprascriptus Iohannes obligatus / legitur et est in manibus[d] Andree filii condam Iacobi / de tali parte occaxione in eo instrumento contenta, ut constat / publico instrumento ipsius obligationis rogato per talem notarium tali / anno seu anno, die et mense in eo contentis, et / de quibus dictus Petrus emptor habuit et habet / cessionem et iura sibi cessa a suprascripto Andrea, ut / constat publico instrumento ipsius cessionis rogato per talem / notarium, tali anno et cetera seu anno et cetera. Item libre / viginti terciolorum cedunt et cedere debent insolutum et / pro completa sollutione et cetera illarum librarum viginti terciolorum, / de et pro quibus dictus Iohannes condemnatus legitur et est / versus dictum

Petrum[e] emptorem per formam / arbitramentorum latorum inter eos per Iacobum de / Somazo[48] et Franciscum Pocobelum, olim et tunc / arbitros et arbitratores ellectos inter eos, ut constat / publico instrumento ipsorum arbitramentorum rogato per talem notarium, / tali anno et cetera seu anno et die in eo contentis, / [f–]que quidem[–f] instrumenta obligationis de quibus supra incidi debent uno / taleo in medio et interlineari per me notarium infrascriptum / [c. 116v.] infrascriptum[g] de linea in lineam ad denotandum quod / remanere debent penes suprascriptum Petrum emptorem in / deffensionem et pro deffensione suprascripte petie terre / ut supra vendite, et hoc ad petendum et consequendum / suprascriptas libras octuaginta terciolorum pro quibus facte sunt / suprascripte obligationes de quibus supra cum omnibus eorum expensis, / damnis et interesse contra et adversus suprascriptum Iohannem / venditorem ut supra et eius heredes, res et bona / in casu evictionis suprascriptorum bonorum ut supra venditorum / et insolutum datorum, si sequiretur in toto vel / in parte aut pro ea parte pro qua sequiretur, et hoc / secundum formam statutorum[61] comunitatis valis Lugani[2] super / hiis disponentium et non aliter nec alio modo, et hec / omnia pro pretio et nomine pretii presentis venditionis et cetera, / renuntiando exceptioni non ita cessorum dictorum denariorum / et spey future numerationis et cetera, et ne ullo tempore / dicere et cetera, et iuravit habere rata et cetera. /

Nota quod omnia instrumenta obligationum, super quibus / fiunt instrumenta venditionum et insolutum dationum / debent interlineari[h], similiter et instrumenta / socedorum et depositorum, quia non possunt extrahi / nisi semel, et alia vero instrumenta arbitramentorum, / cessionum et alia instrumenta, que possunt extrahi / pluribus vicibus, non debent interlineari nec incidi. /

[a] *Numero vergato nel margine sinistro della* c.
[b] *Precede* pro se et noie *depennato.*
[c] -a- *corretto sopra* -o-.
[d] *Segue* suprascripti *depennato.*
[e] *Segue* per forma *depennato.*
[f–f] *Parte aggiunta nel margine sinistro della* c. *di fianco a* quod quidem *depennato.*
[g] *Così, si espunga* infrascriptum. *Segue* ad *depennato.*
[h] *Segue* ali *depennato.*

LXXXII[a] [b–]Interlineatio que fit super instrumentis obligationum aut socedorum pro quibus fiunt venditiones insolutum[–b]

Interlineatio, que fieri debet in instrumentis obligationum, socedorum / et depositorum, debet fieri hoc modo videlicet, et incipitur / in linea, ita quod dabit et solvet.

In nomine Domini, amen, anno a nativitate et cetera.

Et ponatur / si est possibile sub anno et die[c], / quibus rogatum fuit instrumentum insolutum dationis.

Ego / [c. 117r.] Domenicus Canevalius notarius publicus Lugani et cetera[2] filius condam talis / incidi presens instrumentum obligationis et ipsum interlineavi ad denotandum / quod remanere debeat penes suprascriptum Petrum creditorem in / deffensionem et pro deffensione certorum bonorum imobillium / hodie insolutum datorum per dictum Iohannem venditorem / suprascripto Iohanni[d] emptori, ut constat publico instrumento ipsius / dati insolutum rogato per me notarium infrascriptum, die hodie / seu tali anno et die et cetera, et hoc ad petendum et / consequendum suprascriptas libras triginta terciolorum contentas in / presenti instrumento obligationis cum omnibus eorum expensis, damnis et interesse / contra et adversus suprascriptum Iohannem obligatum ut supra et eius heredes, / res et bona et contra tenentes et possidentes de suis bonis / et rebus propriis quoquo modo, et hec in casu evictionis / suprascriptorum bonorum ut supra insolutum datorum, si sequiretur in toto / vel in parte aut pro ea parte pro qua sequiretur, et hoc / secundum statutorum[61] et ordinum predicte comunitatis super hiis / disponentium et non aliter, et me subscripsi. /

Et similiter fiant interlineationes super uno quoque instrumento / obligationis aut socedi aut depoxiti, super quibus est facta / venditio insolutum, et fiat signum tabelionatus, ubi scribis / [e]interlineationem, in principio interlineationis in margine / carte[f], aliter ipsa instrumenta insolutum datorum / non valebunt secundum formam statutorum[62] vallis Lugani. / Idem poterint fieri insolutum dationes super quolibet instrumento / super quibus venditor apparuerit debitor emptoris / et etiam super quolibet credito, mutatis mutandis. / Et si fit insolutum datio super instrumentis arbitramentorum, sententiarum, / livelorum et i[nv]estiturarum et aliorum instrumentorum, que possunt / pluries expleri[g], obmittantur illa verba in[h] / venditione ubi legitur, quod quidem instrumentum incidi debet et / interlineari, et hoc ad petendum et cetera suprascriptas libras /o/ terciolorum / de quibus supra cum omnibus eorum expensis et cetera contra et adversus suprascriptum / Iohannem in casu evictionis suprascriptorum bonorum ut supra venditorum et cetera. /

[a] *Numero vergato nel margine sinistro della* c. *che segue*, c. 117r.
[b–b] *Titolo vergato nel margine sinistro della* c.
[c] *Segue* prout in vendit *depennato.*
[d] *Così, si intenda* Petro.
[e] *Precede* int *depennato.*
[f] *Segue* alit *depennato.*
[g] *Segue* de *depennato.*
[h] *Segue* sentia *depennato.*

[c. 117v.] [a]-LXXXIII Venditio facta per patrem et filium cum parabula et cetera-[a]

[b]Si vero venditio facta fuerit per patrem et filium existentem / in potestate patris, tunc fiat sic videlicet. /

Anno et cetera, Iohannes de tali parte filius condam talis et cetera et Iacobus eius / filius cum parabula, consensu, voluntate, licentia et / auctoritate suprascripti Iohannis eius patris ibi presentis, volentis / et consentientis et eidem Iacobo filio suo parabulam et / consensum dantis et prestantis ad infrascripta facienda, et / non emancipatus ab eodem patre suo, sed in eius patria / potestate constitutus, prout ibidem dicti pater et filius / dixerunt et protestati fuerunt et dicunt et protestantur, / qui ambo habitant in tali loco et cetera, fecerunt et / faciunt et uterque eorum in solidum parabula ut supra fecit / et facit venditionem et cetera in manibus Antonii de / tali parte presentis et cetera, nominative et cetera. /

Et in quibuslibet clausulis, ubi nominantur ipsi pater et / filius venditores, dicatur, uterque eorum insolidum parabula ut supra, / et servetur modus, prout in venditione facta / per duos aut tres venditores insolidum fit mentio, mutatis mutandis. /

a–a *Numero e titolo vergati nel margine sinistro della* c.
b *Precede alla* c. 117r. Estimatio facta per procuratores comunitatis vallis Lugani *depennato*.

a-LXXXIIII° Venditio facta per maritum et uxorem-a

Si vero venditio facta fuerit per maritum et uxorem / cum parabula et cetera mariti, fiat sic videlicet. /

Iohannes de tali parte et cetera et Caterina eius uxor filia condam talis et cetera / cum parabula, consensu, voluntate, licentia et auctoritate / suprascripti Iohannis mariti sui ibi presentis, volentis et / consentientis et eidem Caterine uxori sue parabulam et consensum / dantis et prestantis ad infrascripta facienda, fecerunt / et faciunt et uterque eorum insolidum parabula ut supra fecit / et facit venditionem et cetera in manibus Antonii filii condam / talis et cetera presentis et cetera, nominative et cetera. /

Et in promissione deffendendi dicatur sic videlicet.

Quam quidem / venditionem et cetera suprascripti Iohannes et Caterina iugales promisserunt / et cetera, obligando sese et utrumque eorum insolidum parabula ut supra et / omnia eorum et utriusque eorum insolidum bona et cetera, ita / [c. 118r.] quod uterque eorum teneatur insolidum et cetera, renuntiando auxilio novarum / constitutionum et epistule divi Adriani et omni alteri iuri legum / et auxilio. Insuper suprascripta Caterina parabula ut supra renuntiavit / et renuntiat auxilio senatus et consulti Veleyani et / omni alteri iuri legum et auxilio introductis in favorem / mulierum et prius cerciorata et certificata per / me notarium infrascriptum quid sint et quid importent / dicte leges et iura, suprascripto Antonio emptori presenti / et stipulanti, ei suisque heredibus et cetera deffendere et cetera.

Et / postea sequatur modus venditionis de patre et filio / venditoribus. / Si uxor protestata fuerit se esse tutam et securam / super aliis bonis mariti sui non alienatis pro iuribus / suis dotalibus, tunc servetur modus de protestatione / facta per uxorem in venditione, de qua in presenti / libro fit mentio. / Et in quibuslibet instrumentis ubi interveniunt mulieres / insolidum debet apponi illa renuntiatio senatus et / consulti Veleyani et cetera, salvo si fuerit una mulier / tantum, que intervenit in instrumento sola sine aliis personis, / non est oppus talis renuntiatio, sed est oppus ubi / se obligat insolidum cum altera persona. /

[a–a] *Numero e titolo vergati nel margine sinistro della* c.

LXXXV[a] Venditio facta per comune

Anno et cetera, convocata et congregata vicinantia comunis / et hominum[b] et singularum personarum loci de / Genterino[63] valis Lugani[2] in ipso loco de Genterino in loco / ubi dicitur /o/ ubi dicta vicinantia sepe fit et / congregatur et fieri et congregari solet more solito, / [c]sono maleoli vel sono campane ut / moris est, precepto, mandato et impositione / Petri de Somazo de Genterino consulis inantea / dictorum comunis et hominum, in qua quidem vicinantia, / convocatione et congregatione affuit et est dictus Petrus / [c. 118v.] consul ut supra et cum eo et penes eum affuerunt et sunt / infrascripti, videlicet Antonius de Somazo[48] filius condam talis et talis et / talis et cetera. /

Ponantur nomina omnium vicinorum, qui fuerint congregati / in dicta vicinantia, de uno in unum et postea dicatur. /

Qui non fuerunt due partes trium partium omnium / vicinorum ressidentium in dicto comuni de Genterino, sed / quaxi omnes, qui omnes consul et vicini / ut supra nominati representant plenam vicinantiam / dicti comunis omnium vicinorum de presenti ressidentium / in dicto comuni, eorum nominibus propriis item nomine et / vice dictorum comunis et hominum de Genterino, pro quibus / promisserunt et promittunt sub ipoteca et obligatione / sui et omnium suorum bonorum et rerum mobillium et / imobillium pigneri presentium et futurorum de rato habendo / et rati habitione ut infra omnibus suis propriis / expensis, damnis et interesse tantum, in pena et / sub pena totius damni et interesse et omnium expensarum / solemni stipulatione promissa et deducta[d], / pro se et nomine ut supra fecerunt et faciunt venditionem / et cetera et totius eorum et dictorum comunis et hominum de / Genterino iuris et cetera ad proprium et imperpetuum in manibus / Petri de tali parte et cetera presentis et cetera, nominative de / petia una terre et cetera cui coheret et cetera[e]. /

Deinde sequatur modus venditionis facte per unum / pro se et nomine alterius, de qua ibi post in presenti / libro fit mentio, mutatis mutandis. / Et in receptione peccunie est bonum apparere / ubi convertitur pretium dicte venditionis. / Et ex statuto[64] valis Lugani probetur quod comunia non possunt / vendere eorum comunantias nixi ex dispensatione / [c. 119r.] vicinorum superiorum nominatorum, aliter si fiat, venditio non valet. /

Actum et cetera, testes et notarii et cetera. /

[a] *Numero vergato nel margine sinistro della* c.
[b] *Segue* de g *depennato.*
[c] *Precede* sol *depennato.*
[d] *Segue* fecerunt *depennato.*
[e] *Segue* d *depennato.*

LXXXVI[a] Estimatio et insolutum datio facta per procuratores / comunitatis valis Lugani[2]

Anno et cetera, nobiles viri domini Cesar Castoreus filius condam /o/, Babtista / Somazius filius condam /o/, Vincentius Cazaguere filius condam /o/ et Iohannes Antonius / Ruscha filius condam /o/, omnes[b] de Lugano[20] et omnes procuratores et / estimatores comunitatis Lugani et vallis et cetera ellecti, constituti / et deputati per consilium generale totius comunitatis Lugani / et vallis et pertinentiarum ad estimandum de bonis debitorum / et ipsis sic estimatis ea insolutum dandum creditoribus / suis secundum formam statutorum[65] et ordinum predicte comunitatis / super hiis disponentium, qui prius viderunt et dilligenter / examinaverunt instrumentum unum obligationis facte per Antonium / filium condam Iohannis de Somazo[48] de Genterino[63] in manibus Iohannis Petri / de Lacu de Lugano de libris /o/ terciolorum occaxione in eo / instrumento contenta, rogatum per talem notarium, tali anno et cetera / seu anno, die et mense in eo contentis, / item qui viderunt et dilligenter examinaverunt tale et tale / instrumentum et cetera. /

Ponantur omnia illa instrumenta super quibus fieri contingerit / ipsa estimatio. /

Quique viderunt et dilligenter examinaverunt omnia alia / iura et instrumenta, que habet dictus Iohannes Petrus de Lacu / contra suprascriptum Antonium de Somazo, quique[c] / plene informati sunt a personis fidedignis et / plene informatis de sytu, pretio et valore bonorum / in fine infrascripti denuntiamenti coherentiatorum tam respectu / proprietatis quam etiam fictorum, reddituum et gaudimentorum / bonorum ipsorum, quique detulerunt iuramentum / suprascripto Iohanni Petro de Lacu, si est verus creditor suprascripti / Antonii de Somazo de suprascriptis quantitatibus denariorum / [c. 119v.] de quibus supra, qui iuravit corporaliter ad sancta dei / evangelia manu tactis scripturis se esse verum / creditorem suprascripti Antonii de Somazo de predictis, / quique viderunt et dilligenter examinaverunt denuntiamentum / tenoris infrascripti videlicet. /

Ponatur tenor unius denuntiamenti estimatorum cum / rellatione servitoris et subscriptione notarii. / [d-]Tamen solitum est ponere denuntiamentum in principio et postea ponere alia instrumenta, tamen poteris facere quod volueris[-d].

[e]Et qui super premissis omnibus et singulis habuerunt / plenam, maturam et dilligentem deliberationem / et examinationem, Christi nomine invocato et cetera, / estimaverunt et estimant omnia bona superius / et in fine dicti denuntiamenti de supra cum suis iuribus / et pertinentiis, cum fructibus pendentibus de, in

et super / ipsis bonis seu cum medietate fructuum, prout / res fuerit, / seu talem petiam terre ubi dicitur in tali loco / et talem petiam terre seu talem domum et cetera / seu tot perticas pro indivixo ex et de suprascriptis / bonis de quibus supra fore et esse valoris pretii / et estimationis librarum sexaginta trium et / solidorum sex terciolorum. /

Ponatur summa capitalis et expensarum. /

Et hoc tamquam de bonis et super bonis, que fuerunt / et sunt suprascripti Antonii de Somazo de Genterino. /

Et si ipse Antonius de Somazo vel debitor fuerit / mortuus, dicatur sic videlicet.

Et hoc tamquam de bonis / et super bonis, que fuerunt suprascripti condam Antonii / de Somazo vel talis debitoris, et per eum in eius / hereditate et bonis relictis, et de ipsis bonis / ut supra estimatis prefati domini procuratores et estimatores / nomine et vice suprascripte comunitatis Lugani et valis et / [c. 120r.] pertinentiarum fecerunt et faciunt venditionem, datum, cessionem / et insolutum dationem et totius dicte comunitatis[f] iuris dominii / et possessionis translationem et traditionem ad proprium / et imperpetuum cum dominio et possessione in manibus / suprascripti Iohannis Petri filii condam ser Aluysii de Lacu de Lugano presentis, / stipulantis, ementis et recipientis, et hec omnia cum / omnibus suis iuribus et pertinentiis, viis et cetera[g] ceterisque iuribus / et benefitiis universis tam eidem comunitati et dicto Antonio / de Somazo quam predictis bonis ut supra estimatis et insolutum / datis, spectantibus et pertinentibus in integrum et eorum / ratione et occaxione, et eidem Iohanni Petro emptori presenti / et stipulanti suprascripti domini procuratores et estimatores nomine / dicte comunitatis et suprascripti Antonii de Somazo dederunt et cetera / omnia dicte comunitatis et dicti Antonii iura et benefitia et cetera / tam dicte comunitati[h] et dicto Antonio[i] / quam predictis bonis ut supra estimatis et insolutum datis cum suis / iuribus et pertinentiis in integrum et eorum ratione et occaxione, / ita ut de cetero suprascriptus Iohannes Petrus emptor et sui heredes et cetera / habeat et cetera, et exinde faciat et cetera sine contradictione et cetera / agentium pro ipsa comunitate et dicti Antonii de Somazo nec / eius[j] heredum et cetera, et sit et cetera in locum, ius et statum / universum dicte comunitatis et dicti Antonii de Somazo, et / utatur omnibus illis modis et cetera, quibus omnibus et quemadmodum / suprascripta comunitas et dictus Antonius[k] de Somazo uti / et cetera possint et cetera ante hunc estimationis et insolutum dationis / contractum minime celebratum. Insuper dicti domini procuratores et / estimatores nomine ut supra dederunt et cetera eidem Iohanni Petro emptori / presenti et stipulanti plenam parabulam et cetera intrandi et cetera predictorum / bonorum ut supra estimatorum et insolutum datorum et cetera, et interim donec / intraverit et cetera, constituerunt sese suprascripti domini procuratores et estimatores ut supra / nomine et vice suprascripti Iohannis Petri emptoris tenere et possidere [l-]predicta bona ut supra estimata[-l], abdicando / a se dicti domini procuratores et estimatores ut supra nomine quo supra et a dicta / comunitate et Antonio de Somazo omne ipsorum comunitatis et Antonii / ius dominii et possessionis et cetera. Cui vero dominio et possessioni et cetera / predicti domini procuratores et estimatores ut supra nomine ut supra illi illico / renuntiaverunt et in manibus suprascripti Iohannis Petri emptoris penitus transtulerunt / et remisserunt, volentes omnino desinere possidere et in / manibus suprascripti emptoris penitus transfere. / [c. 120v.] Quam quidem estimationem et insolutum dationem et omnia / premissa suprascripti domini procuratores et estimatores nomine quo supra promisserunt / et convenerunt solemniter et cetera, obligando dictam comunitatem / et dictum Antonium de Somazo et omnia dicte comunitatis / et dicti Antonii bona et cetera suprascripto Iohanni Petro emptori, / ei suisque heredibus et sucessoribus et habenti seu habentibus / causam ab eo et cetera deffendere et cetera, in pena et sub pena / restitutionis pretii infrascripti et totius damni et interesse et / omnium expensarum solemni stipulatione promissa et deducta, / danda et solvenda dicta pena per suprascriptam comunitatem et / dictum Antonium in casu evictionis suprascriptorum bonorum / ut supra estimatorum et insolutum datorum, si sequiretur in / toto vel in parte et cetera, et pena soluta vel non / soluta, nichilominus omnia et cetera perpetuo et cetera rata et cetera / permaneant, et hoc cum omnibus expensis et cetera in bonis / denariis numeratis tantum et cetera contra voluntatem suprascripti Iohannis Petri / emptoris, et hoc pro ipsius comunitatis valis Lugani dato / et facto tantum, quod datum et factum sic intelligatur, / videlicet si dicti domini procuratores et estimatores ut supra nomine[m] / dicte comunitatis et pro ipsa comunitate aut eorum antecessores / in dicto officio et dictus Antonius alii vel aliis vendidissent, / dedissent, cessissent, donassent, pignorassent, obligassent, / finem vel confessionem fecissent, pretium vel sollutionem / recepissent seu aliquo alio modo alienassent vel / baratassent et non aliter nec alio modo dicta comunitas teneatur / ad dictam deffensionem. Et hanc quidem estimationem / et insolutum dationem et omnia premissa fecerunt et / faciunt suprascripti domini procuratores et estimatores ut supra nomine ut supra / suprascripto[n] Iohanni Petro de Lacu emptori / seu mihi notario infrascripto stipulanti nomine et vice suprascripti / Iohannis Petri emptoris pro pretio et nomine pretii librarum /o/ terciolorum, / ex quibus vero denariis libre decem septem et soldi / decem terciolorum cedunt et cedere debent insolutum et / [c. 121r.] pro completa sollutione et integra satisfactione illarum / librarum XVII soldorum X terciolorum, de et pro quibus suprascriptus Antonius de / Somazo obligatus legitur et est in manibus suprascripti Iohannis Petri de / Lacu occaxione in eo instrumento contenta, ut constat publico instrumento / ipsius obligationis rogato per talem notarium, tali anno et cetera / seu anno et cetera, item libre quadraginta terciolorum / cedunt et cedere debent insolutum et pro completa solutione / et integra satisfactione illarum librarum quadraginta / terciolorum, de et pro quibus suprascriptus Antonius obligatus legitur et est / in manibus Francisci Toschani de Noxeno de Lugano / occaxione in eo instrumento contenta, ut constat publico instrumento ipsius / obligationis rogato per talem notarium, tali anno et cetera seu / anno, mense et die in eo contentis, et de quibus dictus Iohannes Petrus / de Lacu habuit et habet cessionem et iura sibi cessa / a suprascripto Francisco Toschano, ut constat publico instrumento ipsius / cessionis rogato per talem notarium, tali anno et cetera / seu anno, die et mense in eo contentis. /

Et sic poterit fieri de omnibus instrumentis mutatis mutandis, / et notarius debet habere intellectum et discretionem, prout res / fuerit, et bene declarare super arbitramentis, sententiis et aliis instrumentis. /

Que quidem instrumenta obligationum de quibus supra incidi debent / uno taleo in medio et interlineari de linea in lineam / ad denotandum quod remanere debeant penes suprascriptum Iohannem Petrum / emptorem in deffensionem et pro deffensione suprascriptorum bonorum / ut supra insolutum datorum, et hoc ad petendum et consequendum / suprascriptas quantitates denariorum de quibus supra cum omnibus eorum expensis, / damnis et interesse contra et adversus suprascriptum Antonium obligatum / ut supra et eius heredes, res et bona et contra tenentes et / possidentes de suis bonis et rebus propriis quoquo modo, et / hoc in casu evictionis suprascriptorum bonorum ut supra insolutum datorum, / si sequiretur in toto vel in parte aut pro ea parte pro qua / sequiretur et non aliter nec alio modo, et hoc secundum / formam statutorum et ordinum predicte comunitatis super hiis disponentium. / [c. 121v.] [o]Item libre /o/ terciolorum / cedunt et cedere debent insolutum et pro completa sollutione / et integra satisfactione illarum librarum /o/ terciolorum, que sunt / pro expensis factis[p] per dictum Iohannem Petrum in fieri faciendo / presentem estimationem. /

Et sic poterit fieri de uno quocumque instrumento estimationis, mutatis / mutandis.

Et hec omnia pro pretio et nomine pretii presentis / insolutum dationis et pro completa sollutione et cetera premissorum / omnium et singulorum[q], [r]salvo semper et reservato iure cuilibet alteri persone habenti / meliora et potiora iura de, in et super suprascriptis bonis / ut supra estimatis et insolutum datis cum suis iuribus et pertinentiis. / Actum et cetera, testes et notarii[s] et cetera. /

Nota quod instrumenta obligationum, socedorum et depositorum, que / non debent nec possunt expleri nisi semel, debent / interlineari, et alia instrumenta, videlicet arbitramentorum, cessionum, / arbitramentorum[t], sententiarum et alia instrumenta, que possunt pluries / expleri, non debent interlineari, et fiat interlineatio, / prout in venditione insolutum fit mentio mutatis mutandis, / et si non fuerint facte estimationes super instrumentis / obligationum, socedorum et depositorum, sed fiant super aliis instrumentis, / obmittatur illa clausula, quod quidem instrumentum seu que quidem / instrumenta incidi debent uno taleo in medio et interlineari, / usque ad[u] ubi dicis[v], / [w]item libre /o/ terciolorum / cedunt et cetera insolutum et cetera expensarum et cetera presentis estimationis et cetera. / Si vero estimatio facta fuerit pro parte sollutionis crediti, tunc non / [x]incidatur instrumentum obligationis nec ponantur illa verba, quod quidem / instrumentum incidi debet et interlineari et cetera, et hoc ad petendum et cetera. /

[y]Actum et cetera, testes et notarii et cetera. /

[a] *Numero vergato nel margine sinistro della* c.
[b] *Segue* proc *depennato.*
[c] *Segue* fecerunt de *depennato.*
[d-d] *Parte aggiunta nel margine sinistro della* c. *in corrispondenza delle righe 7–10 dell'originale.*
[e] *Precede sulla linea precedente* quique *depennato.*
[f] *Segue* i *depennato.*
[g] *Segue* ta *depennato.*
[h] *Segue* quam dict *depennato.*
[i] *Segue* spectantia *depennato.*
[j] eius *aggiunto nel margine sinistro della* c. *di fianco a* eorum *depennato.*
[k] *Segue* uti pi *depennato.*
[l-l] *Aggiunta sopra la linea.*
[m] *Segue* quo supra *depennato.*
[n] *Segue* Antonio *depennato.*
[o] *Precede* et non aliter nec alio modo et hoc *depennato.*
[p] *Segue* factis *depennato.*
[q] *Segue* renuntiando exceptioni non ita cessorum *depennato.*
[r] *Precede sulla linea precedente* dictorum denariorum et spey future numerationis et cetera *depennato.*
[s] *Segue* ut supra *depennato.*
[t] *Così, si espunga* arbitramentorum.
[u] *Segue* illa renuntiatio *depennato.*
[v] *Segue* et hec omnia pro *depennato.*
[w] *Precede* pretio et cetera presentis estimationis et venditionis *depennato.*
[x] *Precede* pon *depennato.*
[y] *Precede sulla linea precedente* Actum et cetera, testes et notarii et cetera *depennato.*

[c. 122r.] LXXXVII[a] Retrodatum bonorum in forma comuni

Anno et cetera, Iohannes de tali parte filius condam talis et cetera fecit et facit / retrovenditionem et cetera et totius sui iuris et cetera ad proprium et cetera / in manibus Petri filii condam /o/ presentis et cetera, / nominative de petia una terre et cetera, cui coheret et cetera, / de qua petia terre dictus Iohannes habuit et habet / venditionem et datum a suprascripto Petro pretio librarum /o/ terciolorum / per instrumentum venditionis rogatum per talem notarium, tali anno / seu anno, die et mense in eo contentis, item de omni / iure, actione et regressu ipsi Iohanni spectantibus / et pertinentibus quovis modo de, in et super suprascripta petia / terre de qua supra. /

Si vero suprascriptus Petrus fuerit et sit investitus ad fictum / ad livelum a dicto Iohanne de ipsa petia terre, / dicatur sic videlicet. /

De qua petia terre dictus[b] Iohannes habuit et / habet venditionem et datum a dicto Petro pretio / librarum /o/ terciolorum et de qua petia terre dictus Petrus / legitur et est investitus ad fictum ad livelum a dicto Iohanne / pro ficto livelario omni anno solvendo staria[c] quatuor / bladi furmentate, videlicet furmenti et sichalis equaliter, / et par[d] unum[e] caponum singulo anno, ut constat publicis / instrumentis ipsorum venditionis et livelli rogatis per talem / notarium, tali anno et cetera, seu anno et die in eis / contentis, item de dictis instrumentis venditionis et liveli / de quibus supra et de omnibus et singulis in eis contentis et / de iuribus et viribus eorum, / item de omni iure, actione et regressu ipsi Iohanni / retrovenditori spectantibus et pertinentibus quovis modo / de, in et super ipsis bonis[f] livelariis de quibus / supra, quod quidem instrumentum liveli de quo supra[g] et contenta / in eo a modo in antea intelligatur et sit penitus / extinctum et anullatum, et hec omnia cum omnibus / suis iuribus et[h] pertinentiis, viis et cetera. /

[c. 122v.] Deinde sequatur forma venditionis, / et similes retrovenditiones fiunt in pena pretii et totius / damni et interesse et omnium expensarum.

Et hoc pro dato / et facto tantum dicti retrovenditoris, quod datum et / factum sic intelligatur, videlicet si alicui alii vel / aliis vendidisset, dedisset, cessisset, donasset, pignorasset, / obligasset, finem vel confessionem fecisset, pretium / vel sollutionem recepisset seu aliquo alio modo / alienasset vel baratasset et non aliter nec alio modo / teneatur ad dictam deffensionem. / Et pro qua vero[i] retrovenditione et cetera contentus et cetera / et cetera[j] fuit et est suprascriptus Iohannes retrovenditor se habuisse / et cetera a suprascripto Petro rehe[m]ptore presente ut supra libras /o/ / terciolorum, et hec omnia pro pretio et cetera presentis retrovenditionis / et cetera, renuntiando exceptioni non habitorum et cetera et / ne ullo tempore dicere et cetera possit dictus Iohannes / retrovenditor se fore lexum et cetera. /

Si vero ipse Iohannes retrovenditor fecerit confessionem / [k]suprascripto Petro rehemptori de fictis preteritis dictorum / bonorum livelariorum, tunc ante illam[l] renuntiationem / non habitorum dictorum denariorum, dicatur sic videlicet. /

Insuper dictus Iohannes retrovenditor fuit et est contentus et cetera / omni occaxione et exceptione remota et renuntiata se / habuisse et recepisse a suprascripto Petro rehe[m]ptore presente / et stipulante staria /o/ bladi furmentate, et hoc / pro completa sollutione et integra satisfactione omnium / fictorum cursorum et preteritorum ab hinc retro suprascriptorum bonorum / livelariorum et liveli de quibus supra, / item in altera parte libras /o/ terciolorum pro factura dictorum / instrumentorum venditionis et liveli de quibus supra, renuntiando exceptioni et cetera. / Qui Iohannes retrovenditor iuravit et cetera habere rata et cetera. / Actum et cetera, testes et notarii et cetera. /

[a] *Numero vergato nel margine sinistro della* c.
[b] *Segue* Petrus *depennato.*
[c] -a *corretto sopra* -or.
[d] par *corretto depennando* -is *finale.*
[e] -um *corretto sopra* -ius.
[f] *Segue* lib *depennato.*
[g] *Segue* eiu *depennato.*
[h] *Segue* pertinen *con segno abbreviativo depennato.*
[i] *Segue* venditio *depennato.*
[j] *Così, si espunga* et cetera.
[k] *Precede* de f *depennato.*
[l] *Segue* vero *depennato.*

[c. 123r.] Sequitur forma livelorum et / gratiarum luendi et franchandi.

Et est differentia inter pactum luendi et pactum / franchandi, quia pactum franchandi fit per illam / personam cuius bona sunt sua propria in alterum, / et pactum luendi fit per illum, qui habuit venditionem / ab hemphiteota, et postea ille emptor investit / ipsum venditorem ad livelum de ipsis bonis venditis / cum pacto luendi omnibus die et hora. /

LXXXVIII[a] Livelus cum pacto franchandi

Anno et cetera, Iohannes filius condam /o/ de tali parte et cetera cum pactis et / condictionibus infrascriptis, que intelligantur in principio, medio / et fine et qualibet parte huius contractus[b] esse apposita, / inserta et deducta et sine aliquo infrascriptorum pactorum / et conventionum preiuditio, investivit et investit / ad hemphiteosim et ad livelum et ad hereditatem / imperpetuum et iure et nomine hemphiteotico et perpetue / hereditatis ad fictum solvendum Petrum filium condam /o/ de / tali parte presentem, stipulantem et recipientem pro se / et nomine heredum et sucessorum suorum, nominative / de petia una terre et cetera cui coheret et cetera, salvo / tamen si alie vel aliter reperirentur predicte coherentie / vel aliqua ipsarum quod semper in hoc instrumento liveli / intelligantur veriores fore apposite et deducte, et hec omnia cum omnibus suis iuribus et pertinentiis, / viis, accessiis et stratis, ingressibus et egressibus, / aschuis, paschuis, comunantiis et viganalibus, / [c]aquis et aquaductibus et iuribus / aquarum ceterisque iuribus et benefitiis universis tam / eidem Iohanni hemphiteoticario quam predicte petie / terre ut supra ad livelum date spectantibus et pertinentibus / in integrum et eius ratione et occaxione, et hoc / hinc ad festum sancti Martini[23] proxime futurum / [c. 123v.] et abinde inantea ad annos novem proximos futuros / et abinde inantea ad annos XXVIIII° tunc proxime / futuros et sequentes et abinde inantea ad alios / annos XXVIIII° tunc proxime futuros et / sequturos et abinde inantea ad hemphiteosim et / ad livelum et ad hereditatem imperpetuum, ita ut / de cetero usque imperpetuum donec tenuerit suprascriptus / Petrus hemphiteota et sui heredes et sucessores / habeat, teneat, gaudeat et possideat predictam / petiam terre ut supra ad livelum datam cum suis iuribus / et pertinentiis, et exinde faciat et facere possit / et valeat quicquid facere voluerit meliorando / tamen et non peyorando sicut de re simili modo / ad livelum data facere licet sine contradictione / nec molestatione aliqua suprascripti Iohannis hemphiteoticarii / nec eius heredum et sucessorum nec alicuius alterius / persone, comunis, colegii, capituli et universitatis, salvo / semper et reservato in ipsum Iohannem hemphiteoticarium / iure directi dominii et civilis possessionis suprascripte petie / terre ut supra ad livelum date cum suis iuribus et pertinentiis, / in cuius quidem petie terre possessione dictus Petrus / hemphiteota per presentes protestatur se esse nomine et / vice suprascripti Iohannis hemphiteoticarii. Insuper dictus / Iohannes hemphiteoticarius dedit et concessit suprascripto Petro / hemphiteote presenti et stipulanti plenam parabulam / et licentiam intrandi et aprehendendi eius propria / auctoritate corporalem possessionem et tenutam seu quaxi / predicte petie terre ut supra ad livelum date cum suis / iuribus et pertinentiis, et interim donec intraverit et / dictam corporalem possessionem et tenutam seu / quaxi aprehendiderit, ex nunc prout ex tunc / constituit se dictus Iohannes hemphiteoticarius predictam / petiam terre ut supra ad livelum datam cum suis iuribus / [c. 124r.] et pertinentiis tenere et possidere vel quaxi nomine et / vice suprascripti Petri hemphiteote. Proprietatem / vero suprascripte petie terre ut supra ad livelum date cum / suis iuribus et pertinentiis suprascriptus Iohannes hemphiteoticarius / promissit et convenit solemniter per stipulationem, obligando / se et omnia sua bona pigneri presentia et futura suprascripto / Petro hemphiteote presenti et stipulanti, ei suisque / heredibus et sucessoribus deffendere et guarentare / usque imperpetuum, donec tenuerit, ab omni persona, / comuni, colegio, capitulo et universitate omni tempore et / in omnem causam et casum et littis eventum, et in se / suscipere omne iuditium et omnem causam et casum et / littis eventum, que vel quod moveretur vel moveri / posset contra suprascriptum Petrum hemphiteotam vel eius / heredes et sucessores, et in causis persistere usque / in finem littis omnibus ipsius Iohannis hemphiteoticarii / propriis expensis, damnis et interesse tantum, in pena / et sub pena totius damni et interesse et omnium expensarum / solemni stipulatione promissa et deducta, danda / et solvenda dicta pena per suprascriptum Iohannem hemphiteoticarium / suprascripto Petro hemphiteote in casu evictionis suprascripte / petie terre ut supra ad livelum date, si sequiretur in / toto vel in parte aut pro ea parte pro qua sequiretur, / et pena soluta vel non soluta, nichilominus / omnia et singula in hoc instrumento contenta perpetuo rata, / grata, firma et valida permaneant, et hoc cum / omnibus expensis, damnis et interesse ceterisque accessionibus, / que inde fient, curent et patientur pro predictis / omnibus et singulis petendis, exigendis et habendis, et / hec omnia in bonis denariis numeratis tantum et non / in aliqua alia re contra voluntatem suprascripti[d] Petri / hemphiteote[e]. Et pro ficto, redditu et gaudimento / suprascripte petie terre ut supra ad livelum date cum suis / iuribus et pertinentiis suprascriptus Petrus hemphiteota / promissit et convenit solemniter per stipulationem, obligando / [c. 124v.] se et omnia sua bona pigneri presentia et futura suprascripto / Iohanni he[m]phiteoticario presenti et stipulanti, ei / dare, solvere et consignare[f] in Lugano[20] / domuy habitationis suprascripti Iohannis hemphiteoticarii hinc / ad festum sancti Martini proxime futurum staria octo bladi / furmentate, videlicet furmenti et sichalis equaliter, et / par unum caponum bonorum et sufficientium, et / totidem abinde inantea omni anno annuatim solvendo / in quolibet festo sancti Martini cuiuslibet anni usque imperpetuum, / donec tenuerit, consignato ut supra, et hec omnia cum / omnibus expensis, damnis et interesse ceterisque accessionibus, / que inde fient, curent et patientur pro ipso ficto petendo, / exigendo et habendo post quemlibet terminum et pro suprascripta / evacuatione et expeditione fienda casu cessationis / trieniorum evenientium, ut infra fit mentio, et pro / predictis omnibus et singulis petendis, exigendis et habendis, / et dimittere et rellaxare eidem Iohanni hemphiteoticario / predictam petiam terre ut supra ad livelum datam casu cessationis / trieniorum evenientium, ut supra fit mentio, vacuam et / expeditam, et hec omnia in bonis[g] blado puro, sicho, / nittido, vanduto et benemensurato ad iustam / mensuram comunitatis valis Lugani[2] et caponibus bonis / et sufficientibus tantum et non in aliqua alia re / contra voluntatem suprascripti Iohannis hemphiteoticarii, et / hoc tam sub pacto capiendi et detinendi ubique realiter / et personaliter suprascriptum Petrum hemphiteotam quam alio / quocumque modo usque ad plenam et integram sollutionem / et satisfactionem predictorum omnium et singulorum, renuntiando / omnibus legibus et statutis, consiliis, consuetudinibus, / provisionibus et ordinamentis comunitatis Lugani et valis / et cuiuslibet alterius comunis factis et fiendis super / hominibus non capiendis et bonis cedendis et privilegio / sui fori et generaliter omni alteri auxilio et benefitio / [c. 125r.] legum, iuris et usus.

[h]-Pactum caducitatis-[h]

Pacto spitiali inter ipsos / contrahentes expresse habito et convento, videlicet quod si suprascriptus / Petrus hemphiteota vel eius heredes et sucessores / cessaret in sollutione dicti ficti livelarii per [i]-trienium id est per-[i] / tres annos continuos, quod cadat et cadere debeat / et penitus cecidisse intelligatur [j]-et cadutum sit-[j] / a presenti investitura livelaria et ab omnibus et singulis / in ea contentis et ab omni melioramento facto et quod / esset factum et acquisitum de, in et super ipsa petia / terre ut supra ad livelum data[k], / [l]et ab omni / iure, actione et regressu ipsi Petro hemphiteote / quovis modo spectantibus et pertinentibus de, in et super / ipsa petia terre ut supra ad livelum data[m]. /

Si vero vellet quod etiam caderet a pacto franchandi / addatur, etiam ab infrascripto pacto emendi de quo infra / et ab omnibus et singulis in eo contentis, et hoc sit / tantummodo in arbitrium et ad beneplacitum dicti Iohannis / hemphiteoticarii et eius heredum et sucessorum. / Si vero non fuerit conventum inter partes quod cadat / a gratia, tunc obmittatur illa clausula, quod / cadat a gratia et contentis in ea, sed advertatur / ponere nec quod cadat a gratia nec quod non, si non / fuerit expressum et conventum inter partes. /

[n]-Pactum emendi seu franchandi-[n]

Item pacto spitiali inter ipsos contrahentes expresse habito / et convento, videlicet quod dictus Petrus hemphiteota[o] et eius heredes / et sucessores possit et valleat et ei liceat et / licitum sit emere et acquirere suprascriptam petiam terre / ut supra ad livelum datam a suprascripto Iohanne hemphiteoticario / vel eius heredibus, et quod suprascriptus Iohannes hemphiteoticarius / vel eius heredes et sucessores teneatur et obligatus / sit facere venditionem et datum in forma comuni / cum translatione dominii et possessionis et cum promissione / [c. 125v.] deffendendi et guarentandi in pena dupli pretii et / totius damni et interesse et omnium expensarum, et cum / aliis clausulis et solemnitatibus debitis et necessariis, et / per publicum instrumentum venditionis rogandum per publicum notarium / in comuni forma, nominative de suprascripta petia / terre ut supra ad livelum data cum suis iuribus et / pertinentiis, et hoc omnibus die et hora[p] / quibus dictus Petrus vel eius heredes dederit et / solverit seu cum effectu paratus fuerit velle / dare et solvere suprascripto Iohanni vel eius heredibus / libras centum terciolorum et solutis fictis preteritis ad / solvendum remansis et factura presentis instrumenti liveli / et pactorum. /

Potest etiam restringi tempus emendi videlicet, et hoc hinc / ad annos tres vel quinque vel minus vel / plus, prout conventum fuerit inter contrahentes, / et casu quo dictus Iohannes he[m]phiteoticarius recusaret / dictos denarios ficti preteriti et facturam presentis instrumenti / recipere. / Si fuerit ad tempus, dicatur sic.

Et hoc intra dictum / terminum dictorum annorum trium vel quatuor et cetera. /

Si non fuerit limitatum tempus, tunc dicatur sic post illud / verbum recipere.

Quod tunc et eo casu liceat et / licitum sit ipsi Petro he[m]phiteote vel eius heredibus / dictas libras centum terciolorum ficti preteriti et facturam / presentis instrumenti deponere penes unam idoneam personam / per dominum capitaneum Lugani[18] elligendam, penes quam / stent expensis, periculo et rexego dicti Iohannis / he[m]phiteoticarii et pro ipsis dandis et solvendis / ipsi Iohanni hemphiteoticario vel eius heredibus, ipso / per prius faciente dicto Petro[q] dictam venditionem / modo quo supra et non aliter, ipso tamen Iohanne per / [c. 126r.] prius legiptime citato pro ipso deposito fiendo, et / facto ipso deposito solemniter prout supra[r], intra dictum / terminum de quo supra[r], tunc et eo casu ipsa venditio / ipso iure et facto intelligatur esse facta et pro / facta habeatur modo et forma suprascriptis, tamquam si esset / rogatum publicum instrumentum[s] venditionis per publicum notarium, / et a tunc in antea dictus Petrus et eius heredes / intelligatur et sit liberatus penitus a prestatione / dicti ficti livelarii livelarii[t] versus dictum Iohannem / he[m]phiteoticarium vel eius heredes, cum hoc quod ipsa / depositio et effectualis oblatio non possit nec / debeat fieri tempore murmurationis abbatamenti / monete in preiuditium dicti Iohannis he[m]phiteoticarii / nec eius heredum, et hoc quia sic est conventum inter / eos contrahentes per pactum spitiale. Qui Iohannes / he[m]phiteoticarius, parte una, et suprascriptus Petrus / he[m]phiteota, parte altera, et uterque eorum iuraverunt / corporaliter ad sancta dei evangelia manibus tactis / scripturis sese predicta omnia et singula in hoc instrumento / contenta perpetuo rata, grata, firma et valida habere / et tenere et nullo tempore contrafacere nec venire / aliqua ratione vel occaxione iuris vel facti comunis / vel spitialis. / Actum et cetera, testes et notarii et cetera. /

[n-]Pactum franchandi in duabus aut tribus vicibus[-n]

Si vero factum fuerit pactum franchandi in duabus / aut pluribus vicibus, tunc ante illam clausulam / ubi legitur, et hoc quia sic inter eos contrahentes / per pactum spitiale expresse conventum est, hoc modo videlicet. /

Que quidem numeratio et effectualis[u] oblatio ac / depositio possit et debeat fieri in duobus aut / tribus vicibus, prout placuerit ipsi Petro he[m]phiteote / vel eius heredibus, et facta particulari sollutione, / tunc et eo casu ipsa venditio et detractio suprascripti ficti / ipso iure et facto intelligatur esse facta et / [c. 126v.] pro facta habeatur ad ratam pro rata denariorum oblatorum / seu depositorum ut supra, et hoc quia sic inter eos contrahentes / per pactum spitiale expresse conventum est. /

[a] *Numero vergato nel margine sinistro della* c.
[b] -ctus *corretto sopra lettere non più leggibili.*
[c] *Precede* aschuis paschuis *depennato.*
[d] *Segue* Iohannis *depennato.*
[e] -e *corretto sopra* -icarii *depennando le lettere finali.*
[f] *Segue* hinc *depennato.*
[g] *Così, si intenda* bono.
[h–h] *Annotazione vergata nel margine sinistro della* c. *con segno di richiamo.*
[i–i] *Parte aggiunta di seguito nel margine destro della* c. *da altra mano.*
[j–j] *Parte depennata. Nel margine destro della* c. *aggiunto da altra mano* nequaquam utitur.
[k] *Segue* et ab omni melioramento *depennato. Nel margine destro della* c. *in corrispondenza della riga 10 dell'originale, aggiunto da altra mano* erravi *depennato.*
[l] *Precede in parte sulla linea precedente* facto et quod esset factum et acquisitum de, in et super / ipsa petia terre ut supra ad livelum data *depennato.*
[m] *Segue* quovis *depennato.*
[n–n] *Annotazione vergata nel margine sinistro della* c.
[o] hemphiteota *aggiunto sopra la linea con segno di richiamo.*
[p] *Segue* usque imp *depennato.*
[q] *Segue* dict *con segno abbreviativo finale depennato.*
[r] *Segue segno divisorio (*paragraphus*).*
[s] *Segue* ob *depennato.*
[t] *Così, si espunga* livelarii.
[u] *Segue* off *depennato.*

LXXXVIIII[a] [b]Livelus cum pacto luendi omnibus die et hora seu / rehemendi

Anno suprascripto, Iohannes filius condam talis et cetera investivit et investit ad / hemphiteosim et ad livelum et ad hereditatem imperpetuum / et iure et nomine he[m]phiteotico et perpetue hereditatis / ad fictum solvendum Petrum filium condam talis et cetera presentem, stipulantem / et recipientem pro se et nomine heredum et sucessorum suorum, / [c]nominative de petia una terre et cetera cui coheret a mane et cetera, / de qua petia terre dictus Iohannes habuit et habet / venditionem et datum a suprascripto Petro pretio librarum / centum terciolorum per instrumentum venditionis rogatum per me / notarium infrascriptum ibidem paulo ante, et hec omnia / cum omnibus suis iuribus et pertinentiis, et hoc hinc / [d]ad annum unum proxime futurum / et abinde inantea ad annos novem proxime / futuros et abinde in antea ad annos XXVIIII° tunc / proxime futuros et sequentes et abinde in antea ad alios / annos XXVIIII° tunc proxime futuros et sequturos et / abinde inantea ad hemphiteosim et ad livelum et / ad hereditatem imperpetuum, ita ut de cetero usque imperpetuum / donec tenuerit suprascriptus Petrus he[m]phiteota et sui / heredes et cetera habeat et cetera, et exinde faciat et cetera, / meliorando tamen et non peyorando et cetera, salvo semper / et reservato in ipsum Iohannem he[m]phiteoticarium iure / directi dominii et civilis possessionis predicte petie terre / ut supra ad livelum date et cetera, in cuius quidem petie terre / dominio et posessione dictus Petrus per presentes protestatur / [c. 127r.] se esse esse[e] nomine et vice suprascripti Iohannis he[m]phiteoticarii. / [f]Proprietatem vero suprascripte petie terre ut supra ad livelum date cum / suis iuribus et pertinentiis suprascriptus Iohannes he[m]phiteoticarius / promissit et cetera, obligando se et cetera suprascripto Petro he[m]phiteote presenti / et stipulanti, ei suisque heredibus et cetera deffendere et cetera, / in pena et sub pena totius damni et interesse et / omnium expensarum et cetera, et hoc pro ipsius Iohannis he[m]phiteoticarii / dato et facto tantum, quod datum et factum sic inteligatur, / videlicet si alicui aliis vendidisset et cetera. /

Instrumenta livelorum, que fiunt post venditionem, fiunt / cum promissione deffendendi et cetera, in pena totius damni et cetera, / et pro suo dato et facto tantum et cetera. /

Et pro ficto, redditu et gaudimento suprascripte petie terre / ut supra ad livelum date cum suis iuribus et pertinentiis / suprascriptus Petrus he[m]phiteota promissit et cetera, obligando se et cetera / suprascripto Iohanni he[m]phiteoticario presenti et stipulanti, ei / dare et solvere hinc ad annum unum proxime futurum / libras decem terciolorum, et totidem abinde inantea omni / [c. 127v.] anno annuatim solvendo de anno in annum usque / imperpetuum donec tenuerit, et dimittere et cetera cum omnibus / expensis et cetera, et hec omnia in bonis denariis numeratis tantum et cetera, / sub pacto capiendi et cetera, renuntiando omnibus legibus et cetera. /

Fiat pactum caducitatis in forma comuni, prout supra in alio / livelo fit mentio. / Fiat etiam pactum luendi, prout in suprascripto pacto / franchandi fit mentio mutatis mutandis, / [g-]sed tenetur retrovenditor deffendere bona in pena pretii et pro suo dato et cetera[-g]. / Fiat cum iuramento prout supra. /

Actum ut supra, testes et notarii[h] et cetera. /

Si vero ipse hemphiteoticarius fecerit pactum ipsi / hemphiteote possendi dare schontrum et cambium / pro dictis bonis livelariis, tunc[i] dicatur sic videlicet. /

[j-]Pactum possendi dare schontrum in cambium bonorum livelariorum[-j]

Pacto spitiali inter ipsos contrahentes expresse habito et / convento, videlicet videlicet[k] quod dictus Petrus he[m]phiteota et eius / heredes et sucessores possit et valleat et ei liceat / et licitum sit a modo in antea usque imperpetuum omnibus die / et hora, quibus ipsi Petro hemphiteote et eius heredibus / melius videbitur et placuerit, seu durante ipso livelo / seu dicta investitura sive[l] eo livelo seu ea / investitura finita[m] / factis super ipsis bonis sive non, et sive taxatis / ipsis meliioramentis sive non, omni tempore dare / et assignare ipsi Iohanni hemphiteoticario cambium / unum seu tot et tanta bona imobillia seu unam / proprietatem iacentem in tali territorio condecentia, / que sint redditus et ficti perceptionis annuatim / librarum XVI terciolorum et seu ex qua proprietate et de / quibus bonis annuatim percipietur et percipi possit / fictum dictarum librarum XVI terciolorum, et hoc in permutationem / dicte petie terre superius ad livelum date seu locate, / [c. 128r.] et dictus Iohannes locator seu he[m]phiteoticarius et eius / heredes teneatur et debeat et astrictus sit acceptare dictum / cambium seu dictam[n] proprietatem permutandam / cum dicta petia terre superius descripta, et que proprietas / permutanda cum dicta petia terre ut supra seu scontrum / dandum in cambium dicte petie terre ut supra descripte sit / et esse debeat ac dari debeat sufficiens in laudem / duorum amicorum elligendorum comuniter per et inter ipsas / partes seu in laudem unius amici elligendi per unam partem / in contumatiam seu renitentiam alterius partis negligentis / seu recusantis dictos amicos elligere prout supra et facere / cambium et commutationem et totius dicti[o] Iohannis / iuris dominii et posessionis translationem et traditionem ad / proprium et imperpetuum de dicta petia terre ut supra descripta et / coherentiata, que sit libera et francha ab omni prestatione / decime et ab omni ficto, censu et honore ac condictione / et servitute alicui dandis et prestandis, in manibus dicti / Petri conductoris seu he[m]phiteote seu eius heredum et / sucessorum, et hoc loco et scontro dicte proprietatis / dande et assignande per ipsum Petrum et eius heredes suprascripto / Iohanni vel eius heredibus in laudem ut supra, ex qua annuatim / percipietur et percipi possit fictum dictarum librarum XVI terciolorum, / et cum aliis clausulis et solemnitatibus debitis et necessariis / et a iure requisitis et in forma comuni et per publicum / instrumentum cambii rogandum per publicum notarium, et ex nunc / prout ex tunc dato dicto schontro seu data dicta / proprietate per dictum Petrum suprascripto Iohanni modo et forma / predictis et causa suprascripte permutationis fiende prout supra, / dictum cambium et dicta permutatio de qua supra sit et / esse intelligatur ipso iure facta et pro facta habeatur / prout supra, licet non rogatum sit dictum instrumentum cambii / per publicum notarium, et dominium et possessio dicte / petie terre eo tunc casu sit et esse debeat et / intelligatur translata[p] in ipsum[q] Petrum, et tunc / et eo casu dictus Petrus habeat, teneat, gaudeat / et possideat predictam petiam terre ut spra locatam / [c. 128v.] per suam et tamquam suam propriam, et de ipsa petia / terre possit libere facere et disponere quicquid sibi / placuerit tamquam de re sua propria et prout verus / dominus et possessor rei sue facere et disponere / potest sine molestia et contradictione dicti Iohannis / locatoris nec heredum suorum nec alicuius alterius / persone et sine aliqua sollutione fictorum, et si / contingerit aliquo casu quovis modo ipsum Petrum / amoveri a dicta petia terre de qua supra, quod nichilominus / salvum sit ipsi Petro et eius heredibus et sucessoribus / ius dandi cambium dicto Iohanni et eius heredibus pro dicta / petia terre superius descripta. Et iuravit et cetera habere rata et cetera. / Actum et cetera, testes et notarii et cetera. /

[a] *Numero vergato nel margine sinistro della* c.
[b] *Precede sulla linea precedente* si vero *depennato.*

c *Nel margine sinistro della* c. *in corrispondenza delle righe 12–14 dell'originale, l'annotazione* vide aliud livelum in rubrica 180 distinctum.

d *Precede* ad festum s *depennato.*

e *Così, si espunga* esse.

f *Precede sulle quattordici linee precedenti* et promissit deffendere et cetera. / Proprietatem vero suprascripte petie terre ut supra ad livelum date cum / suis iuribus et pertinentiis suprascriptus Iohannes he[m]phiteoticarius promissit / et cetera obligando se et cetera suprascripto Petro he[m]phiteote presenti et stipulanti, / ei dare et solvere hinc ad annum unum proxime futurum / libras decem terciolorum, et totidem abinde inantea omni anno / annuatim solvendo de anno in annum usque imperpetuum / donec tenuerit, et dimittere et cetera cum omnibus expensis / in bonis denariis numeratis tantum et cetera, sub pacto capiendi et cetera, / renuntiando omnibus legibus et statutis et cetera, et generaliter omni / alteri auxilio et cetera. / Fiat pactum caducitatis prout supra in alio livelo fit mentio / mutatis mutandis, / similiter fiat pactum *depennato. Nel margine sinistro della* c. *in corrispondenza della riga 8 dell'originale l'annotazione* erravi.

g–g *Parte aggiunta sopra la linea seguente.*

h *Segue* ut supra *depennato.*

i *Segue* dict *depennato.*

j–j *Annotazione vergata nel margine sinistro della* c.

k *Così, si espunga* videlicet.

l *Segue* non *depennato.*

m *Segue* et sive taxatis melioramentis *depennato.*

n *Segue* permutationem *depennato.*

o *Segue* Petr *depennato.*

p -a *corretto sopra* -um.

q *Segue* Io *depennato.*

LXXXX° [a] Investitura simplex

Anno[b] et cetera, Iohannes de tali parte et cetera investivit et investit / iure et nomine locationis ad fictum solvendum Petrum de / tali parte et cetera presentem, stipulantem et recipientem, / nominative de petia una terre et cetera cui choeret a mane et cetera, / [c]salvo tamen si alie vel aliter / reperirentur predicte coherentie vel aliqua ipsarum quod semper / in hoc instrumento investiture intelligantur veriores / fore apposite et deducte, et hoc cum omnibus[d] suis / iuribus et pertinentiis, et hoc hinc ad festum sancti Martini[23] / proxime futurum et abinde inantea ad annos / novem proxime futuros et abinde inantea ad voluntatem / partium. /

Et si fuerit a festo sancti Martini proxime futuro inantea[e] / et non citra, dicatur sic videlicet.

Et hoc a festo sancti / Martini proxime futuro inantea ad annos novem proxime / futuros et abinde inantea ad voluntatem partium, / ita ut de cetero usque ad suprascriptum terminum[f] / [c. 129r.] et[g] donec tenuerit suprascriptus Petrus conductor et sui / heredes et sucessores habeat, teneat, gaudeat et possideat / predictam petiam terre ut supra locatam[h] [i–]et ad fictum conductam[–i] cum suis iuribus et pertinentiis, / et exinde faciat et facere possit et valeat quicquid / facere voluerit, meliorando tamen et non peyorando sicut / de re simili modo locata et ad fictum conducta facere / licet sine contradictione nec molestatione aliqua suprascripti /

Iohannis locatoris nec eius heredum et sucessorum nec alicuius / alterius persone, comunis, colegii, capituli et universitatis. Quam quidem / investituram et veram locationem et predicta omnia et singula / suprascriptus Iohannes locator promissit et convenit solemniter per stipulationem, / obligando se et omnia sua bona pigneri presentia et futura / suprascripto Petro conductori presenti et stipulanti, ei suisque heredibus / et sucessoribus deffendere [j-]usque ad suprascriptum terminum donec tenuerit[-j] et guarentare ab omni persona, / comuni, colegio, capitulo et universitate[k] omnibus suis propriis / expensis, damnis et interesse tantum, in pena et sub pena totius / damni et interesse et omnium expensarum solemni stipulatione / promissa et deducta. Et pro ficto, redditu et gaudimento / [l]suprascripte petie terre ut supra locate et ad fictum conducte cum suis / iuribus et pertinentiis suprascriptus Petrus conductor promissit et / convenit solemniter per stipulationem, obligando se et omnia / sua bona pigneri presentia et futura suprascripto Iohanni / locatori presenti et stipulanti, ei dare et solvere / hinc ad festum sancti Martini proxime futurum libras /o/ terciolorum / seu medietatem omnium fructuum, qui percipientur ex et / de dicta petia terre ut supra locata[m], seu a festo / sancti Martini proxime futuro inantea omni anno a[nn]uatim / solvendo in quolibet festo sancti Martini cuiuslibet anni / donec tenuerit, et dimittere et rellaxare eidem / Iohanni locatori predictam petiam terre ut supra locatam et / ad fictum conductam cum suis iuribus et pertinentiis / vacuam et expeditam tempore finite locationis, et / hoc cum omnibus expensis, damnis et interesse ceterisque / accessionibus, que inde fient, curent et patientur pro / ipso ficto petendo, exigendo et habendo post quemlibet / [c. 129v.] terminum et pro suprascripta evacuatione et expeditione fienda / tempore finite locationis et pro predictis omnibus et singulis petendis, / exigendis et habendis, et hec omnia in bonis denariis numeratis / seu in bonis fructibus, prout percipientur ex et de dicta / petia terre ut supra locata, tantum et non in aliqua alia / re contra voluntatem suprascripti locatoris, et hoc tam sub / pacto capiendi et detinendi ubique realiter et personaliter / suprascriptum[n] Petrum conductorem quam alio quocumque modo usque / ad plenam et integram sollutionem et satisfactionem / predictorum omnium et singulorum, renuntiando omnibus legibus et / statutis, consiliis, consuetudinibus, provisionibus et ordinamentis comunitatis / Lugani et valis[2] et cuiuslibet alterius comunis factis et / fiendis super hominibus non capiendis et bonis cedendis / et privilegio sui fori et generaliter omni alteri auxilio / et beneficio legum, iuris et usus. / Actum et cetera, testes et notarii et cetera. /

In hiis instrumentis investiturarum possunt apponi quecumque / pacta, prout inter partes conventum fuerit, et que / pacta ponantur clare, prout melius poterit et / inter partes fuerit conventum. / Si locator locaverit bona conductori cum rettentione / melioramentorum, tunc ipsum pactum[o] rettentionis / melioramentorum dictetur sic videlicet. /

[p-]Pactum rettentionis melioramentorum[-p]

Pacto spitiali inter ipsos contrahentes expresse habito et convento, / videlicet quod predictus Petrus conductor et sui heredes et / sucessores possit et valleat et ei licitum sit reparare, / hedificare et alevare et reparari, hedificari, / construi et alevari facere quecumque hedifitia, sedimina / et casamenta et alia quecumque melioramenta utillia / et necessaria fieri cuiusvis generis existunt de, in et / super suprascripta petia terre ut supra locata et ad fictum conducta / et in huiusmodi reparationibus, hedifitiis et melioramentis / expensas quaslibet facere et fieri facere utiles et necessarias. / [c. 130r.] Que quidem expense in casu ut supra taxentur et taxari / debent in fine suprascripte locationis per duos comunes amicos / elligendos, unum pro parte dicti locatoris et alium pro / parte suprascripti conductoris seu per unum comunem amicum per / ipsas partes elligendum, et factis huiusmodi melioramentis / et expensis predictus Petrus conductor habeat et habere / debeat rettentionem dominii et possessionis predicte petie / terre ut supra coherentiate et locate et reparationum et / melioramentorum super ea factorum ac iurium et pertinentiarum / suorum donec et quoviscumque pro parte dicti Iohannis locatoris / ipsi Petro conductori seu eius filiis[q], heredibus et / sucessoribus et habenti seu habentibus causam vel actionem / ab eo, restitute, rexarcite ac solute fuerint integre / predicte omnes expense et melioramenta de quibus supra, / et quod dictus Iohannes locator non possit nec valleat / auffere dicto Petro conductori nec eius heredibus / et sucessoribus sedimina, domos, caxaritia et melioramenta / [r]et bona ut supra descripta neque ipsum Petrum / conductorem nec eius heredes et sucessores a predicta / petia terre nec a predictis melioramentis et reparationibus / expellere nec excumiare, etiam finito termino presentis / locationis, nisi prius ipsi Petro conductori vel eius heredibus / et sucessoribus restitute fuerint integre predicte omnes / expense et[s] melioramenta facta et fienda in casu ut supra in et / super suprascripta petia terre ut supra locata, nec etiam possit / dictus Iohannes locator predictam petiam terre ut supra locatam / cum melioramentis factis super ea in se retinere / nec aliis locare nec alio modo de eis disponere / nec innovare nec aliquid mutare nec fictum / augere nec aliud facere in preiuditium dicti Petri / conductoris vel eius heredum et sucessorum, nisi prius / ipsi Petro conductori aut eius heredibus et sucessoribus / restitute et rexarcite fuerint integre expense dictorum / melioramentorum. Item tali pacto quod dictus Petrus / conductor teneatur et obligatus sit suis propriis expensis / [c. 130v.] tantum dare et consignare ipsi Iohanni locatori in publicam / formam presens instrumentum investiture semel tantum. / Que quidem pacta et conventiones et omnia premissa / suprascriptus Iohannes locator, parte una, et suprascriptus Petrus / investitus, parte altera, promisserunt et convenerunt solemniter per / stipulationem, obligando sese vicissim, videlicet una / pars alteri et altera alteri, et omnia sua vicissim / bona pigneri presentia et futura presentibus et stipulantibus / sese perpetuo rata, grata, firma et valida habere / et tenere et nullo tempore contrafacere nec venire aliqua / ratione vel occaxione iuris vel facti comunis vel / spitialis, in pena et sub pena totius damni et interesse / et omnium expensarum. /

Aliqua alia pacta que plus in usu ponuntur. /

Item tali pacto et cetera, videlicet quod dictus Petrus conductor teneatur / et obligatus sit plantare[t] seu plantari / facere in et super dicta petia terre ut supra locata / quascumque vittes in locis omnibus ubi necesse fuerit / expensis propriis dicti conductoris et eas vittes bene / [u]levare et ordinare toto suo posse et scire. / Item quod si contingat dictum Iohannem[v] / locatorem vel eius heredes durante presenti locatione / velle vendere dictam petiam terre ut supra locatam, quod dictus / Petrus conductor teneatur et obligatus sit omni exceptione / remota ipsam petiam terre ut supra locatam dimitere / et libere interlassare dicto futuro emptori[w] / dicte petie terre ad omnem ipsius emptoris requisitionem / non obstante presenti locatione et contentis in ea, quia / sic est conventum inter eos contrahentes per pactum spitiale. / Actum et cetera.

Multa alia pacta possunt fieri inter partes, / prout eis placuerit. /

[a] *Numero vergato nel margine sinistro della* c.
[b] *Segue* p *depennato.*
[c] *Precede* et hec omnia *depennato.*
[d] omnibus *corretto sopra* iuribus.
[e] *Segue* dicatur *depennato.*
[f] *Segue* suprascriptus *depennato.*
[g] et *sopra la linea sopra* Petrus *depennato.*
[h] locatam *corretto sopra lettere non più leggibili.*
[i–i] *Parte aggiunta sopra la linea con segno di richiamo da altra mano.*
[j–j] *Parte aggiunta sopra la linea da altra mano.*
[k] *Segue aggiunto sopra la linea con segno di richiamo da altra mano* in omnem causam et casum et littis eventum *depennato.*
[l] *Nel margine sinistro della* c.*, in corrispondenza della riga 19 dell'originale l'annotazione di altra mano* simplex.
[m] *Segue segno inintelligibile depennato.*
[n] *Segue* cond *depennato.*
[o] *Segue* dictetur sic *depennato.*
[p–p] *Annotazione vergata nel margine sinistro della* c.
[q] *Segue* et *depennato.*
[r] *Precede* ut supra coher *depennato.*
[s] et *aggiunto sopra la linea con segno di richiamo.*
[t] *Segue* in et *depennato.*
[u] *Precede* legi *depennato.*
[v] *Segue* et Petrum durante presenti *depennato.*
[w] *Segue* ad *depennato.*

[c. 131r.] LXXXXI[o] [a] Cessio iurium

Anno et cetera, Iohannes de tali parte et cetera titulo venditionis iuris, / nominis et actionis posuit et ponit in suum locum, ius / et statum[b] universum Petrum de tali parte et cetera presentem, / stipulantem et recipientem, nominative de et pro illis ducatis / quatuor auri largis et de omnibus eorum expensis, damnis / et interesse de et pro quibus Lazarus filius condam talis et cetera obligatus / legitur et est in manibus suprascripti Iohannis occaxione in eo / instrumento contenta, ut constat publico instrumento ipsius obligationis / rogato per talem notarium, tali anno et cetera seu anno, / die et mense in eo contentis, quod quidem instrumentum obligationis / de quo supra suprascriptus Iohannes cedens ibidem presentialiter dedit / et consignavit suprascripto Petro cessionario presenti et / stipulanti sanum et integrum, et hoc ad petendum / et consequendum suprascriptos ducatos quatuor auri largos / cum omnibus eorum expensis, damnis et interesse contra et adversus / suprascriptum Lazarum obligatum ut supra et eius heredes, res et / bona et contra tenentes et possidentes de suis bonis et / rebus propriis quoquo modo. /

Item poterit dici loco illius clausule, et hoc ad petendum / et consequendum.

Item de omni iure, actione et / regressu ipsi Iohanni cedenti spectantibus et pertinentibus / petendi et consequendi dictos ducatos quatuor auri largos / cum omnibus eorum expensis, damnis et interesse contra et adversus / dictum Lazarum obligatum ut supra et eius heredes, res et / bona et contra tenentes et possidentes de suis bonis / et rebus propriis quoquo modo, et hec omnia cum omnibus / suis iuribus et pertinentiis, et eidem Petro cessionario / presenti et stipulanti predictus Iohannes cedens dedit, / cessit atque mandavit omnia sua iura omnesque / suas rationes et actiones reales et personales, / universa et universas sibi quoquo modo spectantia et / pertinentia[c] et spectantes et pertinentes / de, in, per et super ipsis iuribus ut supra cessis cum suis / [c. 131v.] iuribus et pertinentiis in integrum et eorum ratione et occaxione, / ita ut de detero suprascriptus Petrus cessionarius et sui / heredes et sucessores habeat, teneat, gaudeat et / possideat predicta iura ut supra cessa cum suis iuribus / et pertinentiis, et exinde faciat quicquid facere voluerit / et facere licet sine contradictione nec molestatione / aliqua suprascripti Iohannis cedentis nec eius heredum et / sucessorum nec alicuius alterius persone, et sit in locum, / ius et statum universum dicti cedentis de predictis, et / utatur omnibus illis modis et iuribus quibus omnibus et / quemadmodum suprascriptus cedens uti posset, poterat et potuisset / ante hunc cessionis contractum minime celebratum, / faciendo et constituendo ipsum Petrum cessionarium suum / verum dominum, possessorem et procuratorem suum prout in rem / suam propriam de predictis suo proprio ministerio et / facto. Quam quidem cessionem[d] et loci iuris positionem / et omnia premissa suprascriptus Iohannes cedens promissit et / convenit solemniter per stipulationem, obligando se et omnia / sua bona pigneri presentia et futura suprascripto Petro cessionario / presenti et stipulanti, ei suisque heredibus et sucessoribus / deffendere et guarentare ab omni persona, comuni, / collegio, capitulo et universitate omni tempore et in omnem / causam et casum et littis eventum omnibus ipsius Iohannis / cedentis propriis expensis, damnis et interesse tantum, in / pena et sub pena restitutionis pretii infrascripti et / totius damni et interesse et omnium expensarum solemni / stipulatione promissa et deducta, danda et solvenda / dicta pena per suprascriptum Iohannem cedentem suprascripto Petro / cessionario in casu evictionis suprascriptorum iurium ut supra / cessorum, si sequiretur in toto vel in parte aut pro ea / parte pro qua sequiretur, et pena soluta vel non / soluta, nichilominus omnia et singula in hoc instrumento / contenta perpetuo rata, grata, firma et valida permaneant, / [c. 132r.] et hoc cum omnibus expensis, damnis et interesse et cetera, et hec / omnia in bonis denariis numeratis tantum et cetera, et hoc tam / sub pacto capiendi et detinendi et cetera, renuntiando omnibus / legibus et statutis et cetera, et generaliter omni alteri auxilio / et benefitio legum, iuris et usus. Et pro qua vero / cessione et loci iuris positione et pro predictis omnibus / et singulis suprascriptus Iohannes cedens contentus et confessus fuit / et est se habuisse et recepisse a suprascripto Petro cessionario / presente et stipulante[e] ducatos quatuor auri / largos et in auro bonos iustique ponderis et lige, / et hec omnia pro pretio et nomine pretii presentis cessionis et / pro completa sollutione et integra satisfactione predictorum / omnium et singulorum, renuntiando exceptioni non habitorum, / non receptorum nec ei datorum et numeratorum dictorum / denariorum et spey future numerationis et receptionis / et huius instrumenti cessionis non ita facti et omnium premissorum / non ita factorum et exceptioni doli mali et in factum / actioni metus causa, sine causa vel ex iniusta causa / et erroris et deceptionis seu lexionis fictitii et simulati / contractus, et generaliter qualibet alia occaxione et exceptione / remota et renuntiata. Qui Iohannes cedens, parte una, / et dictus Petrus cessionarius, parte altera, et uterque eorum iuraverunt / corporaliter ad sancta dei evangelia manibus tactis scripturis / quod presens cessio est pura, vera et iusta et non fictitia / nec simulata nec in fraudem alicuius facta et quod vere / dictus[f] Petrus cessionarius dedit et numeravit / et dictus Iohannes cedens habuit et recepit suprascriptos ducatos / quatuor auri largos et non sub spe eos rehabendi / per se nec per submissam personam et in omnibus et per / omnia iuraverunt et iurant, prout iurare tenentur / et iurari requiritur ex forma statutorum[66] comunitatis vallis Lugani[2] / super hiis disponentium, et insuper dictus Iohannes cedens / iuravit corporaliter prout supra se predicta omnia et singula / in hoc instrumento contenta perpetuo rata, grata, firma / et valida habere et tenere et nullo tempore contrafacere / [c. 132v.] nec venire aliqua ratione vel occaxione iuris vel / facti comunis vel spitialis. / Actum et cetera, testes et notarii et cetera. /

Si vero cessio fiet de pluribus iuribus et instrumentis, tunc / fiat mentio de omnibus[g] quantitatibus denariorum / de quibus fit mentio et de causis dictorum denariorum / singula singulis debite refferendo, et postea dicere, / item de omni iure, actione et regressu ipsi Iohanni / cedenti spectantibus et pertinentibus petendi et consequendi / suprascriptas omnes quantitates denariorum de quibus supra cum omnibus / eorum expensis, damnis et interesse contra et adversus suprascriptas omnes / et singulas personas debitrices ut supra et quamlibet earum / debite refferendo et earum res et bona, et hec omnia cum / omnibus suis iuribus et pertinentiis et cetera. /

[a] *Numero vergato nel margine sinistro della* c.
[b] *Segue* unier *depennato.*
[c] *Segue* sibi *depennato.*

d cessionem *aggiunto sopra la linea con segno di richiamo da altra mano.*
e *Segue* libras *depennato.*
f *Segue* Iohannes Iohannes *depennato.*
g *Segue* iuribus et *depennato.*

Emancipatio facta per patrem de filio suo

Antequam fiat instrumentum emancipationis debet fieri publicatio / ad bancum iuris comunitatis vallis Lugani[2] hora iuris, qualiter / ipse Iohannes pater vult et intendit emancipare / dictum Petrum eius filium et de ipsa publicatione / debet fieri scriptura per manum notarii et de / [a]ipsa fieri mentionem in ipsa emancipatione, et / que publicatio sic anotatur videlicet. /

Anno et cetera, hora iuris, in publica conctione comunitatis / valis Lugani, ad bancum iuris predicte comunitatis ubi multitudo / populi aderat, et presentibus tale et tale et tale / testibus ad infrascripta vocatis et rogatis, notum sit / omnibus et singulis[b] qualiter Iohannes de tali parte et cetera / vult et intendit emancipare a se et a suis / nexibus et vinculis paternis et a sua patria / [c. 133r.] potestate Petrum eius filium legiptimum et naturalem, / maiorem annis XX. / Actum ut supra, presentibus pro testibus ut supra notis et cetera. /

LXXXX°II[c] Forma suprascripti instrumenti emancipationis

Anno et cetera, coram magnifico et generoso viro domino Iacobo de tali / parte capitaneo Lugani et valis et cetera[18], sedente in banco super / quodam banco posito in burgo Lugani[20], in contrata de / Carona[21] in eius domo ressidentie, quod bancum et quem / locum prefatus dominus capitaneus suum ellegit et elligit / bancum et tribunal idoneum in hac parte pro / infrascriptis omnibus et singulis spitialiter peragendis, venerunt / et comparuerunt Iohannes de tali parte filius condam talis et cetera / et Petrus eius filius legiptimus et naturalis, maior / annis XX, petentes et petierunt ab ipso domino / capitaneo sedente ut supra licentiam et auctoritatem, videlicet dictus / Iohannes emancipandi et possendi emancipare suprascriptum / Petrum eius filium maiorem ut supra a se et ab eius vinculis / et nexibus paternis et a sua patria potestate, / et dictus Petrus eius filius possendi se emancipare / et essendi emancipatus ab eodem Iohanne patre suo, / quod quidem primo legi et publicari fecerunt ad / bancum iuris comunitatis valis Lugani, in publica conctione / ut moris est, ut constat ipsa scriptura dicte publicationis / scripta et rogata per me notarium infrascriptum die tali, hora / causarum seu anno, mense et die in ea contentis. Qui prefatus / dominus capitaneus sedens ut supra, cognita voluntate dictorum / patris et filii ibidem presentium, petentium et instantium, / dictam licentiam et facultatem atribuit et concessit / dictis patri et filio presentibus et requirentibus ac / volentibus. Qua licentia sic obtenta predictus / Iohannes de tali parte pater suprascriptum Petrum eius filium / legiptimum et maiorem ut supra, presentem, petentem et / consentientem emancipavit et emancipat a se / [c.133v.] et ab eius vinculis et nexibus paternis et a sua / patria potestate, ita et eo modo et forma quod predictus / Petrus eius filius legiptimus ut supra pro se possit et / valeat contrahere, distrahere, testari, donare, / se et sua bona pigneri obligare et pati / se condemnari, locare et in iuditio stare et alios / cuiuslibet et quomodolibet contractus et distractus facere, / prout et quemadmodum pater familias, homo / liber et sui iuris facere potest, capiendo / primo dictus Iohannes ipsum Petrum eius filium legiptimum / coram eo genibus flexis existentem per eius manus, / et postea ipsum Petrum rellaxando ibidem dicendo / et dixit, ego emancipo te a me et a meis / vinculis et nexibus paternis et a mea patria / potestate et facio te liberum et tui iuris sicut / homo liber et in libera potestate. In premium / vero cuius quidem emancipationis dictus Iohannes / dedit et assignavit et dat et assignat suprascripto Petro / eius filio presenti et stipulanti infrascripta bona inmobilia / inferius descripta et coherentiata, et omne pecculium / quod penes se ipse Petrus habet et in futurum adipisci / contingerit per eum Petrum, et predicta omnia et singula / acta et celebrata fuerunt et sunt coram prefato domino / capitaneo sedente ut supra, qui in predictis omnibus et singulis / suum et suam et comunitatis Lugani et valis et cetera auctoritatem / et decretum interposuit et dedit et dat cum cognitione / cause et prius per eum causa cognita et ex eius / offitio. Et exinde de predictis omnibus et singulis rogatum / fuit per me notarium infrascriptum publicum confici debere / instrumentum in laudem viri prudentís. Que bona / data ipsi Petro in premium presentis emancipationis / ut supra sunt ista videlicet, ponantur bona. Actum et cetera, / testes et notarii et cetera. /

[c. 134r.] Si pater non daret aliqua bona inmobilia filio / suo in premium emancipationis, sed daret tantum / peccuniam, dicatur in emancipatione ubi dicitur, infrascripta / bona imobillia, dicatur libras /o/ terciolorum, prout pater / dat, et omne pecculium quod ipse Petrus habet / penes se et in futurum per ipsum Petrum adipisci contingerit. /

[a] *Nel margine sinistro della* c. *in corrispondenza della riga 21 dell'originale, l'annotazione* publicatio.
[b] *Segue* presentis *depennato.*
[c] *Numero vergato nel margine sinistro della* c.

LXXXX°III[a] Fraternitas et unio facta inter duos / de eorum bonis

Tali anno et cetera, Iohannes de tali parte et cetera, parte una, et Bonifatius / de tali parte et cetera, parte altera, omnibus illis modo, iure, via, / causa et forma quibus melius et validius potuerunt et / possunt, dillectione fraternali et unito amore / moti, fecerunt et contraxerunt et faciunt et contrahunt / inter sese bonam, puram, meram fraternitatem et unionem / omnium et singulorum bonorum suorum et rerum mobillium et / imobillium seseque moventium, iurium, actionum et / nominum debitorum et creditorum presentium et futurorum. In qua quidem /

fraternitate et unione predicti Iohannes et[b] Bonifatius / posuerunt et ponunt et uterque eorum insolidum[c] posuit et ponit / omnia eorum et utriusque eorum insolidum singula bona mobilia / et imobillia et mobiles et imobiles seseque moventia, / iura, actiones et nomina debitorum et creditorum presentia et / futura usque imperpetuum et donec durabit presens unio / et fraternitas, ita et taliter quod penitus sint et esse / debeant et intelligantur a modo in antea comunes et comunia / inter eos et comuniter uti et gaudere possint comuniter inter / eas partes et utramque ipsarum, et ita et eo modo et / forma ac lege, pacto, condictione et conventione / per pactum spitiale inter eos affirmatum ad mutuam / stipulationem, videlicet quod omne id et totum quod est / unius ipsorum sit et esse debeat alterius pleno / et equali iure et condictione ac dispositione, / prout si ipsi Iohannes et Bonifatius essent et / seu fuissent fratres carnales et legiptimi et / [c. 134v.] ab hiisdem parentibus procreati, omnibus cavilationibus / et exceptionibus in contrarium fiendis et allegandis penitus / reyectis, renuntiatis et cessantibus, et cum hac lege, / pacto et condictione quod si casus divisionis inter eos / vel eorum heredes occureret vel interveniret, / quod absit, quod ipsa omnia eorum et singula bona / suprascripta ut supra fit mentio comuniter et equali portione et / sorte in duas partes per eos dividantur et dividi / debeant et possint ac liceat et licitum sit sine / contradictione nec exceptione alicuius dictarum partium. /

Si inter partes fuerint facta aliqua pacta et conventiones, / fiant subsequenter, et nota bene et recte / saldare et exprimere pacta, que fient, et intentionem / ipsarum partium, prout voluerint, et postea sequi. /

Quam quidem fraternitatem et unionem et omnia premissa / suprascriptus Iohannes, parte una, et suprascriptus Bonifatius, parte / altera, promisserunt et convenerunt solemniter per stipulationem, / obligando sese vicissim, videlicet una pars alteri / et altera alteri presentibus et stipulantibus, ac iuraverunt / corporaliter ad sancta dei evangelia manibus / tactis scripturis sese predicta omnia et singula in / hoc instrumento contenta perpetuo attendere, observare / et exequtioni mandare ac rata, grata, firma / et valida habere et tenere et nullo tempore / contrafacere nec venire aliqua ratione vel / occaxione iuris vel facti comunis vel spitialis, et / hoc in pena et sub pena totius damni et interesse / et omnium expensarum solemni stipulatione promissa et / deducta, danda et solvenda dicta pena per / partem non attendentem et observare nolentem / parti attendenti et observare volenti predicta / [c. 135r.] omnia et singula, et pena soluta vel non soluta, / nichilominus omnia et singula in hoc instrumento contenta / perpetuo rata, grata, firma et valida permaneant, / et hoc cum omnibus expensis, damnis et interesse ceterisque / accessionibus, que inde fient, curent et patientur pro predictis / omnibus et singulis petendis, exigendis et habendis, et hec / omnia in bonis denariis numeratis tantum et non in aliqua / alia re contra voluntatem partis attendentis et observare / volentis predicta omnia et singula, et hoc tam sub / pacto capiendi et detinendi ubique realiter et personaliter / partem non attendentem et observare nolentem quam alio / quocumque modo usque ad plenam et integram sollutionem / et satisfactionem predictorum omnium et singulorum, renuntiando / omnibus legibus et statutis, consiliis, consuetudinibus, provisionibus / et ordinamentis et cetera, et generaliter omni alteri auxilio et benefitio / legum, iuris et usus. Insuper predicte partes et utraque / earum dederunt et concesserunt sibi vicissim, videlicet una pars / alteri et altera alteri presentibus et stipulantibus plenam / parabulam et licentiam intrandi et aprehenendi eorum propria / auctoritate corporalem possessionem et tenutam seu quaxi omnium / et singulorum bonorum et rerum mobillium et imobillium / pigneri presentium et futurorum, et interim donec intraverint / et dictam corporalem possessionem et tenutam seu quaxi / aprehendiderint, ex nunc prout ex tunc constituerunt sese / predicte partes et utraque earum predicta omnia bona / sua et res ut supra nomine et vice[d] / partis attendentis et observare volentis predicta omnia / et singula tenere et possidere vel quaxi donec / de predictis omnibus et singulis sollutio completa et / satisfactio integra facta fuerit de predictis omnibus / et singulis. Et exinde de predictis omnibus et singulis / rogatum fuit per me notarium infrascriptum publicum confici debere / instrumentum in laudem viri prudentis. Actum et cetera, testes et / notarii et cetera. /

[a] *Numero vergato nel margine sinistro della* c.
[b] *Segue* I *depennato.*
[c] insolidum *aggiunto sopra la linea da altra mano.*
[d] *Segue* unus alterius *depennato.*

[c. 135v.] De pactis

De pactis et transactionibus non potest dari vera / forma, quia transactiones solummodo fiunt super differentiis / bonorum inmobillium pro littigiis evitandis et alia / pacta fiunt secundum occurentias et voluntates hominum / diversimode, et est impossibile hic complecti[a] / omnia pacta, que fieri possunt, / sed pacta servari debent hoc stillo et ordine, videlicet / primo ponere omnia pacta que fieri contingunt / per unam partem quanta voluerit facere pro una / parte, et positis omnibus pactis unius partis postea / sequi alia omnia pacta, que fient per alteram / partem, et bene declarare quantum possibile / fuerit omnes intentiones contrahentium clare. / Et pro aliqua forma fiunt et dictantur infrascripta pacta / videlicet. /

LXXXX°IIII° [b] Pacta

Anno et cetera, Iohannes de Ruschonibus de Bedano[40] filius condam talis / et cetera et Luchinus eius filius cum parabula, consensu, / [c]voluntate, licentia et auctoritate suprascripti Iohannis patris / sui ibi presentis, volentis et consentientis et eidem / Luchino filio suo parabulam et consensum dantis / et prestantis ad infrascripta omnia et singula facienda, / qui ambo habitant in tali loco et cetera, parte una, / et Iohannes Iacobus Contini de Lugano[20] calgarius Lugani / filius condam /o/ parte altera, voluntarie et motu proprio et / omnibus illis modo, iure, via, causa et forma / quibus melius potuerunt et possunt, devenerunt et / pervenerunt et deveniunt et perveniunt ad infrascripta / pacta et conventiones mutua stipulatione / roborata, videlicet quod dictus Luchinus teneatur et / obligatus sit stare et habitare cum suprascripto Iohanne Iacobo / [c. 136r.] Contini ad eius operas et servitia ad artem calgarie / et se exercere toto suo posse et scire iuste, fideliter / et bona fide, sine fraude circha artem calgarie [d–]et negotia suprascripti[–d] [e–]Iohannis Iacobi[–e] ad / utillitatem et comodum dicti Iohannis Iacobi Contini et eius / heredum et bonorum suorum, et hoc per annos quinque / proxime futuros omni exceptione remota. / ****[f] / Et quod dictus Iohannes Iacobus Contini teneatur et obligatus sit / tenere suprascriptum Luchinum in eius domo habitationis et / ipsi Luchino prestare debita alimenta cibi et / potus, vestimentorum et calciamentorum secundum eius Iohannis Iacobi / facultatem et possibilitatem et secundum gradum et / condictionem dicti Luchini, et hoc propriis expensis dicti / Iohannis Iacobi et heredum suorum, et hoc per annos / quinque proxime futuros et etiam ipsum Luchinum toto suo / posse et scire instruere in arte calgarie et / in hiis omnibus in quibus ipse Iohannes Iacobus scit facere / in ipsa arte calgarie, et finito tempore dictorum / annorum quinque proxime futurorum dictus Iohannes Iacobus teneatur / et obligatus sit dare et solvere dictis patri et / filio libras /o/ terciolorum[g] semel tantum pro / silario[h] et mercede [d–]dicti Luchini[–d] standi cum ipso Iohanne Iacobo prout supra / omni exceptione remota. / ****[i] / Que quidem pacta et conventiones et omnia premissa suprascripti / Iohannes et Luchinus pater et filius, parte una, et / suprascriptus Iohannes Iacobus, parte altera, promisserunt et convenerunt / solemniter per stipulationem, obligando sese vicissim, videlicet / una pars alteri et altera alteri, cum parabula ut supra et omnia / sua vicissim bona pigneri presentia et futura presentibus / [c. 136v.] et stipulantibus, ac iuraverunt corporaliter ad sancta / dei evangelia manibus tactis scripturis sese predicta / omnia et singula in hoc instrumento contenta perpetuo / attendere, observare et exequtioni mandare ac / rata, grata, firma et valida habere et tenere / et nullo tempore contrafacere nec venire aliqua / ratione vel occaxione iuris vel facti comunis vel / spitialis, et hoc in pena et sub pena totius / damni et interesse et omnium expensarum, danda et / solvenda dicta pena per partem non attendentem / et observare nolentem parti attendenti et observare / volenti predicta omnia et singula, [j–]renuntiando exceptioni / huius instrumenti non ita facti et cetera[–j]. / Actum et cetera, testes et notarii et cetera. /

[a] *Segue* div *depennato.*
[b] *Numero vergato nel margine sinistro della* c.
[c] *Nel margine sinistro della* c. *in corrispondenza della riga 20 dell'originale il titolo* Pacta.
[d–d] *Parte aggiunta sopra la linea con segno di richiamo.*
[e–e] *Parte aggiunta con segno di richiamo nel margine sinistro della* c., *in corrispondenza delle righe 3–4 dell'originale.*
[f] *Spazio in bianco corrispondente a due righe.*
[g] *Segue* pro silario *depennato.*
[h] *Così, si intenda* salario.
[i] *Spazio in bianco corrispondente a tre righe.*
[j–j] *Parte aggiunta di seguito sulla linea e sopra la linea seguente.*

De tutellis et curis

LXXXX°V[a] Tutella generalis

Anno et cetera, cum sit quod nunc condam Iohannes de tali parte et cetera / decesserit relictis post post[b] se Iacobo, Ambrosio / et Caterina fratribus et sorore, filiis suis et heredibus / minoribus annis duodecim pro quolibet eorum, et qui / indigent ipsi fratres et soror minores ut supra pro tutore / et deffensore, qui eos et eorum bona regat et[c] custodiat, / ad hoc ne ipsi minores ut supra indeffensi remaneant / et ne eorum bona transeant in sinistrum, idcircho / coram magnifico et generoso viro domino[d] / Iohanne Henrico Vincheli de Soletia[67], capitaneo Lugani et / vallis et cetera[18], venit et comparuit domina Caterina / filia condam domini Petri de Somazo[48] de Lugano[20] et uxor / [c. 137r.] relicta condam [e-]suprascripti Ioannis[-e], mater dictorum / Iacobi, Ambrosii et Caterine fratrum et sororis minorum / ut supra, et ab ipso domino capitaneo petiit et petit quatenus / eam dominam Caterinam in tutricem, gestricem et admistratricem / generalem personarum et bonorum dictorum filiorum suorum / minorum ut supra det, decernat, constituat et confirmet, cum / ipsa domina Caterina sit ceteris omnibus preferenda / ad ipsam gestionem et administrationem. / Qui prefatus dominus capitaneus cognito quod ipsa domina Caterina, / mater suprascriptorum fratrum et sororis pupillorum ut supra, est / apta, idonea et sufficiens ad ipsam tutellam, / gestionem et administrationem exercendam, et quod ipsa / administratio sibi ceteris debet preferri omnibus / modo, iure, via, causa et forma quibus melius / potuit et potest ipsam dominam Caterinam ibi presentem / et petentem in tutricem generalem et pro tutrice generali / personarum et bonorum suprascriptorum Iacobi, Ambrosii et Caterine / fratrum et sororis, eius filiorum pupillorum ut supra et cuiuslibet / eorum [f-]quousque pervenerint ad etatem annorum quatuordecim pro quolibet[-f] [g-]eorum et deinde inantea curatricem generalem et pro curatrice generali suprascriptis fratribus et sorori, pupillis ut supra et cuilibet eorum usque quo pervenerint ad etatem perfectam, videlicet respectu ipsorum masculorum donec attingerint etatem annorum XIIII° pro quolibet eorum et respectu ipsius femine donec attingerit etatem annorum duodecim[-g], dedit, constituit et confirmavit et dat, constituit / et confirmat ad omnia ipsorum fratrum et sororis, / pupillorum ut supra et cuiuslibet eorum negotia peragenda, / gerenda et exercenda, deffendenda, salvanda / et administranda et ad quecumque alia ad[h] que offitium / tutricis generalis se debite et legiptime extendit / et que iuris ordo requirit. Que domina Caterina / tutrix constituta ut supra iuravit et iurat corporaliter / ad sancta dei evangelia manu tactis scripturis / ac etiam promissit et convenit solemniter per stipulationem, / obligando se et omnia sua bona mobilia et / inmobillia et supelectilia[i] domus et ea que / verisimiliter non cadunt in obligatione generali presentia / et futura, renuntiando auxilio senatus[j] consulti / Veleyani et secundis nuptiis et omni alteri iuri / legum et auxilio introductis in favorem mulierum, / [c.

137v.] et prius certiorata et certificata per me notarium[k] / infrascriptum quid sint et quid importent dicte leges et / iura ac renuntiatio michi notario infrascripto ut / publice persone stipulanti et recipienti nomine et vice / dictorum fratrum et sororis [f]-minorum et-[f] pupillorum, eos fratres et / sororem [f]-minores et-[f] pupillos et eorum bona regere, thueri et / gubernare bene, iuste, legaliter et bona fide, sine / fraude[l] atque eisdem facere omnia ea, que / eis putaverit esse utillia, et inutillia pretermittere, / salvare et gubernare omnia et singula, que ad / eius manus pervenerint ratione et occaxione huius / tutelle et offitii gestionis et administrationis ipsius, / et de eis omnibus et singulis eisdem debitis ac ipsos / pupillos indeffensos non derelinquere, salvo quod / semper possit uti veritate, sub pacto capiendi et / detinendi ubique realiter et personaliter suprascriptam dominam Caterinam / tutricem ut supra pro[m] ratione dicte tutelle reddenda / quam alio quocumque modo usque ad plenam et integram / sollutionem et satisfactionem predictorum omnium et singulorum, / renuntiando omnibus legibus et statutis, consiliis / et cetera et generaliter omni alteri auxilio et beneficio legum, / iuris et usus. Insuper ipsa domina Caterina mater / et tutrix ut supra dedit et concessit michi iam dicto / notario infrascripto ut publice persone stipulanti et recipienti / nomine et vice suprascriptorum fratrum et sororis, pupillorum / ut supra, plenam parabulam et licentiam intrandi et / aprehendendi eorum propria auctoritate corporalem possessionem / et tenutam seu quaxi omnium suorum bonorum et / rerum mobillium et imobillium presentium et futurorum, / et interim donec intraverint et dictam corporalem / possessionem et tenutam seu quaxi aprehendiderint, / ex nunc prout ex tunc constituit se dicta[n] / [c. 138r.] domina Caterina mater et tutrix ut supra predicta omnia bona / sua et res ut supra nomine et vice suprascriptorum fratrum et sororis, / eius filiorum pupillorum ut supra, tenere et posidere donec / quod eisdem fratribus et sorori, pupillis ut supra, sollutio completa / et satisfactio integra facta fuerit de predictis omnibus / et singulis, et exinde pro predicta domina Caterina tutrice / ut supra et ad eius preces et instantiam et pro predictis omnibus / et singulis per ipsam tutricem observandis et adimplendis / ut supra fideiussit et fideiussor, promissor et principalis / debitor estitit[o] Luchinus de tali parte filius condam talis et cetera, qui se pro / predicta tutrice et pro predictis omnibus et singulis in quolibet / capitulo firmiter attendendis, observandis, adimplendis / et exequtioni mandandis constituit fideiussorem, / attenditorem, solutorem et principalem debitorem, obligando / se et omnia sua bona pigneri presentia et futura insolidum / ita quod teneatur insolidum et cum effectu insolidum conveniri / possit, renuntiando auxilio novarum constitutionum[p] et / epistole divi Adriani et omni alteri iuri legum et auxilio / michi iam dicto notario infrascripto stipulanti et recipienti / nomine quo supra. Et predicta omnia et singula acta et / celebrata fuerunt et sunt coram prefato domino capitaneo / sedente in banco, super quodam banco posito in burgo Lugani, / in contrata de Carona[21], in eius domo ressidentie, quod bancum / et quem locum prefatus dominus capitaneus suum ellegit et / elligit bancum et tribunal idoneum in hac parte / pro infrascriptis omnibus et singulis spitialiter peragendis, et / qui in predictis omnibus et singulis suum et suam / et comunitatis Lugani et valis et cetera auctoritatem et / decretum interposuit et dedit et dat cum cognitione / cause et prius per ipsum causa cognita et ex eius offitio. / Et hec omnia acta fuerunt et sunt media interpretatione / domini Ieronimi Morexini de Lugano interpretis / prefati domini capitanei et eius rellatione. / Actum et cetera, testes et notarii et cetera. /

[c. 138v.] Si ipsa tutella decreta fuerit uni masculo, tunc non / ponatur ipsa clausula ubi legitur, renuntiando auxilio / senatus et consulti Veleyani et omni alteri iuri legum / et auxilio introductis in favorem mulierum, et prius / cerciorata et cetera, quia ipsa clausula ponatur tantum / in mulieres et non ponatur in masculos tutores. / Si autem maritus relinquisset uxorem pregnantem, / tunc fiat tutella de ventre ipsius mulieris / pregnantis et non nominatur pupillus nec pupilla, / [et][q] in iuramento et obligatione bonorum dicitur, / ipsum ventrem et bona ipsi pertinentia custodire / et cetera usque ad eius partum, quia, cum pepererit, / opportet ut faciat novam tutellam nominando / postea heredem, dicunt autem aliqui notarii / quod ventri datur curator quemadmodum muto vel / stulto, sed uterque modus est bonus. /

Nota quod si pater relinquerit plures filios vel / filias quorum aliqui sint pupilli et aliqui / maiores, dicatur sic videlicet. /

Cum hoc sit quod Iohannes de tali parte et cetera relinquerit / tales et tales eius filios, ex quibus talis et / talis sunt pupilli et indigent tutore et cetera.

Et / nota quod tutella semper debet primo preferri matri / vel avo paterno, et si mater erit nupta, / tunc debet dari proximo agnato, videlicet parentibus / paternis, et si non erit frater vel patruus / debet dari alteri proximo vel avo materno / et debet in istis casibus aliqua mentio fieri, / si erunt alii proximiores ipsi qui constituitur. / [r]Et de causa propter / quam ipsi non constituuntur, quia forsan erunt / [c. 139r.] alii, renuntiaverint nole esse tutores ex certis casibus, / et de ipsis renuntiatione et casibus debet fieri mentio ad / hoc ut appareat bene data ipsa tutella illi qui / constituitur, sed in tutellis que fiunt per parentes masculos / non ponitur illa renuntiatio mulierum. / Nota quod fideiussor debet esse idoneus secundum qualitatem / eris pupillorum et non debet esse servitor nec famulus, / prout solent dari in curis et antiquitus servari solebat, / et vide super hoc decretum ducale[68]. / Nota quod aliquando patruus habetur suspectus tutor / nepotum et si mater pupillorum erit nupta, debet / ipsi patruo dari tutella sive administratio bonorum / pupillorum et non personarum propter suspectum hereditatis, / sed debent ipsi remanere penes matrem vel avum / paternum pro eis educandis donec erunt extra infantiam, / et si sic fiet, tunc fiat mentio in tutella de / consignatione ipsorum infantium ipsi matri vel avo prout supra. / Nota etiam quod pupillus maior annis septem maxime si sit / boni intellectus secundum ipsum tempus, poterit una cum / tutore suo contrahere, sed tamen hic modus est / dubiosus et non solet servari, sed bene solet servari / quod curator una cum minoribus contrahit maxime / in curis ad negotia, sed hic modus est bonus / propter decretum, ut notatur infra. /

a *Numero vergato nel margine sinistro della* c.
b *Così, si espunga* post. *Segue* se *depennato.*
c et *aggiunto sopra la linea con segno di richiamo.*
d *Segue* Iacobo de tali *depennato.*
e–e *Parte aggiunta sopra la linea da altra mano sopra* Laurentii de tali parte et cetera *depennato.*
f–f *Parte aggiunta sopra la linea con segno di richiamo.*
g–g *Parte aggiunta nel margine sinistro della* c. *con segno di richiamo.*
h ad *aggiunto sopra la linea con segno di richiamo.*
i -e- *di* -el- *aggiunto sopra la linea con segno di richiamo.*
j *Segue* et *depennato.*
k -ot- *corretto sopra lettere non più leggibili.*
l *Segue* absque *depennato.*
m *Segue* ipsa *depennato.*
n *Segue* domina *depennato.*
o estitit *aggiunto sopra la linea.*
p *Segue* conve *depennato.*
q et *illeggibile a causa di una macchia d'inchiostro.*
r *Precede* quia forsan erunt alii *depennato.*

Inventarium seu adhitio hereditatis

Comuniter post tutellam inmediate fit instrumentum adhitionis / hereditatis facte per dictum tutorem nomine dictorum pupillorum, / et post dictam adhitionem hereditatis imediate fit / inventarium cum descriptione bonorum, et si non fit, / non potest tutor agere pro pupillo in agendo nec / deffendendo si fuerit oppositum, quia sic disponunt / statuta[69], et solet fieri ibique statim post tutellam, / et comuniter istud inventarium in prima vice non / finitur, sed si postea alia vice completur, [c. 139v.] debet fieri per instrumentum seperatum, et ubi in isto dicis, / fecit seu facere incoavit, in alio debes dicere, / intendens seu volens complere inventarium per / eum incohatum et cetera, ultra bona descripta in dicto / incohato inventario posuit et ponit infrascripta bona / et cetera. Et si non facies per hunc modum, poteris / facere per modum additionis dicendo, dicto inventario / addidit et cetera talia bona et cetera et per eum reperta / et cetera. /

LXXXXX°VI[a] Adhitio hereditatis

Ibique statim coram suprascriptis testibus et notariis, coram prefato / domino capitaneo sedente in banco super quodam banco posito / posito[b] in burgo Lugani[20], in contrata de Carona[21] in eius / domo ressidentie, quod bancum et quem locum prefatus dominus / capitaneus suum ellegit et elligit bancum et tribunal / idoneum in hac parte pro infrascriptis omnibus et singulis spitialiter / peragendis, eoque laudante et aprobante et decretum / suum et auctoritatem suam et comunitatis Lugani et valis[2] / et cetera interponente, dante et prestante cum cognitione / cause et prius per ipsum causa cognita, ac iubente / et decernente infrascripta omnia et singula valere / et tenere et per quamcumque personam servari debere, / cum sacris principum constitutione caveatur quod / tutores, antequam ad bona pupillorum et illorum quibus / dati sunt tutores attingant, inventarium seu / repertorium de bonis et rebus dictorum pupillorum facere / teneantur, alioquin penis subiaceant legiptimis / et ne a tutella removeantur ut suspecti, / idcircho[c] domina Caterina / filia condam talis et cetera et uxor relicta condam Iohannis de / tali parte et cetera, mater infrascriptorum fratrum et sororis / [c. 140r.] pupillorum et tutrix hodie per prefatum dominum capitaneum data, / constituta et confirmata tutrix generalis personarum[d] et bonorum[e] / suprascriptorum[e] Iacobi, Ambrosii et Caterine fratrum et[f] / sororis filiorum condam et heredum[g] insolidum suprascripti Iohannis / de tali parte, quilibet eorum pro sua portione, et que / domina Caterina mater et tutrix ut supra iuravit, cavit, / promissit, satisdedit et alia fecit que facere debet et ad / que tenetur de iure, ut constat publico instrumento ipsius / tutelle rogato per me notarium infrascriptum ibidem paulo / ante, volens penas legis evitare preposito / venerabili signo sancte crucis in fronte +, non / recedendo propterea ab aliqua alia adhitione / hereditatis facta per dictos fratres et sororem pupillos / seu per aliam personam eorum nomine, sed in ea insistendo / et perseverando hoc inventarium seu repertorium / cum auctoritate et decreto prefati domini capitanei / fecit et facere incoavit. In quo quidem inventario / seu repertorio dicta domina Caterina mater et / tutrix ut supra dicto tutorio nomine insolidum dixit et / protestata fuit ac dicit et protestatur se [h-]invenisse in[-h] / [i]bonis et rebus ac iuribus ipsorum fratrum et sororis / pupillorum ut supra ius adeundi[j] hereditatem dicti condam / Iohannis olim[k] patris dictorum fratrum et sororis / pupillorum. Quo repertorio sic facto prefatus dominus / capitaneus, sedens ut supra, statuit et decrevit ipsi / tutrici insolidum administrationem dicte tutelle / et iussit et decrevit quecumque agitabuntur per / ipsam tutricem insolidum dicto tutorio nomine haberi / debere et teneri pro validis et firmis tamquam / a vera et legiptima tutrice actis et factis, / salvo iure addendi huic repertorio semel et / pluries, si et quando invenerit de bonis et rebus / dictorum fratrum et sororis pupillorum. Ibique statim / suprascripta domina Caterina mater et tutrix insolidum / [c. 140v.] addendo dicto repertorio per eam facto ut supra omnibus modo, / iure, via, causa et forma quibus melius potuit et / potest, adhivit et adhit hereditatem ipsius condam / Iohannis olim patris dictorum fratrum et sororis pupillorum, / dicens et protestans ipsa tutrix insolidum dicto tutorio / nomine dictos fratres et sororem fuisse et esse heredes / insolidum, quilibet eorum pro sua portione suprascripti tunc condam / Iohannis de tali parte olim eorum patris, et se imischuisse / et imiscere velle de hereditate et bonis[l] a dicto / condam Iohanne eorum patre relictis insolidum ut supra, / credens ipsam hereditatem ut supra potius esse lucrosam / quam dampnosam, salvo iure omnium addendi huic / repertorio, si et quando invenerit de bonis et / rebus ipsorum fratrum et sororis pupillorum. Et exinde / de predictis omnibus et singulis rogatum fuit per me / notarium infrascriptum publicum confici debere instrumentum in laudem / viri prudentis. Actum et cetera, testes et notarii et cetera. /

[a] *Numero vergato nel margine sinistro della* c.
[b] *Così, si espunga* posito.

[c] *Segue* suprascriptus Iacobus de tali parte et cetera *depennato.*
[d] -arum *corretto sopra* -as.
[e] -orum *corretto sopra* -os.
[f] *Segue* sororibus *depennato.*
[g] -um *corretto sopra* -ibus. *Segue* suprascripti Iohannis *depennato.*
[h–h] *Parte aggiunta sopra la linea da altra mano sopra* imischuisse *depennato.*
[i] *Precede* de *depennato.*
[j] adeundi *aggiunto sopra la linea da altra mano sopra* addendo *depennato.*
[k] *Segue* fratris di *depennato.*
[l] *Segue* dicti *depennato.*

LXXXX°VII[a] Inventarium cum descriptione bonorum

Ibique statim coram suprascriptis testibus et notariis, coram magnifico et / generoso viro domino Iohanne Henrico Vincheli de Soletia[67] / capitaneo Lugani et valis[18] et cetera sedente in banco, / super quodam banco posito in burgo Lugani[20], in / contrata de Carona[21] in eius domo ressidentie, quod / bancum et quem locum prefatus dominus capitaneus suum ellegit / et elligit bancum et tribunal idoneum in hac / parte pro infrascriptis omnibus et singulis spitialiter peragendis, / eoque laudante et aprobante et decretum suum / et auctoritatem suam et comunitatis Lugani et valis / et pertinentiarum[2] interponente, dante et prestante / cum cognitione cause et prius per eum causa cognita / et ex eius offitio, Caterina filia condam talis de tali parte et cetera et / [c. 141r.] uxor relicta condam Iohannis de tali parte et cetera, mater infrascriptorum / fratrum et sororis eius[b] et dicti condam Iohannis filiorum / et heredum insolidum tutrix et tutorio nomine Iacobi, / Ambrosii et Caterine fratrum et sororis[c] / eius et dicti condam Iohannis filiorum et heredum, quilibet eorum / pro sua portione[d], eis data, constituta et confirmata / per prefatum dominum capitaneum, ut constat publico instrumento ipsius tutelle / rogato per me notarium infrascriptum ibidem paulo ante, et que / mater et tutrix ut supra insolidum fecit et facere incoavit / inventarium seu repertorium de bonis et rebus dictorum fratrum / et sororis pupillorum ut supra, addendo repertorio per eam facto / dixit et protestata fuit ac dicit et protestatur se imiscuisse[e] / in et de bonis et rebus dictorum fratrum et sororis pupillorum, / relictis per dictum condam Iohannem olim eorum patrem in eius / hereditate et bonis et invenisse[f] de bonis et rebus / relictis per dictum condam Iohannem olim ipsorum fratrum et sororis / pupillorum patrem in eius hereditate et bonis infrascripta / bona inferius descripta et coherentiata, salvo iure / addendi huic repertorio semel et pluries, si et quando / invenerit de bonis et rebus ac iuribus dictorum fratrum / et sororis pupillorum ut supra. Et exinde de predictis omnibus / et singulis rogatum fuit per me notarium infrascriptum publicum / confici debere instrumentum in laudem viri prudentis. / Bona de quibus supra fit mentio sunt ista videlicet. /

Ponantur ibidem[g] bona pupillorum in scriptis de uno / in unum. /

Actum et cetera, testes et notarii et cetera. /

[a] *Numero vergato nel margine sinistro della* c.
[b] *Segue* filiorum *depennato.*
[c] *Segue* fratrum et sororis *depennato.*
[d] *Segue* suprascriptus *depennato.*
[e] imiscuisse *aggiunto sopra la linea da altra mano di seguito a* invenisse *depennato, già aggiunto da altra mano sopra la linea sopra* imischuisse *depennato;* imiscuisse *ripetuto e aggiunto con segno di richiamo anche nel margine sinistro della* c. *in corrispondenza delle righe 12–13 dell'originale.*
[f] invenisse *aggiunto sopra la linea sopra* imischuisse *depennato;* invenisse *aggiunto con segno di richiamo anche nel margine sinistro della* c. *in corrispondenza delle righe 15–16 dell'originale.*
[g] *Segue* omnia *depennato.*

LXXXX°VIII[a] Actoria ad causas suprascripte tutricis et pupillorum

Ibique statim coram suprascriptis testibus et notariis, coram prefato domino / capitaneo sedente in banco, super quodam banco posito in / burgo Lugani[20], in contrata de Carona[21] in eius domo residentie, / quod bancum et quem locum prefatus dominus capitaneus suum / ellegit et elligit bancum et tribunal idoneum in hac / [c. 141v.] [parte] pro infrascriptis omnibus et singulis spitialiter peragendis, eoque laudan[te] / et aprobante et decretum suum et auctoritatem suam / et comunitatis Lugani et valis[2] et cetera interponente, dante / et prestante cum cognitione cause, et prius per eum / causa cognita et ex eius offitio, et aliis omnibus modo, / iure, via, causa et forma quibus melius potuit et / potest domina Caterina de tali parte et cetera filia condam talis et cetera et / uxor relicta condam Iohannis de tali parte et cetera, mater / infrascriptorum fratrum et sororis pupillorum, tutrix generalis / et tutorio nomine personarum et bonorum Iacobi, Ambrosii / et Caterine fratrum et sororis eius et dicti condam Iohannis / filiorum et heredum minorum annis duodecim pro / quolibet eorum[b], quilibet eorum pro sua portione, / eis data, constituta et confirmata per magnificum dominum / capitaneum Lugani[18] et cetera, et que mater et tutrix / ut supra iuravit, cavit, promissit, satisdedit inventariumque / seu repertorium de bonis et rebus dictorum fratrum et / sororis eius filiorum pupillorum ut supra, fecit seu facere / incoavit et alia fecit que facere debet et ad / que tenetur de iure, ut constat publicis instrumentis ipsorum / tutelle, inventarii seu repertorii rogatis per me / notarium infrascriptum die hodie ibidem paulo ante, dicto / tutorio nomine insolidum fecit, constituit, creavit / et ordinavit ac facit, constituit, creat et / ordinat suos dicto tutorio nomine insolidum et / dictorum fratrum et sororis eius filiorum pupillorum ut supra / et cuiuslibet eorum certos missos, nuntios, actores / veros et legiptimos procuratores, et quicquid melius / dici et esse potest nobiles viros dominos talem / et talem, omnes causidicos Lugani et quemlibet / eorum insolidum, ita quod occupantis condictio melior / non existat, et quod unus eorum inceperit quisque / aliorum mediare prosequi valeat et finire ad / [c. 142r.] omnes ipsius tutricis dicto tutorio nomine insolidum et ipsorum / fratrum et sororis pupillorum ut supra et cuiuslibet eorum causas, littes, / questiones, discordias et controversias, quas ipsi constituentes / ut supra nominati habent seu habere possint seu intendunt / vel sperant cum quibuscumque personis seu persona, comuni, collegio, / capitulo et universitate coram quocumque iudice vel auditore, / consule, vicario vel rectore tam ecclesiastico quam seculari, / dato vel dando sub toto Lugani examine et alibi / ubique, et hoc tam ad agendum quam ad deffendendum, apellandum, / negandum et confitendum, libellos et petitiones dandum et / recipiendum, littem seu littes contestandum, terminos et / dillationes petendum, collocandum et statuendum, capitula / et positiones faciendum, positionibus respondendum et eas / de novo ratifficandum et aprobandum[c], / [d]testes et instrumenta, iura et alias / probationes faciendum[e], productos et producta reprobandum, / productis et producendis contradicendum, suspectos et confidentes / dandum, iudices et notarios elligendum et recusandum, / sententias tam diffinitivas quam interloqutorias audiendum, / ab eis apellandum easque anullandum et nullas esse / dicendum et apellationum causas prosequendum, crimina et / deffectus opponendum, eos probandum et in integrum / restitutionem petendum, et ad sacramenta veritatis et / calumpnie et cuiuslibet alterius generis et maneriei sint / facienda, danda, prestanda et refferenda in animas / et super animas ipsorum constituentium ut supra, et ad quascumque / protestationes, securitates, nominationes, denominationes, denuntiationes, / [f]comissiones et compromissa faciendum, et generaliter ad ea / omnia et singula facienda, gerenda et exercenda, que / merita causarum postulant et requirunt et que in / predictis et circha predicta necessaria fuerint et utillia, / etiam si talia forent que mandatum exigant magis / spetiale et que ipsamet tutrix constituens nomine ut supra faceret / [c. 142v.] et facere posset si presens adesset, dans et concedens dicta / Caterina constituens[g] dicto tutorio nomine ut supra eisdem / constitutis procuratoribus suis et cuilibet eorum insolidum plenum, / liberum et generale mandatum cum plena, libera et / generali administratione ad predicta omnia et singula / facienda, gerenda et exercenda, et quicquid per suprascriptos / constitutos procuratores suos et quemlibet eorum insolidum actum, / factum, gestum, iuratum, procuratum fuerit et ordinatum in / predictis et circha predicta, id totum et ea omnia et / singula suprascripta domina Caterina constituens dicto tutorio / nomine ut supra insolidum promissit et convenit solemniter per / stipulationem, obligando se dicto tutorio nomine ut supra / et dictos fratres et sororem eius filios, pupillos ut supra, / et omnia dictorum fratrum et sororis pupillorum bona / pigneri presentia et futura michi notario infrascripto ut / publice persone stipulanti et recipienti nomine et vice omnium / et singularum personarum, quarum interest, intererit vel / interesse poterit quomodolibet in futurum, de rato habendo, / iudicato solvendo et de iuditio systi et iudicatum solvi, / et de rellevando suprascriptos missos et procuratores suos et / quemlibet eorum insolidum ab omnibus satisdationibus in / omnibus et per omnia. Et exinde de predictis omnibus et / singulis rogatum fuit per me notarium infrascriptum publicum / confici debere instrumentum in laudem viri prudentis. / Actum et cetera, testes et notarii et cetera. /

[a] *Numero vergato nel margine sinistro della* c.
[b] *Segue* f *depennato.*
[c] *Segue* capitula et positiones *depennato.*
[d] *Precede in parte sulla linea precedente* faciendum positionibus respondendum et eas de novo / ratifficandum et aprobandum *depennato.*
[e] *Segue* positio *depennato.*
[f] *Precede* et *depennato.*
[g] *Segue* none *depennato.*

LXXXX°VIIII° [a] Cura minoris seu minorum tantum generalis

Anno et cetera, magnificus et generosus vir dominus Iohannes Henricus / Vincheli de Soletia[67] capitaneus Lugani et valis[18] et cetera / sedens in banco et cetera, posito in burgo Lugani[20], in contrata / de Carona[21] in domo eius ressidentie, quod bancum et / quem locum prefatus dominus capitaneus suum ellegit et / [c. 143r.] elligit bancum et tribunal idoneum in hac parte pro infrascriptis / omnibus et singulis spitialiter peragendis et ex eius offitio, et / aliis omnibus modo, iure, via, causa et forma quibus melius / potuit et potest, habita prius per eum dilligenti informatione / et per eum prius causa cognita, dedit, constituit, confirmavit / et ordinavit et datum, constitutum et ordinatum aprobavit, / laudavit et confirmavit et aprobat, laudat et / confirmat ser Iacobum de tali parte filium condam talis et cetera, fratrem infrascripti / minoris presentem et onus huius cure in se sponte suscipientem, / curatorem generalem et pro curatore generali, videlicet Donato eius / fratri filio condam et heredi pro eius portione suprascripti condam talis, maiori / annis quatuordecim minori tamen annis XXV, ibidem / presenti et petenti ac requirenti, ad omnia ipsius talis / minoris ut supra negotia peragenda, exercenda, gerenda[b], / [c]deffendenda, salvanda et adimplenda et / ad quecumque alia, que offitium curatoris generalis se debite / et legiptime extendit et que iuris ordo requirit. / Qui ser Iacobus curator datus et confirmatus ut supra, delato / sibi sacramento per prefatum dominum capitaneum, iuravit et / iurat corporaliter ad sancta dei evangelia manu tactis / scripturis in manibus prefati domini capitanei ac cavit / et promissit solemniter per stipulationem, obligando se et / omnia sua bona insolidum pigneri presentia et futura / mobilia et inmobilia etiam suplectilia domus et / utensilia et ea que non cadunt in obligatione generali, / ita quod teneatur insolidum et cum effectu insolidum conveniri / possit, renuntiando auxilio novarum constitutionum et epistule / divi Adriani et omni alteri iuri legum et auxilio in manibus / prefati domini capitanei et mei notarii infrascripti ut publice / persone et utriusque nostrum insolidum stipulantis et recipentis / nomine et vice et ad partem et utillitatem tantum / suprascripti Donati minoris et cuiuslibet alterius persone cuya / interest, intererit vel interesse poterit quomodolibet / in futurum et per ipsum dominum capitaneum et me notarium / infrascriptum dicto nomine stipulantes et recipientes ipsi Donato / [c. 143v.] minori ut supra et cuilibet alteri persone cuya interest, / intererit vel interesse poterit vel posset, quod dictam / curam et offitium dicte cure geret, faciet, exercebit / et administrabit bene, fideliter et iuste, legaliter et bona / fide, sine fraude ad utillitatem dicti minoris utilia / faciendo et inutillia pretermittendo, et quod de hiis / omnibus et singulis, que ad ipsius curatoris manus pervenerint / de bonis et rebus dicti Donati minoris ratione et occaxione / huius cure et offitii gestionis et administrationis ipsius / et de neglectis et obmissis tempore debito bonam et integram / faciet, reddet et restituet suprascripto Donato minori et cuilibet / alii persone cui debebit de iure rationem, sollutionem / et satisfactionem et reliqua restituet cum augumentis / debitis et augumentorum augumentis et que neglectorum, / obmissorum et reliquorum nomine continentur, et hoc / cum omnibus expensis, damnis et interesse que proinde / fierent et paterentur, et quod ea omnia et singula, / que ad ipsius curatoris manus pervenerint de bonis / et rebus dicti minoris ratione et occaxione huius cure / et offitii gestionis et administrationis eius, custodiet et / salvabit nomine ipsius minoris, et quod ipsum minorem / et bona sua non permittet indeffensum nec / indeffensa, pro posse suo inventarium seu repertorium / debitum confitiet de bonis dicti minoris et sibi pertinentibus / et omnia alia et singula faciet dicto minori circha / dictam curam et offitium gestionis et administrationis ipsius, / que facere debet et ad que tenetur de iure et ex / natura huiusmodi contractus cure, et in omnibus et / per omnia iuravit et iurat, cavit, promisit et[d] satisdedit, / prout iurari, promitti et satisdari requiritur / de iure, et inde per omnia et pro ipso Iacobo curatore / et eius precibus et instantia et mandato et pro / predictis omnibus et singulis per ipsum curatorem attendendis, / [c. 144r.] observandis et adimplendis estitit fideiussor ser Iacobinus / de tali parte et cetera filius condam Iohannis, qui se omni tempore sponte constituit / pro predictis omnibus et singulis principalem debitorem, observatorem / et adimpletorem insolidum ita quod teneatur insolidum et / cum effectu insolidum conveniri possit, renuntiando auxilio / novarum constitutionum et epistule divi Adriani et omni alteri / iuri legum et auxilio, obligando se proinde et omnia sua / bona pigneri presentia et futura prefato domino capitaneo et / michi notario infrascripto ut publice persone[e], / presentibus et stipulantibus nomine quo supra, quibus sic peractis / et solemniter gestis prefatus dominus capitaneus dicto curatori / insolidum dicto curatorio nomine quo supra presenti et acceptanti / decrevit et ordinavit ipsam curam et gestionem et / administrationem ipsius ac in predictis omnibus et singulis suum / et suam et comunitatis valis Lugani et pertinentiarum[2] auctoritatem / et decretum interposuit et dedit et dat cum cognitione / cause et prius per eum causa cognita et ex eius offitio, et / exinde de predictis omnibus et singulis rogatum fuit per me notarium / infrascriptum publicum confici debere instrumentum in laudem viri prudentis. / Actum et cetera, testes et notarii et cetera. /

a *Numero vergato nel margine sinistro della* c.

b *Segue* et *depennato.*

c *Precede* exercenda *depennato.*

d et *aggiunto sopra la linea con segno di richiamo.*

e *Segue* stipulanti nomine *depennato.*

C[a] Inventarium seu repertorium post suprascriptam curam

Ibique statim coram suprascriptis testibus et notariis, coram magnifico et generoso / viro domino Iohanne Henrico de tali parte capitaneo Lugani et valis[18] / et cetera sedente in banco super quodam banco posito in burgo / Lugani[20], in eius domo ressidentie, quod bancum et quem locum / prefatus dominus capitaneus suum ellegit et elligit bancum et / tribunal idoneum in hac parte pro infrascriptis omnibus et singulis / spitialiter peragendis eoque laudante et aprobante et decretum / suum et auctoritatem suam et comunitatis Lugani et valis[2] et cetera interponente, / dante et prestante cum cognitione cause et prius per eum / causa cognita ac iubente et decernente infrascripta omnia / et singula valere et tenere et per quamcumque personam servari / debere, cum sacris principum constitutione caveatur quod curatores / [c. 144v.] antequam ad bona minorum et illorum quibus dati sunt curatores / attingant, inventarium seu repertorium de bonis et rebus / dictorum minorum facere teneantur, alioquin penis subiaceant / legiptimis et ne a cura removeantur ut suspecti, / idcircho suprascriptus ser Iacobus de tali parte filius condam talis et cetera[b] / frater et curator infrascripti minoris hodie per prefatum dominum / capitaneum datus, constitutus et confirmatus curator generalis / et pro curatore generali Donato eius fratri filio condam et heredi pro / sua portione suprascripti Iohannis de tali parte maiori annis / quatuordecim minori tamen annis viginti quinque, / et qui curator iuravit, cavit, promissit, satisdedit / et alia fecit que facere debet et ad que tenetur de iure, / ut constat instrumento ipsius cure rogato per me notarium / infrascriptum ibidem paulo ante, volens penas legis / evitare, preposito venerabili signo sancte crucis / in fronte +, non recedendo propterea ab aliqua / alia adhitione hereditatis facta per dictum Donatum / minorem seu per aliam personam eius nomine, sed in ea / insistendo et perseverando, hoc inventarium seu / repertorium cum auctoritate et decreto prefati domini / capitanei fecit seu facere incoavit. In quo quidem / inventario seu repertorio dictus ser Iacobus curator dicto / curatorio nomine insolidum etiam una cum dicto Donato / minore ut supra et de eius voluntate[c] / et ipse Donatus minor una cum dicto eius curatore / ut supra et cum eius auctoritate et licentia dixerunt / et protestati fuerunt et dicunt et protestantur sese / imischuisse in bonis et rebus ac iuribus ipsius Donati / minoris ut supra ius addendo hereditati dicti condam Iohannis / olim eius patris. Quo repertorio sic facto prefatus / dominus capitaneus sedens ut supra statuit et decrevit ipsi curatori / insolidum administrationem dicte cure, et iussit et / decrevit quecumque agitabuntur per ipsum curatorem / insolidum dicto curatorio nomine dicti Donati minoris / [c. 145r.] haberi debere et teneri pro validis et firmis tamquam / a vero et legiptimo curatore actis et factis, salvo / iure addendi huic repertorio semel et pluries, si et / quando invenerit de bonis et rebus dicti Donati / minoris. Ibique statim suprascriptus Iacobus curator insolidum / etiam una cum suprascripto Donato minore eius fratre et ipse / Donatus minor una cum dicto eius curatore et cum eius / auctoritate et consensu et cum auctoritate et decreto prefati / domini capitanei, addendo dicto repertorio per eos facto ut supra / omnibus modo, iure, via, causa et forma quibus melius / potuerunt et possunt, adhiverunt et adheunt hereditatem / ipsius condam Iohannis patris dicti Donati minoris, dicentes / et protestantes, videlicet dictus curator insolidum dicto curatorio / nomine et ipse Donatus minor eius frater filius condam et heres / pro sua portione suprascripti talis fuisse et esse heres / dicti condam /o/ eius patris et se imischuisse et / imiscere velle de hereditate et bonis a dicto condam /o/ / eius patre relictis et hoc pro sua portione ut supra, / credentes ipsam hereditatem ut supra potius esse lucrosam / quam dampnosam, salvo iure omnium addendi huic repertorio, / si et quando invenerint de bonis et rebus ipsius / Donati minoris. Et exinde de predictis et cetera. / Actum et cetera, testes et notarii et cetera. /

[a] *Numero vergato nel margine sinistro della* c.
[b] *Segue* curat *depennato.*
[c] *Segue* cum eius voluntate *depennato.*

CI[a] Aliud inventarium post suprascriptam curam

Ibique statim coram suprascriptis testibus et notariis, coram prefato domino / capitaneo sedente et cetera ut supra eoque laudante et aprobante et cetera / ut supra cum cognitione cause et prius per eum causa cognita / et ex eius offitio suprascriptus Iacobus de tali parte et cetera frater / infrascripti minoris, insolidum curator et curatorio nomine Donati / eius fratris filii condam et heredis pro sua portione suprascripti Iohannis de / tali parte et cetera maioris annis XIIII° minoris tamen / annis XXV, ei datus, constitutus et confirmatus per[b] / dominum capitaneum Lugani[18] et cetera, ut constat publico instrumento ipsius / cure rogato per me notarium infrascriptum ibidem paulo ante, / [c. 145v.] et qui curator insolidum fecit et facere incoavit / inventarium seu repertorium de bonis et rebus dicti / Donati minoris, et etiam ipse curator insolidum et una / cum dicto Donato minore presente et cum eius consensu / et ipse Donatus minor una cum suprascripto eius curatore / et cum eius auctoritate et consensu et cum auctoritate et decreto / prefati domini capitanei, addendo repertorio per eos facto / dixerunt et protestati fuerunt ac dicunt et protestantur / sese imischuisse de bonis et rebus ac iuribus dicti / Donati minoris relictis per dictum condam Iohannem olim / eius patrem et invenisse de bonis et rebus / relictis per dictum condam eius patrem in eius hereditate / et bonis tertiam partem pro indiviso omnium et singulorum / bonorum et rerum mobillium et imobillium seseque / moventium, iurium, actionum et nominum debitorum et creditorum / relictorum per dictum condam Iohannem olim eius patrem / in eius hereditate et bonis, salvo iure addendi / huic repertorio semel et pluries, si et quando / invenerint de bonis et rebus ac iuribus dicti Donati / minoris. Et exinde de predictis et cetera[c]. / Que bona sunt hec videlicet. /

Ponantur bona. /

Actum et cetera, testes et notarii et cetera. /

[a] *Numero vergato nel margine sinistro della* c.
[b] *Segue* magnificum prefatum *depennato.*
[c] *Segue* Actum et cetera *depennato.*

CII[a] Actoria ad causas facta per curatorem et minorem

Anno suprascripto ibique statim coram suprascriptis testibus et notariis, / coram prefato domino capitaneo sedente ut supra et cetera eoque / laudante et aprobante et decretum suum et auctoritatem / suam et comunitatis Lugani et valis[18] et cetera interponente, / dante et prestante cum cognitione cause et prius / per ipsum causa cognita et ex eius offitio ser Iacobus de [c. 146r.] tali parte et cetera habitans et cetera, curator insolidum et curatorio / nomine Donati eius fratris[b] similliter filii condam suprascripti Iohannis / ac heredis pro tertia parte, maioris annis quatuordecim / minoris tamen annis XXV, ei datus, constitutus et / confirmatus per prefatum dominum capitaneum, et qui curator / iuravit, cavit, promissit, satisdedit et alia fecit, / que facere debet et ad que tenetur de iure, inventariumque / seu repertorium de bonis et rebus dicti minoris fecit seu / facere incoavit, ut constat instrumentis ipsorum cure, / inventarii seu repertorii rogatis per me notarium infrascriptum hodie / paulo ante, dicto curatorio nomine insolidum etiam una cum / suprascripto Donato minore et cum eius consensu et voluntate / et dictus Donatus minor una cum dicto eius curatore / et cum eius licentia et auctoritate ac etiam cum auctoritate / et decreto prefati domini capitanei fecerunt, constituerunt, / creaverunt et ordinaverunt ac faciunt, constituunt, / creant et ordinant et uterque eorum cum parabula ut supra fecit, / constituit, creavit et ordinavit ac facit, constituit, / creat et ordinat suos dicto nomine, videlicet dicti Donati / minoris, certos missos et cetera et quicquid melius dici et / esse potest nobiles viros dominos talem, talem et / talem, omnes procuratores Lugani[20] et quemlibet eorum insolidum, / ita quod occupantis condictio melior non existat et cetera / ad omnes dicti curatoris dicto nomine insolidum et dicti / Donati minoris ut supra causas, littes et cetera / estendatur, prout in alia actoria ibi ante supra fit / mentio mutatis mutandis, / quas dictus Donatus minor habet et cetera cum quibuscumque / personis et cetera, coram quocumque iudice et cetera, et ad sacramenta / veritatis et calumpnie et cuiuslibet alterius generis / et manieriey sint facienda et cetera in animam et / super animam dicti Donati minoris et dicti eius curatoris / dicto nomine constituentis, et ad quascumque protestationes / et cetera faciendum, et generaliter ad ea omnia et singula / facienda et cetera, que merita causarum postulant et cetera, / [c. 146v.] dantes et cetera suprascripti constituentes superius nominati nomine et cum parabula / ut supra eisdem constitutis procuratoribus suis et cuilibet eorum insolidum / [c-]eisdem constitutis procuratoribus suis et cuilibet eorum insolidum[-c] plenum et cetera / mandatum et cetera, et quicquid per suprascriptos[d] constitutos / procuratores suos et quemlibet eorum insolidum actum et cetera in predictis / et circha predicta, id totum et ea omnia et singula suprascriptus / Iacobus curator et curatorio nomine ut supra insolidum et una / cum dicto minore ut supra et dictus Donatus minor una cum / suprascripto eius curatore et cum eius licentia et auctoritate, constituentes / ut supra promisserunt et cetera, obligando se et utrumque eorum dicto nomine / et omnia eorum et utriusque eorum dicto nomine ut supra bona et cetera / michi notario infrascripto ut publice persone stipulanti et / recipienti nomine et vice omnium personarum quarum interest, / intererit vel interesse poterit, de rato habendo, iudicato / solvendo et de iuditio systi et iudicatum solvi, et / de rellevando suprascriptos missos et procuratores suos et / quemlibet eorum insolidum ab omnibus satisdationibus in omnibus / et per omnia. Et exinde de predictis et cetera. / Actum et cetera, testes et notarii et cetera. /

[a] *Numero vergato nel margine sinistro della* c.
[b] *Segue* minoris *depennato.*
[c–c] *Così, si espunga parte ripetuta per errore.*
[d] *Segue* procuratores *depennato.*

CIII[a] Cura et tutella simul et semel

Anno et cetera, magnificus et generosus vir dominus Iohannes Henricus Vincheli / de Soletia[67] capitaneus Lugani et valis[18] et cetera sedens in banco / et cetera posito in tali loco et cetera, quod bancum et cetera prefatus dominus / capitaneus suum ellegit et elligit bancum et cetera in hac parte / pro infrascriptis omnibus et singulis spitialiter peragendis et / ex eius offitio, et aliis omnibus modo, iure, via, causa et / forma quibus melius potuit et potest, habita prius / per eum dilligenti informatione et per eum prius / causa cognita, dedit, constituit, confirmavit et / ordinavit et datam, constitutam et ordinatam / aprobavit, laudavit et confirmavit et approbat, / [c. 147r.] laudat et confirmat dominam Caterinam filiam condam talis et cetera et uxorem / relictam condam ser Gaudentii de tali parte et cetera, matrem / infrascriptorum fratrum et sororum minorum et pupillorum presentem et / onus huius tutelle et cure in se sponte suscipientem, / curatricem generalem et pro curatrice generali Antonio, / Mafeo et Bernardine fratribus et sorori eius filiis ac / filiis condam et heredibus pro suis portionibus suprascripti condam Gaudentii / de tali parte, maioribus annis quatuordecim minoribus / tamen annis XXV pro quilibet eorum, ibidem presentibus, / petentibus et requirentibus et tutricem generalem et pro / tutrice generali Martino et Agneti fratri et sorori / simillitereius filiis ac filiis condam et heredibus[b] pro suis / portionibus suprascripti ser Gaudentii pupillis, minoribus / annis quatuordecim pro utroque eorum, ad omnia ipsorum / ipsorum[c] fratrum et sororum minorum et pupillorum[d] / et cuiuslibet eorum negotia peragenda et cetera et ad quecumque / alia, que offitium curatricis et tutricis generalis se debite / et legiptime extendit et que iuris ordo requirit. / Que domina Caterina mater et tutrix et curatrix ut supra / data, constituta et confirmata, delato sibi sacramento per / prefatum dominum capitaneum, iuravit et iurat corporaliter ad / sancta dei evangelia manu tactis scripturis in manibus / prefati domini capitanei ac cavit et promissit solemniter per / stipulationem, obligando se et omnia sua bona / pigneri presentia et futura mobilia et imobillia / etiam suplectilia domus et utensilia et ea que / non cadunt in obligatione generali, ita quod teneatur / insolidum et cetera, renuntiando auxilio novarum constitutionum / et epistule divi Adriani et omni alteri iuri legum et / auxilio, item renuntiando auxilio senatus et consulti Veleyani / et omni alteri iuri legum et auxilio introductis in / favorem mulierum et prius cerciorata et certificata / per me notarium infrascriptum quid sint et quid importent / dicte leges et iura. /

Ista renuntiatio non ponitur pro masculis tutoribus et curatoribus, / [c. 147v.] sed tantummodo pro mulieribus. /

In manibus prefati domini capitanei et mei notarii infrascripti et / utriusque nostrum insolidum presentium, stipulantium et recipientium / nomine et vice et ad partem et utillitatem tantum suprascriptorum / fratrum et sororum minorum et pupillorum et cuiuslibet persone / cuya interest, intererit vel interesse poterit quomodolibet / in futurum et per ipsum dominum capitaneum et me notarium infrascriptum / dictis nominibus stipulantes et recipientes ipsis fratribus et / sororibus minoribus et pupillis et cuilibet ipsorum et / cuilibet alii persone cuya interest, intererit vel interesse / poterit vel posset, quod dictas curam et tutellam et / offitium dictarum cure et tutelle geret, faciet, exercebit / et administrabit bene, fideliter, iuste, legaliter et bona / fide, sine fraude ad utillitatem dictorum fratrum et sororum / minorum et pupilorum et cuiuslibet eorum utilia faciendo et cetera, / et quod de hiis omnibus et singulis, que ad ipsius curatricis / et tutricis manus pervenerint de bonis et rebus dictorum / fratrum et sororum minorum et pupilorum ratione et occaxione / harum cure et tutelle et offitii gestionis et administrationis / ipsarum, et de neglectis et obmissis tempore debito faciet, / reddet et restituet suprascriptis fratribus et sororibus minoribus / et pupillis et cuilibet eorum et cuilibet alii persone cui / debebit de iure rationem, solutionem et satisfactionem, / et reliqua restituet cum augumentis debitis et / augumentorum augumentis et que neglectorum, obmissorum / et reliquorum nomine continentur, et cum omnibus expensis, / damnis et interesse que proinde fierent et paterentur, / et quod ea omnia et singula, que ad ipsius curatricis / et tutricis manus pervenerint de bonis et rebus / dictorum fratrum et sororum minorum et pupilorum et / cuiuslibet eorum ratione et occaxione harum cure et tutelle, / custodiet et salvabit nomine ipsorum fratrum et sororum / minorum et pupilorum et cuiuslibet eorum, et quod ipsos fratres / [c. 148r.] et sorores minores et pupillos et quemlibet eorum et bona / sua non permittet indeffensos nec indeffensa pro / posse suo, inventarium seu repertorium debitum confitiet / de bonis et rebus dictorum fratrum et sororum minorum et / pupilorum et cuiuslibet eorum et sibi pertinentibus, et omnia alia / et singula faciet dictis fratribus et sororibus minoribus / et pupillis et cuilibet eorum circha dictas curam et / tutellam et offitium gestionis et administrationis earum, / que facere debet et ad que tenetur de iure et ex / natura huiusmodi contractus tutelle et cure, et / in omnibus et per omnia iuravit et iurat, cavit, / promissit et satisdedit, prout iurari, promitti et / satisdari requiritur de iure, et inde per omnia / et pro ipsa domina Caterina tutrice et curatrice ut supra / et eius precibus, instantia et mandato et pro predictis omnibus / et singulis per ipsam curatricem et tutricem attendendis, / observandis et adimplendis, estitit fideiussor talis / de tali parte et cetera, qui se omni tempore sponte constituit, / et pro predictis omnibus et singulis principalem debitorem, / observatorem et adimpletorem insolidum, ita quod teneatur / insolidum et cetera, renuntiando auxilio novarum constitutionum et / epistole divi Adriani et cetera, obligando se proinde et / omnia sua bona pigneri presentia et futura prefato domino / capitaneo et michi notario infrascripto publice persone / et utrique nostrum insolidum stipulantibus et recipientibus / dictis nominibus et ut supra, quibus sic peractis et / solemniter gestis prefatus dominus capitaneus dicte curatrici et tutrici / insolidum dictis curatorio et tutorio nominibus quibus supra presenti / et acceptanti decrevit et ordinavit ipsas curam / et tutellam et gestionem et administrationem ipsarum / ac in predictis omnibus et singulis suum et suam et comunitatis / Lugani et valis[2] et cetera auctoritatem et decretum interposuit / et dedit et dat cum cognitione cause et prius per eum / causa cognita et ex eius offitio. Et exinde de predictis et cetera. / [A]ctum[e] et cetera, testes et notarii et cetera. /

[c. 148v.] Fiant similiter post inventaria, prout in aliis instrumentis / tutelle et cure fit mentio mutatis mutandis, post suprascriptas / tutellam et curam. /

[a] *Numero vergato nel margine sinistro della* c.
[b] *Segue* suprascripti ser *depennato.*
[c] *Così, si espunga* ipsorum.
[d] *Segue* negotia *depennato.*
[e] *Parte mancante per lacerazione del margine interno della* c.

CIIII° [a] Actoria ad causas suprascripte curatricis et tutricis / cum minoribus

Ibique statim, coram suprascriptis testibus et notariis, coram prefato domino / capitaneo sedente in banco et cetera ut supra eoque laudante / et aprobante et cetera ut supra et aliis omnibus modo et cetera / quibus melius potuit et potest, suprascripta domina Caterina / filia condam talis et cetera et uxor condam Gaudentii de tali / parte et cetera, mater infrascriptorum fratrum et sororum minorum / et pupillorum, curatrix generalis et curatorio nomine / Antonii, Mafei et Bernardine fratrum et sororis, / eius filiorum et filiorum condam et heredum pro suis portionibus suprascripti / Gaudentii de tali parte, maiorum annis XIIII° minorum / tamen annis XXV, et tutrix generalis et tutorio / nomine Martini et Agnetis fratris et sororis similliter eius / filiorum ac filiorum et heredum pro suis portionibus suprascripti / condam Gaudentii pupilorum minorum annis quatuordecim / pro quolibet eorum, eis data, constituta et confirmata per / prefatum dominum capitaneum Lugani[18] et cetera, et que domina Caterina / mater et curatrix et tutrix ut supra iuravit, cavit, / promissit, satisdedit, inventarium seu repertorium / de bonis et rebus dictorum fratrum et sororum minorum et / pupilorum fecit seu facere incoavit et alia / fecit, que facere debet et ad que tenetur de iu[re][b], / ut constat publicis instrumentis ipsorum tutelle et cur[e][b], / inventarii seu repertorii rogatis per me notarium / infrascriptum ibidem paulo ante, dictis curatorio e[t][b] / tutorio nominibus insolidum una cum suprascriptis An[tonio][b], / Mafeo et Bernardina fratribus et sorore e[t cum][b] / eorum consensu et voluntate et dicti An[tonius][b], / Mafeus et Bernardina fratres et soror [minores][b] / una cum suprascripta eorum matre et curatrice [et tutrice][b] / [c. 149r.] ut supra et cum eius licentia et auctoritate et cum auctoritate / et decreto prefati domini capitanei fecerunt, constituerunt, creaverunt / et ordinaverunt ac faciunt, constituunt, creant et ordinant / suos et dictorum fratrum et sororum minorum et pupillorum / et cuiuslibet eorum certos missos et cetera nobiles viros dominos / talem, talem et talem, omnes procuratores Lugani[20] et quemlibet / eorum insolidum, ita quod occupantis et cetera, ad omnes dicte curatricis / et tutricis dictis nominibus insolidum et dictorum fratrum / et sororum minorum et pupillorum et cuiuslibet eorum constituentium / causas et cetera, quas ipsi constituentes superius nominati pro se et / nominibus quibus habent vel habere possint et cetera cum quibuscumque / personis et cetera, coram quocumque iudice et cetera, et hoc tam ad / agendum et cetera, et ad sacramenta veritatis et cetera danda et cetera / in animas et super animas ipsorum constituentium et cuiuslibet eorum / pro se et nominibus quibus supra et ad quascumque protestationes et cetera / faciendum, et generaliter ad ea omnia et singula et cetera, dantes / et concedentes predicti constituentes superius nominati pro se et / nominibus ut supra dictis constitutis procuratoribus suis et cuilibet eorum / insolidum plenum et cetera mandatum et cetera, et quicquid per / suprascriptos constitutos et cetera actum et cetera fuerit et cetera, id totum et ea omnia / et singula suprascripta domina Caterina curatrix et tutrix nominibus / quibus supra insolidum et una cum suprascriptis Antonio, Mafeo et / Bernardina fratribus et sorore minoribus et cum eorum / consensu et voluntate et dicti fratres et soror minores / una cum suprascripta eorum matre et curatrice et tutrice ut supra / et cum eius licentia et auctoritate promisserunt et cetera, obligando / sese et quemlibet eorum ut supra et omnia eorum et cuiuslibet eorum / ut supra bona et cetera michi notario infrascripto ut publice / persone stipulanti et recipienti nomine et vice omnium et singularum / personarum quarum interest, intererit et cetera de rato habendo et cetera. / ****[c] / Actum et cetera, testes et notarii et cetera. /

Similiter poterint fieri instrumenta actoriarum ad omnia negotia / minorum, prout in missis fit mentio. /

[a] *Numero vergato nel margine sinistro della* c.
[b] *Parte mancante per lacerazione del margine interno della* c.
[c] *Spazio in bianco corrispondente a due righe.*

[c. 149v.] CV[a] C[ura][b] et tu[tell]a[b] spitialis ad vendendum / item ad faciendum finem et venditionem post [dotem][c]

Anno et cetera, coram magnifico et generoso viro domino Iohanne Henrico / de tali parte capitaneo Lugani et valis[18] et cetera sedente / in banco super quodam banco posito in burgo Lugani[20], / in contrata de Carona[21] in eius domo ressidentie, quod / bancum et quem locum prefatus dominus capitaneus suum / ellegit et elligit bancum et tribunal idoneum / in hac parte pro infrascriptis omnibus et singulis spitialiter / peragendis et qui in infrascriptis omnibus et singulis suum / et suam et comunitatis Lugani et vallis[2] et cetera auctoritatem / et decretum interposuit et dedit et dat cum cognitione / cause et prius per ipsum causa cognita et ex eius / offitio constituti Iohannes Antonius, Franciscus, Iohannina et / Caterina fratres et sorores filii condam et heredes insolidum / Christofori Burlachi de Lugano, videlicet quilibet eorum pro / sua portione, maiores annis[d] tredecim / minores tamen annis viginti quinque pro quolibet eorum, / asserentes quod iam annis duobus proxime preteritis / suprascripta Iohannina fuit promissa et benedicta pro sponsa / cuidam Simoni Bregnano de tali parte, et ipsam / vellet dictus Simon ducere in eius uxorem et sponsam / legiptimam disponsare secundum bonos mores et / debitum ordinem, ipsis tamen fratri[e] et sororibus minori[bus][c] / ut supra dantibus et solventibus dicto Simoni illam dote[m][c], / quam dare debent dicte Iohannine, et non valeant / ipsi fratres et sorores minores redimere denario[s][c] / dotis ipsius Iohannine pro ipsis dandis et solven[dis][c] / dicto Simoni nisi vendant de eorum bonis propr[iis][c] / inmobillibus, et vellint vendere infrascriptam do[mum][c] / et non possint nisi habeant curatorem s[eu][c] / curatores ad predicta faciendum, quia [sunt][c] omnes minores, quare petunt a prefato [domino][c] / [c. 150r.] capitaneo quatenus vellit eis et cuilibet eorum dare in eorum / et cuiusllbet eorum curatores et pro curatoribus eorum Thomaxium / filium Antonii de Quadrio de tali loco et cetera et Iohannem filium condam / magistri Iacobi de Rigalo de tali parte, ambos simul / et semel parentes maternos dictorum fratrum / et sororum minorum, quia etiam carent parentibus / paternis propinquis. /

Si vero minores[f] proximos[g] seu agnatos ex patre / ipsi agnati preferuntur parentibus maternis. /

Ibidem presentes, audientes et intelligentes et dictam / curam et offitium gestionis et administrationis ipsius / cure sponte acceptantes et acceptare volentes / et se offerentes simul et semel ut supra spitialiter / ad vendendum una cum suprascriptis fratribus et sororibus / minoribus et venditionem et datum et totius eorum / fratrum et sororum minorum et cuiuslibet eorum iuris dominii et / possessionis translationem et traditionem ad proprium / et imperpetuum faciendum et fieri rogandum in / manibus[h] Franceschini filii condam Petri / dela Porta de tali parte et cetera, nominative de domo / una terranea in cassis duobus solariata, coperta / cupis cum curte de post iacente in burgo Lugani, / in contrata dela Nassa[70], cui coheret a mane et cetera / salvo errore cohrentiarum, si quis error adest, / et hec omnia cum omnibus suis iuribus et / pertinentiis[i] et cum cessione iurium ipsorum fratrum / et sororum minorum et cuiuslibet eorum, et cum parabula / intrandi et aprehendendi corporalem possessionem et tenutam / ipsius domus et constitutione tenendi nomine dicti / futuri emptoris, et cum promissione deffendendi / et guarentandi, sub obligatione ipsorum fratrum / et sororum minorum et bonorum suorum et cuiuslibet / eorum, ipsam domum vendendam dicto Franceschino / futuro emptori et suis heredibus et sucessoribus / ab omni persona, comuni, collegio, capitulo et universitate, / omnibus ipsorum fratrum et sororum minorum ut supra futurorum / [c. 150v.] venditorum et cuiuslibet eorum propriis expensis, damnis et interesse / et omnium expensarum solemni stipulatione promissa et deducta, / et ad confitendum et contentandum se dicto curatorio / nomine cum dictis fratribus et sororibus minoribus futuris / venditoribus habuisse et recepisse a suprascripto Franceschino / futuro emptore libras ducentum decem terciolorum seu / libras centum terciolorum et instrumentum unum obligationis / fiende per dictum Franceschinum futurum emptorem / in manibus dictorum fratrum et sororum futurorum venditorum / de libris quadraginta terciolorum pro resto pretii dictarum / domus et venditionis fiende[j] de dicta domo, / prout in ipso instrumento obligationis plenius apponi / contingerit et fiet mentio, et ad iurandum corporaliter / ad sancta dey evangelia manibus tactis scripturis / dicto curatorio nomine in ipsa venditione fienda / de habendo ratam, gratam, firmam et validam / et rata, grata, firma et valida dictam venditionem / fiendam et omnia et singula in ea contenta, et de non / contraveniendo aliquo tempore nec aliqua ratione / vel causa iuris vel facti comunis vel spitialis, / et cum omnibus et singulis aliis pactis, promissionibus, / conventionibus, captionibus, renuntiationibus bonorum, / obligationibus, sacramento, clausulis, cautelis[k], / firmitatibus et solemnitatibus apponendis in ipsa venditione / fienda ut supra et in simillibus apponi consuetis et / prout apponi contingerit, et etiam quomodo debent / converti denarii pretii dicte venditionis fiende / ut supra et cetera, prout in ipsa venditione appone[tur][l], / item et curatores suprascripte Iohannine sponse suprascripti Simoni[s][l] / tantum et filie condam suprascripti Christofori Burlachi spitialit[er][l] / ad una cum suprascripta Iohannina sponsa ut supra et parabul[a][l] / suprascripti mariti sui faciendum et fieri rogand[um][l] / finem, remissionem et pactum de non plus peten[do][l] / [c. 152r.][m] et ulterius de non agendo, causando, molestando, inquietando / nec perturbando aliquid imperpetuum ac etiam venditionem, / datum et cessionem et totius sui iuris dominii et possessionis / translationem et traditionem ad proprium et imperpetuum / in manibus suprascriptorum Iohannis Antonii et Francisci fratrum / [n]ipsius Iohannine filie condam suprascripti Christofori Burlachi / ut supra, nominative et generaliter de omni hereditate et / sucessione[o] ac suplemento legiptime / paterna, materna, fraterna et sororia, avia et / proavia, et de omni et quacumque alia hereditate / et sucessione eidem Iohannine spectantibus et pertinentibus / hinc retro usque hodie quocumque modo et quacumque / ratione, causa et occaxione et tam per testamentum / quam ab intestato et que sibi spectare et / pertinere posset in futurum ab intestato tantum, et etiam / de omnibus denariis et rebus eidem Iohannine legatis / per nunc condam Iohannem Burlachi olim eorum minorum / patruum et olim fratrem suprascripti Christofori, olim patris dictorum / minorum, tam per eius testamentum quoquo modo per / eum in scriptis conditum et factum et tradatum per / quemlibet notarium quocumque anno et die quam oretenus / quocumque modo et quacumque ratione, causa et occaxione / et tam per cartam, quaternum et scripturam quam sine / carta, quaterno et scriptura, et ad promittendum / et obligandum dictam Iohanninam sponsam et cum parabula / ut supra et omnia eius bona pigneri presentia et futura / dictis Iohanni Antonio et Francisco fratribus suis in dicta / fine et venditione ut supra proxime fienda de stando / et permanendo tacitam et contentam et de faciendo / stare, esse et permanere tacitas et contentas omnes alias / personas, comune, colegium, capitulum et universitatem omnibus / ipsorum curatorum dicto curatorio nomine et dicte Iohannine / minoris[j] et sponse ut supra propriis expensis, damnis et / interesse tantum, in pena et sub pena totius damni / [c. 152v.] et interesse et omnium expensarum solemni stipulatione promissa / et deducta, et ad se contentandum et confitendum / dicto curatorio nomine insolidum et una cum suprascripta Iohannina / minore[j] et sponsa ut supra et parabula ut supra se habuisse / et recepisse a suprascriptis Iohanne Antonio et Francisco fratribus / suprascripte Iohannine libras centum decem terciolorum, videlicet libras / septuaginta terciolorum pro vera dote ipsius Iohannine et / libras quadraginta terciolorum pro vestimentis sibi fiendis, / et hoc pro pretio et nomine pretii dicte finis et venditionis / fiende ut supra proxime et pro completa sollutione et / integra satisfactione premissorum omnium et singulorum, / et cum omnibus et singulis aliis pactis, promissionibus, / conventionibus, captionibus, renuntiationibus, clausulis, cautelis, / firmitatibus et solemnitatibus et etiam iuramento de non / contraveniendo et de habendo ratam, gratam, firmam / et validam et rata, grata, firma et valida[p] / dictam finem et venditionem et omnia et singula / in eis contenta apponendis in ipsa fine et / venditione fienda ut supra proxime et apponi consuetis / et prout apponi contingerit et in laudem viri / prudentis, si expediens fuerit. Qui prefatus / dominus capitaneus sedens ut supra omnibus modo, iure, via, / causa et forma quibus melius potuit et potest, / dedit, constituit et confirmavit et dat, constituit / et confirmat ac laudavit et laudat Tomaxium / de Brentano de Quadrio et Iohannem de Rigalo de / tali parte et cetera, ambos simul et semel ut supra curatores / et pro curatoribus suprascriptis Iohanne Antonio, Francisco, Iohannine / et Caterine fratribus et sororibus minoribus ut supra / et cuilibet eorum ad vendendum et dictam venditionem / faciendum suprascripto Franceschino de tali parte et cetera / de suprascripta domo superius coherentiata nec non suprascripte / Iohannine sponse suprascripti Simonis Bragnani ad faciendum / [c. 153r.] dictam finem et venditionem dictis Iohanni Antonio et Francisco / fratribus suis de dicta hereditate et in omnibus et per omnia / et de verbo ad verbum et modis et forma supra / scriptis et prout supra fit mentio, ibidem omnibus curatoribus / et minoribus presentibus, petentibus et requirentibus et etiam / curatoribus acceptantibus dictam curam ut supra et offitium / gestionis et administrationis ipsius cure ut supra fit mentio / et pro curatoribus esse volentibus ut supra.

Qui Thomas / et Iohannes curatores ut supra et uterque eorum iuraverunt / et iurant corporaliter ad sancta dei evangelia manibus / tactis scripturis, delato sibi sacramento per prefatum dominum / capitaneum, in manibus prefati domini capitanei ac caverunt / et promisserunt solemniter per stipulationem, obligando sese / et omnia eorum et utriusque eorum bona pigneri presentia et / futura in solidum mobilia et imobillia, ita quod / teneantur insolidum et cum effectu insolidum conveniri / possit, renuntiando auxilio novarum constitutionum et epistule / divi Adriani et omni alteri iuri legum et auxilio in manibus / prefati domini capitanei et mei notarii infrascripti et utriusque nostrum / insolidum presentium, stipulantium et recipientium nomine et vice / et ad partem et utillitatem tantum dictorum fratrum et sororum / minorum et cuiuslibet eorum et omnium aliarum personarum quarum / interest, intererit vel interesse poterit quod dictam curam / ut supra et officium ipsius cure et offitii[q] gestionis et / administrationis ipsius facient, gerent, exercebunt / et administrabunt bene, fideliter, iuste, legaliter / et bona fide, sine fraude ad utillitatem ipsorum / minorum, et quod de hiis omnibus et singulis, que ad / manus dictorum curatorum pervenerint ratione et occaxione / huius cure et offitii gestionis et administrationis / ipsius de bonis et rebus ipsorum minorum, bonam et / integram facient, reddent et restituent suprascriptis fratribus / et sororibus minoribus rationem, sollutionem et / satisfactionem, et quod ea omnia et singula, que ad / manus ipsorum curatorum pervenerint de bonis et / rebus dictorum fratrum et sororum et cuiuslibet eorum ratione / [c. 153v.] et occaxione huius cure, custodient et salvabunt nomine / et vice ipsorum fratrum et sororum minorum, et in omnibus / et per omnia iuraverunt et iurant, promisserunt et / satisdederunt, prout iurari, promitti et satisdari / requiritur de iure, et inde per omnia et pro ipsis Tomaxio / et Iohanne curatoribus simul et semel ut supra et eorum precibus / et instantia et pro predictis omnibus et singulis firmiter / attendendis, observandis et adimplendis estitit / fideiussor Iacobus de tali parte et cetera obligando / se insolidum et omnia sua insolidum bona pigneri / presentia et futura, ita quod teneatur insolidum et cum / effectu insolidum conveniri possit, renuntiando / auxilio novarum constitutionum et epistule divi Adriani / et omni alteri iuri legum et auxilio prefato domino / capitaneo et michi notario infrascripto publice persone / stipulantibus et recipientibus dictis nominibus et ut supra. / Quibus ita peractis et solemniter gestis prefatus dominus / capitaneus dictis curatoribus simul et semel insolidum / dictis curatorio nominibus quibus supra presentibus et acceptantibus / decrevit et ordinavit ipsam curam et gestionem / et administrationem ipsius cure ac in predictis / omnibus et singulis suum et suam et comunitatis Lugani / et valis et cetera auctoritatem et decretum interposuit / et dedit et dat cum cognitione cause et prius / per ipsum causa cognita et ex eius offitio ac / iussit quecumque agitabuntur per ipsos curatores / simul et semel ut supra sint rata, grata, / firma et valida et pro ratis, gratis, firmis / et validis habeantur et teneantur et / haberi et teneri debeant tamquam a veris / curatoribus factis et perpetratis. Et exinde / [c. 154r.] de predictis omnibus et singulis rogatum fuit per me / notarium infrascriptum publicum confici debere instrumentum in laudem / viri prudentis. / Actum et cetera, testes et notarii et cetera. /

[a] *Numero vergato nel margine sinistro della* c.
[b] *Parte mancante per lacerazione del margine superiore della* c.
[c] *Parte mancante per lacerazione del margine esterno della* c.
[d] *Segue* quatu *depennato.*
[e] *Così, si intenda* fratribus.
[f] *Così, si intenda* parentes.
[g] *Segue* p *depennato.*
[h] *Segue* Antonii *depennato.*
[i] *Segue* viis et cetera *depennato.*
[j] *Segue* ut supra *depennato.*
[k] *Segue* et *depennato.*
[l] *Lettere mancanti per lacerazione del margine interno della* c.
[m] *Nella numerazione delle* cc. *il numero 151 manca.*
[n] *Precede* suorum *depennato.*
[o] *Segue* paterna *depennato.*
[p] *Nel margine destro della* c. *in corrispondenza della riga 15 il disegno di una mano con l'indice teso verso l'esterno, di 10x12 mm.*
[q] *Così, si espunga* offitii.

CVI[a] Venditio facta post suprascriptam curam spitialem

Ibique statim coram suprascriptis testibus et notariis, coram prefato / domino capitaneo et cetera sedente et cetera ut supra, quod bancum et cetera, / eoque laudante et aprobante et decretum suum et / auctoritatem suam et comunitatis Lugani[18] et valis / interponente, dante et prestante cum cognitione cause, / et prius per eum causa cognita et ex eius offitio / et aliis omnibus modo, iure, via, causa et forma / quibus melius potuerunt et possunt Thomas filius condam Antonii / de Quadrio de tali parte et cetera et Iohannes filius condam magistri Iacobi / de Roncho[41] de tali parte et cetera, ambo simul et semel / curatores personarum et bonorum Iohannis Antonii, Francisci, / Iohannine et Caterine fratrum et sororum filiorum condam et heredum / [b]Christofori Burlachi de / tali parte et cetera[c], maiorum annis tredecim minorum / tamen annis XXV pro quilibet eorum, eis dati, constituti / et confirmati per prefatum dominum capitaneum ad infrascripta omnia / et singula facienda, et qui curatores iuraverunt, / caverunt, promisserunt, satisdederunt et alia fecerunt / que facere de iure debent pro predictis et infrascriptis omnibus / et singulis fiendis ac tenentur ut constat instrumento / ipsius cure rogato per me notarium infrascriptum ibidem paulo / ante dictis curatorio nominibus insolidum, et dicti / Iohannes Antonius, Franciscus, Iohannina et Caterina fratres et / sorores minores[d] ut supra una cum dictis ambobus / eorum curatoribus ut supra et cum eorum licentia et auctoritate / et ipsi curatores dictis curatorio nominibus insolidum / ut supra etiam una cum dictis fratribus et sororibus minoribus / [c. 154v.] ut supra et cum eorum voluntate et consensu et etiam cum / auctoritate et decreto prefati domini capitanei et etiam dicta / Iohannina cum parabula, consensu, voluntate, licentia et / auctoritate[e] Simonis mariti sui[f] de / Bragnano de tali parte et cetera ibi presentis, volentis / et consentientis et eidem Iohannine uxori sue / parabulam et consensum dantis et prestantis ad infrascripta / facienda, fecerunt et faciunt et quilibet eorum / ut supra pro se et curatorio nominibus ut supra fecit et facit / venditionem, datum et cessionem et totius eorum et / cuiuslibet eorum pro se et nominibus ut supra iuris dominii et / possessionis translationem et traditionem ad proprium / et imperpetuum in manibus Franceschini de tali / parte et cetera presentis, stipulantis, ementis et recipientis, nominative / de domo una terranea et solariata, coperta / cupis iacente in burgo Lugani[20] in contrata de la Nassa[70], / cui coheret a mane et cetera, salvo semper errore coherentiarum / et cetera, et hec omnia cum omnibus suis iuribus et pertinentiis, / viis et cetera tam eisdem fratribus et sororibus minoribus / venditoribus[g] quam predictis bonis ut supra venditis, spectantibus / et pertinentibus in integrum et eorum ratione et occaxione, / et eidem Franceschino emptori presenti et stipulanti / predicti Thomas et Iohannes curatores simul et / semel dicto curatorio nomine ut supra insolidum et una cum / dictis minoribus et dicti fratres et sorores minores / venditores una cum dictis eorum curatoribus et cum / licentia et auctoritate ut supra dederunt et cetera omnia sua iura / et cetera tam eisdem minoribus quam predictis bonis ut supra venditis / cum suis iuribus et pertinentiis in integrum et eorum ratione / et occaxione, ita ut de cetero suprascriptus Franceschinus / emptor et sui heredes et cetera habeat et cetera, et exinde / faciat et cetera sine contradictione et cetera suprascriptorum fratrum et / sororum minorum ut supra venditorum nec eorum heredum et / [c. 155r.] sucessorum et cetera, et sit et cetera in locum, ius et cetera universum dictorum minorum / venditorum de predictis, et utantur et cetera omnibus illis modis / et cetera quibus omnibus et quemadmodum suprascripti fratres et sorores / minores venditores uti et cetera possint et cetera. Insuper ad maiorem / cautelam et firmitatem huius contractus predicti curatores dictis / curatorio nominibus ut supra et suprascripti fratres et sorores minores / venditores ut supra una et cum auctoritate et parabula ut supra / dederunt et concesserunt eidem Franceschino emptori presenti / et stipulanti plenam parabulam et licentiam intrandi et cetera, et / constituerunt sese suprascripti venditores pro se et nominibus ut supra predicta / bona ut supra vendita et cetera tenere et cetera abdicando a se dicti / venditores pro se et nominibus ut supra omne ipsorum minorum ius et cetera. / Cui vero dominio et possessioni et cetera suprascripti venditores pro se et / nominibus ut supra ibi illico renuntiaverunt et cetera volentes omnino / desinere possidere et cetera. Quam quidem venditionem et cetera et / predicta omnia et singula suprascripti Thomas et Iohannes curatores / simul et semel ut supra insolidum dictis curatorio nominibus / et una cum dictis fratribus et sororibus minoribus et cum / eorum voluntate ut supra et dicti fratres et sorores minores / una cum suprascriptis eorum curatoribus et cum eorum auctoritate / et parabula ac etiam cum auctoritate et[h] decreto / prefati domini capitanei omnes venditores promisserunt et cetera, / obligando se dictis curatorio nominibus et dictos fratres / et sorores minores et quemlibet eorum et omnia eorum / et cuiuslibet eorum bona et cetera, ita quod dicti curatores / dicto curatorio nomine ut supra teneantur insolidum et cetera, / renuntiando auxilio novarum constitutionum et cetera suprascripto Franceschino / emptori presenti et stipulanti ei suisque heredibus et cetera / deffendere et cetera, in pena et cetera pretii infrascripti et totius / damni et cetera, danda et cetera dicta pena per suprascriptos fratres et / sorores minores venditores suprascripto emptori in casu evictionis / et cetera, et pena soluta vel non soluta et cetera, et hoc / cum omnibus expensis et cetera in bonis denariis numeratis tantum et cetera, / sub pacto capiendi et cetera dictos fratres et sorores minores / et dictos eorum curatores nomine pro eis et quemlibet eorum quam alio / [c. 155v.] quocumque modo et cetera, renuntiando omnibus legibus et cetera, et pro / qua quidem venditione et cetera et pro predictis et cetera contenti / et cetera fuerunt et sunt suprascripti Thomas et Iohannes[i] / curatores simul et semel insolidum dictis curatorio / nominibus ut supra et una cum dictis fratribus et sororibus / minoribus et de eorum voluntate ut supra et dicti fratres / et sorores una cum dictis eorum curatoribus et cum / parabula et auctoritate ut supra omnes venditores sese habuisse / et recepisse a suprascripto Franceschino emptore presente ut supra / libras centum decem terciolorum, videlicet libras septuaginta / terciolorum in denariis numeratis ibidem et instrumentum unum obligationis fiende / [j]per dictum Franceschinum emptorem in manibus / dictorum fratrum et sororum minorum venditorum de libris / quadraginta terciolorum per instrumentum obligationis rogandum[k] per me / notarium infrascriptum ibidem paulo post, que fuerunt et sunt / pretium presentis venditionis, et hec omnia pro pretio / et nomine pretii presentis venditionis et cetera, renuntiando / exceptioni non habitorum et non receptorum nec / eis datorum et numeratorum dictorum denariorum et non / stipulati[l] dicti instrumenti obligationis de quo supra et spey / future numerationis et cetera, et ne ullo tempore dicere et cetera / possint dicti curatores dicto curatorio nomine ut supra et / dicti fratres et sorores minores ut supra se fore lexos / et cetera in hoc instrumento venditionis ultra dimidiam veri / et iusti pretii et cetera. Qui Thomas et Iohannes / curatores ut supra simul et semel insolidum ut supra et / dicti fratres et sorores minores una et cum parabula / et auctoritate prout supra et quilibet eorum omnes venditores / iuraverunt corporaliter et cetera[m] sese predicta omnia / et singula in hoc instrumento contenta perpetuo rata et cetera / habere et tenere et nullo tempore contrafacere nec venire / aliqua ratione vel occaxione iuris vel facti comunis vel / [c. 156r.] spitialis et dicti fratres et sorores minores tam ratione / et occaxione minoris etatis quam qualibet alia ratione / et occaxione, et quod nunquam petent benefitium restitutionis / in integrum nec rellaxationem sacramenti ab aliquo / iudice, et si obtinebunt nunquam utentur illa seu / illis. Qui denarii pretii presentis venditionis converti / debent in solvendo dotem dicte Iohannine et pelandam / unam sibi dandam, videlicet libras quadraginta terciolorum / danda per dictos fratres et sorores dicte Iohannine eorum / sorori et libre /o/ terciolorum converse sunt in solvendo / taleas et alia onera incombentia in comuni Lugani / tangentia dictos minores ad solvendum et[n] denarii / suprascripte obligationis de qua supra reservantur sic pro solvendo / ad tempus futurum dotem suprascripte Caterine sororis ipsorum / minorum quandocumque pervenerit ad matrimonium / temporale seu spirituale, dicentes et protestantes dicti / venditores ut supra quod non habebunt aliqua bona / inmobilia, que venirent in pluri comodo / ipsis ad vendendum, quam predicta domus ut supra vendita / et de minori dampno ipsis fratribus et sororibus / pro predictis fiendis, et qui denarii pretii presentis / venditionis ex parte dicti Franceschini emptoris / processerunt ex quibusdam bonis inmobillibus / venditis per dictum Franceschinum de bonis suis / sibi vigore hereditatis et bonorum patris sui[o] / spectantibus et pertinentibus, iacentibus in loco de Tassino[71] / territorii Lugani, prout ibidem dictus Franceschinus / dixit et protestatus fuit et dicit et protestatur, et / exinde de predictis et cetera. Actum et cetera, testes et notarii et cetera. /

[a] *Numero vergato nel margine sinistro della* c.
[b] *Precede* ser Gaudentii de tali parte *depennato.*
[c] *Segue* menor *depennato.*
[d] *Segue* annu *depennato.*
[e] *Segue* suprascripti *depennato.*
[f] *Segue* ibi presentis *depennato.*
[g] venditoribus *aggiunto sopra la linea da altra mano sopra* emptoribus *depennato.*
[h] *Segue* parabula *depennato.*
[i] *Segue* venditores *depennato.*
[j] *Precede* facte *depennato.*
[k] -ndum *corretto sopra lettere non più leggibili.*
[l] -ati *corretto in* -andi *da altra mano.*
[m] *Segue* hab *depennato.*
[n] *Segue* suprascripti *depennato.*
[o] *Segue* sibi *depennato.*

CVII[a] Finis et venditio facta per suprascriptos[b] curatores / et suprascriptam Iohanninam minorem suprascriptis fratribus suis / post dotem de hereditate et cetera

Anno et cetera seu ibique statim coram suprascriptis testibus et notariis / [c. 156v.] et coram prefato domino capitaneo sedente ut supra et cetera eoque / laudante et aprobante et decretum suum et auctoritatem / suam et comunitatis Lugani et valis[18] et cetera interponente, / dante et prestante cum cognitione cause, et prius / per eum causa cognita et ex eius offitio et aliis omnibus / modo, iure, via, causa et forma quibus melius / potuit et potest Thomas de Quadrio de tali parte / filius condam talis et cetera et Iohannes filius condam talis Iacobi de Roncho[41], ambo / simul et semel curatores infrascripte Iohannine / minoris ad infrascripta et alia facienda solemniter / et legiptime constituti et ei dati et confirmati per / prefatum dominum capitaneum, et qui curatores iuraverunt, / caverunt, promisserunt et satisdederunt, prout / iurari, promitti et satisdari requiritur et tenentur / de iure, ut constat publico instrumento ipsius cure rogato / per me notarium infrascriptum ibidem paulo ante, dicto / curatorio nomine insolidum et etiam una cum infrascripta / Iohannina minore et cum eius voluntate et consensu, / et suprascripta Iohannina minor filia condam Christofori Burlachi / de Lugano[20] maior annis tredecim minor tamen / annis XXV una cum suprascriptis eius curatoribus / et cum eorum auctoritate et parabula et etiam / cum auctoritate et decreto prefati domini capitanei / nec non cum parabula, consensu, voluntate, licentia et / auctoritate suprascripti Simonis mariti sui ibi presentis, / volentis et consentientis et eidem Iohannine / uxori sue parabulam et consensum dantis et prestantis / ad infrascripta facienda, fecerunt et faciunt / et quilibet eorum insolidum pro se et nomine et / cum parabula ut supra fecit et facit finem et cetera et pactum / de non plus petendo et cetera aliquid imperpetuum / ac etiam venditionem et cetera et totius dicte Iohannine / minoris iuris et cetera ad proprium et cetera in manibus / [c. 157r.] Iohannis Antonii et Francisci fratrum suorum ex eodem patre / natorum ibidem presentium et cetera, nominative et generaliter / de omni hereditate et sucessione[c] ac suplemento / legiptime paterna, materna, fraterna et sororia, avia / et proavia et de omni et quacumque alia hereditate et / sucessione eidem Iohannine minori ut supra spectantibus et / pertinentibus quocumque modo et quacumque ratione, causa et / occaxione hinc retro usque hodie et tam per testamentum / quam ab intestato et que infuturum sibi spectare et / pertinere posset et poterit ab intestato tantum, et etiam / de omnibus denariis et rebus ac bonis quibuscumque aliis / ipsi Iohannine minori legatis per nunc condam Iohannem / Burlachi olim eius Iohannine patruum et olim fratrem dicti / Christofori olim patris dicte Iohannine tam per eius testamentum / quoquo modo per ipsum Iohannem in scriptis conditum et rogatum / per quemlibet notarium quocumque anno et die in eis contentis / quam oretenus quocumque modo et quacumque ratione, causa / et occaxione et tam per cartam, quaternum et scripturam / quam sine carta, quaterno et scriptura. In qua vero / fine et cetera et etiam venditione et cetera et in quibus omnibus / et singulis suprascripta Iohannina minor, Thomas et Iohannes / eius curatores dicto curatorio nomine insolidum simul / et semel ut supra cum parabula et auctoritate ut supra et una ut supra / promisserunt et cetera, obligando se pro se et nominibus ut supra[d] dicti / curatores simul et semel ut supra dicto curatorio nomine / insolidum et dicta Iohannina minor pro se et una / ut supra et omnia eorum pro se et insolidum ut supra bona / et cetera, ita quod dicti curatores dicto curatorio nomine insolidum / teneantur et cetera, renuntiando auxilio novarum constitutionum / et cetera suprascriptis Iohanni Antonio et Francisco fratribus dicte Iohannine / minoris se de cetero et omni tempore stare, esse et / permanere tacitos et contentos et facere et cetera quod omnes / alie persone perpetuo stabunt et cetera tacite et contente / omnibus ipsius Iohannine minoris et dictorum eius / curatorum dicto curatorio nomine insolidum et cuiuslibet / [c. 157v.] eorum propriis expensis, damnis et interesse tantum, in pena / et sub pena totius damni et interesse et omnium / expensarum et cetera. Et pro qua vero fine, remissione / et pacto de non plus petendo ut supra ac etiam / venditione et cetera et pro predictis omnibus et singulis / contenti et confessi fuerunt et sunt suprascripti curatores /

dicto curatorio nomine insolidum suprascripte Iohannine et / ipsa Iohannina minor una et cum parabula / et auctoritate ut supra se habuisse et recepisse a suprascriptis / [e]Iohanne Antonio et Francisco / fratribus dicte Iohannine emptoribus presentibus et / stipulantibus libras centum decem terciolorum, videlicet / libras septuaginta terciolorum pro vera dote dicte Iohannine / et de quibus dotata fuit[f] ipsa Iohannina cum / tercio pluri[7] per suprascriptum Simonem eius maritum / per instrumentum dotis et antifacti, rogatum per me / notarium infrascriptum ibidem paulo ante, et alias libras / quadraginta terciolorum pro una pelanda fienda dicte / Iohannine de bonis dictorum Iohannis Antonii et Francisci / fratrum suorum, et hec omnia pro pretio et nomine / pretii presentis finis et venditionis et cetera, renuntiando exceptioni / non habitorum, non receptorum nec ei datorum et / numeratorum dictorum denariorum et pelande et spey future / numerationis et cetera et exceptioni doli mali et cetera. Qui / Thomas et Iohannes curatores dicto curatorio nomine / ut supra insolidum et dicta Iohannina minor parabula / ut supra et quilibet eorum iuraverunt corporaliter et cetera habere / rata et cetera et nullo tempore contrafacere et cetera et / dicta Iohannina minor tam ratione et occaxione / minoris etatis quam qualibet alia ratione et occaxione, / et quod nunquam petet benefitium restitutionis in integrum / nec rellaxationem sacramenti ab aliquo iudice, / et si obtinebit numquam utetur illi seu illis, / [c. 158r.] et ne ullo tempore dicere et cetera possint dicti curatores / et Iohannina minor venditrix pro se et nomine ut supra se[g] / fore lexos et cetera in hoc instrumento finis et venditionis / ultra dimediam veri et iusti pretii et cetera. / Qui denarii pretii presentis finis et venditionis processerunt / ex quadam venditione facta per suprascriptos Iohannem Antonium, / Franciscum, Iohanninam et Caterinam fratres et sorores / et dictos eorum curatores eorum curatorio nomine in / manibus Franceschini de tali parte de quadam domo / iacente in burgo Lugani in contrata de la Nassa[70] rogata / per me notarium infrascriptum ibidem paulo ante. Et exinde de / predictis et cetera. Actum et cetera, testes et notarii et cetera. /

Si ipsa finis et venditio esset magne importantie, tunc / poterit fieri in forma finis et venditionis in forma maiori cum clausulis debitis. /

[a] *Numero vergato nel margine sinistro della* c. *che segue,* c. 156v.
[b] *Segue* Iohanninam *depennato.*
[c] *Segue* pa *depennato.*
[d] *Segue* in *depennato.*
[e] *Precede* Franceschino emptore fr *depennato.*
[f] *Segue* per *depennato.*
[g] se *corretto sopra* ac.

CVIII[a] Cura et tutella spitialis ad vendendum tantum

Anno et cetera, coram magnifico et generoso viro domino Iohanne Henrico / Vincheli de Soletia[67] capitaneo Lugani et valis[18] et cetera sedente / in banco posito in burgo Lugani[20], in contrata dela / Nassa[70] in eius domo ressidentie, quod bancum et cetera prefatus / capitaneus suum ellegit et elligit bancum et / tribunal idoneum in hac parte pro infrascriptis omnibus / et singulis spitialiter peragendis, et qui in predictis / omnibus et singulis suum et suam et comunitatis Lugani et / valis[2] et cetera auctoritatem et decretum interposuit et / dedit et dat cum cognitione cause et prius per eum / causa cognita et ex eius offitio et aliis omnibus modo, / iure, via, causa et forma quibus melius potuit / et potest, comparuerunt et comparent et se presentaverunt / et presentant Lanzarotus et Petrus fratres de tali parte et cetera / filii condam et heredes una cum infrascripto pupillo insolidum, quilibet / eorum pro sua portione, ser Antonii Rusche de tali loco, / [c. 158v.] maiores annis quatuordecim minores tamen annis / XXV pro utroque eorum, et petunt et cum instantia / requirunt a prefato domino capitaneo sedente ut supra quatenus / det et dare vellit et debeat ipsis fratribus / minoribus et utrique eorum curatorem et pro curatore / ser Franzolum de Somazo[48] de tali loco et cetera filium condam talis / eorum patruum et tutorem et pro tutore Gasparino / eorum fratri similliter filio condam et heredi pro sua / portione suprascripti ser Antonii Rusche ibi presentem et / audientem et onus huius tutelle et cure in se sponte / suscipientem ad infrascripta facienda, gerenda et exercenda / spitialiter ad vendendum et venditionem et datum / [b]et totius eorum et cuiuslibet eorum fratrum / minorum et pupilli iuris et cetera translationem et cetera / ad proprium et imperpetuum faciendum et fieri rogandum / una cum suprascriptis fratribus minoribus et cum eorum voluntate / et consensu in manibus ser Andree de Lacu de tali / loco filii condam talis et cetera et cuiuslibet alterius persone stipulantis / pro eo et eius nomine, nominative de petia una terre / et cetera iacente in tali loco et cetera, cui coheret a mane / et cetera, salvo tamen si alie vel aliter reperirentur / predicte coherentie vel aliqua ipsarum et cetera, et hec omnia / cum omnibus suis iuribus et pertinentiis, viis et accessiis / et cetera et cum cessione iurium ipsorum fratrum minorum / et pupilli futurorum venditorum et cuiuslibet eorum / et cum parabula intrandi in possessionem et constitutione / tenute ipsius petie terre et cum promissione deffendendi / et guarentandi sub obligatione dictorum fratrum / minorum et pupilli et bonorum suorum et cuiuslibet / eorum futurorum venditorum dicto ser Andree de Lacu / futuro emptori[c] deffendendi et guarentandi / ab omni persona, comuni, collegio, capitulo et universitate / in omnem causam et casum et littis eventum omnibus ipsorum / fratrum minorum et pupilli futurorum venditorum / [c. 159r.] et cuiuslibet eorum propriis expensis et cetera, in pena et sub pena / pretii apponendi in ipsa venditione sic fienda ut supra et / totius damni et interesse et omnium expensarum et cetera, et ad / contentandum et confitendum se dictis tutorio et curatorio / nominibus ut supra una cum dictis Lanzaroto et Petro fratribus / minoribus futuris venditoribus habuisse et recepisse / a suprascripto Andrea de Lacu futuro emptore libras /o/ / terciolorum, et ad iurandum corporaliter ad sancta / dei evangelia manibus tactis scripturis dictis tutorio / et curatorio nominibus in ipsa venditione fienda de / habendo ratam, gratam, firmam et validam et rata, / grata, firma et valida dictam venditionem fiendam / et omnia et singula in ea contenta et de non / contraveniendo aliquo tempore nec aliqua ratione / vel causa iuris vel facti comunis vel spitialis / et cum omnibus et singulis aliis pactis, promissionibus, / conventionibus, captionibus, renuntiationibus, bonorum obligationibus, / sacramento, clausulis, cautelis et firmitatibus apponendis / in ipsa venditione fienda ut supra et in similibus apponi / consuetis et prout apponi contingerit et etiam quomodo / debeant converti ipsi denarii pretii dicte venditionis / fiende ut supra et cetera, prout in ipsa venditione / apponetur. Quibus sic peractis et solemniter gestis / prefatus dominus capitaneus dicto tutori et curatori dictis / tutorio et curatorio nominibus presenti et acceptanti decrevit / ipsam tutellam et curam et gestionem et administrationem / earum[d] ac in predictis omnibus et singulis suum / et suam et comunitatis Lugani et valis et cetera auctoritatem / et decretum interposuit et dedit et dat cum cognitione / cause, et prius per ipsum causa cognita et ex eius offitio / ac iussit quecumque agitabuntur per ipsum tutorem et / curatorem et dictos minores sint rata, grata, / firma et valida et pro ratis, gratis, firmis et / validis haberi et teneri debere tamquam a vero / tutore et curatore factis et perpetratis. Et exinde / de predictis et cetera. Actum et cetera, testes et notarii et cetera. /

[a] *Numero vergato nel margine sinistro della* c.
[b] *Precede* fratrum dic *depennato.*
[c] *Segue* et eius *depennato.*
[d] *Segue* et *depennato.*

[c. 159v.] CVIIII[a] Cura dotis inestimate

Anno et cetera, coram domino Iohanne Henrico et cetera capitaneo Lugani[18] et cetera / sedente et cetera venit Magdalena filia condam et heres talis / et cetera, maior annis XV minor tamen annis XXV, / et ab ipso domino capitaneo petiit et petit / curatorem sibi dari, constitui et dicerni ac confirmari / Iohannem filium condam talis et cetera parentem suum maternum / ibi presentem et curatorem esse volentem spitialiter / ad tradendum, dandum et assignandum Iohanolo / Zaruto de tali parte et cetera marito suo ibidem presenti, / stipulanti et recipienti in dotem inextimatam et nomine / dotis inestimate infrascriptas domos et bona / imobillia inferius descripta, videlicet domum unam et cetera / item petiam unam terre, salvo errore coherentiarum et cetera, / et hec omnia cum omnibus suis iuribus et pertinentiis, / viis et cetera atque omnibus aliis suis iuribus et pertinentiis, / et hoc ad tenendum et possidendum ea bona ut supra / descripta et coherentiata cum suis iuribus et pertinentiis, / et ad dandum, concedendum et mandandum dicto Iohanolo / marito suo plenam parabulam et licentiam intrandi, / ingrediendi et aprehendendi corporalem possessionem et tenutam / seu quaxi omnium et singulorum suprascriptorum bonorum et rerum / ut supra in dotem inextimatam dandorum et assignandorum / cum suis iuribus et pertinentiis, et ad constituendum se / predicta omnia et singula bona ut supra in dotem inextimatam / danda et assignanda nomine et vice suprascripti Iohanoli / mariti sui tenere et possidere, et hoc donec / dictam corporalem acceperit et intraverit / possessionem, et ad promittendum et obligandum / se et omnia sua bona pigneri presentia et futura / suprascripto Iohanolo marito suo, ei suisque filiis, / heredibus et sucessoribus et habenti seu habentibus / causam ab eo de deffendendo dicta bona ut supra / in dotem inextimatam danda ab omni persona, / [c. 160r.] comuni, colegio et cetera omnibus suis propriis expensis et cetera, in / pena et sub pena valoris et estimationis predictorum / bonorum ut supra in dotem inextimatam dandorum et / assignandorum et totius damni et interesse et omnium / expensarum solemni stipulatione promittenda et / deducenda, et etiam de dando et solvendo dampnum / et interesse predicto marito suo et heredibus suis et / habentibus causam ab eo si predicta bona ut supra in dotem / inextimatam danda et assignanda eidem marito / suo evincerentur in toto vel in parte et cetera, et hec / omnia cum omnibus expensis, damnis et interesse et in bonis / [c]predictis ut supra in dotem inextimatam / datis ut supra tantum et non in aliqua alia re[d] / re contra voluntatem suprascripti mariti sui et habentium causam / ab eo, et hoc tam sub pacto capiendi et detinendi / dictam Magdalenam quam alio modo, et ad iurandum / corporaliter ad sancta dey evangelia manu tactis / scripturis de non contraveniendo predictis aliqua ratione / vel occaxione iuris vel facti comunis vel spitialis, / et[e] ad omnia pacta, conventiones, promissiones, / obligationes, renuntiationes, clausulas et solempnitates / in dicto instrumento dotis data et assignata ut supra / fiendo, apponendo[f] et inserendo, et generaliter ad / omnia alia et singula facienda et gerenda, que / in predictis et circha predicta necessaria fuerint / et expedientia et que in talibus tam de iure / quam de consuetudine postulant et requirunt. Quibus / ita peractis et solemniter gestis prefatus dominus capitaneus dictum / curatorem eidem minori presenti, petenti et requirenti / dedit, constituit, ordinavit et confirmavit et in predictis / omnibus et singulis suum et suam et comunitatis Lugani et / valis et cetera auctoritatem et decretum interposuit et dedit / et dat cum cognitione cause et prius per eum causa / cognita et ex eius offitio. Qui Iohannes curator ut supra / iuravit corporaliter ad sancta dei evangelia manu tactis / scripturis ac promissit et convenit solemniter et legiptime per / stipulationem, obligando se et omnia sua bona pigneri presentia / [c. 160v.] et futura suprascripte Magdalene minori ut supra, ei dicere, / facere et agere, exercere et administrare bona fide, / sine fraude omnia et singula, que ipsi minori / putaverit esse utilia, et inutilia pretermittere / et de eis omnibus et singulis que pervenerint ad / eius manus ratione et occaxione huius cure rationem / reddere et reliqua restituere, salvo quod semper / possit uti veritate, et inde per omnia et pro / ipso Iohanne curatore ut supra et omnibus et singulis / suprascriptis in quolibet capitulo firmiter attendendis et / observandis fideiussit et estitit fideiussor / Petrus de Ossutio[51] de tali loco filius condam talis, qui / se omni tempore sponte constituit principalem debitorem / et observatorem, obligando se et omnia sua bona / pigneri presentia et futura insolidum ita quod teneatur / insolidum et cum effectu insolidum conveniri possit, / renuntiando auxilio novarum constitutionum et epistule / divi Adriani et omni alteri iuri legum et auxilio / suprascripte Magdalene minori presenti et stipulanti. / Actum et cetera, testes et notarii et cetera. /

Fiat post instrumentum dotis inestimate secundum tenorem / dicte cure cum clausulis debitis et cetera. /

[a] *Numero vergato nel margine sinistro della* c.
[b] *Precede* denariis numeratis tantum *depennato.*
[c] *Segue* et cetera et *depennato.*
[d] *Così, si espunga* re.
[e] *Segue* generaliter *depennato.*
[f] -o *corretto sopra* -as.

CX[a] Cura data absenti

Anno et cetera, coram magnifico et generoso viro domino Iohanne Henrico / de tali parte capitaneo Lugani et valis[18] et cetera, sedente in / banco et cetera posito in burgo Lugani[20] in tali loco / et cetera, quod bancum et cetera prefatus dominus capitaneus suum / ellegit et elligit bancum et tribunal idoneum / in hac parte pro infrascriptis omnibus et singulis spitialiter / peragendis comparuit ac se presentavit et presentat / Petrus filius condam Francisci Castanee de Lugano et exposuit / [c. 161r.] et exponit prefato domino capitaneo quod ipse Petrus est / [b]in comunione cum Donato et Alberto fratribus suis ex / eodem patre natis et cum Thomaxio eorum nepote / filio condam talis olim fratris dictorum Petri et fratrum, et qui / Thomas est absens in partibus longinquis, videlicet / in districtu Florentie[72], et quod ipse Petrus non / vult amplius stare in comunione cum dictis fratribus / et nepote suis, quoniam dicti fratres sui dillapidant / et alienant bona sua et dicti Thomaxii eorum / nepotis. /

Fiat aliud prohemium, prout negotium acciderit. /

Quare petit dictus Petrus a prefato domino capitaneo / sedente ut supra per ipsum dominum capitaneum dari et confirmari / debere curatorem unum idoneum et sufficientem / bonis dicti Tomaxii absentis ad hoc ut possit / fieri divisio omnium bonorum communium inter ipsos fratres / et nepotem quod redondabit in comodum et / utillitatem dicti Tomaxii absentis et ipsius Petri / exponentis. Qui dominus capitaneus sedens ut supra / audita dicta expositione dicti Petri et petitione / ex sui offitio et omnibus illis modo, iure, via, causa / et forma quibus melius potuit et potest / facta dilligenti exquisitione dedit, constituit, / decrevit[c], ordinavit et confirmavit et / dat, decernit, constituit, ordinat et confirmat / Andream filium condam talis et cetera padregnium ipsius Tomaxii / ibi presentem et onus huius cure in se sponte / suscipientem curatorem et pro curatore bonis / dicti Tomaxii ad predicta omnia et singula / videlicet ad dictam divisionem bonorum comunium inter / dictos fratres et nepotem fiendam, ac etiam in / predictis omnibus et singulis suum et suam et / comunitatis Lugani et vallis[2] et cetera auctoritatem / [c. 161v.] et decretum interposuit et dedit et dat cum cognitione /

cause et prius per eum causa cognita et ex eius / offitio. Qui Andreas curator datus ut supra / iuravit et iurat corporaliter ad sancta dei evangelia / manu tactis scripturis se predicta omnia et singula / in hoc contractu contenta perpetuo rata, grata, / firma et valida habere et tenere et nullo / tempore contrafacere nec venire aliqua ratione / vel occaxione iuris vel facti comunis vel spitialis, / ac etiam promissit et convenit solemniter per stipulationem, / obligando se et omnia sua bona pigneri presentia / et futura michi notario infrascripto ut publice / persone stipulanti et recipienti nomine et vice et ad / partem et utillitatem tantum suprascripti Tomaxii, eidem / Tomaxio et bonis suis dicere, facere, agere, / curare et administrare bene, iuste, legaliter / et bona fide sine fraude in predictis omnibus et / singulis omnia et singula ea que eidem Tomasio / et bonis suis putaverit utilia fore et / inutillia pretermittere, salvare et gubernare / omnia et singula ea, que ad eius manus / pervenerint ratione et occaxione huius cure, et / de omnibus et singulis ei rationem reddere / et reliqua restituere loco et tempore debitis, / et exinde pro dicto Andrea curatore et pro / predictis omnibus et singulis spitialiter peragendis, firmiter / attendendis et observandis estitit fideiussor / et principalis debitor Zaninus filius condam talis et cetera / qui se pro dicto curatore et pro predictis omnibus / et singulis firmiter attendendis et observandis / constituit fideiussorem, promissorem et principalem / debitorem principaliter et insolidum ita quod teneatur / insolidum et cum effectu insolidum conveniri possit, / [c. 162r.] renuntiando auxilio novarum constitutionum et epistule divi Adriani / et omni alteri iuri legum et auxilio quibus se thueri / vel iuvare posset modo aliquo vel ingenio mihi / notario infrascripto stipulanti nomine suprascripti Tomaxii. Actum et cetera, / testes et notarii et cetera. /

[a] *Numero vergato nel margine sinistro della* c.
[b] *Precede* est *depennato.*
[c] *Segue* et *depennato.*

CXI[a] Cura ad faciendum compromissum occaxione de / qua aliquis fuit constitutus tutor vel / curator occaxione administationis tutelle et / inventarii bonorum pupillorum et rationis / reddende et divisionis fiende

Anno et cetera, coram magnifico et generoso viro domino Iohanne Henrico / de tali parte capitaneo Lugani et valis[18] et cetera sedente in / banco et cetera comparuerunt et comparent Stephanus, / Bertola et Donatus fratres filii condam[b] Alioli de tali / parte et cetera et heredes pro tribus partibus suprascripti condam Alioli, / maiores annis quatuordecim minores tamen annis / XXV pro quolibet eorum, et ab eo domino capitaneo / petierunt et petunt curatores sibi dari et / dicerni, videlicet dictus Stephanus Iohanolum filium condam / talis et cetera suum patruum ibi presentem et curatorem / esse volentem, et dicti Bertola et Donatus / fratres Zacariam eorum fratrem et filium condam suprascripti Alioli / ibi presentem et curatorem esse volentem, spitialiter / ad sese vicissim compromittendum et compromissum faciendum / una cum dicto Zacaria eorum fratre, arbitrio et / arbitramento, laudo, dispositioni et amicabili / compositioni discretorum virorum Gufredi de tali parte / et Francisci de tali parte, et eos in suos / arbitros, arbitratores et amicabiles compositores / elligendum, nominative et generaliter de omnibus et singulis / littibus, questionibus, discordiis et controversiis vertentibus / et que verti possent inter dictos Zacariam, / Steffanum, Bertolam et Donatum fratres, parte una / seu pluribus, et Albertum de tali parte eorum patruum / [c. 162v.] filium condam talis, parte altera, et inter dictum Steffanum, parte / una, et dictos Zacariam[c], Bertolam / et Donatum fratres ipsius Stephani, parte altera / seu aliis partibus, ratione et occaxione eius / de quo dictus Albertus fuit constitutus tutor, / gestor et administrator personarum et bonorum / dictorum Zacarie, Bertole et Donati fratrum, / ut constat instrumento ipsius confirmationis tutelle / rogato per talem notarium, tali anno et cetera, et / inventarii facti per dictum Albertum de bonis / dictorum fratrum ut constat publico instrumento ipsius / inventarii tradato per suprascriptum notarium predictis anno / et die, et ratione et occaxione administrationis / dictorum tutelle geste et inventarii facti per / dictum Albertum et bonorum[d] dictorum fratrum gestorum / per dictum Albertum pretextu dictorum instrumentorum tutelle / et inventarii et rationis reddende per dictum / Albertum dictis fratribus de gestis et administratis / per eum occaxione predictorum tutelle et inventarii / hinc retro usque hodie et omnium dependentium, / emergentium et conexorum a predictis et quolibet / predictorum, et ratione et occaxione totius eius quod dicti / Zacarias, Stephanus, Bertola et Donatus fratres / seu predicti Stephanus, Bertola et Donatus fratres / eidem Alberto petere, requirere seu causari possent, / poterant et potuissent hinc retro usque hodie / occaxione dictorum tutelle et inventarii et occaxionibus / predictis, et occaxione et ratione divisionis fiende / inter dictum Albertum, parte una, et dictos Zacariam, / Steffanum, Bertolam et Donatum fratres eius nepotes, / ex altera seu aliis partibus, ad quam divisionem / predicti fratres provocaverunt et provocant dictum Albertum, / et ratione et occaxione similiter divisionis fiende / [c. 163r.] inter dictum Steffanum, parte una, et dictos Zacariam, / Bertolam et Donatum fratres, parte altera seu aliis partibus, / de quibuscumque bonis mobilibus et imobillibus seseque moventibus, / iuribus, actionibus et nominibus debitorum et creditorum comunibus inter / eos fratres et totius eius quod ipsi fratres et dictus Albertus / sibi vicissim, videlicet una pars alteri et altera alteri, / petere et consequi possent quocumque modo et cetera, et tam / per cartam et cetera quam sine carta et cetera hinc retro usque / hodie, et ad omnia pacta, conventiones, renuntiationes, / obligationes, clausulas et[e] solemnitates[f] / et penam in dicto compromisso sic fiendo apponendas / et inserendas. Quibus ita peractis et solemniter / gestis prefatus dominus capitaneus dictis[g] curatoribus dictis / curatorio nominibus presentibus et acceptantibus decrevit / ipsam curam et gestionem et administrationem ipsius / ac in predictis omnibus et singulis suum et suam et / comunitatis Lugani et valis[2] et cetera auctoritatem et decretum / interposuit et dedit et dat cum cognitione cause, / et per ipsum causa cognita et ex eius offitio ac / iussit quecumque agitabuntur per ipsos curatores et minores / sint rata, grata, firma et valida et pro ratis, / gratis, firmis et validis haberi debere et / teneri tamquam a veris curatoribus factis et gestis. / Et exinde de predictis et cetera. Actum et cetera, testes et notarii et cetera. /

[a] *Numero vergato nel margine sinistro della* c.
[b] *Segue* ser *depennato.*
[c] *Segue* parte altera *depennato.*
[d] *Segue* p *con segno abbreviativo depennato.*
[e] *Segue* solen *con segno abbreviativo finale depennato.*
[f] *Segue* in *depennato.*
[g] *Segue* ni *depennato.*

CXII[a] Cura ad petendum benefitium restitutionis

Anno et cetera, coram magnifico et generoso viro domino capitaneo Lugani / et valis[18] et cetera sedente et cetera comparet Antonius filius condam et / heres Alberti de tali parte et cetera, maior annis XIIII° / minor annis XXV, et ab ipso domino capitaneo petiit / et petit talem et talem ibi presentes, audientes et / intelligentes et curatores esse volentes et utrumque eorum / insolidum ita quod occupantis conditio melior non existat, / spitialiter ad petendum et cum instantia requirendum omni modo, / iure, via, causa et forma quibus melius potuit et / potest fieri benefitium restitutionis in integrum et ipsum / [c. 163v.] Antonium esse restituendum et restitui debere ab omni / lapsu instantie et cursu temporis, si aliqua instantia / vel aliquod tempus ei elapsa seu elapsum sit / tamquam minor et lexus propter dictum lapsum / temporis et instantiam cuiusdam nullitatis et / apellationis interposite pro parte dicti condam Alberti / a quadam asserta sententia, lata et data per sapientem / dominum talem tunc vicarium Lugani et cetera in / favorem talis in preiuditium dicti Alberti / et occaxione contentorum in ipsa sententia et in ipsis / nullitate et apellatione, tradatis quidem et / rogatis ac scriptis per talem notarium tali / anno et cetera seu anno, die et mense in eis contentis, / et generaliter ad omnia alia et singula que in / predictis et circha predicta necessaria fuerint / et utilia et que in talibus requiruntur tam / de iure quam de consuetudine. Quibus ita peractis / et solemniter gestis dicto curatori dicto curatorio nomine / insolidum presenti et acceptanti decrevit et / decernit ipsam curam et gestionem et administrationem / ipsius ac in predictis omnibus et singulis suum et / suam et comunitatis Lugani et valis[2] et cetera auctoritatem / et decretum interposuit et dedit et dat cum / cognitione cause et prius per ipsum causa cognita / et ex eius offitio, ac iussit quecumque agitabuntur / per dictum curatorem virtute dicte cure sint / rata, grata, firma et valida et pro ratis, / gratis, firmis et validis haberi debere et / teneri tamquam a vero curatore factis et / gestis. Et exinde de predictis et cetera. Actum et cetera, / testes et notarii et cetera. /

[a] *Numero vergato nel margine sinistro della* c.

CXIII[a] Cura ad vendendum insolutum debiti minoris

Si vero cura data minori ad vendendum, ipsa / venditio fienda fieri debeat insolutum alicuius / [c. 164r.] debiti minoris ipsius, tunc ubi dicitur in cura / facta ad vendendum et ad contentandum et confitendum / se habuisse pretium et cetera, dicatur sic videlicet. /

Et ad faciendum dictam venditionem et insolutum dationem / et predicta omnia et singula suprascripto Iohanni emptori futuro / pro pretio et nomine pretii librarum XL terciolorum, que cedunt / et cedere debent in solutum et pro completa sollutione / et integra satisfactione illarum librarum XL terciolorum / de et pro quibus suprascriptus condam Aliolus olim pater dicti / Iohannis minoris obligatus legitur et est in manibus / suprascripti Iohannis futuri emptoris occaxione in eo instrumento contenta, / ut constat publico instrumento ipsius obligationis rogato per talem / notarium, tali anno et cetera seu anno, die et mense in / eo contentis, in deffensionem et pro deffensione suprascripte / petie terre ut supra vendende et insolutum dande / ut supra, et hoc ad petendum, exigendum, consequendum et / habendum contra[b] dictum Iohannem / minorem ut supra et heredes, res et bona dicti condam / Alioli obligati ut supra suprascriptas libras XL terciolorum de / quibus supra cum omnibus expensis, damnis et interesse in / casu quo dicta petia terre ut supra vendenda et postea / vendita eidem Iohanni futuro emptori evinceretur / in toto vel in parte aut pro ea parte pro qua / evinceretur, et hoc secundum formam statutorum[61] / et ordinum predicte comunitatis super hiis disponentium, et / ad omnia pacta, conventiones, renuntiationes, bonorum / obligationes, clausulas et solemnitates in dicto instrumento / venditionis sic fiendo apponendas et cetera, quibus ita / peractis et cetera. Actum et cetera. /

a *Numero vergato nel margine sinistro della* c. *che segue,* c. 164r.
b *Segue* dictum Iohannem minorem ut supra *depennato.*

CXIIII° [a] Cura ad petendum et finem et confessionem faciendum

Anno et cetera, coram et cetera venit et comparuit Franciscus filius condam / et heres insolidum Iohannis de tali parte et cetera, maior / annis XIIII° minor tamen annis XXV, et ab / ipso domino capitaneo petiit et petit curatorem sibi / [c. 164v.] dari et decerni Petrum avunculum suum ibi / presentem et curatorem esse volentem duraturum hinc / ad annos quatuor proxime futuros in curatorem spitialem / et pro curatore spitiali suprascripto Francisco presenti et petenti, / et hoc spitialiter ad petendum, exigendum, consequendum / et habendum et habuisse et recepisse confitendum a comuni / et hominibus de Vernate[17] valis Lugani[2] illas libras / centum terciolorum de et pro quibus suprascripti commune et homines / sunt debitores ipsius Francisci minoris occaxione pretii / tante quantitatis bladi sibi dati et venditi ad / credentiam, / item ad faciendum finem et confessionem dictis comuni / et hominibus de dictis quantitatibus denariorum seu / de parte eorum, prout dictus Petrus[b] curator ut supra / recipere contingerit, et ad confitendum se dicto / nomine recepisse et habuisse suprascriptas quantitates denariorum / in toto seu pro parte, prout sibi solvi contingerit, / et ad promittendum et obligandum ipsum Franciscum / minorem[c] et heredem ut supra et omnia eius bona / pigneri presentia et futura in ipsis instrumentis finium / et confessionum de stando et permanendo tacitum et / contentum et de faciendo stare, esse et permanere / quaslibet alias personas tacitas et contentas omnibus / ipsius Francisci minoris propriis expensis, damnis et / interesse tantum, in pena et sub pena totius / damni et interesse et omnium expensarum solemni stipulatione / promittenda et deducenda, et ad omnia pacta et cetera, / et ad iurandum corporaliter et cetera, quibus sic peractis et cetera. / Et exinde de predictis et cetera. / Actum et cetera, testes et notarii et cetera. /

[a] *Numero vergato nel margine sinistro della* c.
[b] *Segue* ut *depennato.*
[c] *Segue* ut supra *depennato.*

CXV[a] Cura ad faciendum confessionem occaxione arbitramentorum

[b]Spitialiter ad faciendum finem et cetera de / [c. 165r.] non plus petendo et cetera aliquid imperpetuum Petro filio condam talis et cetera, / nominative et generaliter de omni et toto eo quod dicti[c] Antonius / et Lazarus fratres de tali parte filii condam Tadey[d] et dictus / condam Tadeus olim eorum pater et quilibet seu alter / eorum vel aliquis vel aliqui eorum eidem Petro petere / et consequi possent et poterunt ratione et occaxione / omnium et singulorum arbitramentorum factorum tam[e] / [f]inter dictos fratres, parte una, quam dictum Petrum, / parte altera, quocumque modo et qualibet[g] ratione, / causa et occaxione et etiam ratione omnium et singulorum contentorum / in compromisso facto per dictos fratres, parte una, et suprascriptum / Petrum, parte altera, vigore cuius sunt subsequta dicta / arbitramenta inter eas partes facta per Abondium de tali / parte tunc arbitrum et arbitratorem et amicabilem compositorem / ellectum inter eas partes tradata et rogata per talem / notarium, tali anno et cetera, / et ad promittendum et obligandum ipsum minorem constituentem / et omnia eius bona et cetera in[h] ipso instrumento finis / et confessionis de stando et permanendo tacitum et contentum et cetera, / et ad omnia pacta et cetera, / et ad confitendum se habuisse et recepisse a dicto Petro / sollutionem et satisfactionem integraliter de predictis / omnibus et singulis, et ad iurandum corporaliter et cetera, / quibus[i] ita peractis et cetera, qui curator et cetera iuravit / corporaliter et cetera utillia facere et cetera fideliter et cetera, / et ad faciendum predicta omnia et singula in exequtione / predictorum arbitramentorum factorum ut supra, ea exequtioni mandando / et omnibus aliis modo et cetera quibus melius potuit et potest. / Actum et cetera, testes et notarii et cetera. /

[a] *Numero vergato nel margine sinistro della* c. *che segue*, c. 165r.
[b] *Precede* Anno et cetera *depennato.*
[c] *Segue* fratres *depennato.*
[d] Tadey *sopra la linea sopra* Antonii *depennato.*
[e] *Segue* inter suprascriptum *depennato.*
[f] *Precede in parte sulla linea precedente* Petrum et suprascriptum condam Petrum parte altera quocumque modo / parte altera quam *depennato.*
[g] *Segue* alia *depennato.*
[h] *Segue* ipsis *depennato.*
[i] *Segue* ii *depennato.*

CXVI[a] Confirmatio tutelle spitialis ad terminum / pro una causa tantum movenda contra[b] / minorem

[c. 165v.] Anno et cetera, cum sit quod Petrus Menicatus de Lugano[20] filius condam talis / decesserit relictis sibi Andrea etatis annorum septem, / Romerio etatis annorum duorum et Caterina etatis annorum / quatuor, filiis legiptimis ipsius Petri, non relicto eis / [c]aliquo tutore testamentario cumque per Gasperinum[d] / [e]Menicatum de Lugano fratrem dicti condam Petri / et similliter filium condam suprascripti talis requisitum fuerit a magnifico / et generoso viro domino Iacobo Fer de Lucerna[73] capitaneo / Lugani et vallis[18] et cetera pro ipsis filiis dicti condam Petri / pupillis providere vellit de idoneo tutore et / idoneum tutorem dare secundum formam iuris, asserendo / se velle agere et causari et in littigio esse cum / ipsis fratribus et sorore pupillis et eorum bonis ac bonis / relictis per dictum condam Petrum pro iuribus suis et maxime / cuiusdam apellationis interposite, ut dixit, a quadam / sententia lata per prefatum dominum capitaneum in favorem dicti / Gasperini, super quibus pretendit et habet ius, ut asserit, / ad hoc ut ipse Gasperinus possit et valleat / ius suum petere et consequi secundum formam iuris / et ad hoc ut ipsi pupilli indeffensi non remaneant, / cumque etiam sit quod tutella ipsorum pupillorum de iure / spectaret et pertineret dicto Gasperino tamquam proximiori / agnato dictorum pupillorum propter renuntiationem factam / per dominam Caterinam de tali parte, matrem dictorum pupillorum, uxorem / relictam condam dicti Petri, nisi ipse Gasperinus ageret / et agere et causari vellet et in littigio esse cum / ipsis pupillis, ut prefertur. /

Fiat narratio, prout casus acciderit. /

[a] *Numero vergato nel margine sinistro della* c. *che segue*, c. 165v.
[b] *Segue* tuto *depennato.*
[c] *Nel margine sinistro della* c. *in corrispondenza delle righe 5–6 dell'originale, l'annotazione* cura ad littem tantum.
[d] *Segue* Brochum *depennato.*
[e] *Precede* de Lugano *depennato.*

CXVII[a] [b–]Tutela data ad unam litem[–b]

Idcircho magnificus et generosus vir dominus Iacobus Fer de / Lucerna[73] capitaneus Lugani et vallis[18] et cetera, sedens in banco / super quodam bancho, posito in burgo Lugani[20], in / contrada de Carona[21] in eius domo ressidentie, quod / [c. 166r.] bancum et quem locum prefatus dominus capitaneus suum ellegit / et elligit bancum et tribunal idoneum in hac / parte pro infrascriptis omnibus et singulis spitialiter peragendis, / facta[c] dilligenti inquisitione super predictis, prout / iuris forma disponit, non reperto aliquo magis / idoneo tutore nec volente ipsam tutellam acceptare, / et cognito quod ipsa tutella ipsi Gasparino de iure / debetur, nisi agere et causari vellet, ut prefertur, / ad hoc ut ipsi pupilli et eorum bona non remaneant / indeffensi et indeffensa et dictus Gasparinus agere / et causari possit cum ipsis pupillis et super bonis / predictis, ex eius offitio et omnibus modo, iure, via, causa / et forma quibus melius potuit et potest tutellam et / administrationem[d] personarum et bonorum dictorum pupilorum / ad omnem littem, quam ipse Gasparinus habet vel / habere posset et vult causis suprascriptis cum ipsis pupillis / tantum, decrevit et dedit domine Petre de tali parte / avie paterne ipsorum pupilorum presenti et acceptanti, / ita tamen quod finita litte predicta, quam ipse Gasparibus / habet vel habiturus est cum ipsis pupillis, finita / sit ipsa tutella et finita sit ipsa domina Petra / offitio presentis tutelle, ac etiam in predictis omnibus et singulis / suum et suam et comunitatis Lugani et valis[2] auctoritatem / et decretum interposuit et dedit. Que domina Petra / tutris ut supra iuravit et iurat corporaliter ad sancta dei / evangelia manu tactis scripturis in manibus prefati domini / capitanei et coram eo regere et regulare personas / et bona dictorum pupilorum et dictam tutellam et / littem predictam bona fide, sine fraude, et de hiis / omnibus et singulis que ad eius manus pervenerint / ratione presentis tutelle ipsis pupillis ablaticis / suis rationem reddere suis loco et tempore debitis. / Que domina Petra tutrix ut supra promissit et cetera, obligando se et cetera / in manibus prefati domini capitanei et mei notarii infrascripti / ut publice persone stipulantium et recipientium nomine et vice / [c. 166v.] dictorum pupilorum de regendo et gubernando personas / et bona ipsorum pupilorum et dictam tutellam bona fide / ut supra et de reddendo rationem predictam ut supra cum omnibus / expensis et cetera in bonis denariis numeratis et cetera[e], sub pacto / capiendi et cetera, renuntiando omnibus legibus et cetera, insuper etiam / renuntiando[f] exceptioni huius instrumenti non ita facti et cetera. / Actum et cetera, testes tantum et cetera. /

[a] *Numero vergato nel margine sinistro della* c. *che segue*, c. 166r.
[b–b] *Titolo vergato nel margine sinistro della* c.
[c] *Segue* dii *depennato.*
[d] *Segue* dictorum *depennato.*
[e] *Segue* re *con segno abbreviativo depennato.*
[f] *Segue* hi *depennato.*

CXVIII[a] Actoria post suprascriptam tutellam

Ibique statim coram suprascriptis testibus suprascripta domina Petra de tali / parte et cetera, tutrix hodie paulo ante data, constituta et / ordinata personis et bonis suprascriptorum fratrum et sororis pupillorum / per prefatum dominum capitaneum omni litti, quam Gasperinus / de tali parte patruus ipsorum pupillorum habet et / habere vult et intendit cum ipsis pupillis et super / eorum bonis, ut constat publico instrumento ipsius tutelle / rogato per me notarium infrascriptum, periculo bonorum ipsorum / pupillorum et pro eorum deffensione fecit, constituit / et cetera ac facit, constituit et cetera suos dicto tutorio nomine / et dictorum fratrum et sororis pupilorum ut supra certos / missos, nuntios, actores et cetera talem et talem et cetera, / omnes procuratores Lugani[20] et quemlibet eorum insolidum / ad omnes suas dicto tutorio nomine causas et cetera, / quas habet et habitura est cum ipso Gasperino / et ad dictam littem, quam ipse Gasperinus movere / vult et intendit contra ipsos fratres et sororem / pupillos et eorum bona tantum ubique et coram / quocumque iudice et cetera, et hoc tam ad agendum et cetera, / dans et concedens dicta domina Petra[b] constituens / dicto tutorio nomine ut supra et cetera, promittens et cetera ipsa / [c. 167r.] tutrix obligando omnia ipsorum pupilorum bona et cetera michi / notario infrascripto stipulanti et recipienti et cetera habere rata et cetera. / Qui actores iuraverunt et cetera curare et administrare / de deffensione et cetera pro ipsis pupillis suscipere bona fide[c], / sine fraude. Et predicta omnia et singula facta / fuerunt per ipsam dominam Petram tutricem ut supra coram et / in presentia prefati domini capitanei, qui in predictis omnibus / et singulis suum et suam et comunitatis Lugani et valis / auctoritatem et decretum interposuit et cetera. / Actum et cetera, testes et cetera. /

[a] *Numero vergato nel margine sinistro della* c.
[b] *Segue* dicto *depennato.*
[c] *Segue* et cetera *depennato.*

CXVIIII[o] [a] Renuntiatio tutelle sponte facta per tutorem / asserendo se non esse sufficientem nec aptum / ad dictam[b] tutellam

Anno et cetera, cum hoc sit quod Michael Paranchini de Lugano[20] / olim filius condam talis decesserit relicto superstite Iohanne eius / filio legiptimo et naturali ac herede et pupillo / careatque ipse Iohannes tutore et deffensore persone / et bonorum dicti Iohannis, cumque dicta tutella spectaret / et petineret Ursine filie condam talis et olim uxori ipsius / Michaelis et mariti ipsius Ursine, cumque etiam asseratur / per dictam Ursinam et dicatur quod ipsa Ursina non est persona / sufficiens, potens nec habilis ad acceptandum dictam / tutellam, gestionem et administrationem persone et bonorum / predicti Iohannis in se nec ipsum Iohannem et eius bona / regere et guidare, idcircho constituta ipsa Ursina / de tali parte coram magnifico et generoso viro domino Iacobo / Fer de Lucerna[73] capitaneo Lugani et valis[18] et cetera et in / presentia mei notarii et testium et notariorum infrascriptorum, / dicens et protestans ipsa Ursina expresse et ex / certa scientia et non per errorem, vim neque metum / neque ignorantiam ducta quod ipsa Ursina non est / suffitiens, potens nec habilis persona ad recipiendum / [c. 167v.] in se dictam tutellam, gestionem et administrationem / persone et bonorum suprascripti Iohannis filii sui nec ad / regendum personam et bona ipsius Iohannis filii sui / pupilli nec se intromittere vult nec intendit / de dicta tutella, gestione et administratione, sed / eam tutellam, gestionem et administrationem renuntiavit / et renuntiat. / In qua vero renuntiatione et cetera suprascripta Ursina promissit / et cetera, obligando se et cetera michi notario infrascripto ut publice / persone stipulanti et recipienti nomine et vice dicti / Iohannis pupilli et omnium aliarum personarum quarum / interest, intererit vel interesse poterit, quod ipsa / Ursina perpetuo stabit et cetera tacitam et contentam / et faciet et cum effectu curabit quod omnes alie / persone perpetuo stabunt et cetera tacite et cetera omnibus suis / propriis expensis et cetera, in pena et cetera, et predicta omnia / et singula acta et cetera fuerunt et sunt coram prefato / domino capitaneo Lugani[d] sedente et cetera / in banco et cetera, qui in predictis omnibus et singulis / suum et suam et comunitatis Lugani et valis[2] et cetera / auctoritatem et cetera interposuit et cetera causa cognita et ex / eius offitio. / Actum et cetera, testes et notarii et cetera. /

[a] *Numero vergato nel margine sinistro della* c.
[b] *Segue* curam *depennato.*
[c] *Segue* exist ut supra *depennato.*

CXX[a] Tutella post faciens mentionem / de suprascripta renuntiatione

Anno et cetera, cum hoc sit quod condam Michael Paranchini / de Lugano[20] decesserit relicto superstite sibi Iohanne / eius filio legiptimo et naturali, pupillo et herede / insolidum, cumque etiam Ursina filia condam /o/ de tali parte / [c. 168r.] mater predicti Iohannis et olim uxor predicti Michaelis / renuntiaverit tutelle, gestioni et administrationi persone / et bonorum predicti Iohannis pupilli, ut constat publico / instrumento ipsius renuntiationis rogato per /o/ anno et cetera, / et careat suprascriptus Iohannes pupillus tutore, / gestore, administratore et deffensore et remaneat / et sit ipse Iohannes et eius bona indeffensus et / indeffensa, idcircho Aliolus de tali parte et cetera / filius condam /o/ consanguineus germanus suprascripti Iohannis, nolens / quod ipse Iohannes et eius bona remaneant indeffensus / et indeffensa, sed conserventur pro eius posse, / constitutus ipse Aliolus coram magnifico et generoso viro / domino Iacobo Fer de Lucerna[73] capitaneo Lugani / et valis[18] et cetera existente in burgo Lugani in contrata / de Carona[21] in eius domo ressidentie, et petiit / et petit ipse Aliolus a dicto domino capitaneo existente / ut supra tutellam, gestionem et administrationem persone et / bonorum dicti Iohannis pupilli, ipsi Aliolo debere / constitui, confirmari et ordinari per prefatum dominum capitaneum. / Qui prefatus dominus capitaneus existens ut supra, cognoscens / quod dictus Aliolus est persona sufficiens, potens et / habilis ad regendum personam et bona suprascripti Iohannis / pupilli[b], / [c]ipsam tutellam, gestionem et administrationem / persone et bonorum dicti Iohannis pupilli eidem / pupillo ceteris preferenda, ea propter ipsum Aliolum / de Lugano in tutorem et pro tutore, gestore et / administratore persone et bonorum predicti Iohannis pupilli / eidem Iohanni pupillo ex offitio et decreto sui dedit, / constituit, ordinavit et confirmavit ac in predictis / omnibus et singulis suum et suam et comunitatis Lugani / et valis et cetera auctoritatem et decretum interposuit et / [c. 168v.] dedit et dat cum cognitione cause et prius per / ipsum causa cognita et ex eius offitio. Qui / Aliolus tutor datus ut supra coram prefato domino / capitaneo et me notario infrascripto[d] / iuravit et iurat corporaliter ad sancta dei / evangelia manu tactis scripturis ac etiam promissit / et convenit solemniter per stipulationem, obligando se / et omnia sua bona mobilia et imobillia etiam / suplectilia domus et utensilia et ea que / verisimiliter non cadunt in obligatione generali / michi notario infrascripto ut publice persone stipulanti / et recipienti nomine et vice et ad partem et utillitatem / tantum dicti Iohannis pupilli ut supra, legaliter / et bona fide, sine fraude[e] semper agnoscendo / ipsum Iohannem pupillum et bona sua regere et / conservare ac etiam eidem Iohanni pupillo dicere et / facere omnia ea et singula que eidem minori / putaverit utillia et inutillia pretermittere, / salvare et gubernare omnia ea et singula, / que ad eius manus pervenerint ratione et / occaxione huius tutelle, gestionis et administrationis / ipsius, et de eius bonis, rebus et iuribus / inventarium facere, et de hiis omnibus et / singulis rationem reddere et reliqua restituere / suis loco et tempore congruis, et hec omnia cum / omnibus expensis et cetera, et hec omnia in bonis denariis / numeratis tantum et cetera, et exinde pro predicto Aliolo / tutore ut supra et pro predictis omnibus et singulis / firmiter attendendis ut supra estitit fideiussor et cetera / Petrus frater suprascripti Alioli qui se pro predictis / [c. 169r.] omnibus et singulis firmiter attendendis ut supra[f] / [g]omni tempore sponte / constituit principalem debitorem, fideiussorem et adimpletorem / insolidum, ita quod teneatur insolidum et cum effectu insolidum / conveniri possit, renuntiando auxilio novarum constitutionum / et epistule divi Adriani et omni alteri iuri legum et / auxilio suprascripto Iohanni pupillo, sub pacto capiendi et cetera, / renuntiando omnibus legibus et cetera. Qui Aliolus tutor datus / ut supra iuravit corporaliter et cetera se predicta omnia et singula in / hoc instrumento contenta perpetuo rata et cetera habere et cetera. / Actum et cetera, testes et notarii et cetera. /

Fiant post instrumentum adhitionis hereditatis et / inventarium bonorum dicti Iohannis minoris cum / actoria ad causas ipsius minoris. / Possunt fieri alia diversa prohemia in ipsis tutellis / et curis, prout res se habuit. /

[a] *Numero vergato nel margine sinistro della* c.
[b] *Segue* eidem Iohanni pupillo ex offitio et decreto *depennato.*
[c] *Precede* sui *depennato.*
[d] *Segue* solemniter ordinato *depennato.*
[e] *Segue* b *depennato.*
[f] *Segue* estitit fideiussor *depennato.*

[g] *Precede in parte sulla linea precedente* et cetera Petrus eius Alioli frater qui se pro predictis omnibus / et singulis firmiter attendendis ut supra *depennato*.

CXXI[a] Tutella data minoribus et posthumo

Anno et cetera, cum sit qui Michael Paranchini de Lugano[20] / decesserit modo possunt esse menses quatuor proxime preteriti / vel circha[b], relictis Antonio, Iohanne et / Caterina[c] fratribus et sorore filiis suis legiptimis et / naturalibus, pupillis minoribus annis XIIII[o] pro quolibet / eorum et filiis Iohannine relicte condam dicti Michaelis et filie condam Lugani / de tali parte et cetera et filio et filia in ventre / ipsius Iohannine posthumo, filiis et heredibus pro quatuor / partibus quinque partium dicti condam Michaelis, nullo / tutore testamentario eis relicto, et predicti fratres / [c. 169v.] et soror pupilli et posthumus videlicet ille seu illa / existens in ventre ipsius Iohannine indigeant tutore / et administratore personarum et bonorum suorum relictorum per / dictum condam Michaelem in eius hereditate et bonis, / ideo coram magnifico et generoso viro domino Iacobo Fer de / Lucerna[73], capitaneo Lugani et valis[18] et cetera existente et cetera, / venit suprascripta Iohannina uxor relicta condam suprascripti Michaelis, / mater suprascriptorum fratrum et sororis pupillorum et posthumi / ut supra, protestans premissa quod ipsa Iohannina est creditrix / dictorum suorum filiorum et posthumi ut supra de libris / CCC terciolorum occaxione eius dotis et antifacti, et ab ipso / domino capitaneo petiit et petit tutellam et cetera personarum / et bonorum dictorum fratrum et sororis et posthumi / ut supra, heredum pro quatuor partibus quinque partium ut supra / dicti condam Michaelis. Qui dominus capitaneus existens / ut supra, attentis quod nullus tutor testamentarius est / relictus ipsis pupillis et posthumo ut supra, et quod / ipsa Iohannina tamquam valens et honesta domina / erit sufficiens et idonea ad ipsam tutellam / et administrationem dictorum filiorum suorum pupillorum / et posthumi ut supra regendam etiam ex testimonio / quamplurium personarum fide dignarum ipsam Iohanninam / cognoscentium et etiam ex parentibus eorum, eandem / Iohanninam in tutricem, gestricem et cetera personarum et / bonorum dictorum fratrum et sororis pupillorum et / posthumi heredum ut supra, dedit, constituit et ordinavit / ac confirmavit ac in predictis omnibus et singulis / suum et suam et comunitatis Lugani et valis[2] et cetera / auctoritatem et decretum interposuit et dedit / et dat cum cognitione cause et prius per / [c. 170r.] eum causa cognita. Que Iohannina tutrix ut supra renuntiavit / et renuntiat secundis nuptiis et etiam senatus consulto / Veleyani et omni alteri iuri legum et auxilio introductis / in favorem mulierum, prius certiorata et certificata / per me notarium infrascriptum quid sint et quid importent / dicte leges et iura ac renuntiatio et etiam dotem / suam et substantiam[d] bonorum suorum pro ipsa / tutella et admnistratione regenda supponit dictis / filiis suis et posthumo. Que Iohannina tutrix / ut supra iuravit et cetera ac etiam promissit et cetera, obligando se[e] / et omnia sua bona et cetera dictis filiis suis pupillis et posthumo et michi notario infrascripto ut publice / persone stipulanti et rescipienti nomine et vice suprascriptorum / fratrum[f] et sororis pupillorum et posthumi / ut supra, dictam tutellam, gestionem et administrationem / ipsius regere et cetera. /

Sequatur postea secundum formam et dictatum[g] / alterius tutelle et cetera. /

Actum et cetera, testes et notarii et cetera. /

[a] *Numero vergato nel margine sinistro della* c.
[b] *Segue* proxime preteriti *depennato.*
[c] *Segue* fil *depennato.*
[d] *Segue* sua *depennato.*
[e] *Segue* et cetera *depennato.*
[f] *Segue* po *depennato.*
[g] *Segue* suprascripte *depennato.*

CXXII[a] Cura ad investiendum ad livelum

Anno et cetera, coram magnifico et generoso viro domino Iacobo Fer de / Lucerna[73] capitaneo Lugani et vallis[18] et cetera, existente in tali / loco et cetera, venit dominus Moschinus filius condam /o/ de tali / parte et cetera, maior annis XVIII minor tamen annis / XXV, et ab ipso domino capitaneo petiit curatorem / sibi dari, constitui et ordinari dominum Petrum filium condam /o/ / de tali parte et cetera consanguineum germanum matris / dicti domini Moschini ibi presentem et curatorem / esse volentem ad investiendum iure et nomine / [c. 170v.] hemphiteotico seu ad hemphiteosim et ad / livelum seu ad perpetuam locationem et ad fictum / faciendum Mariolum et Antoniolum fratres / filios condam Paulini de tali loco et cetera, nominative de / molandino uno derupato cum petia una terre / prative ibi contigua et cetera quibus coheret et cetera, / salvo semper errore coherentiarum et cetera, et hoc / cum omnibus suis iuribus et pertinentiis, viis, accessiis / et stratis et cetera ceterisque iuribus et benefitiis / universis spectantibus et pertinentibus tam predicto domino / Moschino minori quam predictis bonis ut supra ad / livelum dandis in integrum et eorum ratione / et occaxione, et hoc a festo sancti Martini[23] proxime / futuro inantea ad annos XXVIIII° proxime / futuros et deinde inantea usque imperpetuum, et / ad promittendum et obligandum se et omnia sua / bona pigneri presentia et futura suprascriptis[b] Mariolo / et Antoniolo fratribus de deffendendo et guarentando / eis et suis heredibus et sucessoribus et cui seu / quibus dederint predicta bona supra ad livelum / danda cum suis iuribus et pertinentiis omni tempore / ab omni persona, comuni, collegio, capitulo et universitate / omnibus suis propriis expensis, damnis et interesse tantum, / in pena et sub pena totius damni et interesse / et omnium expensarum solemni stipulatione promittenda / et deducenda, et hoc pro ficto annuatim solvendo / in festo sancti Martini cuiuslibet anni usque imperpetuum / modiorum trium misture, videlicet sichalis et millii / equaliter molature, et ad ponendum pactum / [c. 171r.] in dicto instrumento liveli, quod inde fiet, quod si dicti / Mariolus et Antoniolus fratres hemphiteote et / eorum heredes et sucessores cessaverint in sollutione / dicti ficti per tres annos continuos quod cadant / et cecidisse intelligantur a dicto livelo et ab / omni iure acquisito occaxione dicti liveli, ita quod / dicti fratres teneantur suis propriis expensis tantum / aptari facere dictum molandinum, item quod dicti / fratres et eorum heredes possint et valleant ac eis licitum / sit accipere ubique super terris dicti domini Moschini / quecumque ligna necessaria pro aptatione et / elevamento dicti molandini sine aliqua sollutione / per eos fienda dicto domino Moschino, et ad dandum / et concedendum suprascriptis fratribus futuris hemphiteotis / parabulam et licentiam accipiendi et aufferendi dicta ligna / ad eorum fratrum libitum voluntatis, item quod si / contingat dictum molandinum devastari per flumen / seu aquam fluminis[c] ibi prope decurentem / ita et taliter quod comode aptari non possit, quod tunc / et eo casu adveniente dicti fratres et eorum heredes / postea non teneantur ad sollutionem ficti dicti / molandini pro tempore tunc futuro. /

Possunt poni quecumque alia pacta, prout partibus placuerit. /

Et ad omnia pacta, promissiones, conventiones, obligationes / et renuntiationes, et generaliter ad omnia alia et / singula facienda et gerenda que in predictis et / circha predicta fuerint necessaria et utilia et / que in dicto instrumento liveli, quod inde fiet, apponentur, / et ad iurandum corporaliter ad sancta dei evangelia / manu tactis scripturis se predicta omnia et singula / perpetuo rata, grata, firma et valida habere / et tenere et nullo tempore contrafacere nec venire / [c. 171v.] aliqua ratione vel occaxione minoris etatis nec / aliqua alia ratione vel occaxione iuris vel / facti comunis vel spitialis nec contra ea benefitium / restitutionis in integrum postulare. Quibus / ita peractis et sic solemniter gestis prefatus dominus / capitaneus causa cognita predictum curatorem eidem / minori petenti et volenti, ei curatorem ad / predicta omnia et singula ex offitio et decreto / sui dedit, constituit, ordinavit et confirmavit / ac etiam in predictis omnibus et singulis suum et / suam et comunitatis Lugani et vallis auctoritatem / et decretum interposuit. Qui curator / iuravit corporaliter ad sancta dei evangelia manu / tactis scripturis ac etiam promissit et convenit solemniter / per stipulationem, obligando se et omnia sua / bona pigneri presentia et futura suprascripto domino Moschino / minori ut supra, ei dicere, facere et agere bona fide, / sine fraude omnia ea et singula que eidem / minori putaverit esse utilia et inutillia / pretermittere, salvare et gubernare omnia ea / et singula, que in eum pervenerint ratione et / occaxione huius cure, et de eis omnibus et singulis / ei bonam rationem reddere et reliqua / restituere loco et tempore congruis, et exinde pro / dicto curatore et pro predictis omnibus et singulis / in quolibet capitulo firmiter attendendis et / observandis estitit fideiussor Iohannolus filius condam / /o/ de tali parte, qui se de predictis omnibus et / singulis constituit principalem debitorem, fideiussorem / et expromissorem, obligando se et omnia sua bona / [c. 172r.] pigneri presentia et futura, ita quod teneatur insolidum et / cum effectu insolidum conveniri possit, renuntiando auxilio / novarum constitutionum et epistule divi Adriani et omni / alteri iuri legum et auxilio suprascripto domino Moschino minori / ut supra presenti et stipulanti. /

Actum et cetera, testes et notarii et cetera. /

[a] *Numero vergato nel margine sinistro della* c.
[b] *Segue* fr *depennato.*
[c] *Segue* ita et taliter *depennato.*

CXXIII[a] Cura ad se investiendum ad livelum

Anno et cetera, coram prefato domino capitaneo existente ut supra venit / Antonius filius condam /o/ de tali parte, maior annis XVI minor / tamen annis XXV, et ab ipso domino capitaneo petiit curatorem / sibi dari, constitui et ordinari Mariolum fratrem suum / ibi presentem et curatorem esse volentem et filium condam suprascripti /o/ / ad recipiendum investituram unam et insolidum cum / dicto Mariolo fratre et curatore suo et se investiendum / iure et nomine hemphiteotico seu ad hemphiteosim / et ad livelum seu ad perpetuam locationem et ad fictum / faciendum cum pactis infrascriptis una et insolidum ut supra / a domino Moschino Ruscha filio condam /o/, nominative de / molandino uno dirupato cum petia terre prative contigua, / iacente et cetera quibus coheret et cetera, salvo tamen si alie / vel aliter reperirentur predicte coherentie et cetera, et hec omnia / cum omnibus suis iuribus et pertinentiis, viis et cetera tam eidem / domino Moschino minori ut supra quam predictis bonis ut supra ad / livelum dandis, spectantibus et pertinentibus in integrum / et eorum ratione et occaxione, et hoc a festo sancti / Martini[23] proxime futuro inantea ad annos / XXVIIII° tunc proxime futuros, et deinde in antea / usque imperpetum, et ad promittendum et obligandum / [c. 172v.] se et omnia sua bona pigneri presentia et futura / una et insolidum cum dicto Mariolo fratre suo / et curatore ut supra de dando et solvendo eidem domino / Moschino a festo sancti Martini proxime futuro / inantea ad annum unum tunc proxime futurum / modia tria bladi misture molature, videlicet / sichalis et milii equaliter, et totidem abinde / inantea omni anno annuatim solvendo in quolibet / festo sancti Martini cuiuslibet anni usque imperpetuum / donec tenuerit, et de dimittendo et interlassando / eidem minori dictam posessionem vacuam, liberam / et expeditam si contingerit eos cadere a dicto / livelo, et hec omnia cum omnibus expensis et cetera in bono / blado, puro, sicho, nittido, vanduto et bene mensurato / ad iustam mensuram comunitatis valis Lugani[2] tantum, / consignando omni anno ad domum habitationis suprascripti domini / Moschini et non in aliqua alia re contra voluntatem / suprascripti domini Moschini, et hoc tam sub pacto / capiendi quam alio modo, et ad ponendum pactum, quod / inde fiet, quod si dicti fratres futuri hemphiteote / cessaverint in sollutione dicti ficti livelarii / per tres annos continuos quod cadant et cecidisse / intelligantur a dicto livelo et ab omni iure / sibi acquisito vigore dicti liveli. /

Ponantur alia pacta, prout inter partes conventum / fuerit. /

Et ad omnia pacta, promissiones, conventiones, obligationes / et renuntiationes et generaliter ad omnia alia / et singula facienda et gerenda, que in predictis / et circha predicta necessaria fuerint et utillia / [c. 173r.] et que in dicto instrumento liveli, quod inde fiet, / apponentur, et ad iurandum corporaliter et cetera se predicta / omnia et singula perpetuo rata, grata, firma et valida / habere et tenere et nullo tempore contrafacere nec venire aliqua / ratione vel occaxione minoris etatis nec aliqua alia ratione / vel occaxione iuris vel facti comunis vel spitialis nec contra / ea benefitium restitutionis in integrum postulare. Quibus / ita peractis et sic solemniter gestis prefatus dominus capitaneus / causa cognita predictum curatorem eidem minori petenti / et volenti, ei curatorem ad predicta omnia et singula / ex offitio et decreto sui dedit, constituit, ordinavit et / confirmavit ac etiam in predictis omnibus et singulis / suum et suam et comunitatis Lugani et vallis auctoritatem / et decretum interposuit. Qui curator iuravit et cetera / ac etiam promissit et cetera, obligando se et cetera suprascripto minori presenti et / stipulanti, ei dicere, facere et agere bona fide, sine / fraude omnia et singula ea que eidem minori / putaverit esse utilia et inutillia pretermittere, / salvare et gubernare omnia ea et singula que / in eum pervenerint ratione et occaxione huius cure, / et de hiis omnibus et singulis ei rationem reddere / et reliqua restituere loco et tempore congruis, et / exinde pro predicto curatore et pro predictis omnibus et / singulis in quolibet capitulo firmiter attendendis / et observandis estitit fideiussor Iohannolus de / tali parte filius condam /o/ qui se de predictis omnibus et / singulis constituit principalem debitorem, fideiussorem / et expromissorem, obligando se et omnia sua bona et cetera, / ita quod teneatur insolidum et cetera, renuntiando auxilio et cetera / suprascripto minori presenti et stipulanti. Actum et cetera, testes et notarii / et cetera. /

[a] *Numero vergato nel margine sinistro della* c.

[c. 173v.] CXXIIII° [a] Cura ad se abstinendum ab / hereditate patris

Anno et cetera, coram domino Iacobo Fer de Lucerna[73] capitaneo / Lugani[18] et cetera existente et cetera venit Petrus filius condam /o/ de tali / parte et cetera, maior annis XIIII° minor tamen annis / XXV, et ab ipso domino capitaneo petit curatorem / sibi dari, constitui et dicerni talem et cetera spitialiter / ad se abstinendum ab hereditate dicti condam Martini / olim ipsius Petri patris ad se spectante ab intestato / et ipsam hereditatem et omne ex ea comodum et / incomodum penitus recusandum cum ipsam credit / sibi fore damnosam et ne a creditoribus / ipsius hereditatis vel aliis quibuscumque occaxionibus / pulsetur eiusdem hereditatis in aliquo non / gravetur, item ad dicendum et protestandum / quod non fuit nec est nec esse vult heres / dicti condam Martini eius patris in aliquo, et / ad omnia pacta et cetera, et generaliter et cetera, et ad iurandum / et cetera, quibus ita peractis et cetera, qui curator / iuravit et cetera ac promissit et cetera, et exinde et cetera / estitit fideiussor et cetera. Actum et cetera, testes et notarii et cetera. /

[a] *Numero vergato nel margine sinistro della* c.

[a]-CXXV Repudiatio hereditatis-[a]

Ibique statim coram suprascriptis testibus et notariis suprascriptus Petrus / curator datus et cetera ut supra cum auctoritate et consensu suprascripti / sui curatoris et decreto prefati domini capitanei / se abstinuit et abstinet a dicta hereditate / dicti condam Martini olim patris sui sibi spectante / ab intestato, et ipsam hereditatem et omne ex ea / comodum et incomodum penitus recusavit et / repudiavit, cum ipsam sibi credat fore et / esse damnosam et ne a creditoribus ipsius / [c. 174r.] hereditatis vel ab aliis quibuscumque occaxionibus pulsetur / eiusdem hereditatis in aliquo non gravetur, / item dixit et protestatur quod non est nec fuit nec esse / vult heres dicti condam Martini patris sui in aliquo. / Qui Petrus iuravit[b] corporaliter et cetera nec benefitium / et cetera, et quod ex nullo actu, facto seu qui fieri / contingerit per eum vel aliam personam non[c] / intendit adhisse nec adhire hereditatem dicti / eius patris in toto nec in parte nec de ea aliqualiter / imischuisse nec imiscere, et predicta et cetera acta et cetera / fuerunt et cetera per suprascriptum Petrum minorem ut supra cum auctoritate / et consensu dicti sui curatoris sibi dati ut supra, ut / constat publico instrumento ipsius cure rogato et cetera et coram / prefato domino capitaneo existente ut supra, qui in predictis et cetera / eius auctoritatem et cetera interposuit et cetera. Actum et cetera, testes et notarii et cetera. /

[a–a] *Numero e titolo vergati nel margine sinistro della* c.
[b] *Segue* iuravit *depennato.*
[c] *Segue* intendiss *depennato.*

CXXVI[a] Confirmatio tutelle seu cure testamentarie

Anno et cetera, cum sit quod Iacobinus filius condam /o/ de tali parte decesserit / condito prius per eum testamento, in quo inter cetera / instituit sibi heredes universales Iohannem et Ottorinum / fratres eius filios legiptimos et naturales, ut constat / publico instrumento ipsius testamenti rogato per talem notarium, / tali anno et cetera seu anno, die et mense in eo contentis, / et quod in dicto instrumento testamenti dictus Iacobinus / constituerit et ordinaverit tutricem, gestricem et / administratricem personarum et bonorum dictorum Iohannis et / Ottorini fratrum, Iacobam filiam condam /o/ de tali parte, / uxorem dicti Iacobini et matrem dictorum[b] / Iohannis et Ottorini fratrum, et hoc sine confectione / [c. 174v.] inventarii et sine ratione administrationis reddenda / et sine satisdatione prestanda, et quod predictus / Iacobinus decesserit relictis sibi superstitibus / suprascriptis Iohanne et Ottorino fratribus filiis suis, pupillis / et heredibus ut supra, et quod ipsi Iohannes et Ottorinus / careant deffensoribus, gestoribus et administratoribus / bonorum et iurium suorum, quapropter predicta Iacoba / mater ipsorum Iohannis et Ottorini fratrum, tutrix, / gestrix et administratrix personarum et bonorum suprascriptorum / Iohannis et Ottorini fratrum pupilorum petiit et / petit a magnifico et generoso viro domino Iacobo Fer / de Lucerna[73] capitaneo Lugani et valis[18] et cetera ibi / presente et audiente quatenus ipse dominus capitaneus / vellit et debeat ipsam Iacobam tutricem et / administratricem ut supra confirmare, laudare et aprobare / pro bona, idonea et sufficienti tutrice, gestrice / et administratrice suprascriptorum Iohannis et Ottorini fratrum / et bonorum et iurium suorum, ad hoc ut ipsa / Iacoba tutrix ut supra possit agere et administrare / bona et iura dictorum pupillorum et actores[c], / procuratores et deffensores dictorum pupillorum[d] / facere et constituere et ne ipsi pupilli et / eorum bona remaneant indeffensi et indeffensa. / Qui prefatus dominus capitaneus[e] visis prius predicto / testamento et contentis in eo et per eum cognito quod / predicta Iacoba tutrix ut supra fuit et est / sufficiens ad gerendum et admnistrandum suprascriptos / pupillos et eorum bona et iura, ipsam Iacobam / in tutricem et administratricem dictorum pupillorum / [c. 175r.] et bonorum et iurium suorum omnibus modo, iure, via, / causa et forma quibus melius potuit et potest, / confirmavit et confirmat ac in predictis omnibus et / singulis suum et suam et comunitatis Lugani et vallis[2] / auctoritatem et decretum interposuit et dedit et dat / cum cognitione cause et prius per eum causa cognita / et ex eius offitio. Que Iacoba tutrix ut supra iuravit / et iurat corporaliter ad sancta dei evangelia manu / tactis scripturis ac promissit et convenit solemniter per / stipulationem, obligando se et omnia sua bona pigneri / presentia et futura michi notario infrascripto ut publice / persone stipulanti et recipienti nomine et vice et ad partem / et utillitatem tantum dictorum fratrum[f] pupilorum, / eis dicere, facere, agere et administrare bona fide, / legaliter, sine fraude omnia et singula, que ipsis / pupillis putaverit[g] esse utilia et inutillia / pretermittere ipsorumque personas, res et bona ad / comodum et utillitatem ipsorum pupillorum bona fide / custodire et salvare, rationem vero administrationis, / cum a testatore fuerit absoluta non aliter quam debeat, / de iure reddere teneatur, et hec omnia cum omnibus / expensis et cetera in bonis denariis numeratis tantum et non in / aliqua alia re contra voluntatem dictorum pupilorum, / sub pacto capiendi et detinendi et cetera, renuntiando omnibus / legibus et cetera et generaliter omni alteri auxilio et cetera. Actum / et cetera, testes et notarii et cetera. /

[a] *Numero vergato nel margine sinistro della* c.
[b] *Segue* fratrum *depennato.*
[c] *Segue* et *depennato.*
[d] *Segue* facere *depennato.*
[e] *Segue* vis *depennato.*
[f] *Segue* eis *depennato.*
[g] putaverit *con segno abbreviativo depennato.*

CXXVII[a] Cura data uni[b] / [c]stulto et insensato seu muto

[c. 175v.] Anno et cetera, coram magnifico et generoso viro domino Iacobo Fer / de Lucerna[73] capitaneo Lugani et vallis[18] et cetera existente / [d]in tali loco et cetera venit et comparuit Iacobus de tali / parte frater vel patruus vel affinis proximus /

Iohannis filii condam suprascripti talis et cetera mutti et surdi vel stulti / vel fatui ac intellectus carentis ibi presentis / [e]et curatore et deffensore carentis, quem coram / prefato domino capitaneo presentavit et presentat et / petit et requirit a prefato domino capitaneo quatenus / ipsum Iacobum in curatorem generalem ac deffensorem / et administratorem bonorum et persone dicti Iohannis det, / constituat et confirmet, cum ipsa cura et administratio / sibi tamquam proximiori sit preferenda. Qui / prefatus dominus capitaneus, viso ipso Iohanne mutto vel / stulto ut supra et cognito eum indigere curatore et / deffensore, qui eum et bona sua regat, custodiat / et gubernet, et attento quod ipse Iacobus est / proximior ipsi Iohanni ut ibidem a testibus infrascriptis / informationes suscepit, videlicet a tale et tale et cetera, / qui ibidem iuraverunt corporaliter ad sancta dei / evangelia manibus tactis scripturis in manibus prefati / domini capitanei ipsum Iacobum fore et esse proximiorem / ipsi Iohanni et iam longo tempore cognovisse et / cognoscere ac fore et esse muttum et seu / stultum ut supra, et attento etiam quod ipse Iacobus / est aptus et sufficiens et persona idonea / ad regendum et conservandum dictum Iohannem et / eius bona, et prius per eum causa cognita / et ex eius offitio et aliis omnibus modo, iure, via, / causa et forma quibus melius potuit et potest / [c. 176r.] ipsum Iacobum ibi presentem et requirentem et onus / huius cure in se sponte suscipientem in curatorem, / deffensorem et administratorem generalem bonorum et / persone dicti Iohannis dedit, constituit et confirmavit / et dat, constituit et confirmat. Qui Iacobus / curator ut supra delato sibi sacramento per prefatum dominum / capitaneum iuravit et iurat corporaliter ad sancta dei / evangelia manu tactis scripturis in manibus prefati / domini capitanei ac cavit et promissit solemniter per / stipulationem, obligando se et omnia sua bona / pigneri presentia et futura mobillia et imobillia / etiam suplectilia domus et utensilia et ea que / verisimilliter non cadunt in obligatione generali, / ita quod teneatur insolidum et cum effectu insolidum / conveniri possit, renuntiando auxilio novarum constitutionum / et epistule divi Adriani et omni alteri iuri legum / et auxilio in manibus prefati domini capitanei et mei / notarii infrascripti et utriusque nostrum insolidum stipulantium / et recipientium nomine et vice ad partem et utillitatem / tantum dicti Iohannis mutti seu insensati ut supra / et cuiuslibet alterius persone cuya interest, intererit / vel interesse poterit quomodolibet infuturum / et per ipsum dominum capitaneum et me notarium infrasciptum dicto / nomine stipulantes et recipientes ipsi Iohanni et cuilibet / alteri persone cuya interest, intererit vel interesse / poterit vel posset quod dictam curam et offitium / dicte cure geret, faciet et exercebit ac / administrabit bene, fideliter et iuste, legaliter / et bona fide, sine fraude ad utillitatem / dicti Iohannis mutti seu insensati ut supra / utillia faciendo et inutillia pretermittendo, / et quod de hiis omnibus et singulis, que ad ipsius / [c. 176v.] curatoris manus pervenerint de bonis et rebus / ac iuribus dicti Iohannis mutti seu insensati ut supra / ratione et occaxione huius cure et offitii gestionis / et administrationis ipsius, et de negletis et obmissis / tempore debito bonam et integram faciet, reddet / et restituet suprascripto Iohanni et cuiulibet alii persone cui / debebit de iure rationem, sollutionem et satisfactionem / et reliqua restituet cum augumentis debitis et / augumentorum augumentis et que neglectorum, / obmissorum et reliquorum nomine / continentur, et / cum omnibus expensis, damnis et interesse, que proinde / fierent et paterentur, et quod ea omnia et / singula, que ad ipsius curatoris manus pervenerint / de bonis et rebus ac iuribus dicti Iohannis mutti / seu insensati ut supra ratione et occaxione huius / cure custodiet et salvabit nomine dicti Iohannis, / et quod ipsum Iohannem et eius bona non permittet / indeffensum nec indeffensa pro posse suo / inventarium seu repertorium de bonis et rebus / ac iuribus dicti Iohannis stulti seu mutti ut supra / et sibi pertinentibus et omnia alia et singula / faciet dicto Iohanni circha dictam curam et / offitium gestionis et administrationis ipsius, que / facere debet et ad que tenetur de iure et ex natura / huiusmodi contractus cure, et in omnibus et per / omnia iuravit et iurat ac cavit, promissit et / satisdedit, prout iurari, promitti et satisdari / requiritur de iure, et inde per omnia et pro ipso / Iacobo curatore ut supra et eius precibus et instantia / et mandato et pro predictis omnibus et singulis / per ipsum curatorem attendendis, observandis et / [c. 177r.] adimplendis estitit fidiussor Andreas filius condam /o/ / de tali parte et cetera, qui se omni tempore sponte constituit / pro predictis omnibus et singulis principalem debitorem, / observatorem et adimpletorem insolidum, ita quod teneatur / insolidum et cetera, renuntiando auxilio novarum constitutionum / et cetera, obligando se proinde et omnia sua bona et cetera / prefato domino capitaneo et michi notario infrascripto / ut publice persone presentibus et stipulantibus dicto nomine / ut supra. Quibus ita peractis et sic solemniter gestis / prefatus dominus capitaneus dicto curatori insolidum dicto / curatorio nomine quo supra presenti et acceptanti decrevit / et ordinavit ipsam curam et gestionem et / administrationem ipsius ac in predictis omnibus et singulis / suum et suam et comunitatis Lugani et vallis[2] auctoritatem / et decretum interposuit et dedit et dat cum cognitione / cause et prius per ipsum causa cognita et ex / eius offitio. Et exinde de predictis omnibus et singulis / rogatum fuit per me notarium infrascriptum publicum confici / debere instrumentum in laudem viri prudentis. / Actum et cetera, testes et notarii et cetera. /

Poteris facere prohemium in principio dicte cure / quomodo volueris. /

a *Numero vergato nel margine sinistro della* c.
b *Segue* qui sit penitus mutus *depennato.*
c *Precede* et stultus *depennato.*
d *Nel margine sinistro della* c. *in corrispondenza delle righe 3–5 dell'originale l'annotazione* cura unius muti seu stulti.
e *Nel margine sinistro della* c. *in corrispondenza della riga 7 dell'originale l'annotazione* CXXII.

CXXVIII[a] Renuntiatio facta per tutorem vel curatorem / testamentarium

Anno et cetera, Ambrosius de tali parte et cetera ad cuius / aures et notitiam, ut asserit, devenit quod nunc / condam Antonius de Somazo[48] de Genterino[63] in eius / ultimo testamento et ultima voluntate per / [c. 177v.] eum conditis ipsum Ambrosium una cum Iohanne et / Petro de tali parte constituit et deputavit tutores, / curatores et administratores generales personarum et / bonorum Alberti et Babtiste fratrum, eius Antonii / filiorum minoris et pupilli seu minorum vel / pupillorum, et prout latius in ipso testamento / continetur et fit mentio, tradato et rogato per / talem notarium anno et cetera, constitutus ibidem / in presentia mei notarii et testium et notariorum / infrascriptorum dictus Ambrosius et sponte et ex certa / eius animi scientia et non per vim, metum / nec errorem ductus et omnibus aliis modo, iure, / via, causa et forma quibus melius potuit et potest, / renuntiavit et renuntiat ipsi tutelle seu cure / et offitio gestionis et administrationis ipsius / et oneri predicto, asserens, dicens et / protestans idem Ambrosius in presentia ut supra non / posse intendere ipsi regimini et administrationi / cum sit aliquibus eius negotiis impeditus, promittens / sub ipoteca et obligatione sui et omnium suorum / bonorum presentium et futurorum michi notario infrascripto / ut publice persone stipulanti et recipienti nomine et vice / omnium et singularum personarum quarum interest, intererit / vel interesse poterit, se predictam renuntiationem / et omnia premissa perpetuo ratam, gratam, firmam / et validam et rata, grata, firma et valida / habere et tenere et nullo tempore contrafacere et cetera. / Actum et cetera, testes et notarii et cetera. /

[c. 178r.] Idem poterit fieri de renuntiatione, que fit per arbitros / ellectos per commissionem vel compromissum, mutatis / mutandis. / Idem poterit fieri si offitialis cogere vellet aliquem / ad suscipiendum aliquam tutellam vel administrationem, / mutatis mutandis. / Sed in ipso casu solent exprimi alique iuste / cause, ut puta, propter senectutem vel infirmitatem / vel magnam filiorum suorum habundantiam[b] vel alia causa / legiptima, quia si non adesset iusta causa / semper tutella et cura est preferenda proximioribus / et possunt compelli ad suscipiendum tutellam et / curam. / Et nota etiam, quia superius dixi propter magnam / habundantiam filiorum suorum non posse cogi ut supra, / scies quia, si quis habet quinque filios non / potest cogi ad suscipiendum tutellam seu curam, / quia dicitur occupatus, et si qui[c] agnati vel / cognati non aderint pro suscipienda tutella / seu cura, potest dari tutor per offitialem / quelibet alia villis persona ad unam rem / tantum sive ad aliquas causas movendas, / et tunc ista talis persona data per offitialem / ad unam rem tantum non tenetur facere / inventarium, et in ipsa tutella seu cura / spitiali non ponitur[d] illa clausula / quod tutor seu curator teneatur facere inventarium / nec de reddendo rationem, sed solummodo iurat / de faciendo iuste, legaliter et cetera, et eos minores / in dicta causa indeffensos non relinquere / sicut in aliis tutellis fit mentio. / In istis debet fieri narratio de causa, que moveri / [c. 178v.] vult et ad eius instantiam, et de renuntiationibus / agnatorum et cognatorum et earum causis. / Et hoc dico de renuntiatione agnatorum et cognatorum / [e]et cetera, quia ipsi agnati et cognati debent / prius citari ad suscipiendum ipsam tutellam. / Et si comparuerint renuntiando, fiat mentio / postea ut supra de ipsa renuntiatione in dicta tutella / et de causis allegatis per eos ut supra, et deinde / dicatur.

Et ne ipsi pupilli seu minores / indeffensi remaneant, ideo talis offitialis / sedens in banco et cetera, visa citatione dictorum / agnatorum et eorum renuntiatione et responsione, / eisdem tali et tali pupillis vel minoribus / ut supra Petrum de tali parte ibi presentem et onus / huius tutelle seu cure in se sponte / suscipientem in eorum minorum seu pupillorum / tutorem, deffensorem et administratorem spitialem / dedit, decrevit, consituit et deputavit ac / decernit, constituit et confirmat ad talem / causam et cetera bonorum talis et talis et cetera pupillorum / seu minorum et cetera, et in predictis omnibus et singulis / suum et suam et comunitatis Lugani et vallis[2] et cetera / auctoritatem et decretum interposuit et dedit et / dat cum cognitione cause et prius per eum / causa cognita et ex eius offitio. Et qui / talis tutor seu curator datus ut supra delato sibi / sacramento per prefatum dominum capitaneum iuravit et / iurat corporaliter ad sancta dei evangelia / manu tactis scripturis ac cavit et promissit / solemniter per stipulationem, obligando se et omnia / [c. 179r.] sua bona et cetera michi notario infrascripto ut publice persone / stipulanti et recipienti nomine et vice dictorum fratrum pupillorum / seu minorum et cuiuslibet alterius persone cuius interest, / intererit vel interesse poterit de faciendo iuste, legaliter / et bona fide, sine fraude dictum offitium tutelle seu / cure et ipsos fratres minores seu pupillos non / promittit indeffensos[f] pro posse suo, / et in omnibus et per omnia iuravit et iurat ac / cavit et promissit, prout requiritur et tenetur de iure et cetera. /

Et nota quod isti casus eveniunt propter aliquam causam, / que moveri vult contra pupillos vel minores / carentes tutoribus vel deffensoribus, et tunc de / ipsa tali causa movenda fiat prius narratio / in tutella et ad eius instantiam ut supra, deinde fiat / narratio de renuntiatione agnatorum et cetera et eorum / requisitione, quia, ut supra dictum est, opportet ut / citentur proximiores, et deinde omnes agnati / et cognati, et deinde veniat notarius / ad finem propter quem ista talis persona datur / tutor et cetera, sed in isto casu in iuramento istius / tutoris solet dici, protestans tamen ipse tutor / velle sibi satisfieri de sua condigna mercede / causa dicte administrationis et deffensionis. /

[g-]Cura data hereditati vacanti[-g]

Potest etiam dari curator per modum ut supra hereditati vacanti, / et tunc hec talis cura datur per offitialem ad bancum / iuris sequendo modum suprascriptum mutatis mutandis, sed / ibi non fit aliqua citatio agnatorum nec proximorum / ad acceptandum ipsam curam nec aliquis potest / compelli ad suscipiendum, et isti tales contractus / sunt iuditiarii, quia fiunt hora iuris in / iuditio et ponuntur in actis. / Isti autem curatores daturi debent iurare de perquirendo / bona eorum quibus dantur, et debent facere inventarium / [c. 179v.] de bonis que reperientur, sed quia isti contractus / sunt iuditiari, causidici ipsa instrumenta dictant. /

[a] *Numero vergato nel margine sinistro della* c.

[b] habundantiam *aggiunto sopra la linea con segno di richiamo.*

[c] qui *corretto sopra* cui.

[d] *Segue* ipsa *depennato.*
[e] *Precede* et co *depennato.*
[f] *Segue* nec indeffensi *depennato.*
[g–g] *Annotazione vergata nel margine sinistro della* c.

CXXVIIII°[a] Capitulum in testamento quod si quis habeat / unicam filiam et eam gravare vellit ut / se non nubat sine consensu talis et talis, / alioquin si nubere contingat sine expresso / consensu ipsorum deputatorum seu curatorum, / quod ipsam filiam suam privare intendit bonis / et hereditate dicti testatoris ultra legiptimam, / et hoc dictatum est per iurisperitos

In omnibus autem aliis suis bonis et cetera instituit Magdalenam / filiam suam heredem in legiptima, et ubi / nupserit de voluntate vel consilio talis et / talis curatorum suprascriptorum vel infrascriptorum, / prout nominati fuerint curatores ante vel post, / eam instituit heredem universalem et in omnibus / bonis et cetera, ubi vero dicta Magdalena / nuberet sine voluntate vel consilio dictorum / curatorum ut supra, tunc et eo casu[b] ipse testator / vult quod ipsa Magdalena non habeat nisi suam / legiptimam et in eam legiptimam eam filiam suam / heredem instituit, et in omnibus autem aliis suis / bonis ut supra heredes universales instituit talem / et talem et cetera. /

Et nota quod si non apponeretur illud verbum vel / cum consilio, sed solummodo diceretur sine consensu / et non apponeretur[c] cum consilio, ipsa conditio de iure esset nulla, [d–]et per doctores penitus reicitur[–d], / et non posset obesse ipsi filie se nubenti / sine consensu dictorum eius deputatorum seu curatorum, / per omnes doctores qui sic concludunt, sed si dicitur / cum consilio ipsa condictio tenet per doctores omnes. /

[a] *Numero vergato nel margine sinistro della* c.
[b] *Segue* vult *depennato.*
[c] apponeretur *aggiunto sopra la linea con segno di richiamo.*
[d–d] *Parte aggiunta con segno di richiamo nel margine sinistro della* c.

[c. 180r.] CXXX[a] Adoptio seu filiatio facta per / aliquem in extraneam personam / qui sit in alterius potestate

Et primo scias, ut prescriptum est, quod in adoptione qualibet / plura requiruntur et primo quod ille qui adoptatur / sit in alterius potestate, item quod talis adoptio / fiat auctoritate iudicis competentis, item quod / adoptator precedat per decem octo annos illum / quem vult adoptare, item quod ille qui / adoptatur sit presens et non potest fieri / per procuratorem, et licet esset infans, / tamen poterit adoptari dummodo sit presens / nisi ex rescripto principis in solatium / filiorum amissorum in castris adoptari, adoptari / vero bene potest si erit masculus, et in / quibus differat adoptio ab arrogatione, / vide sensum utriusque instrumenti ibi seriatim / descriptorum. / Si vero ille qui adpotatur esset infans, tunc / ponas sic videlicet. /

Anno et cetera, cum Iacobus de tali parte et cetera filius condam talis et cetera / etatis annorum triginta vel circha careat / filiis legiptimis, et vellet legiptimo perfrui / adoptionis actu ad solatium horum qui / filios non habent invento, igitur cupiens / in filium sibi dari et habere Gabrielem / filium Antonii de tali parte et cetera infantem ibi / presentem, requisito per prius dicti Antonii consensu, / et quod ipse Antonius eundem Gabrielem filium / suum infantem eidem Iacobo in adoptionem / conferat, idem Antonius pater dicti Gabrielis / ibi constitutus eundem Gabrielem filium suum / infantem ibi presentem eidem Iacobo presenti / [c. 180v.] et acceptanti in filium adoptivum contulit et / confert ac dedit et dat, ipsumque omnibus modo, / iure, via, causa et forma quibus melius / et validius potuit et potest subiecit et / subicit filiationi et obedientie dicti Iacobi, / paterne tamen potestatis omni naturali [iure] sibi / et in se in futurum reservato. Qui Iacobus / predicta acceptans, eundem Gabrielem ibi presentem / in filium suum adoptivum omnibus modo, iure, / via, causa et forma quibus melius potuit / et potest assumpsit et assumit osculo / amoris inter eos intervento, ita et eo modo / ut a modo in antea idem Gabriel illis comoditatibus, / utilitatibus, bonis, hereditate et sucessione / dicti Iacobi preferatur ac si ex eo de legiptimo / matrimonio procreatus fuisset, promittens dictus / Iacobus sub obligatione sui et omnium suorum / bonorum pigneri presentium et futurorum suprascripto Antonio / et michi notario infrascripto ut publice persone / stipulantibus et recipientibus nomine et vice suprascripti / Gabrielis se predicta omnia et singula perpetuo / rata, grata, firma et valida habere et / tenere et nullo tempore contrafacere nec venire / aliqua ratione vel occaxione iuris vel facti / comunis vel spitialis. Et predicta omnia et singula / acta et celebrata fuerunt et sunt coram magnifico / et generoso viro domino /o/ capitaneo Lugani / et valis[18] et cetera[b] sedente in banco super / quodam banco posito in burgo Lugani, / in contrata de Carona[21] in domo eius ressidentie, / quod bancum et quem locum prefatus dominus capitaneus / [c. 181r.] suum ellegit et elligit bancum et tribunal / idoneum in hac parte pro infrascriptis omnibus et singulis / spitialiter peragendis, et qui in predictis omnibus / et singulis suum et suam et comunitatis Lugani / et vallis[2] auctoritatem et decretum interposuit / et dedit et dat cum cognitione cause et / prius per eam causa cognita et ex eius offitio. / Actum et cetera, testes et notarii et cetera. /

Nota quod infans dicitur ille qui est minor / annis septem. /

[a] *Numero vergato nel margine sinistro della* c.
[b] *Segue* ceii *depennato.*

CXXXI[a] Adoptio de maiore annis[b] / XIIII

Anno et cetera, cum[c] Iacobus filius condam /o/ habitans et cetera, etatis annorum / quinquaginta et plurium, ut ibidem dixit et / protestatus fuit ac dicit et protestatur, careat / filiis legiptimis et vellet legiptimo perfrui / adoptionis actu ad solatium horum qui filios / non habent invento, igitur cupiens in filium / sibi dari et habere Gabrielem filium Antonii / de tali parte et cetera ibi constitutum[d], requisito per / prius dictorum patris et filii consensu et / voluntate ac quod ipse Antonius ipsum Gabrielem / filium suum eidem Iacobo in adoptionem / conferat, idem Antonius pater dicti Gabrielis / ibi constitutus ipsum Gabrielem filium suum / etatis annorum XV vel circha, ut ibidem / dictus Antonius affirmat verum esse, ibi / presentem, volentem et consentientem ac se / ibidem pro filio adoptivo dicti Iacobi / constituentem, eidem Iacobo ibi presenti et / acceptanti in filium adoptivum et se / [c. 181v.] in adoptione contulit et confert ac dedit et / dat, ipsumque omnibus modo, iure, via, causa et / forma quibus melius potuit et potest ac / de voluntate dicti filii sui subiecit et / subiicit filiationi et obedientie dicti Iacobi / paterne tamen potestatis omni naturali / iure sibi et in se in integrum reservato. / Qui Iacobus predicta acceptans, eundem / Gabrielem ibi presentem ut supra in filium suum / adoptivum omnibus modo, iure, via, causa / et forma quibus melius potuit et potest / assumpsit et assumit osculo amoris inter / eos intervento, ita ut eo modo et forma / quod a modo in antea idem Gabriel illis comoditatibus, / utilitatibus, bonis, hereditate et sucessione / dicti Iacobi preferatur ac si ex eo de / legiptimo matrimonio procreatus fuisset, / promittentes ad invicem dictus Iacobus, ex una / parte, et Antonius et Gabriel pater et filius / et uterque eorum, ex altera, videlicet una pars versus / alteram et altera versus alteram, stipulantes / et recipientes solemniter per stipulationem, obligando / sese vicissim ut supra et omnia sua vicissim bona / pigneri presentia et futura, sese predicta omnia / et singula attendere, observare et exequtioni / mandare ac rata, grata, firma et valida / habere et tenere et nullo tempore contrafacere nec / venire aliqua ratione vel occaxione iuris / vel facti comunis vel spitialis. Et predicta / omnia et singula acta et celebrata fuerunt / [c. 182r.] et sunt coram magnifico et generoso viro domino Iacobo / Fer de Lucerna[73] capitaneo Lugani et valis[18] et cetera, / sedente in banco et cetera posito in tali loco et cetera, / quod bancum et quem locum prefatus dominus capitaneus[e] / suum et suam et comunitatis Lugani et valis[2] / et cetera auctoritatem et decretum interposuit et dedit / et dat cum cognitione cause et prius per / eum causa cognita et ex eius offitio. / Et exinde de predictis omnibus et singulis rogatum / fuit per me notarium infrascriptum publicum confici debere / instrumentum in laudem viri prudentis. / Actum et cetera, testes et notarii et cetera. /

Nota quod inter adoptionem et arrogationem differt / in pluribus, nam adoptio fit auctoritate cuiuslibet / magistratus seu iudicis competentis, arrogatio / vero fit auctoritate principis, item in arrogatione / requiritur utrumque verbum expressum, et in adoptione / non, unde infans non potest arrogari, sed / bene potest adoptari, dummodo sit presens / et non potest fieri per procuratorem, item ille / qui vult arrogari debet esse sui iuris, / ille vero qui vult adoptari est in aliena / potestate, arrogatur ergo qui est sui / iuris, adoptatur vero existens in aliena / potestate, item arrogatio statim arrogatum / et res suas et liberos qui erant in sua /

potestate subicit potestati arrogatoris, / adoptio vero non, nisi in casu quando si / datur avo materno vel si post emancipationem / genuit filium et avo materno dederit. / [c. 182v.] Item si arrogator emancipaverit arrogatum / filium vel eum exheredaverit sine causa, / tenetur ei relinquere quartam partem suorum / bonorum, eorum si que habiturus fuisset / ab intestato, adoptio vero nichil tenetur / adoptator de necessitate relinquere, si / tamen moriatur adoptator sine testamento / sucedit in bonis suis, item arrogator / tenetur satisdare de restituendis illis / bonis personis ad quas essent ventura, / si arrogatus in statu suo permansisset. / Et nota etiam quod ille qui non precedit per XVIII / annos eum, quem vult adoptare vel / arrogare, non poterit adoptare nec / arrogare, licet adoptare possit nisi / iusta causa interveniente, et iusta causa / est morbus autem coniunctio persone alicuius / debet intendere generationi. Et nota / etiam quod femina non potest adoptare, nisi / ex rescripto principis in solatio filiorum / amissorum, adoptari vero bene potest, / de forma instrumenti adoptionis vide supra, / de forma vero arrogationis instrumenti[f] / ibi non pono, quia rara contingunt et / rarissime, et quinque requiruntur in instrumento / arrogationis, et primo quod fiat auctoritate / principis, secundo quod ille qui arrogatur / sit sui iuris, tercio quod interveniat / verbum expressum, videlicet an arrogator / vellit istum arrogatum habere in filium / et iste arrogatus vellit ipsum habere / [c. 183r.] in patrem, et sic arrogatur, idest interrogatus / ut supra, quarto quod ille qui arrogat precedat / per XVIII annos illum quem vult arrogare, / quinto quod sit etatis annorum sexaginta / ille qui arrogat nisi iusta causa / interveniente, videlicet, ut puta, causa morbi / aut coniunctionis persone, quo casu poterit / arrogare, licet non haberet LX annos / ut supra, dummodo predicta alia quatuor concurant. /

[a] *Numero vergato nel margine sinistro della* c.
[b] *Segue* VII *depennato.*
[c] cum *aggiunto sopra la linea con segno di richiamo.*
[d] con- *aggiunto,* -a- *corretto sopra* -i-, *da altra mano.*
[e] *Si integri* etc. et qui.
[f] *Segue* vide *depennato.*

CXXXII[a] Sindicatus ad describendum bona et / terras per sytum et coherentias

Anno et cetera, convocata et congregata vicinantia / comunis et hominum et universitatis et singularum / personarum loci de Vernate[17] valis Lugani[2] in loco / ipso de Vernate, in plathea dicti loci ubi / dicitur ad Arnizolum[74], ubi dicta vicinantia / sepe fit et congregatur et fieri et congregari / solet more solito pro infrascriptis omnibus et singulis / spitialiter peragendis, fiendis et adimplendis / [b]precepto, mandato et impositione Marci / Soldati de Vernate consulis inantea dictorum / comunis et hominum, in qua quidem vicinantia, / convocatione et congregatione affuit et est / idem Marcus consul et cum eo et penes eum / affuerunt et sunt infrascripti, videlicet talis et cetera talis / et cetera. /

Ponantur nomina omnium illorum vicinorum qui fuerint / congregati in ipsa vicinantia. /

Omnes vicini et habitatores dicti loci de Vernate, / [c. 183v.] qui non solum fuerunt due partes trium partium / omnium vicinorum dicti comunis de Vernate, sed quaxi / omnes, qui omnes consul et vicini ut supra / congregati representant plenam vicinantiam / dicti comunis de Vernate. /

Opportet quando fit aliqua vicinantia alicuius / loci quod interveniant in ipsa vicinantia saltem / due partes trium partium omnium vicinorum tunc / habitantium in dicto comuni, aliter ipsum instrumentum / sindicatus non valet. /

Qui omnes consul et vicini dicti comunis / supra nominati eorum nominibus propriis item nomine / et vice dicti comunis et hominum et singularum / personarum dicti comunis elligerunt et elligunt suprascriptos / Andream dela Zopa, Domenicum Proyni / et Domenicum Balsaris, omnes ibi presentes / et qui sunt de melioribus, antiquioribus / et sinioribus[c] ac fide dignioribus / hominibus dicti comunis et qui melius sciunt domos / et terras infrascriptas, omnes ibi presentes ut supra et / huic ellectioni assentientes et hoc / mandatum in se sponte suscipientes et / quemlibet eorum insolidum, ad describendum / et describi faciendum per eorum sacramenta / legaliter, bona fide, sine fraude omnes / domos, prata, vineas, campos, silvas, / buschos, terras et res territorias iacentes / et existentes in eorum loco, comuni et / territorio que fuerunt in bonis et de bonis / [d]Iacobi Dondazini de Vernate eorum / [c. 184r.] scire et credere, et ipsis sic descriptis ad / dandum et eas consignandum in scriptis autenticis / coram magnifico domino capitaneo Lugani[18] ad bancum / iuris comunitatis valis Lugani[18], insuper predicti consul et / vicini supra nominati, suis nominibus propriis item / nomine et vice aliorum vicinorum et dictorum comunis / et hominum et singularum personarum dicti comunis de / Vernate, fecerunt, constituerunt et ordinaverunt / et faciunt, constituunt et ordinant suos et / dictorum comunis et hominum et singularum personarum / dicti comunis de Vernate et cuiuslibet eorum insolidum / certos missos, sindicos, nuntios, procuratores et / nuntios spitiales suprascriptos Andream dela Zopa, / Domenicum Proyni et Domenicum Balsaris / supra nominatos et quemlibet eorum insolidum, ita / quod occupantis conditio melior non existat, / et quicquid unus eorum inceperit alter / prosequi valeat mediare et finire, duraturos / hinc ad menses tres seu ad talem terminum et cetera, / spitialiter ad comparendum coram magnifico et / generoso viro domino Iacobo Fer de Lucerna[73] / capitaneo Lugani et vallis et cetera in termino et / causa unius precepti ipsis comuni et hominibus / emanati ad instantiam Christofori Pocobeli de / Lugano[20] tenoris infrascripti videlicet. /

Ponatur tenor totius precepti. /

Ad dandum et consignandum in scriptis predicto Christoforo / Pocobelo predictas domos et terras que fuerunt / dicti condam Iacobi Dondazini iacentes et existentes / in dictis loco et territorio, et ad iurandum corporaliter / ad sancta dei evangelia manibus tactis scripturis / [c. 184v.] in animabus et super animabus eorum et dictorum comunis et hominum / et singularum personarum dicti comunis quod illa bona / imobillia cuiusvis generis existant, que dabuntur / in scriptis, sunt in eorum loco et territorio illa que / fuerunt[e] dicti condam Iacobi

Dondazini suo / scire et credere, et quod in eorum loco, comuni et / territorio non sunt aliqua alia bona imobillia / que fuerunt dicti condam Iacobi Dondazini preter / et ultra illa que dabuntur in scriptis per suprascriptos / ut supra ellectos et deputatos suo scire vel credere, / et generaliter ad omnia alia et singula facienda, / gerenda et exercenda, que in predictis et / circha predicta necessaria fuerint et utilia, / dantes et concedentes predicti consul et vicini / ut supra nominati eisdem constitutis procuratoribus suis et / cuilibet eorum insolidum plenum, liberum et generale / mandatum cum plena, libera et generali administratione / ad predicta omnia et singula facienda, gerenda et / exercenda[f] et quicquid / per suprascriptos constitutos procuratores suos ut supra constitutos / actum, dictum, factum, gestum, consignatum, iuratum / et ordinatum fuerit in predictis et circha predicta, / id totum et ea omnia et singula suprascripti consul et / vicini ut supra nominati promisserunt et convenerunt solemniter / per stipulationem, obligando ipsos comune et homines et / omnia ipsorum comunis et hominum bona pigneri presentia / et futura michi notario infrascripto ut publice persone / stipulanti et recipienti nomine et vice omnium et singularum / personarum quarum interest, intererit vel interesse / poterit quomodolibet in futurum, se perpetuo ratum, / [c. 185r.] gratum, firmum et validum et rata, grata, firma / et valida habere et tenere et nullo tempore contrafacere / nec venire aliqua ratione vel occaxione iuris / vel facti comunis vel spitialis. Qui quidem ellecti, / delato eis sacramento per me notarium infrascriptum, iuraverunt / corporaliter ad sancta dei evangelia manibus tactis / scripturis describere seu describi facere legaliter, bona / fide, sine fraude predicta bona imobillia iacentia / et existentia in dictis eorum locis, comuni et territorio, / que fuerunt dicti condam Iacobi Dondazini, per / contratas et per coherentias suo scire et credere, et / ipsis sic descriptis ea dare et consignare suprascripto / Christoforo Pocobelo coram prefato domino capitaneo / Lugani infra terminum. / Actum et cetera, testes et notarii et cetera. /

a *Numero vergato nel margine sinistro della* c.
b *Precede sulla linea precedente* in qua quidem vicinantia, convocatione et *depennato.*
c *Segue* dicti comunis *depennato.*
d *Precede* tali *depennato.*
e *Segue* et si *depennato.*
f *Segue* id totum et ea omnia *depennato.*

CXXXIII[a] Descriptio et consignatio bonorum que fit / per suprascriptos ellectos per suprascriptum sindicatum ad bancum / iuris et cetera

Anno et cetera, hec est descriptio omnium bonorum imobillium, / videlicet domorum, herarum, subulorum[b], canegiorum, tectorum, / pratorum, vinearum, camporum, silvarum, buschorum, / terrarum et rerum territoriarum iacentium et existentium in / loco, comuni et territorio de Vernate[c] [17] / valis Lugani[2] tam in monte quam in plano, que / fuerunt nunc condam Iacobi Dondazini de / Vernate, et hoc ab anno Domini curso MDXX et / citra, que fit per Andream dela Zopa, /

Domenicum Proyni et Domenicum Baldesaris omnes / de Vernate, sindicos ad hoc spitialiter deputatos / [c. 185v.] per dictos comune et homines de Vernate, ut constat per / publicum instrumentum ipsius sindicatus rogatum per talem / notarium tali anno et cetera, et hoc[d] / [e]per veras / et iustas coherentias et cum nominibus et cognominibus / personarum ea bona tenentium et laborantium, / et hoc in exeqution precepti ipsis comuni / et hominibus emanati ad instantiam Christofori de / Pocobelis de Lugano[f] [20] de quo in dicto / instrumento sindicatus fit mentio, et hec per eorum et / cuiuslibet eorum iuramentum, et hec omnia fiunt coram / magnifico et generoso viro domino Iacobo Fer de / Lucerna[73] capitaneo Lugani[18] et cetera existente in tali loco et cetera. / ****[g]

Bona de quibus supra fit mentio sunt ista videlicet. / Ponantur omnia bona de corpore in corpus cum veris et / novis coherentiis et cum nominibus et cognominibus / personarum ea bona tenentium etiam[h] cum / mensura, si haberi potest. / Postea fiat admissio domini capitanei sic videlicet. /

Qui prefatus dominus capitaneus existens ut supra predicta admissit / et admittit in tantum quantum debet et tenetur / de iure et non aliter nec alio modo, et attenta / dicta consignatione de qua supra et attento iuramento / dictorum sindicorum ut supra consignantium, qui iuraverunt / corporaliter ad sancta dei evangelia manibus tactis / scripturis in manibus prefati domini capitanei se / [c. 186r.] fuisse dilligentem inquisitorem in faciendo dictam / consignationem de qua supra, ipsos comune et homines / de Vernate absolvit et liberavit a dicto / precepto penali eis emanato ad instantiam dicti Christofori / Pocobeli et de quo in dicto instrumento sindicatus / fit mentio et a contentis in eo. / Actum et cetera, testes et cetera. /

[a] *Numero vergato nel margine sinistro della* c.
[b] *Così, si intenda* stabulorum.
[c] *Segue* tam in monte *depennato.*
[d] *Segue* pro ut tamquam *depennato.*
[e] *Precede* de bonis et super bonis que fuerunt *depennato.*
[f] *Segue* tenoris *depennato.*
[g] *Spazio in bianco corrispondente a due righe.*
[h] *Segue* si *depennato.*

CXXXIIII[a] Pax de questione et de feritis et / de morte seu homicidio

Anno et cetera, venerabilis dominus presbiter Andreas de Purixelis / de tali loco et cetera filius condam /o/ et dominus Iohannes Iacobus de tali / parte filius condam talis et cetera eorum nominibus propriis item nominibus et / vice dominorum Innocentii et Alexandri fratrum filiorum condam / /o/ de tali parte, pro quibus dominis Innocentio et / Alexandro fratribus suprascripti domini presbiter Andreas et Iohannes Iacobus / promisserunt et promittunt sub ipoteca et obligatione / sui et omnium suorum bonorum mobilium et imobilium / pigneri presentium et futurorum de rato habendo et rathi / habitione ut infra infrascripto domino Bartolameo / et facere et cum effectu curare quod suprascripti domini / Innocentius et Alexander laudabunt, ratifficabunt / et aprobabunt et ratum, gratum, firmum et validum / et rata, grata, firma et valida habebunt / et tenebunt hoc instrumentum et omnia et singula / in eo contenta omnibus ipsorum dominorum presbiteri Andree / et Iohannis Iacobi propriis expensis, damnis et interesse tantum, in pena et sub pena totius damni et interesse / et omnium expensarum solemni stipulatione promissa / [c. 186v.] et deducta, parte una, et dominus Bartolameus de / Prestinariis filius condam domini /o/, Babtista filius condam /o/ de Salla[38] / eorum nominibus propriis, item nomine et vice Abondii / filii condam /o/ et Iacobi filii condam /o/ pro quibus[b] Abondio / et Iacobo suprascriptus dominus Bartholameus promissit et cetera, obligando / se et cetera suprascriptis dominis presbitero Andree et Iohanni Iacobo / presentibus et stipulantibus de rato habendo et cetera et facere / ratifficare et cetera omnibus suis propriis expensis et cetera, / in pena et cetera, parte altera seu pluribus et / diversis partibus tam simul quam divixim, et / aliis omnibus modo, iure, via causa et forma / quibus melius potuerunt et possunt, fecerunt / et faciunt inter sese vicissim, videlicet una pars / alteri et altera alteri presentibus et stipulantibus / et michi notario infrascripto ut publice persone / stipulanti et recipienti nomine et vice omnium et singularum / personarum quarum interest, intererit vel interesse / poterit quomodolibet in futurum, puram, meram / et irrevocabilem pacem, perdonantiam et / perdonationem ac finem, remissionem, liberationem, / absolutionem, quietationem et pactum de non / plus petendo et ulterius de non agendo, causando, / molestando, inquietando nec perturbando[c] / [d]nec vendicando aliquid imperpetuum, / nominative et generaliter de omnibus et singulis / insultibus, percussionibus, vulneribus verbisque / iniurioxis sibi ad invicem, videlicet per unam / partem contra alteram et altera contra alteram tam / simul quam divixim quovis modo et / quavis ex causa hinc retro usque / [c. 187r.] hodie dictis, factis et patiatis et precipue, ut / asseritur, de morte et homicidiis patiatis in / personas nunc condam dominorum Vincentii et Antonii / fratrum, olim nepotum suprascripti domini presbiteri Andree de / Purixelis et olim filiorum condam /o/ tam, ut asseritur, / per suprascriptos dominum Bartholameum et consortes quam per / alias quasvis personas, item de omnibus et / quibuscumque expensis, damnis et interesse per utramque / partem quovis modo hinc retro premissorum causa / et occaxione passis et factis et quibuscumque a / predictis omnibus et singulis et quolibet predictorum / dependentibus, emergentibus et conexis, item de omni / et toto eo quod dicte partes et utraque earum pro se / et nominibus ut supra sibi vicissim ut supra petere, requirere, / causari, molestare, inquietare et perturbare / possent, poterant et potuissent ac poterunt / quocumque modo et quacumque ratione, causa et / occaxione a predictis omnibus et singulis et quolibet / predictorum dependentibus, emergentibus et conexis, / mandantes ex nunc dicte partes et utraque earum / pro se et nominibus ut supra quoscumque processus, banna, / condemnationes tam corporales quam peccuniarias / propter ipsa homicidia et delicta comissa / sequta canzelari, cassari et irritari ac etiam / suplicantes[e] dominis dominis nostris omnium duodecim / cantonorum Elvetiorum, dominorum Lugani et vallis[2], / quatenus dignentur ipsis ambabus partibus et / utrique earum pro se et nominibus ut supra remittere / et perdonare eorum benignitate et clementia / dictas iniurias et delicta, et dicta banna / et condemnationes tam corporales quam peccuniarias / cassare, canzelare et anulare et etiam omnes / [c. 187v.] et singulos in ipsis omnibus delinquentes restituere / ad prestinos status, dignitates, honores et bona / quibus erant ante comissa ipsa delicta et / predicta omnia confirmare, et ita ex nunc / supplicant genibus flexis et impetrant humiliter / prout supra et constituentes sese predicti contrahentes / ut supra nominati pro se et nominibus ut supra vicissim suos / certos missos, nuntios, actores veros et legiptimos / procuratores ad predicta omnia et singula facienda, / exequenda et impetranda ac supplicanda. / Quam quidem pacem et perdonationem ac finem, / remissionem et pactum de non plus petendo / ut supra et predicta omnia et singula suprascripte partes / et utraque earum pro se et nominibus ut supra promisserunt / et convenerunt solemniter per stipulationem, obligando / sese vicissim, videlicet una pars alteri et altera / alteri presentibus et stipulantibus et omnia sua vicissim / bona pigneri presentia et futura, sese perpetuo / attendere, observare et exequtioni mandare / ac ratam, gratam, firmam et validam et / rata, grata, firma et valida habere et tenere, / attendere, observare et exequtioni mandare / et nullo tempore contrafacere nec venire aliqua / ratione vel occaxione iuris vel facti comunis / vel spitialis, in pena et sub pena totius / damni et interesse et omnium expensarum. Et / hanc quidem pacem et perdonationem ac finem, / remissionem et pactum de non plus petendo / ut supra et predicta omnia et singula fecerunt / et faciunt predicte partes et utraque earum pro / se et nominibus quibus supra, videlicet una pars alteri / et altera alteri presentibus et stipulantibus et michi / [c. 188r.] notario infrascripto ut publice persone stipulanti et recipienti / nomine ut supra amore dei et precibus amicorum interventorum / et absque aliquo pretio nec spe alicuius pretii consequendi, / et ulterius dicte partes et utraque earum pro se et nominibus / ut supra iuraverunt corporaliter ad sancta dei evangelia / manibus tactis scripturis presens instrumentum fore verum / et iustum et non fictitium nec simulatum nec / in fraudem alicuius factum et illud et contenta in / eo ratum, gratum, firmum et validum et rata, / grata, firma et valida habere et tenere et / nullo tempore contrafacere nec venire aliqua ratione / vel occaxione iuris vel facti comunis vel spitialis, / renuntiantes exceptioni huius instrumenti non ita facti / et omnium premissorum non ita factorum et exceptioni / doli mali et in factum actioni metus causa, / sine causa vel ex iniusta causa et erroris / et deceptionis seu lexionis fititii et simullati contractus, / et generaliter qualibet alia occaxione et exceptione / remota et renuntiata. Et exinde de predictis / omnibus et singulis rogatum fuit per me notarium / infrascriptum publicum confici debere instrumentum in laudem viri / prudentis. Actum et cetera, testes et notarii et cetera. /

Poterit fieri instrumentum pacis et perdonationis de / aliis delictis quam de morte, et ponatur prout / res fuerit dicendo.

De quibuscumque insultibus, / percussionibus, feritis et verbis iniurioxis sibi / ad invicem, videlicet una pars contra alteram et altera / contra alteram, dictis, factis et patiatis / seu dictis, factis et patiatis per suprascriptum /o/ contra / personam suprascripti /o/ prout res fuerit, mutatis / mutandis secundum discrictionem notariorum. /

[a] *Numero vergato nel margine sinistro della* c.
[b] *Segue* ssu *depennato.*
[c] *Segue* aliquid *depennato.*
[d] *Precede* imperpetuum *depennato.*
[e] *Segue* ill *depennato.*

[c. 188v.] Sequitur ordo procurarum et missorum. /

CXXXV[a] Procura ad causas unius tantum

Anno et cetera inditione et cetera die et cetera, Iohannes Petrus filius condam Andree / de Stazo de Massagnio[75] plebis Lugani[20] fecit, / constituit, creavit et ordinavit ac facit, constituit, / [b]creat et ordinat suos certos missos, nuntios, / actores veros et legiptimos procuratores, et quicquid / melius dici et esse potest, nobiles viros dominos / Cexarem Castoreum, Christoforum Pocobelum et[c] Augustinum / Plantam, omnes causidicos Lugani et quemlibet / eorum insolidum, ita quod occupantis condictio melior / non existat, et quod unus eorum inceperit quisque / aliorum mediare prosequi valeat et finire, / ad omnes ipsius Iohannis Petri constituentis causas, / littes, questiones, discordias et controversias, quas / dictus Iohannes Petrus constituens habet vel habere posset / seu intendit vel sperat cum quibuscumque personis seu / persona, comuni, colegio, capitulo et universitate coram / quocumque iudice vel auditore, consule, vicario / vel rectore tam ecclesiastico quam seculari dato / vel dando sub toto Lugani examine et alibi / ubique, et hoc tam ad agendum quam ad deffendendum, / apellandum, negandum et confitendum, libellos et petitiones / dandum et recipiendum, littem seu littes contestandum, / terminos et dillationes petendum, collocandum et / statuendum, capitula et positiones faciendum, / positionibus respondendum et eas de novo ratificandum / et aprobandum, testes, instrumenta, iura et alias probationes / faciendum, productos et producta reprobandum, productis / et producendis contradicendum, suspectos et / confidentes dandum, iudices et notarios / elligendum et recusandum, sententias tam diffinitivas / quam interloqutorias audiendum, ab eis apellandum / easque anullandum et nullas esse dicendum / [c. 189r.] et apellationum causas prosequendum, crimina et / deffectus opponendum, eos probandum et in integrum / restitutionem petendum, et ad sacramenta veritatis / et calumpnie et cuiuslibet alterius generis et maneriei / sint facienda, danda, prestanda et referenda / in animam et super animam ipsius constituentis, et / ad quascumque protestationes, securitates, nominationes, / denominationes, denuntiationes, comissiones / et compromissa faciendum et generaliter ad ea omnia / et singula facienda, gerenda et exercenda, / que merita causarum postulant et requirunt / et que in predictis et circha predicta necessaria / fuerint et utilia, etiam si talia forent que / mandatum exigant magis spitiale, et que / ipsemet constituens faceret et facere posset si / presens adesset, dans et constituens dictus / Iohannes Petrus constituens eisdem constitutis procuratoribus / suis et cuilibet eorum insolidum plenum, liberum / et generale mandatum cum plena, libera et / generali administratione ad predicta omnia et singula / facienda, gerenda et exercenda, et quicquid / per suprascriptos constitutos procuratores suos et quemlibet eorum / insolidum actum, dictum, factum, gestum, iuratum, / procuratum fuerit et ordinatum in predictis et / circha predicta, id totum et ea omnia et / singula suprascriptus Iohannes Petrus constituens promissit et / convenit solemniter per stipulationem, obligando se / et omnia sua bona pigneri presentia et futura / michi notario infrascripto ut publice persone stipulanti / et recipienti nomine et vice omnium et singularum / personarum quarum interest, intererit vel interesse / poterit quomodolibet in futurum, de rato / habendo, iudicato solvendo et iuditio sisti / et iudicatum solvi, et de rellevando suprascriptos / missos et procuratores suos et quemlibet eorum insolidum / [c. 189v.] ab omnibus satisdationibus in omnibus et per omnia. / Actum et cetera, testes et cetera. /

Ponuntur tantummodo tres testes absque secundis notariis. /

[a] *Numero vergato nel margine sinistro della* c.
[b] *Nel margine sinistro della* c. *in corrispondenza delle righe 6–7 dell'originale, il titolo* procura ad causas.
[c] et *aggiunto sopra la linea.*

CXXXVI[a] Procura ad causas duorum videlicet simul / et divixim

Anno et cetera, Henricus filius condam Petri de Biascha[76] et Andreas / filius condam Iacobi Nuyroni, ambo de Lugano[20], fecerunt, / constituerunt, creaverunt et ordinaverunt ac faciunt, / constituunt, creant et ordinant et uterque eorum / tam simul quam divixim fecit, constituit, creavit / et ordinavit ac facit, constituit, creat et ordinat / suos et utrumque eorum tam simul quam divixim certos / missos, nuntios, actores, veros et legiptimos procuratores, / et quicquid melius dici et esse potest, nobiles / viros dominos talem, talem et talem, omnes / procuratores Lugani nec non ser Matheum Ruscham de / Bedano[40] et quemlibet eorum insolidum, ita quod occupantis / condictio melior non existat et quod unus eorum / inceperit quisque aliorum mediare prosequi / valeat et finire, ad omnes ipsorum Henrici et / Andree constituentium et utriusgue eorum tam simul / quam divisim ut supra causas, littes, questiones, discordias / et controversias, quas dicti Henricus et Andreas / constituentes et uterque eorum tam simul quam divixim / ut supra habent vel habere possent seu intendunt / vel sperant cum quibuscumque personis seu persona, comuni, / colegio, capitulo et universitate coram quocumque iudice / vel auditore, consule, vicario vel rectore tam / ecclesiastico quam seculari dato vel dando sub toto / Lugani examine et alibi ubique, et hoc tam / ad agendum quam ad deffendendum, apellandum, / negandum et confitendum, libellos et petitiones dandum / [c. 190r.] et recipiendum, littem seu littes contestandum, terminos / et dillationes petendum, collocandum et statuendum, / capitula et positiones faciendum, positionibus respondendum / et eas de novo ratifficandum et aprobandum, testes, instrumenta, / iura et alias probationes faciendum, productos et / producta reprobandum, productis et producendis contradicendum, / suspectos et confidentes dandum, iudices et notarios / elligendum et recusandum, sententias tam diffinitivas / quam interloqutorias audiendum, ab eis apellandum / easque anullandum et nullas esse dicendum et apellationum / causas prosequendum, crimina et deffectus opponendum, eos / probandum et in integrum restitutionem petendum, et / ad sacramenta veritatis et calumpnie et cuiuslibet / alterius generis et maneriei sint facienda, prestanda / et refferenda in animas[b] et super animas ipsorum Henrici[c] / et Andree constituentium et cuiuslibet eorum tam simul quam / divixim, et ad quascumque protestationes, securitates, / nominationes, denominationes, denuntiationes, comissiones / et compromissa faciendum, et[d] / generaliter ad ea omnia et singula facienda, gerenda / et exercenda, que merita causarum postulant et / requirunt et que in predictis et circha predicta necessaria / fuerint et utilia, etiam si talia forent que mandatum / exigant spitiale et que ipsimet constituentes et / uterque eorum tam simul quam divixim ut supra facerent / et facere possent si presentes adessent, dantes / et concedentes[e] suprascripti[f] Henricus et Andreas / constituentes ut supra et uterque eorum tam simul quam / divixim ut supra eisdem constitutis procuratoribus suis et / cuilibet eorum insolidum plenum, liberum et generale / mandatum cum plena, libera et generali administratione / ad predicta omnia et singula facienda, gerenda et / exercenda, et quicquid per suprascriptos constitutos / procuratores suos et quemlibet eorum insolidum actum, dictum, / factum, gestum, iuratum, procuratum fuerit et ordinatum / in predictis et circha predicta, id totum et ea omnia / et singula suprascripti Henricus et Andreas constituentes / [c. 190v.] ut supra promisserunt et convenerunt solemniter per stipulationem, obligando / sese et utrumque eorum tam simul quam divixim ut supra et / omnia eorum et utriusque eorum tam simul quam divixim / ut supra bona pigneri presentia et futura michi notario / infrascripto ut publice persone stipulanti et recipienti nomine et / vice omnium et singularum personarum quarum interest, intererit / vel interesse poterit quomodolibet infuturum, de rato / habendo, iudicato solvendo et de iuditio systi et iudicatum / solvi, et de rellevando suprascriptos missos et procuratores / suos ut supra constitutos et quemlibet eorum insolidum ab / omnibus satisdationibus in omnibus et per omnia. / Actum et cetera, testes ut supra. /

Si vero procura fieret per duos aut tres vel / plures quemlibet eorum insolidum, fiat hoc modo videlicet. /

a *Numero vergato nel margine sinistro della* c.
b -s *corretto sopra* -m.

[c] Henrici *aggiunto sopra la linea da altra mano sopra* Iohannis Petri *depennato.*
[d] *Segue* ad quascumque protestatio *depennato.*
[e] concedentes *aggiunto sopra la linea sopra* constituentes *depennato.*
[f] *Segue* Iohannes Petrus *depennato.*

[a]-CXXXVII Procura facta per plures quemlibet eorum insolidum-[a]

Anno et cetera, Iohannes Petrus filius condam /o/, Andreas filius condam /o/ et / Iacobus filius condam /o/ fecerunt, constituerunt, creaverunt / et ordinaverunt ac faciunt, constituunt, creant et / ordinant et quilibet eorum insolidum fecit, constituit, / creavit et ordinavit et facit, constituit, creat / et ordinat suos certos missos et cetera, et quicquid / melius dici et esse potest, talem et talem et cetera / et quemlibet eorum insolidum ita quod occupantis / condictio melior non existat et cetera, ad omnes ipsorum / Iohannis Petri, Andree et Iacobi constituentium et / cuiuslibet eorum insolidum[b] causas et cetera, / quas ipsi constituentes et quilibet eorum insolidum habent / et cetera cum quibuscumque personis et cetera. /

Et ubi nominari contingerint ipsi constituentes, / semper dicas quilibet eorum insolidum et cetera. / Et in promissione de rato dicat[ur] sic videlicet.

Promittentes / insuper suprascripti Iohannes Petrus, Andreas et Iacobus / ut supra nominati[c] constituentes, obligando / sese et quemlibet eorum insolidum et omnia eorum / [c. 190bisr.][d] et cuiuslibet eorum insolidum bona pigneri presentia et / futura, ita quod quilibet eorum teneatur insolidum et / cum effectu insolidum conveniri possit, renuntiando / auxilio novarum constitutionum et epistule divi Adriani / et omni alteri iuri legum et auxilio michi notario / infrascripto ut publice persone stipulanti nomine et vice / omnium singularum personarum et cetera, ut supra scriptum est. / Actum[e] et cetera, testes et cetera. /

[f]-Procura de patre et filio-[f]

Si vero procura fieret de patre et filio, fiat per / filium cum parabula et cetera patris sui, prout in aliis / instrumentis factis de patre et filio, et ubi / nominare volueris ipsos patrem et filium, dicas / semper uterque seu utrumque seu utriusque eorum insolidum / cum parabula ut supra. /

[f]-Ad substituendum alios procuratores ad causas tantum-[f]

Si vero ille qui facit et constituit missum, voluerit / quod possit substituere alios procuratores, dicas sic / antequam dicas, et generaliter ad ea omnia et / singula videlicet. /

Item ad substituendum et constitutos et substitutos / revocandum alios procuratores, unum et plures, semel / et pluries, totiens quotiens eisdem constitutis / procuratoribus suis ut supra constitutis et cuilibet eorum insolidum / melius videbitur et placuerit, ad causas tantum, / et generaliter ad ea omnia et singula facienda et cetera. /

[a–a] *Numero e titolo vergati nel margine sinistro della* c.
[b] *Segue* ad omnes ipsorum *depennato.*
[c] *Segue* I obli *depennato.*
[d] *Stessa numerazione (190) su due carte consecutive.*
[e] *Segue* ut supra *depennato.*
[f–f] *Annotazione vergata nel margine sinistro della* c.

CXXXVIII[a] Substitutio procuratoris seu procuratorum / ad causas tantum

[b]Anno et cetera, Iacobus filius condam /o/, missus et procurator ad / hec et alia solemniter et legiptime constitutus / Blasii filii condam /o/, ut constat publico instrumento ipsius procure / rogato per me notarium infrascriptum seu per talem notarium, / [c. 190^{bis}v.] tali anno[c], mense et die, fecit, substituit, / creavit et ordinavit ac facit, substituit, creat / et ordinat suum nomine ut supra et suprascripti Blasii certum / missum, nuntium, actorem, verum et legiptimum procuratorem / et quicquid melius dici et esse potest discretum / virum dominum Bernardinum Zobium procuratorem / Lugani[20] absentem tamquam presentem[d] seu / talem et talem et utrumque eorum insolidum, ita / quod occupantis condictio melior non existat et / quod unus eorum inceperit quisque aliorum mediare / prosequi valeat et finire, ad omnes ipsius / Iacobi substituentis dicto nomine et dicti Blasii / constituentis causas, littes et cetera, quas dictus Blasius / constituens seu dictus Iacobus substituens nomine / pro eo habet vel habere posset et cetera, / et ad sacramenta veritatis et calumpnie et cetera in / animam et super animam dicti[e] Blasii constituentis, et / ad quascumque protestationes et cetera, / id totum et ea omnia et singula suprascriptus Iacobus substituens / promissit et cetera, obligando se nomine ut supra et dictum Blasium ut supra / constituentem et omnia sua dicto nomine et dicti Blasii / constituentis bona et cetera michi notario infrascripto ut publice / persone stipulanti et recipienti nomine et vice omnium et / singularum personarum quarum interest et cetera, de rato habendo / et cetera. / Actum et cetera, testes et cetera. /

[a] *Numero vergato nel margine sinistro della* c.
[b] *Nel margine sinistro della* c. *tra le righe 25–26 dell'originale, il titolo* substitutio.
[c] *Segue* et cetera f *depennato.*
[d] *Segue* ita *depennato.*
[e] *Segue* i *depennato.*

CXXXIIII° [a] Missus ad petendum et ad faciendum confessionem / [b]et ad intrandum et ad causas, et ad / substituendum alios procuratores et cetera et alia capitula

Anno et cetera, Franciscus filius condam /o/ de tali parte et cetera omnibus / [c. 191r.] modo, iure, via, causa et forma quibus melius potuit / et potest, fecit, constituit, creavit et ordinavit ac facit, / constituit, creat et ordinat suum certum missum, nuntium, / actorem, verum[c] et[d] legiptimum procuratorem et / quicquid melius dici et esse potest, discretum / virum magistrum Iacobum filium condam /o/ presentem et onus huius / mandati in se sponte suscipientem. /

Si vero ille qui constituitur missus est absens, / dicatur hoc modo videlicet, absentem tamquam presentem / duraturum hinc ad annos duos proxime futuros / vel sic, si voluerit quod duret ad beneplacitum, / duraturum donec eum duxerit ad revocandum. /

[e-]Ad petendum generaliter[-e]

Spitialiter ad procuratorio nomine ipsius Francisci constituentis / et pro eo et eius nomine petendum, exigendum, consequendum / et habendum et habuisse et recepisse confitendum omnes / et singulas quantitates denariorum et aliarum rerum / cuiuslibet generis et maneriei sint, quas ipse Franciscus / constituens habere debet et debebit durante presenti / mandato a qualibet persona seu quibuslibet personis, / comuni, colegio, capitulo et universitate quocumque modo / et quacumque ratione, causa et occaxione et tam / per cartam, quaternum et scripturam quam sine carta, / quaterno et scriptura in toto orbe terrarum. /

[e-]Ad faciendum confessionem generaliter[-e]

Item ad faciendum confessionem ac etiam finem, / remissionem, liberationem generalem et pactum / de non plus petendo et ulterius de non agendo, / causando, molestando, inquietando nec perturbando / aliquid imperpetuum in manibus cuiuslibet persone / seu quarumlibet personarum, comunis, colegii, capituli / et universitatis solventis seu solventium / et solvere volentium de omni et toto eo quod / dictus magister Iacobus ut supra constitutus recipiet et / habebit seu confessus fuerit se habuisse et / recepisse, seu de omni et toto eo quod dictus / Franciscus constituens ut supra habere debet et debebit / [c. 191v.] durante presenti mandato prout supra, etiam non interveniente / reali numeratione et traditione de confessatis. /

Si vero mandatum fuerit spitiale ad petendum et / consequendum credita contra particulares personas, dicas / sic videlicet. /

[e-]Ad petendum spitialiter[-e]

Spitialiter ad procuratorio nomine ipsius Francisci constituentis / et pro eo et eius nomine petendum, exigendum, / consequendum et habendum et habuisse et recepisse / confitendum illas libras quinquaginta terciolorum / cum omnibus eorum expensis, damnis et interesse de / et pro quibus Paulus filius condam talis obligatus legitur / et est in manibus suprascripti Francisci constituentis occaxione / in eo instrumento contenta, ut constat publico instrumento / ipsius obligationis rogato per talem notarium, / tali anno, mense et die et cetera seu anno, mense / et die in eo contentis, contra et adversus suprascriptum Paulum / debitorem ut supra et eius heredes, res et bona et / contra tenentes et possidentes de suis bonis et / rebus propriis quoquo modo. /

Idem poterit fieri de quibuscumque aliis creditis cuiuscumque / generis et maneriey sint, mutatis mutandis / secundum discretionem notarii. /

e–Ad faciendum confessionem spitialiter–e

Item ad faciendum ipsi Paulo debitori vel cuilibet / alteri persone solventi nomine pro eo debitam confessionem / seu liberationem ac finem generalem[f] / [g]cum clausulis debitis, nominative et generaliter de omni et / toto eo quod dictus magister Iacobus ut supra constitutus recipiet / et habuerit seu confessus fuerit se habuisse et / recepisse a dicto Paulo debitore ut supra, et etiam de / omni et toto eo quod dictus Franciscus ut supra constituens / habere debet et debebit a suprascripto Paulo causa suprascripta, / etiam non interveniente reali numeratione seu / traditione de confessatis. /

Idem poterit fieri de quibuscumque debitoribus, mutatis mutandis. /

[c. 192r.] e–Ad intrandum ad bona spectantia ipsi constituenti–e

Item ad intrandum, ingrediendum et aprehendendum corporalem / possessionem bonorum et rerum imobillium ubique loco et territorio / iacentium et existentium, spectantium et pertinentium quocumque / modo et quacumque ratione et occaxione dicto Francisco constituenti / in toto orbe terrarum ut supra, et in ipsa possessione sic / nunc aprehendenda et tunc aprehensa ut supra vel quaxi / standum et perseverandum nomine ipsius Francisci / constituentis, et ad convincendum et per quodcumque genus / iuris acquirendum quecumque bona mobilia et imobilia / seseque moventia, spectantia et pertinentia dicto Francisco / constituenti ubique loco et territorio iacentia et / existentia in toto orbe terrarum ut supra, et ipsa sic / convicta tenendum, gaudendum et possidendum / nomine ipsius constituentis durante presenti mandato. /

e–Ad investiendum–e

Item ad dicto procuratorio nomine quo supra investiendum et / locandum tam iure et nomine hemphiteotico seu / ad perpetuam locationem quam ad simplicem / locationem quamlibet personam seu quaslibet / personas, comune, colegium, capitulum et universitatem, / nominative de omnibus et singulis bonis imobilibus, / terris et rebus territoriis cuiusvis generis existant ubique / iacentibus et existentibus, eidem Francisco constituenti / quomodocumque spectantibus et pertinentibus et que durante / presenti instrumento mandati spectare et pertinere possent / et poterunt cum omnibus suis iuribus et pertinentiis, / et hoc pro quolibet ficto, medio et redditu / et ubivis consignando, et cum et sub quibuscumque / conventionibus et pactis apponendis et prout / apponi contingerint in ipsis instrumentis investiturarum / seu livelorum sic fiendorum, etiam si essent / talia pacta et conventiones que saperent / vim alienationis, et prout eidem misso et / procuratori suo ut supra constituto melius videbitur / et placuerit, et ad obligandum ipsum Franciscum / constituentem et omnia eius bona pigneri presentia / et futura in ipsis instrumentis investiturarum seu / [c. 192v.] livelorum ut supra de deffendendo et guarentando quelibet / bona describenda in ipsis instrumentis et eorum proprietatibus / a qualibet persona seu a quibuslibet personis, comuni, colegio, / capitulo et universitate tam usque imperpetuum quam durante / termino cuiuslibet locationis, omnibus ipsius Francisci / constituentis propriis expensis, damnis et interesse tantum, in / pena et sub pena totius damni et interesse et / omnium expensarum. /

[e–]Ad se investiendum[–e]

Item ad se dicto procuratorio nomine ut supra investiendum tam / ad livelum quam ad simplicem seu temporalem locationem / a quacumque persona seu a quibuscumque personis, comuni, / colegio, capitulo et universitate de quibuscumque prediis / seu bonis imobilibus cuiusvis generis existant ac / decimis et rebus territoris, de bonis mobilibus et / imobilibus ubique iacentibus et existentibus, et ad / dicto procuratorio nomine ut supra promittendum et obligandum / ipsum Franciscum constituentem et omnia eius bona pigneri / presentia et futura in manibus cuiuslibet persone seu / quarumlibet personarum, comunis, colegii, capituli et universitatis / ut supra dictas investituras facientis seu facientium / de dando et solvendo eidem locatori seu / hemphiteoticario et seu locatoribus seu hemphiteoticariis / quaslibet quantitates denariorum, bladi et aliarum rerum / cuiuslibet generis et maneriei sint pro ficto et redditu / dictorum quorumcumque bonorum et seu decimarum, de quibus / fieri contingant dictas investituras tam simplices / quam livelarias ut supra, et de consignando ipsas res pro / ficto in quolibet loco seu quibuslibet locis prout ipse / eius nuntius et procurator se convenire contingerit / cum dictis dominis dictorum bonorum et cum quibuscumque pactis / tam necessariis quam occurentibus et prout eidem / misso et procuratori suo ut supra constituto melius videbitur / et placuerit, et ad se dicto nomine ut supra in dictis / instrumentis investiturarum seu livelorum sic fiendorum ut supra / submittendum iurisdictioni cuiuslibet episcopi et seu cuiuslibet / extranee iurisdictionis, si oppus et necesse fuerit / et prout eidem misso et procuratori suo ut supra consituto melius / videbitur et placuerit. /

[c. 193r.] [e–]Ad intrandum contra bona debitorum[–e]

Item ad intrandum, ingrediendum et aprehendendum ubique cum / quolibet servitore Lugani et valis[2] et cetera seu quaxi / quorumcumque bonorum et rerum imobilium ubique iacentium / et existentium vigore et virtute cuiuslibet parabule / et licentie seu possessionis corporalis, tedialis / et decretalis, tam date et concesse quam dande / et concedende durante presenti mandato per quemcumque / potestatem, vicarium, capitaneum et ius dicentem / tam ecclesiasticum quam secularem, et hoc pro omnibus et / singulis quantitatibus denariorum et aliarum rerum ut supra, / quas ipse constituens habere debet et durante / presenti mandato habere debebit a quacumque persona / seu a quibuscumque personis pro omnibus iuribus et actionibus / eidem constituenti spectantibus et pertinentibus, et in / ipsa possessione sic aprehensa vel quaxi standi / et perseverandi nomine dicti constituentis, et de / ea eitiendi[h] et expellendi quemlibet alium detentorem / eorum debitorum nomine, et ad accipiendum de terra, / frondibus et herba quorumcumque bonorum et laboreriorum / in gremio, et in quibuscumque domibus intrandum et / accipiendum cathenatia hostiorum domorum in / manu, et hostia claudendum et aperiendum, / et cetera alia faciendum que requiruntur loco / cuiuslibet possessionis aprehendende, et ad protestandum / se dictam aprehensionem non facere animo aliquem / iniuriandi nec ius alterius usurpandi, sed / ius suum dicto nomine conservandi et prout oppus / fuerit. /

[e]–Ad renuntiandum livelis et investituris–[e]

Item ad renuntiandum pro parte dicti constituentis quibuslibet / instrumentis investiturarum et livelorum in quibus quelibet / persona seu quelibet persone, comune, colegium, capitulum / et universitates investite reperiantur tam ad livelum / quam ad simplicem locationem a dicto constituente / seu ab antecessoribus suis et seu in quibus ipse / constituens et seu eius antecessores investiti essent / tam ad livelum quam ad simplicem locationem a qualibet / persona seu quibuslibet personis ut supra de quibuscumque bonis / et iuribus ubique iacentibus et existentibus, et ad / [c. 193v.] cassandum, irritandum et anulandum ipsa quelibet instrumenta / livelorum et investiturarum, et contentandum et volendum / ea esse nulla nulliusque valoris, efficatie et momenti / et nullum effectum sortiri posse tamquam si non essent / facta nec celebrata, et hoc cum expresso pacto habendo / cum qualibet persona ut supra quam qualibet certa scientia / et causa, et in quolibet ipso instrumento obligandum ipsum / constituentem et omnia eius bona pigneri presentia et / futura de stando et permanendo tacitum et contentum / et de habendo rata, grata et firma ea omnia et / singula et nullo tempore contraveniendo, in pena et sub / pena totius damni et interesse et omnium expensarum et / prout eidem misso et procuratori suo ut supra constituto melius / videbitur et placuerit. /

[...][i]

[c. 194r.] [e]–Ad se[j] obligandum–[e]

Item ad accipiendum et recipiendum a qualibet persona seu / quibuslibet personis, comuni, colegio, capitulo et universitate / quaslibet quantitates denariorum et aliarum rerum cuiuslibet / generis et maneriei sint tam nomine mutuii quam /

ex causa mercantie vel depoxiti vel quavis / alia ratione, causa et occaxione, et pro ipsis quantitatibus / denariorum et aliarum rerum ut supra se dicto nomine et omnia / bona dicti Francisci constituentis pigneri presentia et futura / obligandum et pati condemnari in manibus cuiuslibet / persone ut supra de dando et solvendo eidem creditori / seu eisdem creditoribus, et ad quemcumque terminum / seu ad quoscumque terminos omnes et quascumque / quantitates denariorum vel aliarum rerum cuiuslibet generis / et maneriei sint, bonorum et spendibilium tempore solutionis / dicta qualibet ex causa, et in bonis denariis numeratis / vel aliis rebus conventis, de quibus promitti et seu / obligari contingerit ut supra, et non in aliqua alia / re contra voluntatem dicti creditoris seu creditorum, / et hoc cum[k] omnibus expensis, damnis et interesse, / cum concessione parabule intrandi in possessionem / bonorum dicti constituentis et constitutione tenendi / et possidendi bona predicta nomine dicti creditoris / seu dictorum creditorum donec ei vel eis fuerit / penitus solutum et satisfactum de predictis omnibus / et singulis, et de predictis omnibus et singulis et quolibet / predictorum faciendum et fieri rogandum instrumentum et / instrumenta unum et plura, semel et pluries / et totiens quotiens eidem misso et procuratori / suo ut supra constituto melius videbitur et placuerit, / et hoc cum quibuscumque pactis, clausulis, renuntiationibus, / cautelis et firmitatibus opportuniis et necessariis / et apponi consuetis in eis apponendis. /

[e-]Ad faciendum pacta et transactiones[-e]

Item ad procuratorio nomine quo supra transigendum et / pasciscendum et quascumque conventiones, transactiones / et pacta faciendum cum quacumque persona seu quibuscumque / personis, comuni, colegio, capitulo et universitate qualiacumque / [c. 194v.] et qualescumque fieri contingerint et quovis nomine / nuncupari possint et quocumque modo et quavis / ratione, causa et occaxione, etiam si essent talia / pacta vel ex tali causa de quibus ibi spitialem / mentionem opporteret fieri, etiam si saperent / vim alienationis et obligationis bonorum / ipsius constituentis, et in eis instrumentis pactorum / et conventionum obligandum ipsum constituentem / et omnia eius bona pigneri presentia et futura cuilibet / persone stipulanti tam de attendendo et observando / ac rata, grata, firma et valida habendo et tenendo / ea pacta, conventiones et transactiones inde / fienda ut supra et predicta omnia et singula facienda / ut supra quam etiam pro predictis omnibus et singulis standum et / permanendum tacitum et contentum et faciendum stare / quaslibet alias personas tacitas et contentas et quam / etiam aliter omnibus ipsius constituentis propriis expensis, / damnis et interesse tantum, et sub qualibet pena / et seu quibuslibet penis specificanda seu specificandis / in dictis instrumentis quam in pena totius damni et interesse / et omnium expensarum, et quam etiam de deffendendo et / guarentando quecumque bona pro quibus ipsa pacta / et transactiones fierent et alienari contingerint, / et in et sub pena cuiuslibet pretii in dictis instrumentis / apponenda et prout fieri contingerit, et hoc / cum iurium cessione ipsius constituentis et cum concessione / parabule intrandi in possessionem bonorum suorum / et constitutione tenute eorum bonorum nomine / cuiuslibet persone ut supra pro predictis omnibus et singulis / attendendis et adimplendis, et ad iurandum / corporaliter ad sancta dei evangelia manu tactis / scripturis predicta omnia et singula habere rata, grata, / firma et valida et nullo tempore contrafacere nec / venire aliqua ratione vel occaxione iuris vel facti / comunis vel spitialis et prout expediens fuerit et / eidem misso et procuratori suo melius videbitur / et placuerit. /

[c. 195r.] [e]-Ad vendendum et retrovendendum-[e]

Item ad[l] dicto procuratorio nomine ut supra vendendum / seu retrovendendum et venditionem seu retrovenditionem, / datum et cessionem seu retrodatum et retrocessionem / et totius ipsius constituentis iuris dominii et possessionis / translationem et traditionem ad proprium et imperpetuum / faciendum in manibus cuiuslibet persone seu quarumlibet / personarum, comunis, colegii, capituli et universitatis[m] / [n]emere seu rehemere volentium, / nominative de quibuslibet bonis et rebus mobilibus / et imobilibus ubique loco et territorio iacentibus / in toto orbe terrarum, item fictis livelariis seu directis / dominiis et utilibus quorumcumque bonorum spectantibus et / pertinentibus et durante presenti mandato spectare / et pertinere poterunt dicto constituenti et tam per iustam / mensuram dictorum bonorum quam aliter et seu de quibus / ipse constituens et durante presenti mandato habebit / venditionem et datum a qualibet persona seu a / quibuslibet personis, et ad dandum et concedendum eidem / futuro emptori seu rehemptori ut supra plenam / parabulam et licentiam intrandi et aprehendendi corporalem / possessionem et tenutam seu quaxi predictorum bonorum / nomine dicti futuri emptoris seu rehemptoris vel / futurorum emptorum seu rehemptorum ut supra[o] / [p]et cum concessione tenute ipsorum / bonorum[q] venditorum seu retrovenditorum / nomine dicti futuri emptoris seu rehemptoris seu / futurorum emptorum seu rehemptorum donec ea / bona intraverit et aprehendidit seu intraverint / et aprehendiderint, et obligandum ipsum constituentem / et omnia eius bona pigneri presentia et futura / cuilibet futuro emptori seu rehemptori ut supra, / ei et suis heredibus et sucessoribus et habentibus causam / ab eo de deffendendo et guarentando sibi dicta / bona ut supra vendenda seu retrovendenda / ut supra, in pena dupli pretii apponendi in dictis / instrumentis venditionis seu retrovenditionis quam in pena / pretii tantum, et tam pro eius dato et facto tantum / [c. 195v.] quam aliter, et cum omnibus expensis, damnis et interesse[r], / et hoc tam sub pacto capiendi quam alio modo, et / ad contentandum se habuisse et recepisse a quolibet / futuro emptore seu rehemptore omnes et / quascumque quantitates denariorum et aliarum rerum / et etiam quodlibet instrumentum obligationis vel alterius venditionis / stipulasse, et hoc pro pretio et nomine pretii dictorum / bonorum vendendorum seu retrovendendorum / ut supra et dicte venditionis seu retrovenditionis / fiende ut supra, et ad faciendum dictas venditiones / seu retrovenditiones ut supra cuilibet futuro emptori / seu rehemptori insolutum et pro solutione / quarumlibet quantitatum denariorum et aliarum rerum / de quibus ipse constituens debitor reperiretur dicti / cuiuslibet futuri emptoris seu rehemptoris / tam per cartam et quaternum et ex causa fictorum / quam aliter, et hec omnia pro pretio et nomine pretii / dicte venditionis seu retrovenditionis fiende ut supra, / et pro completa solutione et integra satisfactione / omnium et singulorum contentorum in dictis instrumentis venditionis / seu retrovenditionis fiendorum ut supra, etiam non / interveniente reali numeratione et traditione / de confessatis, et ad iurandum corporaliter ad sancta / dei evangelia manu tactis scripturis in animam et / super animam dicti constituentis de habendo et tenendo / predicta omnia et singula facienda ut supra rata, grata, / firma et valida et nullo tempore contraveniendo, / et de predictis omnibus et singulis et quolibet predictorum / faciendum et fieri rogandum instrumentum et instrumenta / unum et plura, semel et pluries et totiens / quotiens eidem misso et procuratori suo ut supra constituto / melius videbitur et placuerit, cum omnibus et / singulis aliis pactis, promissionibus, conventionibus, captionibus, / renuntiationibus, penis, bonorum obligationibus, clausulis, / cautelis, firmitatibus et solemnitatibus in talibus et / simillibus necessariis et opportunis et apponi / [c. 196r.] consuetis in eis instrumentis inde fiendis, apponendis / et prout apponi contingerit et eidem misso / et procuratori suo ut supra constituto melius videbitur / et placuerit. /

[e]-Ad compromittendum-[e]

Item ad se dicto procuratorio nomine ut supra compromittendum et quemlibet arbitrum, / arbitratorem et amicabilem compositorem et seu quoslibet arbitros, / arbitratores et amicabiles compositores et seu arbitrum vel / arbitros tantum elligendum inter ipsum constituentem, parte una, / et quamlibet aliam personam, comunem, colegium, capitulum et / universitatem seu quaslibet alias personas, pro alia parte / seu aliis, nominative et generaliter de omnibus et singulis / littibus, questionibus, discordiis et controversiis vertentibus / et que durante presenti mandato verti et oriri / possent inter ipsum constituentem, parte una, et quamlibet / aliam personam seu quaslibet alias personas, comune, colegium, / capitulum et universitatem, parte altera seu aliis pluribus / et diversis partibus, qualibet ratione, causa et occaxione / tam pendenti quam que pendere et insurgere posset / durante presenti mandato etiam inexcogitata et penitus / extranea, etiam si talis causa esset de qua ibi / expresse spitialem opporteret fieri mentionem, / et hoc tam de facto tantum quam de iure et de amicabili / compositione et etiam de conscientia, et ad promittendum et / obligandum ipsum constituentem et omnia eius bona pigneri / presentia et futura cuilibet persone se compromittenti ut supra / de attendendo, observando et exequtioni mandando / omnia et quelibet precepta, pronuntiamenta, pacta et arbitramenta / que fieri contingerint inter eas partes per quemcumque / arbitrum ut supra, in et sub qualibet[s] pena apponenda in ipsis / compromisso seu compromissis etiam si esset talis pena, / que excederet valorem rei de qua fieret / compromissum, et ad renuntiandum quod ea arbitramenta non / possint dici iniqua nec nulla nec peti / ea fore redducenda ad arbitrium alicuius boni / viri, et ad ponendum et deducendum in predictis / instrumentis quelibet pacta, terminos et conventiones, et / [c. 196v.] et[t] ad iurandum corporaliter ad sancta dei evangelia manu / tactis scripturis predicta omnia et singula[u] rata, grata, / firma et valida habere et tenere et nullo tempore / contrafacere nec venire aliqua ratione vel occaxione / iuris vel facti comunis vel spitialis, si et prout fuerit / expediens et prout eidem misso et procuratori suo ut supra / constituto melius videbitur et placuerit. /

[e-]Ad amolegandum arbitramenta[-e]

Item ad procuratorio nomine quo supra amolegandum, ratificandum / et aprobandum omnia et quecumque arbitria et arbitramenta / que fient et fieri contingerint inter eum constituentem, / parte una, et quamlibet aliam personam seu quaslibet / alias personas ut supra, parte altera, per quemcumque arbitrum, / et eis arbitriis et arbitramentis assentiendum / et consentiendum in omnibus et per omnia prout fieri contingerint, / et ad iurandum in et super animam dicti constituentis / predicta omnia arbitramenta et cetera habere rata et cetera et nullo / tempore contravenire et cetera et prout eidem misso et procuratori suo / ut supra constituto melius videbitur et plaeuerit. /

[e-]Ad causas[-e]

Item ad omnes ipsius Francisci constituentis causas, littes, / questiones, discordias et controversias, quas ipse / Franciscus constituens habet vel habere posset / seu intendit vel sperat cum quibuscumque personis / seu persona, comuni, colegio, capitulo et universitate, / coram quocumque iudice vel auditore, consule, / vicario vel rectore tam ecclesiastico quam seculari, / dato vel dando sub toto Lugani examine / et alibi ubique, et hoc tam ad agendum quam / ad deffendendum, apellandum, negandum et / confitendum, libellos et petitiones dandum et / recipiendum, littem seu littes contestandum, / terminos et dillationes petendum, colocandum / et statuendum, capitula et positiones faciendum, / positionibus respondendum et eas de novo ratificandum / et aprobandum, testes, instrumenta, iura et alias / [c. 197r.] probationes faciendum, productos et producta reprobandum, / productis et producendis contradicendum, suspectos et / confidentes dandum, iudices et notarios elligendum / et recusandum, sententias tam diffinitivas quam interloqutorias / audiendum, ab eis apellandum easque anullandum et / nullas esse dicendum et apellationum causas / prosequendum, crimina et deffectus opponendum, eos / probandum et in integrum restitutionem petendum, et / ad sacramenta veritatis et calumpnie et cuiuslibet / alterius generis et maneriei sint facienda, danda, / prestanda et refferenda in animam et super animam ipsius / constituentis, et ad quascumque protestationes, securitates, / nominationes, denominationes, denuntiationes, comissiones / et compromissa faciendum.

[e-]Ad substituendum[-e]

Item ad substituendum et / constitutos et substitutos revocandum alios procuratores, / unum et[v] plures, semel et pluries et totiens / quotiens eidem misso et procuratori suo ut supra constituto / melius videbitur et placuerit, ad causas tantum. /

Si vero ipse[w] constituens voluerit quod ipse procurator / [x]sit substitutus ad omnia capitula ut supra / descripta, ubi dicis ad causas tantum, dicatur / sic videlicet.

Ad suprascripta omnia et singula capitula[y] ut supra descripta / et quodlibet predictorum, / et generaliter ad ea omnia et singula facienda, gerenda / et exercenda que[z] in predictis et circha / predicta necessaria fuerint et utilia, etiam si / talia forent que mandatum exigant magis / spitiale [aa-]et que in predictis et circha predicta / necessaria fuerint et utilia, etiam si talia forent / que mandatum exigant magis spitiale[-aa] et que / ipsemet Franciscus constituens faceret et facere posset / si presens adesset, dans et concedens ipse Franciscus / constituens eidem constituto procuratori suo et substituendis / ab eo plenum, liberum et generale mandatum cum / plena, libera et generali administratione ad predicta / [c. 197v.] omnia et singula facienda, gerenda et exercenda, et / quicquid per suprascriptum constitutum procuratorem suum et substituendos / ab eo actum, dictum, factum, gestum, petitum, habitum, confessum, / intratum, investitum, renuntiatum, obligatum, transactum, / venditum, retrovenditum, compromissum, amolegatum, iuratum, / procuratum, substitutum fuerit et ordinatum in predictis et / circha predicta, id totum et ea omnia suprascriptus Franciscus / constituens promissit et convenit solemniter per stipulationem, obligando / se et omnia sua bona pigneri presentia et futura michi / notario infrascripto ut publice persone stipulanti et recipienti nomine / et vice omnium et singularum personarum quarum interest, / intererit vel interesse poterit, se perpetuo et omni / tempore ratum, gratum, firmum et validum et rata, / grata, firma et valida habere et tenere et nullo / tempore contrafacere nec venire aliqua ratione vel / occaxione iuris vel facti comunis vel spitialis et de / rato habendo, iudicato solvendo et de iudicio systi et / iudicatum solvi, et de relevando suprascriptos missos / et procuratores suos ut supra constitutum et substituendos / ab eo et quemlibet eorum insolidum ab omnibus / satisdationibus in omnibus et per omnia. / Actum et cetera, testes et notarii et cetera. /

Ad faciendum cambium

Spitialiter ad dicto procuratorio nomine ut supra permutandum et seu / cambiandum cum qualibet persona seu quibuslibet / personis, comuni, colegio, capitulo et universitate quecumque / bona mobilia et imobilia ac ficta livelaria / ubique loco et territorio iacentia et existentia / in toto orbe terrarum eidem constituenti spectantia / et pertinentia et que durante presenti mandato / spectare et pertinere possent, et in ipsis cambiis / et permutationibus dandum et assignandum cuilibet / [c. 198r.] persone ut supra quelibet bona et ficta livelaria dicti / constituentis loco et scontro quorumlibet aliorum / bonorum ac fictorum livelariorum que dari et assignari / contingerint ipsi eius misso et procuratori eius nomine per / quamlibet aliam personam ut supra, etiam si bona ipsius / constituentis essent pluris valoris bonorum, que eidem / misso eius nomine ut supra dari et assignari contingerint, / et cum cessione bonorum dicto constituenti spectantium / et pertinentium in et super dictis bonis, et cum / concessione parabule intrandi in possessionem dictorum / bonorum dicti constituentis permutandorum ut supra, et cum / concessione tenute dictorum bonorum nomine dicti / commutatoris futuri seu commutatorum futurorum / donec ea bona aprehendiderit, et ad obligandum / ipsum constituentem et omnia eius bona pigneri / presentia et futura dicto futuro commutatori seu / futuris commutatoribus ut supra de deffendendo et / guarentando dicta bona ut supra commutanda, / in pena valoris et estimationis dictorum / bonorum ut supra permutandorum et totius damni et / interesse et omnium expensarum et etiam sub alia / pena, et ad contentandum et confitendum se / habuisse et recepisse dicta bona et seu ficta / livelaria sibi in cambium tradenda et / assignanda et etiam quantitatem denariorum / pro equali valore dictorum bonorum et etiam plenam, / equalem et comunem partem et portionem et / integram solutionem et satisfactionem dictorum / bonorum dicti constituentis tradendorum et commutandorum / ut supra et predictorum cambiorum fiendorum ut supra, et / ad iurandum corporaliter ad sancta dei evangelia / manu tactis scripturis in animam et super animam / ipsius constituentis de habendo rata, grata, firma / et valida predicta omnia et singula que / fieri contingerint ut supra, et de predictis omnibus / [c. 198v.] et singulis faciendum et fieri rogandum instrumentum et / instrumenta unum et plura, semel et pluries et / totiens quotiens eidem procuratori suo constituto melius / videbitur et placuerit, cum omnibus et singulis aliis / pactis, promissionibus, conventionibus, clausulis, cautelis, / firmitatibus et solemnitatibus in talibus et similibus / necessariis et opportunis et apponi consuetis / in eis instrumentis inde fiendis apponendis et / prout apponi contingerit et eidem procuratori suo / ut supra constituto melius videbitur et placuerit. /

Ad contrahendum fraternitatem

Item ad procuratorio nomine ut supra contrahendum et faciendum / quamcumque fraternitatem et sotietatem tam omnium / bonorum mobilium et imobilium eidem constituenti / spectantium et pertinentium quam quorumlibet bonorum / specifice declarandorum et apponendorum in dicta / fraternitate et sotietate, [bb]dicta et quelibet / bona ut supra tam generaliter quam spitialiter, et / quascumque quantitates denariorum et aliarum rerum / ut supra, et ad contentandum et confitendum in eis / fraternitate et sotietate se habuisse et recepisse / a qualibet persona, comuni, colegio, capitulo et / universitate omnia et quelibet bona que versa vice / apponi contingerint in ea fraternitate et / sotietate, et ad compensandum quamlibet industriam / cuiuslibet persone usque ad quamcumque quantitatem denariorum / pro equali valore bonorum que per dictum eius / missum ut supra in dictis instrumentis fraternitatis / et sotietatis apponi contingerint ut supra, et ad / deducendum et ponendum in dictis fraternitate / et sotietate omnia et quelibet pacta et conventiones / tam necessaria etiam de consuetudine apponenda / quam que eidem misso et procuratori suo ut supra constituto / melius videbitur et placuerit, etiam si essent / [c. 199][cc] [dd]–[talia que saperent vim alienationis, et de eis hic spitialem opporteret fieri mentionem, et cum cessione bonorum apponendorum in dicta fraternitate et sotietate et concessione parabule intrandi in possessionem bonorum predictorum et constitutione tenute eorum nomine et cuiuslibet alterius persone dictam fraternitatem contrahentis, et ad obligandum ipsum constituentem et omnia eius bona cuilibet futuro sotio vel futuris sotiis et eorum filiis de deffendendo dicta bona superius apponenda in dictis fraternitate et sotietate, in penna et sub penna valloris et estimationis eorum que in eis fraternitate et sotietate aponi contingerint et totius damni et interesse et omnium expensarum et pro dato et facto ipsius constituentis, et ad protestandum ipsam fraternitatem vel sotietatem fuisse bono zelo et amore inter eos factam et seu ex conventione inter eos habita, et hoc tam ad terminum quam usque imperpetuum et prout eidem misso et procuratori suo ut supra constituto melius videbitur et placuerit.

Ad faciendum divixionem

Item ad procuratorio nomine ut supra faciendum divixionem et partitionem tam per sortes quam per instrumentum et alitercumque cum quacumque persona seu quibuscumque personis et de quibuscumque bonis mobilibus et imobilibus seseque moventibus, iuribus, actionibus et nominibus debitorum et creditorum qualitercumque et usque ad suprascriptum terminum et pro parte spectantibus et pertinentibus ac competituris dicto constituenti et seu comunibus inter dictum constituentem et quamlibet aliam personam seu quaslibet alias personas, comune, colegium, capitulum et universitatem tam vigore et virtute tam presentis et future sucessionis quam quorumcumque legatorum factorum et fiendorum per aliquam et quamvis personam seu personas, comune, collegium, capitulum et universitatem ad divixionem cum ipso constituente de quibuscumque bonis ut supra tam vigore quorumcumque statutorum et seu decretorum quam etiam quolibet alio iure et causa et coram quolibet offitiali et iusdicenti tam presente quam futuro, et pro ipsis divixionibus fiendis ad faciendum quamlibet comissionem in quamlibet personam seu quaslibet personas et seu assentiendum cuilibet comissioni fiende per quemlibet offitialem ut supra ac cuilibet divixioni et assignationi exinde fiende, etiam si ipse constituens ad dictam divixionem et comissionem provocaretur et prout eidem misso et procuratori suo ut supra constituto melius videbitur et placuerit, et de predictis omnibus et singulis faciendum et fieri rogandum instrumentum et instrumenta unum et plura, semel et pluries et totiens quotiens eidem procuratori suo constituto ut supra melius videbitur et placuerit, cum et sub omnibus et singulis pactis, conventionibus, captionibus, renuntiationibus, clausulis, firmitatibus, pennis, bonorum obligationibus cautellisque ac solemnitatibus necessariis et opportunis in eis apponendis et prout eidem procuratori suo ut supra constituto melius videbitur et placuerit.

Item ad elligendum habitaculum

Item ad elligendum habitaculum ad domum cuiuslibet persone in quacumque extranea iurisdictione ubi dictus constituens citari possit pro quibuscumque actibus et processibus fiendis in quacumque causa et questione tam mota quam movenda et tam per ipsum constituentem contra quamcumque personam seu quascumque personas, comune, collegium et cetera quam contra ipsum constituentem per quascumque personas ut supra et pro quibuscumque petendis et consequendis tam per ipsum constituentem quam contra ipsum ut supra.]-dd

[c. 200r.] e-Ad defferendum iuramentum-e

Item ad dicto procuratorio nomine ut supra defferendum / iuramentum omnibus et singulis personis cuiuscumque / status, gradus et condictionis existant, cum / quibus ipse Iacobus constituens seu dictus eius / procurator nomine pro eo agere continget qualibet / ratione, causa et occaxione pro veritate eruenda / aliquorum tangentium interesse aut comodum / aut preiuditium ipsius constituentis et prout / expediens fuerit et eidem misso et / procuratori suo ut supra constituto melius videbitur / et placuerit. /

e-Item ad satisdandum tamquam forensis-e

Item ad satisdandum et quamcumque idoneam satisdationem / prestandum in quacumque extranea iurisdictione / ubi de iure dictus Iacobus constituens satisdare / teneatur tam ex forma iuris quam aliquorum / statutorum et decretorum super hiis disponentium / tamquam forensis et non aliter nec alio modo, / de stando iuri et iudicato solvendo et / de solvendo expensas, si et quatenus / subcubuerit in aliqua causa et in eis / condemnari contingerit, et proinde se et omnia / sua bona pigneri presentia et futura obligandum / et cetera faciendum que in similibus requiruntur / et prout eidem misso et procuratori suo ut supra / constituto melius videbitur et placuerit. /

e-Item ad elligendum habitaculum-e

Item ad elligendum habitaculum in qualibet / extranea iurisdictione ad domum cuiuslibet / persone tam pro quibuscumque petendis et consequendis / per dictum missum ut supra constitutum contra quoslibet / [c. 200v.] eius constituentis debitores et cuilibet alteri / persone, comuni, colegio, capitulo et universitate / quam pro quibuscumque [que] eidem Iacobo constituenti / peti et requiri contingerint ubi possit / citari pro quibuscumque actis necessariis / fiendis ad instantiam cuiuslibet persone, comunis, / colegii, capituli et universitatis in quacumque / eius Iacobi constituentis causa tam conventionis / quam reconventionis usque ad sententiam / inclusive vel prout eidem misso et / procuratori suo ut supra constituto melius videbitur / et placuerit. /

e–Ad extrahi faciendum instrumenta–e

Item ad faciendum per quemcumque notarium extrahi in / publicam formam omnia et quecumque instrumenta obligationum, / socedorum, depositorum, satisdationum et quelibet / alia instrumenta cuiuslibet generis et maneriei / sint spectantia et pertinentia dicto Iacobo / constituenti, et ea instrumenta exigendum et / habendum a quolibet notario, qui ea / rogaverit vel rogabit, et prout eidem / misso et procuratori suo ut supra constituto melius / videbitur et placuerit. /

e–Item ad dotandum–e

Item ad dicto procuratorio nomine ut supra investiendum / iure et nomine pigneris et consulti dotis / et antifacti seu donationis propter / nuptias dominam Caterinam eius sponsam / et uxorem legiptimam, nominative de, in / et super omnibus et singulis ipsius Iacobi / constituentis bonis mobilibus et inmobilibus / presentibus et futuris et seu super quibuscumque / [c. 201r.] bonis inmobilibus, que sibi in dotem estimatam / vel inestimatam dari et assignari / contingerint per suprascriptam eius uxorem, et hoc / de et pro libris /o/ terciolorum inter dotem et / antifactum seu donationem propter nuptias, / et ad contentandum et confitendum se habuisse / et recepisse ab ipsa domina Caterina eius constituentis / sponsa ut supra seu a qualibet alia persona pro / ea et eius nomine datura libras centum / terciolorum pro eius vera dote tantum et seu / quelibet bona imobilia, que insolutum vel / in dotem estimatam vel inestimatam dari / contingerint, et seu stipulasse quodlibet instrumentum / obligationis vel cessionis vel aliam / quamvis solutionem, etiam reali numeratione / et traditione confessatorum non interveniente, / et ad faciendum et conferendum eidem Caterine / sponse ut supra alias libras quinquaginta terciolorum / pro eius antifacto seu donatione propter / nuptias secundum morem et consuetudinem / comunitatis Lugani et valis[7], et ad promittendum / et obligandum ipsum consituentem et omnia sua / bona pigneri presentia et futura suprascripte domine / Caterine eius uxori de dando, solvendo et / restituendo dictas libras CL terciolorum dotis / et antifacti seu dictas libras centum terciolorum / dotis tantum, prout casus estiterit repetendi / et consequendi dictam dotem et antifactum seu / dotem tantum prout casus estiterit, et seu / de restituendo dicta quelibet bona sibi in / dotem ut supra danda et assignanda, et hoc cum / [c. 201v.] omnibus alimentis, expensis, damnis et interesse ceterisque / accessionibus et cetera, et hec omnia in bonis denariis / numeratis tantum et cum concessione parabule / intrandi in possessionem bonorum ipsius constituentis / et constitutione tenute eorum bonorum nomine / dicte Caterine sponse donec fuerit sibi / plene solutum et satisfactum de predictis omnibus / et singulis, et ad iurandum corporaliter ad / sancta dei evangelia manu tactis scripturis / se predicta omnia et singula rata, grata, firma / et valida habere et tenere et nullo / tempore contrafacere nec venire aliqua ratione / vel occaxione iuris vel facti comunis vel / spitialis, et ad ponendum in dicto instrumento / dotis et antifacti seu dotis estimate vel / inestimate omnia et singula pacta et / conventiones, que tam ex forma dictorum instrumentorum / requiruntur quam prout eidem misso et procuratori suo / ut supra constituto melius videbitur et placuerit. /

[e-]Ad excumiandum massarios[-e]

Item ad excumiandum tam oretenus quam in scriptis / quemcumque massarium seu quoscumque massarios / et fictabiles ipsius constituentis ex et de / quibuscumque bonis inmobilibus eidem constituenti / spectantibus tam respectu finiti termini cuiuslibet / investiture in dictos massarios seu massarium / facte quam respectu quorumcumque pactorum non / observatorum et quam etiam qualibet alia ratione, / causa et occaxione, et ad protestandum contra eos / massarios seu massarium de non habendo / nec habere volendo eos vel eum per massarium / vel massarios nec fictabiles dictorum bonorum, / si locatio ipsa sit eidem Iacobo constituenti / [c. 202r.] potius damnosa quam lucrosa et seu si / ipse massarius vel ipsi massarii contrafecissent / aliquibus pactis et conventionibus appositis / et contentis in dictis instrumentis investiturarum / vel possessionem devastassent, peiorassent / aut baratassent seu vendidissent et / prout eidem misso et procuratori suo ut supra / constituto melius videbitur et placuerit. /

[e-]Item ad protestandum de caducitate[-e]

Item ad protestandum et denuntiandum tam oretenus / quam in scriptis ad declarationem animi sui / contra quemlibet hemphiteotam et quoslibet hemphiteotas / seu massarium vel massarios de caducitate / quorumcumque bonorum inmobilium de quibus, ipsi / hemphiteote vel massarii vel eorum / antecessores investiti essent ad livelum / seu ad terminum a dicto constituente vel / suis[ee] precessoribus, tam pro fictis / preteritis non solutis per tres annos continuos / quam pro quibuscumque peyoramentis factis super / bonis livelariis et venditionibus aliquibus / factis de bonis ipsis livelariis vel de / parte eorum et de et pro quibuscumque pactis / appositis in ipso instrumento liveli seu instrumentis livelorum / non observatis, et hoc cum quibuscumque clausulis et / solemnitatibus debitis et requisitis et necessariis et / in talibus denuntiationibus apponi debitis et / consuetis, et quascumque protestationes alias / et denuntiationes faciendum tam pro expensis, / damnis et interesse quam aliter et prout expediens / fuerit et eidem misso et procuratori suo ut supra / constituto melius videbitur et placuerit. /

[a] *Numero vergato nel margine sinistro della* c. *che segue*, c. 191r.

[b] *Nel margine sinistro della* c., *tra le righe 27–28 dell'originale, vergato da altra mano* CXXXVIIII°.

[c] *Segue* dominum *depennato.*

[d] et *corretto sopra lettere non più leggibili.*
[e–e] *Annotazione vergata nel margine sinistro della* c.
[f] *Segue* de receptione *depennato.*
[g] *Precede* suprascripti *depennato.*
[h] *Così, si intenda* eiciendi.
[i] *La parte omessa, corrispondente al resto della* c. *e alle prime due righe della* c. *che segue, contiene la ripetizione del modello che precede,* Ad renuntiandum livelis et investituris, *cancellato dall'autore, che ha annotato nel margine sinistro della* c. 193v. est duplicatum.
[j] se *aggiunto sopra la linea con segno di richiamo.*
[k] *Segue* exp *depennato.*
[l] *Segue* vendendum *depennato.*
[m] *Segue* ementis *depennato.*
[n] *Precede* seu rehementis *depennato.*
[o] *Segue* donec *depennato.*
[p] *Precede* ea bona *depennato.*
[q] *Segue* emptorum *depennato.*
[r] *Segue* et *depennato.*
[s] qualibet *aggiunto sopra la linea con segno di richiamo.*
[t] *Così, si espunga* et.
[u] *Segue segno inintelligibile depennato.*
[v] *Segue* p *depennato.*
[w] *Segue* mi *depennato.*
[x] *Precede* voluerit *depennato.*
[y] capitula *aggiunto sopra la linea con segno di richiamo.*
[z] *Segue* merita *depennato.*
[aa–aa] *Così, si espunga la ripetizione.*
[bb–bb] *Si integri* et apponendum in ipsis fraternitate et sotietate, *cfr. FDS TI C/1, p. 380, r. 3.*
[cc] *La* c. 199 *manca.*
[dd–dd] *Parte integrata dal Formulario di Cesare Trefogli, ASCL, Fondo del patriziato,* cc. 198v.–200v.
[ee] *Segue* heredibus *depennato.*

[c. 202v.] CXL[a] Pactum de emendo et vendendo seu / cambiando

Anno et cetera, Iohannes filius condam talis de tali parte et cetera per / pactum spitiale habitum et conventum cum Antonio / filio condam talis de tali parte voluntarie, expresse / et ex certa eorum animi scientia et non / per aliquem metum nec errorem ducti, ut / asserunt, et omnibus aliis modo, iure, via, / causa et forma quibus melius[b] / [c]potuit et potest, promissit et / convenit solemniter per stipulationem, obligando / se et omnia sua bona pigneri presentia et / futura et maxime infrascripta bona inferius / descripta et coherentiata videlicet, / domum unam et cetera, / [d–]ponantur bona[–d], / in manibus suprascripti Antonii presentis, stipulantis et recipientis / ita et eo modo, forma et ordine quod si a modo / in antea acciderit ipsum Iohannem aliquo modo / vel ingenio, directe vel per indirectum, velle / vendere, alienare vel permutare suprascriptam / domum ut supra descriptam et coherentiatam, quod ipsam / domum vendet et alienabit ipsi Antonio / pro illo pretio quo declarabitur per unum comunem / amicum seu duos comunes amicos, comuniter / per eos elligendos, vel pro illo iusto et / conveniente pretio quo ipsa domus eo tempore / equivalebit aut[e] pro eo pretio / quod reperiet ab aliis personis ipsam domum / emere volentibus aut cum eo Antonio ea / bona in[f] alia predia permutabit / eiusdem valoris et pretii, et hoc cum omnibus / [c. 203r.] et singulis suis iuribus et pertinentiis, et hoc ipso / Antonio volente ea bona emere aut permutare / infra menses tres proxime futuros a die notitie / facte per ipsum Iohannem ipsi Antonio de dicta / venditione seu permutatione quam voluerit / facere prout supra, et ita quod si ad aliquem actum / alienationis vel permutationis ipse Iohannes / pervenerit de ipsa domo cum quavis alia / persona quam cum dicto Antonio, ex nunc pro / cautione suprascriptorum inteligatur translatum / dominium dicte domus in ipsum Antonium / pro dicto pretio declarando aut equi valore / ut supra ac ex nunc ipsum dominium in eo / casu transtulit et remissit et transfert / in ipsum Antonium ac constituit se dictam / domum tenere et possidere nomine et / vice dicti Antonii pro dicta venditione / seu permutatione fienda ut supra. /

Item poterit fieri quod ipse Antonius teneatur / emere aut permutare ipsam domum / cum ipso[g] Iohanne et quod uterque eorum / teneatur expedire pro singulo eorum interesse / dictam emptionem seu venditionem seu / permutationem, et tunc fiat hoc modo videlicet. /

Iohannes filius condam talis de tali parte, parte una, et / Antonius filius condam talis de tali parte, parte altera, / voluntarie et motu proprio et omnibus illis / meliori modo, iure, via, causa et forma / quibus melius potuerunt et possunt, devenerunt / [c. 203v.] et pervenerunt et deveniunt et perveniunt ad / infrascripta pacta et conventiones mutua stipulatione / roborata, videlicet quod dictus Iohannes teneatur et / obligatus sit et ex nunc promissit et convenit / solemniter per stipulationem, obligando se et omnia / sua bona pigneri presentia et futura suprascripto / Antonio presenti et stipulanti, de vendendo et / venditionem et datum faciendo in forma / comuni cum translatione dominii et possessionis / et cum promissione deffendendi et guarentandi, / in pena et sub pena dupli pretii infrascripti / et totius damni et interesse et omnium expensarum / et cum aliis clausulis debitis et per publicum instrumentum / venditionis rogandum per publicum notarium in forma / comuni in manibus suprascripti Antonii, nominative / de domo una et cetera, et hoc omnibus die / et hora hinc ad menses tres proxime futuros / tantum et non ultra quibus ipse Antonius / dederit seu effectualiter[h] obtulerit / velle dare et solvere ipsi Iohanni libras / centum terciolorum[i] pro pretio / dicte domus convento inter eas partes, / et casu quo ipse Iohannes intra dictum tempus / mensium trium proxime futurorum tantum et non ultra / recusaret velle dictas libras centum terciolorum / recipere et dictam venditionem facere ipsi Antonio / modo ut supra, quod tunc et eo casu liceat et / licitum sit ipsi Antonio intra dictum tempus / de quo supra tantum et non ultra dictas libras / centum terciolorum deponere penes unam idoneam / personam per dominum capitaneum Lugani[18] elligendam / penes quam stent expensis, periculo et rexego / [c. 204r.] ipsius Iohannis et pro ipsis dandis ipsi Iohanni ipso / per prius faciente ipsi Antonio dictam venditionem / modo ut supra et non aliter nec alio modo, ipso tamen / Iohanne per prius legiptime citato pro ipso deposito / fiendo ut supra, et facto ipso deposito modo ut supra / tunc et eo casu ipsa venditio intelligatur / esse facta et pro facta habeatur ipsi / Antonio modo ut supra tamquam si esset rogatum / publicum instrumentum venditionis per publicum notarium, et a tunc / in antea dominium et possessio predicte domus / penitus sint et esse intelligantur in totum / translatum in dictum Antonium, et de ea domo / ipse Antonius possit et valeat eo in casu / disponere quicquid sibi placuerit tamquam / de re sua propria et prout quilibet dominus / et possessor rei[j] sue facere et / disponere potest sine molestia et contradictione / suprascripti Iohannis nec alicuius alterius persone, / et quod dictus Antonius teneatur et obligatus / sit omni exceptione remota emere dictam / domum ut supra descriptam a dicto Iohanne intra / tempus dictorum mensium trium proxime futurorum et / solvere ipsi Iohanni dictas libras centum terciolorum / pro pretio dicte domus de qua supra, et hoc quia / sic, prout supra continetur, est conventum inter eos / contrahentes per pactum spitiale. Que quidem pacta / et conventiones et omnia premissa suprascriptus Iohannes, / parte una, et suprascriptus Antonius, parte altera, promisserunt / et convenerunt solemniter per stipulationem, obligando / sese vicissim, videlicet una pars alteri et / altera alteri presentibus et stipulantibus et omnia sua / vicissim bona pigneri presentia et futura et / [c. 204v.] in spetie dictam domum ut supra descriptam, sese perpetuo / attendere, observare et exequtioni mandare et / rata, grata, firma et valida habere et / tenere et nullo tempore contrafacere nec venire / aliqua ratione vel occaxione iuris vel / facti comunis vel spitialis, et hoc in pena / et sub pena ducatorum /o/ auri et / totius damni et interesse et omnium expensarum, / danda et solvenda dicta pena per partem / non attendentem et observare nolentem / parti attendenti et observare volenti predicta / omnia et singula, et pena soluta vel / non soluta nichilominus omnia et singula in hoc / instrumento contenta perpetuo rata, grata, firma / et valida permaneant et exequantur, et / hec omnia cum omnibus expensis et cetera, et[k] hec / omnia in bonis denariis numeratis tantum et non / in aliqua alia re contra voluntatem partis / attendentis et observare volentis predicta / omnia et singula, et hoc tam sub pacto / capiendi et detinendi ubique realiter et personaliter / partem non attendentem et observare nolentem / quam alio quocumque modo et cetera, renuntiando omnibus legibus et cetera, / et dederunt sibi vicissim ut supra presentibus et stipulantibus / plenam parabulam et licentiam intrandi et cetera possessionem et cetera omnium / suorum vicissim bonorum et cetera, et constituerunt et cetera, / et iuraverunt et cetera habere rata et cetera. /

Item poterunt etiam fieri alia pacta inter / partes, et si que facta fuerint, ponantur / ante illam clausulam, que quidem / pacta et conventiones, et advertat / notarius bene et clare declarare ipsa / pacta. / [c. 205r.] Nota quod bonum est[l] et bona est cautela / ponere in ipsis pactis in promissione penam / peccunariam spitialem, quia si contingat ipsum / Iohannem vendere vel alienare vel cambiare / suprascriptam domum, et dictus Antonius non posset vincere / dictam domum contra emptorem vel commutatorem saltem / convincet penam pecuniariam. / Idem poterit fieri de quibuscumque aliis pactis, / mutatis mutandis. /

[a] *Numero vergato nel margine sinistro della* c.
[b] *Segue* potuerunt *depennato.*
[c] *Precede* et possunt *depennato.*
[d–d] *Annotazione vergata nel margine sinistro della* c. *in corrispondenza della riga 16 dell'originale in bianco.*
[e] *Segue* cum eo Ant *depennato.*
[f] *Segue* illa *depennato.*
[g] *Segue* An *depennato.*
[h] *Segue* ob *depennato.*
[i] *Segue* conventum inter eos *depennato.*
[j] *Segue* facere *depennato.*
[k] e- *corretto sopra* i-.
[l] *Segue* pone *depennato.*

CXLI[a] Cessio generalis bonorum

Anno et cetera, constitutus coram magnifico et generoso / viro domino Iohanne Escher de Zuricho[77] capitaneo / Lugani et valis[18] et cetera, existente super porta / domus regiminis iuris comunitatis Lugani / et valis, Iacobus de tali parte et cetera / filius condam talis, et in publica conctione campana / domus regiminis iuris suprascripte comunitatis ter / pulsata ut moris est, protestans ibidem / in presentia mei notarii et testium et / notariorum infrascriptorum et coram prefato domino capitaneo / se non esse habilem ad satisfaciendum his / qui ab eo habere debent et super bonis suis / ius habere pretendunt, volens saltem corpus / suum liberum reddere, ut si ad meliorem / et pinguiorem fortunam devenire possit / ea debita facilius persolvere omnibus modo, / iure, via, causa et forma quibus melius / potuit et potest, sequi volens formam / [c. 205v.] iuris et statutorum[78] comunitatis valis Lugani[2] super his / disponentium, stans in camixia super porta / dicte domus regiminis iuris comunitatis valis Lugani, / titulo venditionis iuris, nominis et actionis / posuit et ponit in suum locum, ius et statum / universum me notarium infrascriptum ut publicam / personam stipulantem et recipientem nomine et vice / omnium personarum seu cuiuslibet persone, comunis, colegii, / capituli et universitatis ab eo habere debentium / et super bonis suis ius habere pretendentium / et omnium personarum quarum interest, intererit / vel interesse poterit quomodolibet in futurum, / nominative et generaliter de omnibus et singulis suis / bonis et rebus mobilibus et imobilibus, / iuribus, actionibus et nominibus debitorum sibi / quomodocumque et qualitercumque spectantibus / et pertinentibus, et tam per testamentum / quam ex sucessione et quovis alio modo / et quavis alia ratione, causa et occaxione / hinc retro usque hodie, quibus omnibus / bonis et iuribus ut supra volens ipse Iacobus / desinere possidere ac ea in manibus / creditorum suorum transfere et renuntiare, / ter crolavit de culo super lapide / posito ad dictam portam domus regiminis / iuris dicendo, ego cedo omnibus bonis / meis et ea omnia creditoribus meis / renuntio et remitto, promittens tamen / ipse Iacobus sub ipoteca et obligatione / quorumcumque bonorum suorum quomodolibet futurorum / michi notario predicto nomine quo supra stipulanti / ut si deus concedet sibi ad pinguiorem / fortunam devenire quod dabit, reddet et / [c. 206r.] restituet cuicumque ab eo habere debenti omne / et totum id de quo verus erit debitor, / et hec omnia cum omnibus suis iuribus / et pertinentiis, viis et cetera, et michi iam dicto / notario infrascripto stipulanti nomine ut supra predictus / Iacobus cedens dedit, cessit atque mandavit / omnia sua iura omnesque suas rationes / et actiones reales et personales et cetera, ita / ut de cetero dicti creditores dicti Iacobi / ut supra et eorum heredes et cetera habeant et cetera, et / exinde faciant et cetera et sint et cetera et / utantur et cetera, et dictus Iacobus cedens / dedit et concessit michi iam dicto notario / infrascripto stipulanti nomine ut supra plenam / parabulam et licentiam intrandi et aprehendi / eorum creditorum propria auctoritate corporalem / possessionem et tenutam et cetera, et constituit / se et cetera tenere et cetera nomine et vice dictorum / creditorum suorum ut supra. Quam quidem cessionem / et loci iuris positionem et omnia premissa / suprascriptus Iacobus cedens promissit et convenit / solemniter per stipulationem, obligando se et cetera / michi iam dicto notario infrascripto[b] ut / publice persone stipulanti et recipienti nomine / quo supra, se perpetuo ratam, gratam, firmam / et validam et rata, grata, firma / et valida habere et tenere et nullo / tempore contrafacere et cetera, in pena et sub / pena totius damni et interesse et / omnium expensarum et cetera, renuntiando exceptioni / huius instrumenti[c] cessionis non ita facti et cetera, / [c. 206v.] et predicta omnia et singula acta et celebrata / fuerunt et sunt per suprascriptum Iacobum cedentem modo / et forma premissis et prout supra coram prefato / domino capitaneo existente ut supra. Qui prefatus / dominus capitaneus existens ut supra predicta omnia et / singula admissit et admittit in tantum / quantum debet et tenetur de iure et non aliter / nec alio modo, et in predictis omnibus et / singulis suum et suam et comunitatis Lugani / et valis auctoritatem et decretum interposuit / et dedit et dat cum cognitione cause / et prius per eum causa cognita et / ex eius offitio, ac insuper pronuntiavit et / pronuntiat predictam cessionem et omnia premissa / fore et esse bene facta, sufficienter et / legiptime et servatis solempnitatibus in talibus / servandis tam de iure quam ex forma dictorum / statutorum, admittensque eidem Iacobo / omnibus modo, iure, via, causa et forma / quibus melius potuit et potest omnia iura / comunia et municipalia quibus cavetur / quod nullum liberum corpus pro aliquo debito / vel peccunia capiatur, salvo semper / iure creditorum si ad pinguiorem / fortunam devenerit ut supra, et de predictis / omnibus et singulis rogatum fuit per me / notarium infrascriptum publicum confici debere instrumentum / in laudem viri prudentis. / Actum et cetera, testes et notarii et cetera. /

Ista instrumenta cessionum fiunt quando fiunt condemnationes / per offitialem ad arengam. / [c. 207r.] Nota quod talis cessio fit per nonnullos qui tot habent / debita ut his quibus debent satisfacere / non possunt eis satisfacere, et ne personaliter / capiantur et in carceribus includantur / cedunt bonis suis, et notatur prout supra notatum / est, et debet fieri in publica conctione seu / arenghera, ut supra dictum est, et campana / domus regiminis iuris dicte comunitatis valis Lugani / ter pulsata in modum arenghere. /

[a] *Numero vergato nel margine sinistro della* c.
[b] *Segue* sti *depennato.*
[c] *Segue* non *depennato.*

CXLII[a] Salvum conductum

Anno et cetera, Petrus filius condam Iohannis Rusche de Bedano[40] / valis Lugani[2] fecit et facit omnibus illis meliori / modo, iure, via, causa et forma quibus / melius et validius potuit et potest, fecit et facit plenum, liberum et salvum conductum / Bartholameo filio condam Augustini de /o/ de Torasela[79] / dicte valis Lugani presenti et stipulanti, / duraturum hinc ad annos decem proxime / futuros, ita et eo modo et forma quod dictus / Bartholameus una cum eius familia, rebus et / bonis suis possit et valeat durante termino / suprascripto venire et ire Luganum[b][20], / Comum[1], Mediolanum[80] et alibi ubique quo voluerit / et ibi stare, morari et abinde recedere / tute, libere et impune, omni impedimento / ex parte ipsius Petri superinde fiendo / et allegando penitus cessante tam / in ere quam in persona dicti Bartholamei directe / nec per indirectum durante termino suprascripto / qualibet ratione, causa et occaxione. / Quod quidem salvum conductum et omnia premissa / [c. 207v.] suprascriptus Petrus promissit et cetera, obligando se et cetera suprascripto Bartholameo / presenti et stipulanti se perpetuo ratum, gratum, / firmum et validum et rata, grata, firma / et valida habere et tenere[c] / et nullo tempore contrafacere nec venire / aliqua ratione vel occaxione iuris vel / facti comunis vel spitialis, et hoc quidem / salvum conductum et omnia premissa fecit / et facit suprascriptus Petrus suprascripto Bartholameo / presenti et stipulanti ut supra, quia sic estitit / et est conventum inter eos per pactum spitiale, / prout ibidem dicti contrahentes ad mutuam / stipulationem dixerunt, confessi et protestati / fuerunt ac dicunt et protestantur, renuntiando / exceptioni huius instrumenti non ita facti / et omnium premissorum non ita factorum et / exceptioni doli mali et cetera, et qualibet / alia occaxione et exceptione remota et / renuntiata. / Actum et cetera, testes et notarii et cetera. /

[a] *Numero vergato nel margine sinistro della* c.
[b] *Segue* Comum Mediolanum *depennato.*
[c] *Segue* et cetera nec ve *depennato.*

CXLIII[a] Investitura de navi

Anno et cetera, Petrus filius condam Albertini de tali parte et cetera / investivit et investit iure et nomine locationis / ad fictum solvendum Stephanum dictum Boffaloram / filium condam /o/ de Castaneis de Lugano[20] nautam / Lugani presentem, stipulantem et recipientem, / nominative de navi una mediocri seu / de schaveta una vel de navi una / magna, prout res fuerit, cum dalbiis / in spondis et cornibus bonis et cergiis / [c. 208r.] duobus cum ligno traverso in cimitate ligatis / et cum arboselo uno et velo uno seu tenda / a tribus tillis de brachiis octo longa ordinata / cum traverso et cordis necessariis et cum pariis / duobus remorum quasi novorum, et que navis / fuit iam pluribus mensibus preteritis adoperata / et est cum solo et fondo ornata. /

Ponatur prout navis est cum suis circumstantiis / prout dantur per contrahentes.

Et hoc cum omnibus / suis iuribus et pertinentiis, et hoc hinc ad mensem / unum proxime futurum et abinde inantea ad / menses decem proxime futuros et abinde inantea / ad voluntatem partium, ita ut de cetero suprascriptus / Stephanus conductor et sui heredes et sucessores / habeat, teneat, gaudeat et possideat predictam navem / cum bonis predictis ut supra locatis cum suis iuribus / et pertinentiis, et exinde faciat et facere possit et / valeat quicquid facere voluerit et facere licet / peyorando tamen et non meliorando sicut de rebus / simili modo locatis et ad fictum conductis facere / licet sine contradictione nec molestatione / aliqua suprascripti Petri locatoris nec eius heredum / et sucessorum nec alicuius alterius persone. / Quam quidem investituram et veram locationem / et omnia premissa suprascriptus Petrus locator promissit / et convenit solemniter per stipulationem, obligando se / et omnia sua bona pigneri presentia et futura / suprascripto Stephano conductori presenti et stipulanti, ei et / suis heredibus et sucessoribus deffendere et / guarentare usque ad suprascriptum terminum ab / omni persona, comuni, colegio, capitulo et universitate / [b]omni tempore omnibus ipsius Petri locatoris / [c. 208v.] propriis expensis, damnis et interesse tantum, in pena / et sub pena totius damni et interesse et omnium / expensarum solemni stipulatione promissa et deducta. / Et pro ficto, redditu et gaudimento suprascripte navis / cum bonis suis ut supra suprascriptus Stephanus conductor / promissit et convenit solemniter per stipulationem, obligando / se et omnia sua bona pigneri presentia et futura / suprascripto Petro locatori presenti et stipulanti, ei dare / et solvere hinc ad mensem unum proxime futurum / libras /o/ terciolorum, et totidem abinde in antea omni / mense de mense in mensem donec tenuerit, / et dimittere et rellaxare eidem Petro locatori / predictam navim cum bonis suis ut supra locatis et / ad fictum conductis [c–]vacua et expedita[–c] tempore / finite locationis, et hoc cum omnibus expensis et cetera / in bonis denariis numeratis tantum et cetera, sub pacto / capiendi et detinendi et cetera, renuntiando omnibus legibus et / statutis et cetera. / Actum et cetera, testes et notarii et cetera. /

Similiter poterit fieri de investituris aliis / bonorum mobilium, videlicet lectis, colderis, vaxis / et aliis bonis mobilibus, et debent clare / poni bona que locantur cum suis circumstantiis / et signis et pondere, et bona mobilia / locantur ad peyorandum et non meliorandum. /

[a] *Numero vergato nel margine sinistro della* c.
[b] *Precede* omib *depennato.*
[c–c] *Così, si intenda* vacuam et expeditam.

CXLIIII° [a] Investitura de equo

Anno et cetera, Iohannes filius condam /o/ de tali parte et cetera fuit / et est contentus et confessus omni occaxione et / exceptione remota et renuntiata se habuisse / et recepisse et habere et tenere in / accomodatum et nomine accomodi a Petro / filio condam /o/ de tali parte presente et stipulante / [c. 209r.] equ[u]m unum bardum cum tali signo et cetera. /

Ponantur omnia signa dicti equi et factura / ipsius equi. /

Et hoc pro eundo seu eo equitando usque ad / partes Leventine[81] seu ad partes Tuscie[82], / prout fuerint concordes, / et abinde redeundo, quem equm ipse Iohannes / promissit et cetera, obligando se et cetera suprascripto Petro presenti et / stipulanti pascere et curare bene et dilligenter et / bona fide, ac eidem Petro dare et solvere / ad computum soldorum sedecim terciolorum pro quolibet / die quo tenuerit ipsum equm ut supra ex / conventione inter eos facta, et completa firma / dicti equi sibi eum restituere, et hec omnia / cum omnibus expensis et cetera in bonis denariis numeratis tantum / et cetera, sub pacto capiendi et detinendi et cetera, renuntiando / omnibus legibus et cetera. Quem equ[u]m dictus Petrus / promissit et cetera, obligando se et cetera suprascripto Iohanni presenti et cetera, / ei deffendere et guarentare ab omni persona, / comuni, colegio, capitulo et universitate usque ad / completam firmam dicti equi omnibus ipsius / Petri propriis expensis, damnis et interesse tantum, / in pena et sub pena totius damni et interesse / et omnium expensarum solemni stipulatione promissa / et deducta, tali pacto et condictione / inter eos contrahentes expresse habito et convento, / videlicet quod si dictus equ[u]s dampnum faciet, / suscipiet aut aliter in sinistrum transeat / dolo vel culpa dicti Iohannis, quod illud dampnum / patiatur per dictum Iohannem, et si iusto impedimento / quod patiatur per dictum Petrum. / Actum et cetera, testes et notarii et cetera. /

Nota quod si iste equ[u]s posset apretiari et facere / mentionem in instrumento de pretio dicendo sic videlicet: / [c. 209v.] equ[u]m unum cum talibus signis et cetera valoris ducatorum / decem apretiatum per ipsas partes ibidem concorditer / pro eundo et cetera, ut supra dictum est. / Si vero dictus equus datus fuerit ad certum / terminum, tunc ponatur sic videlicet. /

Iohannes de tali parte et cetera fuit et est contentus et cetera / se habuisse et cetera in accomodum et cetera a Petro et cetera / equum unum talis facture et talis signi / et cetera, et hoc per dies viginti proxime futuros / pro eundo seu eo equitando usque Mediolanum[80] / vel alibi quo voluerit, declarando / ipsum locum vel quo placuerit ipsi / Petro, per dictos dies viginti. Quem / equum ipse Iohannes promissit et cetera, obligando se et cetera / suprascripto Petro presenti et cetera, pascere et cetera et sibi / dare et solvere ad computum soldorum sedecim / terciolorum pro quolibet die suprascriptorum dierum viginti / ex conventione inter eos facta et completa / firma dicti equi sibi eum restituere, et / hoc cum omnibus expensis et cetera ut supra. /

Item poterunt fieri cum aliis pactis et que / pacta, si fiant, ponantur ante cum omnibus / expensis clare et specifice prout fiant / et bene distinguere. /

[a] *Numero vergato nel margine sinistro della* c.

CXLV[a] Conservatio ex denariis depositis / penes depositarium

Anno et cetera, Iohannes filius condam talis de tali parte et cetera / promissit et cetera, obligando se et cetera Antonio filio condam talis de / tali parte presenti et stipulanti, de conservando, / rellevando et exonerando et quod conservabit, relevabit / et exonerabit ipsum Antonium et eius res et / bona indempnem et illexum et penitus sine / [c. 210r.] briga, expensis, damnis et interesse a quodam / instrumento depositi penes ipsum Antonium facti / ad instantiam dicti Iohannis de et pro libris / /o/ terciolorum pro ipsis dandis et solvendis Christoforo / de tali parte, ipso Christoforo faciente dicto / Iohanni venditionem de bonis in eo instrumento descriptis / et seu ipso Christoforo faciente confessionem / dicto Iohanni de certis fictis in eo deposito / specificatis et seu occaxione in eo instrumento / depositi recitata, ut constat publico instrumento ipsius / depositi rogato[b] per talem notarium, anno / et cetera, item a dicto Christoforo causa suprascripta et / a dictis denariis penes ipsum Antonium depositis / ut supra et ab omnibus et singulis in eo deposito contentis / et ab eo deposito et contentis in eo dependentibus, / emergentibus et conexis, et item de dando / et solvendo ipsi Antonio omnes et singulas / expensas, damna et interesse, que per ipsum / Antonium[c] fieri pati et supportari / contingerit premissorum causa et occaxione, et hoc / fecit et facit dictus Iohannes dicto Antonio, quia / dictus Antonius eidem Iohanni dedit et restituit / dictas libras /o/ terciolorum penes eum depositas / ut supra, ut ibidem dictus Iohannes in presentia mei / notarii infrascripti et testium et notariorum infrascriptorum / confitetur verum esse se ipsas libras /o/ terciolorum / de quibus supra ab ipso Antonio presente et stipulante / recepisse et habuisse, et ne per ipsum / Antonium aliquod dampnum patiatur / causa suprascripta. Quam quidem conservationem et / omnia premissa suprascriptus Iohannes promissit et cetera, obligando / se et cetera suprascripto Antonio presenti et stipulanti, se / perpetuo ratam et cetera et rata et cetera habere et cetera / et nullo tempore contrafacere et cetera ac in predictis omnibus / [c. 210v.] et singulis perpetuo debere stare, esse et permanere / tacitum et contentum et facere et cum effectu / curare quod omnes alie persone perpetuo stabunt / et cetera tacite et contente omnibus ipsius Iohannis / propriis expensis, damnis et interesse tantum, in / pena et sub pena totius damni et interesse / et omnium expensarum et cetera, renuntiando exceptioni / huius instrumenti non ita facti et cetera. / Actum et cetera, testes et notarii et cetera. /

Idem poterit fieri pro sequestris seu denariis sequestratis, / videlicet de conservando et cetera a tali sequestro et cetera. / Si vero conservatio fit ex pretio quando aliquis / recipit peccuniam ab alio pro conservatione / fienda, tunc ponas sic videlicet. /

Iohannes de tali parte et cetera promissit et cetera, obligando se et cetera Antonio / de tali parte et cetera presenti et stipulanti, de conservando, / rellevando et exonerando et quod conservabit, relevabit / et exonerabit ipsum Antonium et eius res et / bona indempnem et illexum et penitus sine / briga, expensis, damnis et interesse ab illa condempnatione / illarum librarum quinquaginta terciolorum, de quibus suprascriptus Antonius / condemnatus fuit et est per magnificum et generosum virum / dominum Iohannem Escher de Zuricho[77] capitaneum Lugani / et valis[18] et cetera causa inobedientie / vel tali causa, nominando causam, / ut apparet ipsa condemnatione rogata per dominum Iohannem Franciscum / Cribelum de Puyra[83] notarium publicum Lugani et cetera, anno / et cetera seu anno, mense et die in ea contentis, / et de solvendo et restituendo eidem Antonio omnes expensas et quelibet damna et interesse, / que per ipsum Antonium fieri pati et supportari / possent premissorum omnium causa et occaxione, / et etiam de solvendo camere magnificorum dominorum nostrorum / [c. 211r.] vel comunitati valis Lugani[2] vel illi, cui spectat / ipsa condemnatio, predictas libras quinquaginta terciolorum / causa dicte condemnationis, si ullo tempore ipse / libre quinquaginta terciolorum solvende veniant / vel ad eas persolvendum ipse Antonius compellatur / et astringatur. Quam quidem conservationem / et omnia premissa suprascriptus Iohannes promissit et cetera, / obligando se et cetera suprascripto Antonio presenti et stipulanti / se perpetuo ratam, gratam, firmam et validam / et rata et cetera habere et cetera ac in predictis omnibus et / singulis se perpetuo stare, esse et permanere / tacitum et contentum et facere et cum effectu / curare quod omnes alie persone perpetuo stabunt / et cetera tacite et contente omnibus suis propriis / expensis et cetera, in pena et sub pena totius / damni et interesse et omnium expensarum et cetera. Et pro qua vero conservatione et pro predictis omnibus / et singulis contentus et confessus fuit et est / suprascriptus Iohannes se habuisse et recepisse a suprascripto Antonio / presente et stipulante libras viginti quinque terciolorum, / et hoc pro completa sollutione et cetera premissorum omnium / et singulorum, renuntiando exceptioni non habitorum et cetera. / Et iuravit et cetera. / Actum et cetera, testes et notarii et cetera. /

Eodem modo poterit fieri conservatio pro quibuscumque / aliis debitis et cetera, et poterit fieri conservatio de / vendendo simul et semel qualiter potest fieri / venditio et obligatio datiorum mutatis mutandis, ut verbi / gratia unus est investitus ad livelum ab alio / de re sibi vendita sub pacto luendi, iste qui / vendit potest vendere alteri ipsam gratiam, / et tunc emptor debet eum conservare a ficto et poterit / fieri in eodem contractu. /

[a] *Numero vergato nel margine sinistro della* c.
[b] *Segue* rog *depennato.*
[c] *Segue* pat *depennato.*

[c. 211v.] CXLVI[a] [b]–[Assignatio crediti in extraneum absque cessione]–[b]

Anno et cetera, Iacobus filius condam talis et cetera omnibus modo, iure, via, / causa et forma quibus melius potuit et potest / in et pro parte sollutionis illarum librarum quinquaginta terciolorum / de et pro quibus suprascriptus Iacobus obligatus legitur et est / in manibus ser Felixii Caruli causa fictorum / preteritorum seu causa in ea obligatione contenta per publicum / instrumentum obligationis rogatum per talem notarium anno Domini / curso /o/ seu anno et cetera, assignavit / et assignat Petro et Iohanni fratribus de tali parte, / filiis condam /o/ presentibus et stipulantibus, libras decem / terciolorum, quas ipse Iacobus habere debet ab Antonio / de tali parte causa mutuii vel tali ex / causa, prout res et causa fuerit, / et de quibus est quoddam scriptum factum manu / propria suprascripti Antonii seu scriptum manu / talis notarii anno et cetera, quod quidem scriptum / dictus Iacobus ibidem presentialiter dedit et consignavit / suprascriptis fratribus presentibus et stipulantibus sanum et / integrum pro petendo et consequendo dictas libras / decem terciolorum contra et adversus suprascriptum Antonium / debitorem ut supra et eius heredes, res et bona, / transferens dictus Iacobus in dictos Petrum / et Iohannem fratres omne suum ius dictarum / librarum decem terciolorum, et ut dictum creditum / dictarum librarum decem terciolorum consequi possint et / haberi ipsi fratres ut supra, predictus Iacobus / si et quatenus expediat omnibus illis modo et cetera / quibus melius potuit et potest, fecit, constituit, / creavit et ordinavit ac facit, constituit, / creat et ordinat[c] suos certos / missos, nuntios[d], actores, / veros et legiptimos procuratores suprascriptos Iohannem et / Petrum fratres et utrumque eorum insolidum presentes et / [c. 212r.] acceptantes, duraturos usque ad expeditionem / infrascriptam, spitialiter ad procuratorio nomine dicti Iacobi / constituentis et pro eo et eius nomine petendum et consequendum / et habuisse et recepisse confitendum dictas libras / decem terciolorum, quas ipse Iacobus habere debet a / dicto Antonio causa suprascripta, et ad faciendum / ipsi Antonio debitam quietationem et liberationem / de receptione ipsarum librarum decem terciolorum cum / clausulis et solemnitatibus debitis et per publicum instrumentum / quietationis seu confessionis et liberationis / rogandum per publicum notarium, et ad omnes ipsius / Iacobi constituentis causas, littes, questiones, / discordias et controversias, quas habet et habere / posset seu intendit vel sperat cum[e] / suprascripto Antonio tam in agendo quam in deffendendo / coram domino capitaneo Lugani[18] seu eius domino Lugani / et coram quocumque alio iudice vel auditore / tam ecclesiastico quam seculari, dato vel dando / sub toto Lugani examine et alibi ubique, / et generaliter ad ea omnia et singula facienda, / gerenda et exercenda, que in predictis et / circha predicta necessaria fuerint et utilia / et que in talibus requiruntur tam de iure / quam de consuetudine postulant et requirunt, / dans et concedens dictus Iacobus constituens dictis / fratribus procuratoribus suis ut supra constitutis et utrique / eorum insolidum plenum, liberum et generale mandatum / cum plena, libera et generali administratione ad / predicta omnia et singula facienda, gerenda et / exercenda, que ipsemet Iacobus constituens / faceret et facere posset si presens adesset, / etiam si talia forent que mandatum exigant / [c. 212v.] magis spitiale, et quicquid per suprascriptos fratres / ut supra constitutos et utrumque eorum insolidum / actum, dictum, factum, gestum, petitum, habitum, / confessum, procuratum fuerit et ordinatum in / predictis et circha predicta, id totum et ea / omnia et singula suprascriptus Iacobus promissit et cetera, / obligando se et cetera michi notario infrascripto ut publice / persone stipulanti et recipienti nomine et vice / dicti Antonii et omnium et singularum aliarum / personarum quarum interest, intererit vel interesse / poterit quomodolibet in futurum, se perpetuo ratum, / gratum, firmum et validum et rata, grata, firma / et valida habere et tenere et nullo tempore contrafacere / et cetera et de iuditio sisti, iudicato solvendo et / iudicatum solvi, et de relevando suprascriptos missos / et procuratores suos ut supra constitutos et utrumque / eorum insolidum ab omnibus satisdationibus in / omnibus et per omnia. / Actum et cetera, testes et notarii et cetera. /

Item poterit fieri alio modo videlicet, ubi dicis et / ut dictum creditum dictarum librarum decem terciolorum ipsi Iohannes / [f]et Petrus fratres consequi et haberi possint / ipse Iacobus si et quatenus expediat omnibus illis / modo et cetera, / dicas sic.

Et eisdem Iohanni et Petro fratribus suprascriptus / Iacobus dedit, cessit atque mandavit omnia / sua iura et benefitia et actiones reales et / personales, universa et universas sibi quoquo modo / spectantia et pertinentia et spectantes et pertinentes / de, in, pro et super ipsis libris decem terciolorum ut supra / assignatis in integrum et eorum ratione et / occaxione, ita ut de cetero suprascripti Iohannes et Petrus / fratres et eorum heredes et cetera habeant et cetera predictas / libras decem terciolorum ut supra eis assignatas, et de / [c. 212bis r.][g] ipsis faciant et cetera, et utantur et cetera, faciendo / et constituendo ipsos Iohannem et Petrum fratres et / utrumque eorum insolidum suos veros dominos possessores / et procuratores suos prout in rem suam propriam / de predictis suo proprio ministerio et facto. / Quam quidem assignationem et omnia premissa / suprascriptus Iacobus promissit et cetera, obligando se et cetera suprascriptis Iohanni / et Petro fratribus presentibus et stipulantibus, eis et / suis heredibus et sucessoribus, deffendere et cetera omni / tempore, omnibus ipsius Iacobi propriis expensis et cetera, / in pena et sub pena restitutionis[h] ipsarum librarum / decem terciolorum et totius damni et cetera, renuntiando exceptioni / huius instrumenti non ita facti et cetera. / Et iuravit et cetera. / Actum et cetera, testes et notarii et cetera. /

Accipiatur qualis modus ex suprascriptis qualis voluerit / et uterque est bonus secundum apparere notarii / tale instrumentum rogantis, et facile est inventis / addere. /

[a] *Numero vergato nel margine sinistro della* c.

[b–b] *Titolo mancante per rifilatura del margine superiore della* c. *Parte integrata dal Formulario di Cesare Trefogli, ASCL, Fondo del patriziato,* c. 211v.

[c] *Segue* suprascriptos *depennato.*

[d] *Segue* procuratores veros et *depennato.*

[e] *Segue* quibuscum *depennato.*
[f] *Precede* Iacobus *depennato.*
[g] *Numerazione della* c. *mancante.*
[h] *Segue* p *depennato.*

CXLVII[a] Satisdatio seu instrumentum satisdationis

Anno et cetera, Iohannes filius condam talis de tali parte constitutus / ibidem in presentia mei notarii et testium et / notariorum infrascriptorum coram magnifico et generoso / viro domino Iohanne Escher de Zuricho[77] capitaneo / Lugani et valis[18] et cetera existente[b] in burgo / Lugani[20] in eius domo ressidentie, et hoc / causa et occaxione cuiusdam asserti debiti, quod / dicitur habere cum Christoforo de Rippa de Lugano / causa mercedis et cetera. /

Nota quod ibi multe poterunt esse cause aut / causa alicuius acuxe contra eum producte aut causa / [c. 212[bis]v.] alicuius precepti aut causa alterius debiti / aut causa alicuius inquisitionis contra eum / formate aut quavis alia causa, que / tamen causa hic exprimi debet, et / expressa ipsa causa postea dicatur sic videlicet. /

Et volens ipse Iohannes facere id quod tenetur / de iure erga ipsum Christoforum et stare / iuri cum ipso Christoforo premissorum occaxione, / cavit et promissit solemniter per stipulationem, / obligando se et omnia sua bona pigneri / presentia et futura suprascripto Christoforo presenti et / stipulanti. /

Si vero ipse Christoforus non fuerit presens, / dicatur sic videlicet.

Obligando se et cetera michi / notario infrascripto ut publice persone stipulanti / et recipienti nomine et vice suprascripti Christofori de stando / et parendo iuri cum ipso Christoforo, et / de solvendo ei omne debitum, quod ipse Iohannes / habet si quod debitum habet et probatum et / liquidatum fuerit habere cum ipso Christoforo / causa suprascripta seu tali causa et cetera. /

Si vero fuerit causa alicuius condemnationis vel / alicuius precepti penalis vel aliter prout supra, / tunc poteris dicere sic videlicet: et volens / ipse Iohannes obedire mandatis prefati domini / capitanei; vel poteris dicere: et volens / stare iuri et facere id quod tenetur de / iure; vel aliter[c] poteris / dicere refferendo semper ad causam, et / postea sequere.

Cavit et promissit et cetera, / obligando se et cetera michi notario infrascripto ut / publice persone stipulanti et recipienti nomine et / vice omnium et singulorum quorum interest, intererit / [c. 213r.] vel interesse poterit, de stando et de parendo / [d]mandatis prefati domini capitanei, vel / de solvendo omnem condemnationem, que contra eum / fieri possit de iure premissorum occaxione, / vel de comparendo et se personaliter constituendo / coram prefato domino capitaneo totiens quotiens / fuerit requisitus parte prefati domini capitanei, / sub pena schutorum decem auri sibi aufferenda / casu quo inobediens fuerit et predictis / vel aliquo predictorum contrafecerit, vel de / consignando talia bona prefato domino capitaneo / vel tali persone vel prout res et causa / fuerit.

Et facta dicta promissione dicatur / postea sic videlicet. /

Et pro ipso Iohanne et eius precibus, instantia et mandato / et pro predictis omnibus et singulis per ipsum Iohannem / attendendis, observandis et solvendis ac adimplendis / estitit fideiussor Petrus de tali parte filius condam talis, / qui se omni tempore pro predictis omnibus et singulis / attendendis, observandis et adimplendis ut supra sponte / constituit principalem debitorem, attenditorem et / adimpletorem insolidum, obligando se insolidum / et omnia sua insolidum bona pigneri presentia / et futura, ita quod teneatur insolidum et / cum effectu insolidum conveniri possit, renuntiando / auxilio novarum constitutionum et epistule divi Adriani / et omni alteri iuri legum et auxilio michi / notario infrascripto dicto nomine ut supra stipulanti et / recipienti, et hoc sub pacto capiendi et detinendi / [e]realiter et personaliter suprascriptum Iohannem / et dictum Petrum eius fideiussorem et utrumque / eorum insolidum quam alio quocumque modo et cetera, / renuntiando omnibus legibus et cetera, et dederunt ipsi / [c. 213v.] Iohannes et Petrus eius fideiussor ut supra michi / iam dicto notario infrascripto stipulanti nomine ut supra / plenam parabulam et licentiam intrandi et aprehendendi / eius propria auctoritate corporalem possessionem et tenutam / seu quasi omnium suorum et utriusque eorum insolidum / bonorum mobilium et cetera, et interim donec / intraverit et cetera. /

Poterit tamen hec satisdatio seu securitas fieri / et poni in fine instrumenti, sed hec est / pulcrior via, et nota quod in quibuscumque / instrumentis obligationum si creditor vellet a debitore / fideiussorem, tunc poteris ponere ante / iuramentum hanc securitatem dicendo / sic videlicet.

Et pro ipso Iohanne debitore et eius / precibus, instantia et mandato et pro predictis / omnibus et singulis per ipsum Iohannem firmiter / attendendis, solvendis, observandis et adimplendis / estitit fieiussor Petrus de tali parte et cetera, / qui se omni tempore sponte constituit principalem / debitorem et cetera obligando se insolidum et omnia / sua insolidum bona et cetera, ita quod teneatur / insolidum et cetera, renuntiando auxilio et cetera suprascripto / Christoforo creditori presenti et stipulanti. Qui / [f]Iohannes et Petrus fideiussor ut supra / et uterque eorum iuraverunt corporaliter et cetera / sese predicta et cetera habere rata et cetera. /

Sed est melius pro creditore quod faciat, si / potuerit, quod ipse Petrus se obliget / in instrumento obligationis insolidum cum ipso principali / et quod postea ipse Iohannes faciat conservationem / ipsi Petro pro ipsa obligatione. /

Actum et cetera, testes et notarii et cetera. /

Si vero ille Petrus qui est fideiussor non vellet se / [c. 214r.] obligare tamquam principalis, sed solummodo / tamquam fideiussor ad hoc ut principalis / prius conveniatur quam fideiussor, tunc ponas / sic in fine contractus videlicet. /

Et pro ipso Iohanne et eius precibus, instantia et mandato / et pro predictis omnibus et singulis per ipsum Iohannem[g] / firmiter attendendis et cetera estitit fideiussor Petrus / de tali parte et cetera, obligando se insolidum et omnia / sua insolidum bona pigneri presentia et futura, ita / quod teneatur insolidum et cum effectu insolidum / conveniri possit, renuntiando auxilio novarum constitutionum / et epistule divi Adriani et omni alteri iuri legum / et auxilio suprascripto Christoforo presenti et stipulanti, / qui Iohannes et Petrus eius fideiussor et uterque / eorum iuraverunt corporaliter et cetera se predicta et cetera habere / rata et cetera. /

Poterint autem duo vel tres vel plures facere / unammet satisdationem et fideiubere unus pro / altero, et tunc dicas sic videlicet.

Et exinde pro / predictis omnibus et singulis attendendis, observandis, / solvendis et adimplendis ipsimet estiterunt ad invicem / fideiussores, constituentes sese vicissim principales / debitores, attenditores et observatores, obligando sese vicissim / et quemlibet eorum insolidum et omnia eorum et cuiuslibet / eorum insolidum bona et cetera, ita quod quilibet eorum / vicissim ut supra teneatur insolidum et cetera, renuntiando auxilio / novarum constitutionum et cetera suprascripto Christoforo presenti et stipulanti / seu michi notario infrascripto ut publice persone stipulanti / et recipienti nomine et vice suprascripti Christofori creditoris. /

Si vero creditor vellet tutius posse convenire fideiussorem / ante principalem debitorem licet non sit de more / seu de consuetudine, posset dici in ista fideiussione / hoc modo videlicet.

Et pro ipso Iohanne et eius precibus / et cetera et pro predictis et cetera estitit fideiussor Petrus de tali / [c. 214v.] parte et cetera, qui se omni tempore pro predictis omnibus et / singulis sponte constituit principalem debitorem, / attenditorem et observatorem transferens / in se obligationem dicti Iohannis, et pro eo / liberando, se debitorem constituendo, obligando / se insolidum et omnia sua insolidum bona / pigneri presentia et futura, ita quod teneatur insolidum / et cetera, renuntiando auxilio et cetera suprascripto Christoforo presenti / et stipulanti. /

Nota quod pro regula generali quod si principalis / non potest se obligare, fideiussio non valet, / exceptis pro pertinentibus camere, et ideo ut / valeant[h] in isto casu debet fideiussor poni in / principali obligatione insolidum, si principalis non / potest se obligare. / Si tamen minor erit propinqu[u]s fini pubertatis fideiussio / pro eo facta valebit, tamen obstat statutum, / cui tamen statuto renuntiari potest. / Clerici fideiubere non possunt nisi ex licentia / superioris sui. / Similliter et layci in dignitate constituti et mulieres / non possunt fideiubere. / Si tamen miles, clericus et mulier certi de / benefitio suo renuntiaverint ei fideiubendo / obligantur. / Sed nota quod si fideiussor artius astringitur / quam principalis, illa fideiussio non tenet, quia / debetur artius astringi principalis quam / fideiussor. /

[a] *Numero vergato nel margine sinistro della* c.
[b] *Segue parola inintelligibile depennata.*
[c] *Segue* dicendo *depennato.*
[d] *Precede* iuri *depennato.*
[e] *Precede* ubique *depennato.*
[f] *Precede* Petrus *depennato.*
[g] *Segue* attendendis *depennato.*
[h] *Così, si intenda* valeat.

CXLVIII[a] Venditio spei futuri premii vel alterius spei

Nota quod habetur oppinio quod etiam spes possit alienari, / [c. 214^{bis}r.] sed ista spes oritur ex multis causis ut infra videlicet. / Primo Iohannes servivit domino Iacobo annis XXV sub spe / numerationis alicuius legati vel donationis / fiende sibi. / Secundo Iohanni fuerunt furata aliqua bona vel alia / damna illata, et iste Iohannes sperat futuram restitutionem / ipsorum bonorum. / Tercio Iohannes habet quendam patruum suum vel affinem, / qui non habet filios nec filias, et quamvis eidem / Iohanni spectet hereditas dicti sui patrui vel / affinis, tamen ipse aliter de bonis suis disposuit / vel testamentum in scriptis fecit quod est occultum / omnibus, sperat tamen ipse Iohannes aliqua ex bonis / dicti patrui sui vel affinis habere vel quod sibi / in eius testamento aliquid adiudicaverit. / Et licet super hoc varie sint oppiniones doctorum, / tamen creditur etiam istam talem spem posse alienari, / et sic anotabitur ut infra, / super primo articulo, videlicet quando Iohannes servivit domino Iacobo / annis XXV sub spe ut supra, anotabis venditionem / de dicta spe hoc modo videlicet. /

Anno et cetera, Iohannes filius condam talis de tali parte et cetera qui, ut / asserit, sperat per dominum Iacobum de tali parte, cui / ipse Iohannes per annos XXV seu per tot tempus et cetera / servivit, sibi aliqua ex bonis suis legari, / donari vel adiudicari attenta fidelitate quam / erga eum in dictis annis habuit in serviendo / sibi et negotia sua exercendo, omnibus modo, / iure, via, causa et forma quibus melius / potuit et potest, sponte et ex certa scientia / et conventione cum infrascripto Martino et non per aliquem / errorem ductus fecit et facit venditionem, / [c. 214^{bis}v.] datum et cessionem et totius sui iuris dominii et possessionis / translationem et traditionem ad proprium et imperpetuum in manibus / Martini filii condam talis de tali parte presentis, stipulantis, / ementis et recipientis, nominative de suprascripta sperata / numeratione vel premio benemeritorum / dicti Iohannis a dicto domino Iacobo, item de omnibus / et singulis bonis mobilibus et imobilibus, / que sibi ex virtute dicti servire dicti Iohannis / erga ipsum dominum Iacobum donari, legari / aut adiudicari contingerit per dictum dominum Iacobum / patronum suum, et hoc sive magni sive / parvi valoris fuerint, et hec omnia cum omnibus / suis iuribus et pertinentiis, et eidem Martino emptori / predictus Iohannes venditor dedit, cessit atque mandavit / omnia sua iura omnesque suas rationes et / actiones reales et personales[b] / [c]et quelibet alia sua iura et benefitia / universa sibi quoquo modo spectantia et pertinentia / et spectantes et pertinentes de, in, pro et super ipsa[d] / spe et predictis bonis et rebus ut supra sibi donandis / donandis[e] vel adiudicandis superius venditis / et datis cum suis iuribus et pertinentiis in integrum / et eorum ratione et occaxione, ita ut de cetero / suprascriptus Martinus emptor et sui heredes et cetera / habeat et cetera, et exinde faciat et cetera, et sit et cetera, / et utatur et cetera, et dedit et cetera parabulam intrandi / et cetera corporalem possessionem et tenutam seu quasi predicte / spei et predictorum bonorum eidem venditori donandorum, / legandorum vel adiudicandorum ut supra, et interim / donec intraverit et cetera ex nunc prout ex tunc / constituit se dictus venditor predictam spem et predicta / bona eidem venditori donanda, leganda vel / adiudicanda ut supra superius vendita et data cum / suis iuribus et pertinentiis tenere et possidere vel / [c. 215r.] quasi nomine et vice dicti Martini emptoris, abdicando / a se dictus Iohannes venditor omne suum ius et cetera, cui / vero dominio et possessioni et cetera, quam quidem venditionem / et cetera et omnia premissa suprascriptus Iohannes venditor promissit et cetera, / obligando se et cetera suprascripto Martino emptori presenti et stipulanti, / ei et suis heredibus et cetera deffendere et cetera, et hoc / in pena et sub pena restitutionis pretii infrascripti / et totius damni et interesse et cetera, danda et cetera / per dictum Iohannem venditorem dicto Martino emptori, si / predicta spes et predicta bona eidem venditori / donanda[f], leganda vel adiudicanda / ut supra superius vendita et data eidem emptori / evincerentur in toto vel in parte aut pro ea parte / pro qua evincerentur, et pena soluta et cetera, / et hoc cum omnibus expensis et cetera in bonis denariis / numeratis tantum et cetera, sub pacto capiendi et cetera, / renuntiando omnibus legibus et cetera, et hoc pro suo dato / et facto tantum, quod datum et factum sic inteligatur / videlicet, si alicui alii vel aliis vendidisset, dedisset, / cessiset, donasset, pignorasset, obligasset, finem / vel confessionem fecisset, pretium vel sollutionem / recepisset seu aliquo alio modo alienasset vel / baratasset et non aliter nec alio modo teneatur / ad dictam deffensionem nec ad pretii infrascripti restitutionem / nec ad aliquas expensas, damna nec interesse. / Et pro qua quidem venditione et cetera et pro predictis omnibus et / singulis contentus et confessus fuit et est suprascriptus / Iohannes venditor se habuisse et recepisse a suprascripto Martino / emptore presente et stipulante libras centum terciolorum / pro pretio et cetera presentis venditionis et pro completa sollutione / et cetera premissorum omnium et singulorum, renuntiando exceptioni / non habitorum et cetera, et ne ullo tempore dicere et cetera / se fore lexum et cetera. Qui Iohannes venditor / iuravit corporaliter et cetera se predicta et cetera habere rata et cetera. / Actum et cetera, testes et notarii et cetera. /

[c. 215v.] Super secundo articulo, videlicet quando Iohanni fuerint furata / aliqua bona vel alia damna illata et iste / Iohannes sperat futuram restitutionem ut supra, anotabis / venditionem de dicta spe hoc modo videlicet.

Iohannes / de tali parte et cetera qui, ut asserit, sperat sibi / debere restitui talia bona, / nominando ipsa bona sibi derobata vel ablata / vel tale dampnum sibi illatum et cetera nominando / ipsum dampnum omnibus modo et cetera quibus melius / potuit et potest, sponte et ex certa scientia / et cetera ut supra fecit et facit venditionem, datum et / cessionem et totius sui iuris dominii et possessionis / translationem et traditionem ad proprium et imperpetuum / in manibus Martini de tali parte et cetera presentis et cetera, / nominative de dicta sperata restitutione / bonorum ut supra sibi ablatorum vel dampnorum / illatorum ut supra, et item de omnibus et singulis / bonis et rebus mobilibus quam imobilibus, que sibi / ex causa dictarum robariarum dictorum bonorum vel / dampnorum illatorum ut supra in conscientia vel de / iure restitui contingerit per quoscumque, qui ea / bona habuissent vel dampnum intullissent, / et hoc sive in totum sive in parte, et / hoc cum omnibus suis iuribus et pertinentiis, et eidem / Martino emptori predictus Iohannes venditor dedit / et cetera omnia sua iura et cetera sibi quoquo modo / spectantia et cetera de, in, pro et super ipsa spe et / predictis bonis et rebus sibi restituendis ut supra / superius venditis et datis in integrum et eorum / ratione et occaxione, ita ut de cetero suprascriptus Martinus / emptor et sui heredes et cetera habeat et cetera predictam spem / et predicta bona et res ipsi venditori restituenda / ut supra superius vendita et cetera. /

Et sequatur modus prout supra anotatur mutatis / mutandis. /

[c. 216r.] Super tertio articulo, videlicet quando Iohannes habet quendam / patruum vel affinem qui non habet filios ut supra, cui / Iohanni hereditas dicti sui affinis spectaret ab intestato / et ipse affinis aliter disposuit de bonis suis ut supra / et ipse Iohannes sperat aliqua ex eius affinis / bonis habere ut supra fit mentio, tunc anotabis / venditionem de dicta spe hoc modo videlicet. /

Anno et cetera, Iohannes de tali parte et cetera filius condam talis qui, ut / asserit, sperat quod licet Antonius patruus suus, / cuius hereditas ad eum spectaret, aliter de / bonis suis disposuerit quam ea relinquere / dicto Iohanni, debet sibi priusquam moriatur aliqua / ex bonis suis eidem Iohanni legare vel adiudicare / aut donare aut aliter eius testamentum in scriptis / condiderit, quod est omnibus occultum et alienum, / debeat sibi aliqua ex bonis suis in ipso instrumento / legasse vel adiudicasse omnibus modo et cetera / sponte et ex certa scientia et conventione cum / infrascripto Martino emptore et non per aliquem / errorem ductus fecit et facit venditionem / et cetera in manibus Martini filii condam talis et cetera presentis, / stipulantis, ementis et recipientis, nominative de dicto / sperato legato vel donatione, quod et quam / ipse Iohannes venditor sperat a dicto patruo vel / affine suo, non obstante dicta eius contraria / dispositione vel non obstante dicto eius / testamento in scriptis condito, item de omnibus et / singulis bonis et rebus mobilibus et imobilibus / que sibi ex causa sucessionis, que sibi / spectaret, donari, legari vel adiudicari / contingerit aut adiudicata reperiantur in dicto / eius testamento sic in scriptis facto, sive magni / sive parvi valoris fuerint. /

Poterit etiam hic in ista tertia parte seu in isto / [c. 216v.] articulo ibidem reservare si totam hereditatem / sibi adiudicasse reperiatur, et dicatur sic videlicet. /

Reservans tamen idem Iohannes per pactum habitum / cum suprascripto Martino emptore quod si contingerit / ipsum Antonium affinem suum ipsum Iohannem / instituere vel instituisse heredem eius / universalem, quod eo casu ista venditio non habeat / locum, et illa generalitas non se comprehendatur / nec intelligatur in presenti instrumento venditionis, / et quod eo casu ipse Iohannes eidem Martino / emptori teneatur pretium huius venditionis / retrodare sine aliqua exceptione, et hec / omnia cum omnibus suis iuribus et pertinentiis, et / eidem Martino emptori predictus Iohannes venditor / dedit et cetera omnia sua iura et cetera sibi quoquo modo / spectantia et cetera de, in, pro et super suprascripta spe et / predictis bonis sibi donandis, legandis vel / adiudicandis ut supra superius venditis et datis, / spectantibus et pertinentibus in integrum et eorum ratione / et occaxione, ita ut de cetero suprascriptus Martinus / emptor et sui heredes et cetera habeat et cetera predictam / spem et predicta bona eidem venditori / donanda, leganda vel adiudicanda ut supra / superius vendita et data et cetera, et exinde faciat / et cetera ut supra.

Et sequatur modus prout supra mutatis / mutandis. / Est tamen oppinio quod in simillibus instrumentis non ponatur / promissio de deffendendo et cetera, sed solum de stando / tacitum et cetera, quia est de incertis. / Et nota quod ad hoc ne pro his instrumentis sequantur malitie / et supplantationes, debet isti Iohanni seu tali venditori / dari iuramentum ultra consuetum: videlicet de non / propalando seu manifestando talem venditionem / illi a quo speratur nec alicui alteri persone / [c. 217r.] directe nec per indirectum nec de inferendo / eidem tali, a quo speratur, aliqua damna / nec aliquas iniurias inferendo nec dicendo / pro quibus verisimiliter retrahere possit a dicto / futuro legato vel donatione vel remuneratione. / Debet etiam dari iuramentum testibus et notariis / ac notario de non propalando ut supra, quia si / forsan deveniret ad notitiam illius, a quo / speratur, non tantum dilligeret illum cui / facta esset venditio quantum faceret illum qui / est affinis vel qui servivit, et ideo ab animo / suo retraheret. / Poterit tamen obmitti hoc iuramentum de non / propalando ut supra in suprascripta secunda venditione, videlicet / super dicto secundo articulo facta de rebus restituendis, / quia hoc est in conscientia, et licet ad illum / qui habet restituere deveniret notitia, non / tamen est absolutum nec restaret in conscientia / quominus ipsa bona restituere deberet. / Est autem spes quando quis instituitur heres / cum condictione quod si decederet sine liberis quod / alter sucedat, ita etiam spes poterit alienari. / Aliqui autem dicunt quod melius esset hec talia / instrumenta rogare per modum renuntiationis, sed / uterque modus bonus est. /

[a] *Numero vergato nel margine sinistro della* c.
[b] *Segue* universa et universas *depennato.*
[c] *Precede* sibi *depennato.*
[d] -a *corretto sopra* -orum.
[e] *Così, si espunga* donandis.
[f] *Segue* dan *depennato.*

CXLVIIII° [a] Missus ad contrahendum matrimonium

Si fieret missus ad contrahendum matrimonium, / dicatur sic videlicet, spitialiter ad procuratorio nomine / ipsius constituentis et pro eo et eius nomine contrahendum / matrimonium cum domina Caterina filia domini Petri / de tali parte, et se contentandum per verba de / presenti de habendo ipsam dominam Caterinam in eius / constituentis sponsam et uxorem legiptimam, ipsa / [c. 217v.] sic contentante habere ipsum constituentem in[b] / eius sponsum et maritum legiptimum cum et sub / quibuscumque pactis et conventionibus tam ex causa / dotis dicte domine

Caterine quam iocalium et bonorum / parefrenalium per eam portandorum ad maritum / in dictum constituentem, et ad observandum et / adimplendum in predictis et circha predicta quaslibet / solempnitates que pro parte cuiuslibet sponsi in simillibus / tam de consuetudine quam de necessitate postulant / et requirunt, et in et pro predictis ipsum constituentem / obligandum ipsi domine Caterine stipulature, et / generaliter et cetera. /

Nota quod impuberes non possunt contrahere matrimonium, / sed sponsalia possunt, mulier impubes / est illa que est minor annis XII, masculus / autem impubes dicitur ille qui est minor / annis XIIII°. / Nota quod sponsalia et pacta, que contrahuntur / per parentes et cetera, possunt anotari hoc modo videlicet. /

Petrus de tali parte et cetera, pro una parte, et Iohannes de / tali parte et cetera, pro altera parte, sponte et ex / certa scientia et non per vim, metum nec / errorem ducti, et alias omnibus modo et cetera quibus / melius potuerunt et possunt, fecerunt et / faciunt infrascripta pacta, leges, conventiones et condictiones / mutua stipulatione roborata, videlicet quod dictus / Petrus faciet et cum effectu curabit quod Iacobina / filia sua tempore legiptimo accipiet in virum suum / legiptimum Antonium filium dicti Iohannis, et / ex nunc in suam uxorem legiptimam eidem Iohanni / destinavit et concessit et destinat et concedit / cum his pactis et condictionibus, videlicet quod dictus Petrus / teneatur et debeat dare eidem Iohanni et dicto / Antonio filio in dotem et pro dote dicte Iacobine / [c. 218r.] libras ducentum terciolorum ac eidem Iacobine dare duas / vestes et coregiam unam et cetera tempore quo ipse Antonius / filius suus conducet ipsam Iacobinam seu infra / annum unum postquam transduxerit domi seu / infra talem terminum, et quod ipse Iohannes / una et insolidum cum dicto Antonio filio suo / debeat ipsam Iacobinam tempore numerationis / dictorum denariorum dotare de dictis libris CC terciolorum / nomine dotis tantum, et de aliis libris centum terciolorum / nomine antifacti super bonis ipsorum patris et / filii iusta solitum, et versa vice dictus / Iohannes faciet et cum effectu curabit quod suprascriptus / Antonius eius filius legiptimus tempore legiptimo / accipiet in uxorem suam legiptimam dictam Iacobinam / filiam dicti Petri, et ex nunc in suum maritum / legiptimum eidem Petro destinavit et concessit / ac destinat et concedit cum et sub pactis et / condictionibus superius appositis, promittentes ad invicem dicte partes et utraque earum, / obligando sese vicissim, silicet una pars / alteri et altera alteri presentibus et stipulantibus / et omnia sua vicissim bona pigneri presentia / et futura, sese predicta omnia et singula / perpetuo attendere, observare et exequtioni mandare / ac rata, grata, firma et valida habere et cetera, / in pena et cetera totius damni et cetera, renuntiando exceptioni / huius instrumenti non ita facti et cetera. / Actum et cetera, testes et notarii et cetera. /

[a] *Numero vergato nel margine sinistro della* c.
[b] *Segue* eius *depennato.*

[a]CL Ad disponsandum[a]

Si vero fecerit missum ad disponsandum, dicatur sic videlicet. /

Item spitialiter ad procuratorio nomine ipsius constituentis et pro / eo coram domina Caterina eius sponsa et uxore / legiptima comparendum et eam annulo, tam aureo / quam argenteo, disponsandum in digito consueto / [c. 218v.] ad sponsalitium et cetera faciendum que / requiruntur in signum veri sponsalitii, et ad / conservandum et adimplendum circha predicta / quaslibet solempnitates, que in simillibus requiruntur / tam de necessitate quam de consuetudine, et / generaliter et cetera. /

a–a *Numero e titolo vergati nel margine sinistro della* c.

CLI[a] Obligatio facta per procuratorem substitutum

Anno et cetera, Iohannes filius condam talis de tali parte et cetera missus / et procurator et procuratorio nomine Girardi de tali parte / filii condam talis ad hec et alia solemniter et legiptime / substitutus per Petrum de tali parte tamquam missum / et procuratorem constitutum et procuratorio nomine suprascripti Girardi / per instrumentum procure ipsius Girardi factum in ipsum / Petrum ut supra tradatum et rogatum per talem notarium, / tali anno et cetera et ut constat instrumento ipsius / substitutionis in ipsum Iohannem facte rogato / per talem notarium, anno et cetera, promissit et cetera, obligando / se dicto procuratorio nomine suprascripti Girardi et dictum / Girardum et omnia dicti Girardi bona et cetera / Christoforo de tali parte et cetera presenti et stipulanti, / ita quod dictus Girardus eidem Christoforo creditori / dabit et solvet hinc ad mensem unum / proxime futurum sine aliqua deffensione fienda / libras decem terciolorum sortis bonorum et cetera, quos vero / denarios sortis ut supra contentus et cetera fuit et est suprascriptus / Iohannes dicto procuratorio nomine dicti Girardi debitoris / ut supra se eidem Christoforo creditori dare et solvere / debere et teneri occaxione mutuy gratis et / amore et ab eo in mutuo habuisse et / recepisse, renuntiando exceptioni non habitorum et cetera / omni alia occaxione et cetera, et hoc cum omnibus / expensis et cetera in bonis denariis numeratis tantum et cetera, / [c. 219r.] sub pacto capiendi et detinendi suprascriptum Girardum debitorem / quam alio quocumque modo et cetera, renuntiando omnibus legibus / et cetera, insuper suprascriptus Iohannes dicto procuratorio nomine / ut supra dedit et concessit eidem Christoforo creditori / presenti et stipulanti plenam parabulam et licentiam intrandi / et aprehendendi et cetera corporalem possessionem et tenutam seu / quasi omnium et singulorum bonorum et rerum mobilium / et imobilium presentium et futurorum dicti Girardi / debitoris, et interim donec intraverit et cetera / ex nunc prout ex tunc constituit se dictus Iohannes / dicto procuratorio nomine dicti Girardi debitoris predicta / omnia et singula bona sua dicto nomine ut supra nomine / et vice suprascripti Christofori creditoris tenere et / possidere et cetera. Qui Iohannes dicto procuratorio nomine / ut supra iuravit corporaliter et cetera se predicta et cetera habere / rata et cetera. / Actum et cetera, testes et notarii et cetera. /

[a] *Numero vergato nel margine sinistro della* c.

CLII[a] Assignatio bonorum per massarium domino

Anno et cetera, cum hoc sit quod Petrus de tali parte / filius condam talis et sui antecessores per annos / XX et XXX seu prout voluerit dici et cetera / et pluribus proxime preteritis et seu poterit / dici et per tanti temporis spatium, quod non est / memoria hominum in contrarium, et usque / in hodiernum diem dederint, solverint et / prestaverint ac de presenti ipse Petrus det, / solvat et prestet fictum singulo anno / Iohanni de tali parte filio condam talis et cetera ibi presenti et / stipulanti libras viginti terciolorum prout ibidem / ipse Petrus et dictus Iohannes asserunt, et / [c. 219v.] cum sit quod non reperiantur per ipsos dominum / et massarium, tum propter longissimum tempus / tum etiam propter hinc retro sequtas gueras / et robarias, aliqua instrumenta super quibus sunt / specificata aliqua bona[b] pro quibus spitialiter / per eum Petrum et seu eius antecessores deberent / et seu debent solvi et prestari fictum predictum, / sed volens modo idem Petrus pro declaratione / animi sui et erga ipsum Iohannem dominum suum / agnoscere bonam fidem ac de consensu et / voluntate dicti Iohannis eidem Iohanni assignari / tot ex bonis suis ex quibus verisimilliter et comuniter / percipi et haberi possint pro parte dominica suprascripte libre / viginti terciolorum pro ficto annuali suprascripto, sponte / et ex certa scientia et non per vim, metum / nec errorem ductus et aliis omnibus modo, / iure, via, causa et forma quibus melius / potuit et potest, assignavit et assignat / eidem Iohanni ibi presenti et stipulanti petiam / unam terre prative iacentem in tali loco / cui choeret et cetera, in cuius possessione ipse / Petrus asserit, dixit et protestatus fuit / ac dicit, confitetur et protestatur se fore / et esse nomine dicti Iohannis, et hoc pro directo / dominio et civili possessione dicti ficti livelarii / ut supra, quam petiam terre ut supra coherentiatam idem / Petrus eidem Iohanni presenti et stupulanti / ut supra promissit et convenit solemniter per stipulationem, / obligando se et omnia sua bona pigneri / presentia et futura suprascripto Iohanni presenti et / stipulanti, deffendere et guarentare ab / omni persona, comuni, colegio, capitulo et universitate / [c. 220r.] omni tempore usque imperpetuum, et hoc in pena et / sub pena pretii et valoris suprascripte petie terre / ac totius damni et interesse et omnium expensarum / solemni stipulatione promissa et deducta, ac insuper / ipse Petrus cavit et promissit solemniter per stipulationem, / obligando se et omnia sua bona pigneri presentia / et futura suprascripto Iohanni presenti et stipulanti, ei dare / et solvere in quolibet festo sancti Martini[23] cuiuslibet / anni usque imperpetuum predictas libras viginti terciolorum / pro ficto dicte petie terre consignatas in burgo / Lugani[20] ad domum habitationis ipsius Iohannis et dimittere / et rellaxare eidem Iohanni predictam petiam terre / ut supra assignatam cum suis iuribus et pertinentiis / et cum omnibuselioramentis tunc factis et / modo fiendis in et super dicta petia terre ut / infra fit mentio vacuam et expeditam casu / cessationis trieniorum evenientium in sollutione / dicti ficti seu dictorum fictorum ut infra / fit mentio, et hoc cum omnibus expensis, damnis / et interesse, in bonis denariis numeratis tantum / et cetera, sub pacto capiendi et detinendi et cetera, / renuntiando omnibus legibus et cetera. /

Ponatur etiam ibi pactum caducitatis prout solet / poni in livelis et cetera, quo posito, ponatur postea / infrascriptum pactum etiam videlicet. /

Tali pacto, lege, condictione et conventione inter eos / contrahentes expresse habitis et conventis, videlicet quod si ullo / tempore reperirietur aliud livelum seu investitura / super aliquibus aliis bonis dicti Petri pro dicto / ficto, quod illud cassum, revocatum et anulatum / sit, et ex nunc illud et omnia et singula / in eo contenta cassaverunt, irritaverunt et / anulaverunt et cassant, irritant et anulant / et quod non valeat nec teneat et nullum sortiatur / [c. 220v.] effectum tamquam si non esset factum, sed[c] presens / livelum[d] habeat locum et sortiatur effectum. /

Nota quod partes poterint aliquando aliter seu e converso / se convenire videlicet quod ipso casu ut supra istud presens instrumentum / sit cassum et illud livelum antiquum sortiatur / effectum et tunc non ponas suprascriptum pactum, sed loco / ipsius pacti ponas hoc modo videlicet. /

Tali pacto et cetera inter eos contrahentes expresse habitis et / conventis, videlicet quod si ullo futuro tempore reperirietur / aliud livelum seu investitura super aliquibus / aliis bonis dicti Petri pro dicto ficto, quod presens / instrumentum sit et esse debeat nullum, cassum, revocatum / et anulatum et quod non valeat nec teneat / et nullum sortiatur effectum tamquam si non / esset factum, sed illud livelum antiquum / habeat locum et sortiatur effectum. /

Possunt etiam fieri alia pacta prout inter / contrahentes conventum fuerit. / Posset etiam tamen hic contractus fieri per modum liveli / vel prout melius notario videbitur convenire. / Nota quod aliquando propter guerras vel propter / longissimum tempus non reperiuntur instrumenta livelorum / contra massarios et tunc fit aliquando per / massarium una assignatio bonorum domino, que / bona sunt pro verisimili perceptione dictorum / fictorum, et anotabitur ut supra scriptum est. /

[a] *Numero vergato nel margine sinistro della* c.
[b] *Segue* al *depennato.*
[c] *Segue* illud *depennato.*
[d] *Segue* antiquum *depennato.*

CLIII[a] Remissio liveli in manibus domini bonorum / liveli absque pretio

Anno et cetera, Albertus de tali parte et cetera voluntarie, / sponte et ex certa eius animi scientia / et non per errorem, metum nec vim ductus / [c. 221r.] et aliis omnibus iure, via, causa et forma / quibus melius potuit et potest, remissit / et renuntiavit ac repudiavit ac remittit, / renuntiat et repudiat in manibus Iohannis de / tali parte et cetera ibi presentis, stipulantis et recipientis / omne suum ius omnemque suam actionem et omnem / regressum eidem Alberto quomodocumque et qualitercumque / spectantes et pertinentes de, in et super petia una terre / et cetera, de qua ipse Albertus investitus legitur et / est a dicto Iohanne pro ficto omni anno solvendo / libras decem terciolorum per instrumentum ipsius investiture / liveli rogatum per talem notarium et cetera anno et cetera, / et hoc tam ex causa melioramentorum quorumcumque seu / utilis dominii eidem Alberto spectantium et pertinentium / in et super dicta petia terre quam quolibet alio / modo et iure, quod quidem instrumentum liveli et omnia / et singula in eo contenta predicte partes et utraque / earum cassaverunt, revocaverunt et anulaverunt / et cassant, revocant et anulant taliter / et eo modo quod dictum instrumentum liveli a modo in antea / sit et esse debeat nullum nulliusque valoris, / efficatie et momenti et nullum posse nec / debere sortiri effectum tamquam si non esset / factum nec celebratum, et ipsam petiam terre / superius et in dicto instrumento liveli descriptam / ut supra dictus Albertus eidem Iohanni ibi presenti, stipulanti / et acceptanti ex nunc interlassavit et interlassat / ac dimissit et dimittit libere, et hanc quidem / remissionem et interlassationem et predicta omnia / et singula fecit et facit dictus Albertus dicto / Iohanni presenti et stipulanti, quia asserit, dicit / et protestatur ipsam investituram esse ipsi Alberto / potius damnosam quam lucrosam. Quam quidem / remissionem et renuntiationem et omnia premissa suprascriptus / [c. 221v.] Albertus promissit et cetera, obligando se et cetera suprascripto Iohanni presenti et cetera, / se perpetuo ratam et cetera et rata, grata et cetera habere / et cetera ac in predictis omnibus et singulis se de cetero / stare, esse et permanere tacitum et contentum et / facere et cum effectu curare quod omnes alie persone / perpetuo stabunt et cetera tacite et cetera omnibus suis / propriis expensis et cetera, in pena et cetera totius damni et cetera, / renuntiando exceptioni huius instrumenti non ita facti / et omnium premissorum non ita factorum et cetera. / Qui Albertus iuravit corporaliter et cetera se predicta et cetera / habere rata et cetera. / Actum[b] et cetera, testes et notarii et cetera. /

[a] *Numero vergato nel margine sinistro della* c.
[b] *Segue* ut *depennato.*

CLIIII[a] Livelus post alium livelum antiquum de eadem re / in eundem hemphiteotam

Anno et cetera, cum sit quod alias nunc condam Iohannes de tali / parte et cetera olim avus infrascripti Christofori investitus / fuerit et sit ad hemphiteosim et ad livelum / et ad hereditatem imperpetuum ad fictum solvendum / a nunc condam Petro de tali parte et cetera, nominative / de petia una terre silvate et buschive tunc / et nunc prative et vineate iacente in tali / territorio et cetera cui[b] cohere[re] solebat / a mane talis[c] et nunc coheret talis et cetera, / et hoc pro ficto livelario omni anno solvendo / in quolibet festo sancti Martini[23] cuiuslibet anni / usque imperpetuum libras decem terciolorum et cum pacto quod / si dictus condam Iohannes vel eius heredes cessaret / per trienium in sollutionem fictorum quod caderet et / cecidisse intelligeretur a dicta investitura liveli / et ab omnibus melioramentis et cetera prout / latius in eo livelo continetur, ut constat publico / [c. 222r.] instrumento ipsius liveli rogato per talem de tali parte / notarium publicum et cetera anno et cetera ad quod et contenta / in eo condigna habeatur rellatio, cumque sit quod / Christoforus de tali parte filius condam talis et cetera ablaticus / et heres ac sucessor dicti condam Iohannis investiti / ut supra vigore dicti liveli de quo supra tenuerit / et recognoverit iam longo tempore dictam petiam / terre ad fictum ad livelum ab heredibus dicti condam / Petri et de presenti ipsam petiam terre tenet / et recognoscit vigore dicti liveli de quo supra / ad fictum ad livelum a Bernardino filio condam talis / de tali parte, qui directum dominium et civilem / possessionem dicte petie terre et iura dicti / liveli emit et acquisivit ab heredibus dicti condam / Petri olim domini dictorum bonorum livelariorum, / videlicet a Zentile filio condam et herede pro sua portione / dicti condam Petri, cui dictum livelum seu / directum dominium et civilis possessio dicte / petie terre obvenerat in sorte et parte in divisionibus / factis inter ipsum Zentilem et alios fratres suos / similliter heredes pro suis portionibus dicti condam Petri / olim domini dicti liveli ut supra, et hoc pro ficto suprascripto / et cum pactis et tenoribus in eo livelo contentis. / Modo autem dictus Bernardinus dominus dicti liveli / ut supra volens ipsum livelum revocare ipsi Christoforo / heredi[d] et sucessori dicti condam Iohannis olim / hemphiteote dicti liveli ut supra omnibus modo, / iure, via, causa et forma quibus melius potuit / et potest, sine tamen preiuditio dicti instrumenti liveli / de quo supra fit mentio, nec intendens sibi / in aliquo per presens instrumentum liveli preiudicare / nec derogare nec ab eo discedere, sed ius / iuri addere et ipsi inherendo investivit / et investit ad hemphiteosim et ad livelum / et ad hereditatem imperpetuum[e] et iure / [c. 222v.] et nomine hemphiteotico et cetera suprascriptum Christoforum de / tali parte et cetera filium condam talis et cetera presentem et cetera, nominative / de suprascripta petia terre superius et in dicto livelo / de quo supra descripta et coherentiata, et hoc cum omnibus / suis iuribus et cetera. /

Ponas clausulas in forma comuni prout solet poni / in aliis livelis. / Et similliter poterit fieri per heredem domini dicti liveli / licet bona non essent vendita alteri. / Nota quod hoc fit maxime contra massarios qui[f] / a livelo citra devenerunt ad paupertatem, quia si / fieret livelum simpliciter et ille massarius / antea habuisset alia bona, que vendidisset, / [g]remanerent libera, et sic ponendo / suprascriptam clausulam dominus non sibi preiudicat contra bona / vendita. / Si autem per massarium fit livelum in alium de bonis / liveli, sic anotatur videlicet. /

Iohannes filius condam talis de tali parte et cetera tamquam investitus ab / Alberto de tali parte ad fictum ad livelum de tali / petia terre et cetera iacente et cetera cui coheret et cetera / pro ficto omni anno solvendo libras X terciolorum /

per instrumentum ipsius liveli rogatum per talem notarium, anno / et cetera, non intendens per hoc presens instrumentum liveli / preiudicare iuribus ipsius Alberti domini directi / dominii et civilis possessionis dictorum bonorum, sed / eidem Alberto reservare omnia iura sua super / ipsis bonis investivit et cetera ad hemphiteosim et / ad livelum et cetera Petrum filium condam talis de tali parte / et cetera presentem et cetera. / Et deinde sequatur modus liveli prout fit / in aliis, salvo quod hic in presenti livelo non / [c. 223r.] debet poni pactum caducitatis quod solet poni / in aliis livelis, quia ad massarium non / pertinet caducitas, sed domino, quia si ipse / Iohannes primus massarius cessabit in sollutione / ficti et caderet a livelo, caderet etiam et / secundus, videlicet iste investitus a dicto primo massario / non obstante sollutione per eum secundum massarium / facta, salvo si talis contractus fieret cum / parabula domini directi dominii et consignetur fictum / ipsi domino per secundum massarium de voluntate / domini, etiam si ille secundus massarius / perseveraverit in sollutione ficti domino directi / dominii et non massario non cadet a livelo / pro ea parte pro qua fuerit investitus, et tunc / si fit cum parabula domini debet fieri obligatio / sollutionis ficti illi massario utilis dominii, / sed debet dici consignatio illius ficti in manibus / domini directi dominii acceptantis vel prout / partes erunt concordes, et tunc ponas sic videlicet. /

Et pro ficto et cetera dicte petie terre superius ad / livelum date et cetera suprascriptus Petrus secundus investitus / seu hemphiteota promissit et cetera, obligando se et cetera suprascripto / Iohanni presenti et stipulanti, de dando et solvendo / suprascripto Alberto domino directi dominii dicte petie / terre de quo supra hinc ad festum sancti Martini / proxime futurum libras X terciolorum, et totidem abinde / inantea et cetera omni anno et cetera, et hec omnia / presente, volente et consentiente suprascripto Alberto / domino dicti directi dominii ut supra et predicta omnia / et singula acceptante et stipulante. /

Nota etiam quod licet dominus liveli noluerit / consentire huic livelo tamen in hoc livelo / poterit poni consignatio ficti aut domino / directi dominii aut domino utilis dominii, et tunc / dicas sic videlicet. /

[c. 223v.] Et pro ficto et cetera suprascriptus Petrus promissit et cetera, obligando se et cetera / suprascripto Iohanni presenti et stipulanti, ei aut dicto Alberto / domino dicti utilis dominii ut supra pro ipso Iohanne et / eius nomine dare et solvere hinc ad festum sancti / Martini proxime futurum libras decem terciolorum, et totidem / abinde inantea omni anno et cetera. /

Nota quod iste contractus potest fieri per modum / remissionis et non liveli si ipse massarius / vellet remittere utile dominium alteri persone / quam domino directi dominii, et tunc ponas sic videlicet. /

Iohannes de tali parte et cetera investitus ab Alberto de tali / parte ad fictum ad livelum, nominative de petia / una terre et cetera cui coheret et cetera pro ficto livelario / omni anno solvendo libras X terciolorum per instrumentum ipsius / liveli rogatum per Petrum de tali parte notarium / publicum et cetera anno et cetera, non intendens per hanc / remissionem preiudicare iuribus dicti Alberti / domini directi dominii dictorum bonorum, sed eidem Alberto / reservare omnia iura sua super ipsis bonis omnibus / modo et cetera quibus melius potuit et potest, remissit / et remittit in manibus Christofori de tali parte / et cetera presentis et cetera utile dominium et naturalem / possessionem ac melioramenta suprascripte petie terre superius / descripte et coherentiate de qua dictus Iohannes alias / investitus est ad fictum ad livelum a dicto Alberto / ut supra fit mentio, nec non omnia iura, actiones et / regressus, que habet ipse Iohannes in et super / dicta petia terre respectu dicti liveli / et contentorum in eo, ponendo ipsum Christoforum in illis / statu et gradu quibus est ipse Iohannes respectu / dicti liveli ut supra et bonorum dicti liveli et contentorum / in eo omnium et singulorum. Quam quidem remissionem / et omnia premissa suprascriptus Iohannes promissit et cetera, / obligando se et cetera suprascripto Christoforo presenti et cetera, se perpetuo ratam, / gratam, firmam et validam et rata et cetera habere et cetera / [c. 224r.] et nullo tempore contrafacere et cetera. / Et pro qua vero remissione et pro predictis omnibus et / singulis contentus et confessus fuit et est suprascriptus Iohannes / se habuisse et recepisse a suprascripto Christoforo libras / XX terciolorum, et hoc pro completa sollutione et cetera predictorum / omnium et singulorum, renuntiando exceptioni non habitorum et cetera / et qualibet alia occaxione et exceptione remota / et renuntiata, et ulterius suprascriptus Christoforus promissit / et cetera, obligando se et cetera suprascripto Iohanni presenti et stipulanti / eidem Alberto domino directi dominii dictorum bonorum / et michi notario infrascripto eius nomine stipulanti / et recipienti dare et solvere dictas libras XX terciolorum / ficti livellarii dictorum bonorum omni anno prout / in dicto livelo continetur, et de conservando et / exonerando et quod conservabit et exonerabit suprascriptum / Iohannem ibi presentem et stipulantem indempnem et / illexum et penitus sine briga, expensis, damnis / et interesse a dicto ficto livelario et a / dicto livelo et ab omnibus et singulis in eo contentis / et ab omnibus expensis, damnis et interesse, que / per dictum Iohannem pati possent tam pro fictis / futuris non solutis quam pro caducitate dicti / liveli, et ab omnibus et singulis a dicto livelo / et contentis in eo dependentibus, emergentibus / et conexis, et de dando et solvendo eidem / Iohanni dictas omnes expensas, damna et interesse / que dicta occaxione ut supra per eum pati contingerit, / suscipiens ex nunc in se dictus Christoforus omne / periculum caducitatis dicti liveli, et hoc cum / omnibus expensis, damnis et interesse ceterisque accessionibus / in bonis denariis numeratis tantum et non in aliqua alia / re contra voluntatem suprascripti Iohannis, et hoc tam sub / pacto capiendi et cetera dictum Christoforum quam alio quocumque / modo et cetera, renuntiando omnibus legibus et cetera, et dedit parabulam / intrandi et cetera, et constituit et cetera, qui Iohannes et Christoforus / et uterque eorum iuraverunt et cetera se predicta et cetera habere rata et cetera. / Actum et cetera, testes et notarii et cetera. /

[c. 224v.] Nota quod potius laudatur modus liveli quam remissionis, / quia per remissionem magis presumitur alienatio quam / per livelum, salvo si est contractus inter consortes / eiusdem liveli vel si remissio fieret de consensu / domini directi dominii, tunc poterit fieri prout supra dictum est. / Si vero dictus Iohannes qui remittit non esset investitus / de dictis bonis, sed alius eius predecessor, tunc / ponas sic in principio videlicet. /

Iohannes de tali parte et cetera, / qui solitus est tenere et recognoscere ac tenet / et recognoscit ad fictum ad livelum ab Alberto / de tali parte et cetera talem petiam terre iacentem in / tali territorio ubi dicitur et cetera vigore infrascripti / liveli, in quo et de qua petia terre nunc condam / Petrus olim eius pater investitus erat ad fictum / ad livelum a dicto Alberto pro ficto livelario omni / anno solvendo usque imperpetuum libras X terciolorum, ut constat / publico instrumento ipsius liveli rogato per talem notarium, / anno et cetera, non intendens per hanc remissionem / preiudicare iuribus ipsius Alberti domini directi dominii / bonorum ipsorum, sed eidem Alberto reservare omnia / sua iura super ipsis bonis, omnibus modo et cetera / quibus melius potuit et potest, remissit et / remittit et cetera. /

Ponas prout supra anotatum est. / Et nota tamen, si possibile est, semper facias / talia instrumenta cum consensu domini directi dominii, / quia dubium est quod massarius non possit alium / investire ad livelum de bonis liveli nec etiam / remittere licet aliqui teneant contrarium et / in hoc varie sunt oppiniones. / Nota etiam quod nec ecclesia nec comune possunt / investire ad livelum, sed solum dumtaxat ad / [c. 225r.] annos novem et non ultra, quia investitura / que fit ultra annos novem habet vim liveli, / sed ecclesia et comune poterunt investire cum / rettentione melioramentorum, videlicet per ecclesiam cum / licentia episcopi vel superioris sui et comune / cum licentia principis, prout supra anotatum est. /

[a] *Numero vergato nel margine sinistro della* c.
[b] *Segue* coheret a mane et cetera *depennato.*
[c] *Segue* et cetera *depennato.*
[d] *Segue* ut supra *depennato.*
[e] *Segue* ad fest *depennato.*
[f] *Segue* a livelo *depennato.*
[g] *Precede* remaret *depennato.*

CLV[a] Tractatus canonicorum pro investitura fienda

Anno et cetera, convocato et congregato capitulo venerabilium / dominorum archipresbiteri, canonicorum et capituli ecclesie / Sancti Laurentii de Lugano[30] in sacrastia prefate / ecclesie ubi dictum capitulum sepe fit et congregatur / et fieri et congregari solet more solito, sono / campanele precedenti ut moris est, precepto, mandato / et impositione venerabilis domini presbiteri Iohannis Petri / Moresini[29] archipresbiteri eiusdem ecclesie, in quo quidem / capitulo, convocatione et congregatione affuit et / est prefatus dominus archipresbiter et cum eo et penes / eum affuerunt et sunt infrascripti, videlicet / talis, talis et talis. /

Nominentur omnes presbiteri qui fuerunt ibi presentes / et debent esse due partes saltem trium partium / omnium canonicorum, aliter non valeret. /

Omnes canonici ressidentes prefate ecclesie, qui / non solum fuerunt due partes trium partium / omnium canonicorum ressidentium prefate ecclesie, / sed quasi omnes et qui omnes representant / totum capitulum prefate ecclesie, coram quibus / omnibus et singulis, in presentia mei notarii / et testium infrascriptorum, propositum fuit per prefatum / dominum archipresbiterum quod ipsi domini archipresbiter, canonici / et capitulum habent unam petiam terre prative, / vineate et campive cum pluribus plantis salicum / [c. 225v.] supra [b–]iacentibus in tali territorio ubi dicitur et cetera cui coheret et cetera[–b], que petia terre est partim zerbiva et buschiva / et indiget plantatione vinearum et indiget / domo una et etiam muro et passonatis et aliis / pro reparatione fluminis ibi prope decurentis, / quod ipsam petiam terre vastavit et vastat, et / etiam aliis reparationibus, ex qua petia terre parum / perceptum fuit et percipitur et iam longo tempore / nunquam fuit perceptum nec percipi solet ex ea / nisi fictum annuale librarum XX terciolorum, et quod si dicta / petia terre repararetur et dicta melioramenta / et reparationes super ea fierent modo quo supra / et prout supra, ipsa efficeretur et redderetur multo / plus fructifera et ex ea in futurum maius / fictum et plus[c] redditus percipientur quam sit solitum percipi / et haberi, et quod quidam Iohannes de tali parte et cetera se / obtulit et offert accipere ipsam petiam terre ad fictum / a dicto capitulo ad novenium et solvere omni anno / prefato capitulo fictum librarum triginta terciolorum pro ipsa petia / terre cum condictione et pacto quod possit et valeat / super ipsa petia terre facere infrascripta melioramenta, que / sunt utilia et necessaria et cedunt in comodum, / bonificationem, augumentum et utilitatem tam dicte / petie terre quam dicti capituli, videlicet ipsam petiam terre / dezerbare et disbuschare et ipsam plantare / a vitibus ubi necesse fuerit et super ea quemcumque / murum et quascumque passonatas, fossata, cavamenta / et alia pro reparatione fluminis ibidem decurentis / prope facere, ac super ea hedificare unam domum / cum cassina una et aliis hedifitiis necessariis supra / ipsam et ipsa omnia cohoperiendo cupis et in ipsis / casamentis domorum quascumque trabatas et solaria / facere et etiam quecumque alia[d] melioramenta / utilia et necessaria et utilia tantum et necessaria / tantum facere quibus dicta petia terre multum indiget / et quod nullo tempore possit nec valeat ipsi Iohanni aufferri / [c. 226r.] dicta petia terre nec ipsum toli a possessione / dicte petie terre, et hoc donec et quousque / sibi fuerit et sit integre solutum et satisfactum / de dictis omnibus melioramentis tunc factis in et super / ipsa petia terre in laudem duorum amicorum / comunium elligendorum per et inter eas partes, / quare prefatus dominus archipresbiter petit ab ipsis / dominis canonicis ut supra constitutis ut vellint sibi / respondere quid eis videbitur de predictis et / deliberare quid fiendum, videlicet an dicta petia / terre debeat locari et dari dicto Iohanni ad / novenium pro ficto dictarum librarum triginta / terciolorum singulo anno cum dictis pacto et condictione / ac rettentione melioramentorum suprascriptorum prout supra vel ne / pro utilitate et comodo tam dicte petie terre / quam dicti capituli. Qui domini canonici ut supra constituti / respondendo dicunt esse supersedendum per aliquos / dies ad dandum aliquod responsum dicto Iohanni et / inter eos debere bene meditari an hoc sit sit[e] / utile vel inutile prefato capitulo tam pro presenti quam / pro futuro, et id quod reperierint esse utile prefato / capitulo circha predicta debere fieri, et sic super / predictis tractando prefati domini archipresbiter et canonici / ut supra constituti unanimiter et concorditer et nemine ipsorum / discrepante pro se et nomine dicti capituli deliberaverunt / meditari et considerare per aliquos dies quid fiendum / pro maiori utilitate prefati capituli, et facta per / et inter eos deliberatione et debita investigatione / postea dabunt responsum quid fiendum in et super / premissis et circha premissa omnia et singula, et de / predictis rogaverunt me notarium infrascriptum ut publicum / confitiam instrumentum. Actum et cetera, testes et cetera.

Ponantur tres testes. / Iste tractatus modo quo supra debet saltem fieri bis addito / aliquo, ita ut videantur aliquid egisse. Et / nota quod pro istis contractibus fiendis cum ecclesia / debet per illum, qui se investire debet, proponi / fictum ipsorum bonorum, deinde aliqua nova / [c. 226v.] utilitas utilis vel necessaria plusquam solito / aut aliqua comoditas ut verbi gratia si possessio[f] / esset dampnis et vastis dedita, de faciendo aliquem / murum circha possessionem ex quo ex ipsa petia / terre in futurum plus fictum percipitur ut supra continetur / aut pro faciendo aliquod hedifitium quod esset utile / et comodum capitulo vel his similia, et his / propositis per massarium debet fieri tractatus / modo quo supra inter capitulum, in quo tractatu / archipresbiter ecclesie seu prior monasterii debet ista / suprascripta narare aliis quid sibi videtur et ipsi / canonici seu fratres debent respondere modo quo supra, / et de his que ibidem in isto tractatu dicentur / debet fieri instrumentum, quod instrumentum non habet alias / clausulas nisi ut discribantur verba formalia et cetera, / et iste tractatus fiat bis et in secundo tractatu / addatur aliquid, videlicet in respondendo quod licet / super predictis fecerint aliqualem deliberationem / et meditationem inter eos, tamen nondum / concluserunt velle tam cito dare responsum, / sed etiam pro maiori utilitate dicti capituli / volunt iterum melius meditari et ventilare / inter eos et quod etiam postea dabunt responsum et cetera. / Infra postea aliquos dies fiat alius tractatus / et iste tractatus tercius debet sic anotari videlicet. /

Anno et cetera, convocato et cetera capitulo ecclesie Sancti Laurentii / et cetera in tali loco et cetera precepto et cetera talis et cetera, in quo quidem / capitulo et cetera affuit idem dominus archipresbiter et cetera ut supra et cum / eo et cetera affuerunt et sunt infrascripti, videlicet talis et talis et cetera, / qui omnes domini archipresbiter et canonici superius / nominati unanimiter et concorditer et nemine ipsorum / discrepante pro se et suis nominibus propriis, item nomine / et vice dicti totius capituli, attendentes requisitionem / factam per Iohannem de tali parte et cetera de investitura / [c. 227r.] sibi fienda de tali petia terre cum rettentione / melioramentorum, de qua alias inter eos tractatus / fuit, et intellectis his que ipse Iohannes / proposuit et obtulit et offert velle facere / pro comodo et utilitate dicti capituli facere / infrascripta melioramenta in et super dictis bonis, / videlicet ipsa dezerbare et disbuschare dictam / petiam terre et cetera et ipsam plantare a vitibus / ubi necesse fuerit, et facere tales muros et cetera, / ut supra continetur. /

Fiat ibi mentio de illa utilitate vel comodo / quam et quod obtulit facere in dicto suprascripto tractatu / de quo supra. /

Et conscideratis super his comodo et utilitate dicti / capituli et que conscideranda fuerunt, solemni deliberatione / perhabita asseruerunt, dixerunt et protestati fuerunt / ac asserunt, dicunt et protestantur se consciderasse / et apprehendisse ipsam talem investituram modo / quo supra petitur fieri debere in suprascriptum Iohannem, esse / comodum et utile dicto monasterio vel capitulo, / et se contentantur ipsam investituram eo modo ut supra / facere, et ad ipsum contractum procedendum fore tractaverunt / et tractant ac concludunt, credentes hoc ipsi / monasterio seu capitulo utilius expedire dummodo / sit de consensu et licentia domini episcopi seu talis / et cetera superioris ipsi monasterio, et quod ipse dominus episcopus / in predictis assensum et consensum ac eius auctoritatem / det, prestet et interponat, et ut predicta adimpleantur / et effectum sortiantur, fecerunt, constituerunt, creaverunt / et ordinaverunt ac faciunt, constituunt, creant / et ordinant suum et dicti capituli certum missum, / nuntium, actorem, verum et legiptimum procuratorem / et cetera Andream de tali parte et cetera spitialiter ad / comparendum coram reverendissimo domino domino episcopo Cumano / vel eius domino vicario generali vel alio ad quem / melius spectat et pertinet hec confirmatio et / [c. 227v.] licentia, et eidem predicta ut supra requisita et ordinata / exponendum tam oretenus quam in scriptis sibique / suplicandum quatenus dignetur premissis attentis predicte / investiture sic[g] eo modo ut supra fiende / in dictum Iohannem assentire et consentire ac parabulam / et licentiam prestare et eius auctoritatem interponere / et generaliter et cetera, dantes et cetera, et quicquid dictum, / suplicatum, gestum, factum, procuratum fuerit et / ordinatum in premissis et circha premissa, id totum / et ea omnia et singula suprascripti domini archipresbiter et / canonici pro se et nomine ut supra promisserunt et cetera[h], obligando / se pro se et nomine ut supra et dictum capitulum et omnia / sua pro se et nomine ut supra et dicti capituli bona et cetera / michi notario infrascripto ut publice persone stipulanti / et recipienti nomine et vice omnium et singularum personarum / quarum interest, intererit vel interesse poterit / quomodolibet in futurum, se perpetuo ratum, gratum, / firmum et validum et rata et cetera habere et cetera. / Actum et cetera.

Testes tres ponantur. / Si vero dicti canonici ut supra fecerint seu facere voluerint dictum / missum ad faciendum dictam investituram de qua supra, ponas / sic ante et generaliter et cetera videlicet. /

Et insuper mediante ipsa licentia et parabula ad / investiendum iure et nomine locationis ad fictum solvendum / suprascriptum Iohannem, nominative de dicta petia terre et cetera, / salvo semper errore coherentiarum et cetera, cum et / sub tali pacto quod ipse Iohannes possit et valeat / super eis[i] bonis facere et fieri facere / quecumque melioramenta dummodo alias sint utilia et / necessaria, et quod nullo tempore possit nec valeat / ipse Iohannes toli a possessione dictorum bonorum / donec et quousque sibi fuerit et sit de dictis / melioramementis integre solutum et satisfactum in laudem / [c. 228r.] dominorum comunium amicorum elligendorum inter eas partes, / et hec omnia et cetera omnibus suis iuribus et pertinentiis, et / hoc ad talem terminum et cetera et deinde inantea / donec sibi de dictis omnibus melioramentis fuerit et / sit plene et integre solutum et satisfactum ut supra, / et ad promittendum, sub obligatione dicti capituli / et omnium suorum bonorum et cetera, deffendere et cetera, et hoc / pro tali ficto et cetera, et cum omnibus et singulis pactis, / promissionibus et cetera necessariis et opportunis et cetera, et / generaliter et cetera ut supra. /

Si vero investitura fiet per aliquem canonicum / alicuius ecclesie, dicatur.

Talis presbiter vel laycus, / canonicus prebendatus talis ecclesie vigore dicti / sui canonicatus et prebende quos obtinet in / dicta ecclesia, investivit et cetera.

Et appositis / bonis de quibus fit investitura, dicatur: spectantes / et pertinentes ipsi canonicatui et prebende ex / cuius sorte sunt. /

a *Numero vergato nel margine sinistro della* c.
b–b *Parte aggiunta sopra la linea con segno di richiamo.*
c -s *corretto sopra* -res.
d *Segue* necessaria *depennato.*
e *Così, si espunga* sit.
f -si- *corretto sopra lettere non più leggibili.*
g *Segue* ut supra facte *depennato.*
h et cetera *corretto sopra lettere non più leggibili.*
i *Segue* facere *depennato.*

CLVI[a] Investitura capituli cum rettentione melioramentorum / facta post suprascriptos tractatus

Anno et cetera, cum sit quod capitulum et ecclesia Sancti / Laurentii de Lugano[30] inter alia habent petiam / unam terre zerbive, buschive, saxive et partim / prative et vineate iacentem in tali loco seu territorio / ubi dicitur in tali loco cui coheret et cetera, ex qua petia / terre parum hucusque perceptum fuit et percipitur / nomine ipsius capituli, et ex qua petia terre iam / longo tempore unquam perceptum fuit nec percipitur / nisi fictum librarum XX terciolorum singulo anno per ipsum / capitulum, et quod etiam in futurum parum percipietur / nec maius fictum inveniri posset nisi ipsa / petia terre dezerbetur, disbuschetur, plantetur / et reparetur ac in ea vittes plantentur et / aleventur, ac in et super ea petia terre muros, / [c. 228v.] passonatas, fossata, cavamenta et alia / fierent pro reparatione fluminis ibidem prope / decurentis nec non domum unam seu cassinam / unam super ipsa petia terre construatur et hedificetur / et alia melioramenta super ea fiant, quibus / dicta petia terre multum indiget pro bonificatione, / augumento, utilitate et comodo tam dicte petie / terre quam dicti capituli, et ad quam necessarie / multe requiruntur expense, ad quas quidem / expensas et melioramenta prefati domini archipresbiter / et canonici ac capitulum ut supra ad presens impotentes / et inhabiles sunt, et cum sit quod prefati domini / archipresbiter et canonici ut supra pro se et nomine dicti totius / capituli pro utilitate dicti capituli dilligentem / fecerunt inquisitionem ut invenirent cui / petiam ipsam locarent ad fictum et qui ipsam / petiam terre repararet et melioraret, et tandem / reperierint Iohannem de tali parte filium condam talis, hominem / quipe bone condictionis, vocis et fame ac fide / et facultate idoneum, qui se obtulit et se offert / pre ceteris meliorem condictionem facere offerendo / se dictam petiam terre tenere et se de ipsa petia / terre investire ad fictum a dicto capitulo ad novenium / et ultra donec sibi satisfiet per ipsos dominos / archipresbiterum, canonicos et capitulum prefate ecclesie de / dictis infrascriptis omnibus melioramentis per eum fiendis / super ipsa petia terre pro ficto omni anno solvendo / librarum XXX terciolorum prefatis dominis archipresbitero, canonicis / et capitulo, et cum pacto etiam quod dictus Iohannes / vult et intendit facere quecumque melioramenta / utilia et necessaria in et super dicta petia / terre, videlicet in hedificando cassinas et domos et / alia hedifitia et plantando vineas et alias / plantas fructiferas et collendo et dezerbando / [c. 229r.] dictam petiam terre ac in ea passonatas, muros, / fossata et aquamenta et alia faciendo pro / reparatione fluminis ibidem prope decurentis / et pro bonificatione[b], melioramento et augumento / dicte petie terre quibus omnibus dicta petia terre / multum indiget de presenti et in futurum pro reparatione, / conservatione, bonificatione et augumento dicte petie / terre et ut dicta petia terre multo plus / reddatur fertilis et utilis quam hucusque fuerit / et sit ut supra, et cum condictione quod ipse Iohannes possit / uti rettentione dicte petie terre et dictorum melioramentorum / donec sibi integre satisfactum fuerit de ipsis / melioramentis omnibus, que facta fuerint in et / super ipsa petia terre per eum seu eius nomine, / et quod non possit fictum mutari nec augeri / ipsi Iohanni nec ei tolli dicta petia terre / nisi per prius sibi satisfactis integre de / dictis melioramentis, super quibus omnibus / et singulis prefati domini archipresbiter et canonici / pluries inter eos tractaverunt et colloquium / habuerunt utrum predicta locatio cum pactis / suprascriptis et prout supra, si fieret, caderet in utilitatem / et comodum dicti capituli vel ne, et quid fiendum / sit super premissis, et cognito per eos quod predicta / locatio cum pactis suprascriptis cedat in evidentem utilitatem / prefate ecclesie et dicti capituli, et quod predicta / erunt potius in benefitium, comodum et utilitatem / dicte ecclesie quam aliter, deliberaverunt unanimiter / pro utilitate dicte ecclesie et dicti capituli devenire / ad dictam infrascriptam investituram, ut constat publicis instrumentis ipsorum tractatus et ordinationis tradatis / per talem notarium, videlicet uno tali anno et / die et cetera et alio tali anno et die et cetera, / et procedendo et procedere volendo ad exequtionem / predicte investiture et pactorum in exequtione / [c. 229v.] predicte investiture et pactorum, in exequtione infrascriptarum / litterarum venerabilis domini vicarii reverendissimi domini domini[c] / episcopi Comi[1] in fine huius contractus appositarum et / insertarum, idcircho in exequtione prefatarum / litterarum infrascriptarum ut supra et cum decreto et auctoritate infrascripti / domini presbiteri Iohannis de Fossato de Agnio[84] comissarii delegati / ad hec vigore dictarum infrascriptarum litterarum de quibus supra et / infra, convocato et congregato prefato capitulo / venerabilium dominorum archipresbiteri, canonicorum et capituli prefate / ecclesie Sancti Laurentii de Lugano in sacrastia / prefate ecclesie, ubi dictum capitulum sepe fit et / congregatur et fieri et congregari solet more / solito, sono campanele pulsato ut moris est, / pro infrascriptis omnibus et singulis spitialiter peragendis, / precepto, mandato et impositione venerabilis domini / presbiteri Iohannis Petri Moresini[29] archipresbiteri prefate ecclesie / Sancti Laurentii de Lugano, in quo quidem capitulo, / convocatione et congregatione affuit et est / prefatus dominus archipresbiter et cum eo et penes eum / affuerunt et sunt infrascripti, videlicet / talis de tali parte et cetera, talis de tali parte et cetera / et talis et cetera, omnes canonici ressidentes prefate / ecclesie Sancti Laurentii, qui non solum fuerunt / due partes trium partium omnium canonicorum ressidentium / prefate ecclesie sed quasi omnes, qui omnes domini / archipresbiter et canonici superius nominati[d] / representant plenum et integrum capitulum prefate / ecclesie, et qui omnes domini archipresbiter et / canonici ut supra nominati unanimiter et concorditer / et nemine ipsorum discrepante, pro se et suis / nominibus propriis et item nomine et vice prefati / totius capituli suprascripte ecclesie Sancti Laurentii de Lugano / [c. 230r.] omnibus modo, iure, via, causa et forma quibus / melius potuerunt et possunt, investiverunt et / investiunt iure et nomine locationis ad fictum / solvendum, dandum et prestandum cum pactis et condictionibus / infrascriptis, que intelligantur in principio, medio / et fine et qualibet parte huius contractus esse apposita, / inserta et deducta et sine aliquo infrascriptorum pactorum / preiuditio, suprascriptum Iohannem de tali parte filium condam talis et cetera / presentem, stipulantem et recipientem, nominative de suprascripta / petia terre zerbive, buschive, saxive et partim / vineate et prative superius descripta et coherentiata / iacente in tali territorio ubi dicitur et cetera cui coheret / et cetera, salvo semper errore coherentiarum et cetera, et hec / omnia cum omnibus suis iuribus et pertinentiis, et / hoc hinc ad festum sancti Martini[23] proxime futurum / et abinde inantea ad annos octo proxime futuros / et abinde inantea ad voluntatem partium / et donec ipsi[e] Iohanni conductori satisfactum / fuerit integre de omnibus infrascriptis melioramentis / ut infra, ita ut de cetero usque ad suprascriptum / terminum et deinde inantea donec et quousque / satisfactum sibi fuerit de dictis infrascriptis omnibus / melioramentis ut infra suprascriptus Iohannes conductor / et sui heredes et sucessores habeat, teneat, gaudeat / et possideat predictam petiam terre ut supra locatam / et ad fictum conductam cum suis iuribus et pertinentiis, / et exinde faciat et facere possit et valeat / quicquid facere voluerit meliorando tamen et / non peyorando sicut de re simili modo locata / et ad fictum conducta facere licet sine / contradictione nec molestatione aliqua / suprascriptorum dominorum archipresbiteri, canonicorum et capituli / locatorum nec eorum sucessorum nec alicuius / alterius persone, comunis, collegii, capituli et universitatis. / [c. 230v.] Quam quidem investituram et veram locationem / et omnia et singula premissa suprascripti domini archipresbiter / et canonici pro se et nomine dicti capituli ut supra[f] / locatores ut supra promisserunt et convenerunt solemniter per stipulationem, / obligando se pro se et nomine ut supra et dictum capitulum / et omnia sua pro se et nomine ut supra et dicti capituli / bona pigneri presentia et futura suprascripto Iohanni conductori / presenti et stipulanti, ei et suis heredibus et sucessoribus, / deffendere et guarentare ab omni persona, comuni, / collegio, capitulo et universitate usque ad suprascriptum / terminum et donec satisfactum fuerit integre / de infrascriptis omnibus melioramentis ut supra et infra omnibus / ipsorum dominorum archipresbiteri, canonicorum et capituli / locatorum propriis expensis, damnis et interesse tantum, / in pena et sub pena totius damni et interesse / et omnium expensarum solemni stipulatione promissa et / deducta, et pro ficto, redditu et gaudimento / [g]suprascripte petie terre superius / locate et ad fictum conducte[h] cum suis iuribus / et pertinentiis suprascriptus Iohannes conductor promissit et / convenit solemniter per stipulationem, obligando se et / omnia sua bona pigneri presentia et futura / suprascriptis dominis archipresbitero canonicisque[i] / locatoribus presentibus et stipulantibus pro se et nomine[j] / suprascripti capituli, eis dare et solvere hinc ad festum / sancti Martini proxime futurum libras triginta terciolorum, / et totidem abinde inantea omni anno anuatim / solvendo in quolibet festo sancti Martini cuiuslibet / anni donec tenuerit, et dimittere et rellaxare / prefatis dominis archipresbitero, canonicis et capitulo / locatoribus predictam petiam terre ut supra locatam et / ad fictum conductam cum suis iuribus et perinentiis vacuam / et expeditam tempore finite locationis, satisfactis per / [c. 231r.] prius integre de dictis infrascriptis omnibus melioramentis / ut infra fit mentio et non aliter nec alio modo, / et hoc cum omnibus expensis et cetera, et hec omnia / in bonis denariis numeratis tantum et cetera, sub pacto / capiendi et detinendi et cetera, renuntiando omnibus legibus et cetera. /

[k-]Pactum rettentionis melioramentorum[-k]

His pactis, legibus, conventionibus et condictionibus ibidem / inter ipsos[l] dominos archipresbiterum et / canonicos pro se et nomine dicti totius capituli, / parte una, et dictum Iohannem conductorem[m] / [n]pro se et nomine eius heredum et sucessorum, / parte altera, expresse habitis et conventis, videlicet / quod dictus Iohannes conductor et eius heredes et sucessores / possit et valeat seu possint et valeant / et eis licitum sit durante presenti investitura / construere et hedificare et construi et hedificari / facere in et super dicta petia terre superius / locata et ad fictum conducta domum unam / cum suis solariis supra et cum aliis hedifitiis / supra et ipsam cohoperiri cupis nec non et / quascumque alias domos, cassinas, stabula / et alia hedifitia utilia et necessaria tantum / et eas et ea intrabare et cohoperire et / ipsam petiam terre collere, dezerbare et / apradare in quacumque parte ubi necesse / fuerit, et etiam plantare seu plantari / facere in et super dicta petia terre quascumque / plantas vitium et alias plantas fructiferas / aliorum fructuum utiles et necessarias et / eas alevare et alevari facere ac etiam / in et super ipsa petia terre facere et plantare / quascumque passonatas et quoscumque muros / et quecumque cavamenta et fossata et / alias quascumque reparationes et melioramenta / pro reparatione fluminis ibidem prope dictam / [c. 231v.] petiam terre decurentis et pro bonificatione, / melioramento et utilitate dicte petie terre, / et etiam quecumque alia melioramenta utilia / et necessaria tantum facere seu fieri / facere in et super dicta petia terre, et quod etiam / dictus Iohannes conductor possit et valeat / incidere ex et de dictis plantis pobrarum / et aliis plantis existentibus in et super dicta / petia terre et in toto et in parte prout necesse / fuerit pro convertendo eas in reparatione et / utilitate dicte petie terre. Que quidem omnes / expense et melioramenta tunc facte et facta / ut supra taxentur et taxari debeant per duos / comunes amicos comuniter elligendos, videlicet unum pro / parte prefatorum dominorum archipresbiteri, canonicorum et / capituli et alterum pro parte suprascripti Iohannis conductoris / seu eius heredum, seu unum comunem amicum / comuniter inter eas partes elligendum aut per unum / seu per duos amicos elligendos per unam partem in / contumatiam alterius partis recusantis seu negligentis / velle dictos amicos seu amicum elligere pro ipsa / taxatione fienda ut supra, et factis huiusmodi / melioramentis et expensis predictus Iohannes conductor / suique heredes et sucessores et habentes causam ab eo / habeant rettentionem dicte petie terre superius / locate cum hedefitiis, reparationibus, plantationibus, / melioramentis et iuribus et pertinentiis suis donec / et usque quo pro parte dictorum dominorum archipresbiteri, / canonicorum et capituli locatorum seu sucessorum suorum / ipsi Iohanni conductori seu suis heredibus et sucessoribus suis / et habentibus causam ab eo restitute et rexarcite / aut solute et satisfacte fuerint integre predicte / omnes expense et melioramenta fienda ut supra et que / facta fuerint in et super dicta petia terre ut supra / [c. 232r.] locata, et quod dicti domini archipresbiter, canonici / et capitulum suique sucessores non possint / nec valeant aufferre dicto conductori nec / eius heredibus et sucessoribus ut supra dictam petiam terre / superius locatam et coherentiatam neque ipsum Iohannem / conductorem nec eius heredes et sucessores a predicta / petia terre ut supra coherentiata et locata repellere / nec excumiare etiam finito termino presentis / locationis, nisi primo ipsi Iohanni conductori / vel eius heredibus et sucessoribus restitute, solute / et rexarcite fuerint integraliter per dictum / capitulum seu dictos dominos archipresbiterum et canonicos / seu eorum sucessores omnes et quecumque huiusmodi / expense et melioramenta fienda et que tunc facta / fuerint ut supra, nec etiam possint ipsi domini / archipresbiter et canonici locatores nec eorum sucessores / ut supra dictam petiam terre ut supra coherentiatam et locatam / in se retinere nec aliis locare nec aliter / de ipsa disponere nec innovare nec / aliquid mutare neque fictum augere / nec aliquid facere in preiuditium dicti / Iohannis conductoris nec eius heredum et sucessorum / et habentium causam ab eo, nisi prius ipsi / Iohanni conductori aut eius heredibus° et / sucessoribus ut supra restitute, resarcite et / solute fuerint integre dicte expense / predictorum melioramentorum fiendorum et tunc / factorum ut supra, nec tolli nec amovi / possit ipse Iohannes conductor ullo umquam / tempore etiam finito termino presentis locationis / a possessione nec a conductione dicte petie / terre nisi prius solutis et rexarcitis / dictis melioramentis et expensis fiendis ut supra / ipsi Iohanni conductori et eius heredibus ut supra. / Que quidem pacta, leges, conventiones et / condictiones et predicta omnia et singula prefati / [c. 232v.]

domini archipresbiter et canonici pro se et nomine dicti / capituli, pro una parte, et suprascriptus Iohannes conductor, / pro altera parte, promisserunt et convenerunt solemniter / per stipulationem, obligando sese vicissim pro se / et nomine ut supra[p], videlicet / una pars alteri et altera alteri presentibus / et stipulantibus et dictum capitulum et omnia eorum / vicissim ut supra et dicti capituli bona pigneri / presentia et futura, sese perpetuo attendere, / observare et exequtioni mandare ac rata, / grata, firma et valida habere et tenere / et nullo tempore contrafacere nec venire aliqua / ratione vel occaxione iuris vel facti comunis / vel spitialis, in pena et sub pena totius / damni et interesse et omnium expensarum solemni / stipulatione promissa et deducta. Que / omnia et singula acta et celebrata fuerunt / et sunt per suprascriptos contrahentes coram venerabili viro / domino presbitero Iohanne de Fossato de Agnio, canonico / ecclesie Sancti Iohannis de Agnio in hac parte / comissario delegato vigore dictarum infrascriptarum / litterarum venerabilis domini vicarii reverendissimi domini / domini episcopi Comi ipsi domino presbitero Iohanni directivarum / et presentatarum et inferius insertarum et descriptarum, / eo domino presbitero Iohanne sedente in banco super / quodam bancho posito in dicta ecclesia Sancti / Laurentii de Lugano, quod banchum et quem locum / idem dominus presbiter Iohannes comissarius et delegatus / ut supra in hac parte suum ellegit et elligit / banchum et tribunal idoneum, et qui in / predictis omnibus et singulis suum et suam et / prefati domini episcopi Comi et eius domini vicarii eiusque / [c. 233r.] ecclesie episcopalis Cumarum[1] auctoritatem et decretum / interposuit et dedit et dat cum cognitione / cause et prius per ipsum causa cognita / et ex eius offitio et maxime cognito per / eum ex informationibus superinde per eum assumptis / in premissis et eorum circumstantiis et circha / premissa quod presens instrumentum investiture et pactorum / et predicta omnia et singula cedunt in utilitatem / dicte ecclesie Sancti Laurentii et non in dampnum / et preiuditium dicte ecclesie et ipsum presens instrumentum / investiture et pactorum fore et esse utile et / non dampnosum prefate ecclesie. Et exinde / de predictis omnibus et singulis rogatum fuit / per me notarium infrascriptum publicum confici debere instrumentum / in laudem viri prudentis. Quarum quidem / litterarum prefati domini vicarii reverendissimi domini domini / episcopi Comi de quibus supra fit mentio, tenor talis / sequitur videlicet. /

Ponantur littere ipse de verbo ad verbum prout sunt. /

Actum et cetera.

Testes tres ponantur. /

[k-]Pactum possendi dare unum schontrum pro bonis locatis[-k]

Nota quod si predictum instrumentum investiture fieret / cum condictione quod dictus Iohannes conductor possit / dare schontrum seu tot bona in cambium / dicte petie terre dicto capitulo, tunc ponas / sic ante que quidem pacta et cetera videlicet, / quodque dictus Iohannes conductor et eius heredes et / sucessores possit et valeat seu possint et / valeant et eis liceat et licitum sit a modo in antea /

usque imperpetuum omnibus die et hora quibus ipsi Iohanni / conductori et eius heredibus et sucessoribus melius videbitur / et placuerit, sive durante ipsa investitura / sive ea finita et sive taxatis ipsis melioramentis / sive non et sive solutis ipsis melioramentis sive non, / omni tempore dare et assignare prefatis dominis archipresbitero, / [c. 233v.] canonicis et capitulo ecclesie Sancti Laurentii cambium / unum seu tot et tanta bona imobilia seu / unam proprietatem iacentem in iurisdictione / vallis Lugani[2] condecentem, que sit redditus et ficti / perceptionis annuatim florenorum decem / valoris ad computum librarum trium et soldorum / quatuor terciolorum pro quolibet floreno et seu ex / qua proprietate seu bonis annuatim percipietur / et percipi possit fictum dictorum florenorum decem valoris / suprascripti, et hoc in permutationem dicte petie terre / superius locate et coherentiate, et dicti domini archipresbiter / et canonici et eorum sucessores pro se et nomine dicti capituli / teneantur et debeant et astricti sint acceptare dictum / cambium seu dictam proprietatem permutandam cum dicta / petia terre superius descripta et locata, et que / proprietas permutanda cum dicta petia terre ut supra / seu schontrum dandum in cambium dicte petie terre / ut supra descripte et locate sit et esse debeat ac dari / debeat sufficiens in laudem[q] / duorum amicorum elligendorum comuniter per et inter eas partes / seu in laudem unius amici elligendi per unam partem / in contumatiam alterius partis negligentis seu / recusantis dictos amicos elligere ut supra, et facere / cambium et commutationem et totius sui et / dicti capituli iuris dominii et possessionis translationem / et traditionem ad proprium et imperpetuum de dicta / petia terre superius descripta et coherentiata, que sit libera / et francha ab omni prestatione decime et ab omni / ficto, censu, honore, onere, condictione et / servitute fiendis et prestandis alicui in manibus / dicti Iohannis conductoris et seu eius heredum et sucessorum, / et hoc loco et schontro dicte proprietatis dande / et assignande per dictum Iohannem et eius heredes / [c. 234r.] a prefato capitulo in laudem ut supra, ex qua annuatim / percipiatur et percipi possit fictum dictorum florenorum / decem valoris ut supra, et cum aliis clausulis et solemnitatibus / debitis et necessariis et a iure requisitis et in / forma comuni et per publicum instrumentum cambii rogandum / per publicum notarium, et ex nunc prout ex tunc dato / dicto schontro seu data dicta proprietate / per dictum Iohannem prefato capitulo modo et forma / predictis et causa dicte permutationis fiende[r] / [s]de dicta petia terre superius / coherentiata, dictum cambium et dicta permutatio / de qua supra intelligatur et sit ipso iure factum / et facta et pro facto et facta habeatur prout supra, / licet dictum capitulum seu prefati domini archipresbiter / et canonici recusarent seu negligerent facere / dictum cambium et dictum schontrum seu dictam / proprietatem acceptare loco et schontro dicte / petie terre superius coherentiate et locate, et dominium / et possessio dicte petie terre eo casu sit et esse debeat / et intelligatur esse translatum et translata in ipsum / Iohannem, et tunc et eo casu dictus Iohannes habeat, teneat, / gaudeat et possideat dictam petiam terre ut supra locatam / per suam et tamquam suam propriam et de ipsa faciat et / disponat et facere et disponere possit et valeat quicquid / facere voluerit ut de re sua propria prout faciunt / et disponunt et facere et disponere possunt veri domini / et iusti possessores bonorum suorum propriorum, / et hoc sine molestia nec contradictione aliqua / dictorum capituli ac dominorum archipresbiteri et canonicorum / nec eorum sucessorum nec alicuius alterius persone, / comunis, collegii, capituli et universitatis, et sine aliqua / sollutione fictorum, et si contingerit aliquo casu / quovis modo ipsum Iohannem tolli et amoveri / a dicta petia terre de qua supra vel investituram / finiri, quod nichilominus salvum sit ipsi Iohanni / [c. 234v.] et eius heredibus et sucessoribus ius dandi dictum / cambium prefato capitulo pro dicta petia terre / superius descripta et locata. Que quidem pacta et cetera. /

Si vero dicta petia terre esset de corpore canonicatus / alicuius canonici tunc et eo casu fiat investitura / per illum canonicum cum consensu aliorum canonicorum / et capituli dicte ecclesie etiam cum licentia domini episcopi, / et poteris formare instrumentum hoc modo videlicet. /

Cum sit quod ecclesia Sancti Laurenti de Lugano inter / alia habeat petiam unam terre et cetera iacentem in tali / loco et cetera, cui coheret et cetera, spectantem sorti canonicatus / et prebende, quos obtinet dominus presbiter Franciscus de / tali parte in prefata ecclesia Sancti Laurentii, ex qua petia / terre parum hinc retro perceptum fuit ac percipitur / de presenti nomine dicte ecclesie nec percipi poterit nec / potest nisi ipsa petia terre dezerbetur, plantetur / et reparetur ac in ea vites plantentur et / aleventur et cassina una in et super ipsa petia / terre construatur et alevetur ac ibidem in et super / dicta petia terre alia melioramenta fiant, ad quas / multe necessario requiruntur expense, ad / quas quidem expensas et melioramenta ecclesia suprascripta / Sancti Laurentii et dictus dominus presbiter Franciscus / de tali parte canonicus eiusdem ecclesie ad presens / impotentes et inhabiles sunt, cumque etiam / sit quod predictus dominus presbiter Franciscus canonicus ut supra / pro se et nomine dictorum suorum canonicatus et prebende / pro utilitate dictorum suorum canonicatus et prebende / ecclesie predicte dilligentem fecerit inquisitionem / ut inveniret cui ipsam petiam terre locaret / et qui ipsam melioraret et repararet, et / tandem reperuerit infrascriptum Iohannem de Burlino / filium condam talis habitantem in tali loco et cetera, hominem bone / [c. 235r.] condictionis, vocis et fame ac fide et[t] facultate / idoneum, qui se obtulit ad infrascriptas reparationes, / hedifitia, expensas et melioramenta et pre ceteris / meliorem condictionem facere investiendo se ad fictum / ad novenium de dicta petia terre dummodo sibi / concedatur dicta petia terre superius coherentiata cum / suis iuribus et pertinentiis et cum pactis, rettentionibus / et tenoribus ut infra, idcircho in presentia / venerabilis viri domini Iohannis Petri Moresini archipresbiteri / prefate ecclesie nec non presbiteri Sebastiani de tali / parte, presbiteri Martini de tali parte et presbiteri Babtiste / de tali parte, omnium canonicorum ressidentium prefate / ecclesie et qui representant totum capitulum prefate / ecclesie, ibidem presentium et ad hec spitialiter vocatorum / et congregatorum, ac cum eorum consensu, voluntate / et licentia, et etiam cum decreto et auctoritate / infrascripti domini presbiteri Iohannis de Fossato in hac parte / comissarii et delegati ut infra et in exequtione / infrascriptarum litterarum venerabilis domini vicarii reverendissimi domini domini / episcopi Comi in fine huius contractus insertarum / et descriptarum, prefatus dominus presbiter Franciscus de / tali parte canonicus prefate ecclesie pro se et / nomine dictorum suorum canonicatus et prebende ut supra / investivit et investit iure et nomine locationis / ad fictum solvendum, dandum et prestandum suprascriptum / Iohannem de tali parte filium condam talis et cetera presentem, stipulantem / et recipientem pro se et nomine heredum et sucessorum / suorum, et cum pactis et condictionibus infrascriptis, que / intelligantur principio, medio et fine / et qualibet parte huius contractus esse apposita, / inserta et deducta et sine aliquo infrascriptorum / pactorum et condictionum preiuditio, nominative / de suprascripta petia terre et cetera. /

Ponatur et extendatur prout supra in suprascripta alia investitura / continetur mutatis mutandis, quia ubi in suprascripta / [c. 235v.] investitura capituli superius[u] anotata nominatur / domini archipresbiteri[v] et canonici pro se et nomine ut supra et in / hac investitura canonici tantum, ponas sic / videlicet.

Predictus dominus presbiter Franciscus canonicus ut supra / pro se et nomine dictorum suorum canonicatus et prebende / ut supra cum consensu et auctoritate ut supra. /

Et in promissione ponas sic videlicet.

Dictus dominus presbiter / Franciscus pro se et nomine dictorum suorum canonicatus / et prebende dicte ecclesie promissit et convenit solemniter / per stipulationem, obligando se pro se et nomine ut supra et dictos / suos canonicatum et prebendam et omnia sua et / dictorum suorum canonicatus et prebende bona pigneri / presentia et futura et cum consensu et auctoritate ut supra. /

Et in stipulatione promissionis ficti ponas sic videlicet. /

Suprascriptus Iohannes conductor promissit et cetera, obligando se et cetera suprascripto / domino presbitero Francisco canonico ut supra presenti et stipulanti / pro se et nomine dictorum suorum canonicatus et prebende / ecclesie predicte, eidem domino presbitero Francisco canonico / ut supra suisque sucessoribus in dictis canonicatu / et prebenda ecclesie predicte Sancti Laurentii dare / et solvere hinc ad festum sancti Martini proxime / futurum libras /o/ terciolorum, et totidem abinde in antea / et cetera. /

Et in anotando pacta ponas sic videlicet.

Tali pacto / inter ipsum dominum presbiterum Franciscum canonicum ut supra pro se / et nomine dictorum suorum canonicatus et prebende / ecclesie predicte et sucessorum suorum, parte una, et / dictum Iohannem Burlini, parte altera, videlicet quod dictus / Iohannes conductor possit et cetera facere et cetera domum unam et cetera / ut supra, et quod dicta melioramenta et cetera debeant taxari / per duos comunes amicos elligendos, unum pro parte / dicti domini presbiteri Francisci canonici ut supra seu eius sucessorum / in dictis canonicatu et prebenda ecclesie predicte / et alium pro parte dicti Iohannis conductoris et cetera, et factis / [c. 236r.] dictis melioramentis et cetera dictus Iohannes conductor / habeat rettentionem dicte petie terre et cetera donec / et usque quo pro parte dicti domini presbiteri Francisci canonici / ut supra seu sucessorum suorum ipsi Iohanni conductori / eiusque heredibus et cetera restitute fuerint et cetera predicte / omnes expense et cetera ut supra. /

Et fiat prout supra sequendo mutatis mutandis, in / locis ubi nominatur locator ponendo prout supra. / Et nota quod licet instrumentum investiture fiat cum / rettentione melioramentorum prout supra, tamen locator / et precipue ecclesia non tenetur de melioramentis / factis inutilibus ut verbi gratia de picturis / et simillibus que non fiunt ad utilitatem nec necessitatem rei locate, sed solummodo ad pompam. / Et scias quod investiture ecclesiastice fiende cum pacto / dandi schontrum debent fieri cum licentia / principis ratione decreti, et aliter non / valeret, et etiam cum licentia domini episcopi seu eius vicarii. /

[a] *Numero vergato nel margine sinistro della* c.
[b] *Segue* et *depennato.*
[c] *Segue* vicarii *depennato.*
[d] *Segue* unamit *depennato.*
[e] i- *corretto sopra* s-.
[f] *Segue* proiss *depennato.*
[g] *Precede* suprascriptorum bonorum et *depennato.*
[h] *Segue* ssti *depennato.*
[i] *Segue* capitulo *depennato.*
[j] *Segue* ut supra *depennato.*
[k–k] *Annotazione vergata nel margine sinistro della* c.
[l] *Segue* contrahentes *depennato.*
[m] *Segue* et eius *depennato.*
[n] *Precede* heredes et *depennato.*
[o] *Segue* ut supra *depennato.*
[p] *Segue* et dictum capitulum et omnia *depennato.*
[q] *Segue* unius amici elligendi *depennato.*
[r] *Segue* per *depennato.*
[s] *Precede* dictum Iohannem *depennato.*
[t] et *corretto sopra* ac.
[u] *Segue* nominati *depennato.*
[v] *Così, si intenda* archipresbiter.

CLVII[a] Assignatio et traditio bonorum per patrem filio facta

Si vero contingat inter patrem et filium fieri divisio / et non emancipatio, tunc sic dicatur videlicet. /

Anno et cetera, Iohannes de tali parte et cetera filius condam talis et cetera, volens / et intendens annuere voluntati et requisitioni / infrascripti Iacobi eius filii ibi presentis et infrascripta petentis, / instantis et requirentis et sibi portionem substantie, / que sibi contingit, tradere et assignare de omnibus et / singulis eius bonis et rebus mobilibus et imobilibus, / ad hoc ut per se negotia sua gerat, omnibus / modo, iure, via, causa et forma quibus melius / potuit et potest, titulo divisionis dedit, tradidit / et assignavit et dat, tradit et assignat suprascripto / Iacobo eius filio presenti et stipulanti infrascripta bona / [c. 236v.] inferius descripta et coherentiata, que sunt ista videlicet. /

Ponantur bona per situm et coherentias. /

Item omnia eius lucra et superlucra, que per eum abinde / inantea fieri contingerint tam ex ingenio, exercitio / et industria dicti Iacobi eius filii quam occaxione dictorum / bonorum, et hoc cum omnibus suis iuribus et pertinentiis, viis et cetera, / et eidem Iacobo presenti et stipulanti predictus Iohannes / eius pater dedit et cetera omnia sua iura et cetera, / ita ut de cetero suprascriptus Iacobus et sui heredes et cetera / habeat et cetera, et exinde faciat et cetera, et sit et cetera, et / utatur et cetera, et dedit parabulam intrandi et cetera, et constituit / se tenere et cetera, abdicando a se dictus Iohannes omne / suum ius et cetera, cui vero dominio et possessioni et cetera, / dans insuper et concedens idem Iohannes eidem Iacobo filio / suo presenti et stipulanti plenam parabulam et licentiam / ac assensum et consensum et liberam facultatem, / potestatem et bayliam ea bona sibi ut supra tradita / et assignata ac quecumque, que abinde inantea / per eum Iacobum acquiri et lucrari contingerit / ut supra, vendendi, alienandi et baratandi / et pro eis et eorum occaxione quoslibet contractus et / distractus faciendi et in iuditio standi, et de / ipsis faciendi et disponendi pro eius libito / voluntatis et eo modo et prout et quemadmodum / quilibet sui iuris et sue potestatis facere potest. /

Si vero pater non vellet dare potestatem filio suo / alienandi bona sibi tradita, tunc et eo casu / non ponatur suprascripta clausula, videlicet dans insuper et cetera. / Si vero conventum fuerit inter eos quod bona non / alienentur, tunc debet poni sic ante quam quidem / [b]assignationem et cetera videlicet.

Cum condictione / [c. 237r.] et pacto inter eas partes convento, videlicet quod dictus / Iacobus non possit nec valeat nec ei licitum / sit, donec dictus Iohannes eius pater vixerit, / vendere nec alienare dicta bona ut supra sibi / assignata in toto nec in parte aliqualiter nec / aliquo modo, iure nec pacto sine consensu / et spitiali licentia suprascripti Iohannis patris sui. /

Et si fecerint aliqua alia pacta, ponantur / dicta omnia pacta que facere voluerint quam / clariora poni potuerint. /

Quam quidem assignationem et traditionem et / omnia premissa suprascriptus Iohannes promissit et cetera, obligando se et cetera / suprascripto Iacobo eius filio presenti et stipulanti, se perpetuo / attendere, observare et exequtioni mandare / ac ratam, gratam, firmam et validam et rata, / grata, firma et valida habere et tenere / et nullo tempore contrafacere nec venire aliqua / ratione vel occaxione iuris vel facti comunis / vel spitialis ac in predictis omnibus et singulis perpetuo / stare, esse et permanere tacitum et contentum et / facere et cum effectu curare quod omnes alie persone perpetuo stabunt, erunt et permanebunt tacite et / contente omnibus suis propriis expensis, damnis et interesse / tantum, in pena et sub pena totius damni / et interesse et omnium expensarum solemni stipulatione promissa / et deducta, renuntiando exceptioni huius instrumenti / non ita facti et omnium premissorum non ita factorum et cetera. / Et pro qua vero assignatione et bonorum traditione / et pro predictis omnibus et singulis suprascriptus Iacobus / cum parabula et consensu suprascripti Iohannis patris sui / ibi presentis, volentis et consentientis et eidem Iacobo / filio suo parabulam et consensum dantis et prestantis, / fecit et facit finem, remissionem, liberationem / et pactum de non plus petendo et ulterius / [c. 237v.] de non agendo, causando, molestando, inquietando / nec perturbando aliquid imperpetuum in manibus / suprascripti Iohannis patris suis ibi presentis et cetera[c] / pro se et nomine Petri et Bertole fratrum eius / filiorum nec non omnium et singulorum aliorum filiorum / suorum masculorum natorum et nasiturorum ex ipso / Iohanne de legiptimo matrimonio masculini sexus / tantum, nominative et generaliter de omni hereditate / et sucessione legiptima et suplemento legiptime / paterna, materna, fraterna et sororia, avia / et proavia et cetera, in qua vero fine et cetera. /

Extendatur secundum stillum aliarum finium de hereditate. /

Nota quod si non[d] fuerit conventio inter partes ut filius / faciat finem, tunc et eo casu non ponatur finis / videlicet et pro qua vero[e] assignatione et cetera / usquam ad actum aliquo modo. /

Et pro qua vero fine et cetera et pro predictis et cetera contentus et / confessus fuit et est suprascriptus Iacobus parabula ut supra se / habuisse et stipulasse a suprascripto Iohanne patre suo presente / et stipulante pro se et nomine ut supra suprascriptam assignationem / et traditionem de dictis bonis[f] de quibus supra / ut supra factam per dictum Iohannem eius patrem ut supra, et hec omnia pro completa sollutione et cetera premissorum / omnium et singulorum, renuntiando exceptioni non habitorum et cetera. / Qui Iohannes et Iacobus pater et filius / et uterque eorum parabula ut supra iuraverunt corporaliter et cetera / sese predicta et cetera habere rata et cetera. / Actum et cetera, testes et notarii et cetera. /

[a] *Numero vergato nel margine sinistro della* c.
[b] *Precede* divixionem *depennato.*
[c] *Segue* filii condam Christofori *depennato.*
[d] non *aggiunto sopra la linea con segno di richiamo.*
[e] *Segue* fine et *depennato.*
[f] *Segue* ut supra *depennato.*

CLVIII[a] Laudatio notarii facta per abbates

Anno et cetera, domini Iohannes Franciscus filius condam talis de tali parte et / [c. 238r.] Franciscus filius condam talis de tali parte et cetera, ambo / abbates et consules venerabilis collegii notariorum / comunitatis Lugani et vallis[85], ellecti et deputati / per consilium generale totius comunitatis predicte / pro anno presenti finituro in calendis mensis / Ianuarii proxime futuri ad examinandum, laudandum / et approbandum quoscumque notarios publicos, / qui possint et valleant tradare et rogare / quecumque instrumenta publica et autentica in dictis burgo / et vale Lugani ac ripperia[2] cum pertinentiis prout in ipsa / ellectione plenius continetur et fit mentio, scripta / ad librum consiliorum et ordinum suprascripte comunitatis per / Dominicum Canevalium notarium publicum et scribam dicte / comunitatis[86] secundum morem consuetum anno et cetera, indictione / et cetera, die et cetera seu anno, mense et die et in ea[b] / ellectione contentis. /

Si fuerit consuetudo, potest notarius dicere viso[c] / prius per[d] eos instrumento procreationis a domino / comitte pallatino, sicut ipse talis fuit / procreatus secundus notarius. /

Omnibus modo, iure, via, causa et forma quibus melius / potuerunt et possunt, laudaverunt et approbaverunt / et laudant et approbant Iohannem Antonium filium condam talis / de tali parte presentem, petentem et[e] acceptantem, / quem hodie vel heri vel de presenti dilligenter / examinaverunt et audiverunt in artem predictam notarie, / notarium publicum et autenticum et pro notario / publico et autentico ad tradandum et rogandum / et tradata et rogata per eum explendum et expleri / faciendum quecumque instrumenta et quascumque cartas / cuiuslibet generis et maneriei sint et [f–]quacumque / causa[–f] ab hodie in antea toto tempore vite sue / tamquam notarius publicus et autenticus, ita et / taliter et eo modo et forma quod quecumque instrumenta / et carte, que tradari et rogari contingerint / [g]a modo per ipsum Iohannem Antonium / sint bona et valida ac firma et pro / [c. 238v.] validis et firmis ac bonis hebeantur et haberi / debeant ac eis adhibeatur plena fides tamquam / instrumenta et carte a vero, publico et autentico / notario rogata et scripta et tradate et scripte, / et hoc fecerunt et faciunt predicti domini / abbates in exeqution e statutorum[87] et ordinum / predicte comunitatis vallis Lugani suprascripte super his disponentium, et cum hac condictione et pacto quod dictus / Iohannes Antonius notarius laudatus ut supra se subscribat / et subscribere debeat in matricula notariorum[88] / comunitatis predicte secundum ordinem aliorum notariorum / dicte comunitatis. Et exinde de predictis omnibus / et singulis rogatum fuit per me notarium infrascriptum / publicum confici debere instrumentum in laudem viri prudentis. / Actum et cetera, testes et cetera. /

a *Numero vergato nel margine sinistro della* c.
b *Segue* contentis *depennato.*
c -o *corretto sopra* -a.
d *Segue* eum *depennato.*
e *Segue* rec *depennato.*
f–f *Così, si intenda* quamcumque causam.
g *Precede* a modo in antea ab hod *depennato.*

CLVIIII° [a] Protestatio de expensis que fit per illum / seu illos qui tenent ad eorum expensas / minores vel pupillos

Anno et cetera, domina Magneta de Mutonibus dela Gima[89], filia condam ser Georgii et / uxor relicta condam Ioannis Bermabatalie de Lugano[20], et ser Franciscus de Bermataliis, / eius et dicti condam ser Ioannis Bermabatalie de Lugano filius, ambo / habitantes in burgo Lugani et uterque eorum voluntarie, expresse et / ex certa scientia et non per errorem, dolum[b] neque metum, / sed ut veritas ellucescat et de eorum mente et voluntate / appareat et pro declaratione animi et eorum intentionis et / utriusque eorum et alias omnibus modo, iure, via, causa et forma / quibus melius potuerunt et possunt, asseruerunt, dixerunt et / protestati fuerunt et asserunt, dicunt et protestantur in presentia infrascripti / domini vicarii et mei notarii[c] et testium et notariorum infrascriptorum / quod alimenta cibi et potus ac expense quecumque cuiuslibet / generis et maneriei sint, que et quas hinc retro prestiterunt / et fecerunt et fieri et prestari[d] fecerunt predicta domina Magneta / et predictus Franciscus et uterque eorum tam simul quam divisim / Iacobo de Vaccanis de Leno[90] filio Oltitii a die tertia mensis / Martii anni Domini cursi MCCCCL octavi proxime preteriti citra, / [c. 239r.] qua die dictus Iacobus de Vaccanis incepit stare et / habitare ac ivit habitatum in eorum domine Magnete et / Francisci domo et habitatione et ad dictas eorum expensas / continue et continuato tempore, et que et quas a modo in antea / et in futurum prestabunt et seu prestari facient et / seu prestari et fieri continget per ipsam dominam Magnetam / et dictum Franciscum et utrumque eorum tam simul / quam divissim et seu per aliam personam eorum et seu / alterius eorum nomine et de eorum famillia suprascripto Iacobo / de Vaccanis habitanti in dicta domo habitationis predictorum matris / et filii et in dicta eorum domo etiam alibi non / fecerunt nec prestiterunt nec fieri nec prestari prestari[e] / fecerunt nec etiam faciunt nec facere nec prestare intendunt / in futurum dicto Iacobo animo et intentione donandi / dictas expensas alimentorum et quascumque alias expensas / ipsi Iacobo nec dicto eius patri nec alteri persone, sed / ea[f] et eas prestiterunt et prestare intendunt in futurum / animo et intentione ea alimenta cibi et potus ac / expensas predictas cuiuslibet generis et maneriei sint et / erunt et pensionem domus petendi, consequendi et habendi / contra et adversus suprascriptum Iacobum et dominum Oltitium eius / patrem et utrumque eorum seu alterum eorum et eorum seu / utriusque eorum vel alterius eorum heredes, res et bona / et contra tenentes et possidentes de eorum seu utriusque / eorum vel alterius eorum bonis et rebus. Quam quidem / protestationem et predicta omnia et singula suprascripti domina Magneta / et Franciscus mater et filius promisserunt et cetera, obligando se et cetera / mihi notario infrascripto ut publice persone stipulanti et recipienti / nomine et vice omnium et singulorum quorum interest, intererit / vel interesse poterit quomodolibet in futurum, ratam, / gratam, firmam et vallidam et rata, grata, firma et / vallida habere et tenere et nullo tempore contrafacere nec venire / [c. 239v.] aliqua ratione vel occaxione iuris vel facti comunis vel specia[lis][g]. / Et premissa omnia et singula acta, facta et cellebrata / fuerunt et sunt per suprascriptam dominam Magnetam et Franciscum matrem / et filium coram et presente sapiente et egregio legum doctore / domino Thomaxio de Trovamalis[91] vicario Lugani et / vallis[2] et cetera sedente in banco super quodam banco posito / in burgo Lugani in domo regiminis comunitatis vallis Lugani / super salla magna, quod bancum et quem locum / prefatus dominus vicarius suum ellegit et elligit bancum / et tribunal idoneum in hac parte pro[h] predictis[i] omnibus / et singulis spitialiter peragendis, qui in predictis omnibus / et singulis suum et suam et Lugani et vallis et cetera / auctoritatem et decretum interposuit et dedit et dat cum / cognitione[j] et prius per eum causa cognita et ex eius / officio. Et exinde de predictis omnibus et singulis rogatum / fuit per me notarium infrascriptum publicum confici debere / instrumentum unum et plura uno et eodem tenore prout / ex predictis fuerit in laudem viri prudentis. / Actum et cetera, testes et notarii et cetera. /

[a] *Numero vergato nel margine sinistro della* c.
[b] *Segue* metum *depennato.*
[c] *Segue* infrascripti *depennato.*
[d] -a- *corretto sopra* -it-.
[e] *Così, si espunga* prestari.
[f] e- *corretto sopra lettera non più leggibile.*
[g] *Parte mancante per lacerazione del margine esterno della* c.
[h] *Segue* infrascriptis *depennato.*
[i] predictis *aggiunto sopra la linea con segno di richiamo.*
[j] *Si aggiunga* cause.

CLX[a] Cura seu tutella ad causas et ad / petendum denarios dotis matris etiam / vivente patre

In[b] nomine Domini, amen, anno et cetera, cum hoc fuerit et sit quod Oltitius de / Vaccanis de Leno[90] civis Cumarum[1] filius condam ser Iacobi iam annis quatuor et / pluribus proxime preteritis a civitate et episcopatu Cumarum se transtellerit[c] / et reliquerit Iacobum infrascriptum eius filium eiusque Iacobi bona / indeffensa, cumque tempore absentationis suprascripte ipsius[d] Oltitii idem / Oltitius relliquerit dominam Ioanninam de Bermabataliis tunc uxorem / suam et filiam condam ser Ioannis nec non Iacobum predictum Iacobum[e] de Vaccanis / tunc et nunc pupillum et in pupillari etate existentem ac dicti Oltitii / [c. 240r.] et dicte domine Ioannine filium legiptimum et naturalem, cumque postea / decesserit dicta domina Ioannina relicto post se dicto Iacobo eius et / dicti Oltitii filio legiptimo et naturali et herede universali / ipsius domine Ioannine olim uxoris predicti Oltitii, cumque predictus / Iacobus filius et heres universalis, ut asserit, dicit et protestatur / predicte quondam domine Ioannine vellitque et intendat petere, consequi / et habere iura dotalia ipsius quondam domine Ioannine olim eius / Iacobi matris sibi relicta in eius quondam domine Ioannine hereditate / et bonis contra bona que erant, fuerunt et sunt ipsius / Oltitii et contra tenentes et possidentes de bonis que fuerunt / dicti Oltitii, ad quorum iurium dotalium[f] consequutionem pervenire non potest idem / Iacobus nisi sibi de idoneis curatoribus seu curatoribus[g] seu / idoneo curatore seu tutore saltem ad littes per eum Iacobum / movendas occaxione premissa, idcirco constituti coram sapiente / et egregio legum doctore domino Thomaxio Trumvala[91] vicario / Lugani et vallis[2] et cetera sedente in banco super quodam banco posito / in burgo Lugani[20] in domo regiminis iuris comunitatis vallis Lugani / super salla magna, quod bancum et quem locum prefatus dominus / vicarius ellegit et elligit suum bancum et tribunal idoneum / in hac parte pro infrascriptis omnibus et singulis spitialiter peragendis, suprascriptus / Iacobus de Vaccanis de Leno filius condam et heres suprascripte domine Ioannine / etatis annorum decem vel circa et cum eo domina Magneta de / Muttonibus avia materna dicti Iacobi et Franciscus de Bermabataliis / eius Iacobi avunculus et ab ipso domino vicario petierunt et / petunt curatores et seu tutores per prefatum dominum[h] vicarium / ipsi Iacobo heredi ut supra debere dari[i], constitui et / ordinari prudentes viros magistrum Franciscum Roviliam de Lugano filium condam magistri / Zanoli et ipsum magistrum Franciscum de Bermataliis de Lugano filium condam ser / Zannis avunculos suprascripti pupilli, ambos habitatores Lugani et utrumque / eorum insolidum presentes et tutores seu curatores esse volentes / spitialiter ad curatorio seu tutorio nomine ipsius Iacobi filii condam et heredis / ut supra et pro eo eiusque nomine petendum, consequendum et habendum predicta / iura dotalia contra quecumque bona que fuerunt et erant / dicti Oltitii de Vaccanis et contra tenentes et possidentes de bonis / [c. 240v.] et rebus[j] que fuerunt et sunt suprascripti Oltitii, et / ad omnes ipsius Iacobi filii et heredis ut supra causas, littes, questiones, / discordias et controversias quas habet vel habere possit seu / intendit vel sperat cum dicto Oltitio patre suo et cum qualibet / alia persona, comuni, collegio, capitulo et universitate coram et / sub quocumque potestate, capitaneo, vicario, refferendario, iudice, consule, / rectore vel auditore ac dellegato et subdellegato tam / ecclesiastico quam seculari, dato vel dando sub toto Cumarum / et episcopatu et Lugani examine et alibi ubique, et hoc tam / ad agendum quam ad deffendendum, appellandum, negandum et confitendum, / libellos et petitiones dandum et recipiendum, littem seu littes / contestandum, terminos et dillationes petendum, collocandum et statuendum, / capitula et positiones faciendum, positionibus respondendum et eas de novo / ratifficandum, testes et instrumenta, iura et alias probationes producendum, / productos et producta reprobandum, productis et producendis contradicendum, / suspectos et confidentes dandum, iudices et notarios elligendum / et recuxandum, sententias tam diffinitivas quam interloquutorias / audiendum, ab eis appellandum easque annullandum et nullas / esse dicendum et appellationum causas prosequendum, crimina et / deffectus apponendum, eos probandum et in integrum restitutionem petendum, / et ad sacramenta veritatis et callumnie et cuiuslibet alterius[k] / [l]generis et maniriei sint facienda, danda, prestanda et / defferenda in animam et super animam ipsius Iacobi constituentis, / et ad quascumque protestationes, securitates, nominationes et denuntiationes / faciendum et promittendum et obligandum ipsum Iacobum filium et heredem / ut supra et omnia eius bona pigneri presentia et futura in ipsis / securitatibus seu satisdationibus inde fiendis, et generaliter ad / omnia alia et singula facienda, gerenda et exercenda, que / in predictis et circa predicta necessaria fuerint et utillia et / que merita causarum tam de iure quam de consuetudine postula[n]t / et requirunt. Quibus ita peractis et solemniter requisitis predictus / dominus vicarius sedens ut supra dictos curatores seu tutores et / [c. 241r.] utrumque eorum insolidum eidem Iacobo pupillo ut supra presenti et petenti / una ut supra ad predicta omnia et singula dedit, decrevit, constituit / et ordinavit et dat, constituit, decernit et et[m] ordinat modo / et forma predictis ut supra petitum est, ac in predictis omnibus et singulis / suum et suam et comunitatis Lugani et vallis et cetera auctoritatam et decretum / interposuit et dedit et interponit et dat cum cognitione / cause et prius per eum causa cognita et ex eius officio. Qui curatores / et tutores ut supra iuraverunt corporaliter ad sancta dei evangelia manibus / tactis scripturis ac etiam promisserunt solemniter per stipulationem, obligando / sese et utrumque eorum insolidum et omnia eorum et utriusque eorum / insolidum bona pigneri presentia et futura ita quod uterque eorum teneatur / insolidum et cetera, renuntiando et cetera suprascripto Iacobo et dictis petentibus pro eo / presentibus et stipulantibus, ei dicere, facere, agere, gerere et / administrare bene et dilligenter et bona fide, sine fraude ea / omnia et singula que eidem Iacobo putaverint esse utillia et / inutilia pretermittere ac salvare et gubernare ea omnia et / singula, que ad eorum curatorum seu tutorum et utriusque seu / alterius eorum insolidum manus pervenerint nomine et occasione huius / cure seu tutelle ad causas, et de his omnibus et singulis eidem / Iacobo rationem bonam reddere et relliqua restituere suis / loco et tempore debitis et opportunis. Et exinde pro predictis / curatoribus seu tutoribus et utroque eorum insolidum et pro predictis / omnibus et singulis in quolibet loco et[n] capitulo firmiter / attendendis, observandis et adimplendis extitit fideiussor et / principalis debitor Iacobus de Blanchis de Vellate[92] servitor Lugani / filius condam domini presbiteri Brandi, qui se pro predictis curatoribus seu tutoribus / et utroque eorum insolidum et pro predictis omnibus et singulis in quolibet / loco et capitulo firmiter attendendis et observandis constituit / fideiussorem, principalem debitorem et[o] expromisorem, obligando / se et omnia sua bona pignori presentia et futura insolidum, ita ut / teneatur insolidum et cetera, renuntiando auxilio novarum constitutionum et cetera / suprascripto Iacobo pupillo presenti et stipulanti ut supra. Et exinde de predictis / omnibus et singulis rogatum fuit per me notarium infrascriptum publicum / confici debere instrumentum in laudem viri sapientis. / Actum et cetera, testes et notarii et cetera. /

[a] *Numero vergato nel margine sinistro della* c.
[b] I- *iniziale di 75 mm, ornata.*
[c] *Così, si intenda* transtulerit.
[d] *Segue* ide *depennato.*
[e] *Così, si espunga* Iacobum.
[f] dotalium *aggiunto sopra la linea con segno di richiamo.*
[g] *Così, si intenda* tutoribus.
[h] *Segue* Iacob *depennato.*
[i] *Segue* constititui *depennato.*
[j] *Segue* dicti Oltitii *depennato.*
[k] *Segue* et *depennato.*
[l] *Precede* gia *depennato.*
[m] *Così, si espunga* et.
[n] *Segue* tempore *depennato.*
[o] *Segue* compro *depennato.*

[c. 241v.] CLXI[a] Protestatio facta per uxorem de / dote promissa viro suo

In[b] nomine Domini, amen, anno et cetera, domina Ioannina filia quondam magistri Petri de / Vigletio[93] olim phisici et uxor Ioannis de Fassolis de Ossutio[51] filii condam / Nicolay habitatoris Lugani[20] et primo relicta quondam Ioannis ser Mafiolini / Rusche de Bironico[94], parabula et cetera suprascripti Ioannis de Faxolis mariti secundo / sui ibi presentis et cetera et eidem domine Ioannine uxori sue parabulam ut supra / dantis et cetera, constituta coram me notario et testibus et notariis infrascriptis ad / petitionem et instantiam ac requisitionem suprascripti Ioannis filii condam Nicolay mariti sui / de Faxolis de Ossutio habitatoris Lugani ibidem presentis, instantis et requirentis / ac recipientis omnibus modo et cetera quibus melius potuit et potest, sponte / et ex certa animi scientia et non per vim, metum neque errorem / ducta, dixit et protestata fuit et dicit et protestatur quod condam dictus / Ioannes de Faxolinis eius secundo maritus accepit et benedixit[c] / ipsam dominam Ioanninam in eius sponsam et uxorem legiptimam, / et quod fuit de mense Aprilis anni Domini cursi 1540 proxime preteriti / ipsa domina Ioannina promissit ipsi Ioanni marito nunc suo illam / dotem seu illam quantitatem denariorum, de quibus dictus nunc quondam / Ioannes ser Mafiolini Rusche de Bironicho primus maritus / ipsius domine Ioannine erat obligatus seu dotaverat ipsam / dominam Ioanninam pro eius dote et antiffacto seu pro dote tantum[d] per / instrumentum dotis et antifacti traditum per nunc quondam Michaelem / de Bertholino Romerii de Maleste[95] notarium et cetera anno et cetera et / cetera pro[e] in ipso instrumento dotis et antifacti plenius et / latius continetur et fit mentio, et hoc pro dote vera tantum ipsius / domine Ioannine, et quod omne et totum quod exigeretur vigore, occaxione / et pretextu ipsius instrumenti dotis et antifacti et contentorum in eo / de bonis dicti nunc quondam Ioannis ser Mafiolini Rusche primi / mariti ipsius domine Ioannine foret et esset et fore et e[sse][f] / deberet dos vera ipsius Ioannine et dicti Ioannis / de Ossutio eius[g] secundi[h] mariti et in eorum utille / perveniret occaxione predicta, et hanc protestationem et omnia premissa / fecit et facit domina Ioannina, quia iam mensibus no[vem][f] / [c. 242r.] et pluribus proxime preteritis ipse Ioannes de Ossutio ipsam dominam / Ioanninam duxit in eius uxorem legiptimam et nunquam / dotavit ipsam, quia nundum potuerunt nec alter eorum / potuit habere nec exigere dictam dotem ab heredibus / dicti quondam Ioannis ser Mafiolini Rusche primo mariti / ipsius domine Ioannine in toto nec in parte, et quia / ipsa domina Ioannina est gravida et grossa per ipsum / Ioannem eius maritum secundo et propinqua ad parturiendum / quod si deus aliter de ea disponeret, videlicet quod perieret de vel / in partu quod ipse Ioannes eius presens maritus non perdat iura / sibi spectantia et pertinentia quoquo modo super ipsa dote / et antifacto seu dote tantum ut supra promissa per ipsam dominam eius / uxorem dicto Ioanni eius marito suo, sed ea possit et / valeat consequi contra dictos heredes, res et bona ipsius nunc condam / Ioannis Rusche olim primi mariti ipsius domine Ioannine. / Quam quidem protestationem et omnia premissa suprascripta domina Ioannina / parabula ut supra promissit et cetera, obligando se et cetera suprascripto Ioanni marito / et mihi notario infrascripto ut publice persone stipulanti et / recipienti nomine et vice ipsius Ioannis et omnium aliarum / personarum quarum interest, intererit vel interesse / poterit, sese perpetuo et omni tempore ratam, gratam, firmam / et vallidam et rata, grata, firma et vallida habere et / tenere et nullo tempore contrafacere nec venire aliqua ratione / vel occaxione iuris vel facti comunis vel specialis, in pena / et sub pena totius damni et interesse et cetera[i] danda et cetera / cum omnibus expensis et cetera in bonis denariis numeratis tantum et cetera, / sub pacto capiendi et cetera, renuntiando omnibus legibus et cetera. Et / exinde de predictis omnibus et singulis rogatum fuit per / me notarium infrascriptum publicum confici debere instrumentum / in laudem viri prudentis. / Actum et cetera, testes et notarii et cetera. /

[a] *Numero vergato nel margine sinistro della* c.
[b] I- *iniziale di 50 mm, ornata.*
[c] bened- *corretto sopra lettere non più leggibili.*
[d] -m *corretto sopra lettera non più leggibile.*
[e] *Così, si intenda* prout.
[f] *Parte mancante per lacerazione del margine esterno della* c.
[g] *Segue* primi *depennato.*
[h] se- *corretto sopra lettere non più leggibili.*
[i] et cetera *corretto sopra lettere non più leggibili.*

[c. 242v.] CLXII[a] Assignatio bonorum facta per / patrem certis suis filiis ante partem / cum alio filio suo

In[b] nomine Domini, amen, anno et cetera, magister Antonius dictus Abbas / habitans et cetera, costitutus coram coram[c] me notario et testibus et no[tariis][d] / infrascriptis asserens se habere tres filios masculini sexus, videlicet Petrum, / Iacobum et Georgium de legiptimo matrimonio, et quod dictus Petrus / maior est retrogradus et sibi patri suo inobediens, quamvis instructu[s][d] / sit ad artem murandi sicut alii et de peculio iam pluribus annis / per ipsum Petrum acquisito nihil dicto patri suo atribuit nec dedit nec / dat aliquid, et alii duo sic dederunt et dant, et quod ipse magister / Antonius pater ipsorum fratrum hoc anno habebat certa debita cum / infrascriptis personis causis infrascriptis et ipse magister Antonius requisierit / pluries a dicto Petro eius primogenito et vellet pro sua parte / porrigere cum aliis fratribus duobus suprascriptis suis ad sanandum / dicta debita sua infrascripta et satisfaciendum dictis infrascriptis personis pro / ipsis debitis, et recusavit semper et nihil de eo voluit facere / contrafaciendo mandatum et voluntatem dicti patris, et vellit ipse / magister Antonius pater ipsorum fratrum providere unicuique dictorum filiorum suorum / iuxta eorum benemerita et non per modum testamenti nec institutionis, / sed causa debita et restitutionis debite portionis adeo ut nemo / ipsorum filiorum suorum veniat defraudatus ab alio, sed quisque / eorum debitum suum habeat omnibus modo et cetera quibus melius potuit / et potest idem magister Antonius sponte et ex certa scientia et non / per vim, metum neque errorem ductus dedit, tradidit et assignavit / et dat et cetera suprascriptis Iacobo et Georgio fratribus[e] suis et utrique eorum / presentibus, stipulantibus, recipientibus et acceptantibus infrascriptam petiam terre / inferius coherentiatam cum pactis et condictionibus infrascriptis, que quidem pa[cta][d] / et conventiones intelligantur in principio, medio et fine huius / contractus esse apposita, inserta et deducta, que petia est[f] / videlicet. /

****[g]

[h-]Ponatur petia prout debitur[-h].

Et hoc cum omnibus suis iuribus et pertinentiis, viis et cetera, et hoc ad tenen[dum][d], / [c. 243r.] gaudendum, laborandum et possidendum ipsam petiam terre / per suam et tanquam suam propriam et ante eorum partem et / portionem bonorum dicti magistri Antonii patris sui sibi debite / spectantem pertinentemque pro hereditate patris sui, et hoc pro / pretio et nomine pretii librarum centum terciolorum per ipsos[i] Iacobum[j] / fratres et utrumque eorum exbursatarum et partim exbursandarum / in solvendo et sanando infrascripta debita dicti magistri Antonii patris / eorum infrascriptis personis, videlicet ser Donato Castanee de Lugano[20] libras / sexaginta terciolorum, de quibus dictus magister Antonius est condemnatus / in eius manibus pro certis melioramentis et cetera, et hoc per sententiam / latam contra dictum magistrum Antonium ser Urbano Pocobello libras / septuaginta terciolorum causa drapi lane dati suprascripto magistro Antonio pro / nubendo Lutiam uxorem Antonii de Drano[96] filiam suprascripti magistri / Antonii, Benedetto de Canonica de Lugano causa bladi libras X terciolorum, / Iohanni Cavazoli de Gandrio[26] causa fictorum libras XX terciolorum, ecclesie / Sancti Egidii de Gandrio causa et pro resto debiti caneparie facte / et exercite per ipsum magistrum Antonium pro dicta ecclesia, in qua / restavit debitor de libris quatuordecim terciolorum cum hac condictione / quod ipsi Iacobus et Georgius fratres teneantur et debeant sanare / et solvere suprascripta omnia debita de quibus supra suprascriptis personis de suis / propriis denariis per eos lucratis et acquisitis et cum pacto et / condictione, lege et conventione quod si dictus Petrus filius maior / ipsius magistri Antonii vivente ipso patre suo voluerit et / vult exbursare tertiam partem dictorum denariorum et / debitorum de quibus supra, et habeat et habere debeat terciam / partem dicte petie terre et mortuo ipso patre postea non / habeat nec habere possit nec debeat aliqualiter nec aliquo modo / dictam terciam partem dicte petie terre ipso volente solvere / et exbursare dictam terciam partem dictorum debitorum ut supra, / sed penitus intelligatur esse dictorum Iacobi et Georgii tantum, / et hoc ante partem quorumcumque bonorum aliorum dicti patris sui / eis spectantium et pertinentium et utrique eorum vigore eius hereditatis, / et quod etiam vivente ipso magistro Antonio eorum patre quod ipse / eorum pater possit et valeat gaudere, laborare et usufructuare / [c. 243v.] ipsam petiam terre ut supra descriptam sine aliqua contradic[tione][d] / dictorum Iacobi et Georgii filiorum suorum nec alterius [eorum][d], / sed nec ipse magister Antonius pro testamento possit alicui al[teri][d] / legare, iudicare nec assignare nec per donationem facere / nec aliter vendere, alienare nec baratare nisi dictis

Iacobo [et][d] / Georgio fratribus eius filiis et utrique eorum pro medietate. / Quam quidem assignationem et traditionem et omnia premissa suprascriptus / magister Antonius promissit et cetera, obligando se et cetera suprascriptis Iacobo et / Georgio fratribus eius filiis et utrique eorum, ratam et cetera et / rata et cetera habere et cetera et nullo tempore contrafacere et cetera, et hoc in / pena et cetera restitutionis denariorum et pretii suprascriptorum et totius damni et cetera / danda et cetera, et pena soluta vel non soluta et cetera, cum omnibus / expensis et cetera, in bonis denariis numeratis tantum et cetera, sub pacto capiendi et cetera, / renuntiando omnibus legibus et cetera, et dedit parabulam intrandi[k] possessionem et cetera / dicte petie terre et cetera, et constituit se tenere et cetera nomine dictorum / Iacobi et Georgii filiorum suorum, / et exinde de predictis et cetera. / Actum et cetera, testes et notarii et cetera. /

[a] *Numero vergato nel margine sinistro della* c.
[b] I- *iniziale di mm 100, ornata.*
[c] *Così, si espunga* coram.
[d] *Parte mancante per lacerazione del margine esterno della* c.
[e] *Così, si intenda* filiis.
[f] *Corretto sopra* he.
[g] *Spazio in bianco corrispondente a due righe.*
[h–h] *Parte aggiunta nel margine sinistro della* c. *in corrispondenza di uno spazio in bianco di due righe.*
[i] -o- *corretto sopra* -u-.
[j] *Si aggiunga* et Georgium.
[k] *Si aggiunga* in.

CLXIII[a] Instrumentum tabellionatus quando notarii / procreantur a domino comite pallatino et cetera

In[b] nomine Domini, amen et cetera, nobilis et egresius vir dominus Dominicus / de tali parte, comes pallatinus, filius condam domini talis de / imperiali plenitudine potestatis creandorum concessa tabellionum / emanavit potestas ut eiusdem potestatis gratia imperiali / fonderet in subiectos, ea propter ex indulto eidem super / hoc ex imperiali culmine privilegio concesso spitiali, prout / in[c] eo evidentius continetur, Stephanum filium quondam talis / de tali parte publicum et autenticum notarium et tabellion[em][d] / procreavit et fecit ipsumque flexis genibus devote / suscipiendo de dicto tabellionatus officio et notarie publice / [c. 244r.] [e]exercendo ac[f] iudicis ordinarii et missi regis / in quibuscumque locis et partibus dicto imperio subditis ad / dictum officium et dicto officio pertinentibus, tam in instrumentis et / ultimis voluntatibus et quibuscumque iuditiorum actibus / auctentice conscribendis quam in omnibus et singulis que spectant / et pertinent ad dictum offitium per omnes terras et loca que / Romanum profitentur imperium agendum, cum pene et / callamari traditione solemniter et legiptime investivit. / Qui Stephanus tabellio ipsi[g] domino comiti nomine et / vice Romani imperii recipienti solemniter et legiptime / corporale prestitit fidelitatis debite sacramentum, iurans etiam / corporaliter ad sancta dei evangelia manu tactis scripturis / quod illud offitium fideliter exequetur et fide sine fraude / quibuscumque personis quacumque causa et negocio scribet et / subscribet acta publica et instrumenta et totiens quotiens / fuerit requisitus nec non sententias et dicta testium donec / publicata fuerint et approbata sub secreto fideliter tenebit, / iura pontium[h] et hospitalium, viduarum, orphanorum et / ecclesiarum suo posse deffendet et manutenebit, et / si sentiret aliquem tractatum contra Romanum imperium / vel Romanam ecclesiam illumque citius poterit suprascripto imperio / vel ipsi domino[i] comitti indicabit, alia omnia et singula fideliter / faciet et adimplebit que ad ipsum offitium pertinebunt / et iuste et omnia et singula faciet et adimplebit que / de iure facere debet secundum eius offitium. Et de[j] / predictis dominus comes et dictus tabellio rogaverunt me notarium / infrascriptum ut publicum conficiam instrumentum in laudem viri prudentis. / Actum et cetera, testes[k] tantum ponantur et cetera. /

[a] *Numero vergato nel margine sinistro della* c.
[b] I- *iniziale di mm 60, ornata.*
[c] *Segue* dicto *depennato.*
[d] *Parte mancante per lacerazione del margine interno della* c.
[e] *Nel margine sinistro della* c. *in corrispondenza delle righe 1-6 dell'originale è stato annotato dalla stessa mano* [Si fecerit] iudicem [ordinarium] dicat [sic videlicet au]tenticum [notarium] et tabelionem [ac iu]dicem ordinarium et missum regis procreavit et fecit. *Le parti parzialmente o totalmente mancanti sono dovute alla lacerazione della* c.
[f] *Segue* missi ordinarii *depennato.*
[g] *Segue* comiti *depennato.*
[h] pontium *aggiunto nello spazio di 25 mm in bianco da altra mano.*
[i] domino *aggiunto sopra la linea con segno di richiamo.*
[j] *Segue* prefatus *depennato.*
[k] *Segue* et notarii et cetera *depennato.*

[c. 244v.] CLXIIII° [a] Pronuntiatio maioris etatis

In[b] nomine Domini, amen et cetera, constitutus coram sapiente et egregio / legum doctore domino tale vicario Lugani et vallis[2] et cetera sede[nte][c] / in banco super quodam banco posito in burgo Lugani in / contrata de[d] Carona[21] in domo regiminis iuris comunitatis vallis Lugani / quod bancum et cetera, Mafiolus filius condam talis et cetera, maior annis decem octo / minor tamen annis XXV, et petit a prefato domino vicario / sedente ut supra quatenus in exequutione statutorum et ordinamentorum comunitatis / vallis Lugani predicte.

[e]-Aliqui ponunt: et maxime statuti positi sub rubrica de forma pronuntiationis maioris etatis[60] in capitulis. Et ponunt totam formam ipsius statuti et postea sequuntur: pronuntiet et pronuntiare velit et cetera-[e].

Pronuntiet et pronuntiare vellit et debeat / ipsum Mafiolum maiorem et etatis perfecte, ita et taliter / et eo modo et forma quod possit contrahere, distrahere, mercari, / obligare et se pati condemnari[f] et in iuditio stare cum / quibuscumque prout et quemadmodum faciunt et facere possunt / homines liberi et sui iuris et etatis perfecte et in omnibus / et per omnia prout ex forma iuris et dictorum statutorum / et ordinamentorum comunitatis vallis Lugani predicte super hoc disponentium / plenius et latius continetur et fit mentio, et ad fidem premissorum / quod est maior annis XVIII ipse Mafiolus induxit ibi / in testes Bertholam filium condam talis et cetera eius patruum et Polexiam eius / consanguineam. Qui dominus vicarius sedens ut supra, dellato prius / per eum sacramento dictis Berthole et Pollexie et utrique eorum, qui / iuraverunt corporaliter ad sancta dei evangelia manibus tactis / scripturis quod dictus Mafiolus est etatis annorum decem octo e[t][c] / plurium, omnibus modo, iure, via, causa et forma quibus / melius potuit et potest, pronuntiavit et pronuntiat dictum / Mafiolum esse maiorem et etatis perfecte et ipsum posse / contrahere, distrahere, mercari, obligare, pati se condemnari[f] in / iuditioque stare et alia quecumque facere cum quibuscumque p[rout][c] / et quemadmodum facere possunt et faciunt homines liberi [et][c] / sui iuris et etatis perfecte, et in omnibus et per omnia pro[ut][c] / [c. 245-246][g] [h]-[ex forma iuris et statutorum predictorum dicte comunitatis vallis Lugani plenius et latius continetur et fit mentio ac requiritur, et in predictis omnibus et singulis suum et suam et comunitatis vallis Lugani autoritatem et decretum interposuit et dedit et dat cum cognitione cause et prius per eum causa cognita et ex eius officio, et quicquid per ipsum Mafiolum contractum, distractum, mercatum, obligatum, condempnatum et factum fuerit, sit et esse debeat ratum, gratum et firmum et perpetuo duraturum tamquam ab homine etatis perfecte et sui iuris factum et perpetratum. Et exinde et cetera. Actum et cetera, testes et notarii et cetera.]-[h]

a *Numero vergato nel margine sinistro della* c.
c I- *iniziale di mm 90, riccamente ornata.*
c *Parte mancante per lacerazione del margine esterno della* c.
d *Segue* domo *depennato.*
e–e *Parte aggiunta con segno di richiamo da altra mano nel margine sinistro della* c.
f -i *corretto sopra* -e.
g *Le* cc. 245–246 *mancano.*
h–h *Parte integrata dal Formulario di Tullio Fossati, cfr. supra, p. 3,* c. 311v.

[a]-[CLXV Litere que diriguntur per notarium ellectum ad examinandum testes quando transmitit copiam testium illi offitiali cui diriguntur dicti testes ut pote[b] vicario reverendissimi domini episcopi Comi[1] et aliis offitialibus mutatis mutandis

Reverende in Christo pater et eximie Illustritas Vestra doctor honorande, in executione literarum vestrarum michi directivarum ad ad[c] instantiam Iacobini de Rixis de Bognio[97] certos testes super capitulis coram vobis productis pro parte dicti Iacobini et ipsis literis vestris inclusis fideliter recepi et examinavi, quorum testium dicta et atestationes nemini pandita, clausa et sigilata Reverentiae Vestrae transmitto presentibus alligata, ut valleatis partibus iustitiam ministrare prout soletis, cui devote me comendo.

Datum Lugani[20], die XI Februarii 1550.

Eiusdem Reverentiae Vestrae Dominicus Canevalius notarius Lugani[86] et cetera.

A tergo: Reverendo in Christo patri et eximio Illustritati Vestrae doctori domino vicario Reverendissimi domini domini episcopi Comi vicario generali dignissimo.

Similliter poterit fieri quibuscumque offitialibus mutatis titulis, prout sunt offitiales et pretores.]-[a]

[a–a] *Parte integrata dal Formulario di Tullio Fossati, cfr. supra, p. 3,* cc. 311v.–312r.
[b] *Così, si intenda* puta.
[c] *Così, si espunga* ad.

[a]-[CLXVI Litere que diriguntur per offitialem pro examinando testes contra[b] iurisdictionem Lugani

Magnifice pretor, in causa que vertitur per et inter Donatum Carulum de Lugano[20], parte una, et Augustinum et fratres de Seregnio[98] de Lugano, parte altera, nomine dicti Donati producta fuere capitula probe his inclusa et nominati sunt testes in iurisdictione vestra quommorantes[c], quorum dictis et attestationibus idem Dantus[d] indiget, quapropter, Domine Vestre, rogo ut in subsidium iuris illa dignetur testes ipsos per notarium sibi fidum et in talibus expertum recipi et examinari facere, servatis in similibus servandis, quorum quorum[e] dicta et attestationes nemini pandita sub sigillo eiusdem eiusdem[f] Domini Vestri nobis transmittere dignetur que bene valleat.

Ex Lugano, die et cetera.

A tergo: magnifico domino pretori Mediolani[80] suo semper honorando.]-[a]

[a–a] *Parte integrata dal Formulario di Tullio Fossati, cfr. supra, p. 3,* c. 312r.
[b] *Così, si intenda* extra.
[c] *Così, si intenda* commorantes.
[d] *Così, si intenda* Donatus.
[e] *Così, si espunga* quorum.
[f] *Così, si espunga* eiusdem.

[a]-[CLXVII Litere testimoniales de notariorum legalitate

Nos presidentes regimini[s] et abbates collegii notariorum comunitatis vallis Lugani[2] fidem facimus manifestam qualiter suprascriptus dominus Oltitius Ruscha[27], qui rogatus tradavit suprascriptum instrumentum mandati de quo supra tempore rogationis ipsius et ante et de presenti fuit et est publicus, autenticus et legalis notarius et in matricula aliorum notariorum dicte comunitatis descriptus, scripturisque et instrumentis per eum rogatis adhibita fuit et hadibetur indubitata fides in iuditio et extra, in quorum fidem et testimonium presentes fieri iussimus et sigillo abbatum suprascripte comunitatis communiri.

Datum Lugani, die martis XI Februarii 1550.

Ego Dominicus Canevalius notarius publicus Lugani[86] et cetera de mandato scripsi et subscripsi.]-a

a–a *Parte integrata dal Formulario di Tullio Fossati, cfr. supra, p. 3,* c. 312r.–312v.

a-[CLXVIII Renuntiatio unius investiture simplicis facta per ambas partes

Anno et cetera, ser Gualdinus filius condam /o/ et cetera, pro una parte, et Mascanzinus de tali parte et cetera, pro altera parte, omnibus modo, iure, via, causa et forma quibus melius potuerunt et possunt, renuntiaverunt et renuntiant et uterque eorum renuntiavit et renuntiat cuidam instrumento simplicis investiture locationis et omnibus viribus eius in quo dictus Mascanzinus investitus est a dicto ser Gualdino de domo una teranea et cetera iacente in tali loco et cetera cui coheret et cetera, item de petia una terre prative iacente et cetera cui coheret et cetera salvo et cetera, item de omnibus bonis imobilibus iacentibus et existentibus in tali loco et teritorio spectantibus et pertinentibus dicto ser Gualdino coherentiatis et descriptis in dicta investitura, item de petiis sex terrarum iacentibus et existentibus in tali loco et teritorio de tali parte coherentiatis et specificatis in ipso instrumento investiture ad terminum contentum in dicta investitura pro ficto omni anno somarum X furmenti, somarum II sichalis, somarum II milii, somarum II panici et medietatis vini seu musti, quod fieret super ipsis bonis, et librarum L[ta] terciolorum et cetera, prout in ipso instrumento investiture plenius continetur et fit mentio, tradato et rogato dicto instrumento investiture per talem notarium et cetera anno et cetera, ita et taliter et eo modo et forma quod dicta investitura locationis sit et esse debeat nulla et nullius valloris, efficatie et momenti et nullum a modo possit nec debeat sortiri effectum tamquam si unquam fuisset nec foret facta nec celebrata inter eos aliqualiter nec aliquo modo liberantes et per presentem contractum renuntiationis ipse partes et utraque ipsarum sese vicissim, sillicet una pars aliam et alia alteram ad invicem, liberaverunt et liberant et absolvunt ab omni et toto eo quod sibi vicissim ut supra a modo in antea petere, requirere, causari, molestare et perturbare possent et poterint occaxione ipsius investiture tam respectu termini locationis non finiti quam respectu fictorum et omnium et singulorum in ea contentorum, insertorum et appositorum et dependentium, emergentium et conexorum a predictis et quolibet predictorum, quia ipse partes et utraque earum sic inter sese fuerunt concordes. Quam quidem renuntiationem et omnia premissa et liberationem et absolutionem predicti ser Gualdinus, pro una parte, et Mochantius, pro altera parte, promisserunt et convenerunt solemniter per stipulationem, obligando sese vicissim, sillizet una pars alteri et altera alteri, et omnia eorum vicissim bona pigneri presentia et futura sese perpetuo ratam, gratam, firmam et validam et rata, grata, firma et vallida habere et tenere et nullo tempore contrafacere nec venire aliqua ratione vel occaxione iuris vel facti comunis vel specialis, et ea stare, esse et permanere tacitos et contentos et facere et cum effectu curare quod omnes alie persone perpetuo stabunt, erunt et permanebunt tacite et contente omnibus ipsarum partium et utriusque earum propriis expensis, damnis et interesse tantum, in pena et sub pena totius dampni et interesse et omnium expensarum solemni stipulatione promissa et deducta. Et pro qua quidem renuntiatione, liberatione et absolutione et pro predictis omnibus et singulis contente et confesse fuerunt et sunt suprascripte partes et utraque earum sese vicissim ut supra habuisse et recepisse plenam et integram solutionem et satisfactionem omnium premissorum, renuntiando exceptioni non habite, non recepte nec sibi vicissim ut supra date dicte complete solutionis et integre et plene satisfactionis et speii future numerationis et cetera, et qualibet alia occaxione et exceptione remota et renuntiata, non preiudicando tamen per hanc renuntiationem et liberationem et absolutionem et per presentem contractum quod dictus ser Gualdius possit et valleat petere et consequi contra dictum Maschanzium omne et totum de quo ipse Maschanzius reperietur debitor verus ipsius ser Gualdini occaxione fictorum preteritorum predictorum bonorum et investiture de quibus supra hinc retro usque hodie, ad quam solutionem teneatur ipse Maschantius fictorum predictorum de eo quod reperietur ut supra verus debitor ipsius ser Gualdini. Et exinde et cetera. Actum et cetera, testes et notarii et cetera.]-a

a–a *Parte integrata dal Formulario di Tullio Fossati, cfr. supra, p. 3,* c. 312v.–313v.

[c. 247r.][CLXVIII^bis] Repudiatio hereditatis

In nomine Domini, amen et cetera, Paulus filius condam talis de tali parte et cetera constitutus / coram sapiente et egregio domino tali de tali parte vicario Lugani / et vallis[2] et cetera, sedente et cetera, dixit et protestatus fuit et dicit et / protestatur quod non fuit nec est nec esse vult heres in toto nec / in parte dicti quondam talis patris sui aliqualiter nec aliquo modo imo / ipsam hereditatem repudiavit omnibus modo, via et forma / quibus melius potuit et potest, et quod se abstinuit et / abstinet et abstinere vult a dicta hereditate et bonis / relictis per dictum quondam talem patrem suum, et hoc quoniam / ipsa hereditas dicti quondam patris sui est potius sibi damnosa / quam lucrosa, et hanc repudiationem et omnia premissa predictus / Paulus promissit et cetera, obligando se et cetera mihi tali notario / infrascripto ut publice persone stipulanti et recipienti nomine et / vice omnium personarum quarum interest, intererit vel / interesse poterit, se perpetuo ratam, gratam, firmam et vallidam / et vallida, rata, grata et firma habere et tenere et / nullo tempore contrafacere et cetera. Et exinde de predictis et cetera. / Actum et cetera, testes et notarii et cetera. /

[CLX]VIIII° [a] Adhitio hereditatis

In[b] nomine Domini, amen et cetera, Antonius filius condam talis et cetera constitutus / coram sapiente et egregio viro domino tale[c] et cetera vicario Lugani / et vallis[2] et cetera, sedente et cetera, omnibus modo et cetera quibus / melius potuit et cetera, adhivit et adhit hereditatem dicti nunc / quondam talis patris sui, dicens et protestans et dicit et protestatus / fuit quod fuit et est heres nunc quondam dicti patris sui et esse vult, / et quod se investivit et investire vult et intendit ac investit / de dicta hereditate dicti patris sui et bonis relictis per dictum nunc quondam / patrem suum in eius hereditate et bonis, et quod dicta hereditas / ipsius quondam talis patris sui et sibi potius[d] lucrosa quam / damnosa. Et exinde et cetera. Actum et cetera, testes et notarii et cetera. /

[a] *Numero vergato nel margine sinistro della* c., *in parte mancante per lacerazione della stessa.*
[b] I- *iniziale di mm 55, ornata.*
[c] -e *corretto sopra* -i.
[d] *Segue* da *depennato.*

[c. 247v.] CLXX[a] Protestatio de [debitore][b]

[I]n nomine Domini, amen et cetera, Stephanus filius condam talis et cetera [constitutus coram][b] / me notario infrascripto et testibus et notariis infrascriptis in tali [loco][b] / ad balchonum domus habitationis mei notarii infrascripti, ad petitionem / et instantiam Francisci de tali parte et cetera ibidem presentis, instantis / et predicta infrascripta petentis fieri debere ad eternam rei / memoriam et ut veritatis via semper elluceschat et / fraudibus valeat obviari, dixit et protestatus fuit et / dicit et protestatur omnibus modo et cetera quibus melius potuit et cetera / quod iam possunt esse anni tres vel circa quod ipse Stephanus er[at][b] / in tali loco et cetera, et quod quidam Donatus filius condam talis et cetera, quem / ipse Stephanus tunc cognoscebat et modo cognoscit et est / homo talis stature, rubeus facie, quod tunc ibidem in dicto loco / erat cum suprascripto Francisco in presentia ipsius Francisci et ipsius / Stephani et talis et cetera et certarum aliarum personarum quarum / nomina non recordatur ad presens, dixit et protestatus fuit ac dicit / et protestatur ac confessus fuit quod ipse Donatus erat debitor dicti / Francisci de florenis decem valoris librarum trium et solidorum quatuor terciolorum / pro quolibet floreno occaxione certi bladi sibi dati et crediti et / pro parte occaxione mutui gratis et amore, et quod ipsos solveret ipsi / Francisco quam cito poterat, et quod tunc non erat possibille ut / posset ei dare nec solvere ipsos denarios et quod deprecabatur / ipsum Franciscum ut haberet modicum patientie in ipsum / per aliquod tempus de predictis denariis et quod dictus Franciscus / acceptavit ipsum pro debitore de dictis denariis et eidem / [c]Donato respondit quod erat iterum contentus ipsum / aspectare per annum unum ultra tempus quod ipsum aspec[taverat][b], / et sic simul remanserunt concordes. Quam quidem protestatio[nem][b] / et cetera suprascriptus Stephanus promissit et cetera, obligando se et cetera suprascripto Fran[cisco][b], / se perpetuo et omni tempore ratam et cetera et rata et cetera habere et cetera et [nullo][b] / tempore contrafacere et cetera, in pena et cetera, et hanc protestationem et cetera suprascriptus [Stephanus][b] / fecit et facit suo sacramento sibi dellato per me iam dictum notarium [infrascriptum][b] / in presentia predictorum testium et notariorum infrascriptorum. Et exinde et cetera. / Actum et cetera, testes et notarii et cetera. /

[a] *Numero vergato nel margine sinistro della* c.
[b] *Parte mancante per lacerazione del margine superiore della* c.
[c] *Precede* Francisco *depennato.*

[c. 248r.] [a-]CLXXI [Accu]xa[b] turbationis possessionis[-a]

In nomine Domini, amen, / coram vobis spectabile et generoso viro domino tale[c] capitaneo / Lugani et vallis[18] et cetera significat, narat et exponit ser Fillippus / Ruscha filius condam talis quod licet ipse ser Fillippus et eius antecessores / annis I, II, III, IIII[o], VI, X, XV, XX, XXX, XL et pluribus / proxime preteritis continuis et continuato tempore computato tempore datorum / suorum fuerint et steterint et de presenti[d] sit ipse ser Fillippus, / salva turbatione de qua infra, in quieta et pacifica / possessione et tenuta seu quaxi infrascripte petie terre inferius / descripte et coherentiate, ipsamque petiam terre tenendo et / gaudendo et possidendo, uvas et alios fructus dicte petie / terre percipiendo, colligendo et habendo et ipsam petiam terre / laborando seu laborari faciendo et de ipsa petia terre / faciendo et disponendo et fecit et disposuit pro eorum / libito voluntatis, prout faciunt et disponunt et facere et / disponere possunt veri et iusti possessores et domini de eorum / bonis et rebus propriis et sine molestia et contradictione / Dominici dicti Borioli de Salla[38] nec alicuius alterius persone, comunis, / collegi, capituli et universitatis. Attamen ipse Dominicus Boriolus, / eius audatia et temeritate et de facto ac preter et contra / voluntatem ipsius ser Fillippi et in eius grande damnum et / preiuditium nec animo et intentione occupandi dictam infrascriptam / petiam terre ipsi ser Fillippo nec non ipsum ser Fillippum turbandi / in eius quieta et pacifica possessione et tenuta seu quaxi / dicte infrascripte petie terre, dictam infrascriptam petiam terre intravit / et invaxit de anno presenti curente 1540 de mense Februarii / seu alio mense dicti anni, et ex et de dicta infrascripta petia terre / segavit seu segare fecit et exportavit fenum dicte petie terre ac / etiam ipsam petiam terre vendemiavit in et super qua petia / terre aderant tot uve que fecissent seu verisimiliter facere / potuissent comuni extimatione hominum condia sex vini, et / quod fenum erat seu esse poterat spatia quatuor feni comuni / hominum extimatione ut supra et seu illam quantitatem vini et / [c. 248v.] et[e] feni, de quibus verificari et liquidari contingerit [in][b] / procesu cause, nec non ex et de dicta petia terre cavavit [certum][b] / terragium nec non in et super dicta petia terre incixit seu / incidere fecit arbores duas et ipsos exportavit seu conduci / fecit extra dictam petiam terre, ex qua incisione arborum / dictus ser Fillippus deterioratus fuit et damnificatus in / libris L^{ta} terciolorum seu in illa denariorum quantitate de qua verificari / et liquidari contingerit in procesu cause, committendo et / commissit predicta predictus Dominicus preter et contra formam iuris / et statutorum comunitatis vallis Lugani super talibus editorum et maxime / statuti positi sub rubrica, de pena occupantis rem alienam / imobilem, in capitulis XIII[99], et inde pro et super premissis / omnibus et singulis per eum Dominicum commissis et perpetratis ut supra / ipse ser Fillippus ipsum Dominicum accuxavit et accuxat, / quare, cum predicta vera sint, petit et cum instantia requirit / dictus ser Fillippus Ruscha a vobis prefato domino capitaneo quatenus / de premissis omnibus et singulis veritatem inquiratis et / veritate comperta condemnetis condemnationibus omnibus, iuris / remediis compellatis et constringatis suprascriptum Dominicum Boriolum / de Salla in omnibus illis penis in quibus de iure et ex forma / statutorum comunitatis vallis Lugani[2] predicte super talibus editorum / venit condemnatus, ipsumque Dominicum Borelum condemnetis ut supra / ad restituendam ipsi ser[f] Filippo possessionem. /

[g]Nota quod si ille contra quem producitur accuxa non detinet possessionem, / sed solummodo turbavit, non debes petere quod condemnetur ad / restitutionem dicte petie terre, sed solummodo ad non molestan[dum][b] / et cetera prout postea sequitur. /

Ipsumque Dominicum condemnetis ut supra ad non molestandum, inquieta[ndum][b] / nec perturbandum de cetero ipsum Dominicum[h] in quieta et / pacifica possessione et tenuta seu quaxi dicte petie terre / et ulterius ad satisdandum idonee et promittendum quod in f[uturum][b] / cessabit et desistet a predictis turbatione et inquietatione, / [c. 249r.] quodque patietur in futurum et substinebit dictum ser Fillippum libere, quiete / et pacifice tenere et possidere ipsam petiam terre et ex ea / fructus in posterum percipere, colligere et habere. /

Nota quod si iste Dominicus contra quem producitur accuxa teneret possessionem / et ipsam vi gauderet, tunc dic sic videlicet.

Condemnetis ipsum Dominicum / ad restituendum ipsi ser Fillippo dictam possessionem dicte petie / terre et ad non molestandum et cetera, / quodque condemnetis ut supra suprascriptum Dominicum ad dandum et solvendum / suprascripto Fillippo suprascripta condia sex vini et spatia quatuor feni, / si extant, et si non extant eorum valorem de quo in processu / cause liquidabitur, que fuerunt percepta ac exportata et habita / et collecta per ipsum Dominicum in et super[i] dicta petia terre / ut supra et seu illos fructus aut eorum valorem de quibus / in processu cause liquidabitur in una parte, item in altera / parte libras L^{ta} terciolorum causa suprascripti damni dati et illati per dictum / Dominicum in incidendo et exportando dictas arbores duas / de quibus supra in et super dicta petia terre et seu in / illa[j] denariorum quantitate de qua liquidari contingerit in / processu cause et cum frugibus abinde citra perceptis et / qui verisimiliter percipi potuerunt ex ea petia terre, et predicta / petit fieri debere dictus ser Fillippus cum omnibus expensis, / damnis et interesse de quibus solemniter protestatur contra dictum /

Dominicum et cetera et de, in et super premissis omnibus et singulis / et ab eis et quolibet eorum dependentibus, emergentibus et / conexis, ius et iusticiam in complementum eidem ser Fillippo ministretis, / et predicta omnia et singula dicit et petit dictus ser Fillippus / fieri debere contra dictum Dominicum et coniunctim et separatim / et copulative et alternative et successive et gradatim / et non tantum predicto modo, sed etiam omnibus aliis melioribus modo, / iure, via, causa et forma quibus melius et utillius ipsi / ser Fillippo potestis de iure, videlicet etiam in eisdem implorando / officium ubi sibi utille sit et necessarium, salvo iure addendi et cetera, / deducens in iuditium et cetera, non astringens se et cetera. / Petia de qua supra fit mentio est ista videlicet. / Imprimis petia una terre et cetera. /

a–a *Numero e titolo vergati nel margine sinistro della* c.
b *Parte mancante per lacerazione del margine interno della* c.
c -e *corretto sopra* -i.
d *Segue* sint *depennato.*
e *Così, si espunga* et.
f *Segue* Dominico *depennato.*
g *Nel margine sinistro della* c., *in corrispondenza delle righe 24–25 dell'originale, c'è il disegno di una mano con l'indice teso.*
h *Così, si intenda* Fillippum.
i s- *corretto sopra* c-.
j -a *con erasione di* m *finale.*

[c. 249v.] CLXXII[a] Forma capitulorum

Coram vobis et cetera, in causa accuxe producte pro parte Fillippi [de tali][b] / parte contra Dominicum de tali parte et in omni et qualibet causa et / questione versa et vertente per et inter eas partes, probare intendit / et facere vult dictus Fillippus in dicta causa ut infra, non / astringendo se propterea et cetera videlicet. / Imprimis quod verum est et publice dicitur et publica vox et fama / fuit, stetit et est quod dictus Fillippus annis I, II, IIII, VI, X et / pluribus proxime preteritis continuis et continue et continuato tempore, computato / tempore antecessorum suorum, fuit, stetit et de presenti est, / salva perturbatione de qua infra et quieta et pacifica / possessione et tenuta seu quaxi infrascripte petie terre inferius / descripte et coherentiate, ipsam petiam terre tenendo, gaudendo / et possidendo ac ipsam infrascriptam petiam terre laborando et / laborari faciendo, et ex ea petia terre ficta, redditus, fructus, / proventus et gaudimenta colligendo, percipiendo et habendo, et / de ipsa faciendo et disponendo ac fecit et disposuit pro / eius libito voluntatis et prout faciunt et disponunt et facere / et disponere possunt veri domini et iusti possessores de bonis / suis propriis sine molestia et contradictione dicti Dominici nec / alicuius alterius persone et cetera, et sic est verum, notorium / et manifestum et sic vel aliter prout testis dicere voluerit / in favorem et sine preiuditio capitulantis. / Item quod verum ut supra quod suprascriptus Dominicus de anno presenti, de mense Iullii seu / alio mense dicti anni eius audatia et temeritate et de facto / invaxit et intravit dictam infrascriptam petiam, et in ipsa peti[a][b] / segavit herbam dicte petie ac incixit quam plurima lignami[na][b] / ab opere et a foco et ea exportavit ut supra ac ipsam petiam te[rre][b] / vindemiavit ac ipsum fenum et uvas predictas dicte petie [terre][b] / exportavit. Quod quidem vinum et fenum per ipsum Domini[cum][b] / exportata ut supra erant seu verisimilliter comuni hominum extimatione e[sse][b] / poterat pretii et valoris librarum XXV terciolorum et seu illius valoris de q[uo][b] / probari contingerit et similliter est damnificatus ipse Fillippus causa dicte / incissionis lignorum in libris L^{ta} terciolorum et seu illius pretii et valoris de qu[o][b] / probari et verificari contingerit, et sic est verum et cetera. / [c. 250r.] Item quod verum est et publice dicitur ut supra quod dicta infrascripta petia terre de anno presenti produxit / seu verisimilliter comuni extimatione hominum producere potuit tot uvas / et fenum, que ascendere possent comuniter et comuni hominum extimatione / ad sumam condiorum sex vini seu musti et spatiorum trium feni et / seu illius quantitatis vini et feni de qua probari contingerit et / testis dicere voluerit, que dictus Fillippus ex ea petia terre percepisset / et collegisset seu verisimiliter collegere et percipere potuisset, / si non molestatus nec perturbatus fuisset per dictum Dominicum in / eius Fillippi quieta et pacifica possessione et tenuta seu quaxi / dicte infrascripte petie terre, et quod vinum erat seu verisimilliter esse / poterat comuniter et comuni cursu et comuni hominum extimatione pretii / et valoris librarum VI terciolorum pro singulo condio dicti vini et seu illius[c] / pretii et valoris de quo probari contingerit et testis dicere / voluerit, et pro ipso pretio venditum fuisset seu comuni cursu / vendi potuisset prout supra, et similliter dictum fenum erat seu / verisimilliter esse poterat pretii et valoris librarum IIII terciolorum pro singulo / spatio feni, et pro ipso pretio comuni cursu et comuniter venditum / fuisset et seu verisimilliter vendi potuisset et seu eius valoris de quo testis dicere voluerit et probari contingerit ut supra, et sic est / verum et cetera. / Item quod de predictis omnibus et singulis fuit, stetit et est publica vox et / fama. / Petia terre de qua supra fit mentio est ista videlicet. / Imprimis petia una terre et cetera. /

Nota quod quando verteretur causa inter partes [d-]in rei vendicatione[-d] et necesse / esset probari quod bona de quibus agitur fuissent in bonis alicuius, / poteris formare capitula prout infra. /

Coram vobis magnifico et generoso viro domino Bernardino Guatio[100] capitaneo / Lugani et vallis[18] et cetera in causa et questione versa et vertente per / et inter Antonium de tali parte actorem, ex una parte, et / [c. 250v.] Petrum de tali parte[e], ex altera, occaxione contentorum i[n][b] / actis dicte cause probare intendit et facere vult dictus Antonius / in dicta causa ut infra, videlicet non se propterea astringens et cetera. / Imprimis quod verum est et publice dicitur et publica vox et fama fuit, stetit / et est quod infrascripta petia terre tempore mortis nunc quondam Christofori / de tali parte qui decessit modo, et possunt esse anni XII vel / circa proxime preteriti et etiam ante eius mortem per plures et plures / annos continuos fuit et stetit et erat in bonis et de bonis / propriis dicti nunc quondam Christofori et per eum in eius hereditate et / bonis relicta, et per ipsum Christoforum tenta, gavisa et possessa / fuit per suam et tamquam suam propriam per plures et plures annos / [f]continuos ante eius mortem et usque ad eius / mortem ipsam infrascriptam petiam terre laborando et laborari / faciendo, videlicet segando herbam et fenum dicte petie ac podando / [g]et faciendo seu fieri faciendo singulo anno singulis / suis debitis temporibus vittes dicte petie terre et cavando / et cavari faciendo ipsas vittes et alios fructus dicte petie terre / percipiendo, colligendo et habendo et alia faciendo et disponendo et / fecit et disposuit ipse quondam Christoforus de ipsa petia terre et / infrascripta pro eius libito voluntatis, prout faciunt et disponunt et / facere et disponere possunt veri domini et iusti possessores bonorum suorum / et ut de re sua propria sine contradictione nec molestatione alicuius / persone et sic est verum, publicum, notorium et manifestum, et sic vel / aliter prout testis dicere voluerit et cetera. / Petia terre de qua supra est ista videlicet. / Imprimis petia una terre et cetera.

[h-]Forma alterius capituli[-h]

Item quod verum est ut supra quod infrascripta petia terre inferius descripta [et][b] / coherentiata tempore rogationis infrascripte venditionis facte per dictum Chri[stoforum][b] / in manibus dicti Antonii de dicta infrascripta petia terre, tradate per / dominum Iohannem Franciscum Canevalium[101] notarium et cetera, anno Domini curente 154[0][b], / [c. 251r.] quod instrumentum venditionis legatur testibus pro eorum clariori intelligentia / et etiam ante rogationem seu cellebrationem dicti instrumenti venditionis per / plures et plures annos continuos tunc proxime preteritos fuit et stetit in bonis / et de bonis propriis dicti quondam Christofori et per eum seu eius nomine tenta, / possessa et gavisa fuit per suam et tamquam suam propriam ipsamque / infrascriptam petiam terre segando, dezerbando et disbuscando et / in ea alevando vittes et alios fructus et inserendo seu insidendo / [i]arbores et laborando et laborari faciendo ac / vittes, castaneas in ipsa petia terre fieri faciendo et ipsam petiam / terre culturando et arando et seminando et arari et / seminari faciendo, vinum, castaneas, fenum, granum et alios fructus / et ficta, redditus, proventus et gaudimenta ex ea percipiendo, / colligendo et habendo et percepit, collegit et habuit et alia / faciendo et de ipsa fecit et disposuit pro eius libito voluntatis / ut de re sua propria et prout faciunt et disponunt et facere / et disponere possunt veri domini et iusti possessores de bonis / suis propriis, et hoc sine aliqua molestia nec contradictione / alicuius persone, et sic est verum, publicum, notorium et / manifestum et sic vel aliter prout testis dicere voluerit in / favorem et sine preiuditio capitulantis. /

[a] *Numero vergato nel margine sinistro della* c.
[b] *Parte mancante per lacerazione del margine interno della* c.
[c] i- *corretto sopra* e-.
[d–d] *Parte vergata con inchiostro differente, probabilmente da altra mano.*
[e] *Segue spazio in bianco di 15 mm. Si aggiunga* reum.
[f] *Precede* ante eius mortem *depennato.*
[g] *Precede* seu *depennato.*

h–h *Annotazione vergata nel margine sinistro della* c.
i *Precede* et laborando v *depennato*.

[CLX]XIII[a] Libellus de iniuria

[In] nomine Domini, amen, coram vobis spectabile et generoso domino tale / capitaneo Lugani et vallis[18] et cetera significat et in iure proponit / ser Ioannes Antonius Ruscha[102] de tali parte filius condam talis causidicus et / notarius publicus, habitator Lugani, intendens civiliter agere / contra et adversus Petronum de tali parte filium condam talis nec non contra / quamlibet aliam personam pro eo in iuditio legiptime interveniente / et per ipsam eandem personam contra dictum Petronum occaxione certorum / verborum iniuriosorum dictorum et prolatorum per dictum Petronum in / [c. 251v.] faciem dicti Ioannis Antonii de quibus infra fit mentio, non per m[odum][b] / quidem et viam solemnis libelli, sed qualisqualis petitionis et / facti seu narationis, et omnibus modo, via, iure, causa et forma / quibus melius et vallidius potuit et potest, quod de anno Domini / curente 1540 de mense Februarii seu alio mense dicti anni dum / dicti Petronus et ser Ioannes Antonius essent in burgo Lugani[20], in / contrata de Verla[103], iuxta domum habitationis Laurentii Rusche et / ubi magna populi aderat multitudo, et ipse ser Ioannes Antonius / dixisset ipsi Petrono quod male fecerat ad faciendum / robore[c] Ioannem de Yxono[104], ecce quod dictus Petronus tunc alta / voce in presentia et in faciem dicti Ioannis Antonii et in conspectu / quam plurium personarum ibidem astantium, animo et intentione / ipsum Ioannem Antonium infamandi et graviter iniuriandi / et in eius vituperium, dedecus et gravem iniuriam dixit et / protullit hec verba iniuriosa, infamatoria et contumeliosa erga / dictum Ioannem Antonium videlicet, «et sarebe simil a te che sei uno ribaldo», / et sic et seu similia verba iniuriosa, infamatoria et contumeliosa / protullit in et contra dictum Ioannem Antonium ut supra. Que quidem verba / taliter et contra veritatem et iusticiam et contra dictum Ioannem Antonium / per suprascriptum Petronum dicta et prollata in iniuriam seu contumeliam, / vituperium et diffamationem ipsius Ioannis Antonii idem Ioannes Antonius / revocavit ad animum et reputavit et reputat pro magna / iniuria seu contumelia adeo quod ipse Ioannes Antonius potius voluisset / et vellet non esse lucratus ducatos centum auri quam talem / iniuriam seu contumeliam habuisse seu passus fuisse, sed eti[am][b] / potius voluisset amississe de ere suo proprio ducatos cen[tum][b] / auri quam talem iniuriam seu contumeliam passus fuisse e[t][b] / recepisse, et sic ipse Ioannes Antonius iuramento suo, quod o[ffert][b] / facere loco et tempore debitis, predictam iniuriam seu contu[meliam][b] / extimavit et extimat ducatos centum auri ut supra, attenta qu[alitate][b] / predictorum verborum et etiam condictione seu reputatione ac offitio et / arte ipsius Ioannis Antonii, qui est causidicus ac notarius publicus Lugani et / vallis[2] et a quo Ioanne Antonio de dicto offitio procurarie et arte notarie multum / habetur recursus. / [c. 252r.] Quare cum predicta vera sint quod predicta verba fuerint per ipsum / Petronum Ruscham contra dictum Ioannem Antonium Ruscham, ut predictum est, / prollata et attentis superius narratis intersit ipsius Ioannis Antonii / Rusche predictam iniuriam seu contumeliam cum sacramento suo, quod / offert facere ut supra, estimationem[d] petit et cum instantia requirit / dictus Ioannes Antonius a vobis prefato domino capitaneo quatenus sumarie / procedendo[e] et de plano sine strepitu et figura iuditii et alias / omnibus modo, iure, via, causa et forma quibus melius potuit / et potest per vestram sententiam diffinitivam taxetis et taxare / vellitis et debeatis ipsam iniuriam contra ipsum Ioannem Antonium factam, / dictam et prollatam seu dicta verba iniuriosa contra ipsum / Ioannem Antonium prolata in eius iniuriam et infamiam ut supra ducatos / centum auri ut supra, ipsumque Petronum eadem vestra sententia / diffinitiva ut supra condemnetis et condemnare vellitis et debeatis / erga ipsum Ioannem Antonium in dictis ducatis centum auri causa suprascripta / ut supra, et deinde post ipsam condemnationem compellatis et / et[f] constringatis ipsum Petronum omnibus iuris remediis / ad dandum et solvendum dicto ser Ioanni Antonio dictos ducatos centum / auri ut supra cum effectu, et predicta omnia et singula petit / idem Ioannes Antonius fieri debere cum omnibus expensis, damnis / et interesse factis et fiendis usque in finem littis premissorum / occaxione, de quibus omnibus dictus Ioannes Antonius solemniter et / legiptime protestatur contra dictum Petronum et contra quamlibet / aliam personam pro eo in iuditio legiptime intervenientem, / salvo iure addendi et cetera, deducens in iuditium omne suum / ius et cetera non se proptera astringens et cetera. /

Nota quod agens actione iniuriarum necesse est iuramento suo / extimare talem iniuriam tot denarios, videlicet quod potius vellet / amisisse ipsos ducatos centum auri seu illos denarios quos / petit quam talem iniuriam passum fuisse et prout supra narratum est, / [c. 252v.] quod quidem iuramentum potest fieri post littem contestatam antequam / concludatur in causa aut in ipsa littis contestatione et debet / dictum iuramentum poni in actis et fieri coram offitio, in presentia / partis adverse seu parte citata ad hoc. / Nota etiam quod agens tali actione necesse est quod habeat et probet in causa[g] / habere in here et bonis tot quot petit[h] seu extimavit / dictam iniuriam, quia non posset iurare potius amisisse de / eius here et bonis ducatos centum quam talem iniuriam passum / fuisse ut supra, si non habet tot in bonis. / Nota etiam quod ille, cui illata est iniuria dicta, non potest agere contra / iniuriantem si tempore dicte iniurie illate seu prolate statim non revocavit / ad animum dicendo ipsi iniurianti tempore illate iniurie, ego / extimo hanc iniuriam tot denarios et cetera, et dicendo astantibus / ibidem, ego rogo vos in testes notate, seu simillia verba et / debent verba probare in procesu cause. / Nota etiam quod etiam maritus pro uxore et sponsa et pater pro filio et / pater familias pro eo, quem habet in potestate, potest agere iniuriarum / actione ut supra, dummodo iniurians sciat eum filium familias, / item heres defuncti potest agere actione iniuriarum ob iniuriam factam / cadaveri defuncti, cuius est heres. / Nota etiam quod ille qui dicit alicui latro, fur, homicida et huiusmodi /

cum dicat verum, non punitur nec tenetur iniuria si facit anim[o][b] / accusandi vel denuntiandi ad puniendum delictum et probaver[it][b], / idem si faciat excipiendo et eum repellat a testimonio, qu[ia][b] / nemo facit iniuriam qui utitur iure suo, si vero dici[t ad][b] / infamandum tantum quod presumitur quando non habet causam iu[stam][b] / dicendi, tunc iniuriam facit et condemnandus est licet dic[at verum][b], / et hoc habetur C. eo titulo, l. si quidem, et l. 3, C. eo. 6. [q. I.][b] / ex merito, et c. deteriores, et no. Host[i] et Ber. in c. si culpa, / eo ti. / [c. 253r.] Quia aliquando aliqui timent agere actione iniuriarum ne faciant / contra conscientiam, et propter hoc pono infrascriptam questionem videlicet, / utrum iniuriatus in conscientia teneatur remittere iniuriam ex / necessitate salutis, respondeo cum[i] l. in c. si quis contristatus, cum[i] o. di. quod non / quo ad actionem, id est ut satisfactionem habeat, 23.4.4 / si illic, imo dicit quod bene facit agendo ut iniurias / satisfaciat, 4.5. di. et qui emendat, 23.4.5. de / occidendis, quia iniuriator tenetur nedum petere veniam, / sed etiam satisfacere de damno dato ex iniuria si potest, / aliter non potest absolvi nisi iniuriatus remisisset[j] / actionem iniurie liberaliter quo ad conscientiam sed ranchorem / cordis etiam iniuriante non satisfaciendo, tenetur iniuriatus / dimittere. / Nota quod iniuria proprie pro qua quis agere potest actione iniuriarum / ut in hoc libello continetur, potest fieri pluribus modis videlicet, / aliquando fit verbis[k] convitiando et contumeliam / dicendo, aliquando fit re quando manus violente / inferuntur, aliquando fit litteris cum videlicet librum vel / cartam vel historiam ad infamiam alicuius pertinentem / conscripsit, composuit vel edidit vel dolo malo fecit / ut aliquid horum fieret, ut puta, dimissit scripturam / eadem in plathea eodem modo tenetur, si sic scriptura / in notam vel signum aliquod istorum prodidit, ut puta, / veste lugubri utitur in in[l] iniuram alicuius vel cornua / posuit in porta et huiusmodi. / Quero etiam quis potest facere iniuriam, respondeo quod ille tantum qui et pati eam potest, / falit hoc in furioso et puero qui non est doli capax cui iniuria / fieri potest, ipsi tamen aliis facere non possunt, et idem de / dormiente, adverte tamen quod nemo iniuriam potest facere nec / [c. 253v.] tenetur de iniuria, nisi qui scit se iniuriam facere vel sci[re][b] / debeat etiam si ille cui fit nesciat quare, si quis per iocum percutia[t][d] / aut dum certat non tenetur iniuriarum. / Et nota etiam quod actio iniuriarum datur illi qui eam patitur et / non quod nedum iniuria fit in persona propria alicuius, sed etiam / ei dicitur fieri, si fit in filio vel ei quem habet in potestate, si / iniurians sciat eum filium familias, item in sponsam / vel uxorem, et sic datur actio utrique. / Nota quod pluribus modis remittitur seu tolitur actio iniuriarum / de quibus inferius aliqua dicam, et primo tolitur remisione / ut per supplicationem aut preces, secundo remittitur dissimullatione, / videlicet si iniuria est illata et per annum utilem, si est per / metum, aut per annum unum continuum, si alio modo est / illata, iniuratus non agit, tunc aboletur, tertio remittitur / salutatione, deoschulatione, comestione et huiusmodi / signis, et hoc nisi a principio provocasset adversarium / faciendo eum citare, quia tunc per signa simillia non tolleratur / nisi expresse renuntietur vel transigatur. / Item tolitur actio iniuriarum quotiensque quis citat iudicem ut / torqueat iniuriantem, eo ipso quod ipsum torqueat et / condemnat ad vindictam unde aliam satisfactionem pro iniuria / petere non poterit, nisi protestans quod ex hoc non[m] vis / tibi preiudicare quin pro tuo interesse possis agere actionem / iniuriarum. / Item remittitur per mortem, quia iniuriarum actio non transit [ad][b] / heredem ante littis contestationem moriente iniuriato. /

[a] *Numero vergato nel margine sinistro della* c., *parzialmente mancante per lacerazione del margine interno della* c.
[b] *Parte mancante per lacerazione del margine interno della* c.
[c] *Così, si intenda probabilmente* robare.
[d] estimationem *vergato con inchiostro differente, probabilmente da altra mano.*
[e] procedendo *aggiunto da altra mano nel margine sinistro della* c. *di fianco a* procendo *depennato.*
[f] *Così, si espunga* et.
[g] *Segue* quam *depennato.*
[h] *Segue* et *depennato.*
[i] *Lettura incerta.*
[j] *Segue* iniuriam *depennato.*
[k] *Segue* convintiando *depennato.*
[l] *Così, si espunga* in.
[m] *Segue* vis *con segno abbreviativo depennato.*

CLXXIIII° [a] Assensus contrahendi et distrahendi et cetera

[c. 254r.] [In] nomine Domini, amen, anno et cetera, coram sapiente et egregio legum doctore / domino tali de tali parte vicario Lugani et vallis[2] sedente in / bancho, super quodam bancho posito in burgo Lugani[20] et cetera, / quod banchum et cetera ellegit et elligit bancum et tribunal idoneum / in hac parte pro infrascriptis omnibus et cetera peragendis et eius offitio, / constitutus Antonius de tali parte filius condam talis et cetera omnibus / modo et cetera quibus melius potuit et potest, precibus et / instantia et ad requisitionem Michaelis eius filii / legiptimi ibidem presentis, instantis, requirentis et petentis, / dedit, prestitit et atribuit et dat, prestat et atribuit / suprascripto Michaeli eius filio legiptimo et in eius potestate / constituto, prout ibidem dixerunt et protestati fuerunt ac dicunt / et protestantur, presenti et petenti ut supra plenam et omnimodam / parabulam et licentiam, assensum et consensum contrahendi et / distrahendi, mercandi, comparendi, obligandi se et pati / condemnari et in iuditio standi et extra coram quocumque / iudice et[b] magistratu tam in agendo quam in / deffendendo contra quamlibet personam, comune, collegium, / capitulum et universitatem cum qualibet persona, comuni, collegio, / capitulo et universitate, et in quacumque causa, litte et questione / tam mota quam movenda, in quibus et cum quibus dictus / Michael agere et deffendere vellet et vellit quocumque modo / et quacumque ratione et cetera, etiam si esset causa inexcogitata / et penitus extranea, et tam in se condemnando et pati / condemnari quam in absolvendo et recipiendo ac stipulando, / et ad compromittendum, transigendum[c], paciscendum et / mercandum cum quibuscumque personis seu persona, comuni, collegio, / capitulo et universitate cum quibus dictus Michael habet / [c. 254v.] vel habebit agere, facere vel mercari[d] ac albrigari[e], e[t item][f] / ad quemcumque actum, contractum, distractum et extractum tam iuditiale[m][f] / quam non iuditialem et tam obligatorium condemnatoriumque quam / non seu quaxi et alia quecumque faciendum et cellebrandum et / fieri et cellebrari rogandum, sicut et quemadmodum ac / si esset sui iuris et homo et in sua propria et libera / potestate et prout faciunt et facere possunt homines liberi / et sui iuris et in[g] sua propria potestate constituti, / cum hac condictione et pacto, lege et condictione in principio, / medio et fine huius contractus et per omnes eius vires / quod quicquid a modo acquiri et lucrari contingerit per ipsum / Michaelem quoquo modo et quacumque ratione, causa et occaxione / ut supra pleno iure et omnimoda ratione sit et esse debeat / ipsius Michaelis proprium et per proprium et ut de sua / propria re possit et valeat disponere et facere et prout voluerit / et ei melius videbitur et placuerit, et hoc sine aliqua / contradictione nec molestia ipsius Antonii patris sui nec / ratione vinculorum paternorum nec alicuius alterius / persone, comunis, collegii, capituli et universitatis, nec in / ipsum Antonium patrem ipsius Michaelis perveniat aliquod / dominium nec potestas aliqua nec proprietas super predictis / aliqualiter nec aliquo modo tanquam si esset persona extrane[a][f] / cum dicto Michaele eius filio, et hoc contra voluntatem dic[ti][f] / Michaelis. /

Nota quod ista pacta non debent poni in contractu huiu[smodi][f] / assensus et licentie nisi per patrem dicatur aperte [quod sue][f] / intentionis est facere sic facere ****[h].

Promittens et promissit dictus Antonius sub ippoteca et / [c. 255r.] obligatione sui et omnium suorum bonorum et rerum[i] / pigneri presentium et futurorum dicto Michaeli eius filio / presenti et stipulanti ut supra et michi tali notario infrascripto ut / publice persone stipulanti et recipienti nomine et vice suprascripti / Michaelis eius filii et omnium aliarum personarum quarum / interest, intererit vel interesse poterit quomodolibet / in futurum predictum assensum, consensum, parabulam et / licentiam et predicta omnia et singula in hoc contractu contenta sese / perpetuo et omni tempore ratum, gratum, firmum et vallidum et / rata et cetera habere et cetera et nullo tempore contrafacere et cetera, et / exinde de predictis omnibus et singulis rogatum fuit / per me notarium infrascriptum iam dictum ut publicum conficiam instrumentum / unum et plura uno et eodem tenore, ad petitionem / cuiuslibet cuius[j] interest, intererit ut supra, / in laudem viri sapientis. / Actum et cetera, testes et notarii et cetera. /

Ponatur infrascripta gluxula si contrahentes veniunt ad infrascriptam / assignationem. /

Et insuper dictus Antonius assignavit et assignat dicto / Michaeli filio infrascripta bona, videlicet domum unam terraneam et cetera, / item petiam unam terre arative et cetera[k] ex et de bonis / propriis ipsius Ioannis Antonii, de quibus vult et protestatur per presentem / contractum ipsum Michaelem posse vendere, alienare, baratare et / disponere quicquid voluerit et ei melius videbitur et placuerit /

sine aliqua contradictione, exceptione nec molestatione fienda per ipsum / Antonium patrem ipsius Michaelis nec alicuius alterius persone, / comunis, collegii, capituli et universitatis, tanquam si fuissent et essent / propria ipsius Michaelis. /

[a] *Numero vergato nel margine sinistro della* c. *che segue*, c. 254r.
[b] *Segue* extra *depennato.*
[c] *Segue* pas *depennato.*
[d] *Segue* vel *depennato.*
[e] albrigari *sopra la linea sopra* abrigari *depennato.*
[f] *Parte mancante per lacerazione del margine interno della* c.
[g] i- *corretto sopra* e-.
[h] *Spazio in bianco corrispondente a 70 mm.*
[i] *Segue* mob *depennato.*
[j] *Segue* intererest *depennato.*
[k] *Segue* it *depennato.*

[c. 255v.] CLXXV[a] Adhitio hereditatis facta per filium cum lic[entia][b] patris / quando pater repudiavit talem hereditatem

I[n][c] nomine Domini, amen, anno et cetera, Ioannes de tali parte filius Antonii, / attento quod ipse Antonius eius pater repudiavit hereditatem / nunc quondam Alberti olim fratris suprascripti Antonii et protestatus / fuit se nole esse heredem dicti condam Alberti, ut constat / instrumento ipsius repudiationis tradato per talem notarium, / anno et cetera, et cognito per ipsum Ioannem filium suprascripti Antonii / quod ipsa hereditas est sibi lucrosa potius quam damnosa, / igitur suprascriptus Ioannes constitutus ibidem in presentia suprascripti Antonii / patris sui et mei notarii et testium et notariorum infrascriptorum / petiit et petit ab eodem patre suo ibi presente et audiente / sibi per eum dari debere licentiam et parabulam, assensum / et consensum prestari acceptandi et adheundi[d] hereditatem / et bona hereditaria suprascripti condam Alberti ac eam hereditatem / et bona deffendendi et guarentandi ac pro ea et eius / tam in iuditio standi et perseverandi cum quacumque persona, / comuni, collegio, capitulo et universitate, que contra eum in / iuditio legiptime comparuerit, ac satisdandi et seu obligandi / de iuditio sisti et iudicato solvendo et[e] / iudicatum solvi ac de solvendo quaslibet[f] expensas, damna et / interesse, si et quatenus subcubuerit in aliqua causa / occaxione et causa dicte hereditatis. Qui Antonius pater dicti / Ioannis volens annuere petitioni dicti Ioannis filii s[ui][g] / omnibus modo et cetera quibus melius potuit et potest eide[m Ioanni][g] / filio suo ibi presenti et acceptanti dedit et concessit p[lenam][g] / parabulam et licentiam ac consensum et assensum dictam [hereditatem][g] / et bona hereditaria dicti quondam Alberti acceptandi et / adendi et se de dictis bonis et hereditate imiscere et dictam / hereditatem et bona deffendendi et guarentandi et in iuditio / legiptime comparendi et satisdandi et promittendi de iuditio sis[ti][g] / [c. 256r.] et iudicato solvendo et iuditium solvi et de solvendo et / restituendo quaslibet expensas, si et quatenus succubuerit / in aliqua causa cum aliqua persona, comuni, collegio, capitulo et / universitate causa et occaxione dicte hereditatis, quo facto ipse / Ioannes parabula dicti patris sui ut supra omnibus modo et cetera ad instantiam / mei notarii infrascripti ut publice persone stipulantis et recipientis nomine et / vice omnium et singularum personarum quarum interest, / intererit vel interesse poterit, asseruit, dixit et protestatus / fuit ac asserit, dicit et protestatur quod ipse Ioannes vult et / intendit esse heres dicti quondam Alberti et de dictis eius hereditate / et bonis imiscere et eam hereditatem et bona hereditaria / per presentes omnibus modo et cetera quibus melius potuit et potest, / adhivit et adhit ac acceptavit et acceptat, et hoc quia / dicta hereditas et bona hereditaria sunt eidem Ioanni potius / lucrosa quam damnosa. Quam quidem protestationem et adhitionem[h] / hereditatis ut supra et omnia premissa suprascriptus Ioannes parabula / ut supra promissit et cetera, obligando se et cetera mihi notario infrascripto ut publice persone / stipulanti et recipienti nomine et vice omnium et singularum personarum / quarum interest, intererit vel interesse poterit, se perpetuo / ratam et cetera et rata et cetera habere et cetera, renuntiando exceptioni huius / instrumenti non ita facti et cetera. Et exinde de predictis omnibus et cetera. / Actum et cetera, testes et notarii et cetera. /

Nota quod, si iste filius erit minor, fiat dicta adhitio coram officiali qui interponat auctoritatem, / et si erit pupillus, fiat coram officiali per ipsum pupillum si erit eloquens et / per patrem tanquam patrem et legiptimum administra[torem][i], et si est pupillus et adhuc / non fuerit elloquens, fiat per patrem coram officiali tanquam patrem et legiptimum administratorem / dicendo hoc modo videlicet.

Ioannes de tali parte attento quod ipse Ioannes repudiavit / hereditatem nunc quondam talis et cetera et dixerit se nole esse heredem dicti talis, ut constat / instrumento ipsius repudiationis tradato per talem notarium et cetera anno et cetera, et quod ipsa hereditas / et bona est potius utilis quam[j] damnosa Ioanni filio suo pupillo, idcirco ipse / Antonius tanquam pater et legiptimus administrator et nomine dicti[k] Ioannis / pupilli filii sui omnibus modo et cetera ad petitionem et instantiam mei notarii infrascripti ut publice / persone stipulantis et recipientis nomine et vice omnium et singularum personarum per[...][i] / quarum interest, intererit vel interesse poterit quomodolibet in futurum asseruit, / [c. 256v.] dixit et cetera ipsum Ioannem filium suum fore et velle esse heredem dicti quondam [talis et cetera et][i] / de dictis eius hereditate et bonis imiscere et eam hereditatem et bona hereditaria [dicti quondam][i] / talis dictus Antonius pater et legiptimus administrator et nomine dicti Ioannis [filii sui][i] / ut supra adhivit et adhit et acceptavit et acceptat. Quam quidem protestationem et cetera / suprascriptus Antonius pater legiptimusque administrator et nomine dicti eius filii ut supra / promissit, obligando se et cetera dicto nomine ut supra et dictum Ioannem eius filium et cetera mihi / notario infrascripto ut publice persone stipulanti et recipienti nomine et vice omnium et / singularum personarum quarum interest et cetera, se perpetuo ratam et cetera et rata / habere et cetera, renuntiando exceptioni et cetera. / Et predicta omnia et cetera acta et cetera fuerunt coram domino capitaneo et cetera, ponatur prout est actum / et coram quo capitaneo et ubi sederit et cetera. Et exinde de predictis et cetera. / Actum et cetera, testes et notarii et cetera. /

[a] *Numero vergato nel margine sinistro della* c.
[b] *Parte mancante per lacerazione del margine superiore della* c.
[c] I- *iniziale di 70 mm, ornata.*
[d] -h- *corretto sopra* -d-.
[e] *Segue* iuditio sisti *depennato.*
[f] -s- *corretto sopra* -l-.
[g] *Parte mancante per lacerazione del margine interno della* c.
[h] *Segue* et *depennato.*
[i] *Parte mancante per lacerazione del margine esterno della* c.
[j] *Segue* q *depennato.*
[k] *Segue* Antonii *depennato.*

CLXXVI[a] Forma sindicatus comunis ad / separandum ecclesiam suam ab / ecclesia parochiali et cetera

Pontificatus sanctissimi domini domini Sisti pape quarti[105] anno. / [b][In] nomine Domini, amen, anno et cetera, convocata[c] et cetera vicinantia comunis et hominum et cetera / de Pamio[106] in tali loco et cetera ****[d], / qui omnes superius nominati unanimiter et cetera cupientes honori ac utilitati / ecclesie Sancti Petri site in dicto loco et comuni de Pamio nec minus eorum / vicinorum et hominum presentium et futurorum animarum salu[t]i [e] e[t][e] / periculis quantum possunt earum animarum occurere et obv[iare][e] / eorum nominibus et nomine omnium aliorum vicinorum et incolarum [dicti loci][e] / ac ipsius[f] universitatis ****[g] / fecerunt, constituerunt et cetera ****[h] / et quemlibet eorum insolidum ita quod occupantis et cetera, / spitialiter et generaliter ut infra et ita quod per spetiem generi non dero[getur][e] / [c. 257r.] nec contra, ad comparendum nomine ipsorum comunis et hominum et se / presentandum coram prelibato sanctissimo domino domino Sisto papa quarto / et quecumque[i] ipsius domini pape et sancte sedis apostolice reverendissimo domino / camerario, vicecamerario aut vicecancellario et alio ad / infrascripta facultatem habente vel habituro in Romana curia seu / coram reverendissimo domino domino episcopo Cumensi aut venerabili eius vicario, comissario / vel dellegato, ad suplicandum coram prefatis seu altero eorum / quatenus ex causis adducendis et allegandis dignentur aut alter / eorum dignetur pro utilitate animarum suprascriptorum hominum et / singularum personarum dicti comunis et ad obviandum eorum[j] animarum / periculis suprascriptam ecclesiam Sancti Petri de Pamio constructam in / dicto loco et comuni de Pamio ut supra in parochialem et curatam / errigere cum fontibus et cimiterio et aliis insignis / parochialibus, eamque ecclesiam sic erectam seu[k] postquam / in parochialem et curatam errecta erit, ut premittitur, ab / ecclesia plebana et curata Sancti Laurentii de Lugano[30] et / eius iuribus parochialibus pariter et homines et incolas / dicti comunis[l] de Pamio ut supra constituentes presentes et / futuros seperare, dimembrare et segragare eosque / homines et incolas dicti comunis presentes et futuros iuri / parochiali dicte ecclesie Sancti Petri de Pamio comunis / predicti subicere et in parochianos et pro parochianis imperpetuum / dare et solvere, eo tenore quod ipsi comune et homines et / incole presentes et futuri[m] presbiterum ad / dictam ecclesiam Sancti Petri de Pamio elligere nominareque / et presentare possint, qui ipsi ecclesie suprascripti Sancti Petri comunis / predicti in divinis deserviat et ipsis hominibus et singularibus / personis sacramenta ecclesie ministret et eorum curam gerat / animarum et ea faciet, que ad presbiterum curatum spectant / et incumbent, cum etiam ipsi comune et homines et incole presentes et / futuri predictis obtentis sese offerant dicte ecclesie sue de Pamio / [c. 257v.] dicti comunis providere de dote sufficienti computatis premitiis, que da[ntur per][e] / eos homines de Pamio et prout sic vel aliter contingerit suplicari / et obtineri, et [n-]faciciendum obinde[-n] quamcumque promissionem pro / cautione dicte ecclesie de Pamio dicti comunis[o]. / Item ad omnes eorum et dictorum comunis et hominum et cetera causas et cetera / tam civiles quam criminales, quas ipsi constituentes et cetera et quilibet / ipsorum tam premissorum causa et occaxione quam quavis causa et / occaxione habent et cetera, et generaliter et cetera. / Item ad substituendum unum vel plures sindicum et procuratorem et / sindicos et procuratores ad premissa et quemlibet eorum et substitutos / revocandum et revocationem inthimandum, dantes et cetera plenum et cetera / mandatum et cetera cum plena[p], libera et generali administratione petendi, / suplicandi, obtinendi, agendi, deffendendi, iurandi, faciendi generendique[q] / et exercendi in predictis et cetera. / Et quicquid per suprascriptos missos, sindicos et procuratores suos et substituentes / ab eis et quemlibet seu alterum eorum insolidum actum, petitum, suplicatum, / obtentum, deffensum, iuratum, gestum, factum fuerit procuratum, id / totum et ea omnia et singula suprascripti constituentes vicini superius nominati pro se / et nomine suprascriptorum comunis et hominum ut supra promisserunt et cetera, obligando sese et cetera / et dictos comune et homines et quemlibet eorum et omnia eorum / bona et cetera mihi N. notario infrascripto ut publice persone stipulanti / et recipienti nomine et vice cuiuslibet persone, comunis, collegii, capituli / et universitatis cuia interest et cetera, sese perpetuo et cetera ratum [et cetera][e] / et rata et cetera habere et cetera, et de iuditio sisti et cetera et iud[ic]at[um][e] / solvi, et de relevando et cetera. / Et exinde[r] predictis et cetera rogatum fuit et cetera. / Actum et cetera, testes et notarii et cetera. /

[a] *Numero vergato nel margine sinistro della* c.
[b] *Nel margine sinistro della* c. *in corrispondenza della riga 17 dell'originale, l'annotazione* sindicatus.
[c] c- *corretto sopra* i-.
[d] *Spazio in bianco corrispondente a tre righe e mezzo.*
[e] *Parte mancante per lacerazione del margine interno della* c.
[f] i- *corretto sopra* e-.
[g] *Spazio in bianco corrispondente a mezza riga.*
[h] *Spazio in bianco corrispondente a una riga e mezzo.*
[i] *Così, si intenda* quocumque.
[j] -o- *corretto sopra* -a-.

k *Segue* posquam in *depennato.*
l *Segue* et prout supra *depennato.*
m *Segue* prespi *depennato.*
n–n *Così, si intenda* faciendum abinde.
o *Segue* I *depennato.*
p -a *erroneamente con segno abbreviativo.*
q *Così, si intenda* gerendique.
r *Si aggiunga* de.

[c. 258r.] CLXXVII[a] Sindicatus comunis et hominum de Gimo[3] seu de / alio comuni ad compartiendum seu refficiendum / extimum seu compartitum extimi et ad multa alia[b] atque [c-]taxa ficti[d] fictalitie[-c], / die secundo Martii 1540 in imbreviaturis mei Hieronimi Canevalii[4]

[In] nomine Domini, amen et cetera, convocata et cetera vicinantia consulis, comunis et / hominum et singularum personarum loci de Gimo in tali loco et cetera ****[e], / precepto et cetera talis et cetera consulis in antea dicti loci [c-]seu comunis[-c] de Gimo ****[f], / in qua quidem vicinantia et cetera affuit et cetera suprascriptus talis et cetera consul et cetera / et cum eo et penes eum affuerunt et sunt infrascripti, videlicet / talis filius condam talis et cetera et talis et cetera ****[g], / qui omnes sunt vicini dicti loci de Gimo et ibi[h] habitantes, / qui non solum fuerunt due partes trium partium omnium vicinorum / ressidentium de presenti in dicto comuni, sed quaxi omnes, qui / omnes vicini ut supra nominati representant totam, plenam et / integram vicinantiam dictorum vicinorum dicti comunis de Gimo, / qui omnes consul et vicini de quibus supra fit mentio eorum / nominibus propriis, item nomine et vice dictorum comunis et / hominum de Gimo pro quibus promisserunt et cetera de rato et cetera / unanimiter, concorditer et sine aliqua discrepatione / et discordia inter ipsos consulem et vicinos ut supra existente / elligerunt, deputaverunt, ordinaverunt et constituerunt et / elligunt et cetera suos et dictorum comunis et hominum de / Gimo certos missos, sindicos, nuntios, extimatores et / legiptimos procuratores et actores veros et quicquid melius / dici et esse potest talem et cetera et talem et cetera ac talem et cetera / [c. 258v.] et quemlibet eorum tam simul quam divisim, ita quod quicquid ac[tum][i], / gestum, dictum, factum, taxatum, condemnatum, absolutum, admini[stratum][i] / fuerit et ordinatum in infrascriptis omnibus et circa infrascripta per suprascriptos / sindicos ut supra ellectos vel maiorem partem eorum simul et / concorditer perpetuo exequatur et firmum maneat, duraturos / donec revocati fuerint ****[g], / spitialiter ad procuratorio nomine dictorum comunis et hominum de Gimo refficiendum / et compartiendum extimum ipsorum comunis et hominum et singularum / personarum de Gimo de foco in focum secundum consuetudinem hactenus / servatam in dicto comuni dando et assignando unicuique de dicto comuni / et habenti bona in dictis loco et terretorio de Gimo suam, ratam, contingentem / et supportabilem partem et portionem extimi, / similliter et taxe honorantie seu ficti et census quod prestatur / mense episcopali[j] Cumarum[1] per dictos comune et homines de / Gimo singulo anno iusta uniuscuiusque ipsorum hominum et / vicinorum dicti comunis facultates et bona iuste, legaliter, bona / fide et sine fraude per eorum et cuiuslibet eorum iuramentum, / et quod dictum extimum et reffectio extimi et[k] / distributio seu compartitum dicti census et ficti dicte fictalitie / sic facta prout supra per suprascriptos compartitores et extimatores vel / maiorem partem eorum prout supra duret et durare debeat / postquam publicatum fuerit a die publicationis inantea usque / ad tempus alterius nove reffectionis, que fieri continge[rit][i] / in ipso comuni, [l–]dictorum compartiti estimi et ficti ac cen[sus][i –l]. / Item fecerunt, constituerunt et cetera et faciunt, constituunt et cetera suos et d[icti comunis][i] / certos missos et cetera nobiles viros dominos Cessarem Casto[reum][i], / Christoforum Pocobellum, Iohannem Antonium Trevanum, Bernar[dinum Iovium][i], / Augustinum Plantam, Baptistam Somazium, Barthulum Turbinum [...][i] / de Salla[38], omnes procuratores et causidici Lugani[20] nec non suprascriptos [sindicos][i] / ut supra constitutos et quemlibet eorum, ad omnes ipsorum comunis et [hominum][i] / causas, et generaliter et cetera, dantes et cetera, promittentes et cetera. / Actum Lugani et cetera, testes et notarii et cetera. /

[a] *Numero vergato nel margine sinistro della* c.
[b] *Segue* atc *depennato.*
[c–c] *Parte aggiunta sopra la linea con segno di richiamo.*
[d] *Segue* extimi *depennato.*
[e] *Spazio in bianco corrispondente a tre righe.*
[f] *Spazio in bianco corrispondente a una riga.*
[g] *Spazio in bianco corrispondente a una riga e mezzo.*
[h] -b- *corretto sopra lettera non più leggibile.*
[i] *Parte mancante per lacerazione del margine interno della* c.
[j] episcopali *corretto depennando* archi.
[k] *Segue* distris *depennato.*
[l–l] *Parte aggiunta di seguito sulla linea da altra mano.*

[c. 259r.] CLXXVIII[a] Ellectio vicini in comuni

[In] nomine Domini, amen, convocata et cetera vicinantia comunis et hominum / et singularum personarum loci[b] de tali parte plebis talis / comitatus et cetera in tali loco in contrata et cetera, ubi dicta vicinantia / sepe fit et congregatur et fieri et congregari solet more / solito pro infrascriptis omnibus et singulis spitialiter peragendis, fiendis et / adimplendis ****[c], / precepto, mandato et impositione talis et cetera consulis et inantea dictorum / comunis et hominum de tali parte ****[d], / in qua quidem vicinantia, convocatione et congregatione affuit idem talis / consul et cum eo et penes eum affuerunt infrascripti, videlicet talis et cetera et talis et cetera ****[e], / omnes vicini et habitatores dicti loci et comunis predicti qui non solum / fuerunt due partes trium partium dictorum vicinorum et hominum dicti / comunis, sed quaxi omnes, qui omnes consul et vicini superius / nominati unanimiter et concorditer et nemine ipsorum descrepante / pro se et suis nominibus propriis, item nomine et vice suprascriptorum comunis / et hominum et singularum personarum predicti loci de tali parte / ellegerunt, receperunt et assumpserunt et elligunt et cetera / Ioannem et Marcolum fratres filii condam talis et cetera et utrumque / eorum insolidum pro eorum et cuiuslibet eorum et dictorum / comunis et hominum et singularum personarum loci predicti vicinis, / fratribus et consotiis in dicto comuni, ita et taliter et eo modo / et forma quod ipsi fratres ambo superius ellecti et uterque / eorum eorumque heredes et sucessores atque filii possint / et valeant atque debeat ac eis liceat et licitum sit habitare, / stare, albrigari, conversari[f], facere, agere et exercere quecumque / in dicto comuni et uti, experiri et exercere omnibus comunantiis / pasturis, ascuis, paschuis et viganalibus ac preheminentiis / et utilitatibus dictorum comunis et hominum de tali parte, prout sicut / [c. 259v.] et quemadmodum alii vicini dictorum comunis et hominum agere, face[re et][g] / exercere, stare, habitare, albrigari ac experiri possunt, poterant [et][g] / potuissent ac poterunt in futurum omnibus exceptionibus, condictionibus / et cavillationibus cuiuslibet persone, comunis, collegii, capituli et / universitatis penitus remotis, reiectis et cessantibus ac renuntiatis, / promittentes et promisserunt dicti Ioannes et Marcolus fratres et / uterque eorum insolidum[h] / [i]solemniter per stipulationem, obligando sese et utrumque eorum / insolidum et omnia eorum et utriusque eorum insolidum bona pignori / presentia et futura, videlicet uterque eorum insolidum pro facto suo[j] / tantum et non unus pro alio, suprascriptis consuli et vicinis superius / descriptis et mihi notario infrascripto ut publice persone stipulantibus / et recipientibus nomine et vice suprascriptorum comunis et hominum et / singularum personarum dicte vicinantie dicti comunis de tali parte, / de faciendo, gerendo et exercendo et quod faciant, gerent et / exercebunt ac manutenebunt et conservabunt toto eorum et / utriusque eorum posse dictos comune et homines eorumque / consuetudines, statuta et ordines servabunt, et quod solvent et / substinebunt quecumque onera, taleas et conditia incombentia / et que imponentur et imponi contingerint in dicto comuni et / per dictum comune nec non pontes[k] et stratas, ecclesias, vota et / ellemoxinas quascumque et quecumque, ad quas et ad que tenentur / dicti comune et homines de tali parte pro eorum et utriusque eorum / [l]facultate, extimo, taxa et personis debitis pro vicinis / ipsius comunis et prout et quemadmodum faciunt[m] et facient et [facere][g] / tenentur alii vicini et terrigene dicti comunis de tali [parte][g]. / Insuper predicti consul et vicini superius nominati pro se et no[minibus ut supra][g], / pro una parte, et dicti Ioannes et Marcolus fratres, pro al[tera][g], / promisserunt et promittunt sub ippoteca et obligation[e sui et][g] / omnium suorum bonorum et rerum presentium et futurorum, / sillicet una pars alteri et altera alteri ad invicem, predic[tam][g] / ellectionem et receptionem et omnia et singula premissa attender[e][g], / [c. 260r.] observare et exequutioni mandare in omnibus et per omnia / prout superius continetur ac ratam et cetera et rata et cetera habere et cetera / et nullo tempore contrafacere et cetera[n], in pena et cetera totius damni / et cetera danda et cetera, et pena soluta et cetera cum omnibus / expensis et cetera in bonis denariis numeratis et cetera, sub pacto / capiendi et cetera, renuntiando omnibus legibus et cetera. / Et pro qua quidem ellectione et receptione et pro predictis omnibus et cetera / contenti et confessi fuerunt et sunt suprascripti vicini et consul / superius nominati pro se et nominibus ut supra sese habuisse et recepisse / a suprascriptis Ioanne et Marcolo et utroque eorum pro vicinis / receptis ut supra libras viginti terciolorum, et pro plena, integra et / soluta satisfactione predictorum omnium et singulorum, renuntiando / exceptioni non habitorum et cetera. Et exinde de predictis et cetera. / Actum et cetera, testes et notarii et cetera. /

[a] *Numero vergato nel margine sinistro della* c.
[b] *Segue* et territorii *depennato.*
[c] *Spazio in bianco corrispondente a due terzi di riga.*
[d] *Spazio in bianco corrispondente a mezza riga.*
[e] *Spazio in bianco corrispondente a due righe. Nel margine sinistro della* c. *in corrispondenza delle righe in bianco dell'originale l'annotazione* ibi ponantur omnes vicini comunis qui sunt presentes quando fit tale instrumentum.
[f] -i *corretto sopra* -e.
[g] *Parte mancante per lacerazione del margine interno della* c.
[h] *Segue* et omnia eorum et utriusque eorum insolidum *depennato.*
[i] *Precede* bona et cetera *depennato.*
[j] *Segue* tantum *depennato.*
[k] pontes *aggiunto sopra la linea sopra* parte *depennato.*
[l] *Precede* fate *depennato.*
[m] faciunt *aggiunto sopra la linea con segno di richiamo.*
[n] *Segue* ip *depennato.*

CLXXVIIII° [a] Dellegatio datii seu officii et cetera

[In] nomine Domini, amen, anno a nativitate eiusdem et cetera, Petrus de tali / parte et cetera cui ad incantum publicum in tali parte fuit / delliberatum datium tale seu tale officium de bruto pro / libris ducentum decem terciolorum cum aventagiis super ipso lucratis / de libris XXV terciolorum quod remanet in libris centum octuaginta quinque / denario[rum] novorum de neto omnibus modo, iure, via, causa et forma / quibus melius potuit et potest, dellegavit et dellegat ipsum / datium seu officium tale Scaramutio de tali parte filio quondam talis et cetera / presenti, acceptanti et requirenti, et hoc cum omnibus emolumentis, / prehemineentis et comoditatibus, honoribus, utilitatibus, sallario / seu sallariis ceterisque prerogativis et arogativis eidem datio seu / officio spectantibus et pertinentibus et que spectare et pertinere / possunt et poterunt pro toto illo tempore quo delliberatum fuit / ipsi Petro, prout ad incantum predictum scriptum est et continetur per / [c. 260v.] talem notarium ipsius incantus, promittens et promissit dictus Schar[amutius][b] / sub obligatione sui et omnium suorum bonorum et rerum presentium et futu[rorum][b] / dicto Petro presenti et stipulanti de solvendo dictum incantum, videlicet dictas libr[as][b] / ducentum decem terciolorum de bruto dicti datii, videlicet netum tali domino dicti incantus / vel eius camere seu canepario vel tesaurario, et aventagia illi seu[c] illis qui super / eo datio lucrati fuerunt per terminos limitatos secundum incantum predictum, / scriptum ut supra, et de rellevando et exonerando suprascriptum Petrum indemnem / et illesum et penitus sine briga, expensis, damnis et interesse a dicto datio / seu officio et a dictis libris ducentum decem terciolorum, que fuerunt incantum / de[d] bruto ipsius datii seu offitii et ab omnibus et singulis / dependentibus et cetera a predictis et quolibet predictorum, in pena et cetera, danda et cetera, / et pena soluta et cetera, cum omnibus expensis et cetera, in bonis denariis et cetera, sub / pacto capiendi et cetera, renuntiando omnibus legibus et cetera, et dedit parabulam / intrandi et cetera, et constituit se tenere et cetera. Et exinde de predictis et cetera. / Actum et cetera, testes et notarii et cetera. /

[a] *Numero vergato nel margine sinistro della* c.
[b] *Parte mancante per lacerazione del margine interno della* c.
[c] seu *aggiunto sopra la linea.*
[d] *Segue* lib *depennato.*

[a]-CLXXVIIII[o] [bis] Expositio-[a]

[b]Exposuerunt nobis Leo, Petrus et Gotardus fratres / filii condam Domenghini Iohannis de Leone de Scharelia[107] / nostre iurisdictionis valis Lugani[2] quod in loco / Castrihani[108] iurisdictionis Mutine[109] decessit / nunc condam Iohannes Antonius dictorum fratrum frater / legiptimus et naturalis et utrinque[c] coniunc[tus][d], / nullo per eum condito testamento nullisque rel[ictis][d] / liberis et relictis certis bonis et cred[itis][d] / in dicto loco Castrihani seu alibi in d[istrictu][d] / Mutine, que bona et credita ad dic[tos][d] / fratres tamquam proximiores consanguineos et / agnatos tam de iure comuni quam municipali / [c. 261r.] spectant et pertinent, et quia propter locorum / distantiam forte dubitetur an prenominati / fratres venient et sint fratres legiptimique / heredes dicti condam Iohannis Antonii, ideo nos / Babtista Moresinus de Lugano locumtenens / magnifici et generosi viri domini Iacobi Fer de / Lucerna[73] capitanei Lugani et valis[18] et cetera / nec non abbates venerabilis collegii notariorum / comunitatis valis Lugani[85], habitis prius / debitis informationibus a personis idoneis / et fidedignis, attestamur et fidem / facimus quibuscumque magnificis et sapientibus / dominis prefectis, rectoribus et iusdicentibus, / coram quibus presentes exibite fuerint et producte, / suprascriptos Leonem, Petrum et Gotardum fuisse fratres / legiptimos et utrinque coniunctos suprascripti condam / Iohannis Antonii ac etiam proximiores agnatos et / consanguineos, et propterea eidem tam / de iure comuni quam etiam municipali nostre / iurisdictionis spectare et pertinere hereditatem, / bona et credita relicta per dictum condam / Iohannem Antonium, in quorum omnium fidem et / testimonium et iuris subsidium presentes fieri / fecimus per infrascriptum notarium et archivi /

nostri publici ac sigillis nostris munivimus. / Datum Lugani[20], die martis ultimo mensis / Aprilis 1532. /

a–a *Numero e titolo vergati nel margine sinistro della* c. *Da notare che questo modello e quello precedente portano lo stesso numero (CLXXVIIII°).*
b *Dalla riga 16 della* c. 260v. *fino alla* c. 263v. *inclusa il formulario è stato compilato da altra mano, la stessa delle* cc. 200r.–238v.
c *Così, si intenda* utrique.
d *Parte mancante per lacerazione del margine interno della* c.

[c. 261v.] CLXXX[a] Livelus in forma comuni post venditio[nem][b] / factam

In nomine Domini, amen, anno et cetera, Andreas / dictus Tononcinus de Nuyronibus de Lugano[20] / [c]investivit et investit ad hemphiteosim / et ad livelum et ad hereditatem imperpetuum / et iure et nomine hemphiteotico et / perpetue hereditatis ad fictum solvendum / Bertramum filium condam /o/ de tali parte habitantem / in tali loco et cetera presentem et cetera pro se et / nomine heredum et sucessorum suorum, / nominative de petia una terre et cetera / cui coheret ab una parte et cetera, / salvo semper errore coherentiarum si quis / error adest quod stetur veritati, de qua / petia terre dictus Andreas habuit et habet / venditionem et datum a suprascripto Bertramo pretio / librarum /o/ terciolorum per instrumentum venditionis / rogatum per me notarium infrascriptum ibidem paulo / ante, et hec omnia cum omnibus suis iuribus / et pertinentiis, et hoc hinc ad festum sancti / Martini[23] proxime futurum et abinde inantea / ad annos novem proxime futuros et abinde / inantea ad annos XXVIIII° tunc proxime / futuros et sequentes et abinde inantea / ad alios annos XXVIIII° tunc proxime / futuros et sequturos et abinde in[antea][b] / ad hemphiteosim et ad livelum et ad / hereditatem imperpetuum, ita ut de cetero usque / [c. 262r.] imperpetuum et donec tenuerit suprascriptus Bertramus / hemphiteota et sui heredes et sucessores / habeat, teneat, gaudeat et possideat predictam / petiam terre ut supra ad livelum datam cum suis / iuribus et pertinentiis, et exinde faciat et facere / possit et valeat quicquid facere voluerit / meliorando tamen et non peyorando sicut / de re simili modo ad livelum data facere / licet sine contradictione nec molestatione / aliqua suprascripti Andree hemphiteoticarii / nec eius heredum et sucessorum nec alicuius / alterius persone, comunis, collegii, capituli et / universitatis, salvo semper et reservato / in ipsum Andream hemphiteoticarium iure / directi dominii et civilis possessionis predicte / petie terre ut supra ad livelum date cum suis / iuribus et pertinentiis, in cuius quidem petie / terre possessione suprascriptus Bertramus hemphiteota / per presentes protestatur se esse nomine et vice / suprascripti Andree hemphiteoticarii, proprietatem / vero suprascripte petie terre ut supra ad livelum date / cum suis iuribus et pertinentiis suprascriptus Andreas / hemphiteoticarius promissit et convenit solemniter / per stipulationem, obligando se et omnia sua bona / pigneri presentia et futura suprascripto Bertramo / hemphiteote presenti et stipulanti, ei et suis / heredibus et sucessoribus deffendere et / guarentare ab omni persona, comuni, collegio, / capitulo et universitate omni tempore usque imperpetuum / et donec tenuerit omnibus ipsius Andree / he[m]phiteoticarii propriis expensis, damnis et / interesse tantum, in pena et sub pena / [c. 262v.] totius damni et interesse et omnium expensarum / solemni stipulatione promissa et deducta, et / hoc pro ipsius Andree hemphiteoticarii / dato et facto tantum, quod datum et factum / sic intelligatur videlicet, si alicui alii vel / aliis vendidisset, dedisset, cessisset, donasset, / pignorasset, obligasset, finem vel confessionem / fecisset, pretium vel sollutionem recepisset seu / aliquo alio modo alienasset vel baratasset / et non aliter nec alio modo teneatur ad dictam / deffensionem, et pro ficto, redditu et / gaudimento suprascripte petie terre ut supra ad livelum / date cum suis iuribus et pertinentiis suprascriptus Bertramus / hemphiteota promissit et convenit solemniter per / stipulationem, obligando se et omnia sua bona / pigneri presentia et futura suprascripto Andree hemphiteoticario / presenti et stipulanti, ei dare et solvere hinc / ad festum sancti Martini proxime futurum staria / quatuor bladi furmentate, videlicet furmenti / et sichalis equaliter, starium unum castenearum / pistarum et cernutarum, libras decem terciolorum et / par unum pulorum bonorum et sufficientium, / et totidem[d] abinde inantea omni / anno anuatim solvendo in quolibet festo sancti / Martini cuiuslibet anni usque imperpetuum donec / tenuerit, consignato ipso ficto singulo / anno in Lugano domui habitationis suprascripti An[dree][b] / hemphiteoticarii expensis propriis suprascripti Bertra[mi][b] / hemphiteote, et dimittere et rellaxare / eidem Andree hemphiteoticario predictam / petiam terre ut supra ad livelum datam cum om[nibus][b] / melioramentis factis super ea casu / [c. 263r.] cessationis trieniorum evenentium, ut infra fit / mentio, vachuam et expeditam, et hec omnia cum / omnibus expensis, damnis et interesse ceterisque accessionibus / que inde fient, curent et patientur pro ipso / ficto petendo, exigendo et habendo post quemlibet / terminum et pro suprascripta evacuatione et expeditione / fienda casu cessationis trieniorum evenientium, / ut supra et infra fit mentio, et pro predictis omnibus / et singulis petendis, exigendis et habendis, et hec omnia / in bonis blado puro, sicho, nittido, vanduto, / castaneis sichis, pistis et cernutis, mensuratis / omnibus ad iustam mensuram comunitatis valis Lugani[2], / denariis numeratis et pullis bonis et / sufficientibus tantum et non in aliqua alia / re contra voluntatem suprascripti Andree hemphiteoticarii, / et hoc tam sub pacto capiendi et detinendi / ubique realiter et personaliter suprascriptum Bertramum / hemphiteotam quam alio quocumque modo usque ad / plenam et integram sollutionem et satisfactionem / predictorum omnium et singulorum, renuntiando omnibus / legibus et statutis, consiliis, consuetudinibus, provisionibus / et ordinamentis comunitatis Lugani et valis et cuiuslibet / alterius comunis factis et fiendis super / hominibus non capiendis et bonis cedendis, / et privilegio sui fori et generaliter omni / alteri auxilio et benefitio legum, iuris et / usus, pacto spitiali inter ipsos contrahentes / expresse habito et convento, videlicet quod si / dictus Bertramus hemphiteota vel eius / heredes et sucessores cessaret in sollutione / dicti ficti livelarii per tres annos / continuos quod cadat et cadere debeat et / penitus cecedisse intelligatur a presenti investitura / [c. 263v.] livelaria et ab omnibus et singulis in ea cont[entis][b] / et ab omni melioramento facto et quod esset / factum et acquisitum de, in et super ipsa petia / terre ut supra ad livelum data, et ab omni iure, / actione et regressu ipsi Bertramo hemphiteote / quovis modo spectantibus et pertinentibus de, in et super / ipsa petia terre ut supra ad livelum data vigore / et pretextu presentis liveli et omnium et singulorum / in eo contentorum, et hoc sit tantummodo in arbitrium / et ad beneplacitum dicti Andree hemphiteoticarii / et eius heredum et sucessorum. / Actum et cetera, testes et notarii et cetera. /

Si vero inter ipsos contrahentes conveniretur quod si / ipse hemphiteota caderet ab ipso livelo quod etiam / caderet a pacto luendi, tunc apponas sic / ante illa verba ubi legitur, et hoc sit tantummodo / in arbitrium dicti hemphiteoticarii. /

Item a gratia luendi facta per dictum Andream / hemphiteoticarium suprascripto Bertramo hemphiteote / suprascripta bona livelaria et ab omnibus viribus / et iuribus ipsius gratie et ab omnibus et / singulis in ea gratia contentis, et hoc sit / tantummodo in arbitrium et ad beneplacitum dicti / Andree hemphiteoticarii et eius heredum et / sucessorum. /

Sed tamen notarius advertat in non po[nendo][b] / ipsa verba quod cadat a dicta gratia nisi [per][b] / partes fuerit primo conventum inter eas, nec / notarius debet exprimere partibus ipsam / clausulam, nisi partes prius exprimant, / quia hoc cedit in maximum preiuditium / ipsius hemphiteote et heredum suorum. /

[a] *Numero vergato nel margine sinistro della* c.
[b] *Parte mancante per lacerazione del margine interno della* c.
[c] *Nel margine sinistro della* c. *in corrispondenza delle righe 5–6 dell'originale l'annotazione* livelus.
[d] *Segue* omni anno *depennato.*

[c. 264r.] [CLXXXI][a] [b-]Pactum luendi[-b]

In nomine Domini, amen, anno et cetera, suprascriptus Andreas dictus Tononcinus / de Nuyronibus de Lugano[20] hemphiteoticarius promissit et cetera, / obligando se et cetera suprascripto Bertramo hemphiteote ut supra presenti et / stipulanti pro se et nomine heredum et sucessorum suorum, / de retrodando, retrodatum et retrovenditionem / faciendo in forma comuni cum translatione dominii et / possessionis et promissione deffendendi et guarentandi, / in pena et sub pena restitutionis pretii infrascripti et totius / damni et interesse et omnium expensarum, et pro suo dato / et facto tantum et cum aliis clausulis et solemnitatibus debitis, / et per publicum instrumentum retrodati rogandum per publicum notarium in / manibus suprascripti Bertrami hemphiteote seu heredum et / sucessorum suorum, / nominative de suprascriptis bonis ut supra in suprascripto livelo nominatis et / coherentiatis et cetera, salvo et cetera, / de quibus suprascriptus Andreas Tononcinus habuit et habet venditionem / et datum a suprascripto Bertramo pretio librarum /o/ terciolorum et de quibus / bonis suprascriptus Bertramus investitus legitur et est ad fictum, / ad livelum a dicto Andrea Tononcino pro ficto livelario / omni anno solvendo in quolibet festo sancti Martini[23] / cuiuslibet anni staria IIIIº bladi frumentate, videlicet frumenti / et sicalis equaliter, [c–]starii unius[–c] castanearum pistarum et cernutarum, / libras X terciolorum et [d–]paris unius[–d] pullorum bonorum et sufficientium, / ut constat publicis instrumentis ipsorum venditionis et liveli rogatis per me / notarium infrascriptum hodie ibidem paulo ante[e]. /

Et si non intervenit livelum non ponatur suprascripta clausula ubi / legitur, et de quibus bonis dictus Bertramus investitus legitur / et est et cetera, usque ut constat publicis instrumentis ipsorum venditionis et liveli et cetera. /

Et hoc omnibus die et hora quibus dictus Bertramus seu / heredes et sucessores sui dederit et solverit seu cum effectu / paratus fuerit velle dare et solvere suprascripto Andree seu eius / heredibus et sucessoribus libras /o/ terciolorum, que fuerunt et sunt / pretium suprascripte venditionis de qua supra, et solutis fictis preteritis ad / solvendum remansis et factura instrumentorum hac pro causa / [c. 264v.] factorum. /

Et si non fuerit factum livelum obmittantur illa verba, e[t solutis][f] / fictis preteritis ad solvendum remansis et omnia ad liv[elum][f] / et pertinentia, item infrascripta verba ubi legitur, et abinde ina[ntea et cetera][f]. /

Et casu quo suprascriptus Andreas vel eius heredes et sucess[ores][f] / recuxaret dictas libras /o/ terciolorum, ficta preterita ad solve[ndum][f] / remansa et facturam instrumentorum hac pro causa factorum velle / recipere et dictum retrodatum facere modo ut supra, / quod tunc et eo casu liceat et licitum sit suprascripto[g] / Bertramo et eius heredibus ut supra suprascriptos denarios, ficta preterita et / facturam instrumentorum deponere penes unam idoneam / personam per dominum capitaneum Lugani[18] elligendam, penes quam / stent expensis, damnis, periculo et rexego suprascripti Andree / Tononcini et pro ipsis dandis et solvendis suprascripto Andree et / eius heredibus ut supra, ipso tamen citato pro ipso depoxito faciendo, / ipso etiam per prius faciente dictum retrodatum modo et / forma suprascriptis, et facto ipso depoxito modo ut supra quod tunc et / eo casu dictum retrodatum modo ut supra intelligatur / esse factum et pro facto intelligatur tamquam si esset / rogatum publicum instrumentum retrodati per publicum notarium, et / abinde inantea ipse Bertramus et eius heredes ut supra sit / et esse intelligatur liberatus et absolutus a prestatio[ne][f] / dicti ficti livelarii, et hoc quia inter ipsos contrahentes / expresse conventum est per pactum spitiale. ****[h] / ****[i] Et iuravit. / Actum ut supra, testes et notarii ut supra. /

[a] *Il numero mancante è stato integrato sulla base della* rubrica instrumentorum.

[b–b] *Titolo vergato nel margine sinistro della* c. *Dalla* c. 264r. *fino alla* c. 264v. *il formulario è stato compilato da altra mano.*

[c–c] *Così, si intenda* starum unum.

[d–d] *Così, si intenda* par unum.

[e] *Segue* et hoc omnibus *depennato.*

[f] *Parte mancante per lacerazione del margine interno della* c.

g *Segue* Bernardino *depennato.*
h *Spazio in bianco corrispondente a un terzo di riga.*
i *Spazio in bianco corrispondente a due terzi di riga.*

[c. 265r.–267v.][a]

[b]–[CLXXXII Revocatio unius missi

Anno et cetera, Anselmus filius condam Bertrami de tali parte et cetera omnibus modo, iure, via, causa et forma quibus melius potuit et potest, in presentia meii notarii infrascripti et testium et notariorum infrascriptorum audientium et intelligentium, clare et expresse revocavit et revocat quodlibet instrumentum mandati quovis modo et qualiterconque factum [c]per ipsum Anselmum in Petrum Antonium de Pandulfis de Rovello[9] seu omnia mandata per ipsum Anselmum ab hodie retro facta in dictum Petrum Antonium quaconque ratione, iure, modo vel causa seu in genere vel in spetie et sub quibuscumque verbis et alio quovis modo qui dici vel excogitari possit, et ipsum Petrum Antonium eius missum et procuratorem ut supra revocavit et revocat ab omni et quolibet mandato et procuratione et ab omni offitio mandati et procurationis per ipsum Anselmum usque in presentem diem in dictum Petrum Antonium ei facti per se vel alium directe vel indirecte, tacite vel expresse, in genere vel in spetie et sub quibusconque verbis et alio quovis modo, iure, ratione vel causa que quomodolibet dici vel excogitari possit, volens et mandans ex nunc dictus Anselmus omnem et quamconque procurationem et omne et quodlibet mandatum per eum, ut dictum est, factum in dictum Petrum Antonium et omnia et singula in dictis mandatis et quolibet eorum contenta esse cassa, nulla, irrita et nullius valloris, efficatie et momenti et nullum posse nec debere sortiri effectum tamquam si non essent facta nec cellebrata, et quod quicquid actum, gestum et factum fuerit per dictum Petrum Antonium ab hodie inantea procuratorio nomine ipsius Anselmi sit et esse debeat irritum et nullum nulliusque valloris, efficatie et momenti tamquam factum a persona non habente aliquod mandatum nec potestatem aliquam ea faciendi nomine dicti Anselmi et si que facta fuerit vel reperiantur quovis modo ea ex nunc expresse revocavit et revocat et vult et intendit non valere nec tenere nec aliquem posse nec debere sortiri effectum. Quam quidem renuntationem et omnia premissa suprascriptus Anselmus promissit et cetera, obligando se et cetera michi notario infrascripto ut publice persone stipulanti et recipienti nomine et vice omnium personarum quarum interest, intererit vel interesse poterit quomodolibet in futurum ac iuravit corporaliter et cetera se predicta omnia et singula in hoc instrumento contenta perpetuo attendere, observare et executioni mandare, ac ratam, gratam, firmam et validam et rata, grata, firma et valida habere et tenere et nullo tempore contrafacere nec venire aliqua ratione vel occaxione iuris vel facti comunis vel spitialis, renuntiando exceptioni huius instrumenti non ita facti et omnium premissorum non ita factorum et cetera. Actum et cetera, testes et notarii et cetera.

Nota quod similes renuntiationes, si possibile est, debent fieri data notitia ipsi tali qui erat constitutus missus ad finem et effectum quod non possit tempore futuro alegare quod non habuerit notitiam de ipsa renuntiatione et ad evitandum littes et causas.]-[b]

[a] *Le* cc. 265–267 *mancano.*
[b–b] *Parte integrata dal Formulario di Tullio Fossati, cfr. supra, p. 3,* cc. 334v.–335v.
[c] *Nel margine sinistro della* c. *l'annotazione* nominetur persona in quam est factum ipsum mandatum.

[a]-[CLXXXIII Tutella generalis pupilli seu pupillorum

Anno et cetera, magnificus et generosus vir dominus Jost Fritac de Friburgo[110] capitaneus Lugani[18] et cetera, existens in burgo Lugani[20] in contrata de Carona[21] in salla eius domus rescidentie pro infrascriptis omnibus et singulis spetialiter peragendis et ex eius offitio et aliis omnibus modo, iure, via, causa et forma quibus melius potuit et potest, habita prius per eum dilligenti informatione et prius per eum causa cognita, dedit, constituit, confirmavit et ordinavit et datum, constitutum et [b]ordinatum aprobavit, laudavit et confirmavit et aprobat, laudat et confirmat talem de tali parte filium condam talis et cetera, patruum vel avunculum vel consanguineum infrascriptorum fratrum et sororum pupillorum presentem et honus huius tutelle in se sponte suscipientem, tutorem generalem et pro tutore generali, videlicet Petro, Ambrosio, Caterine et Vanine fratribus et sororibus, filiis condam et heredibus in solidum quilibet eorum pro sua portione talis de tali parte olim fratris suprascripti tutoris pupillis, ad omnia ipsorum fratrum pupillorum negotia peragenda, exercenda, gerenda, defendenda, salvanda et adimplenda et ad queconque alia, que offitium tutoris se debite et legiptime extendit et que iuris ordo requirit, qui talis tutor datus, constitutus et confirmatus ut supra, dellato sibi sacramento per prefatum dominum capitaneum, iuravit et iurat corporaliter ad sancta dei evangelia manu tactis scripturis in manibus prefati domini capitanei ac cavit et promissit solemniter per stipulationem, obligando se et omnia sua bona pigneri presentia et futura, ita quod teneatur insolidum et cum effectu insolidum conveniri possit, renuntiando auxilio novarum constitutionum et epistole divi Adriani et omni alteri iuri legum et auxilio.

Nota quod quando mulier suscipit tutellam tunc ponatur etiam in hac renuntiatione sic videlicet.

Item renuntiando auxilio novarum constitutionum et epistole divi Adriani et auxilio senatus et consultus Veleyani et secondis nuptiis et omni alteri iuri legum et auxilio introductis in favorem mulierum et prius certiorata et certifficata per me notarium infrascriptum quid sint, quid dicant et quid importent dicte leges et iura ac renuntiatio, in manibus prefati domini capitanei et meii notarii infrascripti ut publice persone et utrique nostrum insolidum presentium, stipulantium et recipientium nomine et vice et ad partem et utilitatem tantum suprascriptorum fratrum et sororum pupillorum et cuiuslibet persone cuya interest, intererit vel interesse poterit quomodolibet in futurum, et per ipsum dominum capitaneum et me notarium dictis nominibus stipulantes et recipientes ipsis fratribus et sororibus pupillis et cuilibet alteri persone cuya interest, intererit vel interesse poterit vel posset, quod dictam tutellam et offitium dicte tutelle geret, faciet, exercebit et administrabit bene, fideliter, iuste, legaliter et bona fide, sine fraude ad utilitatem dictorum fratrum et sororum pupillorum, utillia faciendo et inutillia pretermittendo et quod de hiis omnibus et singulis, que ad ipsius tutoris manus pervenerint de bonis et rebus suprascriptorum fratrum et sororum pupillorum ratione et occaxione huius tutelle et offitii gestionis et administrationis ipsius et de neglectis et obmissis tempore debito, bonam et integram faciet, reddet et restituet suprascriptis fratribus et sororibus pupillis et cuilibet alii persone cui debebit de iure, rationem, solutionem et satisfactionem et reliqua restituet cum augumentis debitis augumentorum et augumentis et que neglectorum et obmissorum et relliquorum nomine continentur, et cum omnibus expensis, damnis et interesse, que proinde fierent et paterentur, et quod ea omnia et singula, que ad ipsius tutoris manus pervenerint de bonis et rebus dictorum fratrum et sororum pupillorum ut supra ratione et occaxione huius tutelle, custodiet et salvabit nomine ipsorum fratrum et sororum pupillorum ut supra et quod ipsos fratres et sorores pupillos et bona sua non promittet indefensos nec indefensa, pro posse suo inventarium seu repertorium debitum conficiet de bonis et iuribus dictorum fratrum et sororum pupillorum et sibi pertinentibus et omnia et singula alia faciet dictis fratribus et sororibus, que facere debet, ad que tenetur de iure et ex natura huiusmodi contractus tutelle, et in omnibus et per omnia iuravit et iurat ac cavit, promissit et satisdedit prout iurari promitti et satisdari requiritur de iure, et inde per omnia pro ipso tali tutore et eius precibus, instantia et mandato et pro predictis omnibus et singulis per ipsum tutorem attendendis, observandis et adimplendis estitit fideiusor talis de tali parte filius condam /o/ qui se omni tempore sponte constituit pro predictis omnibus et singulis principalem debitorem, observatorem et adimpletorem insolidum, ita quod teneatur insolidum et cum effectu insolidum conveniri possit, renuntiando auxilio novarum constitutionum et epistole divi Adriani et omni alteri iuri legum et auxilio, obligando se proinde et omnia sua bona pigneri presentia et futura prefato domino capitaneo et michi notario infrascripto ut publice persone stipulantibus et presentibus dicto nomine et ut supra, quibus sic peractis et solemniter gestis prefatus dominus capitaneus dicto tutorio nomine quo supra presenti et acceptanti decrevit et ordinavit ipsam tutellam et gestionem et administrationem ipsius ac in predictis omnibus et singulis suum et suam et comunitatis Lugani et vallis[2] auctoritatem et decretum interposuit et dedit et dat cum cognitione cause, et prius per eum causa cognita et ex eius offitio. Et exinde de predictis omnibus et singulis rogatum fuit per me notarium infrascriptum publicum confici debere instrumentum in laudem viri sapientis, [c]et hec omnia acta fuerunt et sunt media interpretatione domini Iohannis Fontane de Urania[111] scribe et interpretis prefati domini capitanei et eius rellatione. Actum et cetera, testes et notari et cetera.]-[a]

[a–a] *Parte integrata dal Formulario di Tullio Fossati, cfr. supra, p. 3,* cc. 335v.–337v.
[b] *Nel margine sinistro della* c. *l'annotazione* si fuerit mulier dicatur datum, constitutum et cetera.
[c] *Nel margine sinistro della* c. *l'annotazione* si dominus capitaneus fuerit Italicus non est opus interpretis.

[a]-[CLXXXIIII Conservatio super instrumentis venditionis et livelli

Anno et cetera, cum sit Iohannes filius condam /o/ de tali parte et Andreas filius condam /o/ de tali parte et cetera et uterque eorum insolidum fecerint venditionem et datum in forma comuni cum clausulis debitis in manibus magistri Antonii filii condam /o/ de tali parte tunc presentis et stipulantis, nominative de bonis in ea venditione descriptis pretio librarum ducentum terciolorum et cum promissione deffendendi et guarentandi, in pena dupli pretii et cum alliis clausulis et solemnitatibus in ea venditione continetur, et subsequenter ipse magister Antonius emptor investiverit suprascriptos Iohannem et Andream venditores ut supra nominatos et uterque eorum insolidum de ipsis bonis ut supra in suprascripta venditione descriptis et ad livellum et ad hereditatem imperpetuum pro se et nomine heredum et sucessorum suorum pro ficto livellario omni anno solvendo in quolibet festo sancti Martini[23] cuiuslibet anni durante ipso livello libras decem terciolorum et cum pacto caducitatis et livelli in comuni forma et prout latius constat publicis instrumentis ipsorum venditionis, livelli et gratie rogatis per me notarium infrascriptum ibidem paulo ante, cumque sit quod pretium suprascripte venditionis [b]de qua supra in totum pervenit in dictum Iohannem et non in dictum]-[a] [c. 268r.] Andream in toto nec in parte, prout ibidem dictus / Iohannes ad petitionem et instantiam suprascripti Andree dixit / et protestatus fuit ac dicit, confitetur et protestatur / et iuris et equitatis est quod qui sentit / comodum sentire debet et incomodum. / Nunc vero suprascriptus Iohannes volens agnoscere bonam / fidem versus suprascriptum Andream promissit et cetera, obligando se et cetera / suprascripto Andree presenti et stipulanti pro se et nomine heredum / et sucessorum suorum, de conservando, rellevando / et exhonerando et quod conservabit, rellevabit et / exhonerabit ipsum Andream et eius heredes, res / et bona indemnem et illexum et penitus / sine briga, expensis, damnis et interesse a suprascriptis / instrumentis venditionis et liveli de quibus supra et ab / omnibus et singulis in eis contentis, et a quacumque / evictione que contra eum Andream et heredes suos / quovis modo sequi posset pretextu ipsorum bonorum / ut supra venditorum in toto vel in parte et a quocumque ficto ab hodie in antea prestando suprascripto Antonio / et heredibus suis pretextu dicti liveli de quo supra / et a quacumque caducitate, que contra ipsum Andream / sequi posset propter cessationem dicti ficti livelarii / de quo in ipso livelo fit mentio, et ab omnibus / et singulis in ipsis venditione et livelo contentis / et ab eis et contentorum in eis dependentibus, emergentibus / et connexiis, quia pretium ipsius venditionis in / totum pervenit in utilitatem et comodum dicti / Iohannis prout supra affirmatum est et fit mentio, et / hec omnia cum omnibus expensis, damnis et interesse ceterisque / accessionibus et cetera, et hec omnia in bonis denariis numeratis / tantum et non in aliqua alia re contra voluntatem suprascripti / Andree, et hoc tam sub pacto capiendi et detinendi / ubique realiter et personaliter suprascriptum Iohannem quam alio / quocumque modo et cetera, renuntiando omnibus legibus et cetera, insuper / dictus Iohannes dedit et concessit eidem Andree presenti ut supra / plenam parabulam et licentiam intrandi et cetera, et interim donec / intraverit et dictam corporalem possessionem et tenutam seu / quasi aprehendiderit, ex nunc prout ex tunc constituit / se dictus Iohannes predicta omnia bona sua et res ut supra / nomine et vice suprascripti Andree tenere et cetera. / Qui Iohannes iuravit et cetera. / Actum et cetera, testes et notarii et cetera. /

[a–a] *Parte integrata dal Formulario di Tullio Fossati, cfr. supra, p. 3,* cc. 338v.–339r.
[b] *Nel margine sinistro della* c. *l'annotazione* vel ponatur fictum prout in livello continetur.

[c. 268v.] [...][a] Laudatio notarii facta per dominos [abates][b]

Anno et cetera, nos Dominicus Canevalius[86] et Iohannes [Franciscus][b] / Cribelus[112], ambo notarii et abbates venerabilis collegii / notariorum comunitatis Lugani et vallis[85], facta priu[s][b] / fide de instrumento tabelionatus Marci Antonii Turbini / de Lugano filii domini Bartuli[113], rogato per dominum Franciscum / Carulum[6] notarium publicum Lugani[20] et cetera anno Domini curso /o/ indictione / /o/ die /o/ seu anno, indictione, die et mense in eo contentis, / ad quod condigna habeatur rellatio, et quem Marcum Antonium / reperuimus satis idoneum et sufficientem ad artem / notarie exercendum delatoque prius ipsi Marco Antonio / debito iuramento, qui iuravit corporaliter ad sancta dei / evangelia manu tactis scripturis de exercendo / dictam artem notarie bene, iuste, legaliter et bona / fide et in omnibus et per omnia prout iurari requiritur, / ideo dictum Marcum Antonium Turbinum tenore presentium / laudamus et approbamus pro bono, idoneo et / sufficienti notario suprascripte comunitatis Lugani et vallis[2] / ad tradandum et rogandum quecumque instrumenta tam publica / quam privata et ultimas voluntates et iudiciorum / acta scribendum, testes recipiendum et examinandum / et ad alia faciendum que quilibet notarius approbatus, / laudatus et matriculatus circa dictam artem / facere potest, mandantes insuper et tenore presentium / mandamus ipsum Marcum Antonium Turbinum abscribi / debere in libro matricule dominorum notariorum dicte / comunitatis, et hoc secundum formam statutorum[88] predicte / comunitatis super his disponentium. / Actum et cetera, testes et notarii et cetera. /

[a] *Numero del modello mancante.*
[b] *Parte mancante per lacerazione del margine interno della* c.

[c. 269r.–273r.] [...][a]

[c. 273v.] [b–]Interogationes fiende testibus super generalibus

Primo si ipse testis fuit doctus, instructus, informatus vel c[um][c] / aliis locutus pro hoc testimonio perhibendo, / item si fuit vel est sibi aliquid datum vel promissum pro hoc / testimonio perhibendo, item si habet vel habere sperat comodum de victoria vel / damnum de amissione ipsius cause[d] / et quam partem vellet potius obtineret quam subcumberet / in dicta causa, / item si est debitor, fictabilis, affinis vel compater alicuius / dictarum partium, / item quare venit ad testificandum in presenti causa. / [e]Super predictis generaliter et recte respundit et dixit hic / testis videlicet.

Quod ipse testis non fuit nec est doctus, instructus, / informatus nec cum aliis locutus pro hoc testimonio perhiben[do][c], / item quod non fuit nec est sibi quidquam datum nec / promissum pro hoc testimonio perhibendo, et quod non / habet nec habere sperat comodum de victoria nec / damnum de amissione ipsius cause, et quod vellet [quod][c] / ius obtineret in ipsa causa, et quod non est debitor, / fictabilis, affinis nec compater alicuius dictarum part[ium, et][c] / quod fuit citatus per talem[f] servitorem Lugani[20] pro hoc testi[monio][c] / perhibendo. /

Nota quod si testis diceret, quod haberet aliquod comodu[m][g] / vel si fuerit aliquid sibi promissum et quod esset / [c. 274r.] affinis alicuius ipsarum partium vel aliquid responderet / super predictis interogationibus, tunc dicatur, / salvo quod et cetera, et exprimatur id quod dictum fuerit super / ipsis interogationibus et cetera[–b]. /

[a] *Le* cc. *omesse contengono l'imbreviatura di un istrumento di vendita del 1518 ottobre 25.*
[b–b] *Dalla* c. 273v. *fino alla riga 4 della* c. 274r. *il formulario è stato compilato da altra mano.*
[c] *Parte mancante per lacerazione del margine interno della* c.
[d] -e *corretto sopra lettera non più leggibile.*
[e] *Sopra la linea, non depennato,* S.
[f] *Segue* no *depennato.*
[g] comodu[m] *corretto sopra lettere non più leggibili e parzialmente mancante per lacerazione del margine interno della* c.

[a–]Transumptum, sumptum ac exemplum instrumentorum

Anno 1558, indictione prima, die lune XXI / Iullii[b], hec est copia, sumptum sive transumptum / ac exemplum per nos N.N.N. factum de / infrascripto venditionis instrumento nobis tamquam personis et cetera / publicis exhibito per suprascriptum dominum N. in forma publica, / quod quidem instrumentum venditionis non erat / abrasum, non abolitum, non viciatum / nec in aliqua sui parte suspectum, si / omni prorsum suspitione carens et cuius / instrumenti series ac tenor et verba sic per / omnia fuerunt et sunt videlicet[c]. /

In nomine Domini, amen, anno et cetera[d]. / ****[e] Quod quidem transumptum sive sumptum / et exemplum ac copiam fecimus et facimus / nos notarii super memorati bona fide, sine / dolo malo et fraude et cum [...][f] et / originali autenticho super memorato[g] / [c. 274v.] et descripto contulimus et concordari [invenimus][h] / et sic in fide premissorum nos signo nostri / tabellionatus adhibito subscripsimus. / ****[i]

Ego Ludovicus Furnus publicus imperiali auctoritate / notarius Lugani et vallis [2] filius suprascripti domini N. etc. / predictum exemplum, sumptum sive tramsumptum / ac copiam eiusdem instrumenti venditionis manu mea / factum in presentia ac de mandato et / consensu suprascriptorum supra et infra nominatorum / N.N.N.[j] cum eodem autenticho et originali / de verbo ad verbum, prout in eo continetur, / contuli et concordari ac concordare inveni / ipsis audientibus et me legente, et in / premissorum fidem hic me cum / meo tabellionatus consueto signo subscripsi de anno. / ****[k]

[l–]Subscribuntur[m] omnes notarii superius nominati cum eorum tabellionatus consueto signo prout in alia subscriptione, mutando verba de legente [per][n] audientibus[–l –a].

[a–a] *Dalla riga 5 della* c. 274r. *fino alla* c. 274v. *il formulario è stato compilato da altra mano.*
[b] *Gli elementi della datazione non coincidono tra loro. Nel 1558 il 21 luglio cadeva di giovedì.*
[c] *Segue* in nomine Domini *depennato.*
[d] *Segue il disegno di una croce.*
[e] *Spazio in bianco corrispondente a tre righe. Nel margine sinistro della* c. *in corrispondenza delle righe in bianco l'annotazione, in parte mancante per lacerazione del margine interno della* c. [ponatur] signum [...] deinde [...] quo [...] dicitur [...]bum.
[f] *Parola inintelligibile.*
[g] memorato *aggiunto sopra la linea sopra* memorat *depennato.*
[h] *Parte mancante per lacerazione del margine interno della* c.
[i] *Spazio in bianco corrispondente a una riga. Nel margine sinistro della* c. *in corrispondenza della riga in bianco l'annotazione* ponatur signum tabellionatus.
[j] *Aggiunto sopra la linea, sopra* N.N.N., ponantur nomina.
[k] *Spazio in bianco corrispondente a sette righe.*
[l–l] *Parte aggiunta nel margine sinistro della* c. *in corrispondenza delle righe in bianco.*
[m] *Segue* e *depennato.*
[n] *Lettura incerta.*

[c. 275r.–281r.][a]

[c. 281v.] [b]Ego Ioannes Antonius Cane[valius][c] [114] / imperiali authoritate notarius Lug[ani][d] [20] / filius domini Hieronymi presens instrumentum [conventionum][d] / et pactorum rogatus tradidi, scribi fe[ci et][d] / pro fide me subscripsi. /

[e]Ego Ioannes Antonius Canevalius notarius publicus / Lugani et vallis[2] et cetera pro fide scripsi. /

****[f]

[b]Ego Ludovicus Canevalius[115] publicus imperiali authoritate notarius / Lugani, vallis et cetera filius condam excellentissimi [in Christo][g] domini Francisci presens instrumentum / obligationis rogatus tradidi scribique feci et pro fide / me subscripsi. /

[e]Ego Ludovicus Canevalius notarius Lugani, vallis et cetera. /

[a] *Cc. in bianco.*
[b] *Precede il* signum tabellionatus.
[c] *Parte mancante per lacerazione del margine superiore e del margine interno della* c.
[d] *Parte mancante per lacerazione del margine interno della* c.
[e] *Precede il* signum manuum.
[f] *Spazio in bianco corrispondente a sette righe.*
[g] *Lettura incerta.*

[1] *Como, capoluogo della prov. omonima, Italia.*
[2] *Lugano, com., distr. omonimo. La* vallis Lugani, *già dal sec. XII esistente come unità geografica, comprendente le tre antiche pievi di Lugano, Agno e Capriasca, divenne comunità amministrativa a partire dal sec. XIV. Cfr.* SCHAEFER, *Il Sottoceneri, trad. it., p. 2.*
[3] *Cimo, com. Bioggio, distr. di Lugano.*
[4] *Gerolamo Canevali di Domenico, pubblico notaio di Lugano, si iscrisse nella* Matricola notariorum comunitatis vallis Lugani (a. 1464–1693) *nel 1538. Cfr. Indice alfabetico dei notai in FDS TI C/1, p. 420.*
[5] *Con* carnisprivium *si indicavano talora i primi giorni di quaresima altre volte la domenica di settuagesima. Cfr.* CAPPELLI A., *Cronologia, cronografia e calendario perpetuo, Milano 1969, p. 110.*
[6] *Francesco Carli di Antonio, pubblico notaio di Lugano, non compare nella* Matricola notariorum comunitatis vallis Lugani (a. 1464–1693). *Egli figura però come notaio rogatario in un istrumento del 1528 e nella* Matricola *in veste di abate del Collegio dei notai di Lugano negli anni 1530–1537. Cfr.* ASTi, *Pergamene Distretto di Lugano, perg. 23 (1528 settembre 9), e Indice alfabetico dei notai in FDS TI C/1, pp. 419–436, nonché l'elenco degli* abates, *p. 438.*
[7] *Su questa consuetudine di Val Lugano, cfr. FDS TI C/1, p. 196, nota 135.*
[8] *Porza, com., distr. di Lugano.*
[9] *Rovello, fraz. di Savosa, distr. di Lugano.*
[10] *Savosa, com., distr. di Lugano.*
[11] *Cadempino, com., distr. di Lugano.*
[12] *Con l'espressione* a sole *si fa riferimento a uno scudo d'oro coniato in tutta Italia a partire dal 1500, che copiava con varie modificazioni il famoso scudo d'oro del sole di Francia (cfr.* CIFERRI R., *Repertorio alfabetico di numismatica medioevale e moderna principalmente italiana, Tomo II, Pavia 1963, p. 841.*
[13] *Tesserete, com. Capriasca, distr. di Lugano.*

14 *Sulla pieve medievale di Capriasca, nel distretto di Lugano, cfr.* Schaefer, *Il Sottoceneri, trad. it., p. 6.*

15 *Manno, com., distr. di Lugano.*

16 *Arogno, com., distr. di Lugano.*

17 *Vernate, com., distr. di Lugano.*

18 *Per il baliaggio di Lugano, istituito dai XII Cantoni confederati dopo la conquista nel 1512 e retto de un landfogto o capitano, v.* Negro G., *Lugano (pieve, baliaggio, distretto), in DSS, vol. 7, Locarno 2008, pp. 894–895.*

19 *Ludwig Specht di Soletta fu capitano di Lugano nell'anno 1528. Cfr. HBLS, vol. VII, p. 462.*

20 *Lugano, com., distr. omonimo.*

21 *Carona, una delle quattro contrade del borgo di Lugano.*

22 *Gerolamo Morosini, di Bernardino, fu daziere e caneparo della comunità di Lugano nel 1512, cancelliere di Lugano dal 1513 al 1520 e luogotenente del baliaggio di Lugano dal 1523 al 1539. Cfr.* Bernasconi Reusser M., *Gerolamo Morosini, in DSS, vol. 8, p. 643.*

23 *San Martino (11 novembre).*

24 *Giovanni Francesco Rusca di Teodoro, pubblico notaio di Lugano, non compare nella* Matricola notariorum comunitatis vallis Lugani (a. 1464–1693). *Egli figura però nella* Matricola *in veste di abate del Collegio dei notai di Lugano negli anni 1493–1494. Cfr. Indice alfabetico dei notai in FDS TI C/1, pp. 419–436, e l'elenco degli* abates, *p. 438.*

25 *Sull'istituto della* condemnatio *cfr. FDS TI C/1, p. 196.*

26 *Gandria, com. Lugano, distr. di Lugano.*

27 *Oltizio Rusca di Lorenzo, pubblico notaio di Lugano, si iscrisse nella* Matricola notariorum comunitatis vallis Lugani (a. 1464–1693) *nel 1507. Cfr. Indice alfabetico dei notai in FDS TI C/1, p. 429.*

28 *Cfr.* Heusler A., *Die Statuten von Lugano,* statuta civilia, *cap. CLXVI, p. 209.*

29 *Giovanni Pietro Morosini fu arciprete di Lugano dal 1528 al 1579. Cfr.* Borella, *Lugano, p. 129,* Moretti A., *Da feudo a baliaggio: La comunità delle pievi della Val Lugano nel XV e XVI secolo, Roma 2006, pp. 380 e sg.*

30 *Sulla chiesa collegiata di S. Lorenzo a Lugano, cfr.* Borella, *Lugano, pp. 121–134.*

31 *Comano, com., distr. di Lugano.*

32 *Cfr.* Heusler, *Die Statuten von Lugano,* statuta civilia, *cap. CLII, p. 204.*

33 *Reno, fiume appartenente alla Svizzera, all'Austria, alla Francia, all'Olanda e soprattutto alla Germania, il cui corso segna il limite tra l'Europa centrale e quella occidentale.*

34 *Soresina, già fraz. di Rivera, com. Monteceneri, distr. di Lugano.*

35 *Chironico, com. Faido, distr. di Leventina.*

36 *Lucino, com. Montano Lucino, prov. di Como, Italia.*

37 *Bissone, com., distr. di Lugano.*

38 *Sala Capriasca, com., distr. di Lugano.*

39 *Curio, com., distr. di Lugano. Giovanni Antonio Avanzini di Pietro di Curio, pubblico notaio di Lugano, si iscrisse nella* Matricola notariorum comunitatis vallis Lugani (a. 1464–1693) *nel 1507. Cfr. Indice alfabetico dei notai in FDS TI C/1, p. 419.*

40 *Bedano, com., distr. di Lugano.*

41 *Nome di famiglia riferito a un toponimo molto diffuso nella regione.*

42 *Giovanni Giacomo Trefogli di Giovanni Pietro, pubblico notaio di Lugano, si iscrisse nella* Matricola notariorum comunitatis vallis Lugani (a. 1464–1693) *nel 1502. Cfr. Indice alfabetico dei notai in FDS TI C/1, p. 432.*

43 *Mariano Comense, com., prov. di Como, Italia.*

44 *Trevano, fraz. di Porza, distr. di Lugano.*

45 *Forse Somazzo, fraz. di Lopagno, com. Capriasca, distr. di Lugano. Giovanni Antonio Somazzi di Nicola, pubblico notaio di Lugano, si iscrisse nella* Matricola notariorum comunitatis vallis Lugani (a. 1464–1693) *nel 1504. Cfr. Indice alfabetico dei notai in FDS TI C/1, p. 432.*

46 *Carona, com. Lugano, distr. di Lugano.*

47 *Ruvigliana, com. Lugano, distr. di Lugano.*

48 *Forse Somazzo, fraz. di Lopagno, com. Capriasca, distr. di Lugano.*

49 *Pura, com., distr. di Lugano. Giovanni Alberto di Pura, pubblico notaio di Lugano, non compare nella* Matricola notariorum comunitatis vallis Lugani (a. 1464–1693). *Cfr. Indice alfabetico dei notai in FDS TI C/1, pp. 419–436.*

50 *Forse Somazzo, fraz. di Lopagno, com. Capriasca, distr. di Lugano. Francesco Somazzi di Andrea, pubblico notaio di Lugano, si iscrisse nella* Matricola notariorum comunitatis vallis Lugani (a. 1464–1693) *nel 1489. Cfr. Indice alfabetico dei notai in FDS TI C/1, p. 432.*

51 *Ossuccio, com. Tremezzina, prov. di Como, Italia.*

52 *Agra, com. Collina d'Oro, distr. di Lugano.*

53 *Sulla chiesa di S. Maria degli Angeli a Lugano, annessa al convento dei francescani minoriti ed eretta a partire dal 1499, cfr.* Marcionetti I., *Chiesa e convento di Santa Maria degli Angeli in Lugano, Locarno 1975.*

54 *Cfr.* Heusler, *Die Statuten von Lugano,* statuta civilia, *cap. CXLVII, p. 202.*

55 *Cfr.* Heusler, *Die Statuten von Lugano,* statuta civilia, *cap. CV, p. 186.*

56 *Caslano, com., distr. di Lugano.*

57 *Cfr.* Heusler, *Die Statuten von Lugano,* statuta civilia, *cap. CXVIIII, pp. 191–192.*

58 *Cfr.* Heusler, *Die Statuten von Lugano,* statuta civilia, *cap. CLVI, p. 205.*

59 *Breno, com., distr. di Lugano. Giovanni Antonio di Breno, pubblico notaio di Lugano, non compare nella* Matricola notariorum comunitatis vallis Lugani (a. 1464–1693). *Cfr. Indice alfabetico dei notai in FDS TI C/1, pp. 419–436.*

60 *Cfr.* Heusler, *Die Statuten von Lugano,* statuta civilia, *cap. CCLXXXVII, pp. 259–260.*

61 *Cfr.* Heusler, *Die Statuten von Lugano,* statuta civilia, *cap. XXVII, pp. 155–156.*

62 *Cfr.* Heusler, *Die Statuten von Lugano,* statuta civilia, *cap. XXVI, pp. 155.*

63 *Gentilino, com. Collina d'Oro, distr. di Lugano.*

64 *Cfr.* Heusler, *Die Statuten von Lugano,* statuta civilia, *cap. CXLI, p. 200.*

65 *Cfr.* Heusler, *Die Statuten von Lugano,* statuta civilia, *cap. XXI–XXVI, pp. 153–155.*

66 *Cfr.* Heusler, *Die Statuten von Lugano,* statuta civilia, *cap. CLXXXXVIIII, p. 220.*

67 *Hans Heinrich Winkeli di Soletta fu capitano di Lugano nell'anno 1529. Cfr. HBLS, VII, p. 550.*

68 *Cfr.* Antiqua ducum Mediolani decreta, *Mediolani MDCLIV,* Decretum super tutellis et curis *(1455 novembre 3), pp. 341–344.*

69 *Cfr.* Heusler, *Die Statuten von Lugano,* statuta civilia, *cap. CLXVII, pp. 209–210.*

70 *Nassa, una delle quattro contrade storiche di Lugano, situata nel settore meridionale dell'antico borgo. Cfr.* Camenisch Y., Candolfi C., Gili A., Vassere S., Corpus *toponomastico e stradario cittadino, in Pagine storiche luganesi, 11, a cura di* Gili A., *Lugano 2000, p. 113.*

71 *Tassino, zona di Lugano. Cfr.* Camenisch, Candolfi, Gili, Vassere, Corpus *toponomastico e stradario cittadino, p. 149.*

72 *Firenze, capoluogo della prov. omonima, Italia.*

73 *Jacob Feer di Lucerna fu capitano di Lugano nell'anno 1530 e/o negli anni 1531-1533. Cfr. HBLS, vol. III, p. 129, e* Spettig, *Jakob Feer, in DSS, vol. 4, p. 686.*

74 ad Arnizolum, *toponimo non identificato a Vernate.*

75 *Massagno, com., distr. di Lugano.*

76 *Biasca, com., distr. di Riviera.*

77 *Johannes Escher di Zurigo fu capitano di Lugano nell'anno 1538. Cfr. HBLS, vol. III, p. 74.*

78 *Cfr.* Heusler, *Die Statuten von Lugano,* statuta civilia, *cap. CLXI, p. 207.*

79 *Torricella–Taverne, com., distr. di Lugano.*

80 *Milano, capoluogo della prov. omonima, Italia.*

81 *Leventina, distr., cant. Ticino.*

82 *Toscana, regione, Italia.*

83 *Pura, com., distr. di Lugano. Giovanni Antonio Crivelli, pubblico notaio di Lugano, iscritto nella* Matricola notariorum comunitatis vallis Lugani (a. 1464–1693), *fu eletto nel 1548. Cfr. Indice alfabetico dei notai in FDS TI C/1, p. 423.*

84 *Agno, com., distr. di Lugano.*

85 *Sul collegio dei notai di Val Lugano, cfr.* MANGO-TOMEI, *Sui collegi, pp. 170–178.*

86 *Domenico Canevali di Ambrogio, pubblico notaio di Lugano, si iscrisse nella* Matricola notariorum comunitatis vallis Lugani (a. 1464–1693) *nel 1496. Egli ricoprì la carica di abate del Collegio dei notai di Lugano negli anni 1502, 1516, e poi ininterrottamente negli anni 1538–1549. Cfr. Indice alfabetico dei notai in FDS TI C/1, p. 420, e l'elenco degli* abates, *p. 438. Cfr. anche in FDS TI C/1, pp. 99–100, note 4–5.*

87 *Cfr.* HEUSLER, *Die Statuten von Lugano,* statuta civilia, *cap. CCLVIII, p. 245. Cfr. anche* MANGO-TOMEI, *Sui collegi, pp. 172–178.*

88 *Cfr.* HEUSLER, *Die Statuten von Lugano,* statuta civilia, *cap. CCLVIIII, p. 245. Cfr. anche* MANGO-TOMEI E., Matricola notariorum comunitatis Vallis Lugani. *Una fonte per la storia del notariato nel Sottoceneri nel XV, XVI e XVII secolo, in Bollettino Storico della Svizzera Italiana, CI (1989), pp. 2–29.*

89 *Cima, fraz. di Porlezza, prov. Como, Italia.*

90 *Lenno, fraz. di Tremezzo, prov. Como, Italia.*

91 *Tomaino Trovamalla, di Sale, dottore in legge, nominato vicario della comunità di Lugano e valle nel 1443, è attestato vicario di Lugano nel 1444. Cfr.* SCHAEFER, *Il Sottoceneri, trad. it., Appendice documentaria, p. 418, n. 55 b), e* CHIESI G., *Il Sottoceneri e la signoria dei Sanseverino (1438–1447), in Bollettino Storico della Svizzera Italiana, 112 (1990), pp. 151–152, docc. 36 e 40.*

92 *Velate, fraz. di Varese, prov. Varese, Italia.*

93 *Val Vigezzo, solco vallivo attraverso il quale il bacino della Toce (Domodossola) comunica con quello del Ticino (Locarno).*

94 *Bironico, com. Monteceneri, distr. di Lugano.*

95 *Forse Malesco, com., prov. Novara, Italia.*

96 *Drano, com. Valsolda, prov. Milano, Italia.*

97 *Biogno, com. Lugano, distr. di Lugano.*

98 *Seregno, com., prov. Monza e Brianza, Italia.*

99 *Cfr.* HEUSLER, *Die Statuten von Lugano,* statuta criminalia, *cap. XIII, p. 266.*

100 *Bernardino Guazio, giurisperito, è attestato capitano di Lugano nel 1503. Cfr.* SCHAEFER, *Il Sottoceneri,* trad. it., p. 334, nota 85.

101 *Giovanni Francesco Canevali di Domenico, pubblico notaio di Lugano, si iscrisse nella* Matricola notariorum comunitatis vallis Lugani (a. 1464–1693) *nel 1528. Cfr. Indice alfabetico dei notai in FDS TI C/1, p. 420.*

102 *Forse Giovanni Antonio Rusca di Nicola, pubblico notaio di Lugano, che si iscrisse nella* Matricola notariorum comunitatis vallis Lugani (a. 1464–1693) *nel 1565. Cfr. Indice alfabetico dei notai in FDS TI C/1, p. 429.*

103 *Verla, una delle quattro contrade del borgo di Lugano.*

104 *Isone, com., distr. di Bellinzona.*

105 *Papa Sisto IV (Francesco della Rovere), a. 1471–1484.*

106 *Pambio–Noranco, com. Lugano, distr. di Lugano.*

107 *Scareglia, fraz. di Valcolla, com. Lugano, distr. di Lugano.*

108 *Castrignano, fraz. di Langhirano, prov. Parma, Italia.*

109 *Modena, capoluogo della prov. omonima, Italia.*

110 *Jost Fritag di Friburgo fu capitano di Lugano negli anni 1544–1546. Cfr.* HBLS, *vol. III, p. 316.*

111 *Canton Uri.*

112 *Giovanni Francesco Crivelli di Antonio, pubblico notaio di Lugano, non figura tra i notai iscrittisi nella* Matricola notariorum comunitatis vallis Lugani (a. 1464–1693). *Egli figura però nella* Matricola *in veste di abate del Collegio dei notai di Lugano negli anni 1524–1525, 1527–1528, 1530–1537, 1555–1560, 1562–1563, 1566–1567, e insieme a Domenico Canevali negli anni 1538, 1542–1543, 1545–1549. Cfr. Indice alfabetico dei notai in FDS TI C/1, pp. 419–436, e l'elenco degli* abates, p. 438.

113 *Marco Antonio Turbino di Pietro Bartolo, pubblico notaio di Lugano, si iscrisse nella* Matricola notariorum comunitatis vallis Lugani (a. 1464–1693) *nel 1546. Cfr. Indice alfabetico dei notai in FDS TI C/1, p. 433.*

114 *Giovanni Antonio Canevali di Gerolamo, pubblico notaio di Lugano, si iscrisse nella* Matricola notariorum comunitatis vallis Lugani (a. 1464–1693) *tra il 1567 e il 1572. Cfr. Indice alfabetico dei notai in FDS TI C/1, p. 420, e i* signa tabellionatus, p. 473, nr. 183.

115 *Ludovico Canevali di Francesco, pubblico notaio di Lugano, non compare nella* Matricola notariorum comunitatis vallis Lugani (a. 1464–1693). *Cfr. Indice alfabetico dei notai in FDS TI C/1, pp. 419–436. Esiste però un documento redatto dal notaio Ludovico Canevali nell'anno 1693. Cfr.* ASTi, *Notarile, cart. 4568.*

IV

Formulario di Girolamo Cusa

(Bellinzona, sec. XVII)

ASTi, *Giuseppe Pometta, scatola 41.*

Cartaceo, sec. XVII, cm. 29,50 x 21, di cc. 79 (cc. 1–69 *numerate,* cc. I, 70–79 *non numerate), alcune con rigatura leggera, rilegato con una pergamena tagliata. In bianco le* cc. 16v., 70v., 75r., 76r.–78r.

[Per la descrizione del formulario, cfr. nota introduttiva in FDS TI C/1, pp. 131–134. Per quanto concerne la trascrizione segnaliamo che alcuni modelli presentano al posto del nome di persona solo l'iniziale (lettera maiuscola puntata), che abbiamo risolto con il nome per intero quando all'interno del modello esso era già comparso.]

[c. Ir.–Iv.] [...][a]

[c. 1r.] Donatio inter vivos est quaedam liberalitas a dante in / accipientem collata, que pena stipulata et traditione sumit effectum

Honorius[b] filius condam Ioannis de tali parte voluntarie, sponte et ex certa / scientia et non vi, metu vel dolo aliquo nec aliquo errore / iuris vel facti ductus, sed gratis et amore et ex sui mera, / simplici et spontanea voluntate et liberalitate et aliis omnibus / iure, via, modo et forma quibus et prout melius et efficatius potuit / et potest ac fieri et esse possit, remittens omnes et quascumque causas / ingratitudinis ac etiam omnes et singulas illas quae aliis forent valide / et efficaces ad revocandum presentem donationem, certificatus et cetera / fecit et facit puram, meram et irrevocabilem donationem inter / vivos a presentibus die et hora in antea valituram et totius / sui iuris dominii et posessionis translationem et traditionem ad proprium / in manibus et potestate Innocentii filii condam talis de tali loco ibi presentis, stipulantis / et recipientis pro se et suis heredibus, / nominative de omnibus et singulis ipsius Honorii bonis immobilibus sitis / et iacentibus in tota iurisdictione Bellinzonae[1] vel in tali loco sub quibuscumque / chorentiis, que et qualia ac quantacumque sint et reperiantur et eidem / Honorio quomodolibet pertineant, spectent et pertinere et spectare / possunt ut supra[c], / item de omnibus iuribus et cetera, / et hec omnia cum solemnibus tenore, cessione iurium.

Sequere in reliquis / ut in venditione mutatis mutandis vocabulis contrahentium, / quia ille qui donat vocatur donator et ille cui donatur / vocatur donatarius. /

Renuntiando et cetera. / Quam quidem donationem et cetera promissit et cetera dictus Honorius habere ratam et cetera et non contrafacere et cetera. / [d] / [c. 1v.] Insuper predicti donator et donatarius ambo iuraverunt et iurant ad sancta / dei evangelia in manibus mei notarii defferentis dictam donationem ut supra factam / fuisse et esse veram, non autem fictam nec simulatam neque / ulla se ipsos fraude aut dolo nec in fraudem alicuius personae / ductos fuisse ad illam faciendam, sed sua sponte atque sincero mentis / affectu ac bona fide ad huiusmodi donationem devenire et absque / ulla pactione palam vel oculte facta, quod ullo unquam tempore fiat / seu fieri debeat retrovenditio de bonis superius descriptis et donatis / in totum vel pro parte, ita eos deus adiuet. / Et que omnia et cetera facta fuerunt et cetera coram et cetera, testes et notarii et cetera. /

[e]–Si donator voluerit retinere usufructum bonorum donatorum, vide formam[f] in isto cartulario in folio 67–[e]. /

[a] *Le* cc. *omesse contengono una invocazione, seguita dalla definizione del Rolandino sulla* notaria *e da una serie di motti, alcuni in volgare, di contenuto morale e di saggezza popolare, frammisti ad annotazioni di carattere giuridico.*

[b] Honorius *evidenziato da un'iniziale alta 25 mm e da lettere alte 5 mm.*

[c] *Segue segno inintelligibile, tracciato con lo stesso inchiostro. Nel margine sinistro della* c. *in corrispondenza delle righe 19–20 dell'originale, tracciato con inchiostro differente, il disegno di una piramide alta 15 mm inclinata verso l'interno.*
[d] *Nel margine inferiore della* c., *al centro, l'annotazione evidenziata da una linea che la inquadra su quattro lati* dona multum possunt, *a sinistra, l'annotazione* quinque modis perdo mihi quae donata fuere, infero si damnum graviter donatarii in ere, et si per me [...] fuerit atrox iniuria facta, quando sue vite crudeliter insidiabor, *a destra, l'annotazione* ingratus dono confestim iure putabor et si persona [...].
[e–e] *Annotazione di altra mano.*
[f] *Segue* cartularii veteris *depennato.*

Donatio causa mortis

Ioannes filius condam talis de tali parte sanus mente, loquella et intellectu, licet / sit corpore languens, voluntarie, sponte et cetera, volens causa mortis de / bonis suis donationem facere et disponere, statuit et ordinavit ut / infra videlicet. / Et primo donavit et donationem causa mortis relinquit Erasmo de / tali loco talia bona, item tali talia et cetera.

Et poterit disponere / tam pro anima quam aliter. / Deinde factis capitulis dicatur, / et hoc cum omnibus suis iuribus et cetera.

Et sequatur stilus prout in alia donatione / continetur, sed notarius debet stipulare clausulas, sed non requiritur / iuramentum nec mentem iudicis. / [a–]Donatio causa mortis est illa, qua quis donat ut magis eum quam alium vel magis alium quam heredem suum vult habere[–a]. / [b]

[a–a] *Annotazione di altra mano.*
[b] *Nel margine inferiore della* c., *al centro, l'annotazione evidenziata da una linea che la inquadra su quattro lati* hostium munera non sunt munera.

[c. 2r.] Testamentum

Quoniam nil est certius morte et nil incertius hora mortis animoque prudenti[a] [b–]vel ad animum prudentem[–b] / hoc pertinet ut mortis semper cogitetur eventus, et hoc potissime. / Cum corpus infirmitate tenetur, cum statutum sit [c–]omnibus semel mori[–c] hominem semel mori, / hinc[d] est quod prudens vir dominus Teodorus filius condam talis de tali parte, sanus per / dei gratiam mente, sensu, visu et intellectu licet corpore languens, / volens circa suam substantiam, ut sapientem decet, dum mens / integra est et in bona sua integra et perfecta dispositione consistit, / providere et de bonis et rebus suis disponere ne post eius mortem / scandalum oriatur et maxime pro salute eius anime, omnibus melioribus / modo, via, iure et forma quibus magis et melius potuit et potest / et ei licuit et licet, hoc presens suum testamentum nuncupativum, / suam ultimam voluntatem declaravit et fecit in hunc / quod sequitur modum et formam videlicet. / In primis quidem animam suam humiliter ac devote omnipotenti deo / eiusque gloriosissime virgini matri Marie totique curie celesti commendavit, / et corporis sui, dum anima et spiritus ab eo erit separata, / sepulturam[e] elegit in ecclesia Sancti Blasii extra menia Bellinzonae[2] / cum illa impensa funeris, et prout videbitur infrascriptis eius heredibus. / Item cassavit, irritavit et annullavit ac cassat et cetera omnia eius testamenta, / codicillos, donationes causa mortis et quascumque eius ultimas voluntates / hinc retro per eum facta, factos et factas, volens, iubens et / ordinans ea, eos et eas esse nulla, nullos et nullas et nullius / valoris, efficatie et momenti tamquam si non essent facta, factos et factas, volens[f] hoc presens suum testamentum nuncupativum ceteris omnibus prevalere. / [g] / [c. 2v.] Item namque dictus dominus testator statuit, iussit, legavit et ordinavit ac / statuit et cetera quod per infrascriptos eius heredes reddantur et restituantur omnes usurae, / rapinae et omnia male ablata per eum dominum testatorem et eius antecessores / quibus successit, et pro ea parte pro qua successit illis personis, quibus / extorte et ablate et extorta et ablata fuissent, reperirentur / contra ordines sanctae matris ecclesiae, et pro ipsis restituendis idem dominus / testator omnia eius bona obnoxia et hipotechata relinquit / mihi notario infrascripto ut publice persone stipulanti et recipienti nomine / et vice omnium personarum quarum interest. / Item dictus dominus testator voluit, iussit et ordinavit ac vult et cetera quod per infrascriptos / eius heredes universales debeat fieri corpus, septimum et tregesimum et cetera. / Item dictus dominus testator voluit, iussit et ordinavit ac vult et cetera quod per infrascriptos / eius heredes fieri cellebrare debeat omni anno usque imperpetuum in die obitus / sui per presbiteros Bellinzonae[1] annuale unum et pro annuale fiendo / predictus dominus testator hipotechavit petiam unam terrae sitam in / tali loco iuxta et cetera, et hoc in remedio et pro salute anime suae. / Item dictus testator voluit, iussit, legavit et iudicavit ac vult et cetera et / iure institutionis relinquit altari seu capelle Sanctae[h] Mariae site in / tali ecclesia fictum unum libellarium stariorum quinquaginta, quod fit et prestatur per talem / massarium omni anno usque imperpetuum in et super bonis contentis in instrumento livelli, / tradito et cetera per talem notarium anno et cetera, cum hac lege et conditione quod infrascriptus capellanus / elligendus ten[e]atur et oblighatus sit cellebrare missam unam singula / ebdemoda usque imperpetuum ad dictum altare pro anima ipsius testatoris, / ad quas missas cellebrandas dictus dominus testator elegit et nominavit ac / eligit et cetera reverendum dominum talem, et ipso decedente dictus testator voluit et cetera / [c. 3r.] quod per infrascriptos eius heredes universales et eorum succesores fiat electio, / et quod ius patronatus elligendi et nominandi capellanum ad dictam / capellam seu altare sit et esse debeat infrascriptorum eius heredum / universalium usque imperpetuum. / Item namque idem testator statuit, legavit et adiudicavit ac statuit et cetera / et iure legati et institutionis relinquit Marte eis filie libras mille tertiolorum / sibi dandas per infrascriptos eius heredes tempore quo pervenerit ad / matrimonium temporale vel spirituale, et in ipsis libris mille tertiolorum / eam Martam sibi heredem instituit, volens atque mandans ipsam / Martam esse, stare et permanere tacitam et contentam de predictis / libris mille tertiolorum iure debite nature Falsidie et Tribilianie, legitime / et cuiuslibet tertie et quarte bonorum subsidio, de quibus libris mille tertiolorum / ipsa Marta teneatur et obligata sit facere finem, liberationem, quietationem / et pactum de non plus pettendo et cetera ac etiam venditionem, dattum et cetera in / manibus infrascriptorum suorum heredum, nominative et generaliter de omni hereditate et cetera, / salvo ab intestato. / Item dictus testator relinquit Caterinam eius uxorem post eius decessum / [i]dominam massariam et usufructuariam bonorum dicti testatoris, / et hoc et quousque dicta Caterina servaverit lectum et honorem / dicti eius viri.

Et si voluerit per se stare poterit illi ea bona, / que voluerit pro alimentis suis, adiudicare. /

In omnibus autem suis bonis et rebus mobilibus et immobilibus, iuribus et actionibus / ac nominibus debitorum et creditorum presentibus et futuris, quae idem Teodorus / testator relinquerit a die obitus sui, instituit sibi heredes / universales, quos ore suo proprio nominando nominavit et nominat, / Petrum et Franciscum fratres filios suos legitimos et naturales equis portionibus, / [c. 3v.] et casu quo unus ex ipsis heredibus decederet ex hoc seculo sine / filiis vel filiabus legitimis et de legitimo matrimonio procreatis, quod eo / casu ille qui supervixerit succedat et succedere debeat in totum / predicte hereditatis et bonis ut supra relinquendis, et casu quo predicti Petrus / et Franciscus fratres eius heredes ambo decederent ab hoc seculo absque / filiis vel filiabus legitimis de legitimo matrimonio procreatis, tunc et / eo casu interveniente idem testator sibi instituit et substituit / heredem universalem, quem ore suo proprio nominando nominavit / et nominat, Ioannem Antonium filium condam talis de tali loco, cum hac lege quod predictus / Ioannes Antonius teneatur adimplere predicta legata per suprascriptum testamentum facta. / [j-]In omnibus autem aliis et singulis suis bonis ut supra idem testator instituit sibi heredem universalem / eius filium legitimum Petrum, vero scilicet eius filium ab omnibus eius bonis et hereditate exheredavit / et privavit et exeredat et cetera ex tali causa, que causa ibi apponatur[-j]. / Quod quidem testamentum et quam quidem eius ultimam voluntatem dictus / testator voluit et iussit ac vult et iubet valere debere iure / testamenti nuncupativi, et si iure testamenti nucupativi valere non potest / vult et iuvet valere debere iure codicillorum, et si iure / codicillorum valere non potest vult et iubet valere debere et / tenere iure donationis causa mortis, et omni alio modo quo melius / valere et tenere potest. / Et de predictis et cetera. Actum et cetera.

Nota quod requiruntur in cellebratione / presentis testamenti semptem testes cum tribus notariis. / [k-]Si non tenentur curatores conficere inventarium nec reddere rationem sic scribe. /

Absque ratione reddenda et absque satisfactione prestanda ac confectione inventarii bonorum dictorum / filiorum suorum, a quorum omnium onere idem testator ipsos tales tutores constitutos ut supra, ex certa / scientia et omnibus modo et cetera absolvit, liberavit et exoneravit et cetera et ipsam rationem eis remisit[-k]. /

[l-]Nuncupativum dicitur[m] testamentum sine scriptis, quod non exigit solemnitatem scripturae, que specialiter in testamento in scriptis requiruntur[-l]. [n-]Nuncupare testamentum est viva voce supremam voluntatem declarare[-n]. [o-]Et nuncupatur heres, qui voce testatoris heres pronuntiatus est[-o]. /

[a] prudenti *corretto da altra mano depennando* s *finale.*

[b–b] *Parte aggiunta da altra mano nel margine destro della* c.

[c–c] *Parte aggiunta da altra mano con segno di richiamo nel margine destro della* c.

[d] -nc *corretto sopra lettera non più leggibile.*

[e] -u- *di* -ul- *corretto sopra* -o-.

[f] -ens *corretto sopra lettere non più leggibili.*

[g] *Nel margine inferiore della* c., *al centro, l'annotazione evidenziata da una linea che la inquadra su quattro lati* dulce est paternum solum.

[h] -an- *corretto sopra lettere non più leggibili.*

[i] *Nel margine sinistro della* c., *in corrispondenza delle righe 18–19 dell'originale, l'annotazione* nota quod mulier non potest constitui domina nec massaria si non habet filios nec ei alimenta adiudicare propter statutum sub rubrica. *Cfr.* Heusler A., *Rechtsquellen des Kantons Tessin. Die Statuten von Bellinzona, ZSR, 41, NF 19 (1900),* statuta civilia, *cap. 103, pp. 176, 178.*

[j–j] *Parte aggiunta nello spazio originariamente in bianco. Nel margine sinistro della* c., *in corrispondenza dell'aggiunta, l'annotazione* exeredatio filiorum.

[k–k] *Parte aggiunta nello spazio originariamente in bianco.*

[l–l] *Annotazione nel margine inferiore della* c., *a sinistra.*

[m] dicitur *aggiunto sopra la linea con segno di richiamo.*

[n–n] *Annotazione nel margine inferiore della* c., *al centro.*

[o–o] *Annotazione nel margine inferiore della* c., *a destra.*

[c. 4r.] Codicillus ante testamentum

Franciscus de tali parte sanus dei gratia mente, loquella et intellectu licet sit / corpore languens qui, ut asserit, non adhuc deliberavit de eius universalibus / bonis ultimam voluntatem disponere, sed ne[a] infrascripta eius dispositio et / voluntas transeat sine effectu et opinione dicti Francisci, cum aliquando / mors subitanea et improvisa sit et eveniat[b] [c-]cupiensque terrena in coelestia et transitoria in eterna felici commestio commutare sic[-c], volens et intendens in hac parte / codicillare et codicillum facere, / omni modo, iure et titulo quibus melius et validius fieri potest, ascerens / de infrascriptis esse suum ultimum velle et ultima dispositio et / voluntas, / statuit, legavit et adiudicavit ac statuit, legat et adiudicat Paulo / de tali parte ex et de bonis dicti Francisci petiam unam terre et cetera iacentem et cetera, / per eum Paulum habendam post decessum dicti Francisci. / Item statuit, legavit et adiudicavit et cetera Ioanni Antonio de tali parte domum / unam copertam plodis iacentem et cetera, per dictum Ioannem Antonium habendam post / decessum dicti Francisci. /

Sed non debet aliquid tangere de istitutione hereditaria, quia tunc / vocatur testamentum, et in simili contractu codicilli requiruntur / quinque testes, et positis capitulis dicatur. /

Et hoc asserit idem codicillans esse velle suum ultimum velle et / suam ultimam voluntatem, quod et quam valere voluit / iure codicillorum et quocumque alio modo, iure, via et forma quibus / [c. 4v.] melius valere et tenere poterit, et eam ab omni herede suo firmiter et inviolabiliter observari. / Et de predictis idem Franciscus rogavit me notarium infracriptum et cetera. /

Posset bene fieri substitutio dicendo hoc modo. /

Item per fidecomissum errogavit illum vel illos, ad quem vel ad quos / hereditas sua de iure spectabit, et ipsam hereditatem ipsis non / habentibus filiis restituant tali. /

In cellebratione presentis instrumenti requiruntur quinque testes et tres notarii. /

[a] ne *aggiunto sopra la linea con segno di richiamo.*
[b] eveniat *aggiunto sopra la linea con segno di richiamo.*
[c–c] *Parte aggiunta con segno di richiamo nel margine sinistro della* c.

Relatio codicilli ante testamentum

Coram tali comissario et potestate Bellinzonae[1] ipso pro tribunali existente et cetera / comparuerunt N. N. citati per talem servitorem ad instantiam talis et cetera, qui / omnes iuraverunt ad sancta dei evangelia ad hoc ut de infrascriptis semper veritas / in aperto appareat et ellucescat. / In primis retulerunt et refferunt quod Franciscus de tali loco, die tali, suum / clausit diem extremum et die tali, qui fuit dies talis, / sanus mente, loquella et intellectu, languens tamen corpore, / voluit hac particulari dispositione per hoc presens codicillum / providere, / item retulerunt quod dictus condam codicillans disposuit et ordinavit quod eius heredes / teneantur facere et cetera seu dare et cetera tot tali et cetera. /

[c. 5r.] Nota quod propter quatuordecim causas poterint pater et avius / exhereditare filium et ablaticum, et propter septem causas / poterit filius, volens facere testamentum, exhereditare patrem, / et sic ablaticus exhereditare avum. / Quae causae sunt iste videlicet. / Si quis percusserit patrem vel matrem, / item si gravem iuniuriam patri contulerit, / item si accusaverit patrem in criminalibus causis preterquam de lesa / maiestate et de re publica, idem pro filio, / item si violaverit matrem vel concubinam patris, idem pro filio, / item si filius machinaverit in necem patris, idem pro filio, / item si pater fuerit in carceribus et in manibus perfidorum et potuerit / eum redimere et noluerit, idem pro filio, / item si filius moverit calumniose litem patri, pro qua substineat gravamina / et damna, / item si pater fuerit in carceribus et filius non fideiubeat et contentantibus / creditoribus eum habere in fideiussorem, / item si filius prohibet patrem testari, idem pro filio, / item si exhereditabitur filia si potius voluerit luxuonari[a] quam maritari / secundum possibilitatem patris, / item ceteris respectibus et cetera. / Frater fratrem propter tria exhaeredat. / Si arguit fratrem sceleris, / si ei vult tollere vittam, / si iacturam rerum sibi moverit. / Secundum Raymondum[3]. /

[a] *Così, si intenda* luxuriari.

[c. 5v.] Prohemium testamenti

Quoniam aegritudinis vehementia corporalis solet plerumque hominis mentem a tramite rationis / in tantum avertere quod nedum de temporalibus verum etiam de se ipso et de anima / quispiam disponere seu ordinare non valeat, propter quod dum in mente est sobrietas / et in corpore requies melius et salubrius disponitur ac etiam ordinatur ultime iuditium / voluntatis, et quia nemo ex carne conditus viam ultimi potest evitare iuditii, in quo / quilibet etiam de factis propriis redditurus est rationem, / idcirco N. sanus per dei gratiam mente, loquella et cetera, / in primis quidem animam suam, quando ab hac luce et vita migrare contingerit, humiliter ac devote / summo omnipotentique deo ac gloriose eius matri Marie semper Virgini totique curie celesti / triumphanti nunc et semper, precipue in hora mortis sue, commendavit et commendat, / corpus vero suum iussit tumulari seu sepeliri[a] in sepultura seu tumulo N. / et in funeralibus exequis venerari iuxta voluntatem dicti testatoris heredum. /

[a] -i- *corretto sopra* -e-.

Institutio posthumorum

In omnibus autem aliis suis bonis et cetera instituit sibi heredes universales, quos ore suo proprio / nominando nominavit, Petrum et Franciscum filios suos legitimos et naturales ex suprascripta N. uxore sua. /

Et si predicta uxor sua pregnans esset et pareret filios vel filias, unum vel plures / posthumos aut medio tempore natos ad lucem pervenientur, si masculus vel masculi / fuerint ipsum vel ipsos cum ipsis Petro et Francisco vel altero eorum, qui supervixerit, equalibus / portionibus heredes instituit, si autem femina una vel plures ipsam vel quamlibet earum / sibi in libris mille heredem instituit, quas eam seu quamlibet earum habere voluit quando / nupserit seu ad matrimonium spirituale pervenerit, iubens eam et quamlibet earum / de hiis esse contentam, et hoc pro omni quod quaelibet ex eis petere et consequi posset / in et super bonis et hereditate dicti testatoris tam iure institutionis partis hereditatis, Falcidie, / Trebellianice et legitime debite iure nature et bonorum subsidii quam quolibet alio iure. /

[a–]Prohemium breve

Quoniam vita hominis sit brevis et nihil sit certius hora mortis et nihil incertius hora mortis[–a]. /

[a–a] *Parte aggiunta nel margine inferiore della* c.

[c. 6r.] Codicillus post testamentum

Cum hoc sit quod Ioannes de tali parte [a–]corporali infirmitate detentus[–a] alias suum condiderit testamentum [b–]nuncupativum et suam ultimam voluntatem, in quibus instituit sibi heredem universalem N. et multa legata fecerit, prout plenius dicitur constare instrumento testamenti tradito et cetera[–b], in quo / inter alia legavit Camillo et cetera libras centum tertiolorum, ut constat dicto testamento tradito et cetera / per me notarium infrascriptum, anno et cetera, / cum sit quod ipse Ioannes preposito[c] mutato, quia voluntas testatoris est[d] ambulatoria / usque ad mortem et quia causa ea, quae in ipso testamento continentur, voluntatem / mutavit intenditque ipsum testamentum in aliquibus suis partibus moderari / ac addere et minuere, prout eius intentionis est, / idcirco dictus Ioannes, volens et intendens codicillare et infrascriptum eius codicillum / facere omnibus modo, iure et titulo quibus melius et validius fieri / potest[e], / [f]fecit et facit infrascriptum eius codicillum et infrascriptam moderationem prout infra videlicet. / Primo idem codicillans aserit et dicit quod eum penituit legasse dicto Camillo dictas libras centum et ideo de suprascriptis libris centum detraxit et detrahit libras viginti quinque / retinendas per dictos[g] eius heredes. /

Et posset etiam annullare totum capitulum dicendo, cuius[h] eum penituit legasse dicto tali / predictas libras, et ideo illud capitulum revocavit et revocat. /

Et posset etiam addere dicendo.

Item dictus codicillans aserit et dicit quod ei dolet / legasse et adiudicasse suprascripto[i] Camillo nisi libras centum, et ideo sibi addidit et / addit libras viginti quinque tertiolorum sibi dandas per dictos eius heredes ultra dictas libras centum. / Item dictus codicillans aserit et dicit quod eum penituit legasse pro eius anima libras viginti / usque imperpetuum, et ideo[j] eam elemosinam fiendam reduxit et reducit ad annos / decem post eius decessum, nolens eam perpetuo fieri. /

Item poterit per codicillum alia capitula facere, quae non erunt in testamento, dicendo. /

Item aserit et dicit se dolere non legasse Francisco de tali loco aliquid de bonis suis, / [c. 6v.] et ideo ipsi tali per presentes sibi legavit et cetera petiam unam terrae et cetera ex et de bonis, / in quibus dictum talem eius heredem instituit, quae bona ipsi tali / heredi subtraxit et subtrahit, / et hoc ascerit idem codicillans[k] esse velle suum ultimum velle et suam / ultimam voluntatem, quod et quam valere voluit iure codicillorum / et quocumque alio modo, iure, via et forma quibus melius valere, tenere poterit, / et de predictis et cetera. /

Posset bene fieri substitutio dicendo hoc modo.

Item per fidecomissum / errogavit illum vel illos, ad quos hereditas sua de iure spectabit, / et ipsam hereditatem ipsis non habentibus filiis[l] restituant tali. /

a–a *Parte aggiunta con segno di richiamo nel margine sinistro della* c.
b–b *Parte aggiunta con segno di richiamo nel margine destro della* c.
c *Così, si intenda* proposito.
d -s- *corretto sopra* -t-.
e *Segue* ascerens de infrascriptis esse suum ultimum velle et ultima dispositio *depennato.*
f *Precede* et voluntas *depennato.*
g -o- *corretto sopra lettera non più leggibile.*
h cuius *sopra la linea, sopra* quod *depennato.*
i *Segue* Petro *depennato.*
j -o *corretto sopra lettera non più leggibile.*
k codicillans *aggiunto sopra la linea, sopra* testator *depennato.*
l *Così, si intenda* filios.

Relatio testamenti

Constituti coram magnifico domino tali comissario et potestate Bellinzonae[1] ipso existente in tali / loco, quem locum et cetera.

Tales ponantur nomina testium constituentis. /

Qui omnes citati fuerunt per talem servitorem ad instantiam Constantini heredis infrascripti Conradi / de tali parte testatoris [a–]presentis, instantis et requirentis ac petentis testes ipsos interogari debere per prefatum dominum comissarium secundum formam statutorum[4] comunis Bellinzonae de veritate testamenti et ultime voluntatis infrascripti testatoris, qui delato eis et cuilibet ipsorum prius iuramento de veritate dicenda dixerunt et cetera ad eternam memoriam et ut veritas et cetera[–a], et qui omnes superius nominati iuraverunt et iurant ad / sancta dei evangelia manibus eorum et cuiuslibet eorum tactis scripturis [a–]ad hoc ut de dispositione ultime voluntatis quod N.[–a] ad perpetuam / rei memoriam et ut[b] veritas semper ellucescat et in aperto appareat, retulerunt, / exposuerunt, dixerunt et protestati fuerunt et quilibet eorum suo sacramento refert, exponit et cetera / prefato magnifico domino comissario et potestate quod dictus condam Conradus testator, qui decessit ab hoc / seculo et[c] die tali proxime preterita, quae fuit dies tertia mensis presentis, sanus mente, loquella / et intellectu suum condidit testamentum et ultimam voluntatem in hunc qui sequitur modus videlicet. / In primis suprascripti testes retulerunt, exposuerunt, dixerunt et protestati fuerunt et quilibet suo sacramento ut supra / refert, exponit, dicit et protestatus fuit prefato magnifico domino comissario et potestati quod dictus condam / testator legavit tot tali et cetera. / [d–]Quam quidem relationem et predicta omnia et cetera ipsi testes promisserunt et cetera semper habere rata et cetera et nunquam contrafacere et cetera. / Qui dominus comissarius et potestas predicta omnia admissit in quantum debet et tenetur de iure. /

Quae relatio debet fieri in termino XV dierum a die mortis testatoris [...][e] iuxta dispositione statutorum predicta[-d]. /

[a–a] *Parte aggiunta con segno di richiamo nel margine sinistro della* c.
[b] et ut *depennato da altra mano e corretto sopra la linea in* semper.
[c] et *aggiunto sopra la linea con segno di richiamo.*
[d–d] *Parte aggiunta nel margine inferiore della* c.
[e] *Parte illeggibile a causa di macchie di umidità.*

[c. 7r.] Revocatio testamenti

Conradus de tali parte non intendens quod testamentum per eum conditum, et de quo rogatum / fuit instrumentum per me notarium infrascriptum anno tali, habeat locum nec aliquem sorciatur / effectum cum penituerit ipsum fecisse, quod testamentum et ultimam voluntatem / volens et intendens aliter disponere de bonis et rebus suis, / omnibus modo, iure, causa et forma quibus melius potuit et potest, revocavit, irritavit / et annullavit ac revocat et cetera dictum testamentum, rogatum per me notarium infrascriptum et de / quo supra fit mentio, et[a] omnia et singula in eo contenta fuisse et esse nullum / et nulla nulliusque valoris, efficatie et momenti ac si unquam conditum seu condita fuissent / per ipsum Conradum. / Quam quidem revocationem et predicta omnia et singula suprascriptus Conradus promissit et cetera habere ratam et cetera / et nullo unquam tempore contrafacere et cetera. /

Nota quod opportet ut adsint septem testes et tres secundi notarii in cellebratione dicti instrumenti. / Nota quod propter quatuodecim causas poterint pater et avus exhereditare filium et / ablaticum et propter septem causas poterit filius, volens testare, exhereditare patrem et sic / ablaticus exhereditare avum, quae causae sunt iste videlicet. / Si quis percusserit patrem vel matrem, si gravem iniuriam fecerit patri, si accusaverit patrem in criminalibus causis preterquam de lesa maiestate et de re publica, idem pro filio, / item si fuerit pater in carceribus et in manibus perfidorum et poterit filius eum redimere et / noluerit, idem pro filio, / item si violaverit matrem vel concubinam patris, idem pro filio, / item si filius machinaverit in necem patris, idem pro filio, / item si filius moverit calumniose litem patri pro qua sustineat gravamina et damna, / item si pater fuerit in carceribus et filius non fideiubeat et contentantibus creditoribus eum habere in fedeiussorem, / item si filius prohibet patrem testari, idem pro filio, item si non egit curam patris furiosi, idem pro filio, / item exhereditabit filia[m] si potius voluerit luxuonari[b] quam maritari secundum possibilitatem patris, item ceteris respectibus et cetera. /

[a] *Segue* de *depennato.*
[b] *Così, si intenda* luxuriari.

[c. 7v.] Addhitio hereditatis

Coram magnifico domino comissario tali comparuit Petrus filius condam de tali parte sponte et ex / certa scientia et non per errorem iuris vel facti ac metu nec violentia / nec ab aliquo coactus, sed omnibus modo, iure, via et forma quibus melius / potuit et potest, adhivit et adhit hereditatem, res et bona, iura et / nomina debitorum relictorum et relicta per suprascriptum condam patrem suum, dicens / et protestans et dicit et protestatur quod ipse est et esse vult et intendit heres / in-solidum dicti condam patris sui et quod se intromissit et intromittere vult et / intendit de hereditate et bonis, rebus, iuribus et nominibus debitorum relictorum / per suprascriptum condam patrem suum. Et de predictis et cetera. /

Nota quod si fieret[a] per minorem aetatis annorum XXV tunc[b] opportet fieri ipsum / instrumentum cum curatore, et in fine conscensus curatoris sic scribe.

Et cum eo / suprascriptus talis curator et curatorio nomine omnibus modo et cetera adhiverunt et adunt hereditatem et cetera. /

[a] -t *corretto sopra lettera non più leggibile.*
[b] -n- *corretto sopra* -c-.

Instrumentum emancipationis

Coram magnifico domino comissario et cetera constitutus Franciscus filius Iacobi de tali parte[a], / [b]in presentia dicti Iacobi eius patris, petiit dictus Franciscus dicto Iacobo eius patri summa cum / reverentia se emancipari et sua manu et sacris sue patriae potestatis nexibus / liberari, eximi et absolvi, quamobrem dictus Iacobus pater dicti Francisci petitioni favens tamquam / iuste ipsum Franciscum ibidem presentem et ut supra petentem emancipavit et a sua manu / et sacris suae patriae potestatis nexibus liberavit et ex[i]mit ac absolvit, ita / quod a modo dictus Franciscus possit et valeat testari, iudicio interesse, vendere et contrahere / ac pacisci et se et sua bona[c] obligare et omnia et singula alia facere, quae quilibet pater familias / et sui iuris facere potest et exercere, et in premium emancipationis predicte dedit, / traddidit, cessit et con[c]essit atque remisit eidem Francisco filio suo emancipato predicto presenti et cetera domum et cetera / cum omni iure et actione ipsi domui pertinentibus, constituens se ipsam domum nomine ipsius Francisci tenere et / possidere usque quo ipsius domus posessionem acceperit corporalem, quam accipiendi et cetera, promittens et cetera dictus Iacobus / suprascripto Francisco eius filio a se emancipato predictam emancipationem et donationem habere ratam et cetera. Quibus omnibus / et singulis sic gestis prefatus dominus comissarius suam et suum et dicti comunis Bellinzonae[1] auctoritatem et decretum interposuit. / Et de predictis et cetera. / [d] /

[a] *Segue* ibidem presentem hoc volentem et petentem *depennato.*
[b] *Precede* a se *depennato.*

c bona *aggiunto sopra la linea.*
d *Nel margine inferiore della* c., *al centro, l'annotazione evidenziata da una linea che la inquadra su quattro lati* hominum mentes variae.

[c. 8r.] Pronuntiamentum aetatis

Coram magnifico comissario et cetera comparuit et comparet et se personaliter presentat Ludovicus / filius condam talis et cetera et exponit prefato magnifico domino comissario quod ipse Ludovicus est maior annis XX / et minor tamen annis XXV et non valet se nec sua bona regere nec gubernare / et implorans veniam aetatis petit et cum instantia requirit a vobis prefato / magnifico domino comissario et potestate quatenus ex vestri offitio et omnibus meliori modo, iure, via / et forma quibus melius fieri possit, pronuntietis[a] et pronuntiare velitis / et debeatis ipsum Ludovicum maiorem et pro maiore annis XXV, ita quod a modo in / antea dictus Ludovicus possit et valeat contrahere et distrahere et quoscumque / contractus et distractus cuiuslibet generis sint facere cum quibuscumque personis / seu persona, comuni, colegio, capitulo et universitate et in iuditio stare et / perseverare cum quacumque persona seu personis et facere omnia et singula prout et / quemadmodum facere potest quilibet maior annis XXV, et ad faciendum fidem de aetate ipsius Ludovici / induxit in testes N. N., qui sunt ex proximioribus agnatis ipsius Ludovici, quibus petit prefatum dominum / comissarium iuramentum deferri pro veriffication aetatis ipsius[b] Ludovici. / Qui dominus comissarius et potestas existens ut supra, attenta dicta requisitione coram eo facta per dictum Ludovicum, delato iuramento / per eum suprascriptis N. N. testibus inductis prout supra, qui iuraverunt ipsum Ludovicum[c] esse maiorem / annis XVIII et pluribus, omnibus modo, iure, via, causa et forma quibus melius et validius / potuit et potest, indulgendo eidem Ludovico[d] veniam aetatis cum causae cognitione, / et causa prius per eum cognita pronuntiavit et pronuntiat dictum Ludovicum maiorem / et pro maiore annis XXV, ita quod a modo in antea dictus Ludovicus possit et valeat et ei / liceat et licitum sit pro eius libito voluntatis contrahere et distrahere et quoscumque / contractus et distractus facere et in iuditio stare et perseverare cum quibuscumque personis / seu persona, comuni, colegio, capitulo et universitate, et facere ea omnia et singula prout / posset et potest quilibet maior annis XXV, et in predictis et circa predicta prefatus dominus comissarius / suam et suum et comunis Bellinzonae[1] auctoritatem et decretum interposuit et interponit, cum hoc / quod dictus Ludovicus non contrahat nec distrahat in preiuditium alicuius tertii. Actum et cetera. / [e] /

a *Segue* et pronuntietis *depennato.*
b *Segue* Petri *depennato.*
c Ludovicum *sopra la linea corretto su* Petrum *depennato.*
d Ludovico *sopra la linea corretto su* Petro *depennato.*
e *Nel margine inferiore della* c., *al centro, l'annotazione evidenziata da una linea che la inquadra su quattro lati* hominis figura oratione cognoscitur.

[c. 8v.] Fiolantia

Cum hoc sit quod Augustinus filius condam et cetera et Lucia filia condam eius uxor, habitatores Bellinzonae[1], perventi sint / ad aetatem senectutis suae et non habentes aliquos filios nec filias legitimos / nec naturales cupientesque aliquos filios in futurum habere pro eorum senectute / et videntes per eorum senectutem non posse vitam suam in hoc modo vivere, / cogitantes et cognoscentes legalitatem infrascripti Ioannis Antonii, ideo dicti Augustinus et Lucia / iugales, et ipsa Lucia cum parabula et cetera dicti Augustini eius mariti et talis eius curatoris ibi / presentium et cetera et eidem Lucie plenam parabulam et cetera dantium et cetera ad infrascripta et cetera, sponte / et ex certa scientia et non per errorem iuris nec facti ducti, et omnibus modo et cetera / quibus melius et efficatius ac validius potuerunt et possunt, cum infrascriptis pactis / et conventionibus ad invicem fecerunt, constituerunt, creaverunt et ordinaverunt ac faciunt et cetera / in suum filium et heredem insolidum, sicut natus esset carnaliter ex ipsis Augustino et Lucia / iugalibus[a] de legitimo matrimonio, Ioannem Antonium filium condam Philippi de tali loco ibi presentem, / stipulantem et recipientem ac heredem esse volentem, nominative et generaliter de omnibus / et singulis suis bonis et rebus mobilibus et immobilibus, iuribus[b], actionibus et rationibus ac / nominibus debitorum presentibus et futuris, quos, quas et que ipsis iugalibus et sibi spectant / et pertinent in toto loco et teritorio Bellinzonae et alibi in quacumque parte, tam in monte / quam in plano et totius orbis terrae, et hoc cum omnibus suis iuribus et pertinentiis et earum / ratione et occasione, cum pacto et conditione, videlicet quod dictus Ioannes Antonius sit et esse / debeat obediens, patiens et serviens dictis Augustino et Lucia[e] iugalibus et suis obedire / mandatis prout filius legitimus et naturalis ipsorum iugalium, et quod suprascripti Augustinus / et Lucia iugales ut supra sint et esse debeant domini dictorum bonorum et eorum usufructum / usque in eorum iugalium vita. Item cum pacto quod suprascripti iugales non possint nec valeant / sibi instituere aliquos filios nec heredes contra ipsum Ioannem Antonium nec facere aliqua / instrumenta nec contractus sine parabula suprascripti Ioannis Antonii, et ipsi iugales renuntiaverunt / et renuntiant omnia testamenta per eos hinc retro facta et quae sint et esse debeant / nullius valoris, efficatie et momenti tamquam non essent facta nec cellebrata, / item quod ipse Ioannes Antonius debeat tractare suprascriptos Augustinum et Luciam iugales pro patre et matre / et honorare prout filius erga patrem et matrem et prout precipit sancta mater ecclesia, ita ut de / [c. 9r.] cetero imperpetuum suprascriptus Ioannes Antonius sit et succedat ac permaneat et esse debeat / filius et heres legitimus insolidum suprascriptorum Augustini et Luciae iugalium, et ea / bona superius nominata dictus Ioannes Antonius cum pactis et conventionibus / predictis teneat, gaudeat, laboret et succedat nomine recte fiolantiae, et / deinde ex ipsis faciat et facere possit tamquam filius legitimus et heres / insolidum quicquid licitum sit et pertinet filio legitimo et huiusmodi rationibus / facere licet sine contradictione dictorum Augustini et Lucie iugalium nec / alicuius alterius personae, comunis, colegii, capituli et universitatis. Insuper ad maiorem / cautellam et firmitatem huius contractus suprascripti Augustinus et Lucia iugales / ut supra et parabula ut supra dederunt et concesserunt ac dant et concedunt eidem Ioanni Antonio / filio suo plenam parabulam et licentiam intrandi et apprehendendi sua propria auctoritate / corporalem possessionem et tenutam suprascriptorum bonorum superius fiolatorum / cum suis iuribus et pertinentiis, et hoc per modum et formam fiolantie contractus. / Preterea suprascripti Augustinus et Lucia iugales, ex una parte, et dictus Ioannes Antonius eorum filius, / parte altera, ad invicem promisserunt et convenerunt solemniter per stipulationem, obligantes se/se vicisim et omnia eorum et utriusque eorum bona pignori presentia et futura[c], / videlicet una pars alteri et altera alteri, attendere et observare et executioni mandare / omnia et singula in hoc contractu contenta omnibus propriis expensis, damnis et interesse / tantum partis non attendentis et non observantis et sine aliquibus expensis, damnis / et interesse partis attendentis et[d] observantis seu observare volentis, et in pena / et sub pena restitutionis totius damni et interesse et omnium expensarum solemni stipulatione / promissa et deducta, renuntiando exceptioni huius cartae fiolantie non ita factae / et predictorum omnium et singulorum non ita actorum et factorum et exceptioni doli mali et / in factum metus causa vel ex iniusta causa et erroris, deceptionis seu / lesionis fictitii et simulati contractus, et qualibet alia ratione et occasione / remota et renuntiata. Et de predictis et cetera. /

a -g- *corretto sopra* -b-.
b *Segue* et *depennato.*
c *Segue* vicisim *depennato.*
d et *aggiunto sopra la linea con segno di richiamo.*

[c. 9v.] Fraternitas

Philippus, parte una, et Nicolaus, parta altera, fecerunt et faciunt inter sese vicisim comuniter / et concorditer, sponte et ex certa scientia et non per errorem iuris nec facti, cartam / comunitatis et unionis sub titulo fraternitatis seu fradelantie et societatis sub / infrascriptis pactis et conventionibus inferius annotandis, nominative de omnibus eorum bonis, / rebus, iuribus, actionibus mobilibus et immobilibus et nominibus debitorum et creditorum presentibus et futuris / eisdem afradelatis et assotiatis et utrique eorum spectantibus et pertinentibus tam temporis presentis / quam futuri quacumque ratione et occasione, in qua vero fraternitate et comunitate, afradelantia / et societate suprascriptus Philippus dedit et traddidit, comunicavit et posuit omnes suas domos, / vineas, campos, prata, silvas, nemora et alias res teritorias, quas ipse Philippus nomine / proprio tenet et possidet, et omnia melioramenta quorumcumque bonorum, quae ipse Philippus tenet nomine / livelli et perpetue hereditatis a quacumque persona seu personis, comuni, colegio, capitulo et universitate, / et omnia vasa et utensilia domus ferri, aramis, bronzi et lignorum cuiuslibet generis / sint ea vasa et utensilia, et omnia alia iura et bona et nomina debitorum et creditorum / ipsi Philippo spectantes et pertinentes et spectantia et pertinentia seu quae de iure spectare et / pertinere invenirent in toto orbe terrarum quacumque ratione et occasione, et versa vice suprascriptus / Nicolaus dedit, traddidit et comunicavit in dicta comunitate et fradelantia ac societate omnes illas / domos, vineas, campos, prata, silvas, nemora et omnes illas terras et res teritorias cultas et non cultas, / quas ipse Nicolaus tenet et possidet nomine proprio, et omnia melioramenta quorumcumque bonorum, que ipse Nicolaus tenet / nomine livelli et perpetue hereditatis a quacumque persona seu personis prout supra, et omnia vasa et utensilia / domus ferri, aramis, bronzi et lignorum cuiuscumque generis sint ea vasa et utensilia et omnia / alia iura et nomina debitorum et creditorum ipsi Nicolao spectantes et pertinentes et spectantia et pertinentia / seu que spectare et pertinere invenirentur in toto orbe terrarum quacumque ratione et occasione, eo modo, / forma et tenore quod predictus Philippus cum omni sua familia, scilicet cum filiis tantum et descendentibus / ab eo et a filiis suis legitimis et de legitimo matrimonio, ex una parte ut supra, et suprascriptus Nicolaus cum / uxore sua et eius filiis et descendentibus ab eis de legitimo matrimonio, ex altera parte ut supra, de cetero imperpetuum / donec utrique parti placuerit comuniter stent simul et stare et habitare debeant ad comune profichuum / et damnum et ad omnes expensas cibi, potus, vestimentorum, calceamentorum et omnium aliarum expensarum / [a] / [c. 10r.] necessariarum omnibus et singulis de dicta afradelantia et earum familie ut supra. Item eo dicto, facto et pacto / inter ipsos contrahentes expresse habito in principio, medio et fine huius contractus, videlicet quod omni die et / hora, qua Lucia et Caterina sorores et filie suprascripti Philippi vellent et eis vel alteri earum placeret nubere / et venire ad matrimonium seu v[e]llent in aliquam religionem ingredi aut per se ipsas ad / earum profichuum et damnum in aliqua parte stare, quod tunc ipse sorores habeant et habere / possint et debeant de bonis et rebus dictorum afradeliatorum seu de predicta comunitate, societate ut supra / facta, scuta quinquaginta pro utraque parte ipsarum sororum, et hoc sine aliqua molestia nec contradictione dictorum / afradelatorum nec eorum heredum, salvo et reservato quod si predictae sorores vel altera ipsarum decederent ab hoc / seculo antequam se separarent occaxionibus suprascriptis a predictis afradelatis et tunc predictum[b] heres illarum / seu illius, qui morietur, remaneat et remanere debeat in dicta comunitate et fraternitate tantum. / Item eo acto et pacto inter eos contrahentes habito et convento quod omni die / et hora, qua dicti socii affradellati seu per aliquem ipsorum aliqua ratione / et occasione a predicta comunitate seu afradellantia aliquis ipsorum afradellatorum / vel eorum heredes vellet seu vellent se separari et per se stare ad eius / proficuum et damnum, et tunc predictus Philippus per se et eius filios et heredes habeat / et habere debeat medietatem bonorum et rerum mobilium et immobilium et nominum / debitorum tunc temporis spectantium et pertinentium ipsis omnibus afradellatis et comunitatis / utrique ipsorum et cuique ipsorum quacumque ratione et occasione tam de terris / et posessionibus et rebus teritoriis ac melioramentis ipsorum bonorum, quae / ipsi superius afradellati tenent nomine livelli et perpetue hereditatis a quacumque / persona seu personis, comuni, collegio, capitulo et universitate, quam de suis propriis / domibus, terris, posessionibus, et simili modo et forma predictus Ioannes per se et eius / filios et heredes habeat et habere possit et debeat aliam medietatem omnium / bonorum et rerum mobilium et immobilium et nominum debitorum tunc temporis spectantium / et pertinentium ipsis afradelatis et utrique ipsorum quacumque ratione et occasione / tam de domibus et terris proprii[s] comunitatis quam de aliis terris, bonis et / posessionibus et eorum melioramentis, quae ipsi superius afradellati tenent nomine livelli, / et hoc detracto primo et ante partem de predicta comunitate suprascripto habere seu / [c] / [c. 10v.] suprascriptis scutis quinquaginta auri dandis suprascriptis sororibus, si dicta comunitas et fraternitas divideretur / antequam se separent ab ipsis afradelatis seu a predicta comunitate et fradelanzia modis / superius dictis et memoratis. Et [in]super eo acto et pacto ibidem expresse habito et convento / quod si aliquis dictorum duorum afradellatorum decederit ab hoc seculo antequam alter eorum / sine legitimo herede sive heredibus durante et tenente ipsa fradellanzia, antequam / se dividerent et separarent a predicta comunitate et afradellantia, quod tunc temporis / ille, qui supervixerit de ipsis affradellatis, habeat et sucedat et habere et / succedere debeat et possit omnia bona et res mobilia et immobilia suprascriptae totius / comunitatis et fradellantie tam forent ipsi afradellati creati et nati ex uno / patre et una matre, omni occasione et exceptione remota et renuntiata, et hoc sine / contradictione alicuius personae, comunis, collegii, capituli et universitatis et sine litis eventu. Et / predicta omnia et singula pacta et conventiones modis predictis promisserunt et convenerunt solemniter per / stipulationem, obligando sese vic[iss]im, una pars alteri et altera alteri, attendere / et observare omnibus propriis expensis, damnis et interesse tantum partis contravenientis et non / attendentis et sine expensis et cetera nec eius heredum vel alterius persone, comunis, colegii, capituli et / universitatis, in pena et sub pena totius damni et interesse et omnium expensarum solemni / stipulatione promissa et deducta. Insuper acto et pacto expresse habito et convento, videlicet / quod pro predictis omnibus et singulis sequendis firmiter et dandis[d] et observandis liceat et licitum sit parti / attendenti ut supra partem non attendentem predicta ut supra capere et personaliter detinere et robare eius / propria auctoritate ubique, postquam non attenderit predicta vel aliquod predictorum non obstantibus aliquibus / legibus et statutis, consciliis, provisionibus, consuetudinibus et ordinamentis comunis Bellinzonae[1] et / cuiuslibet alterius comunis factis et fiendis super hominibus pro pecunia vel debito non capiendis / et bonis cedendis et privilegio sui fori, et generaliter omni alteri iuri legum et auxilio allegandi / et deffensioni omnique probationi in contrarium, renuntiando in predictis omnibus et singulis exceptioni non / facte dicte fradellantie et comunitatis ut supra et exceptioni doli mali et in factum metus / [c. 11r.] causa, sine causa vel ex iniusta causa et erroris, deceptionis seu lesionis fictitii et / simulati contractus et qualibet alia occasione et exceptione remota et renuntiata. / Quae ambe partes afradellate iuraverunt corporaliter ad sancta dei evangelia manibus / tactis scripturis se perpetuo omnia predicta et singula rata, grata et firma / habere et tenere et nullo tempore contrafacere nec venire aliqua ratione vel / occasione iuris vel facti comunis vel specialis. Actum, testes et notarii et cetera. /

[a] *Nel margine inferiore della* c., *al centro, l'annotazione evidenziata da una linea che la inquadra su quattro lati* concordia fulciuntur spes etiam exigue.
[b] *Così, si intenda* predictus.
[c] *Nel margine inferiore della* c., *al centro, l'annotazione evidenziata da una linea che la inquadra su quattro lati* commune naufragium omnibus solatium.
[d] dan- *corretto sopra lettere non più leggibili.*

Depositum

Nicolaus de tali parte omni occasione et cetera contentus fuit et confessus est se habuisse / et recipisse ab Antonio de tali loco libras quinquaginta tertiolorum presentialiter numeratas, et hoc nomine / et ex causa depositi contra Iacobum de tali loco, contra quem Iacobum suprascriptus / Antonius[a] intendit agere de iure occasione et cetera.

[b–]Vel dicas prout infra ad istud signum[c –b].

[d–]Contra quem Iacobum dictus Antonius habet instrumentum conservationis vel obligationis, in quo continetur / eum relevare et cetera a manibus N. pro libris numero, ut publico constat instrumento ipsius / obligationis tradito et cetera per N. notarium et cetera, anno et cetera, de quo deposito fiendo dictus Iacobus / monitus fuit per N. servitorem comunis Bellinzonae[1], prout ex actis mei notarii infrascripti apparet[–d], / renuntiando exceptioni et cetera, / in quo deposito et cetera. / Qui Nicolaus promissit et cetera reddere et consignare dictos denarios illi cui de iure / cognitum fuerit ad omnem voluntatem illius cuia intererit, dum tamen / ei casus incendii, rapine vel furti non eveniat. / Quod quidem depositum factum fuit ad presentiam suprascripti Iacobi et absque preiuditio / ambarum partium iurium.

[e–]Notandae sunt qualitates denariorum deponendorum[–e]. /

Et que omnia et cetera facta fuerunt coram et cetera et ad presentiam trium testium / tantum. /

[a] Antonius *sopra la linea di seguito a* Iacobus *depennato e sopra* Nicolaus *parimenti depennato.*
[b–b] *Parte aggiunta nello spazio libero sulla linea e sopra la linea.*
[c] *Segue segno di richiamo.*
[d–d] *Parte aggiunta con segno di richiamo nella parte inferiore della* c.
[e–e] *Parte aggiunta nello spazio libero sulla linea con inchiostro differente.*

[c. 11v.] Inventarium

Franciscus de tali parte, tuttor sive curator datus et constitutus per magnificum dominum N. / comissarium et potestatem Bellinzonae[1] Philippo filio condam Petri de tali loco per instrumentum ipsius tuttellae / sive curae traditum et cetera per N. notarium publicum Bellinzonae, sciens ad inventarii confectionem de / bonis et rebus ipsius Philippi minoris[a] secundum iuris ordinem se teneri, presens inventarium / primo santae crucis[b] signaculo facere procuravit, in primis quidem dixit / et asseruit in bonis et hereditate predicta se invenisse talia bona.

Ponantur primo / bona immobilia, videlicet domos et terras, secundo mobilia et utensilia domus, / postremo credita.

Salvo iure addendi et diminuendi si quid plus vel minus / reperiretur de bonis et rebus dicti minoris. Et de predictis et cetera. Et que omnia et cetera facta fuerunt et cetera / coram magnifico domino N. comissario et potestate Bellinzonae ipso pro tribunali sedente et cetera, quem locum et cetera. /

a -s *corretto sopra lettera non più leggibile.*
b *Tra* cru- *e* -cis *è inserito il disegno di una croce.*

Pax

Petrus de tali parte[a] sponte et ex libera voluntate / et non vi, dolo vel metu seu aliqua machinatione circumventus, sed prius animo, mente / et corde et omnibus modo, iure, via, causa et forma quibus melius potuit et potest, fecit et facit / finem, remissionem, pacem, concordiam et absolutionem perpetuam de non plus pettendo, iniuriando, / vindictam faciendo nec aliquid perturbando in manibus et potestate mei notarii infrascripti uti publicae personae / stipulantis et recipientis nomine et vice Bernardini de tali loco, nominative de omni ferita et percussione / tam sanguinolenta quam sine sanguine in personam dicti Petri facta seu factis et illata / seu illatis quovis modo per ipsum Bernardinum hodie, dicens et protestans ibidem dictus Petrus quod propter dictam / feritam seu feritas vel percussiones non credit mori, etiam si deo placeret quod propter hoc / mori contingerit, quod tamen non credit, contentus est facere ac facit hanc finem, remissionem, pacem / et absolutionem perpetuam ac predicta omnia et singula predicto Bernardino et quod contra ipsum Bernardinum non procedatur / aliquo modo ad aliquam penam corporalem per aliquem offitialem nec iniurietur nec vendicetur / per aliquos eius Petri parentes. In quibus[b] vero fine, liberatione, remissione, pace et pacto et in / predictis omnibus et singulis suprascriptus Petrus promissit et cetera, obligando se et omnia sua bona et cetera mihi iam dicto notario / infrascripto uti publice persone stipulanti et recipienti nomine et vice suprascripti Bernardini, se de cetero omni / [c] / [c. 12r.] tempore stare, esse et permanere tacitum et contentum, et / facere et cum effectu curare quod omnes alie persone perpetuo et / omni tempore stabunt, erunt et permanebunt tacite et contente / in his presentibus fine, pace et perdonatione et in predictis omnibus et / singulis omnibus ipsius Petri propriis expensis, damnis et interesse et sine / expensis, damnis et interesse suprascripti Bernardini nec eius heredum nec alicuius / alterius personae, comunis, collegii, capituli et universitatis, et hoc in pena et / sub pena totius damni et interesse et omnium expensarum solemni / stipulatione promissa et deducta. Quam quidem finem, liberationem, absolutionem, / pacem et perdonationem et predicta omnia et singula fecit et facit suprascriptus Petrus / dicto Bernardino seu mihi notario infrascripto stipulanti nomine quossupra[d] ad exonerandum / et in remedio animae suae. Et de predictis et cetera. /

[a] *Segue* fecit et facit finem remissionem *depennato.*
[b] -bus *corretto sopra lettere non più leggibili.*
[c] *Nel margine inferiore della* c., *a sinistra, l'annotazione evidenziata da una linea che la inquadra su quattro lati* iniuria benefitio vincitur.
[d] *Così, si intenda* quo supra.

Divisiones

Angelus filius condam Sigismondi de Amideis, ex parte una, et Raphael frater dicti / Angeli ex eodem patre, ex alia parte, venire volentes ad divisionem / infrascriptorum bonorum et rerum, quae et quas inter se dixerunt habere comunes, omni meliori / modo, via, iure et forma, quibus magis et[a] melius potuerunt et eis licuit et licet, / ad infrascriptum contractum, promissionem, obligationem et pactum divisionis titulo concorditer / pervenerunt. In qua quidem divisione obvenit in partem ipsi Angelo domus[b] / una[c] et cetera, item petia[d] una[c] terrae iacens et cetera.

Describas bona mobilia, massaritias et / credita.

Et versa vice et loco suprascriptorum bonorum obventorum in sortem suprascripto Angelo / obvenit in partem suprascripto Raphaeli domus una iacens in tali loco[e], / [f] / [c. 12v.] hoc tamen inter eos acto et dicto quod pars dicti Angeli melior est parte dicti Raphaeli debeatque / ipse Angelus dare et solvere ipsi Raphaeli pro equivalentia et coequatione sue partis / ad dictam partem Raphaelis libras centum tertiolorum hinc ad festum sancte Marie et cetera. / Item actum est expressim inter eos quod si quo tempore alicui eorum litem vel questionem / moveri contingerit de aliqua rerum illarum, quae sibi obvenerunt in partem, communibus / expensis procuretur et stetur in lite, et res, de qua lis mota fuerit, expensis communibus / deffendatur, et si evinci contingerit damnum inter eos pariter sit comune, / et hoc cum omnibus suis iuribus et pertinentiis in integrum quomodolibet et qualitercumque ad invicem[g] spectantibus / et pertinentibus tam eisdem partitoribus quam dictis rebus et bonis supra divisis[h], / et dicti partitores ad invicem dederunt, cesserunt atque mandaverunt omnia sua iura / omnesque suas actiones et rationes reales et personales, utiles, directas, mistas / et hipotecharias, previlegia et prerogativas et omnes suas exceptiones, deffensiones, /

retentiones et replicationes et quaelibet alia sua iura et benefitia universa / sibi ad invicem in integrum spectantia et pertinentia et spectantes et pertinentes / in, pro et super predictis bonis et rebus superius divisis et in parte obventis et earum ratione / et occasione. Quae quidem bona superius divisa predicti fratres divisores ad invicem habeant, / teneant et possideant cum suis iuribus et pertinentiis, et de ipsis faciant et facere / possint ad invicem iure proprio imperpetuum quicquid facere voluerint sine contradictione, / scilicet una pars alterius et altera alterius, nec eorum heredum nec alicuius / alterius personae, comunis, colegii, capituli et universitatis, et utantur, experiantur et / exerceant ac uti, agere, experiri et exercere possint et valeant suprascripti / divisores ad invicem omnibus illis modis, iuribus, actionibus et rationibus ac benefitiis universis, / et ita quibus et sicut suprascripti divisores ad invicem uti, agere, experiri et exercere / [c. 13r.] possent, poterant et potuissent ante hunc contractum divisionis non factum. / Quae quidem bona divisa et eis in parte obventa suprascripti divisores promisserunt et convenerunt / solemniter per stipulationem, obligantes sese ad invicem et omnia sua vicisim bona / pignori presenta et futura, scilicet una pars alteri et altera alteri, deffendere / et guarentare ab omni molestante persona et cui vel quibus dederint omni tempore / et in omnem causam et casum et litis eventum, et hoc in et sub pena / comunis extimationis valoris dictorum bonorum divisorum et in partem obventorum / et totius damni et interesse et omnium expensarum superinde fiendarum, danda et solvenda / dicta pena, si comitti contingerit, in pecunia numerata tantum, que pena / soluta vel non, nihilominus omnia et singula in hoc contractu contenta / firma et valida sint et permaneant, et hoc tam sub pacto capiendi et / detinendi suprascriptos divisores ad invicem realiter et personaliter quam alio quocumque / modo usque ad plenariam satisfactionem predictorum omnium et singulorum, renuntiando / quibuscumque statutis et legibus in contrarium disponentibus omnique alia exceptione / ad invicem omnino renuntiantes. Quibus ita peractis predicti divisores ad / invicem iuraverunt corporaliter ad sancta dei evangelia manibus tactis scripturis / se ea omnia in hoc contractu contenta perpetuo rata et firma habere et tenere / et non pettere absolutionem seu relaxationem vel habilitationem huius sacramenti / nec eius effectus et ea impetrata vel alias concessa, liceat non petita, non / uti et utenti non conscentire, sed pro posse obstare. / Et de predictis et cetera. /

[a] et *aggiunto sopra la linea con segno di richiamo.*
[b] -s *corretto sopra* -m.
[c] una *con erasione di* m *finale.*
[d] petia *con erasione di* m *finale.*
[e] *Segue* salvo et cetera *depennato.*
[f] *Nel margine inferiore della* c., *al centro, l'annotazione evidenziata da una linea che la inquadra su quattro lati* impossibilia sibi obtare delirantis est.
[g] ad invicem *aggiunto sopra la linea con segno di richiamo.*
[h] *Segue* ad invicem *depennato.*

[c. 13v.] Procura ad petendum

Iupiter de tali loco [a–]voluntarie et cetera et omnibus modo et cetera intervenientibus quibuscumque solemnitatibus in similibus instrumentis apponi solitis et consuetis[–a], fecit, constituit et solemniter ordinavit ac facit, constituit et ordinat / suum certum missum, nuntium et procuratorem et quicquid melius esse et dici / potest Saturnum de tali parte ibi presentem et esse volentem.

Vel eo / absente dicas, absentem tamquam presentem, duraturum [b–]per annum et cetera et donec infrascripta erunt expedita et adimpleta[–b], / specialiter ad petendum, exigendum, consequendum et habendum nomine ipsius constituentis et pro eo / a quibuscumque personis seu persona, comuni, collegio, capitulo et universitate quascumque quantitates / denariorum et aliarum rerum eidem constituenti debentibus et debenti quacumque / ratione, causa vel occasione, et hoc tam per cartam, scriptum et testes quam sine carta, scripto / et testibus, et ad faciendum ipsis sic solventibus quascumque fines et confessiones, [a–]interveniente tamen reale numeratione[–a], / nomine ipsius constituentis, et pro eo ad confitendum dicto procuratorio nomine se habuisse et / recipisse omne et totum id, quod dictus procurator receperit et habuerit et etiam / contentus et confessus fuerit habuisse et recipisse, et proinde ad celebrandum / et celebrari faciendum instrumentum et instrumenta unum et plura finis et confessionis vallatum / et vallata omnibus promissionibus, obligationibus, renuntiationibus et cautellis debitis et / neccessariis[c] in talibus et similibus apponi contingerit, pro maiori robore premissorum / et omnium quorum intererit vel interesse poterit, et generaliter prout infra. /

[a–a] *Parte aggiunta con segno di richiamo nel margine sinistro della* c.
[b–b] *Parte aggiunta in parte di seguito sulla linea, in parte sotto la linea.*
[c] *Così, si integri* quae.

Ad causas

Item ad omnes et singulas ipsius constituentis causas, questiones et discordias ac controversias / tam civiles quam criminales [a–]et tam motas quam movendas[–a], quas ipse contituens habet vel habere posset, sperat seu / intendit cum quibuscumque personis seu persona, comuni, collegio, capitulo et universitate, coram / quocumque [b–]iusdicente et delegato quam subdelegato et alio quocumque offitiale tam ecclesiastico quam seculari usque ad decisionem litis effectualemque solutionem totius crediti et expensarum[–b], capitulo, iudice, potestate, rectore vel auditore tam ecclesiastico quam / seculari dato vel dando, / et hoc tam ad agendum quam ad deffendendum, negandum et confitendum, opponendum et respondendum, / [c] / [c. 14r.] petitiones et declarationes dandum et recipiendum et ipsis respondendum, litem / seu lites contestandum et prosequendum, terminos et dilationes statuendum, / colocandum et ordinandum, iudices et notarios elligendum et electos recusandum, suspectos / et confidentes dandum, positiones et interogationes et capitula faciendum, dandum et recipiendum, / positionibus et interogationibus respondendum, testes, instrumenta et quelibet alia iura et quascumque / probationes producendum et faciendum et produci et fieri videndum, et de productis et producendis / copiam accipiendum et dandum, sententias tam interlocutorias quam diffinitivas audiendum et ab / eis appellandum et earum appellationes[d] causas prosequendum easque nullas esse dicendum et annullandum, / crimina et defectus opponendum eosque probandum, [e-]integram restituendum[-e] petendum et ad / quascumque protestationes, nominationes, denominationes, denuntiationes securitatesque et comissiones / ac conscensus faciendum, et ad obligandum bona pignori presentia et futura ipsius constituentis / in ipsis securitatibus inde fiendum, et ad omnia sacramenta calomnie et veritatis et / cuiuslibet alterius generis dandum, faciendum et referrendum in animam et super animam dicti constituentis, / et generaliter ad omnia alia, que in predictis et circa predicta neccessaria fuerint et utilia, etiam si talia forent / que mandatum exigant speciale vel magis speciale et que ipsemet constituens faceret et facere posset, / si personaliter adesset [a-]et si sciret[-a], dans et concedens ipse constituens eidem misso et procuratori / suo plenum, liberum et generale mandatum cum plena, libera et generali administratione / ad predicta omnia facienda et cetera. Insuper dictus constituens promissit sub obligatione sui / et omnium suorum bonorum pignori presentium et futurorum mihi notario infrascripto, uti publice persone / stipulanti et recipienti nomine et vice quorum intererit vel interesse poterit, quod quicquid per / eundem procuratorem suum dictum, factum, petitum, exactum, receptum, confessum, / promissum, obligatum et renuntiatum fuerit in predictis et circa predicta, id totum et omnia / et singula rata, firma et valida habere et tenere et nunquam contrafacere / aliqua ratione vel occasione iuris vel facti, et de relevando eum in omnibus / satisdationibus in omnibus et per omnia. Et de predictis et cetera. /

[c. 14v.] Ad vendendum et commutandum

Item ad vendendum, tradendum et alienandum et quocumque titulo in alium transferendum seu dandum, / cambiandum, permutandum omnia et singula bona, posessiones, res et iura nomine dicti constituentis / ubicumque posita et existentia et tam presentia quam futura seu debita vel debenda, / cui et quibus et pro illo pretio et pretiis, de quibus et prout et sicut dicto procuratori / suo magis videbitur et placuerit, et ipsorum talium bonorum pretium recipiendum / ipsorumque tenutam et corporalem posessionem dandum et tradendum, et quoscumque / procuratores tamquam in rem suam ponendum et constituendum et de ipsorum defensione, / et in casu evictionis de pretii restitutione promittendum et cavendum, et huiusmodi / venditionum et alienationum instrumenta confitiendum, vallandum et roborandum et vallari et / roborari faciendum cum omnibus et singulis pactis, promissionibus, obligationibus, renuntiationibus, / penis, preceptis guarentigie et cautelis in talibus usitatis secundum stylum / notarii, et in talibus venditionibus et alienationibus fideiussorem et fideiussores dandum et / rogandum et omnia faciendum in predictis opportuna, prout dicto eius procuratori melius videbitur et cetera. /

Ad locandum

Item ad locandum quaecumque bona predia dicto constituenti spectantia et pertinentia quibuscumque conductoribus et / pro annuo ficto seu pensione ac sub pactis, modis, formis et conditionibus, que dicto procuratori videbitur / et placuerit, denuntiandumque, si opus erit, finem locationis fictabilibus nunc colentibus / eadem bona eosque a tenuta predicta expellendum et cetera, et ipsas[f] pensionis pecunias / quorumcumque bonorum dicti constituentis recipiendum, exigendum et finendum et cetera. /

Ad ascentiendum venditioni fiende de utili dominio

Item ad conscentiendum et asscentiendum suumque conscensum pariter et asscensum prestandum venditioni / faciende per Rubertum emphiteotam dicti constituentis de bonis et iuribus emphiteoticis, super quibus / per eundem Rubertum prestatur fictum libellarium stariorum X furmenti et cetera singulo anno ad favorem / [c. 15r.] cuiuslibet personae, comunis, capituli, collegii et universitatis, emptoremque seu emptores / recognoscendum in conductorem et emphiteotam seu conductores et / emphiteotas dictorum bonorum emphiteoticorum ut supra acquirendorum pro dicto ficto libellario / ac cum pactis, modis et formis contentis in instrumentis emphiteoticis antiquis, / salvis extinctis et adimpletis si que sunt, et hoc per publicum instrumentum a publico / notario rogandum cum clausulis, renuntiis, iuramento habendo ratum et aliis in similibus / apponi solitis et consuetis et dicto procuratori suo benevisis, et quascumque pecunias / in causam laudemii pro dicta nova recognitione[g] recipiendum, et confitendum et cetera / se habuisse et recipisse et cetera, et super promisississ[h] omnibus et singulis, si neccesse fuerit, / iurandum, et quodlibet licitum iuramentum ac honestum in animam et super animam ipsius / constituentis prestandum, prout ex nunc iidem constituens tactis manibus scripturis iuravit / et iurat in omnibus et per omnia, prout per dictum procuratorem suum ut supra constitutum / iuratum fuerit et iurari contingerit. /

Ad comparendum citationibus

Item ad comparendum coram domino N. potestate de tali loco, [i]–in causa per eum mota contra N. et contra eum producentum positiones tenoris et cetera–[i], et coram eo contradicendum / assertis citationibus dictis[j] constituenti intimatis mandato prefati domini potestatis, ad instantiam potestatis / de tali loco causa et cetera, et contra dictas assertas citationes iura dicti constituentis, / ad quem dicta causa et cetera spectat et pertinet, deducendum, allegandum et producendum et cetera. / [k–]Item ad dictam causam et alias causas et cetera[–k]. /

Ad pecuniam mutuo suscipiendum

Item ad pecuniam mutuo suscipiendum a quacumque persona meliorem volenti facere conditionem / dicto constituenti usque ad quantitatem coronatorum M ad quodcumque fictum seu interesse / et ad quemcumque terminum sive terminos, sicuti dicto eius misso et procuratori melius / videbitur et placuerit. / [c. 15v.] Item ad obligandum solemniter per stipulationem suprascriptum constituentem et eius bona pignori presentia et futura / dicto futuro creditori de dando solvendoque et reddendo ei dictos denarios in termino / seu terminis apponendo et apponendis in cartis ipsis inde fiendis, et hoc cum omnibus / expensis, damnis et interesse et cetera, et hec omnia in bonis denariis numeratis tantum et non / in aliqua alia re contra voluntatem dicti futuri constituentis. / Item ad confitiendum quaecumque instrumenta obligationum seu chirographa dicto futuro creditori cum / illis pactis, promissionibus, obligationibus, renuntiationibus et cautelis dicto eius procuratori / benevisis, roganda per publicum notarium ad cautellam et pro cautella et firmitate dicti futuri creditoris / et omnium personarum, quarum intererit. /

Ad fideiubendum

Item ad fideiubendum de stando et parendo iuri et iudicatum solvi. /

Ad deffendendum et obtinendum litem

Item ad deffendendum et obtinendum litem contra et adversus N. causa et occasione litis inter eos / vertentis causa et cetera. /

Ad paciscendum

Item ad faciendum et facere possendum cum dicto N. omnem et quamcumque conventionem, transactionem / et accordium ac quaecunque pacta, nominative et generaliter de omnibus et quibuscumque litibus, questionibus / et controversiis inter dictas partes vertentibus et quae in futurum verti et esse possent, et maxime / super hereditatibus et bonis relictis per nunc quondam N. et per eum constituentem pretensa pro eius portione / tamquam filium et heredem prefati N. eius patris et tam super dictis bonis quam eorum fructibus per dictum constituentem / pretensis et pro quocumque pretio et pro quacumque summa denariorum, et pecunias ipsas / recipiendum vel stipulandum omnem et qua[m]cumque promissionem sibi fiendam. /

Ad renuntiandum, dividendum et alienandum bona

Item ad renuntiandum omni et cuicumque iuri et actioni, quod et quam pretendere posset dictus constituens in et[l] / [c. 16r.] dicta hereditate et bonis pro quocumque pretio et etiam acceptandum quaecumque bona in solutum, et bona ipsa / dividendum et etiam alienandum cuicumque persone ea emere volenti pro quocumque pretio cum futuro emptori / conveniendo et pretium ipsum recipiendum, et seu etiam stipulandum omnem promissionem et obligationem fiendum / per quemcumque emptorem, et hoc cum translatione dominii et posessionis et cum clausulis debitis et opportunis, prout et cetera. /

Procura de calumnia evitanda et veritate dicenda sub sacramento et ad / producendum positiones contra adversarium vide in filza anni / 1619, die tertio Octobris, tradita per me Hieronimum Cusam notarium et cetera. /

Ad extimandum

Item ad extimari faciendum via iuris tot de bonis debitoris pro summa scutorum numero / et eorum interesse, et expensas in causa faciendas tam litis quam extra, de quibus dictus debitor / dare tenetur eidem constituenti causa contenta in instrumento obligationis et cetera, tradito et cetera per N. / notarium et cetera anno et cetera. / Item ad procuratorio nomine quo supra stipulandum quodlibet instrumentum venditionis et in solutum dationis pro dicto / credito, interesse et expensis et cetera, prout supra faciendum a quolibet iudice seu / qualibet persona et cetera. /

Ad satisdandum

Item ad satisdandum et iuditio sisti ac iudicatum solvendum et cetera. /

Item ad elligendum habitaculum seu domicilium in tali loco vel alibi, / ubi opus fuerit. /

Ad aggregandum et uniendum confraternitatem aliquam / alii archiconfraternitati Rome[5], vide in filza domini Iacobi Philippi / Cusae, anno 1591, XVIII mensis Novembris, formam instrumenti procurae. /

a–a *Parte aggiunta sopra la linea con segno di richiamo.*
b–b *Parte aggiunta con segno di richiamo nel margine sinistro della* c.
c *Nel margine inferiore della* c.*, al centro, l'annotazione evidenziata da una linea che la inquadra su quattro lati* ne maiora viribus suscipias.
d *Così, si intenda* appellationum.
e–e *Così, si intenda* in integrum restitutionem.
f *Segue* pes *depennato.*
g *Segue* faciendum *depennato.*
h *Così, si intenda* promissis.
i–i *Parte aggiunta con segno di richiamo nel margine sinistro della* c.
j *Così, si intenda* dicto.
k–k *Parte aggiunta sotto la linea.*
l *Così, si integri* super.

[c. 16v.][a]

[c. 17r.] Substitutio procuratoris

Anselmus et Gregorius tamquam procuratores Adulberti, prout de eorum mandato publico apparet instrumento, tradito et cetera per N. notarium et cetera / anno et cetera, habentes mandatum ad substituendum et multa alia faciendum, quae in eorum mandato / latius contineri dixerunt vigore dicti eorum mandati, et omni meliori modo, via, iure et forma / quo, qua et quibus melius et magis potuerunt et eis licuit et licet, substituerunt et loco / cuiuslibet eorum posuerunt Bernardum absentem tamquam presentem, duraturum usque ad beneplacitum / predictorum substituentium, generaliter ad omnia et singula faciendum, procurandum et exercendum, quae / ipsimet constituentes[b] vigore dicti eorum mandati facere possunt, in se ipsis nihilominus / et quolibet eorum reservando et restituendo firmo principali mandato, / rogantes me Hieronimum notarium infrascriptum ut de predictis publicum conficiam instrumentum. /

[a] *La* c. 16v. *è in bianco.*
[b] co- *corretto sopra lettere non più leggibili.*

Revocatio procurae

Franciscus considerans et advertens quod de anno et cetera die et cetera suum procuratorem constituit et fecit / Bernardum, ut latius constat publicum instrumentum inde rogatum per dominum Hieronimum notarium publicum et cetera, quod dictus Bernardus / non est idoneus vel aptus in dictum mandatum exercendum, se male gerit et gubernat / circa negotia et causas dicti Francisci.

Poteris etiam dictos deffectus pretermittere sequendo. /

Omni meliori modo, via, iure et forma quibus magis et melius potuit et potest, / revocavit et annullavit dictum mandatum in dictum Bernardum collatum, et dixit et / asseruit se penitere de mandato predicto et noluisse et nolle dictum Bernardum amplius / gerere vel administrare aliqua negotia vel causas dicti Francisci, rogans me notarium infrascriptum / quatenus de predictis publicum conficerem instrumentum hoc. /

[a]-Pro batendo comune

Item ad dividendum, separandum[b], partiendum et terminandum bona vicinoris, comunis seu comunantiarum dicti comunis / et territorii N. proprio et propriis posessionibus, terris et rebus territoriis tam cultis quam incultis dictorum / comunis et hominum et singularum personarum dicti comunis N.[b], iacentibus in et super toto territorio dicti loci N. / tam in monte quam in plano, et quoscumque terminos apponendos plantandum et plantari faciendum in confinibus / et differendum dictorum bonorum vicinoris et propriorum ut supra, et ipsos terminos removendum et removeri et extirpari / faciendum, si aliquem vel aliquos inve[ne]rint vel reperuerint apprehendisse et clausisse vel asportasse / aliquod terminum dicti comunis et vicinantie, prout dictis sindicis videbitur et cetera[-a]. /

[a–a] *Parte aggiunta nella parte inferiore della* c.
[b] *Segue* et *depennato.*

[c. 17v.] Cura et tutella

Magnificus dominus N. comissarius et potestas pro tribunali sedens et cetera, quod bancum sibi elegit et eligit pro eius loco et / tribunali idoneis pro infrascriptis omnibus et singulis peragendis, ex eius offitio et omnibus modo, iure, via et forma / quibus melius potuit et potest, dedit et constituit ac datum et constitutum confirmavit / et confirmat Anselmum, ibi presentem et hoc onus sponte suscipientem, in curatorem generalem Petri maioris / annorum quattuordecim et minoris viginti quinque, ibi presentis et requirentis, nec non in tutorem generalem, / et finita tuttella in curatorem generalem Francisci maioris annorum octo et minoris anno[rum] quattuordecim, ad / omnia ipsorum minorum et cuiuslibet eorum negotia peragenda, gerenda et exercenda, deffendenda, salvanda / et administranda ac ad quaecumque alia atque[a] offitium curatoris et tuttoris se debite et legitime extendit / et iuris ordo requirit, qui curator et tuttor sibi delato sacramento per prefatum dominum comissarium et potestatem / iuravit et iurat ad sancta dei evangelia manu corporaliter tactis scripturis, ac cavit et promissit, / obligando se et omnia sua bona mobilia et immobilia, suppelectilia et utensilia domus presentia / et futura et ea quae alias verisimiliter non cadunt in obligatione generali pignori mihi notario infrascripto / presenti, stipulanti et recipienti nomine et vice et ad partem et utilitatem dictorum filiorum minorum et / cuiuslibet alterius personae cuia[b] interest vel interesse potest quomodolibet in futurum, / quod eius offitium curae et tuttelle geret[c], exercebit et administrabit bona fide sine fraude / ac quod ipsos fratres minores et eorum personas, res et bona thuetur et deffendet toto suo posse / nec permittet indeffensores nec indeffensa eorumque bona et res faciet et salvabit bona / fide sine fraude, et de predictis omnibus, quae ad eius fortiam et virtutem occasione harum curae / et tuttellae perveneri[n]t, bonam reddet rationem eisdem fratribus minoribus seu cui vel quibus debite / de iure et aliqua restitutione cum augmentis debitis augmentorum et augmentis, inventarium / et repertorium debitum conficiet de bonis et rebus dictorum minorum et sibi pertinentibus / et quaecumque alia faciet et adimplebit, que debet et que tenetur de iure et ex natura huius / contractus tuttellae et curae, et in omnibus et per omnia cavit, iuravit et promissit ac satisdedit, / prout promitti ac satisdari requiritur de iure. Pro quibus omnibus et singulis specialiter attendendis / et observandis et ad eius curatoris et tuttoris preces et instantia extitit fideiussor N., qui se omni / tempore constituit principalem concuratorem, contuttorem, promissorem, solutorem et attenditorem, / [c. 18r.] ita ut insolidum teneatur vel cum effectu insolidum conveniri possit de toto et primo loco principaliter / et insolidum, renuntiando duabus novis constitutionibus et auxilio epistole divi Adriani et omni alteri / iuri et facti, quibus se thueri possit modo aliquo, causa vel ingenio, obligando proinde / se et omnia sua bona presentia et futura pignori mihi notario infrascripto dicto nomine stipulanti et / recipienti. / Et de predictis omnibus et singulis rogatum fuit per me notarium infrascriptum ut publicum confitiam / instrumentum unum et plura ad laudem et dictamen viri sapientis. Actum et cetera. /

[d–]Nota quod tutor testamentarius non tenetur dare fideiussorem, quia fides eius et diligentia approbata est a / testatore[–d]. /

[a] *Così, si intenda* ad que.
[b] cuia *corretto depennando lettera finale non più leggibile.*
[c] *Segue* et *depennato.*
[d–d] *Parte aggiunta sotto la linea.*

Revocatio cure

Coram magnifico domino comissario, ipso pro tribunali sedente et cetera, comparuit Nicolaus exponens et ****[a] prefato domino comissario / qualiter ipse est curator Petri per instrumentum cure traditum per Hieronimum et quod propter eius senectutem / vel quod dicta cura fuit illi damnosa vel quod non potest attendere et[b] exercere curam / [c]dictorum heredum vel nec vix potest attendere negotiis suis, propterea petens et magna / cum instantia requirens a prefato domino comissario[d] quatenus ex eius offitio dignetur ipsum Nicolaum / revocari debere a dicta cura iurata ut supra, qui dominus comissarius attenta dicta iusta requisitione / revocavit et liberavit et revocat et cetera dictum Nicolaum a dicta cura, ita et taliter / quod ipse Nicolaus non sit plus curator nec tuttor dictorum heredum. Quibus ita peractis predictus / comissarius suam et suum ac comunis Bellinzonae[1] auctoritatem et decretum prestavit / et interposuit ac dat et cetera cum causae cognitione et cetera. Actum et cetera. /

[a] *Spazio in bianco corrispondente a 15 mm.*
[b] et *corretto sopra lettere non più leggibili.*
[c] *Nel margine sinistro della* c. *in corrispondenza delle righe 14–20 dell'originale, l'annotazione* vel quod est sui iuris compos aut in aetate perfecta perventus vel quod non vult suum gerere modum vel quod habet alios proximiores parentes quibus plus alterius dictam exercere curam.
[d] *Segue* quod e *depennato.*

Cura ad causas

Coram multum magnifico domino N. comissario et potestate Bellinzonae[1] pro tribunali sedente et cetera, quem locum et cetera, venerunt et comparuerunt / Franciscus et Romulus fratres filii condam et cetera minores annis XXV maiores tamen annis XIIII quolibet eorum, prout ex / aspectu eorum corporum evidenter apparet, carentes cure generali, prout dixerunt et protestati fuerunt et sunt, / petentes et requirentes a prefato domino comissario quod dignetur et velit dare ex proprio suo offitio dicernere, / constituere, creare et ordinare eisdem fratribus minoribus ut supra ibidem presentibus, petentibus et requirentibus / [a] / [c. 18v.] Georgium de tali loco eorum proximum parentem ibi presentem et curatorem esse volentem et pro eorum fratrum minorum / curatore speciali, specialiter ad omnes et singulas eorum minorum lites, causas, questiones, discordias et controversias / tam civiles quam criminales, quas ipsi minores constituentes habent vel habere possent, sperant seu / intendunt cum quibuscumque personis seu persona, comuni, collegio, capitulo et universitate coram quocumque capitaneo, / iudice, potestate, rectore vel auditore tam eccl[es]iastico quam seculari dato vel dando, et hoc / tam ad agendum quam ad deffendendum, negandum et confitendum, opponendum, renuntiandum, libellos, petitiones / et declarationes dandum et recipiendum et ipsis renuntiandum, litem seu lites contestandum et prosequendum, terminos / et dilationes statuendum et collocandum et ordinandum, iudices et notarios eligendum et electos recusandum, / suspectos et confidentes dandum, positiones et interogationes ac capitula dandum, faciendum et recipiendum, / positionibus et interogationibus respondendum, testes, instrumenta et quaelibet alia iura et quascumque probationes / producendum et faciendum et produci et fieri videndum et de productis et producendis copiam accipiendum / et dandum, sententias tam interlocutarias quam diffinitivas audiendum et eis appellandum, causas prosequendum / easque nullas esse dicendum, crimina et deffectus opponendum eosque probandum, integram[b] restituendum et petendum / et quascumque protestationes, nominationes, denominationes, denuntiationes, securitates et comissiones ac conscensus faciendum, / et ad obligandum bona ipsorum minorum pignori presentia et futura in ipsis securitatibus inde fiendis, et ad omnia / sacramenta calumnie et veritatis et cuiuslibet generis dandum, faciendum et referendum in animam[c] ipsorum / constituentium, et generaliter ad omnia alia et singula dicenda, facienda, gerenda et exercenda, / que in predictis et circa predicta et quolibet predictorum necessaria fuerint utilia et que merita causarum tam de iure / quam de consuetudine exigunt, postulant et requirunt, dantes et concedentes dicti minores cum conscensu / et auctoritate prefati domini comissarii intervenientibus ut infra dictorum eorum curatori plenum, liberum et generale mandatum cum plena, / libera et generali administratione ad predicta omnia dicenda, facienda, gerenda et exercenda sicut ipsimet / [d]minores facerent et facere possent, si personaliter interessent et in perfecta aetate, etiam si talia forent / que mandatum exhigerent speciale sive plus speciale, promittentes insuper dicti minores parabula et licentia intervenientibus ut supra, / obligantes sese et omnia eorum bona pignori presentia et futura mihi notario infrascripto, uti publice persone stipulanti et recipienti / nomine et vice quorum intererit vel interesse poterit, quod quicquid per dictum curatorem suum [e-]dixerit, fecerit, / gesserit[-e] et causatum fuerit in predictis omnibus et singulis et circa predicta et quolibet predictorum, se id totum / et omnia et singula omni tempore ratum, gratum, firmum et validum et rata, grata, firma et / valida habere et tenere et nullo tempore contrafacere et cetera aliqua ratione vel occasione de iure vel de facto, / [c. 19r.] et de rato habendo, iudicato solvendo, iuditio sisti et iudicatum solvi, et ipsum curatorem eorum / ab omni onere, satistationibus[f] relevare volentes, ipsi minores cum dictis parabula et licentia intervenientibus ut supra / caverunt et promisserunt obligantes sese ut supra. / Qui dominus comissarius auditis et intellectis predictis et attenta utilitate ipsorum minorum in hiis versari / omnibus modo, iure et forma quibus melius potuit et potest, ipsum Georgium ibi presentem et esse volentem ut supra / ac promittentem sub obligatione sui et omnium suorum bonorum presentium et futurorum pignori in manibus suprascriptorum minorum / nec non mei notarii infrascripti stipulanti[s] et recipienti[s] nominibus et vice ipsorum fratrum minorum et cuiuslibet alterius / personae cuia intererit vel interesse poterit, et etiam iurantem ad sancta dei evangelia manu corporaliter tactis / scripturis quod bona fide et bene et diligenter predictam curam faciet, geret, administrabit / et exercebit, utilia ipsorum minorum faciendo et inutilia pretermittendo, salvo quod semper valeat veritate, / et si quod ratione huius cure ad eius manus pervenerit loco et tempore debitis, bonam et / diligentem rationem reddet et restituet ipsis minoribus et reliqua faciet et de iure tenebit, / curatorem et pro curatore speciali ad predicta omnia et singula superius petita et requisita eisdem / minoribus dedit et constituit cum plena et plenissima cognitione cause. Et de predictis, sicut / profertur, firmiter attendendis et adimplendis per ipsum Georgium curatorem ut supra et eius precibus et pro eo / extitit fideiussor Iacobus et cetera, qui se pro predictis omnibus et singulis constituit principalem attenditorem / et solutorem, obligando proinde se et omnia sua bona in manibus ipsorum minorum et mei iam / dicti notarii dictis modo et nomine stipulanti[s] et recipienti[s], renuntiante auxilio novarum constitutionum et epistule divi Adriani et omni / alteri iuri, quo se thueri possent ab hac promissione et obligatione. Et qui dominus comissarius predictis omnibus / et singulis sic solemniter peractis et huic actui legitimo suam et suum et dicti comunis / Bellinzonae cum plena et plenissima causae cognitione auctoritatem et decretum dedit et interposuit. / Actum et cetera. / [g] /

a *Nel margine inferiore della* c.*, al centro, l'annotazione* ut satis eius aspectus demonstrat.
b *Così, si intenda* in integrum.
c *Segue* sup *depennato.*
d *Precede* constituentes *depennato.*
e–e *Così, si intenda* dictum, factum, gestum.

f *Così, si intenda* satisdationibus.

g *Nella parte inferiore della* c., *al centro, evidenziate da varie linee, le iniziali* I. M. I. C., *alcune parole non più leggibili cancellate e prove di scrittura.*

[c. 19v.] [...][a]

[c. 20r.] Obligatio in brevi forma

Andreas[b] filius condam talis de tali parte promissit et convenit solemniter per / stipulationem, obligando se et omnia sua bona pignori presentia et futura / Bernardo filio condam talis de tali loco ibi presenti, stipulanti et recipienti pro se et suis / heredibus, ita quod hinc ad nundinas sancti Galli[6] anni presentis proxime futuras suprascriptus / Andreas debitor dabit, solvet et numerabit eidem Bernardo creditori / absque aliqua deffensione fienda libras CL tertiolorum, / et hoc cum omnibus expensis, damnis et interesse ceterisque accessionibus, / que inde fient, current et patientur tam in iuditio quam extra pro predictis / denariis petendis, exigendis et habendis termino preterito, / et hec omnia in bonis denariis numeratis tantum et non in aliqua alia re / contra voluntatem suprascripti creditoris. / Quas vero libras centum quinquaginta tertiolorum suprascriptus Andreas debitor contentus et confessus fuit / et est se eidem Bernardo creditori dare debere et teneri causa et occaxione / condiorum decem musti albi per dictum creditorem dicto debitori dati, venditi et / crediti omni occaxione et exceptione remota et renuntiata, / et hoc tam sub pacto accipiendi, contestandi et robandi ac etiam intrandi / et apprehendendi ubique de, in et super bonis et rebus mobilibus et immobilibus / presentibus et futuris ipsius Andreae debitoris propria auctoritate suprascripti / Bernardi creditoris quam alio quocumque modo usque ad solutionem plenariam / predictorum omnium et singulorum, / constituens se[c] dictus Andreas debitor et suprascripta omnia sua bona / nomine et vice dicti Bernardi creditoris tenere et possidere, et hoc / quousque dictus creditor fuerit plene solutus[d] et integre satisfactus[d] / de predictis omnibus et singulis, renuntiando omnibus legibus et statutis / in contrarium venientibus. Actum et cetera. / [e] /

a *La* c. *omessa è quasi completamente in bianco, solo nella parte inferiore, al centro, l'annotazione* in pleno et suffitienti numero congregati et totam dictam societatem representare esseque in valido / et requisito numero et nihil de rato pro absentibus promittentibus et de faciendo ratificare (*segue* pro *depennato*) / (*precede* absentibus *depennato*) ad omnem solam et cetera sponte et cetera.

b A-, *iniziale ornata.*

c *Segue* suprascriptus *depennato.*

d -us *corretto sopra lettere non più leggibili.*

e *Nel margine inferiore della* c., *al centro, l'annotazione evidenziata da una linea che la inquadra su quattro lati* ingens tecum necessitas.

[c. 20v.] Obligatio duorum debitorum

Bartholomeus[a] et Benedictus fratres, filii condam talis de tali loco, promisserunt et / convenerunt solemniter per stipulationem, obligantes sese et uterque[b] eorum insolidum et omnia / sua et utriusque eorum insolidum[c] bona pignori presentia et futura, ita quod uterque eorum insolidum / teneatur et cum effectu insolidum conveniri possit, quem prius eorum infrascriptus / [e]creditor voluerit, renuntiando auxilio[d] epistole / divi Adriani et omni alteri iuri legum et auxilio, quo seu quibus sese / thueri possent ab hac obligatione, Christophoro filio condam talis de tali loco / ibi presenti, stipulanti et recipienti, ita quod hinc ad kalendas mensis Ianuarii / proxime futuri dabunt et solvent eidem creditori vel suis heredibus aut eius certo / misso, nuntio vel procuratori in Bellinzona[1] vel alibi, in quacumque parte ubi / dictus creditor predictos debitores convenire voluerit et melius poterit, / sine aliqua deffensione fienda libras mille tertiolorum vere sortis, et hoc cum omnibus / expensis, damnis et interesse ceterisque accessionibus, quae inde current et / patientur ex ipsis omnibus denariis vere sortis pettendis, exigendis et habendis termino preterito, / et hec omnia in bonis denariis numeratis tantum et non in aliqua alia re contra voluntatem dicti creditoris. / Quos vero denarios vere sortis contenti et confessi fuerunt et sunt suprascripti debitores se eidem / creditori dare debere et teneri occasione merchantiae et diversarum rerum sibi datarum, venditarum / et creditarum, renuntiando exceptioni non habite et non receptae dicte mercantiae et spei / future consignationis et receptionis dictorum denariorum dicta occasione non debendorum, et exceptioni / doli mali et in factum metus causa, sine causa vel ex iniusta causa et erroris deceptionis / seu lesionis fictitii et simulati contractus, et qualibet alia occasione et exceptione / remota et renuntiata, et hoc tam sub pacto capiendi ubique suprascriptos / debitores suos et utrumque eorum insolidum realiter et personaliter eius Christophori / [f] / creditoris propria auctoritate quam alio quocumque modo usque ad solutionem plenariam / predictorum omnium et singulorum, renuntiando omnibus statutis, legibus, consciliis, / provisionibus, consuetudinibus et ordinamentis comunis Bellinzonae et cuiuslibet alterius / comunis factis et fiendis in contrarium venientibus. Insuper ad maiorem cautellam / et firmitatem huius contractus suprascripti debitores dederunt et concesserunt / eidem Christophoro creditori plenam parabulam et licentiam intrandi et apprehendendi / sua propria auctoritate corporalem posessionem et tenutam vel quasi / suprascriptorum omnium suorum et utriusque eorum insolidum bonorum et rerum mobilium et immobilium / presentium et futurorum, et interim donec intraverit et dictam corporalem posessionem / et tenutam vel quasi apprehendiderit, ex nunc prout ex tunc suprascripti debitores / constituerunt se et[g] suprascripta omnia sua et utriusque eorum insolidum bona et res ut supra / nomine et vice suprascripti creditoris tenere et possidere, et hoc donec ipse[h] creditor[i] / de predictis omnibus et singulis plene et integre fuerit solutus et satisfactus. /

Nota quod in obligatione trium et plurium debitorum, ubi legitur in obligatione duorum debitorum / uterque eorum insolidum, debes dicere quilibet eorum insolidum, mutatis casibus prout debet. /

Pactum

Pacto speciali habito et convento inter ipsos contrahentes, videlicet negligente dicto debitore / in satisfaciendo[j] predictam denariorum quantitatem in eodem territorio ipsi creditori, quod tunc / teneatur et obligatus sit solvere omnes expensas tam cibarias quam iuditiarias, / quas faciet in consequendo dictos denarios, et ulterius teneatur et obligatus sit / solvere testonum unum argenti pro singula die, qua steterit ad consequendum / dictos denarios ultra predictas expensas, quia sic ex pacto speciali inter eos / conventum est. / [k] /

[a] B-, *iniziale ornata.*
[b] -erque *corretto sopra lettere non più leggibili.*
[c] insolidum *aggiunto sopra la linea con segno di richiamo.*
[d] *Segue* novarum et veterum constitutionum *depennato.*
[e] *Nel margine sinistro della* c. *in corrispondenza delle righe 6–7 dell'originale, l'annotazione* sufficit renuntiatio epistole divi Adriani.
[f] *Nel margine inferiore della* c., *al centro, l'annotazione evidenziata da una linea che la inquadra su quattro lati* homini diligenti semper aliquid superest.
[g] et *aggiunto sopra la linea con segno di richiamo.*
[h] ipse *sopra la linea corretto su* eidem *depennato.*
[i] creditor *corretto depennando* -i *finale.*
[j] -at- *corretto sopra lettere non più leggibili.*
[k] *Nel margine inferiore della* c., *al centro, l'annotazione evidenziata da una linea che la inquadra su quattro lati* in periculoso negotio non est dormitandum.

[c. 21v.] Obligatio cum fideiussore

Plato de tali parte pro debitorio nomine, et cum eo et pro eo fideiussorio et / debitorio nomine est Sigismondus de tali loco, promisserunt et / convenerunt solemniter per stipulationem, obligantes se et[a] utrumque eorum insolidum et / omnia sua et utriusque eorum insolidum bona pignori presentia et futura, ita quod / [b]uterque eorum insolidum teneatur et cum effectu insolidum conveniri possit, quem / prius eorum infrascriptus creditor voluerit, renuntiando auxilio novae[c] constitutionis[d] / [e]–de pluris rei debende et epistole divi Adriani–[e] [f]et omni alteri iuri legum et auxilio, quo seu quibus se / thueri possent ab hac obligatione Antonio de tali loco.

Sequere prout / in antecedenti instrumento obligationis duorum debitorum. /

Clausula retinendi instrumenta causa anterioritatis

Quod quidem instrumentum et cetera retinuit dictus talis penes se, ut cum eo probet dationis / predictae causam originalem et cum illo et per illud ratione prerogative / temporis et hipotece prioris bona predicta contra omnes alios eiusdem[g] / debitoris creditores legitime teneatur[h]. [i–]Non autem ut binam solutionem consequatur[–i]. /

Breve pactum in forma camere

Tali pacto per et inter ipsos contrahentes expresse habito et cetera, videlicet si evenerit quod dictus / debitor non solverit ad terminum predictum predicto creditori illas libras L[ta] tertiolorum, quod debitor / ipse possit conveniri in persona et bonis vel[j] in quacumque parte mondi ubi reperiretur, / sub quolibet iudice [k–]vel in omni civitate, terra, loco et mercato in quibus creditor petierit ab eodem[–k], non obstantibus quibuscumque legibus, ordinibus et statutis in contrarium / disponentibus et aliam formam dantibus et cetera. /

Alia forma dicti pacti

Hoc acto et pacto inter eos expresse habito, videlicet quod ubi dictus debitor non solverit predictum debitum in territorio predicto, / [c. 22r.] quod eo termino elapso possit realiter et personaliter conveniri coram quibuslibet iudicibus etiam extraordinariis / et cetera incompetentibus et maxime coram magnificis dominis dominis executoribus regiae ducalis camerae / Mediolani[7] in forma prefatae regiae ducalis camerae et non secus ac si esset verus debitor prefatae / regiae ducalis camerae, iurisdictioni quorum magnificorum dominorum dominorum executorum et aliorum iusdicentium ut supra prefatus debitor / se subposuit[l], renuntiando privilegio fori sui, certioratus et cetera.

Et extendatur presens pactum / cum constitutione procuratoris ad supplicandum eccelentissimo senatui Mediolani pro obtinenda / confirmatione presentis instrumenti et pacti, non obstante quocumque lapsu temporis etiam ex / stylo cancellarie iudicato et cetera. /

[m–]Reserva fienda quando integrum pretium rei vendite non exbursatur[–m].

[n–]Non obstante confessione solutionis totius dicti pretii ab ipso creditore facta in dicto instrumento venditionis, / cum illa fuerit sub spe numerationis conventa ad quantitatem in presenti instrumento obligationis contentam[–n]. /

Ite[m] pacto quod presens instrumentum possit semel et pluries expleri et licet reperiatur / penes debitorem, quod tamen propter hoc ipsum debitum non presumetur esse solutum, nisi aliter legitime / constiterit. /

In eventum, in quem esset morosus in dicta solutione debito tempore fienda / iuxta conventionem predictam, liceat licitumque sit eidem creditori, quatenus / illi expedire videatur, agere pro consequtione dicti crediti, transmittendus sit / creditor predictus vel quivis alius ad dictum effectum in has regiones, in quibus / dictus debitor habitare et vitam ducere contingerit, tunc et in tali / casu dictus debitor voluit et convenit teneri et obligatus esse ad reficiendum / de suo proprio omnes et singulas expensas fiendas per dictum destinandum ad exigendum / creditum tam in veniendo quam in stando et in redeundo, et libras tres tertiolorum pro singula / die morosa ac omnes alias expensas et damna propter retardationem dicti pagamenti fiendi. /

[o-]Pro solvendo mercedem per debitorem[-o].

[p-]Et quod N. debitor consignare promissit dicto creditori dictum instrumentum N. ut supra per me rogata et solvere mihi / notario infrascripto mercedem ipsius instrumenti ad omnem meam requisitionem et beneplacitum, quia sic et cetera[-p]. /

[o-]In fine subscriptionis ponas[-o]. [p-]Mercedem consequar contra dictos debitores[-p]. /

[a] et *corretto sopra lettere non più leggibili.*
[b] *Nel margine sinistro della* c. *in corrispondenza delle righe 6–7 dell'originale, l'annotazione* renuntiatio benefitii novarum legum convenit in obligatione fideiussoris.
[c] -ae *corretto in parte sopra* -a *e in parte depennando* -rum *finale.*
[d] -nis *corretto sopra* -num. *Segue* et *depennato.*
[e–e] *Aggiunto sopra la linea di seguito a* [...] benefitio ceterarum actionum et benefitio *già sopra la linea, depennato.*
[f] *Precede* epistole divi Adriani *depennato.*
[g] -sd- *corretto sopra lettere non più leggibili.*
[h] -ene- *corretto sopra lettere non più leggibili. Lettura incerta.*
[i–i] *Parte aggiunta di seguito sulla linea.*
[j] vel *aggiunto sopra la linea con segno di richiamo.*
[k–k] *Parte aggiunta con segno di richiamo nel margine sinistro della* c.
[l] -b- *corretto sopra* -p-.
[m–m] *Annotazione nel margine sinistro della* c. *in corrispondenza delle righe 9–10 dell'originale.*
[n–n] *Parte aggiunta con inchiostro differente.*
[o–o] *Annotazione nel margine sinistro della* c. *in corrispondenza dell'aggiunta che segue.*
[p–p] *Parte aggiunta nel margine inferiore della* c.

[c. 22v.] Fideiussio

Coram magnifico domino N. comissario et potestate Bellinzonae[1] ipso existente et cetera Aeneas de / tali parte, et hoc ratione et occasione unius sequestri de mandato / prefati magnifici domini comissarii et potestatis emanati et transmissi ad instantiam / Paridis de tali loco contra[a] Priamum[b] de tali parte ut retineret / de bonis suprascripti Aenee usque ad quantitatem librarum C tertiolorum et omnium expensarum et cetera / causa tanti vini sibi[c] Aenee dati et prout in dicto sequestro / constat, subscripto per talem notarium Bellinzonae anno, die et cetera, ad quod relatio habeatur, / et ratione eorum omnium et singulorum in eo sequestro contentorum, et volens / ipse Aeneas relevare dictum sequestrum promittit, sub obligatione / omnium suorum bonorum et cetera mihi notario infrascripto persone publice stipulanti et recipienti / nomine et vice suprascripti Paridis et cuiuslibet alterius personae cuia interest, / intererit vel interesse poterit, de stando et parendo iuri, iuditio sisti / et iudicatum solvi ratione suprascriptorum omnium in dicto sequestro contentorum, et eius Aenee / precibus et instantia extitit fideiussor Donatus de tali parte, qui se omni tempore / pro eo constituit fideiussorem in omnibus et per omnia prout supra, et ex dispositione / iuris tam iurisdictionalis quam municipalis cavetur Aeneas idem Paridi, attenta / fideiussione suprascripta a prefato domino comissario et potestate, revocationem dicti sequestri et / eius fideiussionis et revocationis admissionem. Qui dominus comissarius et potestas predicta omnia / et singula admissit et admittit in quantum debet, potest et tenetur de iure / et non aliter nec alio modo, et attenta ipsa fideiussione revocavit et revocat / suprascriptum sequestrum. Et de predictis rogatum fuit per me notarium infrascriptum publicum confici / debere instrumentum ad laudem sapientis, si expedierit. Actum. / [d] /

[a] contra *erroneamente depennato e aggiunto sopra la linea* habentem.
[b] -um *erroneamente corretto in* -i.
[c] *Segue* dicto *depennato.*
[d] *Nel margine inferiore della* c., *al centro, l'annotazione evidenziata da una linea che la inquadra su quattro lati* innumera mala parit securitas.

[c. 23r.] Fideiussio et promissio

Coram magnifico domino N. comissario et potestate Bellinzonae[1] ipso existente et cetera constitutus Bernardus de / tali loco ratione et occasione illarum librarum C tertiolorum, quae sibi dari debent per Sacripantum / et in quibus ipse Sacripantus condemnatus fuit per dominos dominos oratores et cetera, promisit et / convenit solemniter per stipulationem, obligando se et omnia sua bona pignori presentia et / futura suprascripto Sacripanto ibi presenti, stipulanti et recipienti, quod casu quo dictus Sacripantus non / posset consequi et habere ipsos denarios a sociis suis de tali merce, quod / reddet et restituet dictas libras C tertiolorum ipsi domino Sacripanto sine aliqua deffensione / fienda, et eius precibus extitit fideiussor et principalis debitor Augustinus / de tali parte, qui promissit, obligando se et omnia sua bona pignori presentia / et futura, reddere et restituere ipsos denarios dicto Sacripanto casu quo / dictus Sacripantus non posset consequi et habere dictas libras centum tertiolorum a dictis eius sociis / ut supra, renuntiando exceptioni non sic factae dicte promissionis et fideiussionis / modo suprascripto et predictorum omnium et singulorum non ita actorum et factorum, / et ne[a] allegare nec dicere posset dictus Augustinus prius principalem quam / fideiussorem fore conveniendum et seu factum alienum promisisse / et se pro alieno facto obligasse, et ideo non teneri nec conveniri / posse, et hoc tam sub pacto capiendi et detinendi ubique suprascriptum Augustinum / tamquam principalem ut supra et de eius bonis et rebus ubique predari, saxire, / accipere, contestare, robare et in solutum retinere usque ad plenam / et completam solutionem et satisfactionem predictorum omnium et singulorum, renuntiando omnibus statutis et legibus in contrarium venientibus. Actum et cetera. / [b] /

[a] *Così, si intenda* nec.
[b] *Nel margine inferiore della* c., *al centro, l'annotazione evidenziata da una linea che la inquadra su quattro lati* la fortuna è fatta come tu sai, la maggior amica et inimica non vedesti mai.

[c. 23v.] Confessio

Cosma de tali parte fuit et est contentus et confessus se habuisse / et recipisse a Damiano de tali loco libras M tertiolorum, et hoc pro completa / solutione et integra satisfactione omnium fictorum cursorum a festo sancti / Michaelis[8] proxime preterito retro unius sediminis domus coperti plodis / iacentis et cetera, quod sedimen dictus Damianus tenuit et tenet ad fictum / nomine livelli et de quo investitus est a suprascripto Cosma, computatis / in presente confessione omnibus aliis solutionibus hinc retro usque hodie factis / dicta de causa. In qua vero confessione et in predictis omnibus et singulis / suprascriptus[a] Cosma promissit et convenit solemniter per stipulationem, obligando / se et omnia sua bona pignori presentia et futura predicto Damiano, se de / cetero omni tempore stare, esse et permanere tacitum et contentum et facere / et cum effectu curare quod omnes alie personae permanebunt tacite et contente / in presenti confessione omnibus ipsius Cosmae propriis expensis, damnis et interesse tantum, / et hoc in et sub pena totius damni et interesse et omnium expensarum / solemni stipulatione promissa et deducta, exceptioni sibi non date / predictae quantitatis denariorum et omni alio auxilio et cetera omnino[b] / renuntians. /

[a] *Segue* Damianus *depennato.*
[b] o- *corretto sopra lettera non più leggibile.*

Finis super instrumento obligationis

Isidorus de tali parte fecit et facit finem, remissionem, quietationem et pactum / de non plus petendo et ulterius de non agendo, causando nec molestando / aliquid imperpetuum in manibus et potestate Hilarii de tali loco ibi presentis, / [c. 24r.] stipulantis et recipientis pro se et suis heredibus, nominative de illis et pro illis libris mille / et de omnibus eorum dispendiis, damnis et interesse [a-]factis, cursis et pretensis hinc retro usque hodie[-a], de et pro quibus dictus Hilarius obligatus est / in manibus suprascripti Isidori in bonis denariis occasione tanti vini per suprascriptum Isidorum dati, / venditi et crediti dicto Hilario, ut dicitur constare publico instrumento obligationis tradito et rogato per / dominum N. notarium publicum Bellinzonae[1] anno et cetera, quod quidem instrumentum obligationis dictus Isidorus ascerit / non habere penes se unde possit ipsum dicto Hilario reddere, sed pro maiori cautella / dicti Hilarii idem Isidorus promissit sub obligatione sui et omnium suorum bonorum ipsi Hilario / presenti, stipulanti et recipienti quoties ad eius manus ipsum pervenerit instrumentum reddet / ac restituet suprascripto Hilario sine aliquibus eius[b] expensis, damnis et interesse et nunquam uti / dicto instrumento. /

Et si instrumentum obligationis non fuerit extractum, tunc scribe ut infra. /

Quod quidem instrumentum obligationis, attento quod non est expletum, ideo comissit mihi notario infrascripto cassari / et interlineari debere imbreviaturam eius ad denotandum dictum debitum esse solutum. /

Et si instrumentum obligationis reddatur, sic scribas. /

Quod quidem instrumentum obligationis suprascriptus Isidorus restituit suprascripto Hilario stipulanti sanum et illesum / ac incisum fuit de tribus incisionibus ad denotandum dictum debitum esse solutum. / Promittens et cetera dictus Isidorus solemni stipulatione eidem Hilario litem vel controversiam seu aliquam / questionem ei vel suis heredibus predictorum occasione vel alia quacumque pro se vel alium de iure / vel de facto ullo tempore non inferre sub pena restitutionis totius damni et interesse / et omnium expensarum solemni stipulatione promissa et deducta. / Et pro qua vero fine, remissione et pacto suprascriptus Isidorus contentus fuit et confessus est se habuisse et ricipisse a dicto Hilario / libras mille tertiolorum, et hoc pro completa solutione et integra satisfactione predictorum omnium et singulorum, exceptioni sibi non / date predicte quantitatis denariorum et omni alio auxilio omnino renuntians. /

a–a *Parte aggiunta con segno di richiamo nel margine sinistro della* c.
b eius *aggiunto sopra la linea con segno di richiamo.*

[c. 24v.] Conservatio

Lucius de tali parte promissit et convenit solemniter per stipulationem, obligando se et omnia sua / bona mobilia et immobilia presentia et futura et precipue, ita tamen quod specialitas generalitati / non deroget nec e contra, domum unam iacentem et cetera pignori Eusobio de / tali loco ibi presenti, stipulanti et recipienti pro se et suis heredibus, / ita quod a modo in antea usque imperpetuum ipse Lucius relevabit et conservabit indemnemque / et illesum faciet et prestabit dictum Eusobium eiusque heredes, res et bona absque / briga et molestia e manibus Ignatii de tali parte de et pro scutis mille auri / valoris et cetera, de et pro quibus ipse Lucius dare tenetur antedicto Eusobio causa et cetera, / item de omnibus[a] fictis futuris, prout et sicut solvitur per eundem Eusobium dicto / Ignatio ad computum librarum quinque tertiolorum pro singulo centenario, solvendo dictum fictum in / calendis mensis Ianuarii, / item de omnibus expensis, damnis et interesse patientibus per eundem Eusobium vel eius heredes / predictorum occasione, et sub illismet[b] pactis, promissionibus, obligationibus et renuntiationibus, prout / et sicuti obligatus atque tenetur ipse Eusobius dicto Ignatio. / Quam quidem conservationem et cetera ipse Lucius promissit ut supra[c] semper habere ratam et cetera et nunquam / contrafacere et cetera. Et de predictis et cetera. /

[a] *Segue* expensis *depennato.*
[b] -e- *corretto sopra lettera non più leggibile.*
[c] ut supra *corretto sopra* et cetera.

Conservatio illius qui obligatus est pro fideiussore

Quia Conradus de tali parte ad debitum et in debito librarum centum tertiolorum precibus et mandatis Sacripanti / et cum eo[a] Filippo de tali loco principaliter et insolidum obligavit, ut patet instrumento rogato per me / notarium infrascriptum, et eadem[b] pecunie quantitas[c], ut idem Sacripantus contentus et confessus fuit / tota[d] ad se et nihil ad ipsum Conradum pervenit, idcirco[e] idem Sacripantus promissit et cetera solemniter / per stipulationem sine aliqua exceptione iuris vel facti, se et bona sua obligando dicto Conrado / et suis heredibus stipulantibus, se liberaturum eum et heredes ipsius et bona sua ab ipsa fideiussione, / obligatione, promissione et debito ad terminum et in termino in dicto instrumento contento, silicet hinc ad / [c. 25r.] tres menses proximos et futuros, et se facturum et curaturum quod ipse Conradus occasione dicti debiti nullum damnum incurret / nullaque sibi lis, violentia seu molestia inferetur et quod ipsum et eius heredes et bona conservabit [f–]ab obligatione[–f] et fideiussione / predicta et omnibus et singulis in ipso instrumento contentis penitus sine damno, sub pena dupli dicte quantitatis / pecunie in singulis capitulis huius contractus[g] insolidum promissa, quae soluta vel non, rata / permaneant omnia et singula suprascripta et infrascripta, o[b]ligans se dicto Conrado et eidem solemni[h] stipulatione promittens, / si[i] predicto termino eum non liberaverit, ut dictum est, et omnia et singula suprascripta[j] non observaverit, / se liberaturum eum et omnia et singula observaturum et nihilominus penam soloturum predictam ubicumque / locorum et fori ipse Conradus petierit ab eodem et presertim tempore fori Augusti de Bellinzona[9] / et in ipsa[k] feria[l] se integre soluturum, item reficere et restituere sibi omnia et singula damna, / expensas et interesse litis et extra, et hoc credere suo simplici verbo sine[m] sacramento vel alia probatione, / pro quibus omnibus et singulis firmiter observantibus obligavit eidem omnia sua bona et cetera, que precario[n] / iure se nemine[o] eius possidere constituit usque ad integram observationem et solutionem omnium predictorum, / renuntians fori privilegio, exceptioni doli, conditioni sine causa, in factum actioni et omni alio[p] auxilio. /

[a] eo *aggiunto sopra la linea con segno di richiamo.*
[b] ea- *corretto sopra lettere non più leggibili.*
[c] -s *corretto con erasione di* -tem *finale.*
[d] -a *con erasione di* -m *finale.*
[e] idcirco *aggiunto sopra la linea con segno di richiamo.*
[f–f] *Parte aggiunta sopra la linea con segno di richiamo.*
[g] *Segue* stipulatione *depennato.*
[h] -i *corretto sopra* -e. *Segue* per *depennato.*
[i] *Segue* in *depennato.*

[j] *Segue* et infrascripta *depennato.*
[k] -a *corretto sopra* -o.
[l] feria *corretto sopra* fori.
[m] sin- *corretto sopra lettere non più leggibili.*
[n] *Segue* nomine *depennato.*
[o] *Così, si intenda* nomine.
[p] alio *sopra la linea, sopra* alii *depennato.*

Conservatio illius qui obligatus est insolidum et pro principali

Antonius fuit contentus et confessus quod promissio et obligatio, quam ipse et Conradus fecerunt Philippo / in debito et occasione debiti librarum C tertiolorum promissarum ab eis ambobus ipsi Philippo ex causa mutui, ut patet / instrumento rogato per me notarium infrascriptum, pro se solo Antonio facta fuit et eum debitum pro se solum contractum, / et quod ipsa pecunie quantitas ad eum tota pervenit et nihil ad Conradum predictum, / et quod ipse Conradus ex causa fideiussionis pro ipso Antonio et eius precibus et mandato / se ad id debitum obligavit licet non sit in instrumento principalis debiti hoc / expressum, qua propter dictus Antonius promissit solemniter, sine aliqua exceptione / iuris vel facti se obligando dicto Conrado stipulanti pro se et suis heredibus, se eum / liberaturum et eius heredes, res et bona presentia et futura in omnibus et per omnia, / ut in instrumento precedenti. /

Renuntiatio fienda pro muliere

Renuntiat[a] prius dicta N. beneficio legis senatus consultus Velleiani dicens quod mulier non possit se obligare nec / fideiubere pro alia persona, certiorata per me notarium infrascriptum quod importat illud beneficium. /

[a] -t *corretto sopra lettere non più leggibili.*

[c. 25v.] Dos et antifactum

Severinus filius Titi de tali parte parabula, conscensu et auctoritate dicti Titi eius patris ibi presentis, volentis / et consentientis et eidem Severino filio suo plenam parabulam et licentiam dantis, prestantis, concedentis / et interponentis ad infrascripta omnia et singula facienda, gerenda et exercenda, / investivit et investit per pignus et consultum iure et nomine dotis et antifacti seu donationis / propter nuptias Scolasticam uxorem suam filiam Polidori de tali loco, quam iam circa / annos duos proxime preteritos annulis[a] aureis[b] disponsavit et domum[c] eius habitationis duxit, / nominative et generaliter de et super omnibus suis bonis et rebus mobilibus et immobilibus, iuribus / et actionibus presentibus et futuris, et hoc de et pro libris M tertiolorum dotis et antifacti / seu donationis propter nuptias. Ex quibus vero denariis contentus fuit et confessus est / suprascriptus Severinus parabula ut supra se habuisse et recipisse a suprascripta Scolastica uxore sua / seu a suprascripto Polidoro patre suo libras numero nomine eius vere dotis, exceptioni sibi non / date predictae quantitatis denariorum et omni alio auxilio omnino renuntians. / Reliquas vero libras numero, quae superabundant a predictis libris numero, fecit et contulit dictus / Severinus parabula ut supra eidem Scolastice uxori sue propter nuptias et antifactum, sicut capit de / duabus tres secundum morem et consuetudinem burgi et comitatus Bellinzonae[10], / quas omnes libras mille tertiolorum dotis et antifacti seu donationis propter nuptias seu per predictas libras numero / vere dotis tantum antedictus Severinus parabula ut supra promissit et convenit solemniter per stipulationem, / obligando se et omnia sua bona presentia et futura predicte Scolastice uxori sue presenti, stipulanti / et recipienti pro ei[d] et suis heredibus aut cui vel quibus intererit, solvere et restituere / si et quandocumque casus extiterit exigendi dictam dotem et antifactum seu dotem tantum / prout casus evenerit, quem deus convertat ad bonum, et hoc cum omnibus alimentis, / melioramento monetae currentis, et hoc cum omnibus expensis, damnis et interesse et cetera et in bonis denariis / numeratis tantum et cetera, et hoc tam sub pacto capiendi et cetera, renuntiando omnibus statutis et cetera / in contrarium disponentibus, insuper et cetera, et interim et cetera. / [e] /

[a] -l- *corretto sopra lettera non più leggibile.*
[b] *Sopra la linea, sopra* aureis *aggiunto* argenteis.
[c] -um *corretto sopra* -i.
[d] ei *corretto sopra lettere non più leggibili.*
[e] *Nel margine inferiore della* c., *al centro, le annotazioni entrambe evidenziate da una linea che le inquadra su quattro lati* argentum accepi dote, imperium vendidi, *e* dos non facit faustum coniugium, sed virtus.

[c. 26r.] Dos inextimata

Geminianus dedit et tradidit Zenobio ibi presenti, stipulanti et recipienti pro se et suis heredibus / in dotem et nomine dotis Helene, ipsius filie dicto Zenobio ex matrimonio copulatae, / domum unam inextimatam iacentem in tali loco, salvo et cetera, et hoc cum omnibus suis iuribus et pertinentiis et cetera / ad habendum, tenendum et possidendum et quicquid sibi et suis heredibus debito iuris salvo deinceps / placuerit, quam domum idem Geminianus se dicti Zenobii nomine constituit possidere / donec ipsius domus posessionem acceperit corporalem, quam accipiendi sua aucthoritate et retinendi / deinceps ei licentiam omnimodam dedit, promittens dictus Geminianus per se suosque heredes dicto / Zenobio stipulanti pro se et suis heredibus predictam domum ab omni homine et universitate / legitime defendere, authorizare et disbrigare, quam traditionem et cetera suprascriptus Geminianus promissit et cetera / habere ratam et cetera, et hoc sub pena scutorum numero et refectione omnium expensarum, damnorum / et interesse litis et extra, et pena soluta vel non, predicta omnia firma perdurent. / Quapropter vice[a] dictus Zenobius promissit et cetera per se suosque heredes sine aliqua exceptione iuris vel / facti, obligando se et omnia sua bona dicto Geminiano stipulanti pro se et suis heredibus, restituere / eidem Helene sive ipsorum heredibus vel cui ius et casus dederit predictam domum / in omnem eventum restituende dotis, sub pena scutorum numero, quae soluta vel non, predicta / omnia et singula firma perdurent, item reficere et restituere sibi omnia et singula / damna expensasque et interesse litis et extra. Ceterum mandaverunt et voluerunt / duo unius et eiusdem tenoris ex hiis fieri instrumenta, unum videlicet pro una quaque partium / predictarum. /

[a] *Così, si espunga* vice.

Dos extimata in rebus mobilibus et immobilibus

Eufemia filia condam Arduini de tali loco omnibus modo, iure, via et forma quibus melius potuit et potest / [c. 26v.] dedit, tradidit, consignavit et contulit ac dat, tradit, consignat et confert / Quirino eius sponso et viro ibi presenti, stipulanti et recipienti in dotem et nomine / dotis petiam unam terrae vineatae iacentem in tali loco, cui choret a mane, salvo et cetera, / que est mensure perticarum numero extimatarum libras numero, et hoc cum omnibus suis iuribus et pertinentiis et cetera, / et hoc ad habendum et cetera.

Ita sequere[a] prout supra usque quapropter. /

Item dictus Quirinus contentus fuit et confessus est se habuisse et recipisse ab ipsa / Eufemia in dotem et nomine dotis in alia parte libras numero in denariis et rebus / mobilibus extimatis, exceptione sibi non date et non solute quantitatis et[b] rerum / mobilium omnino renuntians, nec non promittens per se et suos heredes dicte Eufemie / uxori sue stipulanti pro se et suis heredibus solvere dareque et restituere eidem aut eius heredibus / sive cui ius et casus dederit dictas libras numero in omnem eventum restituende dotis, / sub pena et cetera, quae soluta vel non, predicta omnia firma perdurent, item reficere / et restituere sibi omnia et singula damna, expensas et interesse litis et extra. / Pro quibus omnibus firmiter observandis obligavit eidem Eufemie omnia sua bona et cetera. / Ceterum voluerunt et mandaverunt de hoc contractu duo instrumenta eiusdem tenoris / confici, videlicet unum unicuique parti dandum. /

[a] *Segue* usque *depennato.*
[b] *Così, si espunga* et.

Antifactum separatum a dote

Crispinus attento quod Reparata uxor sua sibi in dotem inextimatam dedit et tradidit talia bona et cetera / et quod ipse eidem Reparate pro eius antifacto seu donatione propter nuptias hucusque quicquam / fecit nec contulit, et volens erga se promovere ne Reparata ipsa eo Crispino / viro suo deterioris conditionis efficiatur, omnibus modo et cetera quibus et cetera fecit et contulit / ac facit et cetera eidem Reparate uxori sue libras numero et cetera pro eius antifacto seu donatione / propter nuptias, promittens et cetera dictam donationem propter nuptias semper habere ratam et cetera, / sub pena et cetera et omnium expensarum, damnorum et interesse et cetera. /

Advertas quod ipsius donationis recta natura est tantummodo donare / quantum datur in dotem. /

[c. 27r.] Finis post dotem

Praxes filia Domitii de tali parte et sponsa Tiburtii filii Leandri de tali loco, parabula, / conscensu et licentia dicti Tiburtii eius mariti ibi presentis, volentis et concentientis et eidem / Praxedi sponse[a] sue plenam parabulam et licentiam dantis, prestantis, concedentis et interponentis ad infrascripta / omnia et singula facienda, gerenda et exercenda, et qui Tiburtius dat et attribuit dictam / parabulam et licentiam etiam cum parabula, conscensu et licentia predicti Leandri eius patris ibi presentis, volentis / et conscentientis et eidem Tiburtio filio suo plenam parabulam licentiamque et auctoritatem dantis / et concedentis ad predicta et infrascripta omnia et singula, / fecit et facit finem, refutationem, quietationem et pactum de non plus petendo et ulterius de non / agendo causandoque nec molestando aliquid imperpetuum ac etiam venditionem, datum et cessionem et totius / sui iuris translationem atque traditionem ad proprium cum dominio et posessione / in manibus et potestate suprascripti Domitii patris sui ibi presentis, stipulantis et recipientis pro se et suis heredibus, / nominative et generaliter de omni hereditate et successione paterna, materna fraternaque et sororia, / avia et proavia et de quacumque alia hereditate et successione sibi spectante et pertinente / [b]et que de cetero eidem Praxedi spectare et pertinere poterit et posset tam ex parte / patris quam matris vel sororiis, avii vel proavii, avie vel proavie, et hoc ab intestato tantum, / et hoc cum omnibus suis iuribus et pertinentiis ac benefitiis universis, / promittens et cetera dicta Praxes parabula ut supra solemni stipulatione eidem Domitio eius patri litem vel controversiam seu / aliquam questionem ei vel suis heredibus predictorum occaxione vel alia quacumque per se vel alium de iure / vel de facto ullo tempore non inferre, sub pena restitutionis totius damni et interesse ac omnium expensarum / solemni stipulatione promissa, et hoc intelligatur pro suo dato et facto tantum. / Et pro quibus quidem fine et venditione et pro predictis omnibus et singulis contenta ibi et confessa fuit et est dicta Praxes parabula ut supra / se habuisse et recipisse a dicto Domitio patre suo, dante et solvente nomine et ex causa dotis eius, libras mille tertiolorum, / et hoc pro completa solutione et integra satisfactione predictorum omnium et singulorum. Ex quibus vero denariis / asserta Praxes dotata fuit et est per suprascriptum Tiburtium eius maritum cum tertio pluri, ut / publico constat instrumento dotis et antefacti tradito et cetera per me notarium infrascriptum hodie paulo ante, exceptioni / sibi non date predictae quantitatis denariorum et omni alio auxilio et cetera omnino renuntians. Quae Praxes parabula ut supra / iuravit et cetera se predicta omnia et singula pepetuo attendere et observare et ne ullo tempore contrafacere et cetera. / [c] /

[a] -se *corretto sopra lettere non più leggibili.*

[b] *Nel margine sinistro della* c., *in corrispondenza della riga 15 dell'originale l'annotazione* [id] aliter quam ex testamento.

[c] *Nel margine inferiore della* c. *l'aggiunta* nominative de omnibus et singulis hereditatibus et successionibus, testamentis, iudicatis et codicillis sibi / pertinentibus et spectantibus et que spectare et pertinere posset eidem Praxi ex parte patris, matris et cetera.

[c. 27v.] Finis facta inter fratres

Satirus de tali loco, ex una parte, et Titus [a-]eius frater[-a], ex alia, sponte et cetera et alias omnibus modo, iure et cetera / ad mutuam ipsorum et cuiuslibet eorum stipulationem, instantiam et requisitionem dixerunt et contenti / ac manifestati fuerunt ac dicunt, contentantur et confitentur habuisse et recipisse unus ab alio / et alter ab altero plenam et integram solutionem et plenariam satisfactionem eius totius / quod ipse partes sibi invicem petere et consequi possent tam cum carta quam sine carta / et tam cum scriptura quam sine scriptura, causa et occasione divisionum inter eas partes factarum / et dotium eorum fratrum uxorum ab hodie retro et quorumcumque bonorum et rerum positorum / in dicta eorum divisione et omnium eorum, quae habuerunt agere insimul in dicta divisione, / de qua dixerunt confectum fuisse instrumentum divisionis rogatum per N. notarium publicum Bellinzonae[1], anno et cetera, / et omnium et singulorum in eo instrumento contentorum et ab eo dependentium et cetera, et generaliter qualibet alia / causa et occasione hinc retro usque hodie, / facientes insuper ad cautellam ipse partes sibi invicem finem, remissionem, quietationem, absolutionem / et liberationem et datum et pactum de non petendo aliquid amplius imperpetuum et ex causis et occasionibus / de quibus supra et quacumque ex eis et alia quacumque causa et occasione simili vel disimili, cognita / vel incognita et penitus excogitata a premissis, que dici posset vel aliqualiter / excogitari modo aliquo, causa vel ingenio, directe vel per indirectum et tam per cartam / scriptam[b], testes et libros quam sine, ab hodie retro, ita et taliter quod presens liberatio sit larga, / generalis et generalissima et trahatur etiam ad inexcogitata et cetera, etiam si talia forent de quibus / opporteret fieri mentionem spicialem et expressam, quae hic pro expressis haberi voluerunt / et volunt ipse partes per Aquilianam stipulationem legitime precedentem et acceptilationem / solemniter subsequutam et per omnem alium modum. / Quae omnia et singula suprascripta vicisitudinaria obligatione ad invicem promisserunt, silicet unus alteri / vicisim, firma et rata habere et tenere, attendere et observare ac adimplere et non / contrafacere vel venire per se vel alium aliqua ratione, causa vel ingenio, de iure vel de / facto, in iuditio sive extra, sub refectione damnorum et expensarum hinc inde fiendarum et interesse litis et extra. / [c. 28r.] Pro quibus omnibus firmiter attendendis et cetera obligavit una pars alteri ad invicem omnia sua bona et cetera, renuntiante / utraque parte exceptioni non habite et non recepte dictae plenae et integre solutionis et plenarie satisfactionis / omnium et singulorum predictorum non ita gestorum et promissorum et cetera et exceptioni doli et cetera et generaliter omni alteri / exceptioni, deffensioni, rationi et actioni et iuri et quibuscumque scripturis et instrumentis et cetera, quae contra predicta / vel aliquod predictorum deduci possent vel allegari, et cuilibet auxilio iuris et facti qualecumque sit / quod possit in contrarium opponi et cetera. Et de predictis et cetera. /

a–a *Parte aggiunta sopra la linea con segno di richiamo.*
b *Segue* et *depennato.*

Pacta

Primus de tali parte, pro una parte, et Tarquinius de tali loco, pro altera parte, / devenerunt et pervenerunt ad infrascripta pacta et conventiones inter eas partes inviolabiliter / attendenda et observanda et attendendas et observandas ut infra, videlicet / in primis quod dictus Primus teneatur et obligatus sit construere domum unam / in tali loco et cetera, item quod dictus Tarquinius teneatur et obligatus sit / dare et solvere in terminis infrascriptis[a] dicto Primo scuta et cetera. / Quae quidem pacta et conventiones et predicta omnia et singula suprascripte ambe partes vicisim, vicelicet / una pars alteri et altera alteri, promisserunt et convenerunt solemniter per stipulationem, obligando / se et omnia sua bona pignori presentia et futura, vicisim attendere et observare et executioni / mandare vel[b] [c–]in pena parti contravenienti et non attendenti scutorum numero aferenda parti contravenienti et applicanda parti attendenti et cetera[–c], et hoc in et sub pena totius damni et interesse et omnium expensarum solemni / stipulatione promissa, danda et solvenda dicta pena per partem dicta pacta et conventiones / et predicta omnia et singula non attendentem et observare nolentem parti attendenti et / observari volenti ipsa pacta et conventiones, cum omnibus expensis, damnis et interesse / ceterisque accessionibus, quae inde fient, current et patientur pro predicta pena petenda, / exigenda et habenda post damnum passum, renuntiantes ipse partes exceptioni / predictorum omnium et singulorum non ita actorum et factorum, et qualibet alia occasione[d] et exceptione / remota et renuntiata. /

[a] in- *corretto sopra lettere non più leggibili.*
[b] vel *aggiunto sopra la linea con segno di richiamo.*
[c–c] *Parte aggiunta, con segno di richiamo riferentesi a* vel, *nel margine inferiore della* c.
[d] occa- *corretto sopra lettere non più leggibili.*

[c. 28v.] Compromissum

Cletus de tali parte, parte una, et Sother de tali loco, parte altera, sese vicissim[a] / compromisserunt et compromittunt laudo, arbitrio, dispositioni et amichabili compositioni / Procori de tali loco et eum in earum ambarum partium arbitrum, arbitratorem / et amichabilem compositorem unanimiter et concorditer eligerunt et eligunt, / nominative de omnibus superque omnibus et singulis litibus, causis, questionibus et controversiis / vertentibus inter predictas ambas partes ratione, causa et occaxione.

Ponatur causa. /

Item generaliter de omni et toto eo quod una pars alteri et altera alteri petere[b], / requirere, exigere et habere posset, poterat et potuisset, et hoc tam per / cartam, scriptum et testes quam sine et cetera, et generali alia ratione et occasione, quae / dici vel excogitari posset modo aliquo, causa vel ingenio hinc retro usque hodie, / facientes partes ipse vicisim [c–]presens compromissum[–c] in ipsum arbitrum, arbitratorem et amichabilem compositorem inter eos / ut supra electum et assumptum, plenum, largum et plenissimum compromissum / de iure, de facto et de amichabili compositione, / dantes et concedentes partes predictae prefato arbitro et cetera plenam licentiam, auctoritatem et potestatem / in et super predictis litibus, causis et differentiis et de dependentibus et conexis ab eisdem / inquirendi et cognoscendi de iure et de facto et de iure tantum et de facto tantum, / semel et pluries et quotiescumque prefato arbitro et cetera videbitur et placebit laudandi, sententiandi, / arbitrandi, pronuntiandi et declarandi, absolvendi et condemnandi, precipiendi et mandandi / et de bonis rebusque et iuribus unius partis et e converso alteri parti dandi / et adiudicandi, iuris ordine servato et non servato, in scriptis et sine scriptis, / partibus presentibus et absentibus vel una parte presente et altera absente, partibus / citatis et non citatis vel una citata et altera non citata, sedendo et / stando, et omni iuris solemnitate obmissa et penitus non servata, et breviter, / summarie et de plano omni die et hora, loco et tempore, non obstantibus aliquibus feriis. / [d] /

[c. 29r.] [e–]Interveniente iuramento partium sic scribe.

[f–]Insuper dicte partes[–f] iuraverunt et cetera et iurant ad sancta dei evangelia manibus / tactis scripturis stare et parere et cetera.

Sequere usque ad hunc signum[g] et addas quantum in margine continetur[–e]. /

Promittentes et convenientes dictae partes sibi invicem, solemnibus stipulationibus / hinc inde intervenientibus[g], [h–]et non petere absolutionem, relaxationem vel habilitationem huius sacramenti nec eius effectus et ea impetrata vel alias concessa, licet non petita, non uti et utenti non consentire et pro posse observare[-h] stare et parere, observare et executioni mandare / omnia et singula precepta, sententiam et arbitramenta unum et plura / dicenda, statuenda et ordinanda infra tempus compromissi per eundem arbitrum et cetera, / sub pena scutorum numero, quae totiens insolidum comitatur et exigi possit / quotiens contrafactum fuerit, et sub refectione damnorum et expensarum / litis et extra, et pena soluta vel non, hoc compromissum profferendum nihilominus / obtineat plenam firmitatem. / Et voluerunt ipse partes et utraque earum quod tempus et teminus compromissi huius / duret et valeat hinc ad menses duos proxime futuros tantum et quod non possit / nec valeat prorogari, exceptioni huius instrumenti compromissi et omni alio / auxilio et cetera omnino renuntiantes renuntiantesque omnibus statutis in contrarium / disponentibus et cetera, et quae omnia et cetera, testes et notarii et cetera. /

[i-]Si attribuenda est potestas arbitro prorogandi compromissum, sic scribas[-i].

[j-]Attribuentes etiam dicte partes prefato arbitro potestatem prorogandi presens compromissum semel et pluries, / prout eidem arbitro melius videbitur, renuntiando et cetera[-j]. /

[a] -s- *di* -sim *corretto sopra* -i-.
[b] petere *corretto erroneamente sopra la linea in* posse.
[c–c] *Parte aggiunta sopra la linea con segno di richiamo.*
[d] *Nel margine inferiore della* c., *al centro, l'annotazione evidenziata da una linea che la inquadra su quattro lati* ne maiora viribus sucipias.
[e–e] *Parte aggiunta nel margine superiore della* c.
[f–f] *Parte aggiunta sopra la linea, sopra* ad hoc signum ac etiam *depennato.*
[g] *Segue segno di richiamo.*
[h–h] *Parte aggiunta con segno di richiamo nel margine sinistro della* c.
[i–i] *Parte aggiunta nel margine sinistro della* c. *in corrispondenza dello spazio originariamente libero tra le righe 13–14 dell'originale.*
[j–j] *Parte aggiunta nello spazio originariamente libero tra le righe 13–14 dell'originale.*

Prorogatio compromissi

Procorus tamquam arbiter, arbitrator et amichabilis compositor electus et assumptus per et inter Cletum, parte una, / et Sotherum[a], parte altera, ratione et occasione eorum omnium contentorum in instrumento compromissi, tradito et cetera / per talem notarium anno et cetera, ex arbitrio, potestate et bailia eidem arbitro et cetera per ipsos / compromittentes datis, atributis et concessis omnibus modo, iure, via et forma quibus / melius potuit et potest, prorogavit et prorogat ipsum compromissum ac tempus / et instantiam eiusdem, et hoc hic ad calendas maii[b] inclusive et per totam diem, / cum omnibus et singulis promissionibus, obligationibus pene et clausulis in eo instrumento compromissi / insertis, retenta in se arbitrio, potestate et baylia iterum et de novo prorogandi / dictum compromissum ad omnem eius arbitratoris et cetera liberam voluntatem semel et pluries, / prout eidem arbitro melius videbitur et placuerit. Et de predictis et cetera. / [c] /

[a] -h- *corretto sopra lettera non più leggibile.*
[b] maii *sopra la linea, sopra* grecas *depennato.*
[c] *Nel margine inferiore della* c.*, al centro, l'annotazione evidenziata da una linea che la inquadra su quattro lati* dubius rerum eventus.

[c. 29v.] Arbitramentum

Cum multe et variae lites, causae, questiones et discordiae forent et maiores in futurum / esse et orriri timerentur et dubitarentur per et inter Gervasium, parte una, / et Protasium, parte altera, et de predictis litibus, causis questionibusque et / controversiis predictae ambae partes sese unanimiter compromisissent laudo, / arbitrio, dispositioni et amichabili compositioni Valeriani de tali parte, / et eum in earum ambarum partium arbitrum, arbitratorem et amichabilem / compositorem unanimiter et concorditer eligissent ratione, causa / et occasione omnium contentorum in compromisso inde per ipsas ambas partes facto / in eum arbitrum, arbitratorem et amichabilem compositorem et tradito et rogato per me / notarium infrascriptum anno et cetera, vallato et corroborato dicto compromisso pena et / obligo ac aliis clausulis et solemnitatibus in similibus opportunis et necessariis / tam de iure quam de consuetudine, / idcirco prefatus arbiter, arbitrator et amichabilis compositor, qui primo vidit et legit dictum / compromissum et eius mentem et tenorem diligenter conscideravit. /

Si facta fuerit prorogatio compromissi sic scribe. /

Item qui vidit et legit prorogationem dicti compromissi factam per et cetera et traditam et cetera per me notarium infrascriptum. /

Si facte fuerint petitiones et responsiones in scriptis. /

Item qui vidit et legit petitionem factam per suprascriptum Gervasium contra eundem Protasium / coram prefato arbitro et cetera tenoris huiusmodi, videlicet.

Ponatur tenor dicte petitionis. /

Item qui vidit et legit responsionem factam per ipsum Protasium petitioni facte / per ipsum Gervasium coram eo arbitro tenoris subsequentis, videlicet. /

Si vero [a]-fuerit vel steterit-[a] arbiter[b] super aliquo loco differenti sic scribe. /

Item qui prefatus arbiter et cetera fuit super tali loco, super quo vertitur lis et differentia / [c] / [c. 30r.] una cum suprascriptis ambabus partibus et ibidem super dicto loco audivit et intellexit / petitiones, allegationes responsionesque et contradictiones factas per ipsas partes, videlicet una / pars contra alteram et altera contra alteram. /

Nota quod de instrumentis productis fieri debeat mentio. /

[d]-Capitula generalia-[d]

Item qui denique vidit et diligenter examinavit omnia et singula ea quae partes ipse et / quaelibet ipsarum coram eo arbitro dicere, producere et allegare voluerunt tam oretenus / quam in scriptis, et qui sepe habuit coloquium cum ipsis partibus semel et pluries, / simul et divisim pro hiis arbitramentis profferendis. / Item qui vidit et legit preceptum unum penale transmissum prefato[e] arbitro ad instantiam predicti / Gervasii quatenus in quodam termino[f] in eo precepto contento velit et debeat cum / effectu protulisse et pronuntiasse eius sententiam arbitralem iuxta allegata et approbata, / scriptam per me notarium et cetera anno et cetera. / Item qui vidit et legit perhemptorium factum ex eius parte emanatum predictis partibus / quatenus in termino contento in eo comparere deberent coram ipso arbitro et cetera ad videndum et / audiendum eius[g] sententiam arbitralem fieri et proferri ac in scriptis pronuntiari iuxta allegata / et approbata una cum relatione presentationis ipsius facta per N. publicum servitorem comunis / Bellinzonae[1], scriptam et in actis positam per me notarium infrascriptum die et cetera. / Item qui super premissis omnibus et singulis habuit plenam et maturam [h–]examinationem et[–h] deliberationem, / [i–]volens itaque, ut par est, hiis[j] litibus et controversiis finem imponere simulque[–i] [k]cupiens eas partes et quamlibet earum ad bonum[l] pacis / accordium reducere et predictis partibus parcere laboribus et expensis, / Christi nomine invocato eiusque gloriossisime virginis matris Mariae auxilio implorato, / a quorum vultu recta procedunt iuditia, pro tribunale sedens et cetera, / quem locum et cetera sibi elegit et cetera, / [m] / [c. 30v.] fecit et facit infrascripta eius praecepta, sententiam, declarationem, condemnationem, absolutionem, arbitria et / arbitramenta in hunc qui sequitur modum et per hec verba, videlicet ita tamen quod unum capitulum alteri / non deroget, sed unum quodque capitulum in suo robore permaneat. / In primis namque prefatus Valerianus arbiter, arbitrator et amicabilis compositor electus et / assumptus per suprascriptas ambas partes dixit, precepit, sententiavit declaravitque et arbitramentatus / fuit et est ac dicit et cetera condemnavitque et condemnat antedictum Protasium ad dandum et solvendum / ipsi Gervasio hinc ad nundinas sancti Bartholomei[9] proxime futuras libras C tertiolorum causa et cetera, et hoc pro omni et toto / eo quod ipse Gervasius pettere, requirere et habere posset contra dictum Protasium. / Item dictus arbiter, arbitrator et amichabilis compositor dixit, precepit prout supra quod habitis dictis libris centum tertiolorum / a dicto Protasio quod teneatur et debeat dictus Gervasius facere finem generalem in manibus dicti Protasii / per instrumentum finis rogandum per publicum notarium Bellinzonae [n–]vel liberavit et absolvit eas partes, videlicet unam ab altera / et aliam ab altera, ab omni et toto eo quod sibi vicisim petere et cetera possentque hinc retro usque hodie causa contentorum in dicto compromisso[o –n] / [p–]et in petitionibus sibi vicisim datis et porectis[–p]. Item ipse arbiter retinuit et reservavit facultatem, arbitrium et potestatem declarandi et / interpretandi presentia eius precepta et arbitramenta ubi super eis et eorum intelligentia contingat / dubitare. [n–]Item dictus arbiter et cetera per hec sua presentia precepta condemnavit et cetera ipsas partes et utramque earum ad attendendum, adimplendum et / executioni demandandum predicta arbitramenta et cetera de verbo ad verbum et de capitulo in capitulum, prout scripta sunt, in et sub pena, de qua in suprascripto compromisso continetur et fit mentio[–n].

Regula generalis

Si arbiter fuerit inliteratus ne dicas qui vidit et legit, sed debes dicere.

Quod per me / notarium infrascriptum lectum fuit compromissum lectumque tale instrumentum.

Et lectis sibi petitionibus / seu dicas.

Qui audivit[q] et intellexit tale instrumentum vel talem petitionem et cetera, prout asserit. /

Si duo vel tres fuerint arbitri, quorum unus sit inliteratus[r] / et alii duo sint leterati, sic scribe. /

Qui talis et talis ipso tale audiente et inteligente viderunt et legerunt et cetera. /

Si habitum fuerit consultum a sapiente, / obmittes illam clausulam, quod super predictis et cetera / habuerunt considerationem, dicendo loco. /

[c. 31r.] Item qui tam propter discretionem ipsorum arbitrorum et cetera quam dictarum partium, prout ibidem aseruerunt, / dicunt et protestantur, habuerunt ipsam causam seu litem dubiosam et super allegatis / per eas partes consuluerunt dictum talem iurisperitum, quae essent partes ipsorum arbitrorum / in proferendo eorum arbitramenta inter eas partes, et habito dicto consilio ipsius domini talis cum suis / literis responsivis eidem directis pro ipso consilio dando tenoris huiusmodi videlicet. /

[s]-Ponatur tenor literarum et consilii-[s].

Si autem fuerit tertius arbiter electus, sic dices. /

Idcirco predicti N. N. arbitri ut supra electi nec non A. tertius arbiter[t] et mediator per ipsos arbitros / electus et assumptus pro infrascriptis arbitramentis et cetera proferendis per instrumentum electionis traditum et cetera per talem / notarium et cetera, qui viderunt et legerunt et cetera. /

Si tertius arbiter fuerit unanimus cum uno arbitro, sic scribes. /

Idcirco predictus N. arbiter electus et cetera una cum suprascripto N. atque dictus N. tertius arbiter et mediator ut supra electus et cetera / concurentes in eadem sententia in absentia dicti N. renitentis et remitentis infrascripta arbitramenta proferre, / tamen citatus et requisitus et cetera.

De qua citatione et cetera debet fieri mentio et relatio servitori et cetera. /

Si vero tertius arbiter faciet per se arbitramenta, tunc dicitur sic. /

Idcirco N. tertius arbiter et mediator electus ut supra, attenta discordia predictorum N. N. arbitrorum et cetera ut supra electorum / in proferendo eorum[u] arbitramenta inter eas partes et ad hec sua arbitramenta proferenda monitorum et citatorum ut supra, qui vidit et cetera. /

Si tertius arbiter habeat arbitramenta proferre valida, in electione in eum fienda / notabis quod eius soli auctoritati pareatur, / et in isto casu scribas.

Qui etiam audivit et intellexit volontates et[v] mentes ipsorum N. N. / arbitrorum et cetera pro ipsis arbitramentis proferendis. /

Si arbitramenta fuerint lata per sapientem de iure tantum vel de conscientia, tunc dicatur solum, / infrascripta sua precepta, arbitramenta, declarationes, condemnationes et absolutiones, et obmitatur dici / arbitramenta nec arbitrator et similia, sed uti debet notarius arbiter et arbitria. /

Si partes voluerint dicta arbitramenta aemolegare, sic notabis. /

Et hoc presentibus suprascriptis partibus predictis arbitramentis ut supra de verbo ad verbum ascentientibus et conscentientibus ac ea / ratifficantibus, approbantibus et aemolegantibus, ac iuraverunt et cetera predicta omnia habere rata et cetera et nunquam contrafacere et cetera. / Et de predictis et cetera. /

[w–]In arbitramento divisionum dices.

Dividendo et divisionem et petitionem faciendo inter ipsas partes de omnibus eorum bonis et cetera assignavit tali / infrascripta bona et cetera etiam in fine assignationis, imponens perpetuum silentium alteri parti super ipsis bonis dicto tali assignatis et adiudicatis[–w]. /

[a–a] *Parte aggiunta sopra la linea, sopra* fuerit *depennato.*
[b] arb- *corretto sopra lettere non più leggibili.*
[c] *Nel margine inferiore della* c., *al centro, l'annotazione evidenziata da una linea che la inquadra su quattro lati* infelix litium exitus.
[d–d] *Annotazione vergata nel margine sinistro della* c. *in corrispondenza della riga 5 dell'originale.*
[e] *Segue* domino *depennato.*
[f] *Segue* in termino *depennato.*
[g] -i- *corretto sopra lettera non più leggibile.*
[h–h] *Parte aggiunta sopra la linea con segno di richiamo.*
[i–i] *Parte aggiunta con segno di richiamo nel margine sinistro della* c.
[j] hiis *corretto sopra* huius litis *depennando* -us litis.
[k] *Precede* et examinationem *depennato e segno di richiamo per la parte aggiunta che precede.*
[l] *Segue* et *depennato.*
[m] *Nel margine inferiore della* c., *al centro, l'annotazione evidenziata da una linea che la inquadra su quattro lati* incommoda hilaritate condienda, *a sinistra,* Christi benedicti invocato nomine quod vere iudicantibus et iuste consulentibus bonus semper fautor existit et adiutor.
[n–n] *Parte aggiunta in parte di seguito sulla linea, in parte sotto la linea.*
[o] *Segue segno di richiamo per l'aggiunta che segue.*
[p–p] *Parte aggiunta con segno di richiamo nel margine sinistro della* c. *tra le righe 11–12 dell'originale.*
[q] -it *corretto sopra lettere non più leggibili.*
[r] -u- *corretto sopra lettera non più leggibile. Segue* et *depennato.*
[s–s] *Parte aggiunta nel margine sinistro della* c.
[t] *Segue* arbitrorum *depennato.*
[u] -e *corretto sopra lettera non più leggibile.*
[v] *Segue* opu *depennato.*
[w–w] *Parte aggiunta nel margine inferiore della* c.

[c. 31v.] Socedum

Mannuccius fuit et est contentus et confessus omni occasione et exceptione remota et renuntiata se / habuisse et recipisse et nunc habere et tenere in eius curte et stabulo ad socedum et ad / comunem utilitatem, proficuum et ava[n]zium secundum usum socedi ab Honoforio [a-]presenti et cetera[-a] vachas sex, / quarum tres sunt praegnantes, prima est rubea cum cornibus mozis, secunda est apizata cum / cornibus capriolis, tertia nigra cum cornibus boris, quarta est muscia cum cornibus revolutis / et aliae duae sunt albae cum cornibus rectis, et manzos duos annorum duorum pro quolibet eorum, / quorum unus est clarus cum cornibus longis et alter est borus cum cornibus capriolis, / in quibus et super quibus bestiis antedictis Honoforius creditor habet de suis denariis propriis ante partem / libras CC, prout ibidem contrahentes predicti dixerunt et protestati fuerunt et cetera, qui Mannuccius debitor promissit et cetera, / obligando se et omnia sua bona et cetera dicto Honoforio presenti et cetera, easdem bestias cum suis futuris nutriminibus / bene et diligenter tenere et pascere bona fide, sine fraude, nulla falsitate commissa, nec eas / nec aliquam earum vendere nec alienare sine parabula et licentia suprascripti Honoforii creditoris, et dare / ac solvere ipsi Honoforio creditori predictas lipras CC ante partem et de primis denariis / et gaudimentis [a-]vel extracturis[-a], qui extrahentur ex dictis bestiis et earum futuris nutriminibus, postea / vero solutis dictis denariis totum lucrum et avanzium, quod exierit ab inde supra, sit comune / inter eos. Pacto et cetera si damnum aliquod acciderit super dictis bestiis et earum futuris nutriminibus / dolo, culpa vel negligentia vel mala custodia dicti Mannuccii vel alicuius de eius familia, / quod tunc et eo casu illud damnum sit et esse debeat dicti Mannuccii tantum, si tamen iusto dei impedimento / damnum aliquod acciderit, quod deus avertat, super dictis bestiis et earum futuris nutrimibus illud / damnum sit comune et comuniter dividatur inter eos contrahentes, et hec omnia cum omnibus expensis et cetera / et in bonis denariis numeratis et parte lucri dicti Mannuccii et non in aliqua alia re contra voluntatem / dicti Honoforii, et hoc tam sub pacto capiendi et detinendi ubique suprascriptum Mannuccium debitorem realiter / et personaliter ubique locorum et terrarum eius Mannuccii propria auctoritate quam alio quocumque modo usque ad / solutionem plenariam predictorum omnium et singulorum, renuntiando omnibus statutis et cetera, et privilegio sui fori / et illi legi et iuri quibus cavetur ne aliquod liberum corpus pro pecunia vel debito capiatur, / et benefitio cessionis bonorum suorum, et generaliter omni alteri iuri legum et auxilio et cetera. / [b] /

a–a *Parte aggiunta sopra la linea con segno di richiamo.*

b *Nel margine inferiore della* c., *al centro, l'annotazione evidenziata da una linea che la inquadra su quattro lati* incertum est quid sit futurum.

[c. 32r.] Venditio in brevi forma

Ioannes Baptista de tali parte fecit et facit venditionem, datum et cessionem et totius / sui iuris dominii et posessionis translationem atque traditionem ad proprium / et imperpetuum liberam, francham et absolutam ab omni onere, ficto, /

censu, conditione et cetera alicui dandis, prestandis et cetera, / in manibus et potestate Petri de tali parte ibi presentis, stipulantis et / recipientis pro se et suis heredibus, nominative de tali loco, salvo et cetera, / item de omnibus et singulis iuribus et pertinentiis, accessiis, ingressibus, egressibus / et regressibus, usibus, utilitatibus et comoditatibus predictis bonis et / iuribus ut supra venditis et eidem venditori pro eo et eius occasione in integrum / quomodolibet spectantibus et pertinentibus et cetera, et hec omnia cum solemnibus tenore, / cessione iurium et actionum, translatione dominii et posessionis / seu quasi, constituto, constitutione missi et procuratoris in rem / suam, positione in eius locum et statum, et cum promissione / et obligatione ipsius venditoris et bonorum suorum presentium et futurorum / deffendendi et guarentandi predicta bona et iura ut supra vendita / in forma comuni et iuris et cetera, sub [pena] duplici pretii infrascripti et totius / damni et interesse et cetera. / Quam quidem venditionem, datum et cessionem et cetera fecit dictus venditor / eidem emptori pro pretio librarum quinquaginta tertiolorum, renuntiando et cetera, / item pluri pretio et cetera et omni alteri iuri[a], legum auxilio et cetera. / Et de predictis et cetera. Actum et cetera. / [b] /

[a] -i *corretto depennando* -s *finale.*
[b] *Nel margine inferiore della* c., *al centro, l'annotazione evidenziata da una linea che la inquadra su quattro lati* sine re et pr[e]tio nulla constat esse venditio; *a sinistra, l'annotazione evidenziata da una linea che la inquadra su quattro lati* capitula sunt sex venditionis, *e di seguito a quest'ultima* primum est contrahentium, secundum rei vendite, tertium precii, quartum traditionis rei, quintum promissionis de legitima deffensione, sextum pene.

[c. 32v.] Alia venditio in brevi forma

Paulus filius condam talis de tali parte fecit et facit venditionem, datum et cessionem et totius sui / iuris dominii et posessionis translationem atque traditionem ad proprium et imperpetuum / liberam et francham ab omni ficto alicui solvendo in manibus et potestate / Andreae de tali parte ibi presentis, stipulantis et recipientis pro se et suis heredibus, / nominative de tali loco iuxta suas chorentias et confines, salvo et cetera, et hoc cum / omnibus suis iuribus et pertinentiis in integrum quomodolibet et qualitercumque spectantibus et / ipsi petiae terrae usque ad vias publicas. Quam quidem petiam terrae suprascriptus / venditor dedit et traddidit eidem emptori ad habendum, tenendum et possidendum / et de ea faciendum quicquid sibi deinceps placuerit absque dicti venditoris / nec eius heredum vel alterius personae contradictione, promittens dictus / venditor per se suosque heredes dicto emptori stipulanti pro et suis heredibus / litem vel controversiam ei vel suis heredibus [a-]de dicta petia terrae seu parte ipsius aliquo tempore[-a] non inferre nec / inferrenti conscentire, sed ipsam petiam terre tam in proprietate / quam in posessione ei et suis heredibus ab omni molestante persona legitime / deffendere[b], auctorizare et disbrigare, et hoc in et sub pena / duplici [pretii] infrascripti et totius damni et interesse et omnium expensarum premissorum occasione / fiendarum, et hoc pro pretio librarum quinquaginta tertiolorum, quod pretium dictus venditor contentus et / confessus fuit et est se habuisse et recipisse, et hoc pro completa solutione / et integra satisfactione predictorum omnium et singulorum, exceptioni sibi non dati / et non numerati pretii predicti et omni alio[c] auxilio et cetera omnino renuntians. Actum et cetera. /

[d–]Et nota quod si fuerit domus vel sedimen descriptum in venditione, dicatur, ante / atque omnibus suis iuribus et pertinentiis, grondis, grondanis, stilicidiis, aquis, / aquaeductibus et aquarum iuribus, usibus et servitutibus, sequatur atque omnibus suis / iuribus et cetera[–d]. / [e] /

a–a *Parte aggiunta nel margine sinistro della* c. *in corrispondenza delle righe 13–14 dell'originale.*

b *Segue* et *depennato.*

c -o *corretto sopra* -i.

d–d *Parte aggiunta nella parte inferiore della* c.

e *Nel margine inferiore della* c. *l'annotazione* de restitutione dupli pretii, vide statutum sub rubrica LXXXIII, quod primo emptori tenetur venditor manutenere rem venditam, et secundo emptori tenetur duplum pretium. *Cfr.* HEUSLER, *Die Statuten von Bellinzona, ZSR, NF. 18 (1899),* statuta civilia, *cap. 91 = E cap. 83, p. 282.*

[c. 33r.] Venditio in secunda forma

Michael de tali parte fecit et facit venditionem, datum et cessionem et totius sui iuris / dominii et posessionis translationem atque traditionem ad proprium et imperpetuum liberam et / francam ab omni ficto alicui solvendo in manibus et potestate Hieronimi de tali loco / ibi presentis, stipulantis et recipientis ac ementis pro se et suis heredibus, nominative de petia / una terrae iacente in tali loco, salvo si aliae vel aliter meliores reperirentur chorentie / quod semper in hoc instrumento venditionis vere et iuste intelligantur esse appositae et deductae, / et hoc cum omnibus suis iuribus et pertinentiis, ingressibus et egressibus, viis, accessiis, aschuis / et paschuis, viganalibus et comunantiis, aquis, aquaeductibus et aquarum iuribus / atque[a] omnibus suis iuribus et pertinentiis ac benefitiis universis tam eidem Michaeli venditori / quam suprascripte petiae terrae supra vendite et date cum omnibus suis iuribus et pertinentiis, ita ut de cetero / suprascriptus dominus Hieronimus emptor cum suis heredibus sit et succedat et esse debeat in locum, ius et / statum universum dicti Michaelis venditoris de suprascripta petia terrae supra vendita et data cum suis / iuribus et pertinentiis, et eam habeat, teneat et possideat nomine recti aquisiti et / de ipsa faciat et facere possit et valeat iure proprio imperpetuum quicquid facere voluerit / sine contradictione et impedimento suprascripti venditoris nec eius heredum vel alterius persone, comunis, colegii, capituli / et universitatis. Insuper ad maiorem cautelam et firmitatem huius contractus suprascriptus / venditor dedit et concessit eidem emptori plenam parabulam et licentiam intrandi et apprehendendi sua / propria auctoritate corporalem posessionem et tenutam dicte petie terrae supra venditae et date cum suis iuribus / et pertinentiis, et interim donec intraverit et apprehendiderit, constituit se suprascriptus venditor tenere et / possidere vel quasi nomine dicti emptoris, abdicando a se omne suum ius dominii et posessionis / et quodlibet aliud suum ius possidendi illudque in ipsum emptorem penitus transferendo eumque / faciendo, constituendo verum dominum posessorem et legitimum procuratorem de predictis tamquam in / rem suam propriam suo proprio ministerio et facto. Quam quidem petiam terrae supra / venditam et datam cum omnibus suis iuribus et pertinentiis suprascriptus venditor promissit et convenit / solemniter per stipulationem, obligando se et omnia sua bona pignori presentia et futura suprascripto emptori, / ei vel suis heredibus et successoribus et cui vel quibus dederit, deffendere et / guarentare in omni tempore, in omnem causam et casum et litis eventum ab omni persona, / [b] / [c. 33v.] comuni, colegio, capitulo et universitate et ipsum emptorem reddere potiorem / tam in proprietate quam in posessione suprascriptae petiae terrae supra venditae, et in se / suscipere omnem causam et omne iuditium, que vel quod mota vel motum / fuerit contra ipsum emptorem vel eius heredes a prima citatione in antea / denuntiatione premissa, et in causis persistere usque in finem litis omnibus suprascripti / venditoris propriis expensis, damnis et interesse tantum, et hoc in pena et sub pena / duplici pretii infrascripti et totius damni et interesse et omnium expensarum solemni / stipulatione promissa et deducta. Et pro qua quidem venditione, dato et cessione et pro / predictis omnibus et singulis contentus fuit et confessus est suprascriptus venditor se / habuisse et recipisse a suprascripto emptore libras L^{ta} et cetera, et hoc pro completa / solutione et integra satisfactione predictorum omnium et singulorum, renuntiando exceptioni / non habitorum et non receptorum dictorum denariorum et spei future numerationis et / receptionis et huius cartae venditionis non ita factae et predictorum omnium et / singulorum non ita actorum et factorum, et ne ullo tempore dicere nec allegare / possit se fore deceptum in hoc contractu ultra[c] dimidiam iusti pretii seu / quod iustum pretium ei suppleatur per quod contractus iste rescindatur, et qualibet / occasione et exceptione remota et renuntiata. /

Sic scribe in emptionibus decimarum. /

Nominative de decima et iuris decimandi, percipiendi et colligendi decimam omnium fructuum / et quorumcumque bladorum, videlicet bladi, milii, panici, lini, canepi ac bestiolorum et / aliorum et quorumcumque fructuum et rerum, de quibus solitum est et solet dari / et solvi decimam secundum usum dicte decimae et iuris decimandi. / [d] /

[a] a- *corretto sopra lettera non più leggibile.*

[b] *Nel margine inferiore della* c. *l'annotazione* instrumentum venditionis habet sex capitula, primum nomina contrahentium, secundum est res vendita, tertium est precium, quartum traditio rei, quintum promissio de legitima deffensione, sextum pena et obligatio bonorum et refectio damnorum et expensarum.

[c] -r- *aggiunto sopra la linea.*

[d] *Nel margine inferiore della* c., *al centro, l'annotazione evidenziata da una linea che la inquadra su quattro lati* dicitur pretium, quia preire debet.

[c. 34r.] [a]-Alia forma venditionis consueta in partibus Romae[5] -[a]

Constitutus personaliter P. de tali loco sponte et cetera pro se et cetera et non aliquo errore iuris / vel facti ductus pro pretio et nomine pretii librarum numero, quas confessus et contentus / fuit se habuisse et recipisse ante cellebrationem presentis[b] instrumenti a magistro[c] Ioanne, de quo / quidem pretio fecit eidem magistro Ioanni presenti, recipienti, acceptanti et cetera pro se et cetera / finem et generalem quietationem, absolutionem et pactum perpetuum de ulterius non plus / petendo et cetera, dedit, vendidit, transtulit et iure proprio in perpetuum habere concessit / dicto magistro Ioanni presenti, ementi, recipienti, acceptanti et stipulanti pro se et suis heredibus unam domum / sive unum hortum muris circundatum, positum in tali loco iuxta domum / dicti magistri Ioannis emptoris, res N. et cetera et alia latera si que et cetera cum introitu et exitu / suis et cum omni eo et cetera, ad habendum, tenendum, possidendum, utendum, fruendum, vendendum et cetera / nulla reservatione facta et cetera, ut a modo et cetera, dans, cedens, concedens et cetera et dare et tradere / promissit de dicta re vendita et cetera liberam, vacuam et expeditam posessionem / exobligatam ab omni onere et cetera et donec posessionem acceperit et cetera emptor prefatus et cetera, / interim venditor prefatus se nomine emptoris prefati se possidere constituit et cetera quam / intrandi, accipiendi et cetera, promittens ius suum et cetera quod si factum et cetera et si dicta res / vendita ut supra pluris valeret et cetera, venditor prefatus sponte et cetera pro se et cetera titulo donationis / inter vivos inrevocabilis eidem emptori presenti, recipienti, accipienti et cetera pro se et cetera, dedit, donavit / et largitus fuit et cetera, quam donationem promissit non revocare et cetera nec revocari facere / seu pettere in iuditio nec extra et cetera, et super dicta re vendita ut supra in totum / nec in parte tam super proprietate quam posessione litem aliquam, questionem / vel controversiam non inferre nec inferendi conscentire, imo disbligare et cetera, / sed si lis vel questio moveret seu fieret ab aliqua alia persona promissit de / evictione dicte rei vendite in forma iuris valida et consueta, omnibus tamen ipsius venditoris sumptibus / et expensis et cetera, et omnia damna et cetera, renuntiando et cetera, promissit et convenit et cetera, obligavit et cetera pro prefatis attendendis, observandis et cetera / se ipsum suosque heredes et bona in qualiter maiori forma etiam magnifice camere apostolicae suscipiendo et cetera, / iuravit tactis corporaliter scripturis et cetera, sub pena dupli et cetera, quam poenam et cetera, et sub poena et cetera / guarentigiam precepi et cetera rogandam per me notarium et cetera, dedit licentiam extendendi et cetera. /

a–a *Nella* c. 79v. *della* rubrica instrumentorum *questo modello porta il titolo* Venditio et donatio.
b -is *corretto sopra* -em.
c m- *corretto sopra lettera non più leggibile.*

[c. 34v.] Venditio utilis dominii et naturalis posessionis

Advertas quod utile dominium et melioramenta bonorum non possunt per emphiteotam / vendi nec alienari inrequisito domino et nisi cum eius licentia / seu facta sibi denuntiatione si rationaliter ea emere, quo casu / teneatur ea ei vendere, secus elapso termino duorum mensium / potest alteri vendere et tenetur dominus ei dare licentiam, quo casu / habebit quinquagesimam pro laudemio, et si noluerit conscentire / poterit emphiteota vendere elapso termino denuntiationis ut / voluerit, et de singulis nota formam instrumentorum et pretio, quae fit domino. /

Gaudentius de tali loco fecit et facit venditionem et cetera in manibus et potestate / domini Ioannis de tali parte ibi presentis et cetera, nominative de utili dominio et naturali / posessione petiae unius terrae gerbive iacentis in tali loco, cui choret et cetera, / de qua alias suprascriptus Gaudentius investitus fuit nomine livelli / in emphiteosim et emphiteotico iure et nomine ad livellum / usque imperpetuum a suprascripto domino Ioanne pro ficto omni anno solvendo / tempore festi sancti Martini[11] usque imperpetuum stariorum decem sichalis, / per instrumentum livelli traditum et cetera per N. notarium publicum Bellinzonae[1], anno et cetera, / item de omnibus et singulis eponematibus seu melioramentis ipsius petiae / terrae factis per suprascriptum Gaudentium, et de omni et quolibet alio iure / et actione spectantibus et pertinentibus ipsi Gaudentio in et super / [c. 35r.] ipsis bonis et melioramentis ac virtute dicti instrumenti livelli et contentorum / in eo, quod quidem instrumentum livelli sit et esse debeat nullum / et nullius valoris, efficatie et momenti proinde ac si cellebratum / non fuisset, et ex eo et contentis in eo ipse Gaudentius [a-]nullum ius[-a] nullamque / actionem habeat nec habere debeat contra et adversus suprascriptum / dominum Ioannem nec in ipsa petia terrae nec melioramentis suis, sed eis omnibus / et singulis ipse Gaudentius voluntarie et ex certa scientia / renuntiavit et renuntiat in manibus predicti domini Ioannis stipulantis et cetera, / et hoc cum omnibus suis iuribus et cetera. /

Quae vero fit per emphiteotam alteri cum licentia / domini, sic annotatur. /

Gaudentius suprascriptus, investitus a dicto domino Ioanne nomine livelli in emphiteosim / et emphiteotico iure et nomine ad livellum usque imperpetuum / de petia una terrae zerbivae iacente et cetera, cui et cetera, salvo et cetera, / pro ficto omni anno solvendo tempore sancti Martini usque imperpetuum / stariorum decem sichalis, per instrumentum livelli traditum et cetera per N. notarium et cetera / anno et cetera, cum parabula, conscensu et licentia ipsius domini Ioannis presentis / et conscentientis ut infra domini directi dominii et civilis / posessionis ipsius petiae terrae, fecit et facit venditionem et cetera / [c. 35v.] in manibus et potestate Iacobi de tali parte ibi presentis et cetera, nominative de utili dominio / et naturali posessione et omnibus et singulis eponematibus seu melioramentis / suprascriptae petiae terrae alias zerbivae et modo arativae et vineatae / superius terminatae et chorentiatae, et hoc cum onere prestationis suprascripti ficti / stariorum decem sichalis omni anno in festo sancti Martini imperpetuum eidem / domino Ioanni super ipsa petia terrae ac cum et sub illis promissionibus, / obligationibus, pactis et clausulis in dicto instrumento livelli annotatis, / et de iure dandi, solvendi, offerendi et deponendi, si expedierit, / predictum fictum temporibus debitis ipsi domino Ioanni et eius heredibus, / et hoc cum omnibus suis iuribus et pertinentiis et cetera. /

Extendatur ut aliae venditiones mutatis mutandis. /

Quam quidem venditionem et predicta omnia et singula suprascriptus Gaudentius fecit et / facit eidem Iacobo stipulanti cum parabula, conscensu et licentia prefati domini Ioannis domini directi dominii et civilis posessionis suprascriptae petiae terrae / presentis et conscentientis et eidem Gaudentio plenam parabulam et cetera / dantis, prestantis et cetera ad predicta et infrascripta omnia et singula dicenda, / facienda, gerenda et exercenda, et quod dominus Ioannes voluntarie quoque ut supra / contentus et confessus fuit et est se habuisse et recipisse a / suprascripto Iacobo libras sex tertiolorum pro sua quinquagesima parte sibi spectante / [c. 36r.] et pertinente ex pretio predicto pro eius laudemio presentis contractus venditionis, / et quod dominus Ioannes predictis ascentit et conscentit, dicens et protestans / quod de huiusmodi venditione bene contentatur tamquam bene, vere et iuste, / sine fraude et aliqua illicita pactione facta et contracta. / Et insuper prefatus dominus Ioannes voluntarie et sponte recognovit et recognoscit / in eius conductorem et emphiteotam suprascriptum Iacobum presentem, / stipulantem et recipientem pro se et suis heredibus et recognoscentem suprascriptum / dominum Ioannem in eius patronum et dominum, nominative de suprascripta petia terrae supra / descripta ratione utilis dominii et naturalis posessionis ac melioramentorum / predictorum ipsi Iacobo emptori per suprascriptum Gaudentium ut supra, et hoc cum et sub / illis pactis, promissionibus, renuntiationibus, clausulis et ficto descriptis / in instrumento livelli de quossupra[b] alias facto per prefatum dominum Ioannem in / dictum Gaudentium, cui et contentis in eo ipse dominus Ioannes citra recognitionem / predictam ratione predicti utilis dominii et naturalis posessionis supra factam non / intendit et protestatur in reliquis in aliquo derogare nec innovare, / sed ipsum instrumentum livelli sit et firmum remaneat in robore suo / in personam dicti Iacobi emptoris et novi emphiteotae recogniti ut supra, cum / aliter et alio modo prefatus dominus Ioannes predictis non conscensisset nec ea fecisset / nec facturus fuisset nec fecit nec facit nisi modis et formis / premissis nec alio modo, renuntiando exceptioni et cetera. /

[c. 36v.] Quae vero fit per emphiteotam facta denuntiatione et eius termino elapso / alteri sine presentia domini directi dominii, tunc sic annotatur. /

Cum hoc sit quod suprascriptus dominus Ioannes alias investiverit nomine livelli in emphiteosim / et emp[h]iteotico iure et nomine ad livellum usque imperpetuum Gaudentium suprascriptum, / nominative de petia una terrae zerbivae iacentis et cetera, cui choret et cetera, salvo et cetera, / pro ficto omni anno solvendo stariorum decem sichalis in festo sancti Martini / imperpetuum, consignato dicto ficto domi habitationis ipsius domini Ioannis et eius heredum, / et cum pacto caducitatis si ipse Petrus[c] cessaverit in solutione dicti / canonis seu dicti ficti per triennium continuum et cum aliis / pactis, promissionibus, obligationibus et clausulis insertis in instrumento / livelli, tradito et rogato per talem notarium et cetera / cumque sit quod suprascriptus Gaudentius, volens utile dominium et naturalem posessionem / et eponemata seu melioramenta sua ipsius petiae terrae vendere / et alienare, inthimaverit et denuntiaverit dicto domino Ioanni in forma / debita cum oblatione debita, ipsam venditionem faciens eidem domino Ioanni / pretio librarum C tertiolorum, quod pretium ipse[d] Gaudentius habere potest ab / alia persona emere volente, quatenus ipse dominus Ioannes in termino duorum mensium / emere noluerit, obmisserit neglexeritque vel recusaverit, et prout / in denuntiatione et inthimatione ipsa continetur tenor huiusmodi / videlicet. /

[c. 37r.] Ponatur tenor ipsius denuntiationis et intimationis et elapsa sit iam instantia / dictorum duorum mensium predictusque dominus Ioannes nec emere nec alteri vendere / ad conscentiendum visus est nec videatur pluries et pluries inde interpellatus, / et habeat ipse Gaudentius occurrentibus suis neccessitatibus suis consulere / et providere. Modo suprascriptus Gaudentius emphiteota cum benefitio predictae / denuntiae et inthimationis ac contentorum in ea tenoris antescripti, et / salvo semper iure et cum reservatione et sine preiuditio iuris [e–]suprascripti domini Ioannis domini directi dominii et civilis posessionis dictae petiae terre ac cuiuscumque iuris[–e] sibi inde / spectantis et pertinentis et non aliter, cum aliter et alio modo presens instrumentum / non fecisset nec facturus fuisset nec fecit nec facit nisi cum / reservatione et sine preiuditio predictis. /

Quando utile dominium et naturalis posessio bonorum emphiteotarum[f] propter paupertatem et inhabilitatem / emphiteote, qui in re sua male versaretur seu se haberet et aliunde[g] / non haberet quomodo posset eius neccessitati succurere nisi vendentur / melioramenta sua bonorum ut sepius contingit domino directi, tunc / confities instrumentum renuntiationis livelli ut infra annotabitur, et deinde / confitiat instrumentum novi livelli[h] cum additione ficti quod conventum / fuerit tam pro primo ficto quam pro emptione melioramentorum et eorum additione, / sed tamen advertas quod in instrumento novi livelli non fiat mentio nisi de / unico et solo ficto, ut infra annotatur, habebis in forma livelli. /

a–a *Parte aggiunta sopra la linea con segno di richiamo.*
b *Così, si intenda* quo supra.
c *Così, si intenda* Gaudentius.
d *Segue* Petrus *depennato.*
e–e *Parte aggiunta con segno di richiamo nel margine sinistro della* c.
f *Così, si intenda* emphiteoticorum.
g -u- *corretto sopra lettera non più leggibile.*
h -v- *corretto sopra* -b-.

[c. 37v.] Venditio directi dominii et civilis posessionis [a-]facta per unum alteri[-a]

Benedictus de tali parte fecit et facit venditionem et cetera in manibus et potestate Ioannis Antonii de / tali loco ibi presentis et cetera, nominative de directo dominio et civili posessione / sediminis unius domus cooperte plodis cum pluribus locis intus iacentis in / tali loco, cui choret a mane et cetera, salvo et cetera, / de quo sedimine domus Ioannes de tali parte investitus fuit nomine livelli in / emphiteosim et emphiteotico iure et nomine ad livellum et hereditatem / usque imperpetuum a suprascripto Benedicto pro ficto omni anno solvendo [b-]in festo sancti Michaelis[-b] [8] librarum decem tertiolorum, / ut publico constat instrumento ipsius livelli tradito et cetera per N. notarium publicum Bellinzonae[1] anno et cetera, / item de predicto ficto libellario ac de iure, actione[c] et facultate pettendi, / exigendi, consequendi et habendi predictum fictum librarum decem tertiolorum[d] / [e]omni anno / imperpetuum in simili festo sancti Michaelis[f] [g-]seu donec durabunt vires dicti instrumenti livelli / contra dictum Ioannem et eius heredes, res et bona seu quaslibet alias personas et bona, que proinde tenerentur et obligate essent[-g], / item de predictis bonis ac instrumento livelli et omnibus et singulis in eo contentis et de omni / iure et actione ipsi Benedicto spectantibus et pertinentibus tam in et super bonis / predictis et ficto quam contra et adversus suprascriptum Ioannem et eius heredes, res / et bona pro premissis et eorum ratione, causa et occaxione, et hoc cum omnibus suis iuribus et cetera. /

Et si esset creditum pro annis duobus[h] preteritis[i]. /

Insuper suprascriptus Benedictus titulo venditionis iuris, nominis et actionis posuit / [c. 38r.] et ponit in suum locum, ius et statum universum suprascriptum Ioannem Antonium / ibi presentem et cetera, nominative de libris viginti tertiolorum de et pro quibus suprascriptus Ioannes dare tenetur / et debet dicto[j] Benedicto causa ficti annorum duorum proxime preteritorum / suprascripti sediminis domus superius descripti, et hoc ad pettendum, exigendum, / consequendum et habendum contra et adversus suprascriptum Ioannem et eius heredes, / res et bona et contra tenentes et possidentes de suis bonis / et rebus suprascriptas libras viginti, et hoc cum omnibus suis iuribus et cetera. /

Et si esset creditum pro annis tribus preteritis et venderetur cum / actione faciendi decadere, sic scribe. /

Insuper dictus Benedictus titulo venditionis iuris, nominis et actionis posuit et ponit / in suum locum, ius et statum universum suprascriptum Ioannem Antonium / presentem et cetera, nominative de libris triginta de et pro quibus suprascriptus Ioannes dare tenetur / et debet eidem Benedicto causa ficti annorum trium proxime preteritorum / finitorum in festo sancti Michaelis[k] proxime preterito predicti sediminis domus supra descripti, / item de omni iure et actione, regressu et facultate, ipsi Benedicto spectantibus / et pertinentibus ad competendum contra et adversus suprascriptum Ioannem, agendi contra eum / ad caducitatem et pro caducitate predicti sediminis domus ac cuiuscumque iuris / ipsi Ioanni aquisiti virtute pactorum et dicti instrumenti livelli ac contentorum / in eo et ab omni melioramento facto seu quod factum esse reperiatur per ipsum / [c. 38v.] Ioannem in et super suprascripto sedimine domus, et faciendi ipsum decadere / a predicto sedimine domus iuribusque et melioramentis et declarari / predictum sedimen domus cum eponematibus seu melioramentis suis / fuisse et esse aperta et divoluta eidem Benedicto seu Ioanni Antonio / predicto datum ut supra habenti et utile dominium et naturalem posessionem / ipsius sediminis domus fuisse et esse consolidatum et anexum / cum directo dominio et civili posessione dicti sediminis domus, / et hoc propter cessationem canonis seu ficti predicti per triennium / non soluti et ad solvendum remansi et iuxta tenorem dicti instrumenti livelli / et contentorum in eo, / item de ipso instrumento livelli et de omnibus et singulis in eo insertis et / descriptis ac de omni et quolibet iure ipsi Benedicto aquisito / tam ex cessatione predicta quam virtute ipsius instrumenti livelli / et contentorum in eo, et ad pettendum, exigendum, consequendum et habendum / tam caducitatem predictam et omne ius sibi inde competens et / aquisitum quam predictas libras triginta tertiolorum ficti dictorum trium annorum / proxime preteritorum contra et adversus dictum Ioannem et eius heredes, res et / bona et contra tenentes et possidentes de bonis et rebus suis, et hoc / cum omnibus suis iuribus et cetera.

Et sequatur forma venditionis. /

[c. 39r.] Si autem fieret venditio per dominum in manibus emphiteote de predicto suo / directo dominio et civili posessione et iure ipsius ficti, sic scribe immediate / post clausulam supra annotatam in venditione directi dominii ubi legitur, / item de predicto ficto libellario et iure et actione et cetera. /

Item de predicto ficto libellario et iure[l] actioneque et facultate in se retinendi / a modo et de cetero imperpetuum predictum fictum suprascripti sediminis domus[m], / item d[e] ipsa domo et omni et quolibet iure et actione eidem Benedicto spectantibus et / pertinentibus tam super dicta domo et ficto libellario ac contra et adversus / suprascriptum Ioannem et eius heredes, res et bona quam ratione, virtute et occasione / ipsius instrumenti livelli et contentorum in eo, cui quidem instrumento / livelli et omnibus et singulis in eo insertis ipse Benedictus / voluntarie, sponte renuntiavit et renuntiat in manibus dicti Ioannis / stipulantis et recipientis ita quod a modo ipse Benedictus nullum ius / nullamque actionem habeat in et super ipsa domo et ficto contra / suprascriptum Ioannem virtute ipsius instrumenti livelli, quod sit et esse debeat nullum et / nullius valoris, efficatie et momenti proinde ac si factum et cellebratum / aliquo tempore non fuisset, sed omne ius ipsius Benedicti virtute dicti instrumenti et / contentorum in eo sit et esse debeat translatum in ipsum Ioannem[n], / [o]et hoc cum omnibus suis iuribus et cetera. /

Et si emphiteota vellet liberari a domino de fictis bonorum, post clausulam pretii sic scribe. /

Liberans et absolvens dictus Benedictus ipsum Ioannem ab omnibus et singulis fictis et ab omni et toto eo / quod ipse Benedictus pettere et cetera posset et cetera ipsi Ioanni et in eius bonis ratione quorumcumque fictorum / preteritorum et ad solvendum remansorum dicte domus et qualibet alia ratione, causa vel occasione que dici / vel excogitari posset modo aliquo, causa vel ingenio, etiam si res esset / [c. 39v.] in se cognita vel penitus extranea et incognita, dicens et / protestans idem Benedictus ad instantiam dicti Ioannis stipulantis se fuisse et esse / integre solutum et satisfactum a dicto Ioanne pro predictis omnibus et / singulis et eorum ratione et occasione, renuntiando et cetera. /

[a–a] *Parte aggiunta di seguito sulla linea.*
[b–b] *Parte aggiunta sopra la linea con segno di richiamo.*
[c] -c- *corretto sopra* -t-.
[d] *Segue* a predicto Ioanne *depennato.*
[e] *Precede* et eius heredibus ad festum sancti Martini proxime futurum et deinde *depennato.*
[f] -ichaelis *corretto sopra lettere non più leggibili.*
[g–g] *Parte aggiunta di seguito sulla linea e sopra la linea seguente.*
[h] duo- *corretto sopra* tri-.
[i] *Segue* et venderetur cum / actione decadere faciendi sic scribe *depennato.*
[j] *Segue* Petro *depennato.*
[k] Michaelis *sopra la linea corretto su* Martini *depennato.*
[l] *Segue* et *depennato.*
[m] *Segue* omni anno *depennato.*
[n] *Segue* virtute presentis *depennato.*
[o] *Precede* instrumenti venditionis *depennato.*

Livellum in brevi forma

Sacripantus de tali parte investivit et investit iure et nomine / livelli et perpetue hereditatis in emphiteosim et emphiteotico iure / et nomine ad livellum et hereditatem usque imperpetuum Hortensium de / tali parte ibi presentem, stipulantem et recipientem ac investientem pro se et / suis heredibus, nominative de petia una terrae et cetera iacente et cetera cui choret et cetera, / salvo si alie vel aliter meliores reperirentur chorentie quod semper stetur et / stari debeat veritati et veris chorentiis, et hoc hinc ad festum sancti / Martini[11] proxime futurum et deinde in antea ad livellum et hereditatem / usque imperpetuum, et hec omnia cum omnibus et singulis suis iuribus et pertinentiis / in integrum spectantibus et pertinentibus tam suprascripto locatori quam suprascriptae / petiae terrae supra locate et ad livellum date quibuscumque modo, / ratione et occasione usque ad vias publicas, ita ut a modo in antea / usque imperpetuum suprascriptus Hortensius cum suis iuribus ut supra habeat, / [c. 40r.] teneat et possideat suprascriptam petiam terrae supra locatam et ad livellum / datam cum suis iuribus et pertinentiis et de ipsa faciat et facere / possit imperpetuum quicquid facere voluerit sicut de re simili modo locata / et ad livellum data fieri licet, meliorando tamen et non peyorando sine / contradictione suprascripti locatoris nec eius heredum nec alterius personae, comunis, / collegii, capituli et universitatis. Quam quidem petiam terrae supra locatam / et ad livellum datam cum suis iuribus et pertinentiis suprascriptus Sacripantus / locator promissit et convenit solemniter per stipulationem, obligando se et omnia / sua bona pignori presentia et futura suprascripto Hortensio investito ibi presenti, / stipulanti et recipienti pro se et suis heredibus, ei suisque heredibus deffendere / et guarentare ab omni persona, comuni, collegio, capitulo et universitate omnibus / suprascripti Sacripanti propriis expensis, damnis et interesse tantum et sine / expensis, damnis et interesse suprascripti investiti nec eius heredum nec alicuius / alterius personae, et hoc in et sub pena totius damni et interesse / et omnium expensarum solemni stipulatione promissa et deducta, et pro ficto, / redditu et gaudimento suprascriptae petiae terrae supra locate et ad livellum / date suprascriptus Hortensius investitus promissit et convenit solemniter per / stipulationem, obligando se et omnia sua bona pignori presentia et futura suprascripto / Sacripanto locatori ibi presenti, stipulanti et recipienti, ei et suis heredibus / aut eius certo misso, nuntio vel procuratori dare, solvere et consignare / [a] / [c. 40v.] hinc ad festum sancti Martini proxime futurum libras L^{ta} tertiolorum et staria decem / furmenti boni, nit[id]i, sichi et bene mensurati ad iustum starium comunis / Bellinzonae[1], consignato dicto ficto domi habitationis suprascripti locatoris vel eius / heredum et totidem omni anno annuatim in dicto festo sancti Martini / usque imperpetuum, et hoc cum omnibus expensis, damnis et interesse ceterisque / accessionibus, quae inde fient, current et patientur tam in iuditio / quam extra pro predicto ficto annuatim pettendo, exigendo et habendo termino preterito, / et hec omnia in bonis denariis numeratis et furmento tantum et non in aliqua / alia re contra voluntatem suprascripti locatoris, et hoc tam sub / pacto capiendi et detinendi ubique suprascriptum investitum realiter et personaliter / eius locatoris propria auctoritate quam alio quocumque modo usque ad solutionem plenariam / predictorum omnium et singulorum, renuntiando omnibus statutis et legibus in contrarium / venientibus. Pacto quidem tali inter eos contrahentes expresse habito et convento, / videlicet si dictus investitus vel eius heredes staret seu starent negligentes in / solvendo suprascrito locatori vel suis heredibus suprascriptum fictum per tres annos continuos, / quod tunc cadat seu cadant et cassi intelligantur a iure et benefitio / huius investiture livelli et ab omni iure sibi aquisito vigore dicte / investiture et ab omni melioramento quod ipse investitus vel eius heredes / haberet seu haberent in et super dicta petia terrae supra locata[b], quae / omnia in ipsum locatorem et eius heredes pleno iure proveniant et nihilominus / teneatur ad solutionem dicti ficti dictorum trium annorum omni occasione et exceptione remota / et renuntiata. /

[a] *Nel margine inferiore della* c., *al centro, l'annotazione, evidenziata da una linea che la inquadra e che termina a destra in alto e a sinistra in basso con una voluta* si res pereat tota in totum liberatur emphiteota et si pro parte nulla defenditur arte.

[b] -a *corretto depennando* -e *finale.*

[c. 41r.] Pactum franchiendi breve

Item tali pacto habito ut supra, videlicet quod quotie[n]scumque omni die et hora hinc ad annos / decem proxime futuros per mensem Novembris tantum cuiuslibet anni dictorum annorum decem / et non ultra suprascriptus Hortensius voluerit se franchire et liberare a / prestatione dicti ficti dando et solvendo seu cum effectu dare et / solvere offerendo ipsi locatori in bonis denariis numeratis tantum libras / mille tertiolorum et ficta exinde preterita et ad solvendum remansa ad ratam / pro rata temporis et factura instrumentorum, eo casu dictus locator teneatur / et debeat, et ex nunc promittit sub obligatione predicta suprascripto investito / presenti et recipienti, ei vel suis heredibus facere venditionem de directo dominio et / civili posessione suprascripte petiae terrae et de iure in se retinendi dictum / fictum livellarium cum solemni cessione iurium in forma comuni / et valida pro dicto pretio librarum mille tertiolorum. Actum et cetera. /

Renuntiatio livelli

Cum hoc sit quod alias Virginius de tali parte investiverit iure et nomine livelli / in emphiteosim Fulvium de tali loco tunc presentem, nominative de petia una terrae / iacente in tali loco cui choret et cetera salvo et cetera pro ficto omni anno solvendo librarum L[ta] tertiolorum per ipsum / investitum dicto locatori, ut publico constat instrumento livelli tradito et cetera per N. notarium et cetera anno et cetera, / modo predictus Virginius, parte una, et dictus Fulvius, parte altera, voluntarie, sponte et ex / certa scientia et non per errorem iuris vel facti et non coacti ab / [c. 41v.] aliqua persona seu personis nec per vim, metum nec violentiam, / sed omnibus modo, iure, via et forma quibus melius potuerunt et possunt, / renuntiaverunt et renuntiant et refutaverunt et refutant dicto instrumento / livelli et perpetue hereditatis et omnibus et singulis pactis, promissionibus, obligationibus, / renuntiationibus, clausulis et cautellis in dicto instrumento contentis, ita et taliter / quod eo instrumento livelli et contentis in eo a modo in antea predictus Virginius / nec eius heredes nullum ius nullamque actionem habeant contra dictum Fulvium / nec eius heredes nec dictus Fulvius contra dictum Virginium nec eius heredes, / sed pro infecto[a], irrito cassoque et nullo ac nullius valoris, efficatie / et momenti de cetero habeat ac si nullo tempore actum seu factum / fuissent, dimittens et relaxans idem Fulvius posessionem et tenutam / dictorum bonorum in manibus ipsius Virginii liberam, vachuam et expeditam / et a nemine occupatam, et dicens dictus Fulvius se nolle intromittere / nec impedire amplius de ipsis bonis vigore et actione dicti livelli, / et ipse Virginius acceptans et recipiens in se predicta bona et / dicens quod a modo in antea non vult nec intendit habere ipsum Fulvium / pro eius massario, fictabile, colono seu emphiteota de dictis bonis vigore / et occasione dicte investiture livelli, et quod nunquam pettet aliquod fictum dicto / Fulvio nec eius heredibus de dictis bonis causa dicte investiture livelli, et liberans et / absolvens predictus Virginius predictum Fulvium ab omnibus fictis, quae / pettere posset in futurum ipsi Fulvio occasione predicti livelli et contentorum in / eo. In qua vero renuntiatione et refutatione et in predictis omnibus et singulis / [c. 42r.] suprascriptus Virginius, parte una, et dictus Fulvius, parte altera, ad invicem promisserunt et cetera / vicisim, una pars alteri et altera alteri, se de cetero omni tempore / stare, esse et permanere tacitos et contentos et facere et cum effectu / curare quod omnes alie persone perpetuo erunt, stabunt et permanebunt / tacitae et contente in hiis presentibus renuntiatione et remissione, omnibus / propriis expensis, damnis et interesse partis tacite et contente non permanentis / tantum, et hoc in et sub pena totius damni et interesse et omnium expensarum / solemni stipulatione promissa et deducta, renuntiando exceptioni ipse partes / non sic facte huius instrumenti renuntiationis et refutationis[b] et predictorum omnium / et singulorum non ita actorum et factorum, et generaliter alia occasione et exceptione / remota et renuntiata. /

[a] *Segue* et *depennato.*
[b] -tatio- *corretto sopra lettere non più leggibili.*

Recognitio livelli

Simplicianus de tali loco omnibus modo, iure, via, causa et forma quibus melius / potuit et potest, recognovit et recognoscit in eius conductorem / et emphiteotam Raphaellem de tali parte ibi presentem et cetera / ac recognoscentem predictum Simplicianum in eius patronum et / dominum, nominative de tali loco et cetera, et hec omnia cum omnibus suis iuribus et / pertinentiis et cetera, cum hac lege quod dictus Raphael teneatur et obligatus / sit solvere[a] omni anno in quolibet festo sancti Martini[11] usque imperpetuum libras X tertiolorum / in et super dicta petia terrae, in qua vero recognitione et cetera et pro qua vero / recognitione et cetera contentus fuit dictus Simplicianus habuisse et recipisse a dicto Raphaelle libras L[ta] tertiolorum, / et hoc pro completa solutione et cetera, renuntiando exceptioni et cetera. Actum et cetera. /

[a] solvere *aggiunto sopra la linea con segno di richiamo.*

[c. 42v.] Regressus

Urbanus de tali loco, volens[a] Oliverio et cetera complacere de gratia speciali, dedit et concessit ac / dat et concedit eidem Oliverio ibi presenti et acceptanti parabulam et licentiam exigendi, redimendi / et recuperandi a dicto Urbano petiam unam terrae et cetera, de qua ipse Urbanus habuit et / habet venditionem et datum a suprascripto Oliverio pretio librarum C tertiolorum, ut constat instrumento venditionis predicte / tradito et cetera per talem notarium anno et cetera, et hoc omni die et hora quibus ipsi Oliverio placuerit usque / imperpetuum pretio dictarum librarum C tertiolorum, cum hoc tamen pacto quod ficta et redditus dictorum bonorum non / possint nec debeant compensari in vera sorte. /

Nota ibi quod etiam fiat mentio de livello si factum fuerit.

Ita quod omni die et hora quibus ipse / Oliverius eidem Urbano dictas libras C tertiolorum et ficta restantia ac facturam dicti instrumenti venditionis / et livelli ut supra dederit et solverit seu cum effectu se obtulerit solvere et / numerare, dictus Urbanus teneatur et debeat ac obligatus sit eidem Oliverio venditionem facere / de dicta petia terrae pretio suprascripto, et hoc per publicum instrumentum venditionis rogandum per publicum notarium / Bellinzonae[1], et a[b] casu dicte solutionis vel effectualis obligationis ut supra, sit et esse intelligatur translatum / dominium ipsius petie terrae in dictum Oliverium, quia sic inter eos contrahentes per pactum speciale / conventum extitit, renuntiando illi statuto per quod disponitur emptorem compellere posse venditor / ad exigendum.

Tamen habetur opinio quod isti tali statuto non potest renuntiari, quia factum est pro / universa utilitate, vide statutum sub rubrica ****[c] [12].

Quam quidem parabulam et licentiam et cetera suprascriptus / Urbanus promissit et cetera, obligando se et cetera dicto Oliverio ibi presenti et cetera, attendere et cetera ac ratam et cetera habere et cetera, / in et sub pena totius damni et interesse et cetera, renuntiando exceptioni et cetera. Actum et cetera. /

Nota quod aliqui dicunt quod in livello, quando fit gratia exigendi, non debet apponi pactum caducitatis, / quia per gratiam conservatur livellum. Aliqui dicunt quod debet poni, sed debet etiam / dici, ubi dicitur quod cadat a dicto livello, et dicere: et a pacto sibi concesso exigendi / ipsam petiam terrae et cetera. Et tunc cessante solutione cessabit pactum speciale exigendi. /

[a] vo- *corretto sopra lettere non più leggibili.*
[b] a *aggiunto sopra la linea.*
[c] *Spazio in bianco corrispondente a 10 mm.*

[c. 43r.] Investitura ad terminum

Bonifatius de tali loco investivit et investit iure et nomine locationis / et massaritii ad fictum reddendum Rubertum de tali parte ibi / presentem, stipulantem et recipientem pro se et suis heredibus, nominative de petia una / terrae iacente et cetera salvo et cetera, et hoc cum omnibus suis iuribus et pertinentiis, / et hoc hinc ad festum sancti Martini[11] proxime futurum et abinde in antea / ad annos novem tunc proxime futuros et deinde in antea ad voluntatem / partium, ita ut a modo usque ad suprascriptum terminum suprascriptus Rubertus / investitus habeat et teneat suprascriptam petiam terrae supra locatam / cum suis iuribus et pertinentiis et de ipsa faciat et facere possit / colonario nomine quicquid facere voluerit usque ad suprascriptum terminum sine / contradictione suprascripti

Bonifatii locatoris nec eius heredum nec alterius personae, / comunis, collegii, capituli et universitatis, meliorando tamen et non peiorando. / Proprietatem vero suprascripte petiae terrae supra locatae cum suis iuribus et pertinentiis / suprascriptus locator promissit et convenit solemniter per stipulationem, obligando se / et omnia sua bona pignori presentia et futura suprascripto investito, ei [a-]et suis heredibus[-a] deffendere / et guarentare ab omni molestante persona usque ad suprascriptum terminum / omnibus suprascripti locatoris propriis expensis, damnis et interesse et sine / expensis, damnis et interesse suprascripti investiti nec eius heredum, et hoc in / pena et sub pena totius damni et interesse et omnium expensarum / solemni stipulatione promissa et deducta. Et pro ficto, redditu / et gaudimento suprascripte petiae terrae supra locate cum suis iuribus et pertinentiis / [c. 43v.] suprascriptus investitus promissit et convenit solemniter per stipulationem, obligando se / et omnia sua bona pignori presentia et futura [a-]dicto locatori[-a], ei vel suis heredibus aut eius certo / misso, nuntio vel procuratori dare, solvere et consignare hinc ad / festum sancti Martini proxime futurum libras X tertiolorum, consignato dicto ficto / in Bellinzona[1] domi habitationis suprascripti locatoris et totidem omni anno in dicto / festo sancti Martini cuiuslibet anni usque ad suprascritum terminum et deinde / in antea donec tenuerit predictam petiam terrae supra locatam de / voluntate partium predictarum, et finito termino ipsius investiture / dare, relaxare et dimittere posessionem et tenutam ipsius / petiae terrae supra locatae vacuam et expeditam dicto locatori, et hoc / cum omnibus expensis, damnis et interesse ceterisque accessionibus, / que inde fient, current et patientur pro predictis denariis pettendis, exigendis / et habendis post quemlibet terminum, et hec omnia in bonis denariis tantum / consignatis ut supra et in bona, vachua et expedita posessione et tenuta tantum / et non in[b] cartis notis et nominibus debitorum comunis Bellinzonae et / cuiuslibet alterius comunis nec in aliqua alia re contra voluntatem suprascripti locatoris. / Ita et eo acto et pacto inter eos contrahentes ibidem expresse habito et / convento, videlicet pro predictis omnibus et singulis liceat et licitum sit suprascripto / locatori ubique locorum et terrarum post quemlibet terminum suprascriptum investitum / realiter convenire et personaliter capere et detinere et in carceribus / [c. 44r.] includere, ponere et tenere, et de suis bonis et rebus ubique accipere, / predari, saxire, contestare, robare et in solutum retinere sua propria / auctoritate et sine auctoritate iudicis et impune usque ad integram / satisfactionem predictorum omnium et singulorum, renuntiando omnibus statutis, / consciliis, legibus, iuribus, provisionibus, consuetudinibus et ordinamentis[c] / comunis Bellinzonae et cuiuslibet alterius comunis factis et fiendis / in contrarium venientibus. Actum et cetera. /

[a–a] *Parte aggiunta sopra la linea con segno di richiamo.*
[b] *Segue* aliqua *depennato.*
[c] -tis *sopra la linea corretto su lettere non più leggibili.*

Pactum retentionis melioramentorum

Pacto quidem tali ibidem expresse habito et convento inter predictos contrahentes, / videlicet quod dictus investitus vel eius heredes possit et valeat seu possint / et valeant facere quaecumque melioramenta in et super dicta petia terrae / supra locata, videlicet in plantando vites aut edificari facere muros / lapidibus et calce, quae melioramenta postquam facta fuerint, debeant / extimari per duos amicos comunes comuniter elligendos, videlicet unum pro / parte, et quod dictus investitus nec eius heredes non possit seu possint / ammoveri nec excumiari[a] a dicta petia terrae vel a dicta locatione / nisi prius solutis dictis melioramentis. /

[a] -i- *corretto sopra lettera non più leggibile.*

[c. 44v.] Census in magna forma

Emanuel de tali loco voluntarie, sponte et cetera et omnibus modo et cetera per se suosque heredes / in et super petia una terrae et cetera, iacente in tali loco, salvo et cetera eiusque membris / et pertinentiis, unum annuum et perpetuum censum librarum L[ta] tertiolorum imposuit, quem / sic impositum vendidit Egidioni de tali loco ibi presenti et cetera pro se et suis heredibus et cetera / ad habendum et cetera, et pro rata et mensura illius cessit ut supra / suprascripto Egidioni ibi presenti et cetera / omnia iura et cetera, ponens et cetera, dans licentiam et cetera, constituens et cetera et donec constituit et cetera, / et hunc annuum censum librarum nonaginta tertiolorum predictus Emanuel promissit ut supra suprascripto Egidioni presenti et cetera in tot denariis numeratis tantum de semestri in semestre / et in fine cuiuslibet semestris libere pro rata et sine aliqua exceptione, / cum omnibus expensis et cetera et damnis legitimis faciendis[a], patiendis et supportandis / elapso termino. / Hanc autem dicti annui census creationem et venditionem fecit et facere / declaravit predictus Emanuel predicto Egidioni presenti et cetera pro pretio et nomine pretii / librarum mille ducentarum tertiolorum, quas dictus Emanuel contentus et confessus fuit se habuisse / et recipisse a suprascripto Egidione, prout dixit et protestatus fuit ad presentiam mei / notarii, testium et notariorum infrascriptorum, de quibus exceptioni ad maiorem cautellam / renuntiavit, quietavit et cetera, / promittens suprascriptus Emanuel predictam petiam terrae cum universis eius membris et cetera / ad eum[b] pleno iure dominii vel quasi spectare et esse de eius natura / [c. 45r.] capacem et suffitientem ad sufferendum hunc censum et valde maiorem / [c]et esse liberam ab omni onere census canonis, reprensionis / et livelli quomodolibet impediente hanc census creationem et venditionem, / et in et super eidem petiae terrae hunc censum fore et esse bonum, / validum et bene constitutum, assignatum, creatum et venditum / et sic hanc census creationem et venditionem esse et perpetuo fore bonas, / validas ac bene et valide factas, et pro tali dicto Egidione eiusque heredibus[d] et cetera /

manutenere et cetera et denique desuper auctorizare, deffendere et disbrigare / ab omni molestante persona et cetera in forma iuris valida et in loco consueta / et ad omnia et cetera, pro quibus omnibus et singulis predictus venditor se et omnia eius / bona et in specie dictam petiam terrae, super qua est assignatus dictus / census, ita tamen quod specialem obligationem seu hipotecham generalitati / non derogetur nec e contra, in ampliori forma camere apostolice obligavit et cetera. / Pactis infrascriptis inter predictas partes expresse conventis et mutua stipulatione interveniente / vallatis, et primo quod ad maiorem cautelam dicti Egidionis et heredum suorum omnes / et singuli fructus predictae petiae terrae censeantur et sint specialiter et / expresse obnoxii et obligati pro fructibus presentis census, et in deffectum / solutionis illius liceat dicto Egidioni et suis heredibus ut supra, si eis ita videbitur, affictus / et fructus predictae petiae terrae a presentibus et futuris conductoribus, colonis / et laboratoribus et a quibus opus fuerit etiam propria auctoritate et cetera recipere[a], / redigere et de eis quietare illosque penes se retinere pro concurrenti quantitate / [c. 45v.] in satisfactionem fructuum dicti census usque tunc debitorum. Ad hec enim / et omnia alia fieri desuper necessaria et opportuna libere faciendum et / pertractandum predictus Emanuel constituit dictum Egidionem procuratorem irrevocabilem / ut in rem suam propriam cum clausula ad lites et potestate substituendi / et sequestrandi ac aliis facultatibus opportunis ita et cetera, / item quod dicto Emanueli et eius heredibus liceat semper et imperpetuum, nulla in hoc obstante / longissimi etiam temporis ac immemorabilis imo centum et plurium annorum proscritione[e], / redimere et extinguere hunc censum pro eodem pretio librarum [f–]1200[–f] [g–]et dicto pretio in una manu etiam[h] una vice et in simili spetie eidem Egidioni vel suis et cetera[–g], previa tamen / denuntiatione duorum mensium dicto Egidioni vel suis et cetera [i–]facienda et cetera, et dicto pretio[–i] vere et cum effectu / reddito et restituto et solutis fructibus usque tunc debitis, et sic et non / alias dictus Egidion vel sui heredes[j] retrovenditionem huiusmodi facere teneantur cum / clausulis opportunis. Circa quam retrovenditionem et omnia alia in presenti instrumento / contenta ambe partes remisserunt et submisserunt sese constitutioni felicis recordationis / Pii pape quinti[13] super forma creandi census, edita sub, data Romae[5] apud / Sanctum Petrum, anno incarnationis dominice MDLXVIII, XIIII kalendis Februarii, / ad quam in omnibus et per omnia partes ipse sese retulerunt et referrunt[k], / volentes hic haberi pro appositis et additis quaecumque in dicta / constitutione sancita sunt et cetera et iuxta illius dispositionem, formam et tenorem / presentem contractu[m] regulari debere, renuntiando et cetera, quae omnia et cetera pacta / executiva et cetera. Actum et cetera. /

a *Segue* et *depennato.*
b -u- *corretto sopra lettera non più leggibile.*
c *Nel margine sinistro della* c. *in corrispondenza delle righe 2–3 dell'originale, l'annotazione* volens addere iuramentum dicas, iuransque ac iuravit eam esse liberam et cetera.
d -us *corretto sopra lettere non più leggibili.*
e *Così, si intenda* prescriptione.
f–f *Parte sopra la linea aggiunta su* CCC *depennato.*

g–g *Parte aggiunta con segno di richiamo nel margine sinistro della* c.
h *Lettura incerta a causa di una macchia di inchiostro.*
i–i *Parte aggiunta sopra la linea con segno di richiamo.*
j heredes *sopra la linea corretto su parola inintelligibile depennata.*
k -r- *di* -runt *aggiunto sopra la linea.*

[c. 46r.] Census ceteratus

Iulius Cesar de tali parte voluntarie, sponte et cetera et omnibus modo et cetera per se suosque / heredes in et super petia una terrae sita in tali loco salvo et cetera eiusque / membris et pertinentiis unum annuum et perpetuum censum librarum L^{ta} tertiolorum / imposuit et cetera, quem sic impositum vendidit Flaminio de tali loco ibi presenti et cetera / pro se et suis heredibus et cetera ad habendum et cetera et pro rata et mensura illius cessit ut supra / suprascripto Flaminio ibi presenti et cetera omnia iura et cetera, ponens et cetera, dans licentiam et cetera, constituens et cetera / et donec constituit et cetera et hunc annu[u]m censum librarum L^{ta} tertiolorum predictus / Iulius Cesar promissit ut supra suprascripto Flaminio presenti et cetera solvere[a] in tot denariis numeratis tantum / singulo anno libere, sine aliqua exceptione, cum omnibus expensis et cetera, / pro pretio librarum sexcentum saxaginta septem tertiolorum, quas dictus Iulius Cesar contentus / fuit et cetera se habuisse et cetera a suprascripto Flaminio, prout dixit et protestatus fuit ad presentiam / mei notarii infrascripti testiumque et notariorum infrascriptorum, de quibus exceptioni ad maiorem / cautellam renuntiavit, quietavit et cetera, / promittens esse liberam ab omni onere et cetera, et pro tali predicto Flaminio eiusque heredibus et cetera manutenere / et denique desuper auctorizare, deffendere et disbrigare ab omni molestante / persona in forma iuris valida et in loco consueta et cetera [b–]et ad omnia et cetera pro quibus omnibus et cetera[–b], / quae omnia et cetera facta fuerunt et cetera cum pactis et conditionibus appositis et descriptis in / constitutione felicis recordationis Pii pape quinti super[c] forma creandi census, edita sub, data / Romae[5] apud Sanctum Petrum, anno incarnationis dominice MDLXVIII, XIIII / kalendis Februarii[13], ad quam et cetera volentes et cetera, renuntiando et cetera, quae omnia et cetera pacta executiva et cetera / in forma camere apostolice et cetera. Actum et cetera. /

a solvere *aggiunto sopra la linea.*
b–b *Aggiunta in parte di seguito sulla linea, in parte sotto la linea.*
c s- *corretto sopra lettera non più leggibile.*

[c. 46v.] Retrovenditio in brevi forma

Romulus de tali loco fecit et facit retrovenditionem, retrodatum et retrocessionem / et totius sui iuris dominii et posessionis translationem atque traditionem ad proprium / ita liberam et francham prout in eum pervenit in manibus et potestate / Athlantis de tali parte ibi presentis, stipulantis et recipientis pro se et suis heredibus, / nominative de petia una terrae iacente et cetera salvo si alie vel aliter meliores / reperirentur chorentie, quod semper in hoc instrumento retrovenditionis vere et iuste intelligantur / esse appositae et deductae, de qua petia terrae dictus Romulus habuit et / habet venditionem et datum a suprascripto Athlanti pro pretio librarum mille tertiolorum, ut constat / publico instrumento venditionis tradito et rogato per N. notarium publicum Bellinzonae[1], anno Domini et cetera, / et hoc cum omnibus suis iuribus et pertinentiis, viis, accessiis in integrum / quocumque modo spectantibus et pertinentibus tam suprascripto Romulo retrovenditori quam suprascripte petiae / terrae superius retrovendite et retrodate cum suis iuribus et pertinentiis, et eidem / Athlanti rehemptori suprascriptus retrovenditor dedit, cessit atque mandavit / omnia sua iura et omnes suas actiones et rationes reales et personales, / utiles, directas et cetera[a], mistas et hipotecharias, privilegia et prorogativas / et omnes suas deffensiones, retentiones et replicationes et quaelibet / alia sua iura et benefitia universa in integrum quocumque modo et / quacumque ratione et occasione spectantes et cetera[a] et pertinentes et spectantia et / pertinentia predicto Romulo retrovenditori in et super predicta petia terrae / supra retrovendita et cetera[a], [b-]loco sequenti ponas[-b], [c-]«et hoc ad habendum et cetera» usque «et utatur», potes pretermittere si vis breviare[-c], et retrodata cum omnibus suis iuribus et pertinentiis, / ita ut de cetero imperpetuum suprascriptus rehemptor cum suis heredibus sit et / [c. 47r.] succedat in locum, ius et statum universum suprascripti retrovenditoris / de suprascripta petia terrae supra retrovendita et retrodata cum suis iuribus / et pertinentiis, et eam petiam terrae habeat, teneat et possideat et de ipsa / faciat et facere possit et valeat iure proprio imperpetuum quicquid facere / voluerit sine contradictione suprascripti Romuli retrovenditoris nec eius heredum nec alicuius / alterius persone, comunis, collegii, capituli et universitatis, et utatur, experiatur et exerceat / et uti, experiri, exercere possit et valeat predictus rehemptor omnibus illis / modis, iuribus, actionibus et rationibus et quemadmodum suprascriptus[d] / retrovenditor[e] uti, experiri et exercere posset, / poterat et potuisset ante hunc contractum retrovenditionis non factum. / Insuper ad maiorem cautellam et firmitatem huius contractus suprascriptus / retrovenditor[f] dedit et concessit dicto rehemptori plenam / parabulam et licentiam intrandi et apprehendendi sua propria auctoritate corporalem / posessionem et tenutam vel quasi suprascripte petie terrae supra retrovendite, / et interim et cetera[a] donec intraverit et apprehendiderit, ex nunc prout ex tunc / suprascriptus retrovenditor constituit se suprascriptam petiam terrae supra / retrovenditam et retrodatam cum suis iuribus et pertinentiis nomine et vice / dicti rehemptoris tenere et possidere seu quasi. Cui vero dominio / et posessioni et omni iuri possidendi ipse retrovenditor illico ex / nunc renuntiavit in manibus ipsius rehemptoris, penitus transtulit / et remissit, abdicando a se omne suum ius dominii et posessionis / [c. 47v.] et in ipsum rehemptorem penitus transferendo eumque faciendo et / constituendo verum dominum, posessorem et legitimum procuratorem prout in rem / suam propriam de predictis suo proprio ministerio et facto. Preterea / predictus retrovenditor promissit et convenit solemniter per stipulationem, obligando se / et omnia sua bona mobilia et immobilia presentia et futura suprascripto rehemptori, ei et suis heredibus / et cui vel quibus dederit semper in omnem causam et casum et litis eventum deffendere / et guarentare ab omni contradicente persona omni tempore litis eventum, usu, / lege et ratione et ipsum rehemptorem reddere potiorem tam in proprietate quam / in posessione suprascripte petiae terrae supra retrovendite et retrodate cum suis iuribus et pertinentiis, / et in se suscipere omnem causam et omne iuditium, que vel quod mota vel motum / fuerit contra ipsum rehemptorem vel eius heredes, et in causis persistere a prima / citatione in antea denuntiatione premissa usque in finem litis omnibus suprascripti / retrovenditoris propriis expensis, damnis et interesse tantum et sine expensis, damnis / et interesse suprascripti rehemptoris nec eius heredum nec alicuius alterius personae, / comunis, colegii, capituli et universitatis, et hoc in et sub pena evictionis / duplici pretii infrascripti et totius damni et interesse et omnium expensarum solemni / stipulatione promissa et deducta, danda et solvenda dicta pena, si comitti / contingerit prout contingerit comitti, in bona pecunia numerata tantum / et sub hipoteca et obligatione omnium suorum bonorum et refectionis omnium / et singulorum damnorum et expensarum litis et extra, et que pena soluta vel / non soluta, nihilominus omnia et singula in hoc contractu contenta firma[g] perma[neant][h], / et hoc pro pretio librarum M, quod pretium dictus retrovenditor contentus fuit et cetera se habuisse, et hoc pro completa / solutione et cetera, renuntiando exceptioni et cetera. /

[a] et cetera *aggiunto sopra la linea.*
[b–b] *Parte aggiunta sopra la linea.*
[c–c] *Parte aggiunta con segno di richiamo nel margine inferiore della* c.
[d] *Segue parola inintelligibile depennata.*
[e] *Segue* suo et dicto nomine q *depennato.*
[f] *Segue* suo et dicto *depennato.*
[g] firma *corretto sopra segno inintelligibile.*
[h] *Parte mancante per lacerazione del margine interno della* c.

[c. 48r.] Electio caneparii

Achilles et Sigismondus de tali loco, ambo uti sindici et procuratores ac sindacario / et procuratorio nomine consulis, comunis et hominum dicti loci N. ad hec et ad alia / solemniter et legitime constituti per instrumentum sindicatus rogatum, ut asserunt, per N. / notarium publicum Bellinzonae[1], anno et cetera, cui et cetera, / voluntarie et cetera et alias omnibus modo, iure et cetera, / consideratis scientia, moribus et virtutibus, quibus dominus Carolus de tali parte / dicti comunis et hominum de N. caneparii[a] comendatur optantesque personam /

dicti domini Caruli favoribus et honoribus prosequi gratiosis, ipsum dominum Carulum / presentem vel [...][b] absentem et cetera, suffitientem et idoneum ac[c] alias dignum / et benemeritum precipue ob multa servitia et benemerita eisdem / comuni et hominibus N. a domino N. patre prefati domini Caruli impensa ac quae / in dies ipsi comune et homines sibi impendi sperant, / eligerunt et eligunt ac acceptaverunt et acceptant in caneparium, [d–]administratorem, gubernatorem, actorem et deffensorem[–d] et pro canepario / dictorum comunis et hominum N., cuius offitium duret quamdiu idem dominus Carulus vixerit. /

Vel dicas.

Cuius offitium incipiat post decessum prefati domini talis et duret quamdiu idem Carulus / vixerit, / et hec omnia cum omnibus iuribus, prerogativis, emolumentis, utilitatibus ac aliis iuribus / spectantibus et pertinentibus huic[e] modo[f] offitio caneparie. / ****[g] Quam quidem electionem et predicta omnia et singula in presenti instrumento contenta predicti / sindici dicto sindicario nomine promisserunt et cetera habere rata et cetera et nullo tempore / contrafacere et cetera sub refectione omnium expensarum, damnorum et interesse et cetera, / renuntiando et cetera. Et de predictis et cetera. / [h–]Promittens dictus dominus N. caneparius ut supra electus dictam caneparIam exercere toto suo posse vere, iuste, sine fraude[–h]. / [i] /

[a] *Così, si intenda* caneparius.
[b] *Parola inintelligibile.*
[c] -c *corretto sopra* -l.
[d–d] *Parte aggiunta sopra la linea con segno di richiamo.*
[e] -c *corretto sopra lettera non più leggibile.*
[f] m- *corretto sopra lettera non più leggibile.*
[g] *Spazio in bianco corrispondente a quattro righe.*
[h–h] *Parte aggiunta sotto la linea.*
[i] *Nel margine inferiore della* c., *al centro, l'annotazione evidenziata da una linea che la inquadra su quattro lati* immensum gloria calcar habet.

[c. 48v.] Pacta datii pedagii

Li illustri signori N. N., ambasciatori da nostri illustrissimi signori de tre cantoni Uri[14], Svitto[15] et Undervaldo[16], / per una parte, et messer Nicolao et cetera, per l'altra parte, suono devenuti et pervenuti / et devengano et pervengano agl'infrascritti patti et conventioni per esse parti / e accaduna de loro inviolabilmente d'esser attesi, osservati, adimpiti / e mandati in esecutione come di sotto, cioè / in prima che li prefati illustri signori ambasciatori a nome de prefati illustrissimi e potentissimi signori / de Uri, Svitto et Undervaldo siano tenuti et obligati dar, assegnar et deliberare / a dicto messer Nicolao datiaro il datio del pedagio di Bellinzona[1] per un anno / proxime avenire, et hora li prefati illustri signori ambasciatori a nome de prefati / illustrissimi signori han datto, assegnato et deliberato detto datio al sudetto messer / Nicolao presente, stipulante et accettante d'haver, tener et scuotere detto / per un anno proxime avenire principiando il giorno numero ****[a] del presente mese / et finindo per tutto il giorno di ****[b] proxime avenire de l'anno et cetera. / Item se sono convenuti come di sopra che sudetto messer Nicolao datiaro sia tenuto et / obligato et cosi ha promesso et promette, obligando se et suoi beni presenti et futuri / alli prefati illustri signori ambasciatori presenti et stipulanti a nome de prefati illustrissimi / signori de Uri, Svitto et Undervaldo, dar et pagar qua nel borgo di Bellinzona alli illustri / signori ambasciatori, quali veneranno qua in Bellinzona l'anno ****[a] proxime avenire / al tempo della fera di santo Bartolomeo[9], scuti numero ****[a] di valuta et cetera / et questo per pagamento di detto datio per il detto anno come di sopra. / Item se sono convenuti come di sopra che passato detto termine et non fatto il pagamento / de detti scuti numero ****[a] a prefati illustri signori ambasciatori, che veneranno l'anno et cetera proxime avenire / [c. 49r.] a nome de prefati nostri illustrissimi signori de tre cantoni, che prefati illustri signori / ambasciatori possano et vagliano star sopra dell'hosteria qua in Bellinzona / et ivi lassar altre persone a loro nome per haver et conseguir detti scuti numero et cetera, / et sudetto datiar sia tenuto et obligato pagar a prefati illustri signori ambasciatori, come / di sopra qualonche spese cibarie delle persone et cavalli di prefati signori ambasciatori / et suoi servitori insieme, con la pena et obligo di pagar un scudo / d'oro per qualonche giorno che starà negligente in sborsar detti dinari, / et questo in boni dinari contanti et non in alcun'altra cosa contra / la volontà de prefati signori ambasciatori. / Item se sono convenuti come di sopra che detto datiaro non possi ne vaglia far / alcuna inventione ad alcuni mercanti o suoi fattori o condutieri per le / mercantie quale passano per Bellinzona, salvo et reservato che possi far / inventione contra quelle persone quale fraudolentemente et di nascosto voranno / sfrosar et inganar detto datio, secondo il tenor et forma della grida / da parte delli prefati signori ambasciatori et ad instanza di detto datiaro fatta. / Più oltra li prefati signori ambasciatori a nome de prefati illustrissimi signori de tre cantoni ha datto / et concesso et da et concede autorità a detto datiaro di poter scuotere / datio d'ogni et qualonche mercante, quale si ritroveranno in Bellinzona per tutto il / giorno et cetera di detto anno et cetera proxime avenire, nel quale giorno finisse il termine di scuotere / esso datio per sudetto N. datiar et questo non obstante che dette mercantie non fossero / condotte fuori del borgo di Bellinzona. / Item se sono convenuti che detti illustri signori ambasciatori a nome de prefati illustrissimi signori de tre cantoni / per detto prezo de scuti numero et cetera hanno datto e deliberato detto datio a resego, danno, proficuo / et utilità di detto datiaro. / [c. 49v.] Item se sono convenuti come di sopra durando il termine di detto anno in caso piacesse / a prefati illustrissimi signori de tre cantoni voler accordar over alcuni patti o accordii far / con alcuni mercanti per le mercantie d'esser condotte per la giurisditione di Bellinzona / overo per il dominio de prefati illustrissimi signori, che per il presente instrumento non sii fatto alcun / pregiuditio a prefati illustrissimi signori de tre cantoni di far nove conventioni / et accordii de dette mercantie d'esser condotte come di sopra, anzi possino / et vaglino quelle conventioni et accordii far senza contraditione de detto datiar, / et per le conventioni, quale per sue signorie illustrissime accaderanno esser fatte, sudetto / datiar non possi ne vaglia dimandar alcuna ricompensa ne restauro / a prefati illustrissimi signori mentre che detti patti et accordii siano fatti conforme / al solito, cioe che li mercanti, quali s'accordaranno overo se conveneranno, / paghino il datio delle mercantie d'esser condotte per loro come di sopra, / secondo paghano gl'altri mercanti quali si suono convenuti con i prefati illustrissimi signori. / Item se suono convenuti et cetera che ogni mercante, fatori o condutieri di mercantia over altre persone / a loro nome, avanti che mandino o facino condur le loro mercantie fuori del / borgo di Bellinzona, siano tenuti et obligati notificar a detto N. datiaro o a / suoi agenti di tale mercantie quale intendano mandar o far condur fuori del / borgo di Bellinzona, et che detti mercanti o altre persone a loro nome contrafacienti / incoreranno nella pena posta et limitata nella grida sopra ciò fatta / et della quale di sopra ne fa mentione. / Item se sono convenuti come di sopra, se verrà il caso che alcuna persona di qualonche conditione / et maniera si voglia quale di notte conducesse overo facesse condur fuori / del borgo di Bellinzona alcuni cavalli o bestie overo alcun altre mercantie non / essendo prima datta et fatta la notitia al detto datiaro, che se detto datiaro o altre / persone a suo nome ritrovassero dette persone con dette loro mercantie, / [c. 50r.] che in tal caso esse bestie, cavalli o altre mercantie siano perse et / divolute in mane de sudetto datiar secondo il tenore della sudetta grida / sopra ciò fatta et della quale di sopra si fa mentione. / Item se sono convenuti ut supra che sudetto datiaro non possi ne vaglia dimandar / a prefati illustrissimi signori de tre cantoni ricompensa o restauro per qualonche causa / et occasione si voglia et così ha promesso et promette alli prefati signori ambasciatori / a nome come di sopra non dimandar alcuna ricompensa ne ristauro / per causa di detto datio per qual si voglia causa et occasione. / Et li quali patti e conventioni le predette ambe parti a modi et nomi come / di sopra hanno promesso d'attender, observar et mandar in effetto et cetera. / Et de predictis et cetera. /

[a] *Spazio in bianco corrispondente a 10 mm.*
[b] *Spazio in bianco corrispondente a 20 mm.*

Vicinonus

Convocati N. N. in tali loco et cetera coram quibus omnibus prepositum et petitum fuit / per A. de tali loco quod ipsi superius nominati dignarentur ex eorum liberalitate / et munificentia acceptare ipsum A. pro vicino ipsorum comunis et hominum, / ita et taliter quod ipse A. possit et valeat gaudere et utifrui omnibus illis / exemptionibus, commoditatibus, prerogativis et emolumentis, quibus utuntur / et hactenus soliti sunt uti et gaudere omnes alii veri vicini dicti comunis N., / offerens se dictus A. predictis N. N. supra nominatis ea omnia facere, quae faciunt / ipsi vicini N. pro comoditate, benefitio et utilitate ipsorum comunis et hominum / et pro conservatione terrae ipsius N., qui N. N. superius nominati, attenta dicta / [c. 50v.] requisitione et petitione per eum A. facta ac conscideratis / bene gestis et deportamentis dicti A.[a], volentes ipsi N. N. complacere, / omnes unanimes et concordes prout supra elligerunt et acceptaverunt ac eligunt et cetera / suprascriptum A. in vicinum et pro vicino ipsorum comunis et hominum N., ita et taliter / quod dictus A. et eius heredes et successores sint et esse debeant vicinos[b] ipsius / comunis N. et uti et gaudere possint omnibus illis exemptionibus, comoditatibus, / prerogativis et emolumentis ipsius terrae N. in omnibus et per omnia, prout et / quemadmodum utuntur et gaudent et hactenus uti et gaudere soliti sunt / alii veri vicini de N., et prout ipse A. originarius esset ipsius terrae, / et quod ipse A. et eius heredes teneatur seu teneantur subcumbere omnibus / oneribus realibus et personalibus, prout subcumbunt et solvunt alii veri / vicini N., et pro eius A. et eius precibus et instantia extitit fideiussor / et principalis debitor F. de tali loco, qui se constituit principalem[c] debitorem, / attenditorem et solutorem omnium onerum realium et personalium prout supra / continetur, renuntiando exceptioni ne dicere vel allegare possit se factum / alienum promisisse et se pro facto alieno vel minori obligasse et ideo / non teneri nec conveniri posse et omni alteri auxilio et legum iuris, / quo seu quibus se iuvare vel thueri posset ab hac obligatione, et ulterius / quod dictus A. attendet et executioni mandabit omne et totum id quod ex / premissis et circa premissa tenetur ex forma statutorum comunis Bellinzonae et maxime / statuti positi sub rubrica De ordine faciendi vicinos, capituli 187[17], quod statutum ibi pro / deducto et specificato habeatur, condemnantes dictum A. in scutis numero et cetera. /

[a] A. *corretto sopra* N.
[b] *Così, si intenda* vicini.
[c] -e- *corretto sopra lettera non più leggibile.*

[c. 51r.] Introitus

In presentia mei notarii testiumque et notariorum infrascriptorum ad hec specialiter vocatorum et rogatorum / Antonius publicus servitor comunis Bellinzonae[1], habens et secum deferrens parabulam et licentiam magnifici / domini N. comissarii et potestatis Bellinzonae, sigillatam manu propria ipsius domini comissarii et potestatis / tenoris huiusmodi.

Ponatur tenor ipsius parabule. /

Una cum Petro famulo ipsius domini comissarii et potestatis ad executionem eiusdem parabule / et licentie et contentorum in ea et omnibus modo, iure, via et forma quibus melius potuit / et potest et mihi iam dicto notario infrascripto retulit se hodie et cetera una cum dicto famulo / manualiter et de facto posuisse et induxisse suprascriptum Franciscum presentem, stipulantem / et recipientem in corporalem posessionem et tenutam sediminis unius domus / coperti plodis cum pluribus locis intus, iacentis in tali loco iuxta suas chorentias et cetera salvo et cetera, / ducendo et duxit ipsum Franciscum per dictum sedimen et eundo, stando et morando / in et per eum, aperiendo claudendoque hostia eiusdem sediminis et dando / et ponendo cadenatia[a] ipsorum hostiorum in manibus suprascripti Francisci ad eius Francisci dictorumque / servitoris et famuli liberam voluntatem et nemine contradicente persona, et reliqua / faciendo et gerendo, que in talibus et similibus fieri solent et debent in signum apprehensionis / vere posessionis. Et quam quidem posessionem corporalem, apprensionem et inductionem / ipsius sediminis cum suis iuribus et pertinentiis ipse Franciscus intravit et apprehendit ac intrat et cetera / cum auctoritate iudiciali virtute dicte parabule et licentie quam sua auctoritate propria virtute, et ad / executionem iurium suorum et maxime pactorum insertorum in instrumento obligationis[b] de quo supra et in actis ac / precepto de quo supra fit mentio, et omnibus modo, iure et cetera quibus melius potuit et cetera, / non tamen animo nec intentione iniuriandi nec aliquam iniuriam faciendi alicui persone, / sed solum ad conservationem et executionem iurium ipsius Francisci, et hoc tamquam de bonis / et in bonis predicti Iacobi et pro eius Iacobi debito superius in dicta parabula et licentia / declarato cum eius expensis, damnis et interesse ceterisque accessionibus, que / inde fient, current et patientur. Et de predictis et cetera. /

[a] -t- *corretto sopra* -l-.
[b] obligationis *corretto sopra lettere non più leggibili.*

[c. 51v.] Extimatio

Coram magnifico domino N. comissario et potestate Bellinzonae[1], ipso pro tribunale existente in tali loco et cetera, / comparuerunt et venerunt domini N. N., ambo extimatores comunis Bellinzonae electi et / deputati[a] in conscilio et per conscilium generale comunis ipsius Bellinzonae ad extimandum bona / debitorum et ea in solutione dandum creditoribus suis iuxta formam statutorum[18] eiusdem comunis / Bellinzonae, ut de dicta electione publica apparet scriptura, scripta per dominum N. canzellarium[19] / prefati comunis, anno presenti, die et cetera, in executione unius precepti eis dominis extimatoribus / emanati mandato prefati domini comissarii et potestatis tenoris infrascripti videlicet. /

Ponatur tenor dicti precepti. ****[b] /

Exponentes, dicentes et referrentes dicti domini extimatores prefato domino comissario et potestati quod / pro exequendo tenorem dicti precepti eis emanati ex parte ipsius domini comissarii / et potestatis ad instantiam suprascripti A. fuerunt ad videndum et examinandum bene et diligenter / suprascripta bona, habitaque super eis diligenti informatione et inquisitione a personis fidedignis / et in similibus expertis, scientibus de valore et extimatione ipsorum bonorum, et / super predictis omnibus et singulis habita per eos plena et matura deliberatione et / examinatione, ****[c] / quare unanimiter et concorditer et neutro eorum discrepante et ex eorum offitio et omnibus modo et cetera / extimaverunt et extimant dicta bona hoc modo videlicet, in primis extimaverunt / petiam illam terrae ubi dicitur.

Vade ad querendum.

Valere ad computum librarum M pro / pertica mensurae, item petiam terrae et cetera valere et cetera. / Quibus ita peractis et extimatis prefatus dominus comissarius et potestas existens ut supra nec non / prefati domini extimatores una cum eo ex eorum offitio et alias omnibus modo et cetera dederunt, / traddiderunt et assignaverunt ac dant et cetera dicto A. creditori ibi presenti et cetera ad ratam pro / rata et pro solutione suprascriptarum librarum M tertiolorum et earum omnium fictorum cursorum ac / expensarum factarum et fiendarum premissorum occasione, et hec omnia cum omnibus suis iuribus / [c. 52r.] et pertinentiis et cetera cum promissione et obligatione suprascripti N. debitoris bonorum / presentium et futurorum deffendendi et guarentandi suprascripta bona ut supra extimata et iura / eorum in forma comuni et iuris et cetera a duplici pretii et cetera. /

[a] -p- *corretto sopra lettera non più leggibile.*
[b] *Spazio in bianco corrispondente a 140 mm.*
[c] *Spazio in bianco corrispondente a 130 mm.*

[a-][Extimatio bonorum directi dominii][-a]

In precepto extimationis bonorum directi dominii sic scribe. /

Quatenus die immediate sequenti post et cetera vadant et cetera ad extimandum et debitas informationes assumendum / de pretio et valore directi dominii et civilis posessionis petiae unius terrae et cetera iacentis et cetera, / quae tenetur ad livellum per A. de tali loco a Nicolao de tali parte pro ficto / omni anno solvendo librarum C tertiolorum, et quoad ius pettendi, exigendi et cetera et in se / retinendi suprascriptum fictum omni anno imperpetuum a dicto A. massario et omne / aliud ius, quod habet dictus Nicolaus debitor super dicta petia terrae et contra dictum / massarium ratione dicti ficti et qualibet alia occasione, in et super qua / petia terrae idem instans virtute iurium suorum auctoritate iuditiaria inductus / fuit in corporalem posessionem et cetera. /

[a–a] *Titolo che compare nella* c. 79v. *della* rubrica instrumentorum.

[a-][Extimatio bonorum utilis dominii][-a]

In precepto extimationis bonorum utilis dominii sic describe. /

Quatenus et cetera vadant et cetera ad extimandum et debitas informationes assumendum petiae unius terrae iacentis et cetera, / de qua petia terrae infrascriptus Antonius investitus fuit et est iure et nomine / livelli a Nicolao pro ficto librarum X tertiolorum omni anno solvendo in festo sancti Martini[11] usque imperpetuum, / prout constat instrumento livelli tradito et cetera, et hoc quoad utile dominium et naturalem / posessionem ac melioramenta suprascripte petiae terrae, de qua in dicto instrumento livelli fit mentio, / et quoad ius tenendi et [b–]guaudendi dicta petia[–b] terrae, et ad solvendum ipsum fictum / in et super dicta petia terrae et utili dominio et naturali posessione ipsius petie terrae et cetera. /

In extimatione damni dati sic scribas. /

Quibus ita peractis prefatus dominus comissarius et potestas predictam extimationem admissit et admittit cum cognitione causae, / et hec omnia presente dicto A. predicta acceptante in parte et partis pro eo facientibus tantum et non aliter nec alio modo. / Et de predictis et cetera. /

a–a *Titolo che compare nella* c. 79v. *della* rubrica instrumentorum.
b–b *Così, si intenda* gaudendi dictam petiam.

[c. 52v.] Sindicatus ad dessignandum bona ecclesiastica

Convocata et congregata publica vicinantia comunis et hominum universitatis et singularum / personarum loci N. in loco et cetera pro infrascriptis omnibus et singulis peragendis et specialiter adimplendis / precepto, mandato et impositione N. consulis comunis et hominum ipsius loci N., in qua / quidem vicinantia et congregatione adfuit predictus consul et una cum eo et penes eum / adfuerunt et adsunt infrascripti vicini inferius nominati et descripti, videlicet N. N., / qui omnes consul et vicini superius nominati fuerunt et sunt due partes trium / partium predictorum comunis et hominum habitantium in predicta vicinantia et plures, prout / ibidem ipsi consul et vicini dixerunt et protestati fuerunt ac dicunt et protestantur / suis nominibus propriis et nominibus et vice omnium aliorum vicinorum ibi deffitientium, / pro quibus consul et vicini predicti promisserunt de rato et cetera, / unanimiter et concorditer et nemine eorum discrepante eligerunt et cetera / suprascriptos N. N., qui sunt de melioribus, senioribus et fide dignioribus / hominibus dictorum comunis et hominum et qui melius sciunt domos, terras et res territorias / ac alia bona infrascripta, omnes ibi presentes et huic electioni asscentientes et hoc mandatum / in se sponte suscipientes et utrumque eorum insolidum, ad describendum et describi faciendum / per eorum et cuiuslibet eorum sacramentum realiter, bona fide, sine fraude omnes domos, / terras[a] res et[b] territoria ac ficta, redditus, proventus et gaudimenta ac omnia / alia bona mobilia et immobilia iacentia et existentia in eorum locis, vicinantia / et territoriis et alibi ubique, quae fuerunt et sunt, spectant et pertinent / ecclesiae Sancti N. de tali loco eorum scire vel credere, et ipsis sic descriptis / ad dandum et consignandum in scriptis autenticis reverendo domino presbitero A. benefitiali / [c] / [c. 53r.] et rectori prefatae ecclesiae nomine prefatae ecclesiae accipienti et recipienti. / Insuper predicti consul, comune et homines supra nominati suis et nominibus quibus supra / fecerunt, constituerunt et ordinaverunt ac faciunt et cetera suos certos missos, nuntios / procuratoresque et sindicos et quicquid et cetera suprascriptos electos supra nominatos et utrumque / eorum insolidum duraturos hinc ad mensem unum proxime futurum, ita quod occupantis / melior conditio non existat et quicquid unus eorum inceperit alter vero eorum / prosequi, mediare et finire valeat, specialiter ad sindicariis et procuratoriis / nominibus predictorum comunis et hominum ut supra et pro eis dandum et consignandum in scriptis / dicto reverendo domino pesbitero A. benefitiali ut supra nomine prefatae ecclesiae recipienti predictas / domos, terras et res territorias, ficta, redditus proventusque et gaudimenta / ac bona mobilia et immobilia et alia iura, que fuerunt et sunt in et de bonis / spectantibus et pertinentibus prefatae ecclesiae iacentibus et existentibus in dictis eorum locis et territoriis / ac alibi ubique, et iurandum corporaliter ad sancta dei evangelia manibus tactis scripturis / in et super animabus dictorum comunis et hominum et singularum personarum dicti comunis / quod ille domus, terre et res territoriae[d], ficta, redditus proventusque et / gaudimenta ac omnia alia bona mobilia et immobilia et alia iura ut supra, que dabunt in / scriptis, spectant et pertinent prefate ecclesie suo scire et credere, bona fide, sine fraude, / et quod in eorum locis et comunantiis nec alibi non sunt terrae, domus nec res territoriae, / ficta, redditus, bona mobilia et immobilia nec alia iura, que sint prefatae ecclesiae / preter et ultra illa, que dabunt in scriptis per ipsos electos seu per alterum / eorum suo scire et credere, et generaliter et cetera. / Qui quidem electi, dato eis et utrique eorum iuramento per me notarium infrascriptum, / [c. 53v.] iuraverunt et iurant corporaliter manibus eorum et cuiuslibet eorum tactis scripturis / describere seu describi facere realiter, bona fide, sine fraude predictas / omnes domos, terras et res territorias per contratas et coherentias, ficta, / redditus, proventus et gaudimenta ac omnia alia bona mobilia et immobilia / ac alia iura, quae fuerunt et sunt in et de bonis eiusdem ecclesiae et eidem / spectantibus et pertinentibus suo scire et credere, et ipsas sic descriptas / dare et consignare prefato reverendo domino A. benefitiali et rectori ut supra / nomine prefatae ecclesiae recipienti infra terminum suprascriptum aut dari et / consignari facere per unum eorum bona fide, sine fraude ut supra. / Et de predictis et cetera. /

a *Si aggiunga* et.

b *Si espunga* et.

c *Nel margine inferiore della* c. *serie di numeri a due cifre formanti gli addendi di una addizione.*

d -ae *corretto sopra* -as.

[a–][Designatio bonorum ecclesiasticorum][–a]

Sequitur designatio dictorum bonorum. /

Hec est quaedam consignatio et descriptio, quae fit et fieri intendit[b] / per N. N. ambos de tali loco ad hec electos et deputatos per consulem, comune / et homines eiusdem comunis N., ad instantiam reverendi domini presbiteri A. benefitialis et / rectoris ecclesiae Sancti N. ipsius comunis, consignando eidem reverendo rectori ut supra / omnes domos, terras [c–]territorias et res[–c] ac omnia alia bona mobilia et immobilia, que fuerunt / et sunt ac spectant et pertinent prefate ecclesiae, iacentes et existentes in eorum territorio / et alibi, ut publico constat instrumento ipsius sindicatus tradito et cetera, qui N. N. electi / ut supra in executione predictorum consignaverunt et designaverunt ac consignant et cetera infrascripta bona, videlicet / in primis domum unam, item petiam unam terrae et cetera salvo et cetera, item crucem unam aureatam, item calicem unum aureum, / et hoc cum omnibus et singulis suis iuribus et pertinentiis universis in integrum, et salvo semper errore / addendi, minuendi, mutandi, corrigendi, emendandi et suplendi, si quod vel que plus vel / minus reperiatur in bonis et de bonis prefatae ecclesiae. Et de predictis et cetera. /

[a–a] *Titolo che compare nella* c. 79v. *della* rubrica instrumentorum.
[b] -it *corretto sopra lettere non più leggibili.*
[c–c] *Così, si intenda* et res territorias.

[c. 54r.] Cessio

Germanus de tali loco titulo venditionis iuris, nominis et actionis posuit et ponit in eius locum, / ius et statum universum Zepherinum de tali loco ibi presentem, stipulantem et recipientem / pro se et suis heredibus, nominative de petia una terrae et cetera salvo et cetera, de qua petia terrae / predictus Germanus habuit et habet venditionem et datum ad proprium ab Urbino de / tali loco pretio librarum quinquaginta tertiolorum, ut publico constat instrumento ipsius venditionis tradito et cetera per talem notarium, / anno et cetera, quod instrumentum venditionis predictus Germanus dedit et assignavit suprascripto Zephirino / sanum et illesum, et hoc cum omnibus suis iuribus et pertinentiis et cetera. / Et predicto Zepherino cessionario ipse Germanus dedit, cessit et mandavit omnia sua / iura omnesque suas actiones reales et personales, utiles, directas et hipotecarias / ac omnes exceptiones, deffensiones, retentiones et replicationes, privilegia et prerogativas / et quaelibet alia sua iura et benefitia universa eidem Germano spectantes et pertinentes / et spectantia et pertinentia in et super ipsa petia terrae, et utatur, experiatur / et exerceat ac uti, experiri et agere possit ipse Zephirinus omnibus modis, / iuribus, rationibus et actionibus universis et eodem modo et forma ad tenendum / et possidendum suprascriptam petiam terrae, quibus et sicut iam dictus Germanus uti, agere / et experiri posset, poterat et potuisset hoc cessionis et dati contractu / minime celebrato, ita ut de cetera dictus Zephirinus sit et succedat / in universum locum, ius et statum predicti Germani de predicta petia terrae, / et hoc contra heredes, res et bona dicti Urbini et contra tenentes et / possidentes possessionem[a], [b–]et cum promissione et obligatione dicti cedentis et bonorum suorum presentium et futurorum deffendendi et guarentandi dictam petiam terrae ac eius iura ut supra cessa ab omni molestante persona in forma iuris valida[–b], [c]in et sub pena duplici pretii infrascripti et totius damni et / interesse ac omnium expensarum solemni stipulatione promissa et deducta, / [c. 54v.] et hoc pro suo dato et facto tantum, videlicet si ipse Germanus ipsam petiam terrae / vel partem ipsius vendidisset, donasset, cessiset, obligasset, finem / vel confessionem fecisset vel aliquo modo alienasset simul vel / separatim, et non aliter nec alio modo teneatur nec conveniri possit / ad restitutionem alicuius damni pretii nec interesse. Hoc acto / expresse inter contrahentes predictos habito quod pro predictis omnibus et singulis / liceat et licitum sit ipsi Zephirino ipsum Germanum ubique locorum et terrarum / realiter et personaliter convenire, capere et detinere tam sua propria / auctoritate quam captum et detentum in carceribus includere, ponere / et tenere et de bonis et rebus suis ubique accipere, predari, saxire et / contestare usque ad integram satisfactionem predictorum omnium et singulorum, et / quod pro solutione predictorum dari non debeat carte note nec nomina debitorum / comunis Bellinzonae[1] nec alterius comunis nec aliquod aliud quam solummodo / boni et loci iuris positione, renuntiando omnibus statutis et legibus et cetera, / et hoc pro pretio librarum L[ta] tertiolorum, quod pretium ipse Germanus contentus fuit et cetera se habuisse et cetera / a dicto Zephirino, et hoc pro completa solutione et integra satisfactione / preditorum omnium et singulorum, exceptioni non habitorum dictorum denariorum / et huius instrumenti cessionis non ita facti [d–]et omni alio auxilio et cetera[–d] omnino renuntians. / Actum / ****[e]

[a] *Segue* promittens et cetera dictus Germanus solemni stipulatione / eidem Zephirino stipulanti pro se et suis heredibus litem vel controversiam et / predictorum occasione aliquo tempore non inferre nec inferenti conscentire / *depennato.*

[b–b] *Parte aggiunta con segno di richiamo nel margine sinistro della* c.

[c] *Precede* et hoc *depennato.*

[d–d] *Parte aggiunta sopra la linea con segno di richiamo.*

[e] *Spazio in bianco corrispondente a quattro righe.*

[c. 55r.] Ellectio canonici residentiae causa renuntiationis

Convocato et congregato reverendo capitulo ecclesiae collegiatae Sancti Petri oppidi Bellinzonae[20] Comensis diocesis / in loco N. ubi dictum capitulum congregari voluit pro negotiis predicti reverendi capituli peragendis, / et hoc mandato et impositione reverendi N. canepari prefati reverendi capituli, in quo quidem capitulo aderant / N. N. omnes canonici et residentes prefatae ecclesiae, qui sunt duae partes trium partium et plures / prefati reverendi capituli et representant totum capitulum residentium in dicta ecclesia, suis nominibus propriis / et item nominibus et vice omnium aliorum reverendorum dominorum canonicorum et residentium ibi deffitientium / pro quibus promisserunt et cetera de rato et cetera, sub obligatione omnium suorum bonorum et cetera, attenta relatione / facta per N. in hac parte ellectum et nominatum per prefatos reverendos dominos archipresbiterum et / canonicos, parte ex una, et reverendum dominum presbiterum N.[a], parte ex altera, ad examinandum predictum reverendum N. / an sit idoneum et intermitti posse ad interessentiam et residentiam ac quotidianas / distributiones ipsius reverendi capituli vel ne, de qua relatione apparet publicum instrumentum / per me notarium infrascriptum ad presentiam prefati reverendi capituli et testium infrascriptorum lectum, traditum et cetera / per N. notarium, anno et cetera, tenoris huiusmodi videlicet.

Ponatur tenor ipsius instrumenti relationis. /

Omnibus modo et cetera acceptaverunt ac nominaverunt et nominant predictum reverendum dominum presbiterum N. / [b]canonicum idoneum et pro idoneo, admittentes ad interessentiam et residentiam / et quotidianas distributiones ipsius reverendi capituli, et hoc cum illis honoribus, oneribus, / servitutibus, privilegiis, benefitiisque et commoditatibus universis, prout et sicut / gaudent et uti solent alii reverendi canonici et residentes prefatae ecclesiae. / Quam quidem ellectionem et nominationem prefati reverendi domini archipresbiter et canonici ac residentes ut supra / fecerunt et faciunt eidem reverendo N. ibi presenti et cetera vigore et in executione suprascripte relationis / ut supra facte, et non aliter nec alio modo, / promittentes exinde prefati reverendi domini archipresbiter et canonici et residentes ut supra predictam ellectionem / et nominationem habere ratam et cetera. Et de predictis et cetera. /

[a] *Aggiunta sopra la linea:* videlicet novi canonici.
[b] *Precede* idoneu *depennato.*

[c. 55v.] Procura ad renuntiandum prebendam magistralem

Reverendus dominus N. scolasticus, benefitialis et magister prebende magistralis sive / scolasticae sacerdotalis in ecclesia plebana et collegiata Santorum Petri et / Stephani Bellinzonae[20] predictae annum agens, (ponatur numerus), aetatis suae, / ut asserit ac etiam ex corporis sui aspectu evidenter apparet, / disperans proinde attentis dicte aetatis suae incomodis ac aliis infirmitatibus, / quibus a nonnullis annis citra laborat prebende magistrali sive / scolastice sue predicte et discipulorum sibi commissorum cure prout / hactenus fecit, deservire posse, non per errorem, vim, dolum / neque metum, sed voluntarie, sponte et ex certa, ut dixit, / scientia omnibusque alias modo, iure, via, causa et forma, quibus melius / et validius potuit et potest, citra quorumcumque aliorum procuratorum suorum / revocationem et cetera, / fecit, constituit et cetera atque facit, constituit et cetera suos certos, veros et legitimos / missos et procuratores et cetera et quicquid melius dici et cetera dominos N. N. et utrumque eorum / insolidum et cetera, ita et cetera, / specialiter et expresse ad ipsius reverendi domini constituentis nomine et pro eo dictam suam / prebendam magistralem seu scolasticam sacerdotalem, quam obtinet / in perillustris et reverendissimi domini domini episcopi Comensis et comitis seu illustris et multum reverendi / domini eius vicarii generalis vel cuiuslibet alterius potestatem habentis manibus, / pure, mere, libere et simpliciter resignandum et remittendum / [c. 56r.] omnique iuri sibi in illa et ad illam quomodolibet competenti / et spectanti cedendum et renuntiandum cum solemnitatibus opportunis / iurandumque in anima et super animam ipsius reverendi domini constituentis / et in manibus prefatorum reverendissimi domini episcopi vel eius multum reverendi domini vicarii / generalis vel cuiuslibet alterius ut supra, prout ex nunc ipse reverendus constituens in / mei notarii infrascripti manibus iuravit et iurat ad sancta Dei evangelia tactis / corporaliter manu dextera scripturis quod in huiusmodi resignatione, / remissione, cessione et renuntiatione nec illarum occasione intervenit / nec interveniet dolus, metus, fraus, simonia, labes vel aliqua alia / illicita pactio vel coruptella, petendumque resignationem, remissionem, / cessionem et renuntiationem predictas recipi et admitti per prefatos reverendum / dominum episcopum vel eius multum reverendum dominum vicarium generalem vel quemvis alterum / ut supra, qui tamen dominus presbiter N. constituens asserit nihil aliud habere / unde comode vivere posset quam pensionem unam scuttorum / numero, quae sibi annuatim prestatur per reverendum dominum presbiterum / N. et proinde etiam quaecumque instrumenta et iura ac quascumque / probationes producendas et generaliter et cetera, dans et cetera, promittens et cetera. / Et de predictis et cetera. Actum et cetera. /

[c. 56v.] Assignatio patrimonii unius clerici facta per patrem filio

Anno et cetera, in presentia mei publici notarii testiumque infrascriptorum ad hec specialiter vocatorum / et rogatorum presentia[a] personaliter constitutus dominus Iacobus de tali parte Comensis / diocesis, cupiens ut dominus Ioannes Petrus eius filius habens quatuor ordines minores / dictae diocesis Comensis ad ceteros sacros ordines promoveatur et ne ab / huiusmodi ordinibus ob defectum tituli arceatur, cum ex dispositione / sacrosancte Tridentine synodus[21] caveatur[b] ne quis / deinceps clericus secularis, quamvis alias sit ydoneus moribus, / scientia et aetate, ad sacros ordines promoveatur nisi prius / legitime constet eum benefitium ecclesiasticum vel pensionem aut / patrimonium, quod sibi ad victum et vestitum honeste suffitiat, / pacifice possidere, / hinc est quod dictus dominus Iacobus volens in executione dictae sacrosanctae Tridentinae synodus / ac ordinum et decretorum illustris et reverendissimi[c] domini domini episcopi Comensis in premissis opportune providere, / voluntarie, sponte et cetera et non vi, dolo, metu nec aliquo errore / et alias omnibus modo et cetera cessit et assignavit ac cedit et assignat ipsi domino Ioanni Petro eius filio / clerico ibi presenti et cetera ac acceptanti pro eius patrimonio ad victum et / vestitum eius honeste et suffitienter perticas numero terre et cetera, iacentis et cetera / et sunt valoris librarum numero ad computum librarum numero pro qualibet pertica terrae. /

Si describuntur[d] plura bona[e] dices. /

Valoris in proprietate omnibus computatis scuttorum numero et annui redditus suprascripte petiae terrae / [c. 57r.] percipi potest scuta numero pro singula pertica terrae, quae ascendunt ad summam / scutorum numero, redditus vero suprascripte petiae terrae ubi dicitur et cetera potest percipi scuta numero / pro qualibet pertica terrae, que omnes summe ascendunt ad summam scutorum numero. / Quae quidem bona assignata ut supra predictus dominus Ioannes Petrus clericus possit et valeat intrare et ea / disponere pro libito voluntatis ac ea uti et gaudere absque aliqua contradictione / dicti domini Iacobi eius patris ei fienda, tam ratione proprietatis quam usufructus, ac ipsorum bonorum / ipsi filio suo totalem administrationem et gubernationem ac fructu[u]m receptionem / tradidit et assignavit, / et hec omnia cum omnibus suis iuribus et pertinentiis et cum solemnibus tenore, cessione / iurium et actionum, translatione dominii seu posessionis vel quasi solemni / constituto, constitutione missi et procuratoris in rem suam positi / in sui locum, ius et statum, et cum promissione et obligatione ipsius / domini Iacobi bonorum suorum presentium et futurorum deffendendi dicta bona assignata / in forma comuni et iuris. / Pro quibus omnibus et singulis attendendis et firmiter observandis predictus dominus Iacobus obligavit / ipsi domino Ioanni Petro eius filio presenti et cetera pignori omnia sua bona presentia et futura. / Qui dominus Ioannes Petrus clericus medio eius iuramento ei delato huiusmodi assignationem / non alienaturam nec revocaturam donec benefitium ecclesiasticum / suffitiens sit adeptus vel aliunde habeat unde vivere possit[f]. / Insuper ibidem coram me notario testibusque infrascriptis constituti N. N., omnes habitantes Bellinzonae[1] / et uterque eorum non vi, dolo vel metu ducti, sed sponte et cetera / [c. 57v.] medio eorum et utriusque eorum iuramento, eis per me notarium[g] infrascriptum in / forma iuris et valida delato, dixerunt et protestati fuerunt ac / dicunt et protestantur sese plene et ad unguem esse informatos / prefatum dominum Iacobum assignantem ut supra libere, quiete et paciffice / habere et possidere dicta bona ut supra assignata eaque bona / fore et esse valoris et redditus de quibus supra, et hoc ultra alia / bona, quae possidet ipse dominus Iacobus in loco predicto Bellinzonae. /

[a] *Così, si espunga* presentia.
[b] *Segue* cum ex dispositione *depennato.*
[c] *Segue* reverendissimi *depennato.*
[d] -u- *di* -ur *corretto sopra lettera non più leggibile.*
[e] *Segue segno inintelligibile depennato.*
[f] *Segue* uts *depennato.*
[g] -otarium *corretto sopra lettere non più leggibili.*

Assignatio patrimonii facta per fratrem fratri accolyti

Cum sit quod fuerit in rerum natura Antonius de tali loco et reliquerit / N. [a-]P. C.[-a] eius filios legitimos et heredes universales et in eius / hereditate et bonis patrimonialibus inter cetera reliquerit infrascripta bona / patrimonialia, / cumque dictus N. citra decennium vel plus aut minus, prout in facto reperietur / effectus, sit sacerdos et in presentiarum[b] sit rector loci N. ibique habitet, / dictus P. habitet in oppido N. ipseque C. habitet cum dicto reverendo rectore. /

[c-]Vel dicas[-c].

Cumque dictus N. habitet in civitate N. et ibi studium exerceat litterarum, / cumque etiam dictus C. accolytus cupiat promoveri ad sacros subdiaconatus, / diaconatus et presbiteratus ordines nec habeat benefitium ecclesiasticum, / pensionem, sed ad titulum patrimonii promoveri cupiat, et ut / [c. 58r.] desiderium ita licitum consequi (deo dante) possit et donec / benefitium ecclesiasticum, pensionem vel aliter und comode vivere / possit, obtinerit iuxta ordines desuper editos precipue sacrosancti / concilii Tridentini[21] visitationisque apostolicae et edictorum perillustris et reverendissimi / in Christo patris et domini domini N. episcopi Comensis et comitis et cetera et alias omni / meliori modo et cetera et ad omnem alium bonum finem et cetera, / ipsi N. P. fratres filii condam et heredes pro suis portionibus dicti Antonii pro sese et suis / nominibus et item nominibus et vice aliorum fratrum suorum coheredum ut supra / cum promissione rati et cetera et insolidum, renuntiando auxilio novarum constitutionum / et epistole divi Adriani et exceptioni quod promisserint factum alienum et cetera / omnique alii exceptioni, iuri et cetera in contrarium, dicto reverendo C. eorum fratri accolyti / ibi presenti, stipulanti et cetera, / non per errorem et cetera, sed sponte et cetera, fecerunt et uterque eorum pro sese et nominibus / quibus supra fecit et cetera assignationem, datum et cetera / in manibus et potestate dicti reverendi domini C. accolyti, filii condam et coheredis pro eius portione / dicti condam Antonii, ibi presentis, stipulantis et cetera, / nominative de eorum omnium fratrum respective portionibus in et super bonis / infrascriptis, videlicet / petia una terrae et cetera mensure perticatum et cetera, iacente et cetera, valoris in proprietate / [c. 58v.] scutorum numero vel circa et annui redditus condiorum numero vini, quae condia numero / vini scuta numero et ultra uno anno cum altero compensato / confitiunt, et hec omnia cum omnibus suis iuribus et pertinentiis et cetera. / Quam quidem assignationem et cetera et omnia suprascripta et cetera dicti N. [d-]P. fratres[-d] assignantes per / solemnem stipulationem promisserunt et cetera, obligando sese et cetera, eidem reverendo domino C. accolyto / eorum fratri presenti et cetera perpetuo firmam, ratam et gratam ac / firma, rata et grata habere et tenere, attendere et observare / ac efficaciter adimplere et non contravenire vel contrafacere / per sese vel alium de iure vel de facto, aliqua ratione vel / causa et cetera, sub omnium damnorum, interesse et expensarum litis et extra / restitutione et refectione. /

Insuper ponatur prout in antecedenti[e] instrumento continetur. /

Qui N. P. fratres assignantes et dictus reverendus C. accolytus eorum frater et quilibet ipsorum / iuraverunt et iurant ad sancta dei evangelia manibus suis corporaliter tactis / scripturis ut supra et in manibus mei iam dicti notarii infrascripti eisdem et cuilibet eorum / iuramentum defferentis dictam assignationem esse veram et non fictam nec simulatam / neque ulla se ipsos fraude aut dolo ductos nec in fraudem alicuius, / sed sua sponte atque syncero mentis affectu ac bona fide ad huiusmodi assignationem / devenire et absque ulla pactione palam vel secreto facta, quod ullo unquam tempore / retrodatio vel retrocessio fiat de bonis ut supra assignatis sine licentia prefati perillustris / et reverendissimi domini domini episcopi Comensis et comitis et cetera, renuntiando et cetera. Et de predictis. /

a–a P. C. *corretti sopra* N. N.
b *Così, si intenda* presentia.
c–c *Parte aggiunta nel margine sinistro della* c.
d–d P. f- *corretti sopra lettere non più leggibili.*
e -n- *di* an- *corretto sopra* -t-.

[c. 59r.] Inductio in corporalem posessionem unius capellae

Coram reverendo domino presbitero A. existente et cetera, in meique notarii et testium infrascriptorum ad hec specialiter / vocatorum presentia, comparet reverendus dominus P., cui nuper auctoritate ordinaria provisum fuit / de capella Sancti N. erecta in ecclesia Sancti N., erecta, dotata et fondata per dominum F., / prout de dicta erectione, dotatione et fondatione publico apparet instrumento, rogato per dominum N. / notarium publicum et cetera, anno et cetera, ad quod digna habeatur relatio, et eiidem reverendo domino presbitero / A. presentavit, notificavit et intimavit ac presentat et cetera litteras episcopales perillustris / et reverendissimi domini domini N. de[i] et apostolice sedis gratia episcopi N. seu eius multum reverendi domini / vicarii generalis, datas N. ab eius episcopali palatio, die et cetera sigillatasque / sigillo prefati reverendissimi et cetera in cera et cetera more solito mense episcopalis N. ac subscriptas / domino N. prefatae curiae notario, non viciatas neque in alia sui parte suspectas, / ad quas digna relatio habeatur, petens humiliterque ac instanter requirens / a prefato reverendo domino A. quatenus vigore et in executione dictarum litterarum ac nominationis sive / electionis in ipsum reverendum dominum P., facte per prefatum dominum F. in ipso erectionis instrumento, / velit et dignetur ipsum reverendum dominum P. in et ad corporalem, realem et / actualem ac posessionem veram et tenutam seu quasi dicte capellae / et annexorum iuriumque et pertinentiarum suarum ponere et inducere inductumque / deffendere a moto[a] exinde quolibet illicito detentore ac eidem reverendo domino P. / de capellae et annexorumque eorumdemque[b] fructibus, redditibus, proventibus, / iuribus proventibus[c] et obventionibus universis integre respondere ac seu / facere ab aliis quantum in se est plenarie et integre respondendum aliaque facere / et exequi, ad que de iure tenetur et debet. / Qui reverendus dominus A. constito sibi[d] dicta provisione, nominatione et collatione una cum dicto / reverendo domino P. ac me notario et testibus infrascriptis accessit ad altare dicte capellae / [c. 59v.] manuque eius dextera apprehenso ipsius reverendi domini P. brachio sinistro in / corporalem, realem et actualem ac veram posessionem et tenutam / seu quasi dictae capellae et annexorum iuriumque et pertinentiarum suarum prefatarum / posuit solemniter et induxit atque ponit et[e] solemniterque inducit, adducendo eum reverendum dominum P. / ad cornua dextrum et sinistrum altaris ipsius eumque cornua ipsa / amplecti faciendo nec non pacem, crucem et ca[n]delabra super eo / altari existentia et reperta eius reverendi domini P. manibus dando ceteraque / omnia et singula faciendo et exequendo atque facta et executa fuerunt, quae / pro inductione et apprehensione posessionis huiusmodi facere requiruntur / et debent, servatis solemnitatibus et cerimoniis debitis, opportunis et consuetis. / Quam quidem posessionem et apprehensionem ipse reverendus dominus P. in eaque stetit / et perseveravit libere, quiete et pacifice nemineque eo contradicente / neque vetante, et hoc vigore et in executione huiusmodi posessionis / apprehense ac dictorum aliorumque quorumcumque ipsi reverendo domino P. iurium et cetera, / de quibus omnibus et cetera. Actum et testes. /

a *Così, si intenda* modo.
b -d- *corretto sopra* -q- *con segno abbreviativo.*
c *Così, si espunga* proventibus.
d *Così, si integri* de.
e *Così, si espunga* et.

Procura ad recognoscendum[a] feudum et ad prestandum iuramentum / fidelitatis

Cum alias de anno et cetera condam recolende memorie illustris et reverendissimus in Christo pater dominus dominus F. N., dei / et apostolicae sedis gratia episcopus Comi[22] ac comes et cetera seu agentes pro eo, solemniter investiverit / in feudum conditionale condam dominum Anibalem filium condam domini S., tunc presentem et cetera stipulantem et cetera / pro se suisque filiis et descendentibus masculis legitimis et ex legitimo[b] procreatis, / natis et nascituris, nominative de decima et cetera / [c. 60r.] et prout latius ac seriosius in ipsa concessione feudali continetur, de qua apparet / instrumento breviato per nunc condam dominum N. olim et tunc notarium et cancellarium curie episcopalis Comensis, / anno et cetera, ad quod digna relatio habeatur, cumque post ipsam concessionem / de mense proxime preterito decesserit prefatus[c] dominus Anibal relictis post se Anastasio[d] / et Bonaventura, eius filiis legitimis et de legitimo matrimonio procreatis, velintque / ipsi fratres ad observationem dispositionis iuris et pro conservatione iurium suorum dictum / feudum in eorum personam pariter recognoscere ab illustre et[e] reverendissimo domino domino Philippo A., / dei et apostolicae sedis gratia episcopo Comi et comite ac legitimo successore infra annum / et diem ab obitu ipsius condam reverendissimi domini domini F. N. prelibati episcopi Comi et comitis, ac / debitum fidelitatis prestare iuramentum, prout de iure tenentur, / idcirco predicti Anastasius et Bonaventura fratres et uterque ipsorum simul et divisim / et prout melius dici, fieri et esse possit, non valentes ad presens accedere ad / prelibatum reverendissimum dominum dominum episcopum pro recognitione et renovatione huiusmodi concessionis / feudalis et ad prestandum debitum fidelitatis iuramentum iuxta formam iuris aliis legitimis / de causis et negotiis prepediti, confidentes sese maiores viginti quinque annis esse, / in omnibus et singulis infrascriptis voluntarie et cetera et alias omnibus iure, via, modo / et forma quibus et prout melius et validius potuerunt et possunt ac fieri / et esse possit, intervenientibus quibuscumque solemnitatibus tam iuris quam facti / in similibus opportunis, / fecerunt, constituerunt et solemniter ordinaverunt eorum et uterque[f] eorum ut supra certum nuntium / et procuratorem liberum et generalem ac etiam specialem et quicquid et cetera, ita quod specialitas / generalitati non deroget nec e contra, Pomponium de tali loco licet absentem tamquam presentem, / [c. 60v.] specialiter et expresse ad eorum constituentium et cuiuslibet eorum ut supra nominibus comparendum / et se presentandum coram prefato illustre domino domino episcopo seu quocumque eius legitimo sindico / et procuratore et ab eo instanter[g] requirendum renovationem et novam concessionem / dictae feudalis concessionis dicte decimae et pertinentiarum suarum et aliorum, / de quibus et prout in dicta feudali concessione facta dicto condam domino Anibale[h] / olim patri eorum latius continetur, et ad faciendum predictis constituentibus et eorum nomine ut supra / et pro cuiuslibet eorum filiis et descendentibus masculis legitimis et de legitimo / matrimonio procreatis et procreandis ex linea masculina tantum usque in infinitum / investiri in feudum conditionale de dicta decima cum omnibus suis iuribus et / pertinentiis ac regaliis quibuscumque et prout latius et seriosius in dicta feudali / concessione facta eidem domino Anibali[i] olim eorum patri continetur et fit mentio / et iuxta tenorem et formam eius, et exinde ad pro eis constituentibus et quolibet / eorum ut supra et cuiuslibet eorum nomine iurandum et iurare possendum in eorum / et cuiuslibet eorum animas et debitum fidelitatis, homagii et obedientiae / iuramentum prestandum in manibus prefati reverendissimi domini domini episcopi seu cuiuscumque eius legitimi / sindici et procuratoris et in singulis capitulis ipsius fidelitatis sub quacumque forma / et iuxta tenorem et formam dictae feudalis concessionis dicto condam domino Anibali[i] eorum patri et prout et sicut / dicto eorum procuratori melius videbitur et placuerit pro expeditione premissorum, et ad obligandum et obligare possendum / ipsos constituentes et quemlibet ipsorum et cuiuslibet eorum heredes et bona pignori et hypotece de attendendo et / observando quaelibet promittenda et gerenda per dictum procuratorem suum in omnibus et singulis suprascriptis et infrascriptis / et quolibet eorum connexis et dependentibus ab eisdem, sub quacumque pena, pacto, modo / et conditione, et quascumque promissiones, obligationes penales, pignoratitias / [c. 61r.] faciendas pro ipsis constituentibus et eorum nomine pro premissis expediendis ac eorum occasione / et ipsis attendendis et observandis, prout et sicut dicto eorum procuratori melius / videbitur et placuerit, et ad faciendum fieri de predictis omnibus et singulis / et quolibet eorum publicum instrumentum seu publica instrumenta per quemcumque notarium / seu notarios cum quibuscumque clausulis, solemnitatibus, renuntiationibus, / promissionibus, obligationibus, iuramento, cautelis et aliis debitis et opportunis / ac in similibus apponi solitis et prout et cetera, item ad elligendum habitaculum et cetera. / Et de predictis et cetera. Actum et cetera. /

[a] *Nella* rubrica instrumentorum *alla* c. 79v. resignandum.
[b] *Si aggiunga* matrimonio.
[c] *Segue* prefa *depennato.*
[d] -o *corretto sopra lettere non più leggibili.*
[e] et *corretto sopra lettere non più leggibili.*
[f] *Così, si intenda* utriusque.
[g] *Segue* et *depennato.*
[h] -e *corretto depennando* -m *finale. Così, si intenda* Anibali.
[i] -i *corretto sopra* -e.

Inductio unius canonici ad posessionem canonicatus

Coram venerabilibus et circonspectis viris vel multum reverendis dominis N. N. canonicis, rescidentibus / ecclesiae Sanctorum Petri et Stephani Bellinzonae[20] Comensis diocesis in loco capitulari dictae ecclesiae / propter infrascripta capitulariter congregatis atque capitulum ipsius ecclesiae Sanctorum Petri et / Stephani facientibus et representantibus, in meique notarii et testium infrascriptorum ad hec specialiter / vocatorum et rogatorum presentia, personaliter comparuit et comparet reverendus dominus presbiter Antonius / de tali loco, cui nuper auctoritate ordinaria provisum fuit de canonicali prebenda dictae ecclesiae / Sanctorum Petri et Stephani Bellinzonae eiusque benefitio tamquam vacantis per mortem condam reverendi domini presbiteri / F. ultimi et immediati canonici, qui extra Romanam curiam de mense N., prout deo placuit, / diem suum clausit extremum, / eisdem venerabilibus dominis archipresbitero et canonicis ac capitulo presentavit, notifficavit et inthimavit ac / presentat, notificat et inthimat litteras episcopales perillustris et reverendissimi domini domini N., dei et / apostolicae sedis gratia episcopi Comensis ac comitis et cetera, eidem reverendo domino presbitero Antonio directas / [c. 61v.] eique canonicatum predictum cum omnibus suis iuribus et pertinentiis gratiose conferentes / ac providentes et prout latius in eis litteris episcopalibus continetur, datas Comi[22] ab / episcopali eius pallatio, die et cetera eiusque vero [a]-et solito-[a] sigillo more curiae episcopalis Comensis signatas / subscriptasque per dominum N. dictae curiae episcopalis Cumanae cancellarium[b], ad quas digna / relatio habeatur, presentatasque litteras vulgariter dictas «il placeat» illustrissimorum dominorum nostrorum trium pagorum canonicorum[c] Uri[14], Svitto[15] et Undervaldo[16]. /

Vel poteris etiam eas describere litteras de verbo ad verbum dicendo, quarum quidem litterarum / et instrumenti tenor sic se habet, ponendo d[ict]a verba ad istud signum[b]. /

Petens humiliter ac instanter requirens a prefatis reverendis dominis archipresbitero et canonicis et capitulo / quatenus vigore et in executione prefatarum litterarum episcopalium de quibus supra, velint et / debeant ipsum reverendum dominum A. in et ad corporalem, realem et actualem / ac veram posessionem et tenutam seu quasi dicti canonicatus et anexorum / iuriumque et pertinentiarum suarum predictarum ponere et inducere inductumque deffendere / ammoto[d] exinde quolibet detentore ac eidem reverendo domino presbitero A. de canonicatus predicti / et annexorum fructibus, redditibus, proventibus, iuribus et obventionibus / universis integre respondere ac seu facere ab aliis quantum in se est plenarie / et integre responderi[e] aliaque facere et exequi, prout in eisdem litteris / episcopalibus continetur, mandatur et comittitur sub penis et censuris ibi contentis / et cominatis. / Qui venerabiles domini archipresbiter, canonici et capitulum, visis prius et lectis per eos ibidem / litteris suprascriptis episcopalibus et Elveticis super inde directis, tamquam obedientiae filii / responderunt et dixerunt se paratos episcopalibus et Elveticis obedire mandatis, / et ita ibidem prefatus dominus presbiter F. canonicus ut supra canepariusque prefatorum reverendorum dominorum / archipresbiteri[f], canonicorum et capituli, de eorumdem impositione et mandato una cum prefato reverendo / [c. 62r.] domino presbitero A. ac me notario et testibus infrascriptis, accessit ad altare Sancti Stephani situm in dicta / ecclesia manuque eius dextera apprehenso ipsius domini presbiteri Antonii brachio sinistro, eundem / dominum presbiterum Antonium in corporalem, realem et actualem ac veram posessionem et tenutam / seu quasi dicti canonicatus et annexorum iuriumque et pertinentiarum suarum predictarum posuit solemniter et / induxit atque ponit solemniter et inducit, adducendo eum dominum presbiterum Antonium ad cornua dextrum / et sinistrum altaris ipsius eumque cornua ipsa amplecti faciendo nec non pacem, / crucem et candelabra super eo altari existentia et reperta eiusdem presbiteri Antonii manibus / dando funemque campane predictae ecclesiae eius pariter domini presbiteri Antonii manibus dando / et campanam ipsam pulsare faciendo claudendoque et aperiendo portam dictae ecclesiae / et pariter eum dominum presbiterum Antonium claudere et aperire faciendo nec non deambulando / una cum dicto domino presbitero Antonio per dictam ecclesiam et ibi moram trahendo et in sede / canonicali in choro et loco in capitulo eiusdem ecclesiae eum sedere faciendo ceteraque / omnia et singula faciendo et exercendo atque facta et exequta fuerunt, quae pro / inductione et apprehensione posessionis huiusmodi fieri requiruntur et debent, servatis / solemnitatibus et cerimoniis debitis, opportunis et consuetis. / Quam quidem posessionem apprehendit ipse reverendus dominus presbiter Antonius in eaque stetit et perseveravit / libere, quiete et pacifice nemineque contradicente neque vetante, et hoc vigore / et in executione huiusmodi posessionis apprehensae et dictorum et quorumcumque / eius domini presbiteri Antonii iurium. / Qui reverendus dominus presbiter Antonius, delato sibi per prefatum reverendum dominum caneparium iuramento, iuravit et iurat[g] / ad sancta dei evangelia, tactis corporaliter manu dextera scripturis, in manibus ipsius reverendi domini caneparii / quod observabit statuta nova et vetera dictae ecclesiae ac capituli ac bona ac utilia eiusdem / ecclesiae et capituli faciet et procurabit ac bona et iura ipsius conservabit et augebit pro / posse quodque bona, iurisdictiones et iura dictae ecclesiae ac capituli non distrahet nec alienabit, / [c. 62v.] imo distracta et alienata (si quae sunt) pro viribus recuperabit[h] / [i]ita eum deus adiuet. / Et de predictis et cetera rogatus fui ego Hieronimus Canevalius[23] notarius publicus infrascriptus[j] ut inde publicum conficiam / instrumentum et cetera. Actum et testes. /

[a–a] *Parte aggiunta sopra la linea con segno di richiamo.*
[b] *Segue segno di richiamo.*
[c] *Così, si intenda* cantonorum.
[d] *Così, si intenda* a modo.
[e] *Segue* alique *depennato.*
[f] *Segue* et *depennato.*
[g] *Segue* corporaliter *depennato.*
[h] *Segue* et ulterius *depennato.*
[i] *Precede* etiam promissit *depennato.*
[j] -s *corretto sopra* -m.

Assignatio rescidentiae canonicatus

Coram ut supra constitutus venerabilis dominus presbiter Antonius dixit et exposuit prefatis reverendis dominis / archipresbitero et canonicis quod dato et attento eorum gratia et humanitate nuper / assumpserunt et acceptaverunt ipsum reverendum dominum presbiterum Antonium in canonicum prefatae ecclesiae, / prout ibidem apparet publico instrumento posessus rogato et tradito per me notarium infrascriptum die et cetera; / ipse reverendus dominus presbiter Antonius vult et intendit et suae intentionis est velle stare / et continuam rescidentiam[a] facere in quibuscumque diebus, temporibus et horis, quibus erit / necesse ipsi domino presbitero Antonio canonico ut supra rescidenti interesse in dicta ecclesia et alibi / pro divinis offitiis et horis dicendis et cantandis vigore[b] collationis / canonicatus et prebendae eidem domino presbitero Antonio per illustrem et reverendum dominum dominum N. [c–]dei gratia[–c] episcopum Comensem / collatum, / petens et requirens a prefatis reverendis dominis archipresbitero et canonicis ut supra ibi presentibus, audientibus / et intelligentibus quatenus dignentur et velint ipsum dominum presbiterum Antonium recipere et admittere / ad dictam rescidentiam et eius comodum et utilitatem eidem rescidenti quomodolibet spectantem. / Qui reverendi domini archipresbiter et canonici existentes ut supra, volentes honeste ipsius domini presbiteri Antonii requisitioni / annuere, ipso prius super cantu et lectura, ut moris est, dicti reverendi capituli examinato / idoneoque reperto, ipsum dominum presbiterum Antonium presentem et requirentem ac[d] acceptantem receperunt / et admisserunt ac recip[i]unt et admittunt unanimiter et pari concordia ac voluntate / ad dictam rescidentiam prefatae ecclesiae, et hoc cum omnibus suis comoditatibus, utilitatibus, honoribus, / preheminentiis, prerogativis et iuribus universis spectantibus et pertinentibus dictis canonicali prebende et rescidentie. / Et de predictis et cetera. Actum et testes. /

[a] rescidentiam *aggiunto sopra la linea con segno di richiamo.*
[b] *Segue* dicte *depennato.*
[c–c] *Parte aggiunta sopra la linea con segno di richiamo.*
[d] ac *corretto sopra* et.

[c. 63r.] Procura ad investiendum de feudo legale

Cum hoc sit quod nunc condam Ioannes Antonius et Bernardinus fratres, filii condam Corradi de tali parte diocesis Comensis, investiti fuerint / a predecessore reverendissimi in Christo patris domini domini N. dei et apostolicae sedis gratia Comi[22] episcopi et comitis / in feudum legale prefatae ecclesiae et mense episcopalis, / nominative de decima et iure decimandi blada, minutilia, bestiolos ac alias omnes res / decimari solitas in locis et cetera a tali loco usque ad talem partem, de qua decima / prius investitus fuit in feudum legale prefatae ecclesiae ac mense episcopalis suprascriptus Corradus / eorum fratrum genitor publicis apparentibus instrumentis investiturarum et recognitionum / a publicis notariis traditis et cetera, / quodque dictus Antonius ex hoc seculo decesserit absque liberis quodque ex dicto Bernardino natus sit / Decius eius filius legitimus et naturalis, qui ob mortem patris et Antonii patrui recognitus / et investitus fuerit nomine prefatae ecclesiae et mense episcopalis de portione dicte decimae / alias ad dictum eius patrem spectantis et de medietate portionis dicti condam Antonii absque liberis / ut supra defuncti, / quodque dicto Detio successerint Albertus, Petrus et Martinus fratres, ipsius Detii filii legitimi et naturales, / qui et ipsi ob mortem patris recogniti fuerunt nomine prefatae ecclesiae et mense episcopalis pro eorum portionibus / dicti feudi, ut patet instrumento de quo rogatus fuit nunc condam dominum N. notarium et cetera die et cetera seu anno et cetera, / quodque dictus Martinus iunior decesserit, etiam ipse ex hoc seculo absque liberis relictis dictis Alberto et Ioanne Petro / fratribus, eius agnatis proximioribus, decesseritque etiam dictus Albertus relicto post se Bernardino / eius filio legitimo et naturali, qui quidem Bernardinus pariter recognitus fuit nomine prefatae ecclesiae / et mense episcopalis pro portione dicte decimae alias ad dictum Detium patrem spectantis et de / medietate alterius portionis ipsius decimae alias ipsi Martino patruo competentis, / quodque ob mortem eiusdem Martini recognitus fuerit dictus Ioannes Petrus de reliqua medietate portione[a] / dictae decimae ad dictum Martinum spectantis, ut patet instrumento de quo rogatus fuit dominus N. notarius / die et cetera seu anno et cetera, / quodque in eodem instrumento nunc condam Bernardinus filius condam Martini [b–]olim Ioannis[–b] recognitus fuerit de portione dicte decimae ad dictum / condam Ioannem eius avum pertinente, qui avus de reliqua etiam medietate portionis ad dictum condam / [c. 63v.] Bernardinum seniorem eius fratrem ut supra sine liberis defunctum pertinentis prius investitus / et recognitus fuisset, quodque de mense martii et cetera decesserit ex hoc seculo suprascriptus Bernardinus / absque liberis et nepos ex filio dicti condam Ioannis decesseritque etiam[c] ab anno citra suprascriptus[d] / alter Bernardinus filius condam Alberti, alias fratris dicti Ioannis Petri, absque liberis amboque relinquerint / post se dictum Ioannem Petrum eius agnatum proximiorem, in quem feudum predictum / pervenire debeat, cum presertim ad illud vocatus fuerit ex persona suprascripti condam Alberti / eius proavi illudque sit antiqum et antiquissimum. / Quapropter Ioannes de tali loco et Dominicus de tali parte uti tuttores una cum infrascripto Ludovico, / similiter tuttore suprascripti Petri filii legitimi et naturalis ac heredis condam Martini de tali parte, / per instrumentum tutellae traditum per dominum N. notarium publicum Bellinzonae[1] anno et cetera, cui et cetera, non volentes / dicti tutores ut supra ad presens personaliter accedere ad prefatum reverendum dominum dominum episcopum pro / recognitione suprascripti feudi legalis ut supra et ad prestandum debitum fidelitatis iuramentum / iuxta formam iuris propter occupationem plurium negotiorum tam propriorum quam dicti pupilli / et propter locorum distantiam, / eapropter predicti tuttores constituti personaliter coram tale offitiale ipso pro tribunali existente / in tali loco, quem locum et cetera, periculo suo ac rerum et bonorum suorum / eo iure, quo melius potuerunt et cetera, / fecerunt, constituerunt et solemniter ordinaverunt suum ac dicti pupilli certum, verum, legitimum / et indubitatum procuratorem, actorem, factorem ac dicti pupilli et eius negotiorum / gestorem Ludovicum de tali loco ibi presentem et cetera, / duraturum hinc ad expeditonem presentis causae, / specialiter et expresse pro et nomine dictorum tutorum ac dicti pupilli ut supra[e] comparendum et se presentandum / coram prefato reverendissimo domino domino episcopo Comensi seu coram magnifico domino eius sindico ad se investiendum / nomine dicti Ioannis Petri pupilli, flexis genibus et servatis solemnitatibus opportunis, a prefato / domino sindico de tota decima predicta iure et nomine feudi legalis prefatae ecclesiae et / [c. 64r.] mense episcopalis Comi, cum omnibus et singulis pactis et conditionibus in instrumento ipsius / recognitionis et investiture apponendis, / item ad iurandum in manibus prefati magnifici domini sindici corporaliter ad sancta dei evangelia manibus / tactis scripturis in animam dicti minoris et debitum fidelitatis et homagii / iuramentum prestare solitumque laudemium persolvere, / item ad obligandum dictum pupillum et eius bona pignori et cetera et hypotece de attendendo et observando / quelibet promittenda et gerenda per dictum procuratorem et actorem ut supra in omnibus / et singulis suprascriptis et infrascriptis, / item ad faciendum fieri de predictis publicum instrumentum per quemcumque notarium, / item ad eligendum habitaculum et cetera, / et generaliter et cetera, dantes et cetera, promittentes et cetera. / Qui actor promissit ipsis tuttoribus tam eorum nomine quam dicti pupilli stipulantibus / et corporaliter iuravit ad sancta dei evangelia omnia et singula in dicta causa ipsi pupillo / utilia facere et inutilia pretermittere et cetera, / cui actui legitimo prefatus dominus N. offitialis ut supra suam et suum ac comunis Bellinzonae / auctoritatem et decretum dedit et interposuit et cetera. / Et de predictis et cetera. Actum et cetera. /

[a] *Così, si intenda* portionis.
[b–b] *Parte aggiunta sopra la linea con segno di richiamo.*
[c] etiam *aggiunto sopra la linea con segno di richiamo.*
[d] *Segue* Antonius *depennato.*
[e] *Si integri* ad.

[c. 64v.] Cambium

Thoma de tali loco, parte una, et Innocentius, parte altera, inter sese ad invicem et vicisim / fecerunt et faciunt cambium, comutationem et permutationem de proprio ad proprium et de liquido / ad liquidum usque imperpetuum, in primis namque suprascriptus Thoma comutator dedit, / tradidit et assignavit suprascripto Innocentio permutatori ibi presenti pro se et suis heredibus / petiam unam terre iacentem et cetera cui choret a mane et cetera, et loco et in contracambio / dictae petiae terrae supra comutate et cambiate suprascriptus Innocentius dedit, tradidit et assignavit / in cambio et comutatione suprascripto Thome comutatori ibi presenti, stipulanti et recipienti / pro se et suis heredibus, domum unam copertam plodis iacentem in tali loco cui choret a mane et cetera salvo et cetera, / [a]et hoc cum omnibus suis iuribus et pertinentiis, viis, andedis et accessiis, actionibus et rationibus / realibus et personalibus, utilibus et directis ac benefitiis et confinibus superioribus et / inferioribus dictis bonis supra cambiatis modo aliquo pertinentibus usque ad vias publicas, et hoc ad habendum, / tenendum et possidendum et ad faciendum deinceps de ipsis bonis quicquid facere voluerit unus sine / contradictione alterius et alter alterius nec eorum vicisim heredum nec alicuius alterius / personae, comunis, colegii, capituli et universitatis, et predicti comutatores, videlicet unus in locum alterius / et alter alterius, ius et statum universum sint, succedant et esse debeant de dictis bonis / supra cambiatis, abdicantes a se dicti comutatores omne eorum ius dominii et posessionis et unus / in alterum et alter in alterum penitus transferentes et relinquentes, constituentes dicti comutatores / sese vicisim, unus nomine alterius et alter alterius, dicta bona supra cambiata tenere et / possidere usque quo ipsorum bonorum posessionem acceperit corporalem, quam accipiendi sua / propria auctoritate et retinendi plenam parabulam et licentiam omnimodam dederunt unus alteri et alter alteri, / promittentes predicti Thoma, pro una parte, et Innocentius, pro altera parte, solemniter per stipulationem, obligantes sese / vicisim et omnia eorum et utriusque eorum bona pignori presentia et futura, unus alteri et alter alteri, / suis et utrique eorum heredibus et cui vel quibus dederint dicta bona supra cambiata semper et omni tempore / usque imperpetuum ab omni molestante persona vicisim deffendere, auctorizare, guarentare / et disbrigare, in et sub pena dupli valoris ipsorum bonorum supra permutatorum et refectionis / omnium expensarum, damnorum et interesse in lite et extra, danda et solvenda dicta pena / per partem non atendentem et deffendere nolentem parti deffendenti et attendere volenti, / [c. 65r.] quae pena soluta vel non, nihilominus rata et firma permaneant omnia et singula in hoc / contractu contenta, renuntiando exceptioni et cetera, renuntiando omnibus statutis et cetera. Quod quidem / cambium et cetera fecerunt et cetera suprascripti permutatores pro[b] evidenti proficuo, utilitate et comoditate / earum ambarum partium, et quia sic inter eos conventum extitit. /

Nota quod, si fuerit iuncta per aliquam ipsarum partium alteri parti, debent poni hec / verba ad hoc signum[c], et pro additione et iuncta huius cambii contentus fuit / et confessus est suprascriptus talis comutator se habuisse et recipisse a suprascripto tali comutatori / libras L tertiolorum. / ****[d] /

[a] *Nel margine sinistro della* c. *in corrispondenza della riga 10 dell'originale, l'annotazione* si est iuncta, hic est ponenda.

[b] *Segue* eorum *depennato.*

[c] *Segue segno di richiamo (v. nota a).*

[d] *Seguono segno inintelligibile e spazio in bianco corrispondente a diciotto righe.*

[c. 65v.] Legitimatio

Quoniam sacri imperii laudabile fore decretum est et rationi consonum et quos interdum in legitimis / actibus defectus natalium impedit, legitimationis beneficio reperit et maxime pro illis, / quibus nos imperiales posse facere concesserit celsitudo, presertim cum illorum vel eorum / parentes devotionis et fidei et morum honestatis et virtutum obsequii gratitudo suppliciter / intercedat, nos igitur Sigismondus de Clericis, filius condam domini Gabrielis natique condam domini Pauli natique domini Gabrielis natique / Iordanii, comitis palatini in infrascriptis literis nominati, comes palatinus imperialis ut infra, sedens pro / tribunali in tali loco, quem locum et cetera pro nostris loco, banco et tribunali idoneis pro hiis infrascriptis peragendis / elegimus, coram quibus flexis genibus et in presentia infrascripti N. notarii[a] et testium et / notariorum infrascriptorum cum debita reverentia se constituerunt Gratianus filius condam N. de tali loco et / Macharius eius Gratiani filius sacri imperii et nostri dilecti et uterque eorum tam simul / quam separatim et qui melius potuerunt ac possunt seu in quem eorum magis viget facultas / infrascripta petendi et requirendi, petentes et requirentes et cum instantia a nobis supplicantes / quatenus suprascripto Machario filio dicti Gratiani, nato a quadam muliere soluta nomine Agata filia condam talis de / tali loco, super defectu huiusmodi filius natus, auctoritate imperiali superinde concessa, ad / legitimationem et ad legitima iura et successiones reducere restituereque et / instituere et omnem eius geniture maculam penitus absolvere dignaremur, /

annuentes itaque honeste petitioni et supplicationi ipsorum patris et filii et quislibet[b] / eorum et nos moventibus bonis et rationabilibus respectibus et causis ipsum / Macarium auctoritate, qua fungimur cum bacheta in manibus nostris et cum anulo aureo / posito in digito ipsius Macarii, legitimavimus et ipsum ad natales legitimos / instituuimus [!] et restituimus[c], et ad quoscumque actus, successiones et iura legitima / et gradus et actus legitimos succedendi tam patris quam avi et tam agnatorum / quam cognatorum et quorumcumque tam ex testato quam ex intestato et ad quascumque alias / dignitates et successiones et ad alia quaecumque iura legitima habilitamus, omnem / eius maculam ex defectu natalium prout supra contingentem atque convenientem abolende[d], / tolendo et restituendo tolimus penitus[e] et restringimus, proinde ac si suprascriptus Macarius / foret ex ipso patre eius vero et legitimo matrimonio procreatus, et hoc sine tamen / [c. 66r.] legitimorum, qui sunt vel erunt, preiuditio cum quibus volumus et debuimus ipsum Macarium / parentum et agnatorum ac cognatorum suorum successionibus aequa nominatione congaudere. / Cuius quidem imperialis privilegii seu litterarum privilegiarum tenor sequitur in hac forma, et per / me antedictum notarium infrascriptum visum fuit, lectum et palpatum, sanum et integrum et in / aliqua sui parte non suspectum nec vitiatum, et quod privilegium seu transumptum / registratum fuit mandato prefati domini Sigismondi comitis palatini ut supra, cuius privilegii[f] seu litterarum / privilegiarum[g] tenor sequitur ut infra videlicet. /

Ponatur tenor ipsius transumpti de verbo ad verbum. /

Actum, testes septem et tres secundi notarii. /

[a] *Segue* inf *depennato.*
[b] *Così, si intenda* cuiuslibet.
[c] -i- *di* -imus *corretto sopra* -e-.
[d] *Così, si intenda* abolendo.
[e] -n- *corretto sopra lettera non più leggibile.*
[f] -vile- *corretto sopra lettere non più leggibili.*
[g] *Così, si intenda* privilegiorum.

Pax[a]

Cum fuerit et sit, prout infrascripte partes asseruerunt, quod certis ab hinc mensibus sit versum odium / et malevolentia inter Erasmum, ex[b] una, et Lucium, partibus ex altera, de et super quoddam / vulnere, ut dicitur, illato per dictum Erasmum in personam dicti Lucii in ipsorum patria, / hinc est quod personaliter constituti dicti Erasmus et Lucius, cupientes et volentes christiane vivere et finem[c] / odiis et malevolentiis imponere hinc inde occasione premissa existentibus, / sponte ac omni modo de iure meliori amore dei et passionis domini nostri Iesus Christi fecerunt et faciunt / inter se pacem, absolutionem et remissionem de omnibus iniuriis, offensionibus et[d] percussionibus / hinc inde factis et commissis usque in presentem diem quocumque[e] et qualitercumque perpetuo duraturam, / osculo pacis et amplexu corporis intervenientibus, / promittentes dictam pacem semper et omni tempore habere ratam, gratam et firmam et illam / non frangere nec frangi facere facto tantum et in personam, sub pena et ad penam scutorum numero / applicandam in casu contravenctionis[f] pro medietate camere Bellinzonae[1] et pro alia medietate parti observanti, / et pro omni damno et interesse passo per dictum Lucium[g] pro cura et medela sui vulneris dictus Erasmus / [c. 66v.] sponte ut supra promissit et cetera dare et effectualiter solvere dicto Lucio presenti et acceptanti scuta numero / in pecunia numerata, et ita insimul convenerunt, / pro quibus omnibus observandis sese ipsos vicisim et respective eorumque heredes ac bona quaecumque / in ampliori forma ritus, stili et curiae N. cum clausulis neccessariis et opportunis apponi / solitis et consuetis in dicta curia obligaverunt et hipotecaverunt, iurantes manibus propriis / tactis scripturis ad sancta dei evangelia, se omnia[h] attendere[i]. / Super quibus omnibus petierunt a me notario publico infrascripto unum vel plura, publicum seu publica confici atque / fieri instrumentum et instrumenta. Actum et cetera. /

[a] *Segue segno inintelligibile.*
[b] ex *sopra la linea aggiunto su* parte *depennato.*
[c] -em *corretto sopra lettere non più leggibili.*
[d] *Segue* per *depennato.*
[e] *Segue* modo *depennato.*
[f] -c- *corretto sopra lettera non più leggibile.*
[g] L- *corretto sopra lettera non più leggibile.*
[h] -i- *corretto sopra lettera non più leggibile.*
[i] *Spazio in bianco corrispondente a 60 mm.*

Proemium pacti inter parentes contrahentis

N., parte una, et A., parte altera, considerantes quam malum, indecens et inconveniens / agnatos, proximiores et vicinos invicem discordare et unus adversus alium / odio vel rancore moveri et presertim eos, qui sincera charitate et dilectione / ac fide uniti hactenus extiterunt, animadvertentesque bonum et utile sit et esse possit / in posterum, ut pax et dilectio inter eos perpetuo vigeat et servetur, sponte / et non vi, dolo et cetera ad infrascripta pacta et conventiones devenerunt et deveniunt ut infrascripta, / in primis et cetera. / ****[a]

[a] *Spazio in bianco corrispondente a sette righe.*

[c. 67r.] Reservatio usufructum in donatione describenda

Reservato tamen eidem Honorio in principio, medio et fine huius contractus / et instrumenti libero usufructu dictorum bonorum, rerum et iurium supra per eum /

donatorum toto tempore vite suae, adeo quod fructus, redditus et proventus / et alia quaecumque occasione dicti usufructus et dictis bonis, rebus et iuribus / supra donatis dicto Honorio pervenientia et perventura et per ipsum / Honorium toto tempore vite suae percipienda, dictus Honorius sua propria auctoritate / exigere, recipere, percipere, distrahere, alienare et in sui usum / et utilitatem convertere de ipsisque in omnibus et per omnia facere / et disponere, etiam per modum ultime voluntatis libere secundum velle suum / et prout et sicut sibi videbitur et placebit[a]. / ****[b]

[a] *Seguono alcuni ghirigori.*
[b] *Spazio in bianco corrispondente a dodici righe.*

[c. 67v.] Venditio regressus rem aliquam exigendi

Antonius de tali loco fecit et facit venditionem et cetera liberam et cetera ab omni ficto et cetera in manibus et potestate / Petri de tali parte ibi presentis et cetera, nominative de iure[a], actione et regressu / ipsi venditori spectante et pertinente ac spectantibus et pertinentibus exigendi, rehemendi / et recuperandi a N. de tali parte petiam unam terrae iacentem et cetera. / De qua quidem petia terrae alias dictus Antonius fecit venditionem, datum et cessionem et cetera eidem / Petro presenti et cetera ac ementi et cetera pro pretio et mercato librarum C et cum promissionibus, pactis, / modis et formis, prout apparet instrumento venditionis de quo infra, et maxime cum pacto / inter cetera quod ipsa petia terrae redimi et recuperari posset intra certum / tempus adhuc durans pro eodem pretio et hiis modo et forma, prout in dicto instrumento / venditionis latius contineri dicitur, rogato per dominum N. anno et cetera, ad quod et cetera, / item de omni alio iure, ratione et actione ipsi venditori quomodolibet spectante / et pertinente seu spectantibus et pertinentibus vigore, virtute, causa et occasione predicti / instrumenti venditionis et contentorum in eo, et hoc cum omnibus suis iuribus et pertinentiis et cetera. /

In reliquis sequatur forma venditionis. /

[a] *Segue* et *depennato.*

Venditio pluris valoris alicuius rei et regressus exigendi eam

Antonius de tali loco fecit venditionem, datum et cetera liberam et cetera in manibus et potestate N. de tali parte, / nominative de pluri pretio, valore seu valimento, quod modo valet seu in futurum valere reperiatur / petia una terrae iacens et cetera salvo et cetera, et hoc a lipris C supra, de et pro quibus dictus emptor / alias habuit venditionem et cetera a dicto venditore de dicta petia terrae, cum promissionibus, pactis, / modis et formis, prout apparet instrumento venditionis de quo infra, et maxime cum pacto / inter cetera quod ipsa petia terrae redimi et re[vo]catari posset intra / certum tempus adhuc durans pro eodem pretio et hiis modo[a] et forma, prout in / instrumento dicte venditionis latius apparet, rogato per dominum N. notarium et cetera anno et cetera, ad quem et cetera, / [c. 68r.] item de iure, actione et regressu ipsi venditori spectantibus et pertinentibus vigore, / virtute, causa et occasione predicti instrumenti venditionis et contentorum in eo, et hoc cum / omnibus suis iuribus et cetera cum promissione deffendendi et cetera, pretio liprarum C tertiolorum ultra / predictas lipras C tertiolorum, que fuerunt pretium suprascripte venditionis, de qua supra fit mentio et cetera. /

In reliquis sequatur forma venditionis et cetera. /

[a] *Segue segno inintelligibile depennato.*

Venditio de erba sive de iure alpegiandi

Item de erba sive de iure alpegiandi et actione pascendi vachas numero / omni anno usque imperpetuum temporibus debitis et solitis in et super alpe N., / item de pratis sive pasturis, tictis et cassinis quibuscumque existentibus in et super dicta alpe / ad ratam suprascriptarum vacharum numero, / item de omnibus utensiliis spectantibus dicte alpi ad ratam ut supra, / [a–]sive nominative de tanta parte alpis N. cum sua parte pasturarum, cassinarum, ut comode possit pasci vacha / una et cetera, et de actione caricandi et discaricandi dictam alpem temporibus suis debitis pro vacha una tantum / usque imperpetuum[–a]. /

[a–a] *Parte aggiunta sotto la linea.*

Venditio exemptionis portus Ticini[24]

Item de iure et actione eundi et redeundi a portu Ticini de tali loco ad omnem / libitum voluntatis dicti emptoris imperpetuum[a] cum personis et bestiis ac equis onustis / et non onustis absque ulla solutione vel mercede danda vel solvenda. /

Si fuerit venditio de paga una de dicto portu, sic scribe. /

Item de solutione sive paga una portus Ticini talis loci sive de iure et actione / petendi, exhigendi, consequendi et habendi omni anno tempore debito imperpetuum solutionem / sive pagam unam a tenentibus ad fictum dictum portum Ticini, / in[b] locationem de tempore in tempus fiendam. /

[a] imperpetuum *aggiunto sopra la linea con segno di richiamo.*
[b] *Segue* d *depennato.*

[c. 69r.] Diversità de feudi

Feudo leale[a] ha carico d'investirsi dal vescovo ogni volta more il patrone / overo alla morte del vescovo overo per caso si vendono li beni, / [b]al tempo della investitura et recognitione si paga il laudemio / al vescovo, sopra questo ogni creditore se pol pagarsi, salvo per / dotte de donne, ma fatto il detto pagamento il creditore si va a / reconoscer et investirsi del feudo. /

Feudo conditionale paga fitto alla mensa, ma mai si va a reconoscere / per caso alcuno, ma solo paga il fitto sopra questi beni, / et ognuno si puol pagare di tal feudo. /

a *Così, si intenda* reale.
b *Precede* et *depennato.*

Clausula fideiussionis de manutenendo bona deffendenda sub[a] dupli et cetera

Quae quidem bona supra vendita et cetera suprascriptus venditor et una cum eo N. fideiussor nomine pro eo / et quilibet eorum insolidum promisserunt et cetera, renuntiando[b] novarum constitutionum et epistule divi Adriani / et omni alteri iuri et cetera.

Intelligantur debite renuntiationis in forma, ubi concurunt / venditio et fideiussio, de deffendendo et cetera dicta bona sub pena dupli et cetera. / ****[c]

a *Si aggiunga* pena.
b *Si aggiunga* auxilio.
c *Spazio in bianco corrispondente a cinque righe.*

[c. 69r.] Obligatio facta per minorem cum conscensu curatoris

Franciscus filius condam talis de tali loco maior annis quatuordecim, minor tamen annis viginti quinque, / parabula, conscensu et licentia Antonii de tali loco eius curatoris generalis per instrumentum / ipsius curae, traditum et cetera per talem notarium publicum Bellinzonae[1] anno, indictione, die et mense in eo contentis, / ibi presentis, volentis et conscentientis et eidem Francisco minori plenam parabulam[a] et / licentiam dantis, prestantis, concedentis et interponentis ad infrascripta omnia et singula dicenda, / facienda, gerenda et exercenda. /

Si describes iustam aetatem. /

Franciscus de tali loco aetatis annorum viginti vel circa, prout ex aspectu eius corporis evidenter / apparet. /

a *Segue segno inintelligibile forse depennato.*

De promissione de rato

Franciscus de tali parte filius condam talis de tali progenie suo nomine proprio et item nomine / et vice Antonii eius fratris ex eodem patre, pro quo dictus Franciscus promissit et promittit / de rato et firmo habendo et rati habitione, sub obligatione sui et / omnium suorum bonorum presentium et futurorum, ita quod ad omnem infrascripti emptoris / requisitionem[a] dictus Antonius laudabit, approbabit et ratificabit ac ratum, firumum[b] / et gratum ac validum habebit et tenebit presens instrumentum N. et omnia / et singula in presenti instrumento contenta, omnibus dicti Francisci propriis expensis, damnis / et interesse tantum, et hoc in et sub pena totius damni et interesse et omnium / expensarum solemni stipulatione promissa et deducta, [c–]renuntiando exceptioni promissionis / facti alieni et coniunctae personae et cetera, volens nihilominus de suo proprio / teneri et ad omnia damna et cetera de quibus et cetera[–c]. /

[a] requisitionem *aggiunto nel margine sinistro della* c.
[b] *Così, si intenda* firmum.
[c–c] *Parte aggiunta di seguito sulla linea e sulle due linee seguenti da altra mano.*

[c. 69v.] Venditio seu obligatio a iugalibus insolidum facta cum conscensu curatoris

Augustinus de tali parte et Faustina eius uxor, filia condam talis de tali loco, cum parabula, conscensu et licentia / ipsius Augustini eius mariti et Caroli de tali parte eius curatoris generalis per instrumentum / ipsius curae, traditum et cetera per talem notarium anno et cetera, ibi presentium, volentium et conscentientium / et eidem Faustine plenam parabulam, conscensum et licentiam dantium, prestantium, concedentium / et interponentium ad infrascripta omnia et singula facienda, gerenda et exercenda, / et uterque eorum insolidum, ita quod uterque eorum insolidum teneatur et cum effectu / insolidum conveniri possit, quem prius eorum emptor vel creditor infrascriptus voluerit / et melius poterit, renuntiando beneficio novarum constitutionum de duobus seu pluribus reis / debendis et de fideiussione et, quatenus opus sit, auxilio epistule divi Adriani / et omni alii iuri, legi et auxilio, quo seu quibus melius sese tueri vel iuvare / et contravenire possent quomodolibet in futurum, renuntiando etiam ad maiorem / cautelam ipsa Faustina parabula ut supra auxilio Velleyani senatus consultus et omnibus constitutionibus / eius, certiorata prius ipsa Faustina per me notarium infrascriptum de dicto auxilio / vel quod et quale auxilium prestat mulieribus iuri eius non renuntiantibus, / renuntiando etiam legi dicenti mulierem et eius bona non teneri nisi manifeste / probetur pecuniam seu rem in eius utilitatem fore versam et iuri hipotecarum / et cuilibet alteri sui iuri, / fecerunt et faciunt venditionem seu promisserunt et cetera. / ****[a]

[a] *Spazio in bianco corrispondente a quattro righe.*

[c. 70r.] Pactum in forma camere

Pacto quidem tali inter eos contrahentes habito et convento, videlicet quod, si premissa omnia / et singula dictus debitor non observaverit, voluit cum effectu posse / conveniri a dicto creditore, citari seque realiter et de facto et eius res / quascumque capi, saxiri, subhastari et deliberari usque ad integram / satisfactionem et ubique locorum mundi coram quocumque iudice ecclesiastico / et secolari, delegato vel subdelegato deque una curia ad aliam / trahi, ita quod ceptus in una curia in aliis mediari seu finiri / vel noviter incohari valeat et coram eis solutionem facere destinavit / integraliter, renuntiando privilegio sui fori et omni alio iure[b] et / privilegio seu salvoconducto impetrato seu impetrando penitus / cessante et quibuscumque aliis constitutionibus et statutis in contrarium / disponentibus. / ****[a]

[a] *Spazio in bianco corrispondente a circa dodici righe.*
[b] *Così, si intenda* iuri.

[c. 70v.][a]

[c. 71r.] Notationes de testamentis

Procuret notarius ut scripto testamento et vocatis testibus aperiatur fenestram vel accendatur / candela et, si possit, sedeat eger et coram testibus aliqua verba loquatur, ut eum / videant et cognoscant testes et propendant eum sane mentis esse, consulo autem / cuilibet notario ut nulli ultimam voluntatem scribat, nisi vel eum notum habeat / vel saltim adhibeantur testes, quorum eum aliqui cognoscant, quibusdam enim notariis turpiter / super hoc illusum audivi. /

Testamentum dicitur iusta sententia, idest legittima dispositio, disponere debet / testator secundum leges, alias non valet testamentum. /

Nuncupativum testamentum dicitur sine scriptis, in quo testatoris et heredis et legatariorum nomina[b] / et omnia, quae continentur in eo, coram testibus nuncupantur, idest declarantur et patefiunt, / et dicitur sine scriptis, idest sine solennitatibus, que fiunt in testamentis in scriptis. /

Testamentum in scriptis est illud, quod in solennitatibus scripturae et subscriptionibus testium et sigillorum / appensione consistit, et tale testamentum non est necesse patefieri testibus. /

De filiis legittimis

Legittimi dicuntur filii a sola lege permissi, quod in eis nihil operata est natura. /

De adoptivis

Hi sunt qui, cum filii familias essent et potestati patris eorum legittimi et naturalis subiecti, / dati sunt ab ipso eorum patre coram quocumque iudice legittimo alteri in adoptionem, / et est adoptio legittimus actus per quem, qui filius non est, pro filio habetur. /

[c. 71v.] De[c] arrogatis

Hi sunt qui, cum essent pater familias et sui iuris ex auctoritate imperatoris vel eius / ordinarii, sese in arrogationem dederunt. /

De naturalibus liberis

Dicuntur naturales, quod sola natura genuit non honestos, tales appellantur etiam bastardi, / largo modo loquendo. /

Spurii illi sunt, qui ex adulterio nati sunt vel alio incestuoso vel nephario coitu, / hi nec naturales nec legittimi sunt nec nominandi sunt filii nec a parentibus / sunt alendi. /

De his qui omnino institui vel exher[e]dari debent

Tractatum istum pone, tabellio, signaculum super cor tuum, quando ex ipso dependent / doctrine testatorum fere tota virtus et pondus. Attende igitur quod quidam sunt / ad quos ita[d] stricto[e] iure legitima spectat hereditas, ut nisi instituantur vel rite / exheredantur, aut testamentum est ipso iure nullum aut rescinditur, et ad hos / agnoscendos opportet notare tres esse ordines et lineas, quarum prima est ascendentium / seu parentum nostrorum, et hi sunt pater et mater, avus, avia, proavus, proavia, abavus, / abavia, attavus, attavia, trittavus, trittavia ac[f] ab inde ut supra dicuntur maiores nostri, / secunda est liberorum nostrorum, et hi sunt filius, filia, nepos, neptis, pronepos, proneptis, / abnepos, abneptis, trinepos, trineptis et ab inde infra dicunt[ur] descendentes nostri, / et in istis duabus lineis sunt illi, qui omnino debent institui vel exheredari, / tertia est transversalium seu collateralium nostrorum, et hi sunt frater, soror, / fratris sororisque liberi, item patruus, amita, avunculus, matertera et eorum liberi, / sed non habemus hoc necesse instituere vel exheredare. /

[a] *La* c. 70v. *è in bianco.*
[b] -i- *corretto sopra* -e-.
[c] *Segue* filiis *depennato.*
[d] ita *aggiunto sopra la linea con segno di richiamo.*

[e] -o *corretto sopra lettera non più leggibile.*
[f] ac *corretto sopra* et.

[c. 72r.–73r.] [...][a]

[c. 73v.] De subhastationibus describendis in venditionibus

Facta prius per eos curatores diligenti investigatione pretii et valoris bonorum infrascriptorum ipsis / venalibus expositis et subhastatis in loco N. pluribus vicibus et non reperto maiori / pretio quam sit pretium infrascriptum ab aliqua alia persona, prout ibidem ad presentiam mei notarii / testiumque et pronotariorum infrascriptorum ipsi curatores protestati fuerunt, de qua expositione apparet scriptura scripta per N. /

Quod unus curatorum possit disponere de bonis minorum describendis in venditionibus

Cum auctoritate quod duo ex ipsis possint et valeant, alio irrequisito, vendere, disponere, obligare et alios / contractus facere per dictummet instrumentum cure, de quo supra fit mentio. /

De promissione de rato

Centurio de tali parte solum nomine et vice Nicolai de tali parte, pro quo Nicolao dictus Centurio promissit et / promittit de rato et firmo habendo et rati habitione, sub obligatione sui et omnium suorum bonorum / presentium et futurorum, ita quod ad omnem infrascripti emptoris requisitionem ipse Nicolaus laudabit, approbabit et ratificabit / ac ratum, gratum, firmum et validum habebit et tenebit presens instrumentum venditionis omnibus ipsius / Centurionis propriis expensis, damnis et interesse tantum, et hoc in et sub pena restitutionis totius damni / et interesse ac omnium expensarum solemni stipulatione promissa, [b-]renuntiando et cetera et exceptioni promissionis facti alicui / vel aliter de proprio teneri voluit[-b]. / Et quae omnia et singula facta fuerunt et sunt coram magnifico domino N. de N. comissario et potestate Bellinzonae[1], / ipso pro tribunali sedente et cetera, quem locum et quod bancum prefatus dominus comissarius et potestas sibi elegit / et eligit pro eius loco, banco et tribunali idoneis pro predictis omnibus et singulis peragendis, gerendis / et exercendis eoque laudante, approbante et confirmante et auctoritatem suam et decretum / ac comunis Bellinzonae dante, prestante, concedente et interponente cum cause cognitione / et causa prius per eum cognita. /

[a] *Omesse le* cc. 72r.–73r. *originariamente in bianco, che contengono frammenti di modelli, annotazioni giuridiche, motti di contenuto morale, versi di saggezza popolare, compilati da mani differenti più tarde.*

[b–b] *Aggiunta in parte di seguito sulla linea, in parte sotto la linea da altra mano.*

[a]Subscriptio[b] ampla

Ego N. de N. condam ego[c] domini N. filius, publicus imperiali[d] Bellinzonae[1] notarius, quia premissis omnibus et / singulis dum sic ut supra fierent et agerentur una cum prenominatis testibus interfui eaque / sic fieri vidi et audivi ac in notam sumpsi presentesque litteras in formam publici instrumenti / exinde confeci, ideo eas aliena manu iussu meo fideliter scriptas, signo nomineque et / cognomine meis consuetis, cum predicti sigilli appensione signavi in fidem et testimonium premissorum / rogatus et requisitus. /

[e–]Vel dicas.

Predictis interfui et rogatus publicum instumentum confeci et pro fide subscripsii. /

[c. 74r.] De et super quibus omnibus et singulis premissis idem emptor a me notario infrascripto / sibi unum vel plura publicum seu publica fieri atque confici petiit instrumentum / et instrumenta[–e]. /

[a] *Precede* in *depennato.*

[b] -o *corretto sopra* -ne.

[c] *Si espunga* ego.

[d] *Si aggiunga* auctoritate.

[e–e] *Parte aggiunta da altra mano in parte nel margine inferiore della* c. *e in parte nella* c. *seguente,* c. 74r., *originariamente in bianco.*

[a–]Subscriptio

Ego talis filius et cetera, publicus apostolica imperialique auctoritatibus notarius Bellinzonae[1], quia premissis omnibus interfui, / ideo hoc presens publicum instrumentum aliena manu fideliter scriptum subscripsi et / publicavi, signum nomenque meum consuetum apposui rogatus ac requisitus. /

Vel.

Hoc publicum instrumentum subscripsi et solito meo signo munivi, in fidem / et testimonium omnium premissorum rogatus et requisitus[–a]. /

[...][b] ****[c]

[a–a] *Parte aggiunta da altra mano.*

[b] *Parte corrispondente a dieci righe, contenente frammenti di modelli, omessa.*

[c] *Spazio in bianco corrispondente a sei righe.*

[c. 74v.] Interpositio auctoritatis unius iudicis

Quibus omnibus et singulis sic ut supra solemniter et legitime factis prefatus dominus comissarius et potestas existens ut supra / suam et suum ac comunis Bellinzonae[1] auctoritatem et decretum dedit et interposuit / ac dat et interponit, causa prius per eum cognita et cum plena et plenissima causae cognitione. /

Pactum retinendi dominium rei vendite donec venditori consecutus /
fuerit solutionem pretii

Pacto et cetera quod dominium suprascriptorum bonorum et seu melioramentorum bonorum ut supra venditorum per dictum venditorem / predicto emptori remaneat penes dictum venditorem et de dictis bonis seu bonorum / melioramentis per suprascriptum emptorem fieri non possit aliquis contractus nec / distractus neque per eum emptorem bonamet ipsa seu bonorum melioramenta / alienari minus obligari possint et cetera alicui personae et cetera quavis ex causa et cetera, / nisi prius et donec ac usque quo idem venditor consequtus fuerit / integram satisfactionem recitatarum liprarum N. ipsi venditori restantium / ut supra, qua solutione per eum emptorem facta prefato venditori, / tunc et eo casu statim ipsoque iure et facto dominium ipsorum / bonorum seu melioramentorum bonorum et iurium ut supra venditorum / translatum sit et esse censeatur in ipsum emptorem, et hoc in / aliquo non attento presenti instrumento contentisque in eo, quoniam sic et cetera. /

Renuntiatio

Renuntiando exceptioni quod ipse N. allegare non possit se factum alienum vel pro alieno / facto promisisse et obligari[a] non potuisse[b] et propterea non teneri nec conveniri / omnique iuri et auxilio[c] pro quibus se thueri posset nec contravenire. /

[a] obligari *aggiunto sopra la linea con segno di richiamo sopra* promittere *depennato.*
[b] -tu- *corretto sopra* –sse.
[c] -u- *corretto sopra* -x-.

[c. 75r.][a]

[c. 75v.] [b-]Forma pactorum matrimonialium

Cum sit quod Antonius de tali loco et Catherina de tali parte cupiunt se matrimonium copulare / et volentes pro[p]terea in scriptis redigere pacta et conventiones inter sese / facta et conclusa et factas et conclusas ad effectum ut materia litium /

inter se vel eorum et utriusque eorum posteros et heredes tollatur, / et ideo contraxerunt dictum matrimonium ea lege et pacto, prout sequitur, / vulgari sermone loquendo pro faciliori partium intelligentia. / In primis se detta Caterina sopraviverà a detto Antonio qual doverà esser suo marito, / in quel caso detto Antonio hora per allhora in ogni meglior modo che ha potuto / et può, intervenendoli qualsivoglia clausola et solennità che siano / introdotte et che potessero esser solite in simili instrumenti esser messe, / obliga se et suoi beni presenti et futuri et particolarmente et cetera tutti li suoi heredi / et successori et cosi vuole che inviolabilmente sia essequito et osservato / da tutti li suoi heredi, che sopravivendo la detta Catherina a detto Antonio come sopra / che debba essere usufruttuaria generale overo donna, madonna et patrona / de suoi beni insieme con li suoi figli et heredi finche viverà et starà / in habito viduale, et caso che non pottesse habitare et stare et cetera allhora / li lascia di usufruire et cetera, / con altri patti et cetera sicome si conveniranno, / li quali patti et conventioni si possino sempre estendere in quel meglior / modo et più ampio che si possa dire al dittamento di qualsivoglia sapiente. / Que quidem pacta et cetera. / Qui Antonius renunciavit quibuscumque iuribus et statutis in contrarium facientibus, / si que sunt et cetera et iuravit habere rata et cetera. / Actum et cetera[-b]. /

S.T.[c] /

[a] *La* c. 75r. *è in bianco.*
[b–b] *Parte aggiunta da altra mano su* c. *originariamente in bianco.*
[c] Signum tabellionatus *che porta le iniziali A. M.*

[c. 76r.–78v.][a]

[a] *Le* cc. 76r.–78v. *sono in bianco, solo nella* c. 78v. *in alto al centro di altra mano* Oratio sancti Abundii episcopi, *seguito da due ghirigori.*

[c. 79r.] Rubrica instrumentorum descriptorum in presenti cartulario

*[*Rubrica instrumentorum *originale. I titoli della* rubrica *sono accompagnati dall'indicazione del foglio. I titoli e i numeri dei fogli che non figurano nella* rubrica *sono stati da noi posti tra parentesi quadre. A tutti i titoli abbiamo aggiunto l'indicazione della* c. *Sono stati inoltre segnalati in nota i titoli o parte dei titoli, che ricorrono all'interno del formulario, nel caso in cui essi si differenzino sensibilmente da quelli della* rubrica.*]*

a–a *Nella* c. 7v. Instrumentum emancipationis.
b–b *Nella* c. 13v. Procura ad pettendum.
c–c *Nella* c. 13v. Ad causas.
d–d *Nella* c. 15r. Ad pecuniam mutuo suscipiendum.
e–e *Modello che si trova alla* c. 79r., *riga 19 della* rubrica instrumentorum.
f–f *Modello che si trova alla* c. 79v., *seconda colonna, riga 21 della* rubrica instrumentorum.
g–g *Modello che si trova alla* c. 79v., *seconda colonna, riga 22 della* rubrica instrumentorum.
h–h *Nella* c. 20v. Obligatio duorum debitorum.
i–i *Nella* c. 21v. Obligatio cum fideiussore.

[j] *Nella* c. 79v. *la* rubrica instrumentorum *è compilata su due colonne.*

[k–k] *Nella* c. 26r. Dos extimata in rebus mobilibus et immobilibus.

[l–l] *Modello che si trova alla* c. 79v., *seconda colonna, riga 20 della* rubrica instrumentorum.

[m–m] *Nella* c. 34r. Alia forma venditionis consueta in partibus Romae.

[n] *Nella* c. 34v. *segue* et naturalis posessionis.

[o] *Nella* c. 37v. *segue* et civilis posessionis facta per unum alteri.

[p] *Nella* c. 39v. *segue* in brevi forma.

[q] *Nella* c. 41r. *segue* breve.

[r] *Nella* c. 43r. *segue* ad terminum.

[s] *Nella* c. 46v. *segue* in brevi forma.

[t–t] *Modello che si trova alla* c. 79v., *prima colonna, riga 30 della* rubrica instrumentorum.

[u–u] *Modello che si trova alla* c. 79v., *prima colonna, riga 29 della* rubrica instrumentorum.

[v–v] *Modello che si trova alla* c. 79v., *prima colonna, riga 33 della* rubrica instrumentorum.

[w] *Nella* c. 55r. canonici.

[x] *Nella* c. 59v. recognoscendum.

[y] *Nella* c. 65v. legitimatio.

[z] *Omesse annotazioni in parte in volgare, di mano più tarda, che si trovano in basso della seconda colonna della* c. 79v.

[aa] *Si aggiunga* pena.

[1] *Bellinzona, com., distretto omonimo.*

[2] *Sulla chiesa di S. Biagio a Ravecchia, cfr.* Ostinelli P., *Il governo delle anime. Strutture ecclesiastiche nel Bellinzonese e nelle Valli ambrosiane (XIV–XV secolo), Locarno 1998, Indice dei nomi di persona e di luogo, voce Ravecchia, p. 389,* Campagna A., *La chiesa di San Biagio a Ravecchia-Bellinzona, Berna 1998.*

[3] *Forse Raimondi Raffaele, detto il Cumano (morto nel 1427), giurista di diritto civile a Pavia e a Padova, autore di un commentario alla seconda parte del* Digestum infortiatum *e alla prima del* Digestum novum, *di alcune* ripetitiones *e di una raccolta di* consilia.

[4] *Cfr.* Heusler A., *Rechtsquellen des Kantons Tessin. Die Statuten von Bellinzona, ZSR, 41, NF. 19 (1900),* statuta civilia, *cap. 108, pp. 182, 184.*

[5] *Roma, capoluogo della prov. omonima, Italia.*

[6] *La fiera di san Gallo (16 ottobre, festa del santo) si teneva nel mese di ottobre a Roveredo (canton Grigioni).*

[7] *Milano, capoluogo della prov. omonima, Italia.*

[8] *San Michele (29 settembre).*

[9] *Sulla fiera annuale di san Bartolomeo (24 agosto) a Bellinzona, cfr.* Chiesi G., *Bellinzona ducale. Ceto dirigente e politica finanziaria nel Quattrocento, Bellinzona 1988, Indice dei nomi di persona, di luogo e delle cose notevoli, voce Bellinzona, p. 352.*

[10] *Cfr.* Heusler, *Die Statuten von Bellinzona, ZSR, 41, NF. 19 (1900),* statuta civilia, *cap. 98, p. 172.*

[11] *San Martino (11 novembre).*

[12] *Cfr.* Heusler, *Die Statuten von Bellinzona, ZSR, 41, NF. 19 (1900),* statuta civilia, *cap. 92, pp. 166, 168.*

[13] *Il pontefice Pio V (Antonio Ghislieri), a. 1566–1572, con la bolla* de censibus, *emanata il 14 febbraio 1568, aveva infatti stabilito le norme definitive, che permettevano di distinguere il censo legittimamente costituito da quello colpito da censura ecclesiastica. Cfr. sull'argomento* Leicht P. S., *Storia del diritto italiano. Il diritto privato, II, Milano 1960, pp. 133–134.*

[14] *Uri, cantone, Svizzera.*

[15] *Svitto, cantone, Svizzera.*

[16] *Untervaldo, cantone, Svizzera.*

[17] *Cfr.* Heusler, *Die Statuten von Bellinzona, ZSR, 41, NF. 19 (1900),* statuta civilia, *cap. 170 = E cap. 186, pp. 252, 254.*

[18] *Cfr.* Heusler, *Die Statuten von Bellinzona, ZSR, 41, NF. 18 (1899),* statuta civilia, *cap. 74, pp. 262, 264.*

[19] *Cfr.* Heusler, *Die Statuten von Bellinzona, ZSR, 41, NF. 18 (1899),* statuta civilia, *cap. 10, pp. 184, 186.*

[20] *Sulla chiesa collegiata e pievana di S. Pietro (e dei SS. Maria, Paolo e Stefano) a Bellinzona, cfr.* Borella P., *Bellinzona, in Le chiese collegiate della Svizzera italiana, a cura di* Moretti A., *Berna 1984 (Helvetia Sacra II/1), pp. 66–83,* Ostinelli, *Il governo delle anime, Indice dei nomi di persona e di luogo, voce Bellinzona, p. 370,* Calderari L., Pedrioli P., *La chiesa collegiata dei Santi Pietro e Stefano di Bellinzona, Berna 2008.*

[21] *Il Concilio di Trento, uno dei più importanti della Chiesa, riunito sotto la spinta della duplice esigenza di tentare la riconciliazione con i protestanti e di riformare la vita del clero, fu indetto il 15 marzo 1545 e aperto il 13 dicembre dello stesso anno da papa Paolo III, sospeso nel 1552 da papa Giulio III, fu da papa Pio IV riaperto il 18 gennaio 1562 e terminato il 4 dicembre 1564.*

[22] *Como, capoluogo della prov. omonima, Italia.*

[23] *Forse Gerolamo Canevali, di Domenico, pubblico notaio di Lugano, che si iscrisse nella* Matricola notariorum comunitatis vallis Lugani (a. 1464–1693) *nel 1538. Cfr. Indice alfabetico dei notai in FDS TI C/1, p. 420.*

[24] *Ticino, fiume, che attraversa il territorio dell'omonimo cantone.*

Errata corrige

[Le correzioni riguardano le parti documentarie e le informazioni ad esse riferentisi, pubblicate nel volume Formulari notarili I (FDS TI C/1).]

errata	**corrige**
I, p. 8, riga 20: luganensium	Luganensium
I, p. 22, riga 7: cart. 3516	*cart. 1463*
I, p. 22, riga 8: a. 1555-	a. 1553-
I, p. 20, riga 29: Carolo	Carli
I, p. 20, riga 33: Carolo	Carli
I, p. 25: luganensium.	Luganensium.
I, p. 37, riga 6: 1512	1521
I, p. 45, riga 27: formulari	questionari
I, p. 52, riga 13: Misocco	Mesocco
I, p. 80, riga 12: santi etc.	santi [Viti de Lognate]
I, p. 99, riga 6: 198-	*Da cancellare.*
I, p. 99, riga 6: 281v.	281r.
I, p. 118, riga 16: compartitio	compartitum
I, p. 119, riga 20: utili	utili,
I, p. 125, riga 20: ducendi	ducendi [aquam]
I, p. 125, riga 28: cedere	*Così, si intenda:* cadere.
I, p. 139, riga13: superborum	suprascriptorum
I, p. 144, riga 14: apponendi	apponendum
I, p. 144, righe 16, 17: romano	Romano
I, p. 144, riga 18: mediolanensi	Mediolanensi
I, p. 144, riga 19: laudensi	Laudensi
I, p. 144, righe 21, 23: pratensi	Pratensi
I, p. 144, riga 22: locarnensi	Locarnensi
I, p. 144, righe 24, 25, 26: [romano][a]	Romano
I, p. 152, riga 21: arbitrorum	arbitramentorum
I, p. 155, riga 3: romano	Romano
I, p. 200, riga 40: Precede *et* depennato.	*Precede* et *depennato. Si intenda* ingrediendi.
I, p. 203, riga 6: ianuari	Ianuari
I, p. 208, riga 23: iulii	Iulii
I, p. 209, riga 39: offere	offerre
I, p. 210, riga 35: [millitatum][n]	nullitatum
I, p. 211, riga 2: audientiam,	audientiam

I, p. 218, riga 7: eligendum,	eligendum
I, p. 218, riga 7: recuxandum	recuxandum,
I, p. 222, riga 8: manuum[ini]ctionem	manuum[ini]etionem
I, p. 223, riga 10: purificare[f]	purificare
I, p. 224, riga 27: cenubiarcha[g]	cemiliarcha
I, p. 225, riga 35: richia.	richiamo.
I, p. 229, riga 6: florini	*Così, si intenda* florenum.
I, p. 241, riga 4: auri ponderis	auri, ponderis
I, p. 249, riga 32: interesse,	interesse
I, p. 252, riga 7: eidem[b]	eidem
I, p. 252, riga 21: scribenda	scribenda,
I, p. 257, riga 14: Coire[55]	Coire[53]
I, p. 264, riga 1: investiture	investitura
I, p. 267, riga 23: septembris	Septembris
I, p. 269, riga 24: martii	Martii
I, p. 273, riga 10: factos	factis
I, p. 273, riga 19: aprilis	Aprilis
I, p. 273, riga 25: pignoris	pignori
I, p. 280, riga 12: vicecomes	Vicecomes
I, p. 290, righe 1, 7: verus	Verus
I, p. 290, riga 2: procuratori	procurator
I, p. 290, riga 14: verum	Verum
I, p. 290, riga 28: iuris,	iuris
I, p. 297, riga 8: aprilis	Aprilis
I, p. 299, riga 6: arbitris	arbitri[i]s
I, p. 301, riga 1: aprilis	Aprilis
I, p. 306, riga 3: aprilis	Aprilis
I, p. 313, riga 23: indebita	in debita
I, p. 314, riga 38: *si espunga* et.	*si integri* rationes.
I, p. 365, riga 20: debeo, et teneor	debeo et teneor,
I, p. 366, riga 18: de terra frondibus[g] et herba[m]	de terra, frondibus et herba
I, p. 368, riga 1: cuiuslibet[a] personis, comuni[bu]s, coligiis / capitullis et universitatibus	cuiuslibet personis, comunis, coligiis, / capitullis et universitatis[a]
I, p. 368, riga 32: a) Così, s'intenda *quibuslibet.*	a) *Così, si espunga* cuiuslibet personis *e s'intenda* comunis, coligii, / capitulli et universitatis.
I, p. 376, riga 21: iohalium	johalium

I, p. 376, riga 35: iocalium	jocalium
I, p. 383, riga 3: domini[b]	domini
I, p. 383, riga 4: futurorum[c]	futurorum
I, p. 383, riga 11: ad causas[f]	ad causas
I, p. 385, riga 18: stipulare	stipulari
I, p. 391, riga 12: [b]Ellectio	Introytus / [b]Ellectio
I, p. 399, righe 2, 3, 8: luganensium	Luganensium
I, p. 400, riga 2: novembris	Novembris
I, p. 400, riga 20: priores	prioris
I, p. 401, riga 32: preficiant	perficiant
I, p. 404, riga 13: vero	vero,
I, p. 404, riga 17: instromentis,	instromentis
I, p. 405, riga 15: decembris	Decembris
I, p. 413, riga 30: testatentum	testamentum

Sammlung Schweizerischer Rechtsquellen (SSRQ)
Les sources du droit suisse (SDS)
Le fonti del diritto svizzero (FDS)

Namens des Schweizerischen Juristenvereins
herausgegeben von dessen Rechtsquellenstiftung

Recueil édité au nom de la Société suisse des juristes
par sa Fondation des sources du droit

Edite dalla Fondazione per le fonti giuridiche
della Società svizzera di giuristi

Website: http://www.ssrq-sds-fds.ch/

Verzeichnis der Bände / Liste des livres / Lista dei libri

I. Abteilung: Die Rechtsquellen des Kantons Zürich

Alte Folge Erster Teil: Offnungen und Hofrechte

Band 1: Adlikon bis Bertschikon von Robert Hoppeler. 1910. XIX, 570 Seiten.
Vergriffen
SSRQ ZH AF I/1

Band 2: Bertschikon bis Dürnten von Robert Hoppeler. 1915. XVI, 541 Seiten.
Vergriffen
SSRQ ZH AF I/2

Neue Folge Erster Teil: Die Stadtrechte von Zürich und Winterthur
Erste Reihe: Stadt und Territorialstaat Zürich

Band 1: Zürcher Richtebrief von Daniel Bitterli. 2011. XCVI, 305 Seiten. Gebunden.
Fr. 190.–
ISBN 978-3-7965-2717-3
SSRQ ZH NF I/1/1

Neue Folge Zweiter Teil: Rechte der Landschaft

Band 1: Das Neuamt von Thomas Weibel. 1996. XXVII, 495 Seiten. Gebunden.
Fr. 190.–
ISBN 978-3-7965-1751-8
SSRQ ZH NF II/1

II. Abteilung: Die Rechtsquellen des Kantons Bern

Erster Teil: Stadtrechte

Band 1 und 2: Das Stadtrecht von Bern I und II: Handfeste, Satzungsbücher, Stadtbuch, Stadtsatzung 1539 von Friedrich Emil Welti, 2. Auflage von Hermann Rennefahrt unter Mitarbeit von Hermann Specker. 1971. XLVIII, 765 Seiten. Broschiert. Fr. 170.–
ISBN 978-3-7965-1752-5
SSRQ BE I/1 und 2

Band 3: Das Stadtrecht von Bern III von Hermann Rennefahrt. 1945. XX, 611 Seiten. *Vergriffen*
SSRQ BE I/3

Band 4: Das Stadtrecht von Bern IV von Hermann Rennefahrt. 1. Hälfte. 1955. XXIV, 724 Seiten. 2. Hälfte. 1956. XIX, 725 Seiten. *Vergriffen*
SSRQ BE I/4

Band 5: Das Stadtrecht von Bern V: Verfassung und Verwaltung des Staates Bern von Hermann Rennefahrt. 1959. XXX, 803 Seiten. Broschiert. Fr. 150.–
ISBN 978-3-7965-1754-9
SSRQ BE I/5

Band 6: Das Stadtrecht von Bern VI: Staat und Kirche von Hermann Rennefahrt. 1. Hälfte. 1960. XLVIII, 688 Seiten. 2. Hälfte. 1961. VII, 395 Seiten. *Vergriffen*
SSRQ BE I/6

Band 7: Das Stadtrecht von Bern VII: Zivil-, Straf- und Prozessrecht von Hermann Rennefahrt. 1. Hälfte. 1963. XXII, 731 Seiten. 2. Hälfte. 1964. XIII, 389 Seiten. *Vergriffen*
SSRQ BE I/7

Band 8: Das Stadtrecht von Bern VIII: Wirtschaftsrecht von Hermann Rennefahrt.
1. Hälfte. 1966. XX, 530 Seiten. Broschiert. Fr. 110.–
ISBN 978-3-7965-1759-4
SSRQ BE I/8.1
2. Hälfte. 1966. X, 349 Seiten. Broschiert. Fr. 110.–
ISBN 978-3-7965-1760-0
SSRQ BE I/8.2

Band 9: Das Stadtrecht von Bern IX: Gebiet, Haushalt, Regalien von Hermann Rennefahrt. 1. Hälfte. 1967. XXVII, 476 Seiten. Broschiert. Fr. 110.–
ISBN 978-3-7965-1761-7
SSRQ BE I/9.1
2. Hälfte. 1967. IV, 446 Seiten. Broschiert. Fr. 110.–
ISBN 978-3-7965-1762-4
SSRQ BE I/9.2

Band 10: Das Stadtrecht von Bern X: Polizei, behördliche Fürsorge von Hermann Rennefahrt. 1968. XX, 703 Seiten. *Vergriffen*
SSRQ BE I/10

Band 11: Das Stadtrecht von Bern XI: Wehrwesen von Hermann Rennefahrt. 1975. XV, 500 Seiten. Broschiert. Fr. 150.–
ISBN 978-3-7965-1763-1
SSRQ BE I/11

Band 12: Das Stadtrecht von Bern XII: Bildungswesen von Hermann Rennefahrt. 1979. XII, 292 Seiten. Broschiert. Fr. 110.–
ISBN 978-3-7965-1764-8
SSRQ BE I/12

Band 13: Die Rechtsquellen der Stadt Biel mit ihren «Äusseren Zielen» Bözingen, Vingelz und Leubringen von Paul Bloesch mit einem Register von Achilles Weishaupt. 2003. 2 Halbbände. XLII, 1101 Seiten. Gebunden. Fr. 380.–
ISBN 978-3-7965-1978-9
SSRQ BE I/13

Zweiter Teil: Rechte der Landschaft

Band 1: Das Statutarrecht des Simmentales bis 1798 von Ludwig Samuel von Tscharner.
1. Halbband: Das Obersimmental. 1912. XLVI, 337 Seiten. *Vergriffen*
SSRQ BE II/1.1
2. Halbband: Das Niedersimmental. 1914. LXVIII, 334 Seiten. Broschiert. Fr. 110.–
ISBN 978-3-7965-1765-5
SSRQ BE II/1.2

Band 2: Das Statutarrecht der Landschaft Frutigen bis 1798 von Hermann Rennefahrt. 1937. X, 436 Seiten. Broschiert. Fr. 110.–
ISBN 978-3-7965-1766-2
SSRQ BE II/2

Band 3: Das Statutarrecht der Landschaft Saanen bis 1798 von Hermann Rennefahrt. 1942. LXXX, 512 Seiten. Broschiert. Fr. 110.–
ISBN 978-3-7965-1767-9
SSRQ BE II/3

Band 4: Das Recht des Landgerichts Konolfingen von Ernst Werder. 1950. LXXI, 711 Seiten. Broschiert. Fr. 170.–
ISBN 978-3-7965-1768-6
SSRQ BE II/4

Band 5: Das Recht des Amtsbezirks Laupen von Hermann Rennefahrt. 1952. LXVII, 455 Seiten. *Vergriffen*
SSRQ BE II/5

Band 6: Das Recht der Ämter Interlaken und Unterseen von Margret Graf-Fuchs. 1957. LXXXII, 756 Seiten. *Vergriffen*
SSRQ BE II/6

Band 7: Das Recht des Amtes Oberhasli von Josef Brülisauer. 1984. XLIV, 431 Seiten. Gebunden. Fr. 190.–
ISBN 978-3-7965-1769-3
SSRQ BE II/7

Band 8: Das Recht der Landschaft Emmental (Seit 1803 Amtsbezirke Signau und Trachselwald) von Anne-Marie Dubler. 1991. 2 Halbbände. LX, 908 Seiten. Gebunden. Fr. 380.–
ISBN 978-3-7965-1770-9
SSRQ BE II/8

Band 9: Die Rechtsquellen der Stadt Burgdorf und ihrer Herrschaften und des Schultheissenamts Burgdorf von Anne-Marie Dubler. 1995. 2 Halbbände. LXXXVIII, 904 Seiten. Gebunden. Fr. 380.–
ISBN 978-3-7965-1771-6
SSRQ BE II/9

Band 10: Das Recht im Oberaargau. Landvogtei Wangen, Aarwangen und Landshut, Landvogtei Bipp von Anne-Marie Dubler. 2001. 2 Halbbände. CXIII, 1078 Seiten, 5 Karten. Gebunden. Fr. 380.–
ISBN 978-3-7965-1718-1
SSRQ BE II/10

Band 11: Das Recht der Stadt Thun und der Ämter Thun und Oberhofen von Anne-Marie Dubler. 2004. 2 Halbbände. CVII, 1198 Seiten, 4 Karten. Gebunden. Fr. 380.–
ISBN 978-3-7965-2061-7
SSRQ BE II/11

III. Abteilung: Die Rechtsquellen des Kantons Luzern

Erster Teil: Stadtrechte

Band 1: Stadt und Territorialstaat Luzern: Satzungen und andere normative Quellen bis 1425 von Konrad Wanner nach Vorarbeiten von Guy P. Marchal. 1998. LXXIX, 513 Seiten. Gebunden. Fr. 190.–
ISBN 978-3-7965-1772-3
SSRQ LU I/1

Band 2: Stadt und Territorialstaat Luzern: Satzungen und andere normative Quellen (1426–1460) von Konrad Wanner. 2004. LI, 430 Seiten. Gebunden. Fr. 190.–
ISBN 978-3-7965-2062-4
SSRQ LU I/2

Band 3: Stadt und Territorialstaat Luzern: Satzungen, Eidbuch, Stadtrechtbuch und andere normative Quellen (1461–1489) von Konrad Wanner. 2005. XLIX, 682 Seiten. Gebunden. Fr. 190.–
ISBN 978-3-7965-2134-8
SSRQ LU I/3

Band 4: Stadt und Territorialstaat Luzern: Geschworener Brief, Eidbücher (16.–18. Jh.) von Konrad Wanner. 2012. XLVI, 696 Seiten, 4 Konkordanztabellen. Gebunden. Fr. 190.–
ISBN 978-3-7965-2797-5
SSRQ LU I/4

Band 5: Stadt und Territorialstaat Luzern: Stadtrechtsbücher und verwandte Texte (16.–18. Jh.) von Konrad Wanner. 2015. XXXVIII, 572 Seiten, 2 Konkordanztabellen. Gebunden. Fr. 190.–
ISBN 978-3-7965-3412-6
SSRQ LU I/5

Zweiter Teil: Rechte der Landschaft

Band 1: Vogtei und Amt Weggis von Martin Salzmann. 1996. LXX, 441 Seiten. Gebunden. Fr. 190.–
ISBN 978-3-7965-1773-0
SSRQ LU II/1

Band 2: Vogtei Willisau 1407–1798. 1. Halbband: Freiamt, Grafschaft, Landvogtei Willisau von August Bickel. 2002. XXIII, 906 Seiten. Gebunden. Fr. 190.–
ISBN 978-3-7965-1896-6
SSRQ LU II/2.1
2. Halbband: Stadt Willisau von August Bickel. 1994. XXV, 723 Seiten. Gebunden. Fr. 190.–
ISBN 978-3-7965-1774-7
SSRQ LU II/2.2
Ergänzungs- und Registerband von August Bickel. 2007. XCII, 659 Seiten. Gebunden. Fr. 190.–
ISBN 978-3-7965-2293-2
SSRQ LU II/2.3

Band 3: Das Land Entlebuch I: 1358 bis 1600 von Andreas Ineichen. 2016. CVIII, 673 Seiten, 2 Karten. Gebunden. Fr. 190.–
ISBN 978-3-7965-3427-0
SSRQ LU II/3

VII. Abteilung: Die Rechtsquellen des Kantons Glarus

Band 1: Urkunden, Vereinbarungen und Gerichtsordnungen von Fritz Stucki. 1983. LII, 539 Seiten. Gebunden. Fr. 190.–
ISBN 978-3-7965-1775-4
SSRQ GL 1.1

Band 2: Einzelbeschlüsse bis 1679 von Fritz Stucki. 1984. XXXII, 457 Seiten. Gebunden. Fr. 190.–
ISBN 978-3-7965-1776-1
SSRQ GL 1.2

Band 3: Einzelbeschlüsse 1680–1798. Allgemeine Landesmandate von Fritz Stucki. 1984. XXXIV, 507 Seiten. Gebunden. Fr. 190.–
ISBN 978-3-7965-1777-8
SSRQ GL 1.3

Band 4: Gemeinden und private Genossenschaften von Fritz Stucki. 1985. XXVI, 546 Seiten. Gebunden. Fr. 190.–
ISBN 978-3-7965-1778-5
SSRQ GL 1.4

Band 5: Register, Übersetzungen und Berichtigungen von Fritz Stucki. 1985. VI, 154 Seiten. Gebunden. Fr. 110.–
ISBN 978-3-7965-1779-2
SSRQ GL 1.5

VIII. Abteilung: Die Rechtsquellen des Kantons Zug

Band 1: Grund- und Territorialherren. Stadt und Amt von Eugen Gruber. 1972. XXXVIII, 578 Seiten. Broschiert. Fr. 150.–
ISBN 978-3-7965-1780-8
SSRQ ZG 1.1

Band 2: Stadt Zug und ihre Vogteien. Äußeres Amt von Eugen Gruber. 1972. XXVII, 588 Seiten. Broschiert. Fr. 150.–
ISBN 978-3-7965-1781-5
SSRQ ZG 1.2

Band 3: Sachregister und Glossar von Peter Stotz. 1985. VI, 91 Seiten. Fr. 80.–
ISBN 978-3-7965-1782-2
SSRQ ZG 1.3

IXe partie: Les sources du droit du Canton de Fribourg
IX. Abteilung: Die Rechtsquellen des Kantons Freiburg

Première section: Le Droit des Villes / Erster Teil: Stadtrechte
Première série: Villes municipales / Erste Reihe: Landstädte

Band 1: Das Stadtrecht von Murten von Friedrich Emil Welti. 1925. XXIV, 633 Seiten. Broschiert. Fr. 110.–
ISBN 978-3-7965-1783-9
SSRQ FR I/1/1

Tome 2: Le droit d'Estavayer par Bernard de Vevey. 1932. XXI, 478 pages. Broché. Fr. 110.–
ISBN 978-3-7965-1784-6
SDS FR I/1/2

Tome 3: Le droit de Bulle par Bernard de Vevey. 1935. XVI, 174 pages. Broché. Fr. 80.–
ISBN 978-3-7965-1785-3
SDS FR I/1/3

Tome 4: Le droit de Gruyères par Bernard de Vevey. 1939. XXVI, 268 pages. Broché. Fr. 110.–
ISBN 978-3-7965-1786-0
SDS FR I/1/4

Deuxième série: Le droit de la ville de Fribourg
Zweite Reihe: Das Recht der Stadt Freiburg

Tome 6: La «Première collection des lois» de Fribourg en Nuithonie par Chantal Ammann-Doubliez avec les index par Chantal Ammann-Doubliez, Yann Dahhaoui et Marianne Derron. 2009. XV, 567 pages. Relié. Fr. 190.–
ISBN 978-3-7965-2580-3
SDS FR I/2/6

Troisième série: Registres de notaires et formulaires notariaux
Dritte Reihe: Notariatsregister und Notariatsformularbücher

Band 5: Das Notariatsformularbuch des Ulrich Manot von Albert Bruckner. 1958. XV, 747 Seiten. Broschiert. Fr. 170.–
ISBN 978-3-7965-1787-7
SSRQ FR I/3/5

Tome 7: Registrum Lombardorum. Le premier registre notarial des Archives de l'État de Fribourg (1356-1359) par Lionel Dorthe et Kathrin Utz Tremp. 2016. LVIII, 824 pages, 3 figures. Relié. Fr. 190.–
ISBN 978-3-7965-3425-6
SDS FR I/3/7

X. Abteilung: Die Rechtsquellen des Kantons Solothurn

Erster Teil: Stadtrechte

Band 1: Die Rechtsquellen der Stadt Solothurn von den Anfängen bis 1434 von Charles Studer. 1949. XXVIII, 612 Seiten. *Vergriffen*
SSRQ SO I/1

Band 2: Mandate, Verordnungen, Satzungen des Standes Solothurn von 1435 bis 1604 von Charles Studer. 1987. VIII, 622 Seiten. Gebunden.
Fr. 190.–
ISBN 978-3-7965-1789-1
SSRQ SO I/2

XII. Abteilung: Die Rechtsquellen des Kantons Schaffhausen

Erster Teil: Stadtrechte

Band 1: Das Stadtrecht von Schaffhausen I: Rechtsquellen 1045–1415 von Karl Mommsen, abgeschlossen von Hans Lieb und Elisabeth Schudel. 1989. XII, 446 Seiten. Gebunden. Fr. 190.–
ISBN 978-3-7965-1790-7
SSRQ SH I/1

Band 2: Das Stadtrecht von Schaffhausen II: Das Stadtbuch von 1385 von Karl Schib. 1967. XX, 195 Seiten. *Vergriffen*
SSRQ SH I/2

XIII. Abteilung: Die Rechtsquellen der Kantone Appenzell

Band 1: Appenzeller Landbücher von Nathalie Büsser mit Registern von Margrit Meyer Kälin. 2009. LXXXIX, 569 Seiten, 2 Karten. Gebunden. Fr. 190.–
ISBN 978-3-7965-2614-5
SSRQ AR/AI 1

XIV. Abteilung: Die Rechtsquellen des Kantons St. Gallen

Erster Teil: Die Rechtsquellen der Abtei St. Gallen

1. Reihe: Die Herrschaft des Abtes von St. Gallen
2. Reihe: Die Alte Landschaft

Band 1: Die allgemeinen Rechtsquellen der Alten Landschaft von Walter Müller. 1974. XXXV, 508 Seiten. Broschiert. Fr. 110.–
ISBN 978-3-7965-1792-1
SSRQ SG I/2/1

Band 3: Die Rechtsquellen der Stadt Wil nach Vorarbeiten von Magdalen Bless-Grabher von Peter Erni und Martin Salzmann. 2005. 2 Halbbände, XLIX, 1124 Seiten. Gebunden. Fr. 380.–
ISBN 978-3-7965-2135-5
SSRQ SG I/2/3

Band 4: Dorfrechte der Alten Landschaft von Max Gmür. 1. Band: Alte Landschaft. 1903. XXXII, 702 Seiten. *Vergriffen*
SSRQ SG I/2/4.1
2. Band: Toggenburg. 1906. XLV, 708 Seiten. *Vergriffen*
SSRQ SG I/2/4.2

Zweiter Teil: Die Stadtrechte von St. Gallen und Rapperswil

1. Reihe: Die Rechtsquellen der Stadt St. Gallen

Band 1: Die Stadtbücher des 14. bis frühen 17. Jahrhunderts von Magdalen Bless-Grabher unter Mitarbeit von Stefan Sonderegger. 1995. IL, 443 Seiten. Gebunden. Fr. 190.–
ISBN 978-3-7965-1793-8
SSRQ SG II/1/1

Band 2: Das Stadtbuch von 1673 von Ernst Ziegler unter Mitwirkung von Ursula Hasler mit einem Register von Anne-Marie Dubler. 1996. LVII, 481 Seiten. Gebunden. Fr. 190.–
ISBN 978-3-7965-1794-5
SSRQ SG II/1/2

2. Reihe: Die Rechtsquellen der Stadt und Herrschaft Rapperswil

Band 1: Rechtsquellen der Stadt und Herrschaft Rapperswil (mit den Höfen Busskirch / Jona, Kempraten und Wagen) von Pascale Sutter. 2007. 2 Halbbände, LXXVI, 1108 Seiten, 1 Karte. Gebunden. Fr. 380.–
ISBN 978-3-7965-2297-0
SSRQ SG II/2/1

Dritter Teil: Die Landschaften und Landstädte

Band 1: Landschaft Gaster mit Weesen von Ferdinand Elsener. 1951. XXXII, 728 Seiten.
Vergriffen
SSRQ SG III/1

Band 2: Die Rechtsquellen des Sarganserlandes von Sibylle Malamud und Pascale Sutter. 2013. 2 Halbbände, CXXIV, 1550 Seiten, 2 Karten, 1 Stammbaum. Gebunden. Fr. 380.–
ISBN 978-3-7965-2915-3
SSRQ SG III/2

Band 3: Die allgemeinen Rechtsquellen des Rheintals von Werner Kuster. 2018. 3 Halbbände, 2127 Seiten, 1 Karte. Gebunden. Fr. 390.–
ISBN 978-3-7965-3427-0
SSRQ SG III/3

XV. Abteilung: Die Rechtsquellen des Kantons Graubünden
XV sezione: Le fonti del diritto del Cantone dei Grigoni
XV. partiziun: Las funtaunas da dretg dal chantun Grischun

A. Alträtisches Recht

Band 1: Lex Romana Curiensis von Elisabeth Meyer-Marthaler. 2. Auflage 1966. LX, 722 Seiten. Broschiert. Fr. 170.–
ISBN 978-3-7965-1795-2
SSRQ GR A 1

B. Die Statuten der Gerichtsgemeinden
Erster Teil: Der Gotteshausbund

Band 1: Oberengadin von Andrea Schorta unter Mitarbeit von Peter Liver. 1980. 672 Seiten. Gebunden. Fr. 190.–
ISBN 978-3-7965-1796-9
SSRQ GR B I/1

Band 2: Unterengadin von Andrea Schorta, Einleitung von Peter Liver. 1981. 624 Seiten. Gebunden. Fr. 190.–
ISBN 978-3-7965-1797-6
SSRQ GR B I/2

Band 3: Münstertal von Andrea Schorta, Einleitung von Peter Liver. 1983. 422 Seiten. Gebunden. Fr. 190.–
ISBN 978-3-7965-1798-3
SSRQ GR B I/3

Band 4: Indices zu den Statuten der Gerichtsgemeinden sowie zu den Dorfordnungen des Engadins, des Münstertals und des Kreises Bravuogn (Bergün) von Andrea Schorta unter Mitarbeit von Peter Liver. 1985. 512 Seiten. Gebunden. Fr. 190.–
ISBN 978-3-7965-1799-0
SSRQ GR B I/4

Serie Dorfordnungen / Tschantamaints

Die Dorfordnungen, die nicht in der Sammlung Schweizerischer Rechtsquellen erschienen sind, können für Fr. 35.– pro Band bei der Uniun dals Grischs, Chesin Manella, Straglia da Sar Josef, 7505 Celerina / Schlarigna, Tel.: 0041 (0)81 833 18 12, Fax: 0041 (0)81 833 18 03, E-Mail: udg.vendita@rumantsch.ch, bestellt werden.

Band 1: Tschantamaints d'Engiadina bassa / Die Dorfordnungen des Unterengadins von Andrea Schorta, 2. Auflage 1982.

Band 2: Tschantamaints d'Engiadin'ota, da Bravuogn e Filisur / Die Dorfordnungen des Oberengadins, von Bergün und Filisur von Andrea Schorta, 2. Auflage 1982.

Zweiter Teil: Der Zehngerichtenbund

Band 1: Gericht Langwies von Elisabeth Meyer-Marthaler. 1985. XXVIII, 604 Seiten. Gebunden. Fr. 190.–
ISBN 978-3-7965-1810-2
SSRQ GR B II/1

Band 2: Landesherrschaft und Bundesrecht von Elisabeth Meyer-Marthaler, unter Mitarbeit von Martin Salzmann, mit Registern von Evelyn Ingold. 2008. 2 Halbbände, LXXXVI, 1317 Seiten, 3 Karten. Gebunden. Fr. 380.–
ISBN 978-3-7965-2512-4
SSRQ GR B II/2

Dritter Teil: Der Obere Bund

Band 1: Die Gerichtsgemeinden der Surselva von Adrian Collenberg. 2012. 4 Halbbände, CCV, 2248 Seiten, 1 Tabelle, 9 Karten. Gebunden. Fr. 498.–
ISBN 978-3-7965-2798-2
SSRQ GR B III/1

XVI. Abteilung: Die Rechtsquellen des Kantons Aargau

Erster Teil: Stadtrechte

Band 1: Das Stadtrecht von Aarau von Walther Merz. 1898. XXVII, 559 Seiten. Broschiert. Fr. 110.–
ISBN 978-3-7965-1811-9
SSRQ AG I/1

Band 2: Die Stadtrechte von Baden und Brugg von Friedrich Emil Welti und Walther Merz. 1899. XXIV, 450 und XIII, 346 Seiten. *Vergriffen*
SSRQ AG I/2

Band 3: Die Stadtrechte von Kaiserstuhl und Klingnau von Friedrich Emil Welti. 1905. XVI, 421 Seiten. *Vergriffen*
SSRQ AG I/3

Band 4: Die Stadtrechte von Bremgarten und Lenzburg von Walther Merz. 1909. XVI, 424 Seiten. Broschiert. Fr. 110.–
ISBN 978-3-7965-1812-6
SSRQ AG I/4

Band 5: Das Stadtrecht von Zofingen von Walther Merz. 1914. XVII, 509 Seiten. *Vergriffen*
SSRQ AG I/5

Band 6: Die Stadtrechte von Laufenburg und Mellingen von Friedrich Emil Welti und Walther Merz. 1915. XXV, 564 Seiten. Broschiert. Fr. 110.–
ISBN 978-3-7965-1814-0
SSRQ AG I/6

Band 7: Das Stadtrecht von Rheinfelden von Friedrich Emil Welti. 1917. XVI, 515 Seiten. *Vergriffen*
SSRQ AG I/7

Zweiter Teil: Rechte der Landschaft

Band 1: Amt Aarburg und Grafschaft Lenzburg von Walther Merz. 1923. XIX, 870 Seiten. Broschiert. Fr. 170.–
ISBN 978-3-7965-1815-7
SSRQ AG II/1

Band 2: Die Oberämter Königsfelden, Biberstein und Kasteln von Walther Merz. 1926. XI, 350 Seiten. Broschiert. Fr. 110.–
ISBN 978-3-7965-1816-4
SSRQ AG II/2

Band 3: Das Oberamt Schenkenberg von Walther Merz. 1927. IX, 363 Seiten. Broschiert. Fr. 110.–
ISBN 978-3-7965-1817-1
SSRQ AG II/3

Band 5: Grafschaft Baden äussere Ämter von Walther Merz. 1933. XI, 398 Seiten. Broschiert. *Vergriffen*
SSRQ AG II/5

Band 8: Die Freien Ämter I: Die Landvogteiverwaltung bis 1712 von Jean Jacques Siegrist. 1976. VII, 872 Seiten. Broschiert. Fr. 190.–
ISBN 978-3-7965-1819-5
SSRQ AG II/8

Band 9: Die Freien Ämter II: Die Landvogteiverwaltung 1712 bis 1798. Die Reuß bis 1798 von Jean Jacques Siegrist und Anne-Marie Dubler. 2006. XCII, 643 Seiten, 4 Karten. Gebunden. Fr. 190.–
ISBN 978-3-7965-2279-6
SSRQ AG II/9

Band 10: Die Freien Ämter III: Die Ämter Meienberg und Merenschwand von Jean Jacques Siegrist und Anne-Marie Dubler. 2009. XCIX, 654 Seiten, 3 Karten. Gebunden. Fr. 190.–
ISBN 978-3-7965-2566-7
SSRQ AG II/10

XVII. Abteilung: Die Rechtsquellen des Kantons Thurgau

1. Teil: Landeshoheit

Band 1–5: Landeshoheit von Doris Stöckly und Erich Trösch. 2017. 3781 Seiten, 4 Karten, Gebunden. Fr. 598.–
ISBN 978-3-7965-3413-3
SSRQ TG I/1–5

XVIII sezione: Le fonti del diritto del Cantone Ticino

A. Diritto statutario

Volume 1: Ordini di Dalpe e Prato (1286–1798) a cura di Mario Fransioli con la collaborazione di Luisa Cassina, Andrea a Marca. 2006. LXXVI, 275 pagine. Rilegato. Fr. 190.–
ISBN 978-3-7965-2280-2
FDS A 1

B. Diritto extrastatutario (decreti, ordini, gride, rescritti, privilegi)

C. Formulari notarili

Volume 1: Formulari notarili a cura di Elsa Mango-Tomei. 1991. 495 pagine. Rilegato. Fr. 190.–
ISBN 978-3-7965-1820-1
FDS C 1

XIXe partie: Les sources du droit du Canton de Vaud

A. Coutume

Tome 1: Enquêtes par Jean-François Poudret et Jeanne Gallone-Brack. 1972. XVI, 586 pages. Broché. Fr. 150.–
ISBN 978-3-7965-1821-8
SDS VD A 1

B. Droits seigneuriaux et franchises municipales

Tome 1: Lausanne et les terres épiscopales par Danielle Anex-Cabanis et Jean-François Poudret. 1977. XXXII, 836 pages. Broché. Fr. 170.–
ISBN 978-3-7965-1822-5
SDS VD B 1

Tome 2: Bailliage de Vaud et autres seigneuries vaudoises. Edition préparée par Danielle Anex-Cabanis et mise au point par Dominique Reymond. 2001. XXXVI, 586 pages. Relié. Fr. 190.–
ISBN 978-3-7965-1719-8
SDS VD B 2

C. Epoque bernoise

Tome 1: Les mandats généraux bernois pour le Pays de Vaud 1536–1798 par Regula Matzinger-Pfister. 2003. L, 921 pages. Relié. Fr. 190.–
ISBN 978-3-7965-2002-0
SDS VD C 1

Tome 2: Les Coutumiers du Pays de Vaud à l'époque bernoise 1536–1798 par Regula Matzinger-Pfister. 2010. 2 vol., XXII, 903 pages. Relié. Fr. 380.–
ISBN 978-3-7965-2694-7
SDS VD C 2

XXe partie: Les sources du droit du Canton du Valais
XX. Abteilung: Die Rechtsquellen des Kantons Wallis

Deuxième section: Droits des sept dizains et des gouvernements / Zweiter Teil: Rechte der Landschaft
Deuxième série: Les droits des gouvernements / Zweite Reihe: Rechte der Landvogteien

Tome 1: Le gouvernement de Monthey (XIII^{e}s.–1798) par Gregor Zenhäusern. 2017. CXIX, 1064 pages, 2 figures. Relié. Fr. 380.–
ISBN 978-3-7965-326-3
SDS VS II/2/1

XXIe partie: Les sources du droit du Canton de Neuchâtel

Tome 1: Les sources directes par Dominique Favarger et Maurice de Tribolet. 1982. VIII, 394 pages. Relié. Fr. 170.–
ISBN 978-3-7965-1823-2
SDS NE 1

XXIIe partie: Les sources du droit du Canton de Genève

Tome 1: Des Origines à 1460 par Émile Rivoire et Victor van Berchem. 1927. XX, 544 pages. *Vergriffen*
SDS GE 1

Tome 2: De 1461 à 1550 par Émile Rivoire et Victor van Berchem. 1930. XXIII, 600 pages. Broché. Fr. 110.–
ISBN 978-3-7965-1824-9
SDS GE 2

Tome 3: De 1551 à 1620 par Émile Rivoire. 1933. XXIII, 673 pages. Broché. Fr. 170.–
ISBN 978-3-7965-1825-6
SDS GE 3

Tome 4: De 1621 à 1700 par Émile Rivoire. 1935. XXXVIII, 715 pages. Broché. Fr. 170.–
ISBN 978-3-7965-1826-3
SDS GE 4

Repertorium schweizergeschichtlicher Quellen im Generallandesarchiv Karlsruhe

hg. von der Rechtsquellenkommission des Schweizerischen Juristenvereins und dem Kuratorium zur Erschliessung schweizergeschichtlicher Quellen in ausländischen Archiven.

Abteilung I: Konstanz-Reichenau

Bd. 1: Urkunden Konstanz-Reichenau mit Selektenbestand bearbeitet von Franziska Geiges-Heindl, Karl Mommsen, Martin Salzmann 1982. 4°, XVII, 697 S. (5602 Regesten). Ganzleinen. Fr. 30.–
ISBN 3-85865-300-4

Bd. 2: Bücher Konstanz-Reichenau bearbeitet von Martin Salzmann 1981. 4°, XII, 379 S. (3307 Regesten). Ganzleinen. Fr. 30.–
ISBN 3-85865-301-2

Bd. 3: Akten Konstanz Generalia bearbeitet von Josef Brülisauer, Akten Reichenau bearbeitet von Franziska Geiges-Heindl und Peter Hoppe, Akten Konstanz Stadt bearbeitet von Franziska Geiges-Heindl, Nachträge bearbeitet von Martin Salzmann 1984. 4°, XII, 351 S. (2725 Regesten). Ganzleinen. Fr. 30.–
ISBN 3-85865-302-0

Bd. 4: Gesamtregister: Namen-, Orts- und Sachregister bearbeitet von Franziska Geiges-Heindl und Martin Salzmann 1990. VII, 506 S. Ganzleinen. Fr. 30.–
ISBN 3-85865-303-9

Abteilung II: Säckingen

4 Teile in einem Band: 1. Urkunden, 2. Bücher, 3. Akten, 4. Register bearbeitet von Cathrine Bosshart, Suso Gartner, Martin Salzmann 1986. 4°, XX, 537 S. (1809 + 1162 + 602 Regesten). Ganzleinen. Fr. 30.–
ISBN 3-85865-304-7